창조적 진화

Henri Bergson

현대철학총서 3

창조적 진화

앙리 베르크손 지음 | **최 화** 역주

베르크손 전집 2

자유문고

역주자 머리말

『물질과 기억』의 번역이 나온 지 약 3년 만에 『창조적 진화』의 번역을 내 놓는다. 앞의 책만큼의 시간이 소요되지 않은 것은 그동안 틈틈이 작업해 놓은 것이 쌓여 있었기 때문이다. 그리고 그 책만큼 어렵지도 않았다. 그것은 이 책이 이전 책보다 가벼운 주제를 다루었거나 의미가 덜한 책이어서가 아니라 거장으로 나이가 든 저자가 거장의 손길로 주제 전체를 지배하며 써내려간 책이기 때문이다. 베르크손의 4대 주저 중에 최고의 책을 꼽으라면 단연 이 책을 꼽아야 할 것이다. 아마 후대에 이르기까지 마치 플라톤의 『티마이오스』와 같은 무게로, 아니 지금 제삼자적 입장에서 말하라면 그보다 훨씬 더한 무게를 가진 책으로 평가될 것이다. 그러므로 역주자 같은 미미한 사람이 이 책을 번역하고 주석을 달았다는 자체가 매우 영광스럽고 외람되다는 느낌을 지울 수가 없다.

그러므로 주석은 가능한 한 이해에 도움을 주려는 소박한 마음의 훈수 정도에 지나지 않는다. 그것이 옳건 그르건 주석을 다 받아들이라는 말이 아니라 이렇게 읽는 사람도 있구나 하는 것을 참고하는 정도에 만족해 주었으면 한다.

그러나 외람되게도 역주자가 강조하고 싶은 대목(즉, 역주자의 주장을 담은 대목)도 없지는 않다. 그것은 크게 두 가지이다. 하나는 베르크손을 일원론자로 볼 것이냐 하는, 요새 유행하는 해석에 관한 문제이다. 이 문제에 대한 해석은 사실 역주자의 독창적 해석이 아니라 역주자의 스승이었던 박홍규의 해석에 기반을 둔 주장이다. 세계를, 또는 우주를 이성적으로 설명하려면 하나의 원리로는 안 되고 적어도 두 개 이상의 상반된 원리를 놓을 수밖에 없다는 형이상학의 원리를 배운 이래로 역주자는 다른 주장을 하는 사람들은 형이상학의 원리에 무지한 사람들이라는 생각을 지울 수 없었다. 하나의 원리로 모든 것을 다 설명할 수 있다면 그보다 편리한 일은 없을 것이다. 그러나 그런 태도는 고대의 소피스트들로부터 마르크스를 거쳐 들뢰즈에 이르기까지 모두 실패한 사상이다. 세상이 생명의 원리에 따라서만 다 이루어진다면 생명이 죽을 필요가 없을 것이다. 또 세상이 물질의 원리에 따라 다 이루어진다면 생명은 필연성을 따르면 될 것이요, 노력할 필요가 없을 것이다. 아무리 노력해도 결국은 물질의 질서가 이길 것이고 그렇다면 때가 되어 죽음을 받아들이면 그만일 것이다. 어차피 다 죽는 세상 무엇 하러 애를 쓴다는 말인가? 아이는 낳아서 무엇 할 것이며, 부를 이루어 봐야 무엇 할 것이요, 권력을 잡아봐야 무엇 할 것인가? "돈도, 명예도, 사랑도 다 싫다!"며 현해탄에 뛰어 들어야 할 것인가?

　그런 허무주의자도 있다. 순진한 논리주의자들이다. 그러나 물질의 원리밖에 없다는 사람들은 아니다. 그들은 무엇보다도 특히 권력을 잡으려고 애쓴다. 권력을 잡으면 뭐하나? 인민을 먹여 살리기 위해서라고 한다. 그렇다면 그들은 일하나? 아니다. 다른 사람을 일하게 한다. 다른 사람들이 일해서 다른 사람들을 먹여 살린단다. 다른 사람을 먹여 살리는 것이 박애정신이란다. 어? "박애?" 그것은 물질의 원리인가? 물론 아니다. 아니 그 이전에 먹고 산다는 것은 물질의 원리에만 따르는 것인가? 더 길게 이야기하지 않겠다. 한쪽을 잡으면 한쪽이 끌려오게 돼 있다. 이게 돌고 돈다. 여기서 형이상학이 개입한다. 한쪽에만 치우칠 것이 아니라 둘 다를 원리로 하자. 그래서 일원론은 안 된다는 것이다.

물론 베르크손도 마치 일원론으로 기우는 듯한 모습을 보일 때가 있다. 그것이 저 유명한 "물질의 관념적 발생(제3장)"의 부분이다. 물질도 생명의 흐름이 지나간 후에야 우리에게 도움을 줄 수 있는 물질로서의 형태가 된다는 것이다. 여기서 한눈팔면 일원론으로 빠져들고 만다. 그러나 틈이 생긴 용기에서 새어 나오는 증기는 식어서 떨어진다. 왜 떨어지는가? 올라가는 증기의 외부에 그 올라가는 힘을 떨어지게 하는 물질의 원리가 지배하고 있기 때문이다. 이것을 놓치면 일원론의 길로 가게 된다. 베르크손은 일원론자가 아니다. 그는 강력하고도 빈틈없는 형이상학자이다.

다음의 문제는 존재와 무의 문제를 논하면서 그것은 지성의 착각에 불과하다고 말하는 부분이다. 그래서 결국 형이상학도 부정하고 변증법(플라톤적인)도 부정했다는 해석으로의 길을 연 것으로 보인다. 그를 이렇게 해석하는 것 또한 아까 앞에서의 문제와 마찬가지로 그를 너무 가볍게 이해하는 것이다. 그리고 이 부분에서 또한 역주자의 해석은 박홍규의 해석에 도움을 받은 것이다. 베르크손의 형이상학적 계산 능력은 타의 추종을 불허한다. 그의 직관은 이성을 넘어선 지성의 눈이지 지성 이하의 능력이 아니다. 지성을 넘어선 직관을 이야기하는 사람이 가장 높은 수준의 지성적 사유 방식을 모른다? 이것은 아무래도 이상하다. 넘어선다는 것은 그 아래의 능력을 다 이해하고, 그러고 나서도 더한 것을 추구한다는 것이다. 그렇기에 베르크손이 변증법적 치밀한 사유를 무시했다거나 형이상학을 부정했다는 주장은 어불성설이다. 그는 형이상학을 극복한다느니 하는 헛소리를 하지 않고 자신이 형이상학자임을 굳건히 받아들였다. 그리고 모든 것을 운동으로 보는 베르크손이, 운동 중에 최고의 운동인 지속에 대해 "실체"라는 말을 서슴지 않는다. 어떻게 운동하는 것이 불변적인 실체일 수 있는가? 지속은 분명 운동 자체이지만 바로 자기동일성을 가진 운동이기 때문이다. 베르크손은 이미 『시론』에서부터 이를 명확히 인식하고 있었다("à la fois identique et changeant", 『시론』, 75쪽). 운동이 정지보다 더 많은 것임을 확보했으니 운동이 최고라는 사상으로 우르르 달려갈 것 같지만, 그는 그렇게 하지 않았다. 그게 바로 그를 치밀한 형이상학자로 볼 수밖에 없게 하는 이유이다.

그러나 이것도 한 해석일 뿐이다. 각자가 이해하는 대로 자유롭게 이해하면 될 것이다. 이제 독자들은 이 아름답고 위대한 형이상학에 빠져 보시기를 권한다. 참, 베르크손은 이 책으로 노벨 문학상을 탔다.

2020년 9월

역주자 崔和

『창조적 진화』 판본목록

초 *L'évolution créatrice*, 초판, Paris, Félix Alcan, 1907, 403쪽, (Bibliothèque de philosophie contemporaine).

2. *L'évolution créatrice*, 52판, Paris, Presses universitaires de France, 1940, x, 372쪽, (Bibliothèque de philosophie contemporaine).

3. *L'évolution créatrice*, Genève, Skira, 1946, 374쪽.

4. *L'évolution créatrice*, in Oeuvres, Ed. André Robinet, Paris, Presses universitaires de France, 1959, 489-809쪽.

5. *L'évolution créatrice*, Nov. éd., Paris, Presses universitaires de France, 1981, 1-14, v-xi, 372쪽, (Quadrige, 8).

Ech. *L'évolution créatrice*, Paris, Presses universitaires de France, 2007, La première édition critique de Bergson, 1-14, v-xi, 372쪽, doc. 373-693쪽, (Quadrige).

A "*L'idée de néant*", *Revue philosophique de la France et de l'étranger*, t. LXII, 1906. 11., 449-466쪽.

일러두기

1. *¹ *² *³ 등은 원주. 각 쪽의 본문 바로 뒤에 표시. ¹, ², ³ 등은 역주. 각 쪽의 마지막에 표시

2. 원주건 역주건 주석의 본서에 대한 쪽수는 모두 불어판 원문(위의 5, Ech.)의 쪽수를 가리킴. 각 쪽의 옆에 표시됨.

베르크손의 저작 약호표

Essai *Essai sur les données immédiates de la conscience*, Paris, Presses universitaires de France, 2007, La première édition critique de Bergson, (Quadrige).

MM *Matière et mémoire*, Paris, Presses universitaires de France, 2008, La première édition critique de Bergson, (Quadrige).

EC *L'évolution créatrice*, Paris, Presses universitaires de France, 2007, La première édition critique de Bergson, v-xi, 372쪽, doc. 373-693쪽, (Quadrige).

DSRM Les deux sources de la religion et de la morale, Paris, Presses universitaires de France, 2008, La première édition critique de Bergson, (Quadrige).

PM, *La pensée et le mouvant*, Paris, Presses universitaires de France, 2009, La première édition critique de Bergson, (Quadrige).

"I1", "Introduction(Première partie)".

"I2" "Introduction(Deuxième partie). De la position des problèmes".

"IM", "Introduction à la Métaphysique".

ES *L'énergie spirituelle*, Presses universitaires de France, 2009, La première édition critique de Bergson, (Quadrige).

"AC", " L'âme et le corps".

"CP", "Le cerveau et la pensée: une illusion philosophique".

"CV", "La conscience et la vie".

차례

제1장

생명의 진화에 대하여
기계론과 목적론

제4장

사유의 영화적 기제와 기계론적 착각
체계들의 역사에 대한 일별
실재 생성과 잘못된 진화론

서문

생명의 진화의 역사는 아직 아무리 불완전하다고 하더라도 이미 어떻게 지성이 척추동물의 연쇄를 통해 인간에까지 올라가는 노선을 따라 부단한 진보에 의해 구성되었는지를 보게 해준다. 그것은 이해하는 능력이 행동하는 능력의 부속물(annexe)임을 보여주며, 즉 생명체에게 이루어진 존재의 조건들로의 그들 의식의 점점 더 정확하며 점점 더 복잡하고 유연한 적응을 보여준다. 거기서부터 말의 좁은 의미에서의 지성이 우리 몸의 환경으로의 완벽한 삽입을 보장하고, 외부 사물들 서로 간의 관계를 표상하며, 결국 물질을 사유하도록 운명 지어졌다는 결과가 나와야 할 것이다. 아닌 게 아니라 그와 같은 것이 현 시론(essai)[1]의 결론들 중의 하나일 것이다. 인간 지

---

1 베르크손에게 『창조적 진화』는 앞선 세 작품(*Essai sur les données immédiates de la conscience, Matière et mémoire*: Essai sur la relation du corps à l'esprit, *Le rire*: Essai sur la signification du comique)과 마찬가지로 '시론(essai)' 임이 여기서 밝혀져 있다. 우리말로 'essai'를 '시론'이라 번역하지만 사실 'essai'는 '시험적 논의'보다는 훨씬 깊고 강한 뜻이 있다. 그것은 '철학(philosophie)'과 같은 뜻이다. 'philosophie'는 가장 탁월한 앎, 즉 전지전능한 앎(sophia)을 가지고 싶지만 그러한 앎이 인간에게는 불가능하기 때문에 그것을 추구한다(philō)는 뜻이며 'essai'도 정확히 그런 뜻이다. 전지전능한 앎의 추구, 즉 시도이다.

성이 타성적 대상들과, 더 정확히는 우리 행동이 의지점을 찾고 우
리의 산업은 작업도구를 찾는 고체들과 있는 한 자기 집에 있다고
느끼고, 우리의 개념은 고체의 이미지로 만들어졌으며, 우리의 논
리는 특히 고체의 논리이고, 그에 의해 우리 지성은 기하학에서 승
리한다는 것을 볼 것이다. 기하학에서는 논리적 사유와 타성적 물
질의 친족성이 드러나며, 지성은 경험과의 가능한 가장 가벼운 접
촉 후에도 자신의 자연스러운 운동을 따르기만 하면 경험이 뒤에서
따라오고 있고 불변적으로 자신을 옳다고 할 것이라는 확신을 가지
고 발견에서 발견으로 진행한다.[2]

그러나 거기서부터 또한 우리의 사유가 순전히 논리적인 형태로
생명의 참다운 본성, 진화운동의 깊은 의미를 표상하는 것은 불가
능하다는 것도 결과로 나와야 할 것이다. 일정한 상황에서 정해진
사물에 대해 행동하기 위해 생명에 의해 창조된 지성이 어떻게 그
자신 그것의 한 파생(émanation)이나 측면에 불과한 생명을 포괄할
것인가? 진화운동이 도중에 놓은 것인 지성이 어떻게 진화운동 자
체를 따라 〔그 전체에〕 적용될 것인가? 그것은 부분이 전체와 같고
결과가 자신 속에 원인을 흡수한다거나 해변에 놓인 조약돌이 그것
을 가져온 파도의 형태를 그린다고 주장하는 것이나 같을 것이다.
사실상 단일성, 다수성, 기계적 인과성, 지적인 목적성 등 우리 사
유의 범주들 중의 어느 것도, 정확하게 생명의 사물들에는 적용되

---

2   이상 지성은 행동을 위해 고체화된, 정해진 물질의 이미지에 적합하게 만
     들어진 것임을 주장하고 있다. 그런 지성은 바로 다음 문단이 이야기하듯
     이 생명을 설명하는 데에는 무력하다.

지 않는다는 것을 우리는 분명 느끼고 있다. 개체성이 어디서 시작하고 어디서 끝나는지, 생명적 존재가 하나인지 여럿인지, 세포가 유기체로 결합하는지, 유기체가 세포로 나뉘는지를 누가 말할 것인가? 생명체를 우리의 이러저러한 틀에 밀어 넣어도 소용없다. 모든 틀이 부서진다. 특히 우리가 거기에 넣고 싶어 하는 것에 대해 너무 좁거나 너무 경직되어 있다. 더구나 타성적 사물들 사이를 다닐 때에는 자신에 차 있는 우리의 추론은 이 새로운 영역에서는 불편함을 느낀다. 순수 추론에 기인한 생물학적 발견을 말해 보라면 매우 당황스러울 것이다. 매우 자주 경험이 생명은 어떤 결과를 얻기 위해 어떻게 행동했는가를 보여주는 것으로 끝낼 때 그것의 작동방식은 바로 우리가 결코 생각하지 않은 것임을 발견한다.[3]

그러나 진화론적 철학은 망설이지 않고 무기물에 대해 성공했던 설명방식을 생명의 사물들로 확장한다. 그것은 지성에서, 진화의 국지적 결과, 생명체의 행동에 열린 좁은 통로에서의 그것의 왕 vii 래를 비추는 아마도 우연적인 미광微光을 보여주는 것으로 시작한다. 그리고는 갑자기 방금 한 말을 잊어버리고 지하의 바닥을 비추던 전등으로부터 세계를 비추는 태양을 만들어낸다. 대담하게 단지 개념적 사유의 힘만으로 모든 사물, 심지어 생명의 관념적(idéale) 재구성으로 진행해 간다. 도중에 굉장한 난관에 부딪히는 것도 사실이지만 그의 논리가 여기서 곧바로 처음의 야심을 포기한다는 이

---

3   경험은 생명의 행동양태를 보여줄 뿐, 그 양태를 가능하게 한 작동방식은 보여주지 못한다.

상한 모순에 도달하는 것을 본다. 그것이 재구성할 것은 더 이상 실
재 자체가 아니며 단지 실재의 모방이나 상징적 이미지라고 말한
다. 사물의 본질은 우리를 벗어나며 항상 벗어날 것이고 우리는 관
계 속에서 움직이며 절대는 우리의 관할이 아니니 알 수 없는 것
(l'Inconnaissable) 앞에서 멈추자[고 말한다]⁴. 그러나 그것은 인간
지성에 대한 대단한 오만함 후의 지나친 겸손함이다. 생명체의 지
적 형태가 어떤 물체(corps)와 물질적 환경 사이의 상호 작용과 반
작용 위에서 조금씩 만들어진 것이라면 그것이 어떻게 물체가 이루
어진 어떤 본질 자체를 우리에게 넘겨주지 않을 것인가? 행동은 비
실재적인 것 속에서 움직일 수 없을 것이다. 사색하거나 꿈꾸기 위
해 태어난 정신에 대해서는 그것이 실재에 대해 외적인 것으로 남
고 실재를 왜곡하며 변형한다고, 심지어는 아마도 그것을 창조한
다고 ― 우리의 상상력이 지나가는 구름에서 잘라내는 인간이나 동물의
형태를 창조하는 것처럼 ― 까지 인정할 수 있을 것이다. 그러나 대상
으로부터 매순간 움직이는 인상을 받기 위해 그것을 만지면서, 이
루어질 행동을 향해, 그리고 따라올 반응을 향해 긴장된 지성은 뭔
가 절대적인 것을 만지는 지성이다. 우리의 사색이 어떤 모순에 부
딪히는지, 어떤 막다른 골목에 닿는지를 철학이 보여주지 않았다면
우리 인식의 그런 절대적 가치를 의문에 붙인다는 생각이 도대체
들기나 했을까? 그러나 그런 난점들, 그런 모순들은 우리 사유의 습

viii

---

4   *Ech.*는 'l'Inconnaissable'은 스펜서의 용어임을 들어 이 구절이 노리고 있
    는 것은 스펜서라고 지적한다(*Ech.*, 391쪽, 주4. 그 뒤의 설명도 참조하라).
    이 주장은 타당하다.

관적 형식을, 우리 산업이 적용되어야 할 것이 아니고 따라서 우리의 틀이 그것을 위해 만들어지지 않은 대상에 적용하는 것에서 생겨난다. 반대로 지성적인 인식은 타성적 물질의 어떤 측면에 관계되는 한에서 그런 특별한 대상으로부터 판을 떴기 때문에 그것의 충실한 자국을 우리에게 제시해야 한다. 지성적 인식이 상대적으로 되는 것은 생명을 그것인 그대로, 즉 자국을 뜬 연판공(clicheur)을 제시한다고 주장할 때만이다.

그렇다면 생명의 본성을 천착하기를 단념해야 하는가? 오성이 우리에게 항상 줄 기계적 표상, 생명의 총체적 활동을 생명의 부분적이고 국지적인 발현, 생명적 조작의 결과나 잔여물에 불과한 어떤 인간적 활동의 형태로 좁히니까 필연적으로 인위적이고 상징적인 표상에 만족해야 하는가?

생명이 그것이 포함하고 있는 모든 심리적으로 잠재적인 것을, 순수 오성을 만드는 데, 즉 기하학자를 준비시키는 데 사용한다면 그래야 할 것이다. 그러나 인간으로 이르는 진화의 노선이 유일한 것은 아니다. 다기적인 다른 노선에서 다른 형식의 의식이 발달되었다. 그것은 인간의 지성이 한 것처럼 외적 강요로부터 해방될 줄도, 자기 자신에 대해 자신을 되찾을 줄도 몰랐지만 그럼에도 불구하고 그것 역시 진화운동에 내재적이고 본질적인 뭔가를 표현하고 있다. 그런 의식들을 서로 접근시키면서, 다음으로 그것들을 지성과 접합하게 하면서, 뒤에서 느끼는 생명의 추진력을 향해 갑자기 뒤돌아서면서 아마도 사라지고 있는 중일지라도 그것의 총체적인 시각을 얻을 수 있는, 생명과 외연이 같은 의식이 이번에는 얻어지지 않을 것인가?

ix 이렇게 하더라도 아직 다른 형태의 의식을 보는 것은 우리의 지성과 함께, 지성을 통해서이므로 우리는 지성을 능가하지 못한다고 이야기할 것이다. 그리고 우리가 순전히 지성적이고, 막연한 성운 ─ 그것이 있음에도 불구하고 우리가 지성이라 부르는 밝은 핵이 형성되었던 실체(substance)⁵ 자체로 이루어진 ─ 이 우리의 개념적, 논리적 사유 주변에 남아 있지 않았다면, 그렇게 말하는 것이 옳았을 것이다. 거기에 오성의 어떤 보완적 힘이 존재한다. 그 힘에 대해서는 우리 속에 갇혀 있을 때는 막연한 느낌밖에는 가질 수 없지만, 그 자신 작업을 하는 데서, 말하자면 자연의 진화에서 자신을 볼 때는 밝혀지고 구별될 것이다. 그 힘은 이처럼 생명의 방향 자체로 확장되고 강해지기 위해서는 어떤 노력을 해야 하는지를 배울 것이다.

그것은 **인식론**(théorie de la connaissance)과 **생명론**(théorie de la vie)이 서로 뗄 수 없는 것으로 보인다고 말하는 것이다. 인식의 비판을 동반하지 않는 생명론은 오성이 처분에 맡긴 개념들을 그대로 받아들여야 한다. 생명론은 좋아서든 강제로든 그것이 결정적이라 생각하는 기존의 틀로 사실들을 가둘 수 없다. 그것은 그렇게 하

─────────

5 여기서 '실체'는 특별한 뜻이 있다기보다는 그냥 존재, 의식, 생명이라는 의미이다. 우리에게는 밝은 지성이라는 빛은 지성을 포함한 본능, 마비 등의 생명 전체를 이루는 의식이라는 '실체', 즉 '성운'으로부터 형성된 것이다.

여 아마도 실증과학에 필요하기까지 하며 편리한 상징주의를 얻지만 그 대상에 대한 직접적 시각은 얻지 못할 것이다. 다른 한편, 지성을 생명의 진화 일반으로 다시 위치시키지 않는 인식론은 어떻게 인식의 틀이 구성되었는지도, 어떻게 우리가 그것을 확장하거나 능가할 수 있는지도 가르쳐 줄 수 없을 것이다. 인식론과 생명론이라는 두 연구는 결합되고 순환적 과정에 의해 서로를 무한히 밀고가야 한다.

그 둘이 함께 철학이 제기하는 커다란 문제들을 경험의 더 확실하고 더 접근된 방법에 의해 해결할 수 있을 것이다. 왜냐하면 그들 ×이 공통의 사업에서 성공하면 지성의 형성과, 그에 의해 우리 지성이 일반적 윤곽을 그리는 물질의 발생도 참관하게 할 것이기 때문이다. 그것들은 자연과 정신의 뿌리 자체까지 파낼 것이다. 그것들은 스펜서의 잘못된 진화론 — 이미 진화된 현재의 실재를 역시 진화된 작은 조각들로 잘라서는 다음으로 그 파편들로 실재를 제구성하고 이렇게 하여 설명하는 것이 문제인 모든 것을 미리 가지는 데서 성립하는 — 대신에 실재가 그 발생과 성장에서 추적될 참된 진화론을 대체할 것이다.

그러나 그런 종류의 철학은 하루아침에 이루어지지 않을 것이다. 각각이 한 천재적인 인간의 작품이고 한 덩어리로 나타나서 취하거나 버려야 할 고유한 의미에서의 체계들과 달리 그것은 서로 보완되고 교정되고 북돋아지면서 많은 사유자들과 또한 많은 관찰자들의 집단적이고 점진적인 노력에 의해서만 계속될 수 있을 것이다. 그러므로 현재의 시론은 갑자기 가장 큰 문제들을 푸는 것을 노리

지 않는다. 그것은 단지 방법을 정의하고 몇몇 본질적 문제에서 그
것을 적용할 가능성을 엿보게 하는 것으로 만족한다.

　그것의 설계도는 주제 자체에 의해 그려졌다. 첫 장에서 우리는
진화적 전진에서 우리 오성이 처분할 수 있는 두 기성복인 기계론
과 목적론을 시험한다.*1 그중 어떤 것도 맞지 않으며 둘 중 하나는
다시 재단하고 다시 바느질할 수가 있으며 그런 새로운 형태 아래

---

*1　생명을 목적론과 기계론을 초월하는 것으로 생각하는 관념은 게다가 새
　로운 관념인 것과는 거리가 멀다. 특히 「생명의 문제(Le problème de la
　vie)」(Revue philosophique, 1892)에 관한 Ch. Dunan씨의 세 논문에서 그
　런 생각이 심오하게 개진된 것을 발견할 것이다. 그런 생각의 발전에서
　우리는 Dunan씨와 한 번 이상 만났다. 그러나 그 점과 그와 관련된 문제
　에 대해 우리가 제시하는 견해는 이미 오래 전에 『의식에 직접 주어진 것
　들에 관한 시론』(Paris, 1889)에서 발표했던 바로 그것이다. 왜냐하면 『시
　론』의 주요 목적들 중의 하나는 심리적 생은 단일성도 다수성도 아니며,
　기계적인 것과 지적인 것을 넘어선다는 것 — 기계론과 목적론은 '구별되는
xi　다수성(multiplicité distincte)', '공간성', 따라서 기존의 부분들의 조합이 있는
　곳에서만 의미를 가지므로 — 을 보여주는 것이었기 때문이다. '실재 지속'
　은 동시에 나누어지지 않은 연속성과 창조를 의미한다. 현재의 작업에서
　우리는 그 동일한 생각을 게다가 그 자체 심리적 관점에서 생각된 생명
　일반으로 적용한다.6

6　Ch. Dunan, "Le problème de la vie(생명의 문제) 1, 2, 3" (*Revue philoso-*
　phique de l'étranger et de la France, XXXIII, Jan., Fev., Avr. 1892). Dunan
　(1849-1931)은 베르크손의 10년 연상으로서 그와 같은 Collège Rollin의
　교사였으며 문제의식이나 형이상학적 관점 등이 베르크손과 매우 유사한
　철학자로서 주목할 만하다. 둘이 서로 친분을 가졌는지는 불분명하지만,
　베르크손은 이곳과 *MM* 242쪽 주 1에서 그를 언급하고 있다. 여기에 언

급된 논문에서도 베르크손과 매우 유사한 입장을 보이고 있다. 그는 마치 베르크손적 지속을 아직 발견하지 못했지만 발견하기 직전까지 간 당시의 한 형이상학자가 말하고 있는 듯한 느낌을 준다. 그는 시간과 공간이 모두(베르크손과 달리 시간과 공간을 같이 취급했다) 단일성과 다수성을 동시에 가지기 때문에 그 중 한쪽에만 주목하는 과학의 기계론이나 목적론을 모두 넘어선다고 주장한다.

여기서 언급된 논문에서는 특히 첫 번째 논문의 II, III절에서 기계론과 목적론의 한계를 이야기하고 있다. 세계를 지배하는 원리로 누구나 인정할 수 있는 것은 물질의 필연적 법칙이지만 특히 Cl. Bernard 이후에는 그와 다른 생명의 원리가 있다는 것이 인정되었다. 그렇다면 생명체는 물질의 원리(기계론)와 생명의 원리(목적론)가 다 적용되어야 한다고 해야 되는가? 그러나 기계론과 목적론은 무너진다. 우선 기계론은 세상의 모든 일을 예측할 수가 없다. 거기에는 무한의 요소가 개입하기 때문이다. 무한에 도달할 수 있다고 생각하는 것은 현실적 무한의 가능성을 입증해야 하는 데 그것은 불가능하다. 우주 전체의 조건을 다 아는 신의 인식이라는 것은 환상적 앎에 불과하다. 우주는 하나이고 그 속의 모든 현상들은 연계되어 있으며 모든 것 속에 모든 것이 있고 어떤 현상이건 다른 것들을 포함하고 있다. 이제 다른 것과 떨어진 어떤 것이 있으면 그것은 추상이다. 물리화학적 법칙은 현상의 실재를 구성하는 원리라기보다는 우리 정신의 필요와 본성을 표현하는 것이다. 그러므로 기계론은 생명을 설명할 원리라고 생각할 수 없다.

다음으로 목적론에 대해서는 그에 대한 여러 세부적인 비판 이후에 결론으로서 생명을 설명하기 위해서는 목적론 가지고만은 안 되며, 능동인(욕망), 질료인(물질), 형상인(형태와 기계론)이 다 필요하다고 한다. 그리고는 인간의 창조만 보더라도 목적인만 가지고는 설명이 안 되며, 마치 배아(germe)의 형성과 같이 이루어진다고 해야 한다. 미리 형성된 것이 아니라 조금씩 이루어짐에 따라 변한다. 창조물이 조화를 보인다면 그것은 나중에, 이루어진 다음에 나타난다. 계획은 생산을 앞에서 끄는 것이 아니라 실현에서 나타나고 실현에서부터 결과한다는 것이다. 그러니까 미리 앞서 존재하는 계획이나 목적에 의해 생명이 창조되는 것이 아님을 지적서만 다른 것보다는 더 맞을 것임을 보인다. 오성의 관점을 넘어서기 위해 우리는 제2장에서 인간 지성으로 오는 노선 옆에서 생명이 통과한 진화의 큰 노선을 재구성하려고 애썼다. 지성은 이렇게 하여 발생적 원인 속으로 다시 위치되었으며, 이제는 그 원인을 그 자체로서 파악하고 그 운동을 따르는 것이 문제일 것이다. 우리가 제3장에서 시도하는 것 — 분명 불완전할 것이지만 — 은 그런 종류의 노력이다. 마지막 부분인 제4장은 어떻게 우리의 오성 자체가 어떤 규율에 복종하면서 그것을 능가하는 철학을 준비할 수 있을까를 보여주는 것으로 예정되었다. 그를 위해 체계들의 역사에 대한 일별이 실재 일반을 사색하자마자 인간 오성이 드러내는 커다란 두 착각과 함께 필요하게 되었다.[7]

한다는 점에서 베르크손의 생각과 매우 유사하다.

나중에 논문2에 가서는 시간과 공간이 단일성과 다수성이라는 서로 대립된 원리의 결합으로서 성립하는데, 과학은 이것을 다수성의 관점에서만 보려 하므로 현상을 제대로 설명하지 못하며, 형이상학은 반대로 단일성의 관점에서 보려 하므로 이러한 관점이 보완되어야 생명의 현상을 전면적으로 설명할 수 있다고 주장한다.

7 존재와 무의 구별, 생성과 형태의 구별.

제1장
생명의 진화에 관하여
기계론과 목적성

우리에게 가장 확실하며 우리가 가장 잘 아는 존재(existence)는 이론異論의 여지없이 우리 자신의 존재이다. 왜냐하면 우리는 다른 모든 대상들에 대해서는 외적이고 표면적이라 생각할 수도 있는 개념을 가지지만, 우리 자신에 대해서는 내적으로, 깊숙이 지각하기 때문이다. 그때 우리는 무엇을 보게 되는가? 바로 이 특권적 경우에 있어서 '존재한다(exister)'는 말의 정확한 의미는 무엇인가? 여기서 간략히 이전의 한 작업[1]의 결론들을 상기해 보자.

　나는 우선 내가 한 상태에서 다른 상태로 지나가고 있음을 본다.

---

[1]　A. Fraçois는 *Essai*라 생각하는데(Ech., 395쪽 주 2), 지속 일반의 성질을 확립했다는 점에서는 그의 말이 맞을 것이다. 그러나 우리의 심리 상태들 각각이 잘라지는 것이 아니라 변화의 연속임을 강조한 점은 오히려 *MM* 을 생각게 한다.

덥거나 춥거나, 즐겁거나 슬프거나, 일하거나 놀거나, 내 주변을 보
거나 다른 것을 생각하거나 한다. 감각, 감정, 의지작용, 표상, 그런
변화들 사이로 나의 존재는 나누어지고, 그것들이 차례로 나의 존
재를 색체로 물들인다. 따라서 나는 끊임없이 변한다. 그러나 그것
으로 충분히 말한 것은 아니다. 변화는 사람들이 우선적으로 믿을
것보다 훨씬 더 근본적이다.

   그도 그럴 것이 나는 나의 상태들 각각을 마치 하나의 덩어리를
형성하는 것처럼 말하기 때문이다. 나는 분명히 내가 변한다고 말
하지만 변화는 나에게 한 상태에서 다른 상태로의 이행에서 성립하
는 것처럼 보인다. 개별적으로 생각한 각 상태들에 대하여 나는 그
것이 일어나는 시간 내내 그것인 그대로 남는다고 믿고 싶어 한다.
그러나 조금만 주의의 노력을 기울이면 끊임없이 변화하지 않는 정
2 조도, 표상도, 의지작용도 없다는 것이 드러날 것이다. 만약 한 영혼
의 상태가 변하기를 멈춘다면, 그것의 지속도 흐르기를 멈출 것이
다. 내적 상태들 중의 가장 안정적인 것, 즉 움직이지 않는 외부 대
상에 대한 시視 지각을 취해 보라. 대상이 동일한 것으로 남아도 소
용없고, 내가 그것을 동일한 측면, 동일한 각도, 동일한 빛 속에서
바라보더라도 소용없다. 그래도 여전히 내가 지금 갖는 시각내용은
방금 가졌던 것과 다르며, 그것은 앞선 것이 한 순간만큼 더 늙었기
때문일 뿐일 때라도 그러하다. 과거의 어떤 것을 현재로 밀어 넣는
기억이 거기에 있다. 나의 영혼 상태는 시간의 길 위를 나아가면서
그것이 모아가는 지속으로 끊임없이 부풀어 오른다. 그것은 말하자
면 스스로를 가지고 눈 덩어리를 만든다. 단순한 시 지각처럼 불변

하는 외부 대상에 대응하지 않는 감각, 정조, 욕망 등의 더 깊은 내적 상태들은 더 강한 이유로 그러하다. 그러나 그러한 부단한 변화에 주의하지 않고, 신체에 새로운 태도를 새기고 주의에 새로운 방향을 새기기에 충분할 만큼 커졌을 때에만 주목하는 것이 편리하다. 정확히 바로 그 순간 사람들은 상태가 변했다고 생각한다. 〔그러나〕 진실은 사람들이 끊임없이 변한다는 것이며, 상태 자체가 이미 변화라는 것이다.

그것은 한 상태에서 다른 상태로 지나가는 것과 동일한 상태에 머무르는 것 사이에는 아무런 본질적 차이가 없다고 말하는 것이다. "동일하게 머무는" 상태가 사람들이 생각하는 것보다 더 변화가 있다면, 역으로 한 상태에서 다른 상태로의 경과는 사람들이 생각하는 것보다 더, 연장되는 동일한 상태와 닮았다. 변이는 연속적이다. 그러나 우리가 각 심리 상태의 끊임없는 변화에 눈을 감는다는 바로 그 이유 때문에 변화가 너무도 커져서 우리 주의를 끌지 않을 수 없게 될 때 우리는 마치 새로운 상태가 이전의 것에 병치된 것처럼 말하지 않을 수 없다. 이번에는 이제 새로운 상태에 대해 불변적이라고 가정하고, 그런 식으로 무한히 계속된다. 심리적 삶의 외견적 불연속성은 그러므로 우리 주의가 일련의 불연속적 행위에 의해 그것에 고정된다는 데에 기인한다. 완만한 경사밖에 없는 곳에서 우리는 주의 행위의 꺾어진 선을 따르면서 계단의 단들을 본다고 믿는다. 우리의 심리적 삶이 의외의 것으로 가득차 있다는 것은 사실이다. 이전의 것을 잘라먹고 이후의 것과는 부합되지 않는 것으로 보이는 수많은 사건들이 일어난다. 그러나 그들의 출현의 불연

속성은 그것들이 그려지고 그것들을 나누는 간격 자체를 빚지고 있
는 근저의 연속성 위에서 부각된 것이다. 즉, 그것들은 교향곡에서
이따금씩 터지는 팀파니 소리들이다. 우리의 주의는 그것들에 더
관심이 끌리니까 그것들에 고정되나, 그것들 각각은 우리의 심리적
존재 전체의 유동적 덩어리에 실려 있다. 그것들 각각은 우리가 느
끼고, 생각하고, 원하는[2] 모든 것, 결국 주어진 한 순간에 우리인 모
든 것을 포괄하는 움직이는 지역의 가장 잘 밝혀진 점에 불과하다.
사실상 우리의 상태를 구성하는 것은 그런 지역 전체이다. 그런데
이렇게 정의된 상태들에 대해서는 그것들이 [서로] 구별되는 요소
들이 아니라고 말할 수가 있다. 그것들은 끊임없는 흐름 속에서 서
로서로 이어진다.

그러나 우리의 주의가 그것들을 구별하고 인위적으로 분리했기
때문에 그것은 다음으로 그것들을 인위적인 연결에 의해 재결합시
키지 않을 수 없다. 그리하여 그것은 무형의, [무엇이 오든] 상관없
는, 불변의 **자아**를 상상하고, 그 위에서 독립적 존재들로 세운 심리
적 상태들이 줄지어 지나가며, 실에 꿰어지듯 연결된다고 생각하
는 것이다. 서로 침투되고 있는, 달아나는 색조들의 유동체가 있는
곳에서 주의는 목걸이의 다양한 진주들처럼 병렬되었으며, 단절되
고 말하자면 굳은 색깔들을 본다. 그때 그것은 진주들을 함께 묶는
다고 하는, 못지않게 굳은 실을 상정하지 않을 수 없다. 그러나 무
색의 그 기체(substrat)는 그것을 덮는 것에 의해 끊임없이 채색되

---

2   François Arnaud는 느낌, 사유, 의지를 베르크손이 주로 사용하는 영혼의
     세 종류라 주장한다(*Ech.*, 395쪽, 주4). 옳은 지적으로 보인다.

며 그 비결정성에서 우리에게는 존재하지 않는 것처럼 있다.[3] 그런데 우리는 바로 채색된 것, 즉 심리적 상태들만 지각한다. 사실을 [4] 말하자면 그 '기체'는 실재(réalité)가 아니다. 우리 의식에게 그것은 흐르는 연속성이 있는 데서 주의가 상태에 상태를 병렬시키는 작용의 인위적인 성격을 끊임없이 상기시키도록 정해진 단순한 신호이다. 우리의 존재가 어떤 무감동적인[4] '자아'가 종합해야 할 분리된 상태들로 구성되어 있다면 우리에게는 지속이 없을 것이다. 왜냐하면 변하지 않는 자아는 지속하지 않으며, 다음 상태에 의해 대체되지 않는 한 자신과 동일하게 남아 있는 심리적 상태도 또한 지속하지 않기 때문이다. 이때부터 그 상태들을 받치는 '자아' 위에 그것들 서로를 서로 옆에 정렬해 봐야 소용없을 것이며, 고체로 꿰뚫어 이은 그런 고체들은 결코 흐르는 지속을 이룰 수 없을 것이다. 진실은 그렇게 하여 내적 삶의 인위적인 모방물, 즉 거기서 진정한 시간을 배제했다는 바로 그 이유 때문에 논리와 언어의 요청에 더 잘 부합할 정적 등가물이 얻어진다는 것이다. 그러나 그것을 덮은 상징들 아래에서 전개되는 대로의 심리적 삶에 대해서는 시간이 그것의 원단 자체임이 어렵잖게 알아차려진다.

게다가 (그보다) 더 질기고 더 실체적인 원단은 없다. 왜냐하면

---

3   이어지는 설명에서도 나오는 바와 같이, 그런 기체는 아무것도 결정된 내용이 없이 비결정적이므로 우리에게 있는 어떤 것으로 파악되지 않고, 따라서 마치 없는 것처럼 있다. 그것은 사실 "실재가 아니다."

4   아까 '(무엇이 오든) 상관없는, 불변의' 자아라 부른 것과 마찬가지로 무엇이 오든 전혀 상관없는 자아이므로 '무감동적인' 자아라 한 것이다.

우리의 지속은 순간을 대체하는 순간이 아니기 때문이다. 그렇다면 현재밖에는 결코 아무것도 없을 것이요 과거의 현재로의 연장도, 진화도, 구체적 지속도 없을 것이다. 지속은 미래를 갉아먹으며 나아가면서 부푸는 과거의 연속적인 진전이다. 과거가 끊임없이 증가하는 순간부터 또한 그것은 무한히 보존된다.[5] 우리가 증명하려고 시도한 것처럼[*1] 기억은 기억 사실들을 서랍에 정리하거나 장부에 기입하는 능력이 아니다. 장부도 서랍도 없으며, 심지어 여기에는 고유한 의미에서의 능력도 없다. 능력이란 원하거나 할 수 있을 때 간헐적으로 발휘되는 데 반해 과거에 과거를 축적하는 것은 끊임없이 계속되기 때문이다. 사실 과거는 저절로 자동적으로 보존된다. 그것은 아마 그 전체가 끊임없이 우리를 따른다. 우리의 첫 어린 시절부터 우리가 느끼고, 생각하고, 원했던 것이 여기에 있다. 곧 과거가 되려는 현재로 기울어져서, 그것을 밖에 남겨 두려는 의식의 문에 눌리면서. 뇌의 기재는 바로 그것의 거의 대부분을 무의식 속에 억누르기 위해서 그리고 현재 상황을 밝히고, 준비되는 행동을 돕고, 결국 **유용한** 작업을 부여하는 성질의 것들만을 의식에 도

*1　『물질과 기억』, Paris, 1896, II장과 III장.[6]

5　과거가 끊임없이 증가한다는 것은 과거가 기억된다는 의미이며 기억은 없어지지 않고 계속 살아남기 때문에 무한히 보존된다. 기억 자체의 의미가 과거의 보존이다.

6　*MM*의 II장과 III장은 각각 기억은 뇌에 저장되는 것이 아니라는 점, 기억은 뇌와 독립적 존재를 가짐으로써 현재 상황에 도움을 줄 수 있는 기억이 현재화하려고 준비되어 있다는 점을 강조하는 부분이다.

입하기 위해서 만들어졌다. 기껏해야 사치스러운 기억들이 조금 열린 문을 통해 몰래 빠져 나오기에 이른다. 그것들은 무의식의 전령으로서 우리가 알지 못하면서 우리 뒤에 끌고 가는 것에 대해 알려준다. 그러나 우리가 그에 대해 뚜렷한 관념을 갖지 않을 때라 할지라도 우리는 막연하게 우리 과거가 우리에게 현재로 남아 있다는 것을 느낄 것이다. 왜냐하면 우리의 탄생 이래, 심지어, 우리는 탄생 이전의 기질을 가지니까, 우리의 탄생 이전부터도, 우리가 살아온 역사의 응축이 아니라면, 우리는 무엇이고, 우리의 **성격**은 무엇인가? 아마도 우리는 우리 과거의 작은 부분만을 가지고 생각할 뿐일 것이다. 그러나 우리가 욕망하고, 원하고, 행동하는 것은 본래적 영혼의 굴곡을 포함한 우리 과거 전체와 함께이다. 그러므로 우리의 과거는 단지 작은 부분만 표상될지언정 그 추진력에 의해, 그 경향의 형태로, 총체적으로 우리에게 나타난다.

과거의 그러한 살아남음으로부터 의식이 동일한 상태를 두 번 건널 수 없다는 것이 결과로 나온다. 주변 상황이 같아도 소용없다. 그 상황이 작용하는 것은 더 이상 동일한 인물이 아니다. 그 상황이 인물을 만나는 것은 그의 역사의 새로운 순간이기 때문이다. 축적된 경험과 함께 매순간 건축되는 인격은 끊임없이 변한다. 변하면 6 서 그것은 한 상태가 표면에서 동일한 것이라 하더라도 심층에서는 반복되는 것을 방해한다. 그렇기 때문에 우리의 지속은 비가역적 (irréversible)이다. 우리는 그것의 작은 조각이라도 다시 살 수가 없을 것이다. 뒤따랐던 모든 것의 기억을 지우고 시작해야 할 것이기 때문이다. 우리는 부득이한 경우 지성으로부터는 그 기억을 지울 수 있을지도 모르지만 의지로부터는 지울 수가 없다.

이처럼 우리의 인격은 끊임없이 자라고, 커지고, 성숙한다. 그 순간들 각각은 이전의 것에 덧붙여지는 새로운 것이다. 더 멀리 가보자. 단지 새로운 것만 아니라 예견할 수 없는(imprévisible) 것이다. 아마도 나의 현재 상태는 내 속에 있었던 것과 방금 나에게 작용한 것에 의해 설명될 것이다. 그것을 분석해 보면 다른 요소들은 발견되지 않을 것이다. 그러나 지성은, 초인간적인 것일지라도, 그런 추상적인 요소들에 구체적 조직을 주는 단순하고 불가분적인 형태를 예견할 수 없었을 것이다. 왜냐하면 예견한다는 것은 과거에 지각한 것을 미래에 투사하거나 이미 지각된 요소들의 다른 순서로의 새로운 조합을 표상하는 것에서 성립하기 때문이다. 그러나 결코 지각된 적이 없는 것과, 동시에 단순한 것은 필연적으로 예견불가능하다. 그런데 그와 같은 것이 전개되는 역사의 한 순간으로 생각된 우리 상태들 각각의 경우이다. 그것은 단순하며 이미 지각되었을 수가 없다. 왜냐하면 그것은 그 불가분성 속에 지각된 모든 것을 게다가 현재가 거기에 더한 것과 함께 응축하고 있으니까. 그것은 독창적인 순간인 바, 못지않게 독창적인 역사의 독창적 순간이다.

완성된 초상화는 모델의 생김새, 예술가의 본성, 빨레뜨에 펼쳐진 색깔들에 의해 설명된다. [그렇게] 그것을 설명하는 것들을 알아도, 아무도, 예술가조차도 초상화가 어떻게 될지는 정확히 예견할 수 없었을 것이다. 그것을 예견한다는 것은 그것이 이루어지기도 전에 그것을 이룬다는 것일 것이고, 그것은 스스로 파괴되는 가설이다. 우리 생의 순간들도 그러하며, 거기서 예술가는 우리이다.

그 순간들 각각이 일종의 창작이다. 화가의 재능은 그가 생산하는 작품들의 영향 자체 아래에서 형성되거나 왜곡되고, 하여간 변하는 것과 마찬가지로, 우리의 상태들 각각은 우리가 방금 가진 새로운 형태이기 때문에 우리로부터 나오는 것과 동시에 우리의 인격을 변화시킨다. 그러므로 우리가 하는 것은 우리인 것에 달려 있다고 말하는 것은 옳다. 그러나 우리는 어느 정도 우리가 하는 것이며 우리는 지속적으로 우리 자신을 창조하고 있다고 덧붙여야 한다. 자신에 의한 자신의 그런 창조(cette création de soi par soi)는 게다가 그가 하는 것에 대해 더 잘 추론하는 만큼 더 완전하다.[7] 왜냐하면 이성은 여기서 전제들이 단번에 완전히 비인격적(impersonnelles)인 것으로 주어져 있고 비인격적인 결론이 강제되는 기하학에서처럼 진행하지 않기 때문이다. 여기서는 반대로 동일한 이유들이 상이한 사람들에게나 상이한 순간의 동일한 사람에게, 공히 추론할 수 있을지라도 심히 다른 행위들을 명령할 수 있을 것이다. 사실을 말하자면 그것들은 완전히 동일한 이유들이 아니다. 동일한 사람의 이유도, 동일한 순간의 이유도 아니기 때문이다. 그렇기 때문에 그것들에 대해서는 기하학에서처럼 추상적으로(in abstracto), 밖에서 조

---

7 여기서 추론은 바로 다음에 나오는 설명과 같이 기하학적인 것이 아니라 성격 형성에서의 추론이다. 성격형성에서는 같은 이유가 다른 결과를 낳기도 한다고 말할 수도 있지만 사실은 같은 이유가 하나도 없다. 그렇기 때문에 자신이 한 것에 의해 자신이 형성되므로 그것에 대해 더 잘 추론할수록 성격의 형성은 더 완전해진다고 할 수 있다. 가령 원래 하고자 했던 일과 부합하게 행동하면 그의 성격은 더 완성되는 방향으로 나아가지만 그렇지 못하면 그의 성격은 흐트러지거나 흐려진다.

작할 수도, 다른 사람을 위해 삶이 제기하는 문제들을 풀 수도 없
다. 그것들을 안으로부터 자신을 위해 푸는 것은 각자에게 달려 있
다. 그러나 우리는 그 점을 파고들 필요가 없다. 우리는 단지 의식
은 어떤 정확한 의미를 '존재한다'는 말에 주는지를 찾았고, 의식적
존재에게 존재한다는 것은 변한다는 것에서, 변한다는 것은 성숙된
다는 것에서, 성숙된다는 것은 무한히 자기 자신을 창조한다는 것
에서 성립한다는 것을 발견한다. 존재 일반에 대해서도 마찬가지로
이야기할 수 있을까?

임의로 취한 물질적 대상은 우리가 방금 열거한 것과는 반대의
성격을 나타낸다. 그것이 존재하는 대로 남아 있거나, 외적 힘의 영
8 향 아래 변한다면 우리는 그 변화를 그 자신은 변하지 않는 부분들
의 위치 이동으로 표상한다. 그 부분들이 변하려고 한다면 우리는
이번에는 그것들을 조각낼 것이다. 이렇게 하여 우리는 그 조각들
이 이루어진 분자들에까지, 분자들을 구성하는 원자들까지, 원자들
을 낳는 미립자들까지, 미립자들이 단순한 소용돌이에 의해 형성되
는 '미세한 것(l'impondérable)'[8]까지 내려갈 것이다. 우리는 결국 나

---

8 "l'impondérable"는 본래 무게를 잴 수 없는 미세한 것을 의미한다. A.
   François는 이 말이 에테르를 표현하는 말이라 한다(*Ech.*, 397쪽, 주 27 참
   조). 그도 언급하고 있지만, 우리에게는 소용돌이로 미립자들이 생긴다고
   한 것으로 보아 Thomson의 이론을 생각한 것으로 보인다(*MM.*, 225쪽,
   주2: Thomson, "On vortex atom" 참조). 오늘날이라면 쿼크나 끈 이론의 끈
   을 이야기했을 것이다.

늚이나 분석을 필요한 만큼 멀리 밀고나갈 것이다. 그러나 우리는
부동의 것 앞에서 멈출 수밖에 없을 것이다.

이제 우리는 복합적 대상은 그 부분들의 위치 이동으로 변한다고
말한다. 그러나 한 부분이 자신의 위치를 떠났을 때 그 위치를 다시
취하는 것을 아무것도 방해하지 않는다. 한 상태를 지나온 요소들
의 집단은 그러므로 저절로가 아니라면 적어도 모든 것을 제자리로
되돌리는 외적 원인의 결과로 항상 거기로 다시 올 수가 있다. 그것
은, 집단의 상태는 원하는 만큼 자주 반복될 수 있을 것이며, 따라
서 그 집단은 나이 들지 않는다고 말하는 것과 같다. 그것은 역사가
없다.[9]

거기서는 형태도 내용도 아무것도 창조되지 않는다. 집단이 될 것
[미래]은 이미 그것인 것[현재] 속에 현존한다. 그것인 것 속에 그것
과 관계있다고 가정한 우주의 모든 점을 포함하기만 한다면. 초인간
적인 지성이라면 시간의 어떠한 순간에서건 공간 속 체계의 어떠한
점이라도 그 위치를 계산할 것이다. 전체의 형태에서 부분들의 배열
(disposition)보다 더한 아무것도 없으므로 그 체계의 미래 형태들은
이론적으로 그 현재 구조(configuration) 속에서 볼 수 있다.

대상에 대한 우리의 모든 믿음, 과학이 고립시키는 체계들에 대

---

9 원자들의 집합체로 생각된 물질은 각 부분들의 장소 이동으로 항상 그것
   이 있던 원래 위치로 다시 돌아올 수가 있다. 그것은 시간이 아무리 지나
   도 다시 원래 상태로 다시 돌아올 수 있다는 뜻이므로 시간이 아무리 오
   래 흘러도 흐르지 않은 것과 같은 상태로 될 수 있다는 것을 뜻한다. 즉,
   시간은 없고, 따라서 역사도 없다.

한 우리의 모든 작업들은 아닌 게 아니라 시간이 그것들에 영향을 끼치지 않는다[10]는 관념 위에 놓여 있다. 우리는 이전의 작업[11]에서 그 문제에 관해 한 마디 언급했었다. 이 작업 도중에도 다시 돌아올 9 것이다.[12] 당분간은 과학이 물질적 대상이나 고립된 체계에 적용하는 추상적 시간 t는 특정수의 **동시성**이나 더 일반적으로는 **대응**에서 성립할 뿐이라는 것과 그 수는 대응들을 서로 나누는 간격의 본성이 무엇이든 동일한 것으로 남는다는 것을 주목케 하는 것으로 만족하자. 그런 간격에 대해서는 무기물에 대해 말할 때에는 결코 문제가 되지 않거나, 그것을 고려한다면 그것은 거기서 새로운 대응을 세기 위해서인데, 그것들 사이에서 또한 원하는 모든 것이 일어날 수 있을 것이다. 떨어진 대상들에만 몰두하는 상식은 또한 고립된 체계만을 생각하는 과학과 마찬가지로 간격 자체를 따라서가 아니라 간격의 극단에 위치한다. 그렇기 때문에 시간의 흐름은 무한히 빨라지고, 물질적 대상이나 고립된 체계의 모든 과거, 현재, 미래는 단번에 공간에 펼쳐진다고 가정할 수 있을 것이다. 과학자의 방정식이나 상식의 언어에까지도 아무것도 바꿀 것이 없을 것이다. t라는 숫자는 항상 동일한 것을 의미할 것이다. 대상이나 체계의 상태들과 이제는 '시간의 흐름'일 완전히 그려진 선의 점들 사이에 아

---

10 원어는 'mordre'인데, 그것은 '물다', '괴롭히다', '부식시키다' 등의 뜻을 갖는 것으로서 대체로 어떤 나쁜 영향을 끼친다는 뜻이므로 이렇게 번역했다.

11 *Essai*의 86-89쪽; 144-148쪽을 보라.

12 아래의 335쪽 이하를 보라.

직도 대응의 동일한 수를 꼽을 것이다.

그러나 물질계에서까지도 계기(succession)란 부정할 수 없는 사실이다. 우리가 고립적인 체계들에 대해 추론한다는 것이 그 체계들 각각의 과거, 현재, 미래의 역사가 부채처럼 단번에 펼쳐질 수 있음을 내포한다 하더라도 소용없다. 어쨌든 그 역사는 마치 우리와 유사한 지속을 지니기나 한 것처럼 조금씩 점차적으로 전개되기 마련이다. 설탕물 한 잔을 만들어 마시고 싶을 때, 아무리 서둘러야 소용이 없다. 설탕이 녹기까지 기다려야 한다. 이 조그만 사실은 큰 교훈을 지니고 있다. 왜냐하면 내가 기다려야 하는 시간은 더 이상 수학적인 시간―그것 또한 물질계 역사 전체에 잘 적용될 수 있다 하더라도―이 아니기 때문이다. 그 시간은 나의 조바심, 즉 마음대로 늘일 수도 줄일 수도 없는, 내 자신의 지속의 어떤 부분과 일치한다. 그것은 더 이상 사유된 것이 아니라, 체험된 것이다. 그것은 더 이상 관계가 아니라 절대적인 것이다. 이것은 곧 물 잔과 설탕, 그리고 물속에서의 설탕의 용해 과정이 분명 추상이라는 것, 그리고 나의 감각과 지성이 그것들을 잘라내 온 그 전체가 아마도 의식과 마찬가지의 방식으로 진행해 간다는 것을 뜻하는 것이 아니고 무엇이겠는가?

물론, 과학이 한 체계를 고립시키고 폐쇄시키는 조작은 완전히 인위적인 조작은 아니다. 그것이 객관적인 정초가 아니라면 그것이 어떤 경우에는 완전히 지시되어 있고, 다른 경우에는 불가능하다는 것을 설명할 수 없을 것이다.[13] 우리는 물질이 기하학적으로 취급될 수 있는 고립적 체계를 이루는 경향을 가지고 있음을 볼 것이다.[14] 심지어 우리가 그것을 정의하는 것은 그러한 경향에 의해서이다. 그러나 그것은 경향에 불과하다. 물질은 〔고립에서〕 끝까지 가지 않으며 고립은 결코 완전하지 않다. 과학이 끝까지 가서 완전히 고립시킨다면 그것은 연구의 편의를 위해서이다. 그것은 이른바 고립된 체계가 어떤 외적 영향을 받는다는 것을 은연중에 함축하고 있다. 그것은 외적 영향을 무시할 정도로 약하다고 생각하거나 나중에 고려하려고 남겨두기 때문에 그것을 단지 한 쪽으로 치워놓는다. 그럼에도 불구하고 그런 영향은 그 체계를 더 넓은 다른 체계에 연결하는 그만큼의 실이라는 것은 사실이다. 그리고 더 넓은 체계는 또 그들 둘을 감싸는 제 3의 체계에 연결되고, 그런 식으로 객관적으로 가장 고립적이고 모든 것 중에 가장 독립적인 체계, 즉 태양계 전체에 이르기까지 계속된다. 그러나 여기에서까지도 고립은 절대적이지 않다. 우리의 태양은 가장 먼 천체를 넘어 열과 빛을 발산한다. 다른 한편 그것은 혹성과 위성들을 이끌면서 정해진 방향으로 움직인다. 그것을 나머지 우주와 결합시키는 실은 아마도 분명 미미할 것이다. 그러나 그 실을 따라 우리가 사는 세계의 가장 작은 부분까지 우주 전체에 내재하는 지속에 전달된다.[15]

---

13 "지시되어 있다"는 것은 그런 것으로 드러난다는 것이다. "불가능"한 경우는 설탕물의 예에서처럼 고립시킬 수 없는 것을 의미한다. 그러니까 물질계의 고립은 옳기도 하고 그르기도 하다는 두 면을 다 가진다는 것이다. 바로 뒤에서 설명되는 것처럼 물질은 고립되는 "경향"을 가진다는 것인데, 경향은 그런 방향으로 가기는 하지만 다 그리로 가는 것은 아니라는 것을 뜻한다.

14 아래의 158, 190, 203-205쪽을 보라.

우주는 지속한다. 우리가 시간의 본성을 천착할수록 더 우리는
지속이 창발(invention), 형태의 창조, 절대적으로 새로운 것의 연속
적인 만들어냄임을 이해할 것이다. 과학에 의해 한정지어진 체계들
은 우주의 나머지와 떨어질 수 없게 연결되어 있기 때문에만 지속
한다. 우리가 나중에 말할 것처럼[16] 우주 자체에서도 반대되는 두
운동, 하나는 '하강'의, 다른 하나는 '상승'의 운동이 있는 것은 사실
이다. 전자는 완전히 준비된 두루마기를 펼칠 뿐이다. 원리상 그것
은 이완되는 용수철에서처럼 거의 순간적인 방식으로 이루어질 수
있을 것이다. 그러나 성숙과 창조의 내적 작업에 상응하는 후자는
본질적으로 지속하며, 그것과 떨어질 수 없는 전자에 자신의 리듬
을 부과한다.

그러므로 과학이 고립시킨 체계를 전체에 통합시킨다면, 그 체계
에 지속을, 그에 의해 우리와 유사한 존재의 형태를 부과하는 것을
아무것도 방해하지 않는다. 어쨌든[17] 체계를 전체에 통합시켜야 한
다. 그리고 우리 지각에 의해 제한된 대상들에 대해서는 더 강한 이
유로 그렇게 말할 것이다. 우리가 대상에 부여하며 대상에 개체성

---

15 우주 전체가 고립되지 않고 연결되어 있다는 것을 말한다. 우주의 가장
    동떨어진 어느 한 질점도 우주의 어떤 부분과도 연결되어 있다는 것이고
    그렇게 되면 유기체의 한 부분이 전체와 연결되어 있는 방식으로 존재한
    다는 것이다. 그렇게 되면 우주 전체가 유기체처럼 지속한다는 것이다.

16 아래의 제3장, 특히 246, 269쪽을 보라.

17 "mais"는 보통 앞의 말과 반대의 사실을 말할 때 쓰지만, 여기서는 오히려
    순접에 가까우므로 이렇게 번역한다.

을 제공하는 구별되는 윤곽은 우리가 공간의 어떤 지점에 끼칠 수 있을 어떤 종류의 **영향**의 그림에 불과하다. 그것은 우리가 사물의 표면과 모서리를 볼 때 거울에 의해서처럼 우리 눈으로 되돌려 보내지는 있을 수 있는(éventuelles) 행동의 설계도이다. 그런 행동과, 따라서 실재의 뒤엉킴 속에서 지각에 의해 미리 닦아진 대로大路를 제거해 보라.[18] 물체의 개체성은 아마도 실재 자체일 보편적 상호 작용 속으로 흡수된다.

이제, 우리는 임의로 취해진 물질적 대상을 고려했다. 특권적 존재는 없는가? 우리는 무기체가 **지각**에 의해 자연의 원단에서 재단되었다고 말했다.[19] 지각의 가위는 말하자면 **행동**이 지나갈 선의 점들을 따른다는 것이다. 그러나 그런 행동을 수행하는 물체, 실재 행동을 실행하기 전에 이미 그 잠재적 행동을 물질에 투사하는 물체, 그 감각기관을 실재의 흐름 위로 향하기만 하면 그것을 정해진 형태로 결정화하고 그리하여 모든 다른 물체들을 창조하는 물체, 결국 **살아 있는 신체는** 다른 것과 같은 물체인가?

아닌 게 아니라 그것 역시 나머지 연장과 연결되며, 전체와 유대

---

18 베르크손에게 물질계는 모든 질점의 모든 질점에 대한 상호 작용이다. 그러므로 그것이 실재의 본모습이다. 그 속에서 행동의 중심점인 각 생명체는 행동한다. 이때 그의 행동은 지각에 의해 물질계에 미리 그려진 밑그림을 따라 이루어진다(*MM*, 1장). 그러므로 지각은 '가능적 행동의 설계도'이자, '실재의 뒤엉킴 속에서 지각에 의해 미리 닦아진 대로'이다.

19 *MM*, 35-36쪽을 보라.

되어 있고, 물질의 부분이라면 무엇이든지 지배하는 물리·화학적
법칙에 종속하는 연장의 부분에서 성립한다. 그러나 고립된 입체
로의 물질의 분할은 우리 지각에 상대적이고, 질점들의 닫힌 체계
의 구성은 과학에 상대적인 반면, 생명체는 자연 자체에 의해 고립
되고 닫혔다. 그것은 서로를 보완하는 이질적 부분들로 구성된다.[20]
그것은 서로를 내포하는 다양한 기능들을 수행한다. 그것은 하나
의 **개체**(individu)이며, 다른 어떠한 대상, 심지어 수정도 그 정도까
지라 말할 수 없다. 수정은 부분의 이질성도, 기능의 다양성도 없으
니까.[21] 아마도 유기적 세계에서조차 개체인 것과 그것이 아닌 것
을 결정하기가 쉽지 않을 것이다. 동물계에서도 어려움은 벌써 크
다. 식물이 문제일 때 그것은 거의 극복불가능하게 된다. 어려움은
게다가 깊은 원인에 기인한 것이고, 그것에 대해서는 나중에 자세
히 다룰 것이다.[22] 개체성은 무한한 정도차를 포함하고 있고 아무
데서도, 심지어 인간에게서조차 완전히 실현되지는 않는다는 것을
볼 것이다. 그러나 그것이 거기서 생명의 특징적 속성을 보는 것을
거부할 이유는 되지 않는다. 기하학자로서 〔작업을〕 진행하는 생물

---

20 이것이 바로 유기체의 정의이다.

21 A. François가 지적하는 것처럼, 이것은 라베쏭(『습관에 대하여(*De
l'habitude*)』, 최화 역, 99쪽)과는 대립되는 견해이다(*Ech.*, 399쪽, 주 40 참
조). 라베쏭은 수정의 규칙적 성장에서 어떤 '맹목적 본능'을 보며, 따라서
수정도 습관이 내려가는 곳, 즉 유기물이라 생각한다. 베르크손은 여기서
거기에 반대하는 것이다.

22 아래 258-261쪽을 보라. 생명의 특성이 단일성이냐 다수성이냐의 풀기
곤란한 원인에 기인한다.

13 학자는 개체에 대해 정확하고 일반적인 정의를 내릴 수 없는 우리
의 무기력함에 의해 여기서 너무도 쉽게 승리해 버린다. 완전한 정
의는 이루어진 실재에게만 적용된다. 그런데 생명의 속성은 결코
완전히 실현되지는 않는 것이며, 항상 실현 중에 있다. 그것은 **상태**
(états)라기보다는 **경향**(tendances)이다. 그리고 한 경향은 어떤 다
른 경향에 의해서도 거슬림을 받지 않을 경우에만 그것이 겨냥하는
모든 것을 얻을 수 있다. 어떻게 그런 경우가 우리가 보여줄 것처
럼[23] 항상 적대적 경향의 상호 내포가 있는 생명의 영역에서 나타
날 것인가? 특히 개체성의 경우 개체화하려는 경향이 유기적 세계
에서는 어디서나 현존한다면 그것은 생식하려는 경향에 의해 도처
에서 항전을 받는다고 말할 수 있다. 개체성이 완전하기 위해서는
유기체로부터 떨어진 어떠한 부분도 분리되어 살 수 없어야 할 것
이다. 그러나 그때 생식은 불가능해질 것이다. 왜냐하면 이전의 것
으로부터 떨어진 조각에 의한 새로운 유기체의 재구성이 아니라면
생식은 무엇인가? 개체성은 따라서 자신 속에 적을 거주케 한다. 시
간 속에서 영속하기 위해 겪는 필요 자체가 그를 공간 속에서 결코
완전할 수 없도록 처단한다. 각 경우에 두 경향을 고려하는 것은 생
물학자에 속한다. 그러므로 단번에 완전히 공식화되고 자동적으로
적용될 수 있는 정의를 요구하는 것은 헛된 일이다.

그러나 너무도 자주 사람들은 생명의 사물들에 대해 무기물의 양
상들처럼 추론한다. 개체성의 논의에서만큼 혼동이 눈에 보이는

---

23 제2장 일반이 생명의 여러 성향을 이야기하고 있다.

곳은 아무데도 없다. 사람들은 머리를 재생하고 그때부터 그만큼 의 독립적 개체로 사는 룸브리쿨루스[24]의 토막들, 조각들이 그만큼 의 새로운 히드라가 되는 히드라, 조각들이 완벽한 배아가 되는 성 게의 알을 제시한다. 알이나 히드라, 지렁이의 개체성은 어디에 있 었냐고 사람들은 말한다. 그러나 지금 여러 개체성이 있다는 것으 로부터 방금 전 유일한 개체성이 있지 않았다는 것이 따라 나오지 않는다. 한 가구로부터 여러 서랍이 떨어지는 것을 보았을 때 가구 가 완전히 한 조각으로 이루어졌다고 말할 권리는 더 이상 없다는 것을 인정한다. 그러나 그것은 그 가구의 현재에 과거보다 더한 아 무것도 있을 수 없기 때문이며, 지금 이질적인 여러 조각들로 이루 어져 있다면 그것은 제작 때부터 그러했기 때문이다. 더 일반적으 로 무기체는 우리가 행동하기 위해 필요한 것이고, 우리의 생각하 는 방식의 본을 딴 것으로서 다음과 같은 단순한 법칙에 지배를 받 는다. 즉, "현재는 과거보다 더한 아무것도 포함하지 않으며, 결과 에서 발견하는 것은 이미 원인 속에 있다."는 것이다. 그러나 유기 체는 끊임없이 증가하고 변한다는 것을 구별되는 특징으로 가진다 고 가정해 보자. 게다가 가장 표면적인 관찰도 증명하듯이 그것이 우선은 **하나**였다가 다음에는 **여럿**이 된다는 것에 아무것도 놀라운 것은 없을 것이다. 단세포적인 유기물의 생식은 바로 거기서 성립 하고, 생명체는 둘로 나누어져서 그 각각이 완전한 개체가 된다. 더 복잡한 동물에서 자연은 거의 독립적인 이른바 생식 세포에 새롭

14

24　남아메리카 늪지대에 사는 지렁이의 일종.

게 전체를 생산하는 능력을 국한시킨 것은 사실이다. 그러나 재생
(régénération)[25]의 사실이 증명하듯이 그런 능력의 뭔가가 유기체
의 나머지 부분에 분산된 채 남을 수가 있으며, 어떤 특권적인 경우
그런 능력은 잠재적 상태로 온전히 존속하다가 기회만 오면 나타난
다고 생각된다. 사실을 말하자면 개체성에 대해 말할 권리를 가지
기 위해서는 유기체가 살 수 있는 조각들로 갈라질 수 없어야 할 필
요가 없다. 그 유기체가 조각나기 전에 부분들의 어떤 체계화를 나
타냈고 동일한 체계화가 일단 떨어진 조각들 속에서 재생되려는 경
향을 가지는 것으로 충분하다. 그런데 그것이 바로 유기적 세계에
15 서 우리가 관찰하는 것이다. 그러므로 개체성은 결코 완전하지 않
으며, 개체인 것과 아닌 것을 말하는 것이 자주 어렵고 때로는 불가
능하나, 그럼에도 불구하고 생명은 개체성의 추구를 나타내며, 자
연적으로 고립되고 자연적으로 닫힌 체계를 구성하려는 경향을 가
진다고 결론 내리자.

　그에 의해 생명체는 우리의 지각이나 과학이 인위적으로 고립시
키거나 폐쇄한 것 모두와 구별된다. 그러므로 그것을 **대상**과 비교
하는 것은 잘못일 것이다. 비교의 항을 무기체에서 찾기를 원한다
면 살아 있는 유기체와 동화해야 할 것은 오히려 물질계 전체일 것
이다. 비교는 큰 소용이 없을 것은 사실이다. 생명체는 관찰 가능
한 존재이지만 우주 전체는 사유에 의해 구성되거나 재구성되기 때

25　가령 다친 상처에 살이 다시 나는 것처럼 유기체의 어느 일부분이 손상된
　　경우 그 부분이 다시 복구되는 것이 재생이다.

문이다. 적어도 그렇게 함으로써 유기화의 본질적 성격에 대해 주의가 환기되었을 것이다. 우주 전체처럼, 따로 떨어진 각각의 의식적 존재처럼, 살아 있는 유기체는 지속하는 사물이다. 그 과거는 전체가 현재 속으로 연장되며, 거기서 현재적이며 작용하는 것으로 남는다. 그것이 잘 조절된 국면들을 건너고[26] 나이가 변하며 결국 역사를 갖는다는 것을 달리 이해할 것인가? 특별히 내 몸을 생각해 보면 나의 의식과 비슷하게 그것이 어릴 때부터 늙을 때까지 조금씩 성숙했다는 것을 발견할 것이다. 나처럼 그것도 늙는다. 심지어 성숙과 노화는 고유하게 말하자면 내 신체의 속성에 불과하다. 내 의식적 인격의 상응하는 변화에 동일한 이름을 주는 것은 비유에 의해서이다. 이제 내가 생명체의 계단의 위에서부터 밑으로 옮겨가면, 가장 분화한 것들 중의 하나로부터 가장 덜 분화한 것들 중의 하나로, 인간이라는 다세포적 유기체로부터 적충(Infusoire)이라는 단세포적 유기체로 이행하면 나는 그 단순한 세포에서도 동 16 일한 노화의 과정을 재발견한다. 일정한 수의 분열 후 적충은 지치고, 환경을 바꿈으로써[*1] 접합에 의한 재생(rajeunissement)이 필요

---

*1 Calkins, "Studies on the life history of Protozoa(원생동물의 생활사에 관한 연구)", *Arch. für Entwickelungsmechanik*, 15권, 1903, 139-186.[27]

---

26 "잘 조절된 국면들을 건넌다(traversât des phases bien réglées)"는 것은 자기 생의 일정한 국면들, 가령 사춘기나 청년기 등을 지나간다는 뜻이다.

27 Calkins, "Studies on the life history of Protozoa I. The life cycle of paramoecium caudatum", *Arch. für Entwickelungsmechanik*, 15권, 1903을 우리는 구할 수가 없었다. 다만 Justor 사이트를 통해 "Studies on the

하게 되는 순간을 늦출 수는 있다 할지라도 그것을 무한히 미룰 수는 없을 것이다. 유기체가 완전히 개체화되는 그런 두 극단적 경우 사이[28]에 개체성이 두드러지지 않고, 아마 어딘가는 노화가 있을 테지만 무엇이 늙는지를 정확히 말할 수 없는 많은 다른 경우를 발견할 것임은 사실이다. 다시 한번[29] 그 자체로서 자동적으로 어떠한 생명체에나 적용되는 보편적 생물학 법칙은 존재하지 않는다. 생명이 종들 일반을 던지는 **방향들**이 있을 뿐이다. 각 특수 종은 그것이 구성되는 작용 자체 속에서 그 독립성을 인정시키고, 그 변덕을 따르며, 선으로부터 다소간 벗어나고, 때로는 경사를 거슬러 올라가기조차 하며, 본래의 방향에 등을 돌리는 것처럼 보이기도 한다. 나무는 늙지 않는다는 것을 보이기는 어렵지 않을 것이다. 그 끝가지는 항상 또한 젊고 항상 꺾꽂이에 의해 또한 새나무를 낳을 수 있기

---

life history of Protozoa, III. six hundred and twentieth generation of paramoecium caudatum", *Biological bulletin*, vol. 3 no. 5, Oct. 1902밖에 접근할 수가 있었다. 이것은 물론 베르크손이 인용한 논문과는 다른 논문인데 본문에서 논의된 내용이 거의 그대로 다 나온다. 이분법과 유성생식을 겸하는 집신벌레를 다른 두 장소에서 채집하여 분열할 때마다 각각 따로 분리하여 배양시키면 대체로 150-170 분열 후에는 노화로 말미암아 죽게 된다. 제공하는 영양분이나 온도에 따라 그 시기를 늦출 수 있지만 620 세대가 지나면 거의 다 죽게 된다고 보고한다. 그러므로 "일정한 수의 분열 후 집신벌레는 지치고, 환경을 바꿈으로써 접합에 의한 재생이 필요하게 되는 시간을 늦출 수는 있다 할지라도 그것을 무한히 미룰수는 없을 것이"라고 말할 수 있다.

28 인간과 적충류 사이.

29 위의 13쪽을 보라.

때문이다. 그러나 그와 같은 유기체 ─ 그것은 게다가 개체라기보다는 사회인데 ─ 에서도 이파리나 줄기 내부에 불과하다할지라도 뭔가가 늙는다. 그리고 따로 생각한 각 세포는 정해진 방식으로 진화한다.[30] **뭔가가 사는 곳에서는 어디서나 어딘가는 시간을 새기는 장부가 열려 있다.**

그것은 비유에 불과하다고 사람들은 말할 것이다. ─ 시간에 실질적 행동과 고유한 실재성을 부여하는 모든 표현을 비유적이라 간주하는 것은 아닌 게 아니라 기계론의 본질이다. 직접적 관찰이, 의식적 존재의 기저 자체가 기억, 즉 과거의 현재로의 연장, 즉 비가역적이고 작용하는 지속임을 보여주어도 소용없다. 상식과 과학에 의해 잘라진 대상과 고립된 체계로부터 멀어질수록, 과거를 축적하는 기억이 뒤로의 회귀를 불가능하게 만드는 것처럼, 내적 기질에서 덩어리 채 변하는 실재[31]와 더욱더 관련이 된다는 것을 추론으로 증명해도 소용없다. 정신의 기계론적 본능이 추론보다 더 강하며, 직접적 관찰보다 더 강하다. 우리가 무의식적으로 우리 속에 지니고 있는 형이상학자[32]는 나중에 볼 것처럼[33] 인간이 생명체

17

---

30 "정해진 방식으로 진화한다."는 것은 각 세포가 개별적으로 진화의 노선을 따른다는 말이 아니라, 일정하게 탄생, 성장, 노화의 길을 따라 나아간다는 뜻이다.

31 "덩어리 채 변한다."는 것은 그 전체로 변한다는 것이고, 부분 부분으로 나누어서 변하지 않는다는 것이다. 생명체는 개체인 한 나눌 수 없고('individuum'), 따라서 그 전체로서 변할 수밖에 없다.

32 이 형이상학자는 지성의 논리에 따르고 거기에 순응하는 자이다.

33 제2장의 지성과 본능의 차이, 그리고 지성의 자연적 기능에 관한 부분(아

총체 속에서 점하는 위치 자체에 의해 그 현존이 설명되는데, 그는
모든 것이 구체적 지속의 부정으로 환원된다[고 주장하]는, 자신의
정지된 요청과 이루어진 설명, 그리고 지울 수 없는 주장을 가진다.
변화는 부분들의 배열이나 흩뜨림으로 환원되고, 시간의 비가역성
은 우리의 무지에 관계된 외양이며, 뒤로 돌아가는 것이 불가능한
것은 사물을 제자리로 되돌릴 수 없는 인간의 무능력에 불과**해야
한다**. 이제부터 노화는 더 이상 어떤 물질의 점진적 획득이나 점진
적 상실, 또는 동시에 둘 다에 불과할 수밖에 없다. 시간은 생명체
에게 바로, 위의 용기가 비는 한편 아래의 용기는 채워지고 장치를
돌려놓으면 사태를 되돌려 놓을 수 있는 모래시계만큼의 실재성만
을 가진다.

태어난 날과 죽는 날 사이에 얻는 것에 대해서도 잃는 것에 대해
서도 사람들이 일치를 보지 못한다는 것은 사실이다. 세포의 탄생
이래 죽음에 이르기까지 원형질의 부피의 계속적 증가에 집착하기
도 했다.*¹ 유기체가 새로워지는 '내적 환경'³⁴에 포함된 영양물질

---

*1 Sidgwick Minot, "On certain phenomena of growing old(어떤 늙어감
    의 현상에 관하여)", *Proc. of the American Assoc. for the advancement of
    science*, 39회 회의, Salem, 1891, 271-288쪽.³⁵

래의 138-166쪽)을 가리킨다.
34 A. François는 "내적 환경"이라는 개념이 Claude Bernard가 만든 것으로
    고등동물에서 세포가 잠겨있는 환경, 즉 주로 피와 림프액을 말한다고 지
    적한다(*Ech.*, 400쪽 주 55 참조).
35 Sidgwick Minot, "On certain phenomena of growing old", *Proceedings*

양의 감소와, 몸에 축적되면서 '외피처럼 굳어지는' 것으로 끝나는 18
배설되지 않은 잔여물 양의 증가에 관여시키는 이론[*1]이 더 그럴듯
하고 더 깊다. 그럼에도 불구하고 저명한 미생물학자와 함께 식균
작용(phagocytose)을 고려하지 않은 모든 노화에 대한 설명을 불충
분하다고 선언해야 할까?[*2] 우리는 그 문제를 결정할 자격이 없다.

....
[*1]   Le Dantec, *L'individualité et l'erreur individualiste*(개체성과 개체적 오류),
       Paris, 1905, 84쪽 이하.[36]
[*2]   Metchnikoff, "La dégénérescence sénile(노년의 퇴화)"(*Année biologique*,
       III, 1897, 249쪽 이하). 같은 저자, *La nature humaine*(인간의 본성), Paris,
       1903, 312쪽 이하 참조.[37]

---

of the American Assoc. for the advancement of science, 1981, 271-288쪽
을 우리는 직접 구해 볼 수는 없었고, 다만 Justor를 통해 *Science*, vol. 16,
No. 395 (Aug. 1890)에 실린 원래 회의의 요약본에는 접근할 수 없었다.
거기에 따르면 본문에 설명된 대로 탄생에서부터 죽을 때까지 노화할수
록 핵에 대비한 원형질의 양이 증가한다는 사실이 중점적으로 강조되어
있다.

36 Le Dantec, *L'individualité et l'erreur individualiste*, Paris, 1905, 84쪽 이
    하. 이 책은 BNP의 Gallica 사이트에서 볼 수 있다. 84쪽 이하는 제 II 부:
    왜 늙게 되는가의 부분으로 그 장 전체에서 노화에 대해 논하고 있다. 이
    책은 세포 내의 어떤 부분은 영양물질이 계속 증가하여 새롭게 생명을 이
    어가는 부분이고, 다른 부분은 잔여물이 배설되지 않고 남아서 외피처럼
    굳어지는 조형적 부분을 이룬다고 한다. 그리하여 식물에서는 전자의 부
    분이 꺾꽂이를 해도 계속 살아가는 부분이고, 후자의 부분은 식물의 형
    태를 결정하는 부분으로서 죽은 후에도 남는 부분(목재부분)이다. 이것이
    인간과 같은 고등동물로 오면 살을 형성하는 부분과 늙으면 자꾸 굳어지
    는 부분이나 또는 뼈의 부분을 이룬다.

그러나 두 이론이 어떤 종류의 물질의 항상적 축적과 항상적 상실을 인정하는 데 일치하는 한편, 획득되는 것과 상실하는 것(이 무엇이냐)의 결정에서는 크게 공통되는 것이 없다는 사실은 설명의 틀이 선험적으로(a priori) 제공되었다는 것을 충분히 보여준다. 우리 연구가 진척됨에 따라 그것을 점점 더 잘 볼 것이다. 시간을 생각할 때 모래시계의 이미지를 탈피하기가 쉽지 않다. 노화의 원인은 더 깊음이 틀림없다. 우리는 배아의 진화와 완전한 유기체의 진화 사이에는 단절되지 않는 연속성이 있다고 판단한다. 생명체를 크고, 발달하고, 늙게 하는 추진력은 배아의 생명의 국면들을 건너게 하는 바로 그 추진력 자체이다. 배아의 발달은 형태의 영속적 변화이다. 그것의 모든 연속적 측면들을 적어두기를 원하는 자는 무한 속으로 길을 잃을 것이다. 연속성과 관계할 때 그런 것처럼. 생명은 그런 탄생 이전의 진화의 연장이다. 그 증거는 늙어가는 유기체를 다루고 있는지 진화를 계속하는 배아를 다루고 있는지를 말하는 것

---

37 Metchnikoff, "Revue de quelque travaux sur la dégénérescence sénile, *Année biologique*, Ⅲ, 1897, 249쪽 이하. 늙음은 위축(atrophie)에서 성립한다는 생각 하에 위축을 가져오는 주된 원인이 식균작용(phagocytose)에 기인한다고 주장하는 논문이다. 식균작용은 기능을 잘 하지 못하는 세포를 먹어 치우는데, 늙은 몸의 각 부분에 작용을 하여 위축을 가져 오며, 가장 먼저 영향을 미치는 것은 난자라고 한다. — *Etudes sur la nature humaine*, Paris, Masson, 1903은 요즈음에는 Forgotten Books(2012)에서 나오는 사진본으로 접근할 수 있다. 312쪽 이하에서는 노인의 뇌가 대식작용(macrophage)에 의해 축소되며, 머리카락이 백발이 되는 것도 색소를 먹는 색식작용(pigmantophage 또는 chromophage)에 의해 이루어진다고 설명하고 있다.

이 자주 불가능하다는 것이다. 가령 곤충과 갑각류의 애벌레가 그러하다. 다른 한편 우리와 같은 유기체에서는 사춘기나 폐경기 같은 급변기들은 개인의 완전한 변전을 유발하는데, 유충이나 배아의 과정 중에 이루어지는 변화와 완전히 비견될 수 있다. — 그러나 그것들은 우리 노화와 일체를 이루는 부분이다. 그것들이 정해진 나이, 충분히 짧을 수 있는 시간에 일어난다고 하더라도, 아무도 그것들이 그때 갑자기(ex abrupto), 밖으로부터, 단순히 어떤 나이에 도달했기 때문에, 스무 살이 지나면 군대에 소집되듯이, 일어났다고 주장하지는 않을 것이다. 사춘기와 같은 변화는 태어난 이래, 심지어는 태어나기 전부터 끊임없이 준비되었으며, 어떤 급변기까지의 생명체의 나이듦은, 적어도 부분적으로는, 그런 점차적인 준비에서 성립한다는 것은 명백하다. 요컨대 노화에서 찾을 고유하게 생명적인 것이 있다면 그것은 형태의 변화의 무한히 나누어진, 감지할 수 없는 연속이다. 게다가 유기적 파괴의 현상들이 의심의 여지없이 그것을 동반한다. 노화의 기계론적 설명은 그런 현상들에 집착할 것이다. 그것은 경화의 사실, 잔여물의 점진적 축적, 세포 원형질의 증가하는 확장에 주목할 것이다. 그러나 그런 가시적 효과 아래에 내적 원인이 숨겨져 있다. 배아의 진화처럼 생명체의 진화는 지속의 연속적 기록과 과거의 현재에서의 존속, 따라서 유기적 기억의 적어도 외양[38]을 내포한다.

---

38 여기서는 진정한 외양이라기보다는 겸손한 표현이라고 봐야 한다. 실제로 그렇지만 적어도 외양적으로라도 유기적 기억이 있는 것으로 보인다는 말이다.

한 무기체의 현재 상태는 오직 이전 순간에 일어난 것에 의존한
다. 과학에 의해 정의되고 고립화된 한 체계의 질점質點들의 위치는
직접적으로 바로 앞선 순간에서의 동일한 점들의 위치에 의해 결정
된다. 다른 말로 하면 무기물을 지배하는 법칙들은 원리상 시간(수
20 학자들이 취하는 의미에서의)이 독립변수의 역할을 할 미분방정식에
의해 표현될 수 있다. 생명의 법칙들도 그러할까? 생명체의 상태는
직접적으로 바로 앞선 상태 속에서 그 완전한 설명을 찾는가? 그렇
다. 생명체를 자연의 다른 물체들과 동화하고, 원인의 필요 때문에
[39] 화학자, 물리학자, 천문학자가 조작하는 인위적 체계와 동일시하
는 데 선험적으로(a priori) 동의한다면. 그러나 천문학, 물리학, 화
학에서 그 명제[40]는 분명 정해진 의미를 가진다. 그것은 과학에게
중요한 현재의 어떤 측면은 직접적 과거에 따라 계산할 수 있다는
것을 의미한다. 생명의 영역에서는 그와 유사한 아무것도 없다. 여
기서 계산은 유기체의 **파괴**의 어떤 현상에나 영향력을 가진다. 반
대로 유기체의 **창조**나 고유하게 생명을 구성하는 진화적 현상에 대
해서는 우리는 심지어 그것들을 어떻게 수학적 취급에 따르게 할
수 있을지조차 엿볼 수 없다. 그런 무능력은 우리의 무지에 기인할
뿐이라고 사람들은 말할 것이다. 그러나 그런 무능력은 또한 생명
체의 현 순간은 직접적으로 앞선 순간에서 그 존재이유를 발견하는
것이 아니며, 거기에 유기체의 과거 전체, 그 유전, 결국 매우 긴 역

---

39 인과론으로 원인을 찾고자하는 필요 때문에.

40 생명체를 다른 물체나 인위적 체계와 동일시하는 명제.

사의 총체를 결합해야 한다는 것을 표현할 수가 있다. 사실, 생명과
학의 현 상태와 심지어 그 방향을 번역하는 것은 그 두 가정[41] 중 두
번째이다. 생명체가 어떤 초인적인 계산가에 의해 우리의 태양계와
동일한 수학적 계산에 복종될 수 있으리라는 생각은 갈릴레이의 물
리학적 발견 이래 더 정확한 형태를 취했으나 항상 인간 정신의 자
연스러운 형이상학이었던 ― 우리가 보여줄 것처럼[42] ― 어떤 형이상
학으로부터 조금씩 나왔다. 그것의 외견적 명확성, 그것을 참으로
생각하려는 우리의 성급한 욕망, 그토록 많은 우월한 정신들이 그
것을 증거 없이 받아들이는 조급함, 결국 그것이 우리 사유에 가했
던 모든 유혹들은 우리로 하여금 그것에 대항하여 주의하도록 했어
야 했을 것이다. 그것이 우리에게 가진 매력은 그것이 〔우리의〕 내
적인 성향에 만족을 준다는 것을 충분히 증명한다. 그러나 나중에 21
볼 것처럼[43] 오늘날은 본유적本有的이 된 지적 경향은 생명이 그 진
화 도중에 창조한 것이 틀림없는데, 그것은 우리에게 생명의 설명
을 제공하는 것과는 완전히 다른 것을 위해 이루어졌다.

　인위적인 체계와 자연적인 체계, 죽은 것과 산 것 사이를 구별
하려고 하자마자 부딪히게 되는 것은 그런 경향의 대립이다. 그것
은 유기적인 것은 지속하고 무기적인 것은 지속하지 않는다는 것

41　두 가정이란 생명을 수학적으로 취급할 수 없는 것은 우리의 무지 때문이
　　라는 가정과 거기에 생명체의 과거 전체를 결부시켜야 한다는 가정.
42　아래의 제4장 참조.
43　지성의 역할에 대한 아래의 제3장 참조. 지성은 물질을 다루기 위해 이루
　　어졌다.

을 사유하는 데 동일한 어려움을 겪게 한다. 뭐라고! 인위적 체계
의 상태는 오로지 이전 순간의 상태에 의존한다는 것을 인정하면
서 당신은 시간을 개입하게 하고 체계를 지속 속에 놓지 않았는가?
하고 말할 것이다. 그리고 다른 한편, 유기적 기억은, 당신에 따르
면 생명체의 현재 순간과 일체를 이루는 과거 전체를 직접적으로
앞선 순간 ─ 이제부터 현재 상태의 유일한 원인이 되는 ─ 속에 응축시
키지 않는가? ─ 이렇게 말하는 것은 실재적인 체계가 발전되는 구
체적 시간과 인위적 체계에 대한 사색에 개입하는 추상적 시간 사
이의 중대한 차이를 무시하는 것이다. 우리가 인위적인 체계의 상
태는 직접적으로 앞선 순간에 그것이었던 것에 달려 있다고 말할
때, 그것은 무슨 뜻인가? 한 수학적 점에 인접한 수학적 점이 없는
것과 마찬가지로 한 순간에 직접적으로 앞선 순간은 없고, 있을 수
없다.[44] '직접적으로 앞선' 순간은 사실 간격 dt에 의해 현재 순간에
연결된 순간이다. 그러므로 우리가 말하고자 하는 모든 것은 체계
의 현 상태는 $\frac{de}{dt}$, $\frac{dv}{dt}$, 즉 근본적으로 **현재** 속도와 **현재** 가속도와
같은 미분계수들이 들어가는 방정식에 의해 정의된다는 것이다.[45]
그러므로 결국 문제는 현재, 그 **경향**과 함께 취한 현재만이다. 그리
22 고 사실상 과학이 조작하는 체계는 끊임없이 새로워지는[46] 순간적

---

44 완전한 점은 연장성 속에 있지 않다. 그러므로 순간과 순간 사이에는 연
결이 없다. 연결된 순간 사이에는 de나 dt가 있을 뿐이다. 즉, 이어진 크기
이다.

45 $\frac{de}{dt}$ 는 $\frac{거리}{시간}$ 의 미분, 즉 속도이며, $\frac{dv}{dt}$ 는 $\frac{속도}{시간}$ 의 미분, 즉 가속도이다.

현재 속에 있지, 결코 과거가 현재와 하나가 되는 실재적이고 구체적인 지속 속에는 있지 않다. 수학자가 시간 t 후의 체계의 미래 상태를 계산할 때, 지금부터 그때까지 물질계가 사라졌다가 갑자기 다시 나타난다고 가정하는 것을 방해하는 것은 아무것도 없다. 중요한 것은 t번째의 순간만이며, 그것은 뭔가 순수한 순간일 것이다. 간격, 즉 실재 시간에서 흐를 것은 중요치 않으며 계산에 들어올 수 없다. 수학자가 그 간격에 자리 잡는다고 선언한다면 그가 옮겨가는 것은 항상 어떤 순간 어떤 점으로, 즉 어떤 시간 t'의 끝으로이며, 그때 실재시간 T'로 가는 간격은 더 이상 문제가 되지 않는다. 그가 미분 dt를 고려함으로써 간격을 무한히 작은 부분들로 나눈다면 그에 의해 단지 가속도와 속도, 즉 주어진 순간 체계의 상태를 계산할 수 있게 해주며 경향을 표시하는 수를 고려할 것임을 나타낼 뿐이다. 그러나 문제인 것은 항상 주어진, 즉 정지된 순간이지 흐르는 시간이 아니다. 요컨대 **수학자가 조작하는 세계는 매순간 죽었다가 다시 태어나는 세계이며, 데카르트가 계속적 창조를 이야기할 때 생각한 세계 자체이다.**[47] 그러나 이렇게 생각된 시간에서 어떻게 진화, 즉 생명의 변별적 특성을 표상할 것인가? 진화는 현재에 의한 과거의 실재적인 연속, **연결부호**(trait d'union)인 지속을 내포한

---

46 베르크손에게 물질의 현재는 끊임없이 다시 시작하는 진동이다(*MM.*, 236쪽). 그것을 여기서는 "끊임없이 새로워진다"고 표현한 것이다.

47 Descartes, *Principe de la philosophie*, 제1부 § 21. 데카르트에게 시간이 다음 순간으로 이어진다는 보장이 없는데, 그것을 보장해주는 것이 신이다.

다. 다른 말로 하면 생명체 또는 **자연적 체계**의 인식은 지속의 간격
자체에 관계된 인식인 반면, 수학적이거나 **인위적인 체계**의 지식은
극단에 관계될 뿐이다.

그러므로 변화의 연속, 현재에서의 과거의 보존, 참된 지속, 생명
23 체는 분명 그 속성을 의식과 나누어 가지는 것으로 보인다. 더 멀리
나아가 생명은 의식적 활동처럼 발명이며 그것처럼 끊임없는 창조
라고 말할 수 있는가?

여기서 생물 변형론(transformisme)의 증거를 열거하는 것은 우
리의 계획에 들어가지 않는다. 우리는 단지 왜 이 책에서 그것을 알
려진 사실들의 충분히 정확하고도 명확한 번역으로 받아들이는지
를 간단히 설명하고자 한다. 생물 변형론의 관념은 유기적 존재들
의 자연적 분류에 이미 배태되어 있었다. 왜냐하면 박물학자는 닮
은 유기체들을 서로 접근시키며 다음으로 집단을 하위 집단으로 나
누고, 하위 집단의 내부에서 닮음은 더 커지고, 그런 식으로 계속되
기 때문이다. 그런 조작 전체를 따라 집단의 성격들은 각각의 하위
집단들이 자신의 개별적 변이를 수행할 일반 주제들로 보인다. 그
런데 그와 같은 것이 바로 동물계와 식물계에서 탄생시키는 것과
탄생되는 것 사이에서 발견되는 관계이다. 조상이 자손들에게 넘겨
주고 자손들이 공통으로 가지는 캔버스 위에 각자는 자신의 독창적
자수를 놓는다. 조상과 자손 사이의 차이는 적고, 동일한 살아 있는
물질이 어류, 파충류, 조류와 같이 상이한 형태를 연속적으로 띠기
에 충분한 만큼의 변형성(plasticité)을 나타내는지를 물어볼 수 있다

는 것은 사실이다. 그러나 그런 질문에 관찰은 단호한 방식으로 대답한다. 관찰은 그 발전의 어떤 기간까지 조류의 배아는 파충류의 배아와 거의 구별되지 않고 개체는 배아의 삶 일반을 통해 진화론에 따라 한 종에서 다른 종으로 옮겨가는 변형과 비교할 수 있는 일련의 변형들을 발전시킨다는 것을 보여준다. 암 수 두 세포의 결합에 의해 획득된 단 하나의 세포는 분열되면서 그 일을 성취한다. 매일 우리 눈 아래에서 생명의 가장 높은 형태는 매우 기초적인 형태로부터 나온다. 그러므로 경험은 가장 복잡한 것이 진화의 길을 통해 가장 단순한 것으로부터 나올 수 있다는 것을 확립해 준다. 이제 그것이 과연 실제로 거기서부터 나왔는가? 고생물학은 그 자료의 불충분성에도 불구하고 그렇게 믿도록 인도한다. 왜냐하면 고생물학이 어느 정도의 정확성을 가지고 종들의 연속의 질서를 보여주는 곳에서 그런 질서는 바로 비교 태아발생학(embryogénie)과 비교 해부학으로부터 끌어낸 고려가 가정하게 했을 질서이며, 그리고 각각의 새로운 고생물학적 발견이 생물 변형론에 새로운 긍정을 가져오기 때문이다. 그러므로 단순한 관찰로부터 끌어낸 증거는 항상 강화되면서 나아가는 반면, 다른 한 편 경험은 반론들을 하나하나 떨어지게 한다. 그렇게 하여 가령 드브리스(H. de Vries)의 흥미로운 실험은 중요한 변이들이 갑자기 일어나서 규칙적으로 전달될 수 있다는 것을 보임으로써 그 주장이 일으켰던 가장 큰 난점들 중 몇몇을 제거하게 했다.[48] 그것은 생물학적 진화가 요청하는 것으로 보

───────

48 de Vries는 특이한 달맞이꽃을 발견하고 그것을 실험실에 가져와 자가

였던 시간을 많이 단축하게 한다. 그것은 또한 우리에게 고생물학
에 대해 덜 까다롭게 굴도록 한다. 그 결과 요약하자면 생물 변형론
의 가설은 점점 더 진실의, 적어도, 근사적(approché) 표현으로 보
인다. 그것은 엄밀하게 증명할 수 있는 것은 아니다. 그러나 이론적
이거나 실험적인 증명이 주는 확실성 아래에 명증성을 보완하고 그
것을 한계처럼 향하는, 무한히 증가하는 개연성이 있다. 그와 같은
것이 생물변이설이 나타내는 개연성의 종류이다.

그러나 생명 변형론을 오류라 믿는다고 인정해 보자. 추론이나
경험에 의해 종들이 오늘날 우리로서는 전혀 알 수 없는 불연속적
25 과정에 의해 탄생했다는 것을 확립하기에 이르렀다고 가정하자. 그
이론이 그것이 가진 가장 흥미롭고 우리에게는 가장 중요한 것에
도달할 것인가? 아마도 분류는 큰 줄기에서 존속할 것이다. 발생학
의 현재 자료들도 마찬가지로 존속할 것이다. 비교 태아발생학과
비교 해부학 사이의 일치도 존속할 것이다. 이제부터 생물학은 살
아 있는 형태들 사이에 오늘날 생물 변형론이 가정하는 것과 동일

수정을 계속한 결과 원래의 종과 다른 종의 꽃을 발견했다. 그 결과 새
로운 종의 출현은 중간단계를 거치는 방황변이가 아니라 돌연변이에 의
해 생긴다고 결론지었다(H. de Vries, *The mutation theory*, Experiments
and observations on the origine of species in the vegetable kingdom, tr. by
Farmer & Darebishire, Chicago, Open Court Pbl. Co., 1909, 특히 제2부). 본
문에서의 실험은 이 실험을 가리킨다. 돌연변이는 유전자의 변화에서 발
생하므로 획득형질과 달리 유전된다. 돌연변이에 의해 종들의 변화가 이
루어진다면 "생물학적 진화가 요청하는 것으로 보였던 시간을 많이 단축
하게" 된다.

한 관계, 동일한 유사성(parenté)을 확립하기를 계속할 수 있을 것
이고 해야만 할 것이다. 사실 문제는 관념적 유사성(parenté idéale)
에 관한 것이지 더 이상 실질적 친자관계(filiation matérielle)는 아닐
것이다.[49] 그러나 고생물학의 현 자료들 또한 존속할 것이기 때문에
관념적 유사성이 드러나는 형태들이 나타나는 것은 계기적이지 동
시적이지는 않을 것이라는 것을 분명 여전히 인정해야 할 것이다.
그런데 진화론은 철학자의 눈에 중요한 것에서 그 이상을 요구하지
않는다. 진화론은 특히 관념적 유사성을 긍정하고 형태들 사이에
말하자면 **논리적** 친자관계가 있는 곳에는 그 형태들이 구체화되는
종들 사이에 **시간적** 계기(succession chronologique)의 관계도 또한
있다는 것을 주장하는 데서 성립한다. 그 두 주장은 어떤 경우에도
하여간 존속할 것이다. 그리고 이제부터 어디선가 ― 종들 자체가 대
지 위에서 태어나기를 생물 변형론이 원하는 바로 그것처럼 다양한 종의
관념들이 서로가 서로를 낳는 창조적 사유 속에서건, 순수 형태들 사이의
논리적이고 시간적인 친자관계가 바로 형태 변이설이 살아 있는 개체들
사이의 실재적 친자관계일, 조금씩 나타날 자연에 내재하는 생명적 유기
화의 계획에서건, 또는 마지막으로 서로가 서로를 낳는 **것처럼** 그 결과를
발달시킬 생명의 어떤 미지의 원인 속에서건 ― 는 진화를 여전히 가정

---

49 "parenté"는 형태적 유사성도 의미하지만 또한 친족관계도 의미한다. 여
기서는 둘 다의 의미를 모두 가진다고 해야 할 것이다. 그러니까 "parenté
idéale"는 "filiation matérielle(실질적 친족관계)"에 대비되어 관념적 친족
관계(=유사성), 즉 친족관계가 있기는 있지만 관념적으로밖에는 있지 않
다는 것을 의미한다.

해야 할 것이다.[50] 그러므로 진화를 단지 **옮겨놓은** 것에 불과할 것

26 이다. 그것을 보이는 것에서 보이지 않는 것으로 이동하게 했을 것

이다. 생물 변형론이 오늘날 우리에게 말해주는 거의 모든 것이 보

존될 것이다. 다르게 해석하는 것은 차치하고라도. 이제부터는 과

학자들이 거의 만장일치로 주장하는 대로 문자 그대로의 생물 변형

론에 만족하는 것이 낫지 않는가? 그런 진화론이 어느 정도까지 사

실을 묘사하고 어느 정도까지 상징화하는지를 아는 문제를 보류한

다면 그것이 대체한다고 주장한 이론과, 심지어 일반적으로 그것에

대립시키는 분리된 창조의 이론[51]과도, 양립 불가능한 아무것도 가

지고 있지 않다. 그렇기 때문에 우리는 생물 변형론의 독단론적 긍

정이 과학에 강요되듯이 생물 변형론의 언어가 이제 모든 철학에

강요된다고 평가한다.

그러나 그렇다면 더 이상 **생명 일반**(vie en général)을 추상처럼,

---

50   이제부터는 진화를 어디선가 가정해야 할 텐데, 그 "어디선가"가 세 가
지 선택지로 설명되어 있다. 1) 창조적 사유에서: 거기서는 종의 관념들
이 서로를 낳는데, 그것은 생물 변형론의 주장처럼 종들이 땅위에서 생겨
나는 것과 같이 낳는다. 2) 생명 유기화의 계획에서: 거기서는 여러 형태
들의 논리적, 시간적 친자관계가 바로 형태변형설과 같이 실질적 친자관
계이다. 3) 생명의 어떤 미지의 원인에서: 거기서 그 원인의 결과는 서로
가 서로를 낳는 것처럼 이루어진다. 즉 창조적 사유건, 유기화의 계획이
건, 생명의 미지의 원인이건 모두 생물 변형론처럼 진화를 가정할 수밖에
없다는 것이다. 이중 1)은 (생물) 창조론을, 2)는 일종의 생기론을 가리키
는 것으로 보인다. 3)은 불명이다.

51   개별 종들을 따로 따로 분리시켜 독립적으로 창조했다는 이론.

또는 모든 생명체에 새기는 단순한 표지처럼 말하지 말아야 할 것이다. 어느 순간, 공간의 어떤 지점들에서 분명 눈으로 볼 수 있는 어떤 흐름(courant)이 생겨났다. 생명의 그 흐름은 자신이 유기적으로 조직한 물체들을 차례차례 지나 한 세대에서 다음 세대로 나아가는데, 자기의 힘은 조금도 잃지 않고 오히려 앞으로 나아갈수록 강해지면서 종으로 나뉘고 개체로 분산된다. "생식질(plasma germinatif)의 연속성"이라는 바이스만(Weisman)에 의해 발표된 주장에서 생식하는 유기체의 생식요소들은 그들의 특성을 직접적으로 생식된 유기체의 생식요소에 전이한다고 하는 것을 안다.[52] 그런 극단적 형태에서 그의 주장은 반박 가능한 것으로 보였다. 수정란의 분열에서부터 생식샘(glandes sexuelies)의 초벌그림이 그려지는 것은 단지 예외적 경우에서만이기 때문이다. 그러나 생식요소들을 낳는 세포들이 일반적으로 배아의 삶의 처음부터 나타나지 않는다면, 그럼에도 불구하고 그것들은 항상 아직 어떤 특수한 기능적 분화를 겪지 않고 그 세포가 변하지 않은 원형질로 구성된 배아의 조직에도 불구하고 형성된다는 것은 사실이다.[*1] 다른 말로 하면 수 27

---

*1   Roule, *L'embryologie générale*(일반 발생학), Paris, 1893, 319쪽.[53]

---

52   Weisman 학설의 주된 내용은 "생식질의 연속성"이다. 그는 획득형질의 유전을 부정하면서 오직 생식질과 자연선택만이 진화에 영향을 미친다고 보았다. 생식질은 영속적인데 오직 다른 성과의 결합에서 진화가 일어난다는 것이다. 이것은 모두 다음에 나오는 Roule의 책에 설명되어 있다. 다음에 나오는 반박은 Roule의 이의제기이다.

53   Roule, Louis, *L'embryologie générale*, Paris, Reinwald, 1893, 319쪽. 이 책

은 최근에는 Kissinger Legacy Reprints에서 사진본으로 구할 수 있다. 발생학의 교과서인 이 책에서 베르크손은 이 문단 중반까지의 대부분의 논의를 암시받는다. 319쪽 부분은 제 IX 장 Les lois de l'embriologie(발생학의 법칙들) §1절 De l'évolution des êtres organisés(유기적 존재들의 진화에 대하여) III De l'hérédité(유전에 대하여)의 부분이다. Weisman은 생식요소는 다른 체세포(somatique) 부분과는 달라서 신체의 부분과는 독립되어 존재하며 죽지 않는다고 생각한다. 그리하여 생식요소의 특성은 그들에게만 고유하게 속하므로 자손의 생식요소에 직접적으로 전달된다. 수정란이 처음 분할될 때부터 생식샘을 구성할 부분은 따로 떨어져서 수정란으로부터 직접적으로 생식요소를 구성한 원형질을 받는다. 그것이 바로 "생식질(plasma germinatif)"이다. 생식질은 조상의 생식부분으로부터 자손의 생식부분으로 직접적으로 전달되므로 그것은 시간적으로 계속적이며 존재하기 시작된 순간부터 존속하기를 멈추지 않았고 다른 체세포 부분과 독립적으로 자손에서 자손으로 그 모든 특성을 전달했다. 여기에 저자는 의문을 제기한다. 그런 후생동물이 존재하는 것은 사실이지만 많은 다른 동물의 경우에는 생식부분과 다른 부분의 성장이 다르지 않다. 처음 분할될 때부터 생식부분이 빠르게 생성되는 것은 Choetognathes(화살벌레?)뿐이다. 다른 생물에서는 상피조직이나 결체조직(tissus épithéliaux ou conjonctifs)에서 생겨난다. 따라서 생식질의 직접적 연속성은 없다. 단만 생식능력만 계속된다고 할 수 있다. 그렇다면 생식질의 연속이 아니라, 생식 에너지의 연속성은 존재한다고 말할 수 있고, 그 에너지는 힘을 소모하지 않고 새로운 성세포 속에서 다시 한번 자신의 기회가 오기를 기다린다고 할 수 있다.

앞에 나오는 구절들이 불분명하게 느껴질 수 있는데, 위의 설명과 맥을 같이하여 읽으면, 생식세포가 처음부터 형성되는 것이 아니므로 "아직 어떤 특수한 기능적 분화를 겪지 않고" 다른 세포와 마찬가지의 "원형질로 구성된 배아의 조직에도 불구하고 형성"되며, 수정란의 생식력은 배아조직이 증대함에 따라 약해지지만 그러는 중에도 "자신의 뭔가를 어떤 특별한 점에, 즉 난자나 정자들이 태어날 세포에 집중시킨다."고 이해할 수 있다.

정란의 생식력은 배아조직의 증대하는 덩어리로 분배됨에 따라 약
해진다. 그러나 그것이 이처럼 옅어지는 동안 그것은 새롭게 자신
의 뭔가를 어떤 특별한 점에, 즉 난자나 정자들이 태어날 세포에 집
중시킨다. 그러므로 생식질이 연속적이 아니라면, 적어도 생식 에
너지의 연속성은 존재한다고 말할 수 있다. 이 힘은 배아의 삶에 추
진력을 부여하는 바로 그 몇몇 순간들 이외에는 힘을 소모하지 않
고 새로운 성세포 속에서 다시 한번 기회가 오기를 기다리면서 되
도록 신속히 자신을 회복한다. 이러한 관점에서 보면 **생명이란 성숙
한 유기체를 매개로 하여 한 씨앗에서 다른 씨앗으로 옮겨가는 흐름
과도 같은 것으로 보인다.** 모든 것은 마치 유기체 자체가 하나의 혹,
다시 말해 이전의 씨앗이 새로운 씨앗으로 계속되기 위해 애쓰면
서 돋아나게 하는 하나의 싹에 지나지 않는 것처럼 이루어진다. 본
질적인 것은 무한히 이어지는 나아감(progrès)의 연속성, 즉 각각의
보이는 유기체가 자기에게 살도록 주어진 짧은 시간 동안 올라타고
가는 보이지 않는 나아감의 연속성이다.

그런데 이러한 생명의 연속성에 대해서 주의를 집중할수록, 유
기체의 진화는 과거가 현재를 압박하여 거기서부터 이전의 것들과
는 약분될 수 없는 새로운 형태를 솟아나게 하는 의식의 진화에 접
근한다는 사실을 볼 수 있다. 식물이나 동물 종의 출현은 정확한 원
인에 기인한다는 것을 아무도 부인하지 않을 것이다. 그러나 그것
은 사후에 그 원인의 세부 사항을 안다면 생겨난 형태를 그 원인에
의해 설명하는 데 이를 것임을 의미해야 한다. 그 형태를 예견하는
것은 문제일 수가 없을 것이다.[*1] 그것이 일어난 조건들의 모든 세

28 부사항을 알면 예견할 수 있을 것이라고 말할 것인가? 그러나 그런 조건들은 생명이 자신의 역사에서 그때 존재하는 순간의 특징을 이루기 때문에 그것과 합체하며 그것과 하나이다. 그 종류에서 유일하며 아직 일어나지 않았고 결코 재생되지 않을 어떤 상황을 어떻게 미리 알려진 것으로 가정할 것인가? 미래에 대해서는 과거와 비슷한 것이나 과거와 비슷한 요소들로 재구성할 수 있는 것만을 예견할 수 있다. 그와 같은 것이 천문학적, 물리적, 화학적 사실들의 경우이며, 부동의 것으로 간주되는 요소들이 단지 병치될 뿐이고, 위치의 변화만 일어나며, 사물을 제자리로 되돌리는 것을 상상하는 데 이론적 부조리가 없고, 따라서 동일한 현상 전체나 적어도 동일한 요소 현상이 반복될 수 있는 체계의 부분을 이루는 모든 사실들

---

*1 일련의 생명체의 불가역성은 Baldwin, *Development and evolution*(발전과 진화), New York, 1902, 특히 327쪽에 의해 분명 밝혀졌다.[54]

---

54 Baldwin, *Development and evolution*, New York, Macmillan, 1902, 특히 327쪽. 이 책은 요즘에는 Bibliobazaar의 사진본으로 구할 수 있다. 327쪽은 제 XIX장 Theory of genetic modes의 §9절 Vital phenomena and the theory of genetic modes의 마지막 쪽이자 §10절 Theories of life, mecanical and vitalistic의 시작이기도 하다. 이 장에서 Baldwin은 비발생적(agenetic) 설명방식과 발생적(genetic) 설명방식을 나누고, 전자는 물리-화학적 설명방식으로 동일성과 법칙성에 기반을 둔 사고이고 후자는 전자와 달리 동일성과 법칙성이 성립하지 않고 가역적이지도 않다고 한다. 전자는 이미 이루어진 것의 설명에 적합할지는 모르지만 유기체에는 완전히 들어맞지 않는다. 물론 후자도 전자의 기반을 부인할 수는 없지만 그것만으로는 다 설명될 수 없다는 것이다. 여기서 중요한 것은 발생적인 생명현상은 물리-화학처럼 가역적이지 않다는 것이다.

의 경우이다. 그러나 자신의 독창성의 뭔가를 그 요소들에, 즉 그것에 대해 취하는 부분적 시각에 전하는 독창적 상황에 대해서는 어떻게 그것이 일어나기 전에 주어졌다고 생각할 수 있을 것인가?[*1] 말할 수 있는 모든 것은 그것이 일단 일어난 후에는 분석이 거기서 발견하는 요소들로 설명된다는 것이다. 그러나 새로운 종의 탄생에 대해 사실인 것은 새로운 개체의 탄생에 대해서도 사실이며 더 일반적으로는 어떤 형태의 생명이건 그것의 모든 순간에 대해서도 사실이다. 왜냐하면 변이에 의해 새로운 종이 탄생할 수 있기 위해서는 그 변이가 일정한 중대성과 일정한 일반성에 이르러야 하는 것이라면, 그것은 그 변이가 각 생물체 속에서 보이지 않게 연속적으로 매 순간마다 계속되고 있다는 것을 의미하기 때문이다. 오늘날 논의되고 있는 돌연변이 자체[55]도 외면적으로 아무 변화가 없는 것

[*1] 우리는 그 점에 관해 『시론』, 140-151쪽에서 강조했다.[56]

---

55 이것은 물론 위에서 말한 de Vries의 돌연변이설을 말한다(위의 주 45) 참조).

56 우리가 사용한 판본(Ech.)으로는 137-149쪽 "실재지속과 예견"부분을 말한다. 거기에는 예견의 불가능성에 대해 논하고 있다. 예견을 하려면 소설가처럼 등장인물의 종국의 행동까지 다 알고 있어서 그때그때의 사태의 중요성을 판단하거나, 자신이 바로 그 사람이 되어 그의 삶을 직접 살거나 둘 중 하나이다. 전자는 미리 나중까지 다 아는 것이므로 가정에 의해 더 이상 예견의 문제가 될 수 없다. 후자는 예견하는 사람이 미리 사유에 의해 예견하는 것이 아니라, 바로 그 사람 자신이 되어야 하고, 단 일초의 단축도 없이 그 사람을 살아야 한다. 그러므로 모든 전건이 주어지면 어떤 행동을 예견할 수 있느냐 없느냐의 문제는 의미 없는 물음이다. 모

처럼 보이는 여러 세대들을 거쳐 부화, 혹은 더 정확히는 성숙의 작
업이 이루어진 경우에만 가능하다는 것이 분명하다. 이러한 의미에
서 생명에 대해서도 의식에 대해서와 마찬가지로 그것은 늘 무엇인
가 창조하고 있다고 할 수 있을 것이다.*1

*1　그의 아름다운 책 『예술에서의 천재(Le génie dans l'art)』에서 Séailles씨는
　　예술이 자연을 연장하고 생명은 창조라는 이중의 명제를 발전시킨다. 우
　　리는 기꺼이 두 번째 명제를 인정할 것이다. 그러나 저자가 그랬듯 창조
　　를 요소들의 종합으로 이해해야 할까? 요소들이 미리 존재하는 곳에서
　　그것들로 이루어지는 종합은 가능한 배열들 중의 하나에 불과하기 때문
　　에 잠재적으로 주어져 있다. 초인적 지성은 그런 배열을 그것을 둘러싸
　　고 있는 가능한 것들 중에서 미리 알아차릴 수 있었을 것이다. 우리는 반
　　대로 생명의 영역에서는 요소들이 실재적이고 구별되는 존재를 갖지 않
　　는다고 생각한다. 그것은 불가분적 과정에 대한 정신의 여러 시각들이다.
　　그리고 그렇기 때문에 진전(progrès)에서의 근본적인 우연성, 앞선 것과
　　뒤따르는 것 사이의 통약불가능성, 결국 지속이 있다.57

든 전건이 주어지려면 바로 그 사람 자신이 되어야 하기 때문이라고 논의
되고 있다.

57　Séailles, *Essai sur le génie dans l'art*, F. Alcan, 1883은 그의 박사학위논문
　　이다. Ravaisson의 영향을 많이 받은 그의 예술론은 천재와 보통 사람들
　　차이는 본성의 차이가 아니라 정도의 차이라는 생각에서 출발하고 있다.
　　주석에서 논해지는 것처럼 "예술이 자연을 연장하고 생명은 창조"라는
　　것은 책의 도처에서 강조되어 있지만, 창조를 종합으로 이해한 것은 어디
　　를 두고 하는 말인지 명확치 않다. 그러나 베르크손이 그렇게 밝히고 있
　　으므로 분명 사실일 것이고, 이것에 반대할 생각도, 자격도 없다. 사실 예
　　술을 종합이라 생각한 것은 Ravaisson인데(*La philosophie en France au XIX*
　　siècle 1867, Paris, Vrin, 1983, 256쪽 이하; 최화 역, 『습관에 대하여』, 자유문고,
　　241쪽 이하), 혹시 Séailles가 Ravaisson에 영향 받은 것을 생각하고 이렇

그러나 형태의 그러한 절대적 독창성과 예견 불능성에 반항하여 우리의 모든 것에 대해서만 작업할 수 있다. 역사의 연속적인 순간들에 있는 환원 불가능한 것인 지성이 반란을 일으킨다. 생명의 진화가 만들어낸 대로의 우리 지성은 우리의 행동을 밝히고, 사물에 대한 우리 행동을 준비하며, 주어진 상황에서 따라 나올 수 있을 유리하거나 불리한 사건들을 예견하는 것을 본질적 기능으로 가진다. 그러므로 그것은 한 상황에서 이미 알려진 것과 닮은 것을 본능적으로 고립시킨다. 그것은 "동일한 것은 동일한 것을 낳는다."는 자신의 원리를 적용할 수 있기 위해 동일한 것을 찾는다. 거기서 상식의 미래예견이 성립한다. 과학은 그런 작업을 정밀성과 정확성의 가능한 가장 높은 정도에까지 끌고 간다. 일상적 인식처럼 과학도 사물에서 **반복**의 측면만을 붙잡는다. 전체가 독창적이라면 과학은 그것을 과거의 **거의**(à peu près) 재판일 요소와 측면들로 분석하도록 일을 진행시킨다. 그것은 반복되는 것으로 간주되는 것에 대해서만, 즉 가정 상 지속의 작용을 벗어난 것에 대해서만 작업할 수 있다. 한 역사의 계기적 순간들에서 환원 불가능한 것과 비가역적인 것은 그것을 벗어난다. 그런 환원 불가능성과 비가역성을 표상

게 비판하는 것은 아닐까 짐작해 본다. 하여간 베르크손은 요소들의 "종합은 가능한 배열들 중 하나에 불과하기 때문에 잠재적으로 주어져 있"으므로 진정한 창조라 할 수 없다고 비판한다. 물론 Ravaisson(그리고 아마도 Séailles)이 그런 주장을 하는 것은 종합이 단지 가능한 배열들 중 하나가 아니라 거기에 뭔지 모를 새로운 어떤 것(=형상적인 것)이 들어간다고 생각했기 때문이다.

30 하기 위해서는 사유의 근본적 요구에 부응하는 과학적 습관들과의 관계를 끊고, 정신에 폭력을 가하며,[58] 지성의 자연적 경사를 거슬러 올라가야 한다. 그러나 거기에 바로 철학의 역할이 있다.

그렇기 때문에 생명이 우리 눈앞에서 예견할 수 없는 형태의 연속적인 창조로 진화해도 소용없다. 항상 형태, 예견불가능성, 연속성은 그만큼의 무지가 반영되는 순수 외양이라는 생각이 존속한다. 감각에 연속적 역사로 나타나는 것은 계기적 상태들로 해체될 것이라고 사람들은 말할 것이다. 독창적 상태라는 인상을 주는 것은 분석해 보면 각각이 알려진 사실의 반복인 기본적 사실들로 해소된다는 것이다. 예견 불가능한 형태라 불리는 것은 옛 요소들의 새로운 배열에 불과하다는 것이다. 전체가 그것들의 배열을 결정한 기본적 원인들은 그 자체 새로운 순서를 채택함으로써 반복되는 옛 원인들이다. 기본적인 요소와 원인들을 아는 것은 그 합계와 결과인 살아 있는 형태를 미리 그리게 해주었다는 것이다. 현상들의 생물학적인 측면을 물리-화학적 요인들로 해체시킨 후 우리는 필요하다면 물리학과 화학 너머로 뛸 것이다. 우리는 덩어리로부터 분자로, 분자로부터 원자로, 원자로부터 미립자로 갈 것이며, 결국 천문학적으로 일종의 태양계로 취급될 수 있을 무언가에 분명 도달해야 할 것이다. 그것을 부인한다면 과학적 기계론의 원리 자체에 저항하여 생명의 물질은 다른 것과 동일한 요소로 이루어지지 않았다고 자의

---

58 여기서 말하는 '사유의 근본적 요구'는 지성의 근본적 요구라는 의미로 이해되어야 하며, 폭력을 가해야 하는 '정신'은 지성을 넘어선 직관력이나 본능까지 포함된 정신을 말한다.

적으로 주장하는 것이다. ─ 우리는 무기물과 유기물의 근본적인 동
일성을 부인하지 않는다고 대답할 것이다. 유일한 문제는 생명체
라 불리는 자연적 체계가 과학이 무기물에서 잘라내는 인위적 체계
와 동일시될 수 있는가, 아니면 오히려 우주 전체인 자연적 체계와
비교되어야 하지 않을까를 아는 것이다. 생명이 일종의 기계장치 31
(mécanisme)라는 것은 분명 원하는 바이다. 그러나 그것이 우주 전
체에서 인위적으로 고립시킬 수 있는 부분들로 이루어진 장치인가,
아니면 실재적 전체의 장치인가? 우리가 말했듯[59] 실재적 전체는
분명 불가분적 연속성일 수 있을 것이다. 그때 우리가 거기서 잘라
내는 체계들은 고유하게 말하자면 그것의 부분들이 전혀 아닐 것이
다. 그것은 전체에 대해 취한 부분적 관점들일 것이다. 그리고 끝과
끝을 이어붙인 관점들 가지고는, 대상에 대한 수많은 다양한 측면의
사진들의 수를 불려가면서도 그 물질성을 재구성할 수 없는 것과
마찬가지로, 전체의 재구성의 시작조차도 얻지 못할 것이다. 생명이
나, 생명이 해소된다고 주장하는 물리-화학적 현상들에 대해서도
마찬가지이다. 분석은 아마도 유기적 창조의 과정에서 증가하는 수
의 물리-화학적 현상들을 발견할 것이다. 그리고 그것으로 화학자
와 물리학자들은 만족할 것이다. 그러나 거기서부터 화학과 물리학
이 생명의 열쇠를 주는 것이 틀림없다는 것은 따라 나오지 않는다.

　곡선의 매우 작은 요소는 거의 직선이다. 그것을 더 작게 취한 만
큼 더 직선을 닮을 것이다. 극한에 가서는 그것이 직선의 부분인지

59　위의 7-11쪽을 보라.

곡선의 부분인지 원하는 대로 말할 것이다. 왜냐하면 그 각 점들에서 곡선은 접선과 혼동되기 때문이다. 이처럼 '생명성(vitalité)'은 어떤 지점에서건 물리적 화학적 힘에 접한다. 그러나 그 점들은 결국 곡선을 만들어내는 운동의 이러저러한 순간들에서의 정지를 상상하는 정신의 관점에 불과하다. 사실 곡선이 직선으로 구성된 것이 아니듯이 생명은 더 이상 물리-화학적 요소들로 이루어진 것이 아니다.

일반적 방식으로 한 과학이 이룰 수 있을 가장 근본적인 진보는 이미 얻어진 결과들을 새로운 전체 속으로 들어가게 하는 것에서 성립한다. 그 전체와의 관계에서 그것들은 운동의 연속성에 대해 이따금씩 취해진 부동의, 순간적인 관점들이 된다. 그와 같은 것이 가령 고대인들의 기하학에 대한 근대인들의 기하학의 관계이다. 고대 기하학은 순전히 정적이어서 일단 그려진 도형에 대해 작업한다. 근대의 기하학은 함수의 변화, 즉 도형을 그리는 운동의 연속성을 연구한다. 더 큰 엄밀성을 위해 아마 우리의 수학적 방법에서 운동에 대한 모든 고려를 배제할 수 있을 것이다. 그럼에도 불구하고 도형의 발생으로의 운동의 도입이 근대 수학의 원천에 있다는 것은 사실이다.[60] 생물학이 자신의 대상을 수학이 그런 만큼 조여들어 갔다면 그것과 유기체의 물리-화학의 관계는 근대인들의 수학이 고대 기하학과 가지는 관계가 되었을 것이라고 우리는 판단한다. 물리학과 화학이 연구하는 덩어리와 분자의 완전히 피상적

---

60 근대 수학의 동적 성격에 대해서는 아래의 333-334쪽을 보라.

인 위치이동은, 더 이상 공간이동이 아니라 변형(transformation)일 심부에서 이루어지는 생명의 운동에 대해, 운동체의 정지가 그 운동체의 공간에서의 운동에 대한 것과 같은 관계를 가지게 될 것이다.[61] 우리가 예감할 수 있는 만큼, 어떤 생명활동의 정의로부터 그것이 내포하는 물리-화학적 사실들의 체계로 이행하는 방법은 함수에서 도함수로, 곡선(즉, 곡선이 산출되는 연속적 법칙)의 방정식에서 그 순간적 방향을 주는 접선의 방정식으로 가는 조작과 유사성(analogie)이 없지 않을 것이다. 그와 같은 과학은 **변형의 기계학**(mécanique de la transformation)일 것이며, 우리의 **공간이동의 기계학**(mécanique de la translation)은 그것의 특수한 경우, 순수 양의 도면 위에서의 단순화, 투사가 될 것이다[62]. 그리고 동일한 미분함수를 가지는 무한수의 함수가 존재하고 그런 함수들은 상수에 의해 서로 다른 것과 마찬가지로 고유하게 생명적인 활동의 물리-화학적 요소들의 적분은 아마 그런 활동을 부분적으로만 결정할 뿐일 것이다. 즉 한 부분은 비결정적으로 남겨질 것이다. 그러나 기껏 해 33 야 그런 적분은 꿈꾸어질 수 있을 뿐이다. 우리는 꿈이 실재가 된다고는 주장하지 않는다. 우리는 단지 어떤 비교를 가능한 한 발전시킴으로써 우리의 주장이 어디에서 순수 기계론에 근접하고, 어떻게

---

61 여기서 말하고 있는 것은 물리-화학의 위치이동: 생물학의 생명의 운동 = 정지: 운동이라는 것이다.

62 이상에서 다음과 같은 유비식이 성립한다. 운동의 연속성: 부동의, 순간적 관점 = 근대 기하학: 고대 기하학 = 생물학: 물리-화학 = 변형: 공간이동 = 운동: 정지 = 함수: 도함수.

그것이 기계론과 구별되는지를 보여주고자 했다.

　게다가 무기체에 의한 생명체의 모방을 충분히 먼 데까지 밀고 나갈 수 있을 것이다. 화학이 유기 합성을 수행할 뿐 아니라, 세포의 간접 분열과 원형질의 순환과 같이 유기화의 어떤 사실들의 외적 그림을 인위적으로 재생하기에 이른다. 세포의 원형질이 그 외피 안에서 다양한 운동을 수행한다는 것은 알려져 있다. 다른 한편, 세포의 간접적이라 불리는 분열은 어떤 것은 핵에, 다른 것은 새포질(cytoplasme)에 관련되는 극도로 복잡한 조작에 의해 이루어진다. 핵과 세포질은 핵 옆에 위치한 작은 환형체인 중심체 (centrosome)의 분열로부터 시작한다. 이렇게 얻어진 두 중심체는 서로로부터 멀어지고, 잘려진 몸통과 원시적 핵을 본질적으로 구성하던 실이 분열된 것들을 자신으로 끌어들이며, 새로운 두 핵을 형성하기에 이르고, 그 핵들 주위에 첫 번째의 것을 계승할 새로운 두 세포가 구성된다. 그런데 그런 조작의 적어도 몇몇을 그 큰 선에서, 그리고 외적 모습에서 모방하는 데 성공했다. 식용 설탕이나 소금을 잘게 부수고 오래 된 기름을 더하여 현미경에서 섞인 방울을 보면, 어떤 이론가들에 따르면 원형질과 닮은 형태이며 하여간 그 속에서 원형질의 순환운동을 많이 상기시키는 운동들이 이루어지는 벌집 구조의 거품을 보게 된다.[*1] 동일한 종류의 거품에서 한 벌집 으로부터 공기를 빼내면 핵의 분열에 도달하기 위해 중심체 주위에

34

[*1] Bütschli, *Untersuchungen über mikroskopische Schäume und das Protoplasma*(미세한 거품과 원형질에 대한 연구), Leipzig, 1892, 제1부.[63]

형성되는 것과 유사한 인력引力의 원추가 그려지는 것을 본다.[*1] 기계적으로 설명할 수 있다고 믿는 것은 단세포 유기체 또는 적어도 아메바의 외부운동까지는 아니다.[64] 물방울 속에서의 아메바의 이동은 열린 문과 창문이 공기의 흐름을 순환하게 하는 방에서의 먼

[*1] Rumbler, "Versuch einer mechanischen Erklärung der indirekten Zell- und Kerntheilung(세포와 핵의 간접분할의 기계론적 설명의 시도)"(Roux의 Archiv, 1896).[65]

---

63 Bütschli, *Untersuchungen über mikroskopische Schäume und das Protoplasma. Versuche und Beobachtungen zur Lösung der Frage nach den physikalischen Bedingungen der Lebensscheinungen*(미세한 거품과 원형질에 대한 연구. 생명현상의 물리적 조건에 관한 문제를 풀기 위한 실험과 관찰들), Leipzig, Engelmann, 1892, 제1부. 우리는 이 책을 구할 수 없었기 때문에 *Ech*.의 도움을 받을 수밖에 없다. 설탕이나 소금을 미세하게 빻은 후 오래된 기름을 가하여 얻는 어떤 벌집구조의 거품 성격과 원형질이 유사하며, 그것이 원형질의 대부분의 특징과 경향의 본질적 이유라 주장한다. 원형질의 구조는 미세한 거품의 구조와 일치하나 다만 벌집구조의 내용은 공기인 반면 원형질의 내용은 수분이라는 점만 다르다. 그런 미세한 거품으로부터 원형질의 특질이 드러난다는 것이다(*Ech*., 407쪽, 33쪽의 주 1의 주 참조). Bütschli와 이하에 인용된 2인(Rumbler, Berthold)은 19세기 말 물리-화학적 현상에 의해 생물학적 현상을 모방할 수 있는 영역의 범위를 확정하려고 노력한 사람들이다.

64 바로 다음에 이어지는 설명에서는 마치 아메바의 운동이 물리-화학적으로 설명이 가능하다는 이야기 같지만, 35쪽에 가면 그런 설명으로는 설명이 안 되고 심리 현상으로 보는 과학자들의 이야기가 나온다.

65 Rumbler, "Versuch einer mechanischen Erklärung der indirekten Zell- und Kerntheilung"(Roux의 Archiv, 1896). Roux의 Archiv란 위의 주 27)에

지의 왔다 갔다 함과 비교할 수 있을 것이다. 그 덩어리는 주변의 물
에 포함되어 있는 어떤 용해될 수 있는 물질을 끊임없이 흡수하고
어떤 다른 것들은 물로 내보낸다. 구멍 난 차단막으로 분리된 두 용
기 사이에서 이루어지는 것과 유사한 그런 계속적인 교환은 작은
유기체 주위에 끊임없이 변하는 소용돌이를 만들어낼 것이다. 아메
바가 가지는 것으로 보이는 일시적인 연장, 즉 의족에 대해서는 그
것이 아메바에 의해 내보내진다기보다는 주변 환경의 일종의 흡인
이나 빨기에 의해 자신의 밖으로 끌어당겨지는 것일 것이다.[*1] 점점
더 좁혀 가면 그런 설명 방식은 적충류가 게다가 아마도 굳은 의족에
불과한 진동 섬모로 수행하는 더 복잡한 운동으로 확장될 것이다.

[*1] Berthold, *Studien über Protoplasmamechanik*(원형질기제에 대한 연구),
Leipzig, 1886, 102쪽. — Le Dantec, Théorie nouvelle de la vie(생명에 대
한 새 이론), Paris, 1896, 60쪽이 제안한 설명 참조.[66]

나온 *Archiv für Entwickelungsmechanik der Organismen*을 가리킨다. 우
리는 이 논문도 구할 수 없었는데, *Ech.*에는 본문에서 요약된 내용이 나온
다는 정보밖에는 없다(*Ech.*, 408쪽, 34쪽의 주1의 주 참조).

[66] Berthold, *Studien über Protoplasmamechanik*, Leipzig, Arthur Felix,
1886, 102쪽. 우리는 Justor 사이트에서 *Österreichische Botanische
Zeitschrift*, Vol. 37, No. 4 (April 1887)에 실린 Alfred Burgerstein의 이 책
에 대한 Review밖에는 구할 수 없었는데, 거기에는 본문에 논의된 내용
이 보고되지 않았다. *Ech.*에는 의족이 나오는 것은 아메바와 이물질 사이
의 인력이 아메바 부분들의 상호 인력과 아메바 부분과 물 사이의 인력의
총합보다 클 때라고 보고되어 있다고 한다(*Ech.*, 408쪽, 34쪽의 주석의 주석
1 참조).— Le Dantec, *Théorie nouvelle de la vie*, Paris, F. Alcan, 1896, 60

그러나 과학자들이 그런 종류의 도식과 설명의 가치에 대해 일
치하기에는 거리가 있다. 화학자들은 유기체까지 가지 않고 심지
어 유기물만을 고려하더라도 과학은 지금까지 생명활동의 찌꺼기
만을 재구성했을 뿐이라는 것을 주목케 했다. 고유하게 능동적인,
즉 조형적인 물질(substance)[67]은 종합에 저항적인 채로 남아 있다.
우리 시대의 가장 주목할 만한 박물학자들 중 한 사람은 두 질서
의 현상의 대립에 대해 살아 있는 조직에서 한편으로는 **상승 생성** 35
(anagenèse)이, 다른 편으로는 **하강 생성**(catagenèse)이 확인된다고
강조했다. 상승 생성적 에너지의 역할은 무기물질의 동화에 의해
낮은 에너지를 그 고유한 수준으로 높이는 것이다. 그것은 조직을
구성한다. 반대로 생명의 기능 자체(그러나 동화, 성장, 생식을 제외
하면)는 하강 생성적 질서의 것이며, 에너지의 하강이지 더 이상 상
승이 아니다. 물리-화학이 영향력을 갖는 것은 하강 생성적 질서의
사실들에 대해서만, 즉 요약하자면 죽은 것에 대해서만이지 산 것
에 대해서가 아니다.[*1] 첫 번째 종류의 사실들은 고유한 의미에서

[*1]　Cope, The primary factors of organic evolution(유기적 진화의 첫 번째 요
　　　인들), Chicago, 1896, 475-484쪽.[68]

　　　쪽. 아메바의 의족은 내적인 동기에 의해 나오는 것이라기보다는 주변의
　　　상태에 대한 분자적 인력에 의해 결정된다고 설명한다.
67　'조형적인 물질'이라는 것은 가령 상처받은 곳의 재생과 같이 몸을 형성
　　하는 물질을 의미하는 것이며, 베르크손은 그것을 특히 능동적이라 했다.
68　신-라마르크주의자라 할 수 있고 많은 고생물학 자료의 수집으로 유명
　　한 Edward Drinker Cope는 이 책(*The primary factors of organic evolution*,

상승 발생적이지 않더라도 물리-화학적 분석에 저항하는 것으로 보인다는 것은 확실하다. 원형질의 외적 측면의 인위적 모방에 대해서는 그런 물질의 물리적 구조에 대해 아직 고정되지 않았다 하더라도 거기에 실재하는 이론적 중요성을 부여해야 하는가? 원형질을 화학적으로 재구성하는 것은 당분간 아직 문제가 아닐 수 있다. 결국 아메바 운동, 그리고 더 강한 이유로 적충류의 (운동)방식의 물리-화학적 설명은 그런 원초적 유기체들을 자세히 관찰한 많은 수의 사람들에게 불가능한 것으로 보인다. 그런 생명의 가장 미미한 현상들에서까지 그들은 실질적인 심리 활동의 흔적을 알아차린다.*1 그러나 무엇보다도 교훈적인 것은 조직학적 현상들의 깊은

*1 Maupas, "Etude des Infusoires ciliés(섬모충류의 연구)", *Arch. des zoologie expérimentale*, 1883, 특히 47, 491, 518, 549쪽. — P. Vignon, *Recherches de cytologie générale sur les épithéliums*(피막에 대한 일반 세포학 연구), Paris, 1902, 655쪽. — 적충류의 운동에 관한 깊이 있는 연구와 굴성의 개념에 대한 매우 통찰력 있는 비판은 최근 Jennings, *Contributions to the study of the behavior of lower organism*(하등 유기체의 행동의 연구에 대한 기여, Washington. 1904)에 의해 이루어졌다. Jennings가 정의한 대로(237-152쪽)의 하등 유기체의 "행동유형"은 부정할 수 없게 심리적 질서의 것이다.69

Open Court publishing company, Chicago, 1896, 475-484쪽)에서 '상승생성(anagensis)'과 '하강생성(catagenesis)'을 구별함으로써 베르크손의 생명의 올라가는 길과 물질의 내려가는 길의 선구가 되었다고 할 수 있다. '상승생성'은 유기적 의미에서의 위로의 진전이며 유기체에 의한 환경 통제의 증가와, 의식과 마음의 전진적인 발전을 향한다. 하강 생성적 에너지

는 물질의 안정적 균형의 발생을 향하고 운동은 안으로부터 생산되는 것
이 아니며 감각도 불가능하다. 전자는 생명을, 후자는 죽음을 향한다. (생
명의) 진화를 "물질의 통합과 운동의 분산"의 과정이라 하고 해체를 "운
동의 흡수와 물질의 확산"이라 정의했던 스펜서에 반대하여 유기체의 진
화는 그렇게 정의될 수 없고, 유기체의 '상승생성'에는 에너지의 흡수는
있으나, 그 분산은 오직 유기적 구조의 기능에 대해서만 이야기될 수 있
고 그것은 하강 운동적이다. 그러니까 생명체도 물질인 한에서, 또는 에
너지를 소모하여 운동을 하는 한에서 '하강생성'을 하지만, 진화에 대해
서는 그렇게 말할 수 없다. 진화는 상승 운동적 과정이다.

69 Maupas, "Contribution à l'étude morphologique et anatomique des
Infusoires ciliés", *Arch. de zoologie expérimentale*, 1883은 잡지에 실린 논
문임에도 불구하고 여러 섬모충류에 대한 묘사를 포함하고 있어서 240
쪽에 달하는 매우 긴 논문이다. 47쪽은 아마도 447쪽을 잘못 표시한 것
같은데(47쪽은 없다), 그렇다면 거기에는 Criptochilium nigricans가 불
안할 때는 매우 능수능란하고 빨리 움직이며 장애물을 만나기 전까지
는 곧장 앞으로 나아가며, 안정적일 때에는 움직이지 않고 다른 동종들
과 은폐물 주변에 둥그렇게 모인다고 묘사되어 있다. 491쪽에는 Lacynus
classicollis가 먹이를 어떤 대상에 대고 궁지에 몰아넣어 잡아먹는다는 묘
사가 나온다. 518쪽에는 Peritromus emmae이 묘사되어 있는데, 이 동물
은 불안을 느끼면 주변부 전체가 갑자기 수축하여 중심부를 둘러싸고 불
규칙한 톱니모양을 형성한다. 다음으로 천천히 점진적으로 본래의 모양
으로 되돌아간다. 이 동물은 해조 위를 천천히 돌아다니며 해초로부터 떨
어져 물위를 자유롭게 돌아다니지 않는다. 549쪽에는 Actiotricha saltans
의 행동이 묘사되어 있는데, 이 동물은 자신이 편안하게 느끼는 용액 속
에서는 몇 분 동안이나 움직이지 않고 가만히 있다. 그러다 갑자기 전광
석화 같이 시야에서 사라진다. 얼마간 좌우로 움직이다가 다시 가만히 있
는 행태를 보인다. 장애물들 사이를 놀라운 유연성을 가지고 돌아다닌
다. 이 모든 묘사는 모두 미미한 생물에게도 "심리현상"이 있다는 것을 보
여주는 것들이다. — P. Vignon, "Recherches de cytologie générale sur
les épithéliums. L'appareil pariétal, protecteur ou moteur. Le rôle de la

36 연구는 얼마나 자주 물리학과 화학에 의해 모든 것을 설명하려는 경향을 강화시키지 않고 꺾는지를 보는 것이다. 조직학자 윌슨(E. B. Wilson)이 세포의 발달에 바친 참으로 경탄스러운 책의 결론이 그러하다. "세포의 연구는 총체적으로 가장 하등일지라도 생명의 형태와 무기계를 가르는 거대한 간극을 좁히기보다는 확대한다."*1

....

*1   "The study of the cell has on the whole seemed to widen rather than to narrow the enormous gap that separate even the lowest forms of life from the inorganic world"(E. B. Wilson, *The cell in development and Inheritance*(발달과 유전에서의 세포), New York, 1897, 330쪽).[70]

―――――

coordination biologique(피막에 대한 일반 세포학 연구. 보호 또는 운동의 노정 장치. 생물학적 조응의 역할)", *Arch. de zoologie expérimentale*, 3e Série, t. IX, 1901, 655쪽. 본문 주석에는 책처럼 나와 있으나 사실은 위의 Maupas의 논문과 마찬가지로 *Arch. de zoologie expérimentale*에 실려 있다. 물론 책처럼 412쪽이나 되는 논문이지만. 거기 655쪽에는 박테리아 시체 응집군(zooglée)을 넘어 가려는 집신벌레의 노력에 대한 묘사가 실려 있다. 집신 벌레는 자신의 앞부분을 가는 실처럼 만들어 마치 관을 통한 것처럼 시체군을 뚫으려고 한다. 거기에 잘 도달하기 위해 섬모를 힘차게 휘젓고 외피를 응축한다. 통로를 통해 조금 들어간 몸의 부분을 부풀려서 간격을 넓히려 한다. 이것이 실패하면 뒤로 물러났다가 다시 같은 작업을 계속한다. 그런 식으로 계속하여 결국 통로를 내는 데 성공한다. ― Jennings, *Contributions to the study of lower organisms*, Washington. Carnegie Institution, 1904, 237-252쪽. 우리는 이 책을 구할 수 없었으므로 *Edit.*의 도움을 받을 수밖에 없다. 하등 유기체의 운동은 부분적으로 시도와 실패의 틀로 이해할 수 있지 단순히 굴성의 현상으로 환원할 수 없다. 굴성은 일정하고 불변의 것이지만 시도와 실패의 방법은 진전을 내포한다. Jennings는 하등 유기체도 고통과 쾌락이 있어서 실패하면 고통이,

　요약하자면 생명체의 기능적 활동에만 몰두하는 사람들은 물리학과 화학이 생물학적 과정의 열쇠를 줄 것이라 믿게 된다.[*1] 왜냐하면 그들은 시험관(cornue)에서처럼 생물에서 특히 끊임없이 **반복되는** 현상들에 관계하기 때문이다. 그에 의해 생리학의 기계적 경향이 부분적으로 설명된다. 반대로 살아 있는 조직의 섬세한 구조, 그것의 발생과 진화에 주의가 집중되는 사람, 즉 한 편으로는 조직학자와 배아발생학자, 다른 편으로는 박물학자가 더 이상 그 내용뿐 아니라 시험관 자체와 대면하고 있다. 그들은 그런 시험관이 진

[*1]　Dastre, *La vie et la mort*(생명과 죽음), 43쪽.[71]

　　성공하면 쾌락이 따른다고 한다. 성공과 실패에 따라 자신의 행동을 바꾸는 능력은 발전되면 지성이 된다는 것이다(*Ech.*, 411쪽, 35쪽 주 2의 주석 3).

70　미국의 세포학자이자 발생학인 E. B. Wilson은 이 책(*The cell in development and Inheritance*, Macmillan, New York, 1896)에서 세포이론과 진화론 사이의 관계와 진화에서의 핵과 염색체의 역할을 다룬다. 330쪽은 이 책의 마지막 쪽으로 마지막 절 "J. preformation and epigenesis. The unknown factor in development(선형성과 후생론. 발전에서의 알려지지 않은 요인)"의 끝 부분이다. 마지막 쪽은 아직도 풀리지 않지만 우리의 시야를 벗어나지 말아야 할 두 문제를 꼽고 있는데, 첫째, 세포 원형질의 유전질(idioplasm)이 어떻게 물리적 힘의 작용에 일치하면서도 적합한 변이를 불러오는지의 문제를 완전히 모르고 있고, 둘째, 바로 우리의 인용문이 말하고 있는 바와 같이, 무기질과 가장 낮은 단계의 생물의 간극은 세포를 연구해도 좁혀지기는커녕 더 넓어진다는 것이다.

71　Dastre, *La vie et la mort*, Flammarion, 1918, 43쪽. Dastre는 생리학의 입장에서 생명을 애니미즘, 생기론, 목적론적으로 설명하려는 시도가 과학적 설명이 아니라고 비판하고, 물리-화학적 설명에 국한해야 한다고 주

정한 역사를 구성하는 행위들의 **독특한** 연쇄를 따라 자신의 형태를 창조하는 것을 발견한다. 그들 조직학자나 태아발생학자, 박물학자는 생리학자만큼 기꺼이 생명활동의 물리-화학적 성격을 믿는 것과는 거리가 멀다.

사실을 말하자면 두 주장 중 어느 쪽도, 기초적 유기체를 화학적으로 생산할 가능성을 인정하는 자도 부인하는 자도 경험의 권위를 들먹일 수 없다. 그것들은 둘 다 검증할 수가 없다. 첫 번째 것은 과학이 아직 살아 있는 물질의 화학적 합성으로 한 발자국도 떼지 않았기 때문이고, 두 번째 것은 한 사실의 불가능성을 실험적으로 증명할, 생각할 수 있는 방법이 없기 때문이다. 그러나 우리는 자연에 의해 폐쇄된 체계인 생명체를 우리의 과학이 고립시키는 체계와 동화하는 것을 막는 이론적 이유들을 설명한 바 있다.[72] 그런 이유들이 거의 진화하지 않은 아메바와 같은 기초적 유기체가 문제일 때는 힘을 덜 가진다는 것을 인정한다. 그러나 변형의 규칙적 순환이 이루어지는 더 복잡한 유기체를 생각한다면 더욱 힘을 얻게 된다. 지속이 그 자국을 생명체에 더 각인시킬수록 유기체는 더 명백하게 지속이 뚫고 들어가지 못하고 미끄러지는 단순한 기계장치와는 구별된다. 그리고 증명이 그 가장 저급한 원천으로부터 가장 높은 현재 형태까지 생명의 전체 진화에 관한 것일 때, 그것은 가장 큰 힘을 가진다. 그런 진화가 그것을 받치는 살아 있는 물질의 단일성과

장한다. 그렇기 때문에 "생명체의 기능적 활동에만 몰두하는 사람들은 물리학과 화학이 생물학적 과정의 열쇠를 줄 것이라 믿게 된다."는 것이다.

72 위의 11-23쪽을 보라.

연속성에 의해 하나의 불가분적 역사를 구성하는 한에서 그러하다.[73] 그러므로 진화의 가설이 일반적으로 생명에 대한 기계론적 견해와 비견되는 것으로 간주되는 것을 우리는 이해할 수 없다. 그런 기계론적 견해에 대해 우리가 수학적이고도 결정적인 논박을 가했다고는 아마도 주장할 수 없을 것이다. 그러나 지속에 대한 고려로부터 이끌어내고 우리 생각으로는 가능한 유일한 그 논박은 진화론적 가설에 더 허심탄회하게 자리 잡은 만큼 더 엄격함을 획득하고 더 확실하게 된다. 그 점을 천착해야 한다. 그러나 우선 우리가 향해가는 생명에 대한 견해를 더 명확한 용어로 표시해 보자.

우리가 말하기를[74] 기계적 설명은 우리의 사유가 전체로부터 인위적으로 떼 낸 체계에 유용하다고 했다. 그러나 전체 자체와 그 전체에서 전체의 이미지로 자연스럽게 구성되는 체계에 대해서는, 그것이 기계적으로 설명될 수 있다는 것을 선험적으로 받아들일 수는 없다. 그때는 시간이 무용하거나 심지어 비실재적으로 될 것이기 때문이다.[75] 아닌 게 아니라 기계적 설명의 본질은 미래와 과거 38 를 현재의 함수로 계산할 수 있다고 생각하고, 그리하여 **모든 것은**

---

73 생명이 지속하는 한 그것은 자기 동일성을 가지는 것이며, 그런 한에서 단일하다. 생명이 진화하여 다양한 종이 나올지라도 하나의 생명으로부터의 진화인 한, 단일한 것이며, 그런 한에서 연속되어 있다.

74 바로 전 문단에서도.

75 전체가 기계적으로 설명된다면 시간은 필요 없는 것이 되며 아무것도 하지 않는 것이 될 것이고, 다음 문단에 나오는 것처럼, 아무것도 하지 않는 것은 없는 것이나 마찬가지이기 때문에.

주어져 있다(tout est donné)고 주장하는 것이다.[76] 그런 가정 하에
서는 과거, 현재, 미래가 그런 계산을 수행할 수 있는 초인적 지성
에게는 단번에 보일 수 있을 것이다. 그러므로 기계적 설명의 보편
성과 완벽한 객관성을 믿는 과학자들은 의식적이건 무의식적이건
그런 종류의 가정을 했다. 라플라스는 이미 가장 큰 정확성을 가지
고 그것을 정형화했다. "주어진 순간 자연을 움직이는 모든 힘과 그
것을 구성하는 존재자들의 각 상황을 알 지성은 게다가 그런 자료
들을 분석할 만큼 충분히 방대〔한 용량을 가진 것〕이기만 하다면
가장 큰 천체와 가장 가벼운 원자의 운동을 동일한 공식 속에 포괄
할 것이다. 그에게는 아무것도 불확실하지 않을 것이며, 미래나 과
거는 그의 눈에 현전할 것이다."*1 그리고 뒤 봐-레이몽(Du Bois-
Reymond)은 말한다. "세계의 보편적 과정이 단일한 수학적 공식

----

*1 Laplace, *Introduction à la théorie analytique des probabilité*(확률 분석론 서
　　론, 전집, VII권, Paris, 1886, vi쪽).[77]

----

76 "tout est donné."는 기계론과 목적론을 논박하는 데 중심적인 모토가 되
　　는데, 이에 대해서는 아래의 39, 46, 51, 241, 269, 339, 344, 348쪽 참조.
77 Laplace, Introduction à la théorie analytique des probabilité(전집,
　　VII권), Gauthier-Villars, Paris, 1886, vi-vii쪽. *Theorie analytique des
　　probabilité*(확률 분석론)라는 책은 원래 1812년에 나왔는데, 처음에는 없
　　던 서론(Introdution) 부분이 나중에 붙고, 이것이 판을 거듭할수록 늘어나
　　서 나중에는 150쪽 정도가 되었다. 이것은 나중에 "Essai philosophique
　　sur les probabilité"라고 불리게 되었는데, 베르크손은 "Introduction à la
　　théorie analytique des probabilité"라 부르고 있다. Laplace 자신에 따르

에 의해, 세계의 각 원자의 위치, 방향, 속도를 각 순간마다 끌어낼 동시적 미분 방정식의 오직 한 방대한 체계에 의해 표현되는 지점에 도달한 자연의 인식을 상상할 수 있다."*¹고. 헉슬리(Huxley)는

*1 Du Bois-Reymond, *Über die Grenzen des Naturerkennens*(자연인식의 한계에 대하여), Leipzig, 1892.[78]

면 이 부분은 확률론의 일반 원리와 시민사회의 여러 부문에서의 그것의 적용가능성을 수식에 의존하지 않고 설명하고 있다. 인용된 부분은 유명한 Laplace의 "정령"을 이야기하는 부분이다.

78 Du Bois-Reymond, *Über die Grenzen des Naturerkennens. Die sieben Weltsätsel. Zwei Vorträge*(자연인식의 한계에 대하여. 7개 세계의 수수께끼. 두 강연), Veit, Leipzig, 1892, 11쪽. 우리는 이 책을 구할 수 없었다. *Ech.*에 따르면 베르크손이 Lange, *Histoire du matérialisme et critique de son importance à notre époque*(1866), coda, Paris, 2004, 489-502쪽을 통해 이 구절을 알았으리라 추측한다. 아닌 게 아니라 *Essai*는 정확하게 여기서 논의 되는 것과 같은 관념을 이야기하면서 Lange를 인용하고 있고(*Essai*, 108쪽 주1 참조), Lange도 비교적 정확하게 이 책에서 인용된 Du Bois-Reymond의 구절을 풀어서 소개하고 있다(490쪽). 그러나 풀어서 소개한 것은 정확한 인용과는 다르다. 그러므로 우리는 *Ech.*의 주장을 그대로 믿을 수는 없다. 하여간 Du Bois-Reymond의 인용문이 원자를 강조한 것은 그것에 의해 뇌 속의 원자 운동도 예견할 수 있다고 가정하는 것인데 그렇게 가정한다 하더라도, 그 원자의 운동에 의해 우리 정신을 설명할 수는 없다는 것을 주장하기 위한 것이다. 즉 Du Bois-Reymond의 본래 의도는 물질 현상에 의해서는 가장 낮은 상태의 의식마저도 설명되지 않는다는 것을 주장하기 위한 것이다. Du Bois-Reymond의 책 제목에도 나와 있듯이 세계에는 풀 수 없는 불가사의 7 가지가 존재하고, 그 중에는 생명의 기원, 감각의 기원, 지성의 기원, 자유 의지의 문제 등이 속한다. Laplace와 달리 Du Bois-Reymond은 결정론자가 아니다.

나름대로 같은 생각을 더 구체적인 형태로 표현했다. "진화의 근본적 명제가 참이라면, 즉 살았건 아니건 세계 전체가 우주의 원초적 성운이 구성되었던 분자들이 가진 힘들의, 정해진 법칙에 따른 상호작용의 결과라면, 현재 세계는 우주적 증기 속에 잠재적으로 (potentiellement) 놓여 있고, 충분한 지성은 그 증기의 분자들의 속성을 알기 때문에 추운 겨울날 동안 호흡의 증기에 일어날 일을 말할 때만큼의 확실성을 가지고 가령 1868년 영국의 동물군의 상태를 예견할 수 있을 것임이 확실하다."[79] ─ 그와 같은 이론에서도 아직 시간이 이야기되고 그 단어를 말하지만 실상은 거의 생각되지 않는다. 왜냐하면 거기서 시간은 실효성을 결여하고 있고, 그것이 아무것도 하지 않는 그 순간부터 아무것도 아니기 때문이다. 근본적 기계론은 실재 총체가 영원 속에서 한꺼번에 제시되고 사물의 외견적 지속은 단지 모든 것을 동시에 알 수 없는 정신의 허약함을 표현하는 것일 뿐이라는 형이상학을 내포하고 있다. 그러나 지속은 우리 의식에게, 즉 우리 경험 속에 있는 가장 논박할 수 없는 것에게 분명 그와는 다른 것이다. 우리는 지속을 거슬러 올라갈 수 없는

---

79 이 인용은 특이하게도 출처가 밝혀져 있지 않은데, Michael Vaughan (Warwick대학)의 도움을 받은 A. François에 따르면 T. H. Huxley, 'The natural history of creation(창조의 자연사)' [Haeckel, *Natürliche Schöpfungsgeschichte*,(자연적 창조사)의 리뷰], *The Academy*, t. I, 1868, 13쪽이다(*Ech.*, 413쪽 주94). Thomas Henry Huxley는 Darwin의 옹호자로 유명한데, 자유의지론과 결정론의 논쟁에서 두 이론 다 양립 가능하다고 보았고, 그리하여 진화론자이면서도 본문에 나오는 것처럼 절대적 결정론을 이야기한 것이 재미있다.

흐름으로 지각한다. 그것은 우리 존재의 밑바닥이며, 우리가 분명
느끼고 있듯, 우리가 소통하고 있는 사물들의 실체(substance) 자체
이다. 우리 눈에 보편학(mathématique universelle)[80]의 관점을 반짝
이게 해봐야 소용없다. 우리는 체계의 요구에 경험을 희생시킬 수
없다. 그렇기 때문에 우리는 근본적 기계론을 거부한다.

　그러나 근본적 목적론도 또한 우리에게 받아들일 수 없는 것으로
보이며, 동일한 이유로 그러하다. 목적론은, 가령 라이프니츠[81]에게
서 찾아볼 수 있는 바대로의 극단적 형태로는 일단 그려진 프로그
램을 실현할 뿐이다. 그러나 우주에 예견 불가능한 아무것도, 발명
도, 창조도 없다면 시간은 또한 무용한 것이 된다. 기계론적 가설에
서와 마찬가지로 여기서도 아직 **모든 것은 주어져 있다**고 가정한다.
이렇게 이해된 목적론은 뒤집혀진 기계론에 불과하다. 그것은 동
일한 요청에 영감 받은 것이고, 유일한 차이는 그것이 사물의 완전
히 외견적인 계기繼起를 따르는 우리의 유한한 지성이 가는 길에 우
리를 인도한다고 주장하는 빛을 뒤에다 놓는 대신 우리 앞에다 놓
는다는 것이다. 목적론은 과거의 추진력을 미래의 인력으로 대체한　40
다. 그러나 계기는 가는 것 자체처럼 순수 외양이다. 라이프니츠의

80　"mathématique universelle"은 불가피하게 Descartes의 "mathesis
　　universalis"를 연상시키고 그래서 보편학이라 번역하지만, 여기서는 오히
　　려 근본적 기계론이 모든 것을 계산해낼 수 있다는 보편 수학을 의미하는
　　것이 아닐까 한다.
81　라이프니츠에게 신은 전체이자 진정한 목적이며, 각 모나드는 그것에 대
　　한 부분적 관점에 불과하다.

이론에서 시간은 내리는 안개와 유사하게 사물의 중심에 자리 잡은 정신에게는 사라져 버릴, 인간적 관점에 상대적인, 혼동된 지각으로 환원된다.

그러나 목적론은 기계론처럼 정지된 선의 이론은 아니다. 그것은 사람들이 그것에 새기기를 원하는 만큼의 굴절을 포함한다. 기계론적 철학은 받아들이거나 포기하거나 해야 할 것이다. 먼지의 가장 작은 알갱이가 역학에 의해 예견된 도정을 벗어나면서 자발성의 가장 가벼운 흔적이라도 남긴다면 포기해야 할 것이다. 반대로 목적인의 이론은 절대 결정적으로 논박되지 않을 것이다. 한 형태로부터 멀어지면 다른 형태를 취할 것이다. 그것의 원리는 심리학적 본질의 것으로서 매우 유연하다. 그것은 너무나 신장성이 있고 그에 따라 너무나 넓기 때문에 순수한 기계론을 거부하자마자 곧 목적론의 어떤 것을 받아들이게 된다. 그러므로 이 책에서 우리가 개진할 주장은 필연적으로 어느 정도 목적론의 성격을 띨 것이다. 그렇기 때문에 우리가 거기에서 취할 것과 놓아두려고 생각하는 것을 정확하게 표시하는 것이 중요하다.

라이프니츠의 목적론을 무한히 쪼갬으로써 약화시키는 것은 잘못된 길에 들어선 것으로 보인다는 것을 즉시 이야기하자. 그러나 그와 같은 것이 목적성 이론이 취한 방향이다. 우주 전체가 어떤 계획의 실현이라면 그것이 경험적으로 증명할 수는 없을 것이라는 점은 우리가 분명 느끼는 바이다. 또한 유기적 세계에 만족한다고 하더라도 거기서 모든 것이 조화라는 것을 증명하는 것도 거의 더 쉽지 않다는 것도 분명 느끼는 바이다. 물어보면 사실들은 그 반대도 또한 분명 이야기해 줄 것이다. 자연은 생명체들에게 서로 싸움을 붙인다. 자연은 도처에서 질서 옆에 무질서를, 진보 옆에 후퇴를 나타낸다. 그러나 물질의 총체에 대해서도 생명의 총체에 대해서도 인정할 수 없는 것이 따로 취한 각 유기체에게는 참이 아닐 것인가? 사람들은 거기서 놀라운 분업과 부분들 간의 경탄스러운 유대, 무한한 복잡성 속의 완벽한 질서에 주목하지 않는가? 그런 의미에서 각 생명체는 그 실체(substance)에 내재하는 계획을 실현하지 않는가? 그런 주장은 근본적으로 고대의 목적성 관념을 조각조각 부수는 데서 성립한다. 사람들은 생명체들이 서로서로 조율될 **외적** 목적성의 관념을 받아들이지 않거나 심지어 고의적으로 우스개꺼리로 만든다. 풀이 암소를 위해, 양이 늑대를 위해 만들어졌다고 가정하는 것은 부조리하다고 말한다. 그러나 **내적** 목적성이 있다. 각 존재는 자기 자신을 위해 만들어졌고, 그 모든 부분들은 총체의 가장 큰 선을 위해 협조하며, 그런 목적을 위해 지성을 가지고 유기적으로 조직된다. 그와 같은 것이 오랫동안 고전적이었던 목적성의 관념이다. 목적론은 한 번에 한 생명체 이상을 결코 감싸지 못할 정도로 좁혀졌다. 더 작게 됨으로써 그것은 아마도 타격에 더 작은 표면을 내준다고 생각했을 것이다.

진실은 타격에 더 노출되었다는 것이다. 우리의 주장 자체가 너무나 근본적으로 보일 수 있을지라도 목적성은 외적이거나 아니면 전혀 아무것도 아니다.

가장 복잡하고 가장 조화로운 유기체를 생각해보자. 모든 요소들은 총체의 최대선을 위해 공모한다고 사람들은 말한다. 그렇다고 치자. 그러나 요소들 각각은 그 자체 어떤 경우에는 유기체일 수 있으며, 그 작은 유기체의 생존을 큰 것의 생명에 종속시키면서 우리는 외적 목적성의 원리를 받아들이고 있음을 잊지 말자. 항상 내적인 목적성의 견해는 이처럼 스스로 파괴된다. 한 유기체는 각각 이 자신을 위해 사는 조직들(tissus)로 구성되어 있다. 조직을 이루는 세포들 또한 어떤 독립성을 갖는다. 부득이하다면 개체의 모든 요소들의 개체 자신에 대한 종속이 완전하다면 요소들을 유기체라 보는 것을 거부하고 그 이름을 개체에만 유보하며 내적 목적성만을 말할 수 있을 것이다. 그러나 그 요소들이 진정한 자치성을 소유할 수 있음은 모두가 아는 일이다. 자신에게 영양을 제공하는 유기체를 공격하는 데까지 독립성을 밀고나가는 식세포(phagocyte)도 말하지 않고, 체세포 옆에서 자신의 고유한 생을 가지는 생식 세포도 말하지 않고라도,[82] 재생(régénération)의 사실을 언급하는 것으로 충분하다. 여기서는 한 요소나 요소들의 집단이 정상적인 때에는 작은 자리만을 차지하고 어떤 특별한 기능만을 수행하는 데 복종한다 할지라도 갑자기 (보통 때보다) 훨씬 더 (일)할 수가 있고 어떤 경우에는 심지어 자신을 전체의 등가물로 생각할 수 있다는 것을 드러낸다.

거기에 생기론(vitalisme)의 장애물이 있다. 일반적으로 그렇게 하듯이 우리는 그것에게 문제를 문제 자체에 의해 대답한다고 비난하

---

82 식세포의 작용에 관해서의 위의 주 37)의 Métchinikoff의 논의를 참고하라. 생식세포와 체세포의 구분은 위의 주 51)의 Weismann을 참고하라.

지는 않을 것이다. 아마 '생의 원리'는 대단한 설명을 내놓지는 못
할 것이다. 적어도 우리의 무지에 대해 놓인 일종의 게시판이라는
이점을 가져서 때로 그 무지를 일깨워 줄 것이지만*1 반면 기계론

---

*1 아닌 게 아니라 현대의 생기론에서 나누어야 할 두 부분이 있다. 한 편으
로는 순수 기계론으로는 불충분하다는 주장, 가령 Driesch나 Reinke와
같은 과학자로부터 나왔을 때 큰 권위를 갖는 주장이 있다. 다른 한편, 그
런 생기론이 기계론과 겹쳐놓는 가정〔Driesch의 '완전태(entéléchies)',
Reinke의 '지배적인 것(dominants)' 등〕이 있다. 그 두 부분 중 첫 번
째의 것이 부인할 수 없게 더 흥미로운 것이다. Driesch, *Lokalisation
morphogenetischer Vorgänge*(형태발생 과정의 국지화), Leipzig. 1899; *Die
organischen Regulationen*(유기적 규칙화), Leipzig, 1901; *Naturbegriffe
und Naturteile*(자연개념과 자연판단), Leipzig, 1904; *Der Vitalismus als
Geschichte und als Lehre*(역사와 이론으로서의 생기론), Leipzig, 1905〕와
Reinke, *Die Welt als That*(행위로서의 세계), Berlin, 1899; *Einleitung in
die theoretischen Biologie*(이론 생물학서론), Berlin, 1901; *Philosophie der
Botanik*(식물학의 철학), Leipzig, 1905의 아름다운 연구를 보라.[83]

---

83 생기론(vitalisme)은 생명이 물리-화학적 원리로는 설명될 수 없는 생
명 고유의 원리가 있다는 주장 일반을 말한다. 이런 의미에서는 베르
크손도 생기론자라 할 수 있다. 그의 "생의 비약(élan vital)"이 다름 아
닌 그러한 원리라 할 수 있기 때문이다. 그러나 그가 이 문단에 나오
는 것처럼 생기론을 비판한 것은 개별적 생기론자들의 의견에 찬동
할 수 없었기 때문이다. 최초로 "생명의 원리(principe vital)"를 이야기
한 사람은 Barthèz(1734-1806)이다. 그러나 그는 생명의 원리만 이야
기한 것이 아니라, 나중에 그것이 어떤 물질적인 것이라 생각했다. 여기
에 베르크손은 동의할 수 없었던 것이다. 옛 생기론자로는 그 이외에도
Bichat(1771-1802)를 들 수 있는데, 그는 어느 하나의 생명의 원리가 있

는 것이 아니라 죽음에 저항하는 기능들의 총체가 있다고 생각했기 때문에 다가주의자(plurivalisme)라 불린다. 그러나 현재의 주석에 언급된 사람들은 그런 오래된 생기론자가 아니라 새로운 형태의 생기론자들이다. Driesch는 본래 발생학자였는데, 배아의 발생을 연구하다가, 성게의 알의 이분된 이후에도 각 부분을 떼어서 배양시켜 보니 작지만 둘 다 다 완성된 배아처럼 성장한다는 것을 발견했다. 이를 처음에는 외적 요인으로 설명하려 했으나 그렇게 되지 않았고, 나중에는 어떤 특별한 목적론적이고도 생기론적인 재생의 원리를 생각하게 되었다. 그것을 그는 아리스토텔레스를 따라 "완전태(entéléchie)"라 불렀다. 각 유기체는 어떤 진정한 계획에 따른다는 것이다. 한편 Reinke는 식물학자로서 유물론에 반대한 이신론자였다. 그는 자연 선택을 부정하고 진화를 단순한 공리로 생각했다. 그의 "지배적인 것(dominant)"은 원래 Leipniz의 용어로 각 생명체의 유기화의 원리로서 신적인 창조력에 봉사하는 지성적인 것이다. 세계가 행동("Die Welt als That")인 것은 생명이 그런 힘을 나타낸다는 의미이다(Ech., 415-416쪽, 42쪽의 주1에 대한 주석1). 베르크손은 기계론을 부정하고 그것과는 다른 생명의 원리를 생각한 데에는 찬성하지만, 그들의 "완전태"와 "지배적인 것"은 모두 생기론(목적론적인)과 기계론을 겹쳐놓는 것이라 평가하고 반대한다. 목적론도 기계론도 거부하는 베르크손으로서는 그러한 설명에 찬성할 수 없을 것이다. 베르크손의 생기론에 대한 이 문단에서의 비판은 "자연 속에는 순전히 내적인 목적론도 절대적으로 갈라진 개체성도 없다"는 것이다. 여기서 생명은 완전히 개체인 것도, 완전히 연속적인 것도 아니기 때문에 "생명의 원리" 같은 것을 놓을 수 없다는 비판이다. Driesch 자신의 설명에 따르면 그의 책 *Lokalisation morphogenetischer Vorgänge. Ein Beweis vitalitischen Geschehens*(형태발생 과정의 국지화. 생기론적 발생의 증거) Engelmann, Leipzig. 1899은 생명의 진행방식의 어떤 것은 자기 자신에만 따르는 독자적인, 즉 동적-목적론적인 방식임을 최초로 증명한 책이다. *Die organischen Regulationen. Vorbereitungen zu einer Theorie des Lebens* (유기적 규칙화. 생명 이론의 준비), Engelmann, Leipzig, 1901에서는 동일한 방식으로 생체의 규칙적 작업의 집합적 결과들을 보여준다. 이전의 생기론적 이론에 새로운 증거가

은 그것을 잊도록 한다. 그러나 진실은 생기론의 입장이 자연 속에
는 순전히 내적인 목적론도 절대적으로 갈라진 개체성도 없다는 사
실에 의해 매우 어렵게 된다는 것이다. 개체의 구성에 들어오는 유
기적 요소는 그 자체 어떤 개체성이며, 개체가 자신의 생의 원리를
가져야 한다면 그 요소들도 각각이 자신의 것을 요구할 것이다. 그
러나 다른 한편 우리가 그것에게 고유한 '생의 원리'를 부여할 수
있기만 하다면 개체 자체는 충분히 독립적이지 않고 나머지로부터
충분히 고립되지 있지도 않다. 고등한 척추동물과 같은 유기체는
모든 유기체들 중에 가장 개체화되어 있다. 그러나 그것이 어미 몸
의 일부분인 난자와 아비 몸에 속하던 정자의 발달에 불과하며, 알
(즉 수정란)은 그들 두 실체에 공통적이기 때문에 두 양친 사이의 진
정한 연결부호라는 것에 주목하면, 개개의 유기체는 인간이라 할지
라도 두 양친이 결합한 신체에서 자란 단순한 싹이라는 것을 알아
차리게 된다. 그렇다면 개체의 생의 원리는 어디서 시작하고 어디
서 끝나는가? 점점 더 가까이 가면 가장 먼 조상에까지 물러갈 것
이다. 그것이 양친들 각각과 연결되어 있고, 아마 생명의 계통수의
뿌리에 있을 원형질 젤리의 그 작은 덩어리와 연결되어 있는 것을

43

더해졌다. *Naturbegriffe und Naturteile. Analytischen Untersuchungen zur
reinen und empirischen Naturwissenschaft*(자연개념과 자연판단. 경험적인
순수 자연과학에 대한 분석적 연구), Engelmann, Leipzig, 1904는 저자의 사
고체계의 방법적 정당화를 보여주고 그것을 물리학과 화학에서 확립된
개념들과 관계시킨다(Driesch, *The history and theory of vitalism*, Macmillan,
London, 178쪽 참조).

발견할 것이다. 어느 한도에서는 원시적 조상과 일체되어 있으면서 그것은 다양한 혈통(descendance)의 길을 통해 떨어져 나온 모든 것들과 마찬가지로 연결되어 있다. 그런 의미에서 그것은 보이지 않는 끈에 의해 생명체 전체와 연결된 것으로 남는다고 말할 수 있다. 그러므로 생명체의 목적성을 개체성으로 좁힌다고 주장해 봐야 소용없다. 생명의 세계에 목적성이 있다면 그것은 생명 전체를 유일한 불가분적 속박으로 감싼다. 모든 생명체에 공통인 그런 생명은 의심의 여지없이 많은 부정합성과 많은 허점을 나타내며, 다른 한편 그것은 각 생명체가 어느 정도 개체화하게 내버려둘 수 없을 정도로 그렇게 수학적인 **하나**가 아니다. 그럼에도 불구하고 그것은 하나의 전체를 이룬다. 목적성의 단순한 부정과, 한 유기체의 부분과 유기체를 조율할 뿐 아니라 각 생명체와 다른 것 총체를 조율하는 가설 사이에서 선택해야 한다.

목적론을 잘게 부숨으로써 더 이상 더 쉽게 통용될 수 있게 만들지는 못한다. 생명에 내재하는 목적설의 가설을 통째로 거부하거나 그것을 수정해야 하는 것은 우리가 믿기에 완전히 다른 의미에서이다.

근본적 목적론의 오류는 게다가 근본적 기계론의 오류와 마찬가지로 우리 지성에 자연스러운 어떤 개념들의 적용을 너무 멀리 확장하는 것이다. 원래 우리는 행동하기 위해서만 생각한다. 우리 지성이 흘러들어 간 것은 행동의 주형으로이다. 사색은 사치인 반면 행동은 필요이다. 그런데 우리는 행동하기 위해 하나의 목적을 제

안하는 것으로 시작한다. 우리는 어떤 계획을 세우고 다음으로 그
것을 실현할 기제(mécanisme)의 세부로 이행한다. 이 마지막 작업
은 우리가 무엇에 기댈 수 있는지를 알 때에만 가능하다. 미래에 대
해 예견할 수 있게 해주는 유사성을 자연으로부터 끌어냈어야 한
다. 그러므로 의식적으로건 무의식적으로건 인과법칙을 적용했어
야 한다. 게다가 정신 속에 작용인의 관념이 잘 그려질수록 더 작
용인은 기계적 인과의 형태를 띤다. 이 기계적 인과관계는 이번에
는 더 엄밀한 필연성을 표현한 만큼 더 수학적이다. 그렇기 때문에
수학자가 되기 위해서는 우리 정신의 경사傾斜를 따르기만 하면 된
다. 그러나 다른 한편 그런 자연스러운 수학은 동일한 결과에 동일
한 원인을 결부시키는 우리의 의식적 습관의 무의식적 지지대에 불
과하다. 그리고 그런 습관 자체는 의도에 영감 받은 행동을 안내하
거나, 같은 것으로 귀착하지만 결합된 운동을 모범의 수행으로 향
하게 하는 것을 보통의 목적으로 가진다. 우리는 기하학자로 태어 45
나는 것과 마찬가지로 장인으로 태어나며, 심지어는 오직 우리가
장인이기 때문에만 기하학자이다. 이처럼 인간 지성은 인간 행동의
요청에 따라 만들어지는 한 동시에 의도와 계산에 의해, 즉 목적으
로의 수단의 조율과 점점 더 기하학적인 형태를 가진 기계론의 표
상에 의해 진행하는 지성이다. 자연을 수학적 법칙에 의해 지배되
는 거대한 기계라고 떠올려 보거나 거기서 어떤 계획의 실현을 본
다면, 두 경우에서 우리는 동일한 삶의 필요에 기원을 가지고 서로
보완적인 정신의 두 경향을 끝까지 따른 것뿐이다.

그렇기 때문에 근본적 목적론은 대부분의 점에서 근본적 기계론

과 아주 가깝다. 이 이론이나 저 이론이나 사물의 흐름에서 또는 심
지어 단순히 생의 발육에서 예견할 수 없는 형태의 창조를 보기 싫
어한다. 기계론은 실재로부터 유사성이나 반복의 측면밖에 생각지
않는다. 그것은 그러므로 자연에는 같은 것을 낳는 같은 것밖에 없
다는 법칙[84]에 의해 지배된다. 그것이 포함하고 있는 기하학이 더
잘 드러날수록 형태만이라도 뭔가가 창조된다는 것을 더 받아들일
수 없게 된다. 우리가 기하학자인 한 우리는 그러므로 예견할 수 없
는 것을 거부한다. 우리가 예술가인 한 확실히 그것을 받아들일 수
있을 것이다. 예술은 창조로 살고 자연의 자발성에 대한 잠재적인
믿음을 내포하기 때문이다. 그러나 사심 없는 예술은 순수 사색처
럼 사치이다. 예술가이기 이전에 분명 우리는 장인이다. 그리고 모
든 제작은 아무리 초보적인 것이라 해도 그것에 지지점으로 봉사
하는 자연적 기하학처럼 유사성과 반복을 먹고 산다. 그것은 생산
하자고 스스로에게 제안했던 모범을 따라 작업한다. 그리고 그것이
발명할 때 알려진 요소들의 새로운 배열에 의해 진행하거나 진행한
다고 생각한다. 그것의 원리는 "동일한 것을 얻기 위해서는 동일한
46 것이 필요하다"[85]는 것이다. 요컨대, 목적성 원리의 엄밀한 적용은
기계적 인과성 원리와 마찬가지로 "모든 것은 주어졌다"는 결론으
로 이끈다. 두 원리는 동일한 필요에 대답하기 때문에 동일한 것을
두 언어로 말하는 것이다.

---

84 같은 것은 같은 것을 낳는다는 법칙.

85 위의 29쪽, 아래의 52, 201, 207쪽을 보라.

　그렇기 때문에 그것들은 시간을 백지(table rase)로 만드는 것에
또한 일치한다. 실재 지속은 사물을 물고 들어가는 것이며 거기에
이빨 자국을 남긴다. 모든 것이 시간 속에 있다면 모든 것은 내적으
로 변하는 것이며 동일한 구체적 실재는 결코 반복되지 않는다. 그
러므로 반복은 추상 속에서만 가능하다. 즉, 반복되는 것은 우리 감
각과 특히 우리 지성이 실재로부터 떼 내는 이러저러한 측면이다.
바로 우리 지성의 모든 노력이 긴장되어 있는 우리의 행동은 반복
들 사이에서만 움직일 수 있기 때문이다. 이처럼 반복되는 것에 집
중되어 있고 오직 동일한 것에 동일한 것을 잇는 데에만 몰두되어
있기 때문에 지성은 시간을 보는 것을 외면한다. 그것은 흐름을 싫
어하고 만지는 모든 것을 응고시킨다. 우리는 실재 시간을 **사유하지**
않는다. 그러나 우리는 시간을 산다. 생명은 지성을 넘쳐흐르니까.
우리가 우리 진화에 대해서 그리고 순수 지속 속에 있는 모든 것의
진화에 대해서 가지는 느낌이 거기에 있다. 고유한 의미에서의 지
적 표상 주위에 어둠 속으로 사라져 가는 정해지지 않은 가장자리
를 그리면서. 기계론과 목적론은 중심에서 빛나는 핵밖에는 고려하
지 않는다는 데 일치한다. 그것들은 그 핵이 응축에 의해 나머지 것
에도 불구하고 형성되었으며, 생명의 내적 운동을 다시 포착하기
위해서는 응축된 것만큼, 그리고 그보다 더, 전체를, 유동을 이용해
야 할 것임을 잊고 있다.

　사실을 말하자면 불분명하고 흐릿할지라도 가장자리가 존재한
다면 그것이 철학자에게는 그것이 감싸고 있는 핵보다 더 중요성을
갖는 것이 틀림없다. 왜냐하면 그것이 있어서 핵이 핵이라는 것과

완전히 순수한 지성은 더 방대한 힘의, 응축에 의한 축소라는 것을
47 인정하게 해주기 때문이다. 그리고 바로 그런 막연한 직관은 사물
에 대한 우리 행동, 실재의 표면에 위치한 행동 전체를 지시하는 데
아무런 도움을 주지 않기 때문에, 그것이 더 이상 단지 표면만이 아
니라 깊이에서도 작용하지 않는다고 사람들은 가정할 수 있다.

　기계론과 근본적인 목적론이 우리의 사유를 가두는 틀로부터 벗
어나자마자, 실재는 각각이 현재를 만들기 위해 솟아나는 즉시 이
미 과거로 물러나는 새로움의 부단한 용솟음으로 보인다. 즉, 바로
그 순간 실재는 그 눈을 영원히 뒤로 돌린 지성의 시야 아래로 떨
어진다. 그와 같은 것이 이미 우리의 내적 삶의 경우이다. 우리의
각 행위에서 선행하는 것을 어렵잖게 발견할 것이고 각 행위는 말
하자면 그것의 기계적 결과물일 것이다. 그리고 각 행동은 어떤 의
도의 성취라고 또한 분명 말해질 것이다. 그런 의미에서 우리 행동
의 진전에서 기계론은 도처에 있으며 목적론도 도처에 있다. 그러
나 행동이 우리 인격 총체에 관한 것이고 진정으로 우리의 것이기
만 하다면, 그것이 일단 이루어지면 선행하는 것들이 그것을 설명
할 수 있을지 모르지만, 그렇더라도 그것은 예견될 수 없을 것이다.
그리고 어떤 의도를 실현하기는 하지만 현재의 새로운 실재인 그것
은 과거의 재시작이나 재배열의 계획밖에 될 수 없는 의도와는 다
르다. 그러므로 기계론과 목적론은 여기서 우리 행동에 대해 취해
진 외적인 관점에 불과하다. 그들〔기계론과 목적론〕은 거기서 지성
성(intellectualité)을 끌어낸다. 그러나 우리의 행동은 그 둘 사이를
미끄러져 나가 훨씬 더 멀리로 확장된다. 그것은 다시 한번[86] 자유

로운 행동은 변덕스럽고 비합리적인 행동이 아니라는 것을 의미한
다. 변덕스럽게 행동한다는 것은 **완전히 이루어진**(tout faits) 둘이나
여러 편들 사이에서 기계적으로 오락가락하다가 결국 그들 중 어느
하나로 정해지는 데서 성립한다. 그것은 내적 상황이 성숙된 것도
아니고, 진화된 것도 아니다. 이 주장이 아무리 역설적이게 보이더
라도 그것은 자신의 의지를 꺾어서 지성의 기계론을 모방하는 것이   48
다. 반대로 진정으로 우리의 것인 행동은 지성을 위조하려고 모색
하지 않는, 자기 자신으로 남으면서 즉 진화하면서 점진적인 성숙
을 통해, 지성이 지적 요소들로 무한히 해체시킬 수 있지만 결코 완
전히 도달할 수는 없을 행위들에 도달하는 의지의 행동이다. 자유
로운 행위는 관념과 통약불가능하며, 그것의 '합리성(rationalité)'[87]
은 원하는 만큼의 가지성(intelligibilité)을 거기서 발견하게 해주는
통약불가능성 자체에 의해 정의되어야 한다. 그와 같은 것이 우리
의 내적 진화의 성격이다. 그와 같은 것이 또한 아마도 생명의 진화
의 성격이기도 할 것이다.

---

86 A. François(*Ech.*, 417쪽, 주 122 참조)에 의하면 "다시 한번"이라는 어느 정
   도 조급한 표현을 쓴 것은 Lévi-Bruhl과 Belot의 *Essai*에 대한 리뷰에서의
   반론에 대해 이미 *MM*(207쪽, 졸역, 『물질과 기억』, 336쪽, 주 404 참조)에서
   대답했는데, 다시 Brunschvig이 반론을 제기했기 때문이라 한다(그에 대
   한 편지, 1903. 2. 26, *Mélanges*, 585-587쪽). 본서의 앞에서 이에 대한 논의
   가 없는 이상, 이것은 충분히 가능한 이야기이다.

87 합리적으로 설명할 수 있다는 정도의 의미로 새겨야 할 것이다. 그러나
   그 합리성은 "통약 불가능성 자체에 의해 설명되어야 하"므로 진정으로
   다 설명될 수는 없다는 것이다.

고칠 수 없을 정도로 주제넘은 우리의 이성은 타고난 권리에 의해서나 정복한 권리에 의해, 즉 본유적이건 배운 것이건 진리 인식의 모든 본질적 요소를 가진 것으로 스스로를 생각한다. 제시된 대상을 알지 못한다고 고백하는 곳에서조차 그것은 자신의 무지가 단지 새로운 대상에 적합한 것이 이전의 범주 중 어떤 것인지를 아는 문제에 관계된 것뿐이라고 믿는다. 열릴 준비가 된 어떤 서랍에 그것을 넣을 것인가? 이미 재단된 어떤 옷을 그것에 입힐 것인가? 그것이 이것인가 저것인가, 아니면 다른 것인가? 그리고 '이것', '저것', '다른 것'은 항상 우리에게 이미 생각된 것, 이미 알려진 것이다. 새로운 대상에 대한 새로운 개념과 아마 새로운 사유방법도 모든 조각들로 창조할 수 있어야 할 것이라는 관념을 우리는 깊이 혐오한다. 그러나 철학사가 존재하며, 그것은 우리에게 체계들 간의 영원한 투쟁, 완전히 이루어진 개념인 기성복에 실재를 결정적으로 집어넣는 것의 불가능성, 치수에 맞게 작업해야 할 필연성을 보여준다. 그런 극단으로 이르기보다는 우리의 이성은 오만한 겸손함[88]으로 자신은 상대적인 것밖에 알지 못하고 절대적인 것은 자신의 능력 밖이라고 단번에 영원히 선언하는 것을 더 좋아한다. 그런 예비적 선언이 이성에게 습관적 사유방법을 조심성 없이 적용하고 절대에 닿지 않는다는 핑계로 모든 것에 대해 절대적으로 결정을 내리게 한다. 플라톤이 처음으로 실재를 안다는 것은 그것의 이데아

---

88 바로 이어지는 문장에서와 같이 모른다는 겸손함을 "영원히 선언한다"는
오만함.

를 발견하는 것, 즉 실재를 이미 처분권을 가지고 있을 기존의 틀에 들어오게 하는 것에서 성립한다는 것을 이론적으로 확립했다. ─ 마치 우리가 암묵적으로 보편지(science universelle)를 가지고 있는 것처럼. 그러나 그런 믿음은 항상 이전의 어떤 표제 아래에 무엇이든 새로운 대상의 목록을 작성할 것인지를 아는 데에 몰두해 있는 인간 지성에는 자연스럽고, 어떤 의미에서 우리는 완전히 플라톤주의자로 태어난다고 말할 수 있을 것이다.

그런 방법의 무기력함이 생명의 이론에서만큼 명백하게 펼쳐지는 곳은 아무데도 없다. 척추동물 일반, 특수하게는 인간과 지성의 방향으로 진화하면서 생명[89]은 그런 특수한 유기화 방식과 양립할 수 없는 많은 요소들을 도중에 포기했어야 했고, 우리가 보여줄 것처럼[90] 다른 발전 노선에 그것들을 맡겨야 했다면, 생명활동의 참된 본성을 다시 파악하기 위해서는 우리는 그런 요소들 총체를 연구하고 고유한 의미에서의 지성과 함께 융합시켜야 할 것이다. 우리는 거기서 아마도 구별되는, 즉 지적인 표상을 감싸고 있는 어렴풋한 표상의 가장자리에 의해 도움을 받을 것이다. 왜냐하면 그런 쓸모없는 가장자리란 우리의 유기조직의 특별한 형태로 좁혀지지 않고 몰래 빠져나간 진화적 원리의 부분이 아니라면 무엇일 수 있는가? 그러므로 우리 사유의 지적 형태를 넓히기 위한 표지를 찾으

---

89 '생명(Vie)'이 대문자로 쓰여 있다. 이런 곳은 이 책에서 두 군데(여기와 339쪽) 있으며 개별 생명과 대비된 생명 일반을 가리킨다(*Ech.*, 417쪽 주 127 참조).

90 제2장 전체가 그 문제를 다루고 있다.

러 가야 할 곳은 거기이다. 거기서 우리가 우리 자신을 넘어서 올라

가기 위해 필요한 도약을 길어낼 것이다. 생명의 총체를 표상하는

것은 그 진화의 과정 동안 생명 자체에 의해 우리 속에 놓인 단순한

관념들을 서로 결합하는 데서 성립할 수 없다. 어떻게 부분이 전체

50 와, 포함된 것이 포함하는 것과, 생명 작업의 잔여물이 작업 자체와

같을 것인가? 그러나 그와 같은 것이 생명의 진화를 "동질적인 것

의 이질적인 것으로의 이행"[91]이나 지성의 조각들을 결합함으로써

얻어진 다른 개념들에 의해 정의할 때의 우리의 착각이다. 우리는

분명 중요한 것이겠지만 유일한 것은 아닌 진화의 도달점 중의 하

나에 위치한다. 그 점에서조차 거기서 발견되는 모든 것을 취하지

는 못한다. 지성에 대해 그것이 표현하는 한두 개념밖에는 보존할

수 없기 때문이다. 그리고 우리는, 그런 부분의 부분이 전체를, 응고

된 전체를 넘쳐나는 무언가 자체를, 즉 그 '전체'가 현재 국면일 뿐

인 진화운동을 대표한다고 선언한다! 진실은 지성 전체를 취하는

것은 여기서 지나친 것이 아니라 충분치 않을 것이라는 점이다. 진

화의 다른 종착점 각각에서 발견하는 것을 또한 지성에 접근시켜야

할 것이다. 그리고 그 다양하고 다기적인 요소들을 가장 낮은 형태

에서 서로 보완적이거나 적어도 보완적이었던 그만큼의 추출물로

생각해야 할 것이다. 그때에만 우리는 진화운동의 실재적인 본성을

예감할 것이다. ─ 우리는 항상 결과인 진화된 것에만 관계하고 진

화 자체, 즉 결과가 얻어지는 작용(acte)에는 관계하지 못하기 때문

---

91 스펜서의 정의이다(*Ech.*, 417쪽, 주 132 참조).

에, 예감하게 할 뿐이라 할지라도.

그와 같은 것이 우리가 향하는 생명의 철학이다. 그것은 동시에 기계론과 목적론을 능가한다고 주장한다. 그러나 우리가 앞서 예고한 대로[92] 그것은 첫 번째보다는 두 번째 이론에 더 가깝다. 그 점을 강조하고 어디에서 목적론과 닮았고 어디에서 다른지를 더 명확한 용어로 보여주는 것이 쓸데없지는 않을 것이다.

더 모호한 형태이긴 하지만 근본적 목적론처럼 우리가 말하는 생명의 철학은 유기적 세계를 조화로운 전체로 나타낼 것이다. 그러나 그 조화는 사람들이 말하는 만큼 완전한 것과는 거리가 있다. 그 51 것은 많은 불화를 인정하는데, 각 종과 각 개체 자체는 생명의 전체적 추진력(impulsion globale)으로부터 어떤 도약만을 취하여 그 에너지를 자기 자신의 이익에 사용하려는 경향을 가지기 때문이다. 거기서 **적응**(adaptation)이 성립한다. 종과 개체는 그러므로 자신밖에는 생각지 않는다. — 거기서부터 다른 형태의 생명과의 투쟁이 가능하다. 그러므로 조화는 사실로서는 존재하지 않는다. 그것은 오히려 권리상으로 존재한다. 즉 원래의 비약은 공통의 비약이며 더 높이 올라갈수록 더 다양한 경향들이 서로 보완적인 것으로 보인다는 것을 의미한다. 그와 같은 것이 교차로로 몰아닥쳐서 분산적인 공기의 흐름들로 나누어지지만 그 흐름들 모두는 하나의 동일한 휘몰아침에 불과한 바람이다. 조화 또는 오히려 '보완성(complémentarité)'은 상태들에서보다는 경향들에서 대체적으로만

---

92 40쪽을 보라.

드러난다. 특히(그리고 이것이 목적론이 가장 중대하게 잘못된 점인데) 조화는 앞보다는 뒤에 있을 것이다. 그것은 추진력의 동일성에 기인한 것이지 공통의 열망에 기인하는 것이 아니다.[93] 생명에 단어의 인간적 의미에서[94]의 목적을 할당하려고 해봐야 헛될 것이다. 목적에 대해 말한다는 것은 실현되기만 하면 되는 미리 존재하는 모범을 생각하는 것이다. 그러므로 그것은 결국 모든 것이 주어져 있다고, 미래는 현재에서 읽혀질 수 있을 것이라고 가정하는 것이다. 그것은 생명이 그 운동과 전체성(intégrité)에서 우리 지성처럼 진행한다고 믿는 것이다. 지성은 생명에 대해 취한 부동의, 단편적인 관점에 불과하며 항상 자연스럽게 시간 밖에 위치하는데도 말이다. 생명은 진전하고(progresse)[95] 지속한다. 일단 지나온 길에 대해서는 눈길을 던지면서 아마 항상 그 방향에 주목하고 그것을 심리적 용어로 표시하며 마치 한 목표의 추구가 있었던 것처럼 말할 수 있을 것이다. 우리 자신도 그렇게 말할 것이다.[96] 그러나 곧 주파되려던 길에 대해 인간 정신은 말할 것이 아무것도 없다. 왜냐하면 길은 그것을 주파하는 행위 자체의 방향에 불과하기 때문에 그 행위에 따라 점차 창조되기 때문이다. 그러므로 진화는 우리의 관점에서는 그 가장 좋은 설명인 심리적 해석을 끊임없이 포함해야 하지만 그

93 추진력이지 열망이 아니라는 말은 뒤에서 미는 힘이지 목적론처럼 앞에서 끌어당기는 힘이 아니라는 뜻이다.

94 인간들이 쓰는 "~을 하려는 목적"이라는 의미에서의 목적.

95 진전의 정확한 의미는 아래의 105쪽을 보라.

96 아래의 108, 110, 113-114, 124, 126, 131-132쪽을 보라.

런 설명은 회고적 의미에서만 가치와 심지어 의미까지 가진다. 절대로 우리가 제안할 것과 같은 목적론적 해석은 미래에 대한 예견으로 간주되어서는 안 될 것이다. 그것은 현재의 빛 아래서의 과거의 어떤 시각이다. 요약하자면 목적성에 대한 고전적 견해는 동시에 너무 많은 것과 너무 적은 것을 요청한다. 그것은 너무 넓으면서 너무 좁다. 생명을 지성에 의해 설명하면서 그것은 생명의 의미를 과도하게 좁혔다. 적어도 우리 자신 속에서 발견하는 대로의 지성은 진화에 의해 그 과정 중에 만들어졌다. 그것은 뭔가 더 넓은 것에서 잘라진 것이거나 또는 오히려 부조浮彫와 깊이를 가진 실재의 필연적으로 평면적인 투사일 뿐이다. 참된 목적론이 재구성하거나 가능하다면 오히려 단순한 시각으로 감싸 안아야 할 것은 그런 더 포괄적인 실재이다. 그러나 다른 한편 바로 그러한 실재는 동일한 것을 동일한 것에 연결시키고 반복을 알아차리며 또한 반복을 낳는 능력인 지성을 넘쳐나기 때문에 아마도 자신을 넓히고 능가하는 결과들을 창조하고, 즉 낳을 것이다. 그러므로 그런 결과들은 자신속에 미리 주어지지 않았고, 따라서 그것은 결과들을 목적으로 취할 수가 없었다. 일단 일어난 뒤에는 전범을 실현한 제작된 사물들처럼 그것들이 합리적 해석을 포함하고 있을지라도. 요약컨대 목적인의 이론은 자연 속에 지성적인 것을 놓는 것으로 만족할 때는 충분히 멀리 가지 않으며, 현재 속에 관념의 형태로 미래가 미리 존재한다고 가정할 때는 너무 멀리 간다. 과도의 죄를 저지른 이 두 번째 주장은 게다가 모자람으로 죄를 저지른 첫 번째 주장의 결과이다. 고유한 의미에서의 지성을 지성이 그 축소에 지나지 않는 더 포

괄적인 실재로 대체해야 한다. 미래는 그때 현재를 넓히는 것으로
53 나타난다. 그러므로 그것은 표상된 목적의 형태로 현재에 포함되어
있지 않았다. 그리고 그럼에도 불구하고 일단 실현되면 현재가 그
것을 설명하는 것만큼 그것이 현재를 설명할 것이고 심지어는 더
많이 그럴 것이다. 그것은 결과만큼, 그리고 더욱더, 목적으로 생각
되어야 할 것이다. 우리의 지성은 그 자신 미래가 나온 원인에 대해
수행된 추상이기 때문에 그것의 습관적 관점에서 미래를 추상적으
로 생각할 권리를 갖는다.

그때 원인은 파악할 수 없는 것으로 보인다는 것은 사실이다. 이
미 생명에 대한 목적론적 이론이 모든 정확한 검증을 벗어난다. 그
방향 중의 하나에서 그것보다 더 멀리 간다면 그것은 무엇일 것인
가? 하고 사람들은 말할 참이다. 아닌 게 아니라 필요한 여담 이후
우리가 본질적이라 간주하는 문제로 이제 되돌아 왔다. 기계론의
부족함을 사실로서 증명할 수 있는가? 그런 증명이 가능하다면 그
것은 진화론적 가설에 진술하게 자리 잡는다는 조건에서라고 우리
는 선언했다.[97] 기계론이 진화를 설명하는 데 충분치 않다면 그런
불충분성을 증명하는 방법은 목적성에 대한 고전적 견해에 멈추는
것도 아니요, 그것을 좁히거나 약화시키는 것은 더 더욱 아니요, 반
대로 그것보다 더 멀리 가는 것임을 확립할 때가 왔다.

우리 증명의 원리를 즉시 말하자. 우리는 생명이 그 원천 이래로

---

97 위의 37쪽을 보라.

분산적인 진화노선들 사이로 갈라진 하나의 동일한 비약의 연속이
라고 말했다.[98] 그만큼의 창조였던 일련의 덧붙임에 의해 뭔가가 크
고 뭔가가 발달했다. 서로 양립 불가능하게 되지 않고는 성장할 수
없었던 경향들이 어느 점을 넘어서 갈라지기에 이른 것은 그런 발
달 자체에 의해서이다. 부득이한 경우에는 수천 세기 동안 나누어
진 변형의 결과 생명의 진화가 수행되었을 유일한 개체를 상상하는
것을 아무것도 방해하지 않는다.[99] 또는 유일한 개체가 아니라면 단   54
일 노선의 연쇄로 이어지는 다수의 개체들을 가정할 수 있을 것이
다. 두 경우에 진화는, 이렇게 말할 수 있다면, 유일한 차원만을 가
질 것이다. 그러나 사실상 진화는 다양한 노선에서 수백만의 개체
들을 매개로 이루어졌다. 그것들 각각은 그 자체 새로운 길들이 퍼
져 나오는 교차로에 도달하고, 그런 식으로 무한히 계속된다. 우리
의 가설이 근거가 있고 다양한 길을 따라 작업하는 본질적 원인이
심리적 본성의 것이라면,[100] 그것들은 그 결과의 다양성에도 불구
하고 오래전에 헤어졌던 동무가 동일한 어린 시절의 기억들을 가지
고 있듯이 공통적인 뭔가를 보존하고 있어야 한다. 분기가 일어나
고 떨어져 나간 요소들이 독립적인 방식으로 전개되는 측면의 길들
이 열려도 소용없다. 그럼에도 불구하고 전체의 원초적 비약에 의

---

98 위의 51-53쪽을 보라.

99 A. François는 258쪽의 한 생명체에서 전체 진화가 이루어지는 거대한 생
    명체라 지적한다(*Ech.*, 415쪽 주 144 참조). 옳은 지적이다.

100 베르크손에게 진화의 원인은 지속이고, 그런 한에서 기억을 가지고 자기
    동일성을 유지하며, 그런 한에서 심리적인 것이다.

해 부분들의 운동이 계속된다. 그러므로 전체의 무엇은 부분 속에 존속해야 한다. 그리고 그런 공통적인 요소는 어떤 방식으로, 아마도 매우 다른 유기체들 안에 동일한 기관의 존재에 의해 눈에 감각되는 것으로 될 수 있을 것이다. 잠시 기계론이 참이라고 가정하자. 각각의 새로운 우연은 이전의 이로웠던 우연의 합계 ─ 생명체의 현재 형태를 나타냄 ─ 에 이롭다면 선택에 의해 보존되기 때문에, 진화는 서로 덧붙여지는 일련의 우연에 의해 이루어졌을 것이다.[101] 서로 덧붙여지는 우연들의 완전히 상이한 두 연쇄에 의해 완전히 상이한 두 진화가 유사한 결과에 도달하는 데에는 어떤 확률이 있을 것인가? 진화의 두 노선이 더 나누어질수록, 외부의 우연적 영향이나 내부의 우연적 변이가 동일한 장치의 구성을 결정할 확률은 특히 분기가 일어나는 순간 그 장치의 흔적이 없다면 더 적어질 것이다. 반대로 우리 것과 같은 가설에서 그런 유사성은 자연스러울 것이다. 마지막 실개천에서까지 원천에서 얻은 충력의 뭔가를 재발견해야 할 것이다. **그러므로 생명은 분산된 진화의 노선에서 유사하지 않는 방법으로 어떤 동일한 장치를 만든다는 것을 확립할 수 있다면, 순수 기계론은 논박할 수 있고, 우리가 이해하는 특별한 의미에서의 목적론은 어떤 면에서 증명 가능할 것이다. 증명의 힘은 게다가 선택된 진화노선이 떨어진 정도와 거기서 찾을 유사한 구조의 복잡한 정도에 비례할 것이다.**

55

---

101 이 설명으로 보아 아까 참이라고 가정한 기계론이란 Darwin의 미소 변이 설과 Weisman의 돌연변이설을 의미함을 알 수 있다.

구조의 유사성은 생명이 진화한 일반 조건의 동일성에 기인한다
고 핑계를 끌어낼 것이다. 그런 지속적인 외부 조건은 일시적인 외
부 영향과 우연적인 내적 변이의 다양성에도 불구하고 이런저런 장
치를 구성하는 힘에 동일한 방향을 새겼을 것이라는 주장이다. ㅡ
아닌 게 아니라 우리는 현대 과학에서 **적응** 개념이 수행하는 역할
을 모르지 않는다. 분명 생물학자들은 그것을 모두 동일하게 사용
하지는 않는다. 어떤 이에게는 외부조건이 생명물질에서 결정하는
물리-화학적 변화에 의해 일정한 방향으로의 유기체의 변이를 직
접적으로 일으킬 수 있다. 그와 같은 것이 가령 아이머(Eimer)의 가
설이다.[102] 다윈주의의 정신에 더 충실한 다른 이들에게는 생명의
경쟁에서 탄생의 우연이 환경에 더 잘 적응하게 한 종의 대표자들
중 어떤 것들을 유리하게 함으로써 조건의 영향이 간접적 방식으로
만 수행된다. 다른 말로 하면 어떤 이들은 외부 조건에 적극적인 영
향을, 어떤 이들은 부정적인 작용을 할당한다. 즉, 첫 번째 가설에서
그런 원인은 변이를 일으킬 것이며, 두 번째 것에서 그것은 변이를
제거하기만 할 것이다. 그러나 두 경우에서 원인은 생존 조건에 대   56
한 유기체의 정확한 적응을 결정하는 것으로 간주된다. 그런 공통
적 적응을 통해 사람들은 아마도 우리가 기계론에 가장 두려운 논
점을 끌어낼 수 있을 것이라고 믿는 곳에서 구조의 유사성을 기계
적으로 설명하려고 시도할 것이다. 그렇기 때문에 왜 여기서 '적응'

---

102 독일계 스위스인인 Theodor Gustav Heinrich Eimer(1843-1898)는 정향
　　진화설을 주장한 사람이다. 그에 대해서는 아래의 69-77쪽 참조.

으로부터 끌어낼 설명이 불충분해 보이는가를 세부로 옮겨가기 전
에 즉시 대체적으로 지적해야 한다.

우선 우리가 방금 정식화한 두 가설[103] 중 두 번째가 모호함의 소
지가 없는 유일한 것임에 주목하자. 부적응자의 자동적 제거에 의
해 이루어지는 적응의 다윈적 관념은 단순하고 분명한 관념이다.
반대로, 그리고 진화를 이끄는 외부 원인에 완전히 부정적인 영향
을 할당한다는 바로 그 이유 때문에 그것은 이미 우리가 살펴보려
는 것과 같은 복잡한 장치의 점진적(progressif)이고 직선적인 발달
을 설명하는 데 많은 어려움을 겪는다. 분산적인 진화의 노선에서
특별히 복잡한 기관들의 구조의 동일성을 설명하려 할 때 그것은
무엇일 것인가? 우연적 변이는 아무리 작은 것이라 할지라도 다수
의 작은 물리, 화학적인 원인들의 작용을 내포한다. 우연적 변이들
의 축적이 복잡한 구조를 생산하기에는 멀기 때문에 말하자면 무한
한 수의 무한소의 원인들을 협력을 요청한다. 모두 우연적인 그런
원인들이 어떻게 시간·공간의 상이한 점에서 동일하게 동일한 순
서로 다시 나타날 것인가? 아무도 그것을 지지하지는 않을 것이며,
다윈주의자 자신도 아마 상이한 원인에서 동일한 결과가 나올 수
있으며 하나 이상의 길이 동일한 지점으로 인도한다고 말하는 것
으로 만족할 것이다. 그러나 비유에 속지 말자. 도착 지점은 거기에
도착하기 위해 취했던 길의 형태를 그리지는 않는 반면에 유기적

---

103 다윈의 미소변이설과 돌연변이설이 그 하나이고 Eimer의 정향진화설이
　　나머지 하나이다.

구조는 진화가 거기에 도달하기 위해 통과해야 했던 작은 차이들의
축적 자체이다. 생의 경쟁과 자연 선택은 문제의 그 부분을 해결하   57
는 데 아무 도움이 될 수가 없다. 우리는 여기서 사라진 것에 관심
을 두지 않고 단지 보존된 것만을 보기 때문이다.[104] 그런데 우리는
독립적 진화의 노선에서 동일한 구조가 서로 더해지는 결과들의 점
진적 축적에 의해 그려지는 것을 본다. 우연적 원인들이 우연적 순
서로 나타나면서 원인은 무한히 다수이며 결과는 무한히 복잡한데
도 여러 번 동일한 결과에 도달한다는 것을 어떻게 가정할 것인가?

　기계론의 원리는 "동일한 원인이 동일한 결과를 낳는다."는 것이
다. 그 원리는 사실 동일한 결과는 동일한 원인을 갖는다는 것을 항
상 함축하는 것은 아니다. 그러나 그 원리는 원인이 낳은 결과 속에
보이는 것으로 남고 그것을 구성하는 요소인 특별한 경우에는 그런
결과를 유발한다.[105] 다른 지점에서 출발한 두 산책자가 심정이 원
하는 대로 들판을 헤매다가 종국에는 서로 만났다는 것은 매우 통
상적인 것 이외의 아무것도 없다. 그러나 이렇게 길을 가면서 서로
정확히 겹칠 수 있는 동일한 곡선을 그린다는 것은 전혀 그럼직하

104　자연 선택은 곧 자연 도태를 의미하므로 도태에 의해 사라진 것에는 관심
　　을 두지 않고, 현재의 구조 속에 보존된 것만을 본다는 말.
105　말이 좀 어려운데, 동일한 결과가 나왔다고 해서 항상 동일한 원인을 가
　　지는 것은 아니지만, 결과 속에 원인이 보이고 결과의 구성요소로 남을
　　때에는 동일한 결과는 동일한 원인으로부터 나온다고 할 수 있다는 뜻.
　　"그런 결과를 유발한다."는 말은 동일한 결과를 유발하는 것은 동일한 원
　　인이라는 말.

지가 않다. 그럼직하지 않음은 게다가 양쪽에서 통과한 길이 더 복잡한 우회를 나타내는 만큼 더 클 것이다. 그리고 두 산책자의 왔다 갔다 함(zigzags)이 무한히 복잡하다면 그럼직하지 않음은 불가능성이 될 것이다. 그런데 각각이 일종의 유기체인 수천의 상이한 세포들이 어떤 순서로 놓여 있는 한 기관의 복잡성 옆에서 그런 왔다 갔다 함의 복잡성은 무엇인가?

　그러므로 두 번째의 가설[106]로 옮겨가서 그것은 어떻게 문제를 풀지를 보자. 적응은 더 이상 단지 부적응자의 배제에서 성립하지 않을 것이다. 그것은 유기체를 자신의 고유한 형태로 만드는 외부 조건의 적극적 영향에 기인할 것이다. 이번에 결과의 유사성이 설명되는 것은 분명 원인의 유사성에 의해서이다. 외관상 우리는 순수 기계론 속에 있을 것이다. 그러나 더 자세히 보자. 설명은 완전히 말뿐이고, 우리는 아직도 말에 속고 있으며, 해법의 간계는 '적응'이라는 용어를 완전히 상이한 두 의미로 동시에 취하는 데서 성립한다는 것을 보게 될 것이다.

　동일한 잔에 차례로 물과 포도주를 부으면 두 액체는 동일한 형태를 취할 것이며, 형태의 유사성은 포함하는 것에 대한 포함된 것의 적응의 동일성에 기인할 것이다. 그때 적응은 분명 기계적 삽입을 의미할 것이다. 그것은 물질이 적응해 가는 형태가 완전히 이루어진 것으로서 있고, 그것이 물질에 자신의 고유한 모습을 부과했기 때문이다. 그러나 유기체가 살아야 할 조건으로의 유기체의 적

---

106 앞 주 103)의 두 번째 가설, 즉 Eimer의 가설, 즉 정향진화설.

응을 말할 때 그 내용을 기다리는 미리 존재하는 형태는 어디에 있는가? 조건은 생명이 삽입되어 들어가서 그 형태를 받을 주물 틀이 아니다. 이렇게 추론한다면 비유에 속고 있는 것이다. 아직 형태가 없으며, 그에게 이루어진 조건에 적합한 형태를 스스로에게 창조해 주는 것은 생명에 속할 것이다. 그 조건에서 이득을 취하고 불편한 것들을 중화시키고 이로운 것을 이용하는 것, 결국 외부 작용에 그것과 어떠한 유사성도 가지지 않은 장치를 구축함으로써 대응해야 할 것이다. 적응한다는 것은 여기서 더 이상 **반복하는 것**이 아니라 **대답하는 것**에서 성립할 것이다. 그것은 완전히 다르다. 아직도 적응이 있다면 가령 기하학의 문제의 해법에 대해 해법이 문제의 조건에 적응한다고 말할 수 있을 것이라는 의미에서일 것이다. 이렇게 이해된 적응이 왜 상이한 진화 과정이 유사한 형태들에 도달하는지를 설명한다면 그것은 바라는 바이다. 아닌 게 아니라 동일한 문제는 동일한 해법을 부르니까. 그러나 그때 기하학적 문제의 해법에 대해서처럼 지적인 활동이나 적어도 동일한 방식으로 행동하는 원인[107]을 개입하게 해야 할 것이다. 다시 도입할 것은 목적 59 성이며, 이번에는 의인적 요소를 너무 많이 띤 목적성일 것이다. 한마디로, 사람들이 말하는 적응이 수동적이라면, 조건이 음각으로 주는 것의 단순한 양각적 반복이라면, 적응이 구성하기를 원하는 아무것도 구성하지 않을 것이다. 그리고 그것이 적극적이라 선언한

---

107 기하학 문제를 푸는 것과 같은 학적인 원인, 즉 생명 자체를 말한다. 거기서 목적론이 나온다.

다면, 즉 조건이 제기하는 문제에 계산된 해답으로 답할 수 있다면, 우리가 우선 표시한 방향으로 우리보다 더 멀리, 심지어는 우리 생각으로는 너무 멀리 가는 것이다. 그러나 진실은 두 의미 중 하나에서 다른 것으로 몰래 옮겨간다는 것이며, 두 번째 것의 사용에서 목적론의 현행범으로 잡히려 할 때마다 첫 번째로 도망간다는 것이다.[108] 과학의 통상적 실천에서 진정으로 사용되는 것은 두 번째이나, 매우 자주 그것의 철학을 주는 것은 첫 번째이다. 각 개별적 경우에 마치 적응의 과정이 외부 조건으로부터 가능한 가장 좋은 방책을 끌어내기 위한 장치(machine)를 구성하려는 유기체의 노력인 것처럼 표현하고는, 적응 일반에 대해서는 마치 무관한 물질에 의해 수동적으로 받아들인 상황의 자국 자체인 것처럼 말한다.

그러나 예에 도달해 보자. 우선 여기서 식물과 동물 사이의 일반적 비교를 해 보는 것이 재미있을 것이다. 성의 방향으로 양쪽에서 이루어진 평행적 진보에 어떻게 충격 받지 않을 수 있겠는가? 고등 식물에서의 수정 자체가 동물에서의 그것과 동일할 뿐 아니라 — 여기서나 저기서나 접근 이전에는 구조와 속성에서 달랐으나 이후에는 즉시 서로 동등해지는 두 개의 반半-핵의 결합에서 수정이 성립하기 때문에 — , 성적 요소의 준비가 양쪽에서 닮은 조건 하에서 계속된다. 즉, 준비는 염색체 수의 감소와 염색체 물질의 어떤 양의 투기 投棄에서 성립한다.[*1] 그러나 식물과 동물은 독립적 노선에서 다른

---

108 첫 번째의 것은 주물의 틀에 맞추어지듯이 기관이 생긴다는 기계론적인 설명이며, 두 번째의 것은 적응이 어떤 방식으로 외부조건에 대답하는 목적론적인 의미이다.

상황에 의해 도움을 받고 상이한 장애에 의해 방해를 받으며 진화
했다. 이것이 바로 분기되면서 진행하는 두 개의 큰 계열이다. 그들
각각을 따라 수천수만의 원인들이 결합되어 형태적, 기능적 진화
를 결정했다. 그러나 무한히 복잡한 그 원인들이 이쪽저쪽에서 동

*1 P. Gérin, *Les connaissances actuelles sur la fécondation chez les
Phanérogames*(현화식물에서의 수정에 대한 현재의 지식), Paris, 1904, 144-
148쪽. Delage, L'hérédité(유전), 2판, 1903, 140쪽 이하 참조.[109]

---

109 P. Gérin, *Les connaissances actuelles sur la fécondation chez les
Phanérogames*, Paris, Joanin et co., 1904, 144-148쪽은 제4부
"Comparaison des phénomènes morphologiques de la fécondation
chez les animaux et les plantes(동물과 식물에서의 수정의 형태적 현상의
비교)"의 부분이다. 현화식물에서 정자와 난자의 생성은 세 단계를 거치
는데 처음 정자가 생성되고 그것이 점점 커지며 마지막으로 두 번의 분
열이 일어나서 성숙한 정자로 된다. 난자도 비슷한 경로를 통해 생성되지
만 정자와 다른 점은 각 분열 때마다 쪼개지는 크기가 달라서 큰 것과 작
은 것으로 나누어지고 큰 것은 정상 난자로 크지만 작은 것은 버려진다.
베르크손이 말하는 "어떤 양의 투기"는 이것을 말한다. "일반적으로 말
하여 식물에서나 동물에서나 생식 세포의 준비는 염색체 수의 감소와 염
색체 물질의 어떤 양의 투기로 특징지어진다." ─ Delage, *L'hérédité et les
grands problèmes de la biologie générale*, Paris, Reinwald, 1903, 140쪽 이
하는 앞의 Gérin의 논문과 동일한 설명을 하고 "염색체 수의 감소와 염
색체 물질의 어떤 양의 투기"도 동일한 용어를 사용한다. A. François는
1883년 Eduard Van Beneden에 의해 발견된 생식세포의 감수분열에 대
해서 말하고 있는 것이라 지적하는데(*Ech.*, 419쪽, 주 158), 베르크손이 그
사실을 직접 알았다는 정보는 없고 따라서 위의 인용된 서적에서 알았을
것이라는 쪽이 더 개연성이 있다.

일한 결과로 모였다. 그런 결과에 대해 게다가 그것이 "적응"의 현
상이라고 감히 말할 수는 거의 없을 것이다. 유성 생식의 유용성 자
체가 분명치 않고, 매우 다양한 의미로 그것을 해석할 수 있으며 우
수한 정신들도 식물의 성(sexualité)에서 기껏해야 자연이 그것 없이
도 지낼 수 있었을 사치를 보는데, 어떻게 적응을 말할 것이며, 어
떻게 외부 상황의 압박에 호소할 수 있을 것인가?[*1] 그러나 이렇게
논란이 많은 사실에 대해 길게 논하고 싶지는 않다. '적응'이라는 용
어의 애매함, 기계적 인과론의 관점과 의인적 목적성의 관점을 동

[*1] Möbius, *Beiträge zur Lehre von der Fortpflanzung der Gewächse*(재배
의 번식론에 대한 기여), Iéna, 1897, 특히 203-206쪽. — Hartog, "Sur les
phénomènes de reprodution(생식의 현상에 대하여)" (*Année biologique*,
1895, 707-709쪽).[110]

---

110 Möbius, *Beiträge zur Lehre von der Fortpflanzung der Gewächse*, Iéna, G.
Ficsher, 1897, 203-206 쪽은 유성생식의 이점을 세 가지로 말하고 있다.
1. 단순 교배는 종의 유형의 보존을 쉽게 한다. 2. 이중교배는 변이를 증
가시킨다. 3. 유성 생식 일반은 더 복잡한 형태를 가능하게 해준다. 그러
나 식물계에서의 성은 동물이나 인간에서만큼 원초적 역할을 한다고 생
각해서는 안 된다고 덧붙인다(*Ech.*, 420쪽, 60쪽 주2에 대한 주). — Hartog,
"Sur les phénomènes de reprodution" (*Année biologique*, 1895, 707-709
쪽)은 성의 존재를 늙어감에 대항하여 다시 젊게 함(rejuvénescence)으
로 설명한다. 모든 생물은 늙어감에 따라 힘이 쇠약해지는데 그것은 반
복되는 자극은 점점 더 약한 반응을 낳기 때문이라는 것이다. 그것에 대
항하는 방법은 새로운 동맹과 결합하는 것이며 그 방법이 유성 생식이라
는 주장이다. 유성 생식을 하지 않고 무성생식 하는 생물이나 내부혼족
(endogamie)들은 그 존속력이 점점 감퇴한다는 것이다.

시에 뛰어넘어야 할 필연성은 더 단순한 예에서 더 분명하게 나타
날 것이다. 언제나 목적성의 이론은 자연의 작업을 지성적 장인의
작업과 동화시키는 데 감각 기관의 놀라운 구조에서 이득을 봤다.
게다가 그 기관들은 하등동물에서 초보적 상태로 재발견되고, 자연
은 가장 단순한 유기체의 안점(tache pigmentaire)과 척추동물의 무
한히 복잡한 눈 사이에 모든 중간 단계들을 제공하기 때문에, 여기
서 그만큼 잘, 점증하는 완전성을 결정하는 자연 선택의 완전히 기   61
계적 작동을 개입시킬 수 있을 것이다. 결국 적응을 불러들일 권리
를 가지는 것으로 보이는 경우가 있다면 바로 이것이다. 왜냐하면
유성 생식의 역할과 의미에 대해, 그리고 그것과 그것이 이루어지
는 조건을 연결 짓는 관계에 대해 논란할 수는 있지만, 눈과 빛의
관계는 분명하고, 여기서 적응을 말할 때 의미하는 바가 무엇인지
를 알아야 하기 때문이다.[111] 그러므로 우리가 그 특권적 경우에 이
쪽저쪽에서 끌어들인 원리들의 불충분성을 보여줄 수 있다면 우리
의 증명은 즉시 충분히 높은 정도의 일반성에 도달한 것일 것이다.

목적성의 변호자들이 항상 강조한 예, 즉 인간의 눈과 같은 눈의
구조를 생각해 보자. 그들은 그토록 복잡한 장치에서 모든 요소들
은 서로서로 놀랍도록 상호 조율되어 있다는 것을 보여주는 데 어
려움을 겪지 않았다. '목적인'에 대한 것으로 잘 알려진 책의 저자
가 말하기를, 시각이 작동하려면 "광선이 뚫고 들어가기 위해 공막

---

111 유성 생식의 역할과 의미에 관해서는 논란의 여지가 많지만 눈은 빛과의
관계가 분명하기 때문에 그 연관관계에 논란의 여지가 없이 분명하다.

이 그 표면의 한 점에서 투명하게 되어야 하며……, 각막은 우연히
도 안구의 열린 곳 자체와 정확히 일치해야 하며……, 그 투명한 열
린 곳 뒤에 수렴하는 장소가 있어야 하며……, 흑실 끝에 망막이 있
어야 하며[*1]…, 축의 방향을 따르는 빛만을 신경막에 닿게 하는 셀
수 없는 양의 투명 원추가 망막에 수직적으로 있어야 하고[*2], 등등,
등등 …" ― 거기에 사람들은 목적인의 변호자들을 진화적 가설에
자리 잡게 인도함으로써 대답했다. 아닌 게 아니라 수천의 요소들
62 이 기능의 단일성으로 조율되는 우리 것과 같은 눈을 생각하면 모
든 것이 놀랍게 보인다. 그러나 그 기능을 원천에서, 적충류에서 취
해야 할 것이다. 그때 그것은 색소점(pigment)의 빛에 대한 단순한
인상가능성(impressionnabilité)(거의 순전히 화학적인)으로 환원된
다. 처음에는 우연적 사실에 불과했던 그런 기능이 직접적으로 미
지의 기계론에 의해서건, 간접적으로 생명체에서 획득한 이득과 그
렇게 하여 자연 선택에 제공한 영향력의 결과만에 의해서건, 기능
의 완벽성을 함께 유발했을 기관의 가벼운 복잡화를 가져올 수 있
었다. 그리하여 기능과 기관 사이의 무한 연쇄의 작용과 반작용에
의해, 초-기계적 원인을 개입시키지 않고도, 우리 것만큼 잘 조합

[*1] Paul Janet, *Les causes finales*, Paris, 1876, 83쪽.

[*2] 같은 책, 80쪽.[112]

---

112 Paul Janet, *Les causes finales*, Paris, Baillière, 1876, 83쪽과 80쪽은 제I장
목적인의 "원리"에 대한 설명 이후 제II장 "사실들"을 논한 부분이다. 목적
인을 가리키는 사실들을 죽 열거하고 있고 본문에서 설명을 인용하고 있
으니 덧붙일 말은 없다.

된 눈의 점진적 형성을 설명할 것이라고들 한다.

아닌 게 아니라 목적성의 이론이 그렇게 하듯이, 기계론 자체가 그렇게 하듯이, 문제를 즉시 기능과 기관 사이에 제기한다면 문제는 결정하기 어렵다. 왜냐하면 기관과 기능은 서로를 너무도 잘 조건 짓고 있어서, 그 관계의 표명에서 기계론이 원하듯이 첫 번째로부터 출발하는 것이 더 나은지, 목적성의 주장이 요청하듯이 두 번째로부터 시작하는 것이 더 나은지[113]를 선험적으로 말하는 것이 불가능한, 서로 이질적인 두 항이기 때문이다. 그러나 우리가 믿기에 우선 동일한 본성의 두 항, 즉 기관과 기능이 아니라 기관과 기관을 비교한다면 논의는 완전히 다른 모습을 보일 것이다. 이번에는 점점 더 그럴듯한 해법으로 조금씩 향할 수 있을 것이다. 그리고 그때 더 단호하게 진화론의 가설에 자리 잡을 만큼 성공할 가능성을 더 많이 가질 것이다.

척추동물의 눈 옆에 여기 가리비(Peigne)와 같은 연체동물의 눈이 있다. 그것들은 이쪽에서나 저쪽에서나 유사한 요소들로 구성된 동일한 본질적 부분들이다. 가리비의 눈은 망막과 각막(cornée), 우리 것과 같은 작은 방 구조의 수정체를 나타낸다. 사람들은 그것에서 척추동물의 망막에서는 일반적으로 발견되지 않는 망막 요소들의 특별한 전도(inversion)까지 주목한다.[114] 그런데 아마도 연체동

63

---

113 즉 첫 번째의 기관에서 시작하는 것이 더 나은지 두 번째의 기능에서 시작하는 것이 더 나은지.

114 Balan, Bernard, "L'oeil de la coqille Saint Jacques-Bergson et les faits

물의 원천에 대해 논의가 되지만 어떤 의견에 가담하든 연체동물과
척추동물은 가리비의 눈과 같이 복잡한 눈의 출현 이전에 공통의
줄기로부터 갈라졌다는 것에는 일치할 것이다. 그렇다면 구조의 유
사성은 어디서부터 오는가?

그 점에 관해 진화론적 설명의 두 체계, 즉 순전히 우연적인 변이
의 가설과 외부 조건의 영향 아래 정해진 방향으로 향하는 변이의
가설[115]에 차례로 물어보자.

첫 번째 가설에 관하여 오늘날 상당히 다른 두 형태로 나타난다
는 것을 알고 있다. 다윈은 자연 선택의 결과에 의해 서로 덧붙여
질 매우 가벼운 변이들에 대해 말했다. 그는 돌연변이의 사실을 모

---

scientifiques(가리비의 눈-베르크손과 과학적 사실들)"(*Raison présente*, 119
호, 1996, 87-106쪽)을 인용한 A. François는 가리비와 인간의 눈은 베르
크손이 생각한 만큼 유사하지 않음을 지적한다. 우선 가리비의 망막은 하
나가 아니라 둘이며, "망막 요소들의 특별한 전도"는 빛을 받아들이는 부
분이 빛을 향해 있지 않는다는 것을 의미한다는 것이다. 그리하여 가리비
에서 외부 망막은 빛을 향해 있지 않고 전도되어 빛을 반사하는 거울 역
할을 하는 내부 망막에서 오는 빛을 받아들인다고 한다. A. François는 오
히려 오징어의 눈이 훨씬 더 척추동물의 눈과 유사하다고 주장한다(*Ech.*,
421-422쪽, 주 162). 본문으로 보아 베르크손도 그 차이를 충분히 인식하
고 있는 것 같고, (A. François도 인정하듯) 가리비든 오징어든 척추동물
의 눈과 같이 '보는' 역할을 하는 것은 분명하므로 베르크손의 논의에는
별 영향이 없다.

115 우연적 변이의 가설은 다윈 류의 미소변이설과 De Vries 류의 돌연변이
설을 의미하며, 정해진 방향으로의 변이는 Eimer의 정향진화설이다. 이
들은 베르크손이 자의적으로 선택한 것이라기보다는 당시에 유행하던 이

르지 않았다. 그러나 그가 그렇게 불렀듯이 그런 '스포츠'는 지속될 수 없는 괴물성을 줄 뿐이었으며, 그가 종의 발생을 설명한 것은 미소 변이의 축적에 의해서이다.[*1] 그와 같은 것이 아직도 많은 박물학자들의 의견이다. 그러나 그것은 반대되는 관념에 자리를 양보하는 경향이 있다. 즉, 갑자기 이전 것과는 상당히 다른 새로운 여러 성격들의 동시적 출현에 의해서 새로운 종이 구성된다는 것이다. 이 마지막 가설은 이미 다양한 작가들에 의해 특히 주목할 만한 책에서 베이트슨(Bateson)에 의해 발표된 것으로서[*2] 심오한 의미를

[*1]   Darwin, *Origine des espèces*(종의 기원), Barbier 역, Paris, 46쪽.[116]

[*2]   Bateson, *Materials for the study of variation*(변이의 연구를 위한 자료들), London, 1894, 특히 567쪽 이하. Scott, "Variations and mutations(변화와 변이)"(*American Journal of Science*, 1894, 11월).[117]

론들이었다. 1880년대에 다윈의 이론은 Weismann에 의해 수정되어 특히 획득형질의 진화 부분이 폐기되었는데, 그렇기 때문에 베르크손은 다윈의 그 부분을 문제 삼지 않는다(*Ech*., 422-423쪽, 주 164 참조).

[116] Darwin, *L'origine des espèces au moyen de la selection naturelle, ou la lutte pour l'existence dans la nature*(자연도태를 통한 종의 기원, 또는 자연에서의 생존을 위한 투쟁), Paris, Reinwald et co., 1876, 46쪽에서 다윈은 집돼지에서 긴 코가 나오는 경우를 이야기하면서 그것을 괴물성(monstruosité)의 예로 들고 있는데, 그러한 돌연 변이는 정상종과의 교배로 다음 대까지 계속되지 않는다고 한다. 다윈은 그런 변이는 예외적이고 계속되지도 않으며 새로운 종이 발생하는 것은 마치 새로운 기계가 발명되는 것처럼 작은 변이들의 축적에 의한 것이라고 생각한다.

[117] Bateson, *Materials for the study of variation traeted with especial regard to discontinuity in the origin of species*(종의 원천에서의 불연속성에 특별한

64 가지며, 위고 드 브리스(Hugo De Vries)의 아름다운 실험 이후 매우
큰 힘을 획득했다. 이 식물학자는 달맞이꽃(Oenothera Lamarkiana)
에 대해 조작하면서 몇 세대 이후 어떤 수의 새로운 종을 얻었다.
그 실험에서 그가 드러낸 이론은 매우 높은 흥미를 가진 것이다.
종은 안정과 변화가 교대되는 시기를 지나간다고 한다. '변이성
(mutabilité)'의 시기가 도래하면 종은[118] 예기치 않은 형태를 생산한
다는 것이다.*1 우리는 그런 가설과 미소 변이의 가설 사이에 어느

....
*1 De Vries, *Die Mutationstheorie*(돌연변이론), Leipzig, 1901-1903. *Species
    and variations*(종과 변이), Chicago, 1905 참조. H. de Vries의 이론의 실
    험적 기반은 좁은 것으로 판단되었으나, 돌연 변이(mutation ou variation
    brusque)의 관념은 과학에서 자리를 차지했다.[119]

────────
    시선을 두고 처리된 변이의 연구를 위한 자료들), London, Macmillan, 1894,
    567쪽 이하는 이 책의 마지막 "결론적 반성"의 부분이다. 여기서 그가 특
    히 강조하는 것은 변이의 불연속성(discontinuity of Variation)인데, 이것
    은 다윈의 미소 변이설과는 달리 갑작스러운 변이에 의해 새로운 종이
    출현한다는 생각이다. Scott, "Variations and mutations(변화와 변이)",
    American Journal of Science, 3rd S. vol. XLVIII, No. 287, 1894, 11월. 이
    논문은 Bateson의 논문을 평가하면서 그에 동조한 논문이다.
118 제1판(초)에는 이후 "수많은 다양한 방향들 중에"가 삽입되어 있었다.
119 De Vries, *Die Mutationstheorie*, Leipzig, 1901-1903. *Species and
    variations*, Chicago, 1905 참조. 마지막 문장은 1907년판에는 없었다.
    De Vries는 네덜란드의 유전학자로서 달맞이꽃에 대한 실험으로 멘델의
    법칙을 재발견했다. 다윈은 아구(芽球, gemmule)라는 유전 입자가 온몸에
    퍼져 있어서 이것이 환경에 따라 변해서 유전이 일어난다고 생각했다. 이
    는 이전부터 있었던 범생설(凡生設, pangenesis)이라는 오랜 이론에 기반
    을 둔 것이다. De Vries도 그와 유사한 생각을 하고 있었지만 유전 입자

편을 드는 위험을 감수하지 않을 것이다.[120] 우리는 다만 크든 작든 언급된 변이가 우연적이라면 우리가 지적한 것과 같은 구조의 유사성을 설명할 수 없다는 것을 보여주기를 원한다.

왜인가? 우선 다윈의 미소변이설을 받아들여 보자. 우연에 기인하고 항상 보태지면서 나아가는 작은 차이들을 가정하자. 유기체의 모든 부분들은 필연적으로 서로 조율된다는 것을 잊지 말아야 한다. 기능이 기관의 원인이건 결과이건 중요치 않다. 한 점은 거부할 수가 없는데, 그것은 기관이 기능할 때에만 선택을 도와주고 거기에 영향을 미친다는 것이다. 망막의 섬세한 구조가 발달하고 복잡화된다는 것, 그러한 진보는 시각중추와 시각 기관 자체의 다양한 부분들이 동시에 발달되지 않는다면 시각을 이롭게 하는 것이 아니라 아마 방해할 것이다. 변이가 우연적이라면, 기관이 기능을 계속

가 조금씩 변화를 일으켜서 진화가 일어난다는 다윈의 입장에 대해서는 회의적이었다. De Vries는 판겐(pangen)이라고 하는, 다윈의 아구와는 달리 거의 변화하지 않는 유전 단위를 가정한다. 판겐은 일반적으로는 매우 안정된 물질로서 다윈의 이론과는 달리 빈번하게 변화하지 않는다. 하지만 이 유전 단위는 간혹 매우 불안정한 상태가 되는데, 이 때 유전 단위가 변형되어 새로운 종이 출현한다. 이러한 유전 단위의 변형이 바로 돌연변이이다. 1930년대에 신다윈주의(Neo-Darwinism)의 근대적 종합(modern synthesis)은 멘델의 법칙을 기반으로 한 유전학과 다윈의 진화론을 통합한 것이다. 즉 유전자의 변화가 진화의 근본을 이루며 유전자는 돌연변이를 통해 변화한다. 이렇게 변화한 유전자는 표현형을 변화시키며, 이는 결국 자연선택으로 이어지게 된다는 것이다.

120 제1판(초)에는 이후 다음과 같은 문장이 삽입되어 있었다. "게다가 이쪽이든 저쪽이든 어느 부분의 진리를 포함하고 있다는 것은 가능하다."

수행하는 방식으로 그 변이들이 기관의 모든 부분에서 동시에 일
어나기 위해 서로 잘 화합하지 않으리라는 것은 너무도 명백하다.
65 다윈은 그것을 잘 이해했고, 그것이 미소 변이를 가정한 이유들 중
의 하나이기도 하다.*1 시각 장치의 한 점에 우연적으로 일어난 차
이는 매우 가볍기 때문에 기관의 기능을 방해하지 않을 것이다. 그
리고 이제부터 그런 첫 번째의 우연적 변이는 보완적 변이들이 와
서 거기에 덧붙여지고 시각을 상위의 완전성의 정도에까지 이행시
키기를 말하자면 **기다릴** 수 있다. 그렇다고 하자. 그러나 미소 변이
가 눈의 기능을 방해하지 않는다면 보완적 변이가 일어나지 않는
한 그것을 도울 수도 또한 없다. 그렇다면 어떻게 선택의 결과로 보
존될 수는 있을 것인가? 그럭저럭 작은 변이는 유기체에 의해 놓인
대물림돌(pierre d'attente)이어서 차후의 구성을 위해 보존되는 것
처럼 추론할 것이다. 그런 가설은 다윈의 원리와 너무도 맞지 않아
서, 하나의 커다란 진화 노선에서 발달된 기관, 가령 척추동물의 눈
을 생각할 때 이미 피하기 어려운 것으로 보인다. 그러나 그런 가설

---

*1 Darwin, Darwin, *Origine des espèces*, Barbier 역, Paris, 198쪽.[121]

---

121 Darwin은 여기서 "사람들은 눈이 완전한 도구로 남으면서도 변하기 위
해서는 동시적인 여러 변화들이 일어나야 하며, 그것은 자연선택에 의해
서는 실현될 수 없는 것으로 생각되는 사실이라고 반대했다. 그러나 내가
가축의 변이에 대한 작품에서 증명하려고 시도했던 것처럼 변이들이 매
우 가볍고 매우 점진적이면 변화가 동시적이라고 가정할 필요는 없다."고
말하고 있다. 그러니까 미소 변이를 도입하는 것은 기관의 각 부분에서
동시적으로 변해야 한다는 것을 완화시키기 위한 것이라는 말이다.

은 척추동물의 눈과 연체동물의 눈의 유사성을 주목하면 절대적으로 필요할 것이다. 셀 수 없이 많은 수의 동일한 작은 변이들이 순전히 우연적이라면 그것들이 독립적인 두 진화의 노선에서 동일한 순서로 일어났다는 것을 어떻게 가정할 것인가? 그리고 그것들 각각이 따로따로 놓고 보면 아무런 유용성도 가지지 않았는데 어떻게 그것들이 선택에 의해 보존되고 이쪽저쪽에서 축적되었는가?

그러므로 돌연변이의 가설로 옮겨가서 그것이 문제를 해결할 것인지를 보자. 그것은 아닌 게 아니라 한 점에서는 난점을 약화시킨다. 반대로 다른 점에서는 그것을 많이 악화시킨다. 연체동물의 눈이 척추동물처럼 현재의 형태까지 상승된 것이 상대적으로 적은 수의 돌연한 비약에 의해서라면 셀 수 없을 정도의 수의 연속적으로 획득된 무한소의 닮음(ressemblances)으로 구성되었을 때보다 두 기관의 유사성(similitude)을 이해하기가 덜 어렵다. 두 경우에서 작업하는 것은 우연(hasard)이나, 후자에서는 전자에서 성취해야 할 기적을 요청하지는 않는다. 덧붙여야 할 닮음의 수가 제한될 뿐 아니라, 그것들 각각이 다른 것에 덧붙여지기 위해 보존된다는 것이 더 잘 이해된다. 기본적인 변이가 이번에는 생명체에 이득을 보장하고 그리하여 선택의 작동을 준비하기에 충분히 크기 때문이다. 단, 그때 여기에 못지않게 두려운 문제가 제기된다. 즉, 어떻게 시각 장치의 모든 부분들이 갑자기 변하면서 눈이 그 기능을 계속해서 수행할 정도로 서로 잘 조율된 채로 남을 수 있는가? 한 부분의 고립된 변이는 그런 변이가 더 이상 무한소가 아닌 순간부터 시각을 불가능하게 할 것이기 때문이다. 서로 조율되지 않은 다수의 변이들이 다행스럽지 않은 개체들에게서 나타나고 자연 선택이 그들을 제거하며 오직 살 수 있는 결합만이, 즉 시각을 보존하고 개선시킬 수 있는 결합만이 살아남는다는 것은 원하는 바이다. 그래도 그런 결합이 일어나야 한다. 그리고 우연이 그런 요청을 한 번은 받아들였다고 하더라도 어떻게 이전 복잡화의 연장 속에 위치하여 서로 놀랍도록 조율된 새로운 복잡화를 일으키는 방식으로 매번 갑자기 종의 역사 중에 반복된다는 것을 받아들여야 하는가? 특히 어떻게 일련의 단순한 '우연'에 의해 독립적 진화의 두 노선을 따라 그런 돌연변이가 점점 더 많아지고 복잡한 요소들의 완벽한 일치를 매번 포함하면서 동일한 순서로 동일하게 이루어졌다고 가정할 것인가?

다윈 자신이 이미 호소했던 상관관계의 법칙(loi de corrélation)을 끌어들일 것이라는 것은 사실이다.[*1] 한 변화는 유기체의 유일한 한 지점에 국한되지 않고 다른 지점들에 필연적으로 반향을 가진다고 둘러댈 것이다. 다윈에 의해 인용된 예는 고전적인 것으로 남았다. 푸른 눈을 가진 흰 고양이들은 일반적으로 귀먹었다, 털이 없는 개들은 불완전한 이빨을 가지고 있다, 등등. 그렇다고 하자. 그

[*1] *Origine des espèces*, 11과 12쪽.[122]

---

122 사실은 12쪽과 13쪽. 상관관계의 법칙은 말 그대로 어떤 유전적 변이가 다른 변이와 상관관계가 있다는 법칙이다. 바로 다음에 나오는 것과 같이 푸른 눈의 흰 고양이들은 귀가 먹었다는 것과 같은 현상을 말한다.

러나 이제 '상관관계'라는 단어의 의미를 가지고 놀지는 말자. **유대
적인** 변화의 총체는 다른 것이고, **보완적** 변화의 체계, 즉 더 복잡한
조건 하에서 한 기관의 기능을 유지하고 심지어 완성하는 방식으로
서로 조율되는 변화의 체계는 다른 것이다. 발모 체계의 이상에 치
아의 이상이 동반된다는 것에는 특별한 설명의 원리를 요구하는 아
무것도 없다. 털과 이빨은 유사한 형성에 관계된 것이고*1, 털의 형
성을 방해하는 배아의 동일한 화학적 변질은 아마도 이빨의 형성을
방해했음이 틀림없다. 푸른 눈 흰 고양이의 귀먹음에 할당해야 할
것도 아마 동일한 종류의 원인일 것이다. 그 다양한 예에서 '상관
되는' 변화는 유대적인 변화에 불과하다(그것들은 사실 **손상**, 즉 어
떤 것의 감소나 제거이지 그것과 분명히 다른 덧붙임이 아니라는 것은 차
치하자). 그러나 우리에게 눈의 다양한 부분에 갑자기 도래하는 '상
관 관계적' 변화를 말할 때 그 단어는 완전히 새로운 의미로 취해진
다. 이번에는 동시적이며 원천의 공통성에 의해 서로 연결되었을 68
뿐 아니라 기관이 계속해서 단순한 동일기능을 수행하고 심지어 더

---

*1　털과 이빨의 그런 상동관계에 관해서는 Brant, "Über… eine mutmassliche
　　Homologie der Haare und Zähne(머리카락과 이빨의 개연적 상동성…에 관
　　하여)"(*Biol. Centralblatt*, XVIII권, 1898), 특히 262쪽 이하를 보라.123

123　Brant, "Über borstenartige Gebilde bei einem Hai und eine
　　mutmassliche Homologie der Haare und Zähne(상어에서 강모상剛毛狀의
　　조직과, 머리카락과 이빨의 개연적 상동성에 관하여)"(*Biologische Centralblatt*,
　　XVIII권, 1898), 262-270쪽. 이빨과 머리카락의 형성에 동일한 물질에 기
　　인한다는 것을 밝힌 논문(*Ech.*, 426쪽, 67쪽 주2의 주 참조).

잘 수행하는 방식으로 서로 조율된 변화의 총체에 관한 것이다. 망막의 형성에 영향을 끼치는 배아의 변화는 동시에 또한 각막, 홍채, 수정체, 시각중추 등등의 형성에도 작용한다는 것에는, 거기서 털과 이빨이 아마도 그런 것과는 다르게 서로 이질적이라 할지라도, 부득이한 경우 동의한다. 그러나 그런 모든 동시적 변이들이 시각의 완성이나 심지어 단지 유지의 방향으로 이루어진다는 것을 기능의 이득을 감시하는 역할을 할 신비한 원리를 개입시키지 않는 한 돌연변이의 가설에서는 받아들일 수 없다. 그것은 '우연적' 변이의 관념을 포기하는 것이 될 것이다. 사실 '상관관계'라는 단어의 그런

69 두 의미는 '적응'이라는 용어와 마찬가지로 생물학자의 정신 속에서 자주 함께 간섭한다(interfèrent). 그리고 혼동은 식물학에서 거의 합법적이다. 거기서는 바로 돌연변이에 의한 종의 형성의 이론이 가장 굳건한 실험적 기반 위에 놓여 있다. 왜냐하면 식물에서는 기능이 동물에서만큼 긴밀하게 형태와 연결되어 있는 것과는 거리가 멀기 때문이다. 잎의 형태의 변화와 같은 깊은 형태적 차이는 기능의 수행에 평가될 만한 영향이 없으며 따라서 나무가 살 수 있는 것으로 남기 위한 일체의 보완적 수정 체계를 요구하지 않는다. 그러나 특히 매우 복잡한 구조와 동시에 매우 섬세한 기능을 가진 눈과 같은 기관을 생각한다면 동물에서는 그렇지가 않다. 여기서는 단지 유대적인 변이와, [거기에] 더하여 보완적인 변이의 총체를 동일시하려고 시도해 봐야 헛된 일이다. '상관관계'라는 단어의 두 의미를 엄정하게 구별해야 한다. 추론의 전제에서는 그중 한 의미를, 결론에서는 다른 의미를 채택한다면 진짜 오류추리를 범하는 것일 것이

다. 그러나 보완적 변이를 보고하기 위해 세부의 설명에 상관관계의 원리를 끌어들이고서 다음으로는 상관관계 일반이 어떠한 것이든 배아의 변이에 의해 야기된 변이 — 무엇이든 — 의 총체에 불과한 것처럼 그것을 이야기할 때 사람들이 하는 것이 그것이다. 사람들은 통상 과학에서 상관관계의 관념을 목적론의 옹호자가 할 수 있을 것처럼 사용하는 것으로 시작한다. 그것은 단지 표현하기에 편리한 방식이고, 원리의 본성에 대해 설명해야 할 때는 그것을 수정하여 순수 기계론으로 돌아갈 것이며, 과학에서 철학으로[124] 옮겨갈 것이라고 스스로에게 말한다. 그때 아닌 게 아니라 기계론으로 되돌아간다. 그러나 그것은 '상관관계'라는 말을 새로운 의미로, 이번에는 설명의 세부에는 적합하지 않은 의미로 취한다는 조건 아래에서이다.

요약하자면 진화를 결정하는 우연적 변이들이 감지할 수 없는 변이들이라면 그런 변이들을 보존하고 더하기 위해서는 좋은 정령 — 미래 종의 정령[125] — 에 호소해야 할 것이다. 그것을 떠맡은 것은 선택이 아니니까. 다른 한편, 우연적 변이들이 돌연하다면 함께 도래

---

124 A. François가 지적하는 것처럼(*Ech.*, 427쪽, 주 179 참조), 여기서의 과학과 철학은 베르크손적 구별이 아니라 일반적 의미에서의 구별, 즉 원리와 결과의 구별이다.

125 앞으로 탄생할 종의 입장에서 현재의 여러 변이를 조율하는 정령, 즉 다분히 목적론적 성격의 정령을 말한다. A. François는 이것이 쇼펜하우어(『의지와 표상으로서의 세계』, 보충 64)의 표현임을 지적한다(*Ech.*, 427쪽, 주 182 참조).

한 변화들이 동일한 행위의 수행을 위해 서로 보완될 때에만 이전의 기능이 계속해서 수행되거나 새로운 기능이 그것을 대체할 것이다. 방금은 연이은 변이들의 방향의 **연속성**을 확보하기 위해서였던 것처럼 이번에는 동시적 변화들의 **수렴**을 획득하기 위해서 또한 좋은 정령에 호소해야 할 것이다. 이 경우도 저 경우도 독립적 진화의 노선에서 동일한 복잡 구조의 평행적 발달은 우연적 변이들의 단순한 축적에 기인할 수는 없을 것이다. 그러므로 우리가 살펴봐야 했던 두 큰 가설 중 두 번째 것을 보자. 변이가 우연적이고 내적인 원인이 아니라 외부 조건의 직접적 영향에 기인한다고 가정해 보자. 계통 발생적 관점에서 독립적인 계열에서의 눈의 구조의 유사성을 설명하기 위해 어떻게 접근해야 할 것인가를 보자.

70

연체동물과 척추동물이 분리되어 진화했지만 서로는 빛의 영향에 노출된 채 남아 있었다. 그리고 빛은 일정한 결과를 낳는 물리적 원인이다. 그것은 계속적 방식으로 작용하면서 일정한 방향으로 계속적 변이를 낳을 수 있었다. 아마도 척추동물의 눈과 연체동물의 눈이 단순한 우연에 기인한 일련의 변이들에 의해 구성되었다는 것은 그럼직하지가 않을 것이다. 빛이 그때 유용한 변이들만을 존속하게 하는 선택의 도구로 개입한다는 것을 받아들이면서 우연의 놀이가 이처럼 밖에서 감시될 때조차도 두 경우에 동일한 방식으로 조율된 요소들의 동일한 병치에 이를 확률은 없다. 그러나 빛이 유기적 물질에 직접적으로 작용하여 그 구조를 변경하고 자신의 고유한 형태에 따라 그것을 말하자면 적응시키는 가설에서는 더 이상 마찬가지가 아니다. 두 결과의 유사성은 이번에는 단지 원인의 동

일성에 의해 설명될 것이다. 점점 더 복잡한 눈은, 유기적으로 조직
되었기 때문에 빛을 받아들일 독자적 적성을 가진 물질에 대한 빛
의 점점 더 깊은 자국과 같은 무엇일 것이다.

그러나 유기적 구조가 자국에 비교될 수 있는가? 우리는 이미 '적
응'이라는 용어의 애매성을 지적했다.[126] 외부 조건의 틀에 점점 더
잘 들어맞는 형태의 점진적 복잡화는 다른 것이며 조건으로부터 점
점 더 이로운 방책을 끌어내는 도구의 점점 더 복잡한 구조는 다른
것이다. 첫 번째 경우 물질은 자국을 받아들이는 것으로 그치고 두 71
번째의 경우 그것은 능동적으로 반응하며 문제를 해결한다. 눈이
빛의 영향에 점점 더 잘 적응한다고 말할 때 단어의 그 두 의미 중
에 명백히 두 번째의 것을 사용한다. 그러나 사람들은 다소간 무의
식적으로 두 번째에서 첫 번째로 옮겨가서 순수 기계적인 생물학은
환경의 영향을 받아들이는 타성적 물질의 수동적 적응과 그런 영향
에서 적합한 방책을 끌어내는 유기체의 능동적 적응을 함께 일치
시키는 데로 끌고 가려고 노력할 것이다. 우리는 게다가 자연 자체
가 우리 정신에게 두 종류의 적응을 혼동하도록 초대하는 것으로
보인다는 것을 인정한다. 왜냐하면 자연은 보통 나중에 능동적으
로 반응할 장치(mécanisme)를 구성해야 할 곳에서 수동적 적응으
로 시작하기 때문이다. 그리하여 우리가 다루고 있는 경우에서 눈
의 첫 번째 초보 단계는 하등동물들의 안점에 있다는 것은 논란의
여지가 없다. 그런 점은 빛의 작용 자체에 의해 매우 분명히 물리적

---

126 위의 55-61쪽.

으로 산출될 수 있었고 단순한 안점과 척추동물과 같은 복잡한 눈 사이에 수많은 중간 매개체가 관찰된다. ㅡ 그러나 한 사물에서 다른 것으로 정도 차를 가지고 옮겨간다는 것으로부터 두 사물이 동일한 본성의 것임은 따라 나오지 않는다. 웅변가는 우선 청중의 감정을 채택하고 다음으로 자신이 그들의 주인이 되기에 이른다는 것으로부터 **따른다**는 것이 **지휘한다**는 것과 같은 것이라고 결론 내리지는 않을 것이다. 그런데 살아 있는 물질은 상황으로부터 이득을 취하는 방법에서 우선 수동적으로 거기에 적응하는 것과 다른 법을 가지고 있지 않은 것처럼 보인다. 운동의 지휘권을 취해야 하는 곳에서 우선 그 운동을 채택하는 것으로 시작한다. 생명은 환심 사기 (insinuation)에 의해 진행한다. 안점과 눈 사이의 모든 매개자를 보여줘 봐야 소용없을 것이다. 둘 사이에는 사진과 사진기 사이와 동 72 일한 간격이 있을 것이다. 사진은 아마도 조금씩 사진기의 방향으로 굴절되었을 것이다. 그러나 그런 굴절을 야기하고 빛에 의해 남겨진 인상을 빛을 이용할 수 있는 기계로 전환시킬 수 있을 것은 오직 물리적 힘인 빛 하나인가?

우리가 유용성에 대한 고려를 잘못 개입하게 하고, 눈은 보기 위해 만들어진 것이 아니라 눈이 있기 때문에 보는 것이며, 기관은 그것인 대로의 것이고 '유용성'은 구조의 기능적 효과를 지적하기 위한 용어라고 끌어댈 것이다. 그러나 눈은 빛을 '이용한다'고 말할 때 그것은 단지 눈은 볼 수 있다는 것을 의미하는 것이 아니라 그 기관과 공간운동 장치 사이에 존재하는 바로 그 정확한 관계를 암시하는 것이다. 척추동물의 망막은 시신경으로 연장되고 이것은 그 자체 운동 기제에 연결된 뇌의 중추(centres cérébraux)로 이어진다. 우리의 눈은 반응의 운동에 의해 우리가 이롭다고 보는 대상을 이용하고 해롭다고 본 것을 피하게 해준다는 점에서 빛을 이용한다. 그런데 빛이 물리적으로 안점을 생산했다면 어떤 유기체의 운동을 또한 물리적으로 결정할 수 있다는 것을 보여주는 것이 어렵지 않을 것이다. 가령 섬모가 난 적충류는 빛에 반응한다. 그러나 빛의 영향이 신경체계, 근육체계, 골격체계, 즉 척추동물에서 시각장치와 연속되는 모든 것들의 형성을 물리적으로 일으켰다고는 아무도 주장하지 않을 것이다. 사실을 말하자면 이미 눈의 점진적 형성에 대해 말할 때, 더 강한 이유로 눈을 그것과 분리될 수 없는 것과 결부시켰을 때, 빛의 직접적 작용과는 완전히 다른 것을 개입시킨 것이다. 사람들은 유기화된 물질에 암묵적으로 어떤 독자적인(sui generis) 능력을, 즉 그것이 영향을 받는 단순한 자극을 이용하기 위해 매우 복잡한 장치를 세울 수 있는 신비로운 힘을 할당한다. 73

그러나 그것이 바로 없어도 된다고 주장하는 것이다. 사람들은 물리학과 화학이 모든 것의 열쇠를 주기를 원한다. 아이머의 주요 저작은 그 점에서 교훈적이다. 우리는 이 생물학자가 변형은 외부의 내부에 대한 연속적인 영향의 결과 다윈이 원했던 것처럼 우연적 변이에 의해서가 아니라 분명 정해진 방향으로 이루어진다는 것을 증명하기 위해 어떠한 통찰력 있는 노력을 했는지를 안다. 그의 주장은 매우 높이 흥미로운 관찰들에 근거하며, 그 출발점은 어떤 도마뱀에서 피부의 착색의 변이가 따라간 진행에 대한 연구였다. 다른 한편 도르프마이스터(Dorfmeister)의 이미 오래된 실험

은 동일한 번데기가 추위에 놓이느냐 더위에 놓이느냐에 따라 바
네싸 레바나(Vanessa levana)와 바네싸 프로르사(Vanessa prorsa)라
는 독립적 종으로 오랫동안 생각되었던 상당히 다른 나비를 낳는
다는 것을 보여준다. 중간의 기온은 중간적 형태를 낳는다. 그 사
실은 갑각류인 아르테미아 살리나(Artemia Salina)가 사는 물의 염
도를 증가하거나 감소시켰을 때 그것에서 관찰되는 중요한 변형과
접근시킬 수 있을 것이다.*1 그런 다양한 실험들에서 외부 작용자

*1 게다가 아르테미아의 변형이 우선 믿었던 것보다는 더 복잡한 현상이라
    는 것이 최근의 관찰의 결과로 나온 것으로 보인다. 이 주제에 관해서는
    Samter와 Heymons, "Die Vatiation bei Artemia salina(아르테미아 살리
    나에서의 변이)" (*Anhang zu den Abhandelungen der k. preussischen Akad. der
    Wissenschaften*, 1902)를 보라.127

127 Samter와 Heymons, "Die Vatiation bei Artemia salina Leach. und ihre
     Abhängigkeit von äusseren Einflüssen(아르테미아 살리나 리치에서
     의 변이와 그것의 외부 영향에 대한 종속)" (*Anhang zu den Abhandelungen
     der königlichen preussischen Akademie der Wissenschaften*, 1902, Anhang,
     (Physikalische Abhandlungen) II.) 우리는 이 논문을 구할 수 없었으므로
     *Ech.*의 도움을 받을 수밖에 없다. 그에 따르면 다음과 같은 사실을 알 수
     있을 뿐이다. 논문 제목에 등장하는 Leach란 1819년 Artemina salina라
     는 이름을 붙인 사람의 이름이다. 저자들은 Artemia salina를 연구하기
     위해 카스피해 주변의 Molla Kary라는 데로 간다. 러시아의 동물학자인
     Schmankewitsch에 따르면 이 작은 엽각(phyllopodes) 갑각류는 물의 염
     도가 높아짐에 따라 털과 후미장식이 없어져서 artemia milhauseni가 되
     고, 또 염도가 낮아지면 Branchipus stagnalis가 된다. 이 사실은 신-라마
     르크주의나 정향진화설에 유리한 자료가 된다. 여기에 주 117)에 등장했
     던 Bateson은 Artemia salina의 변형은 염도의 변화에 기인하는 것이라기

는 분명 변형의 원인으로 행동하는 것으로 보인다. 그러나 여기서 원인이라는 말을 어떤 의미로 이해해야 하는가? 인과성 관념에 대한 완벽한 분석은 시도하지 않고 우리는 단지 그 용어의 완전히 다른 세 의미를 보통 혼동하고 있다는 것을 주목케 할 것이다. 원인은 **추진**(impulsion)에 의해, **촉발**(déclenchement)에 의해, 그리고 **전개** 74 (déroulement)에 의해 작용할 수 있다. 다른 공을 향해 때려진 당구공은 그 운동을 **추진**에 의해 결정한다. 화약의 폭발을 야기하는 불똥은 **촉발**에 의해 작용한다. 전축을 돌리는 태엽의 점진적인 이완은 원통에 새겨진 음률을 **전개**한다. 연주되는 음률을 결과로, 태엽의 이완을 원인으로 간주한다면 원인은 여기서 전개에 의해 진행한다고 말할 것이다. 그 세 경우를 서로 구별하는 것은 원인과 결과 사이의 더 크거나 더 작은 유대이다. 첫 번째의 것에서 결과의 양과 질은 원인의 양과 질과 함께 변한다. 두 번째 것에서 결과의 양도 질도 원인의 양과 질과 함께 변하지 않는다. 결과는 불변이다. 마지막으로 세 번째 것에서 결과의 양은 원인의 양에 달려 있으나 원인은 결과의 질에 영향을 미치지 않는다. 태엽의 작용에 의해 원통이

보다는 어떤 종류든 변화하려는 예외적인 경향이 있기 때문이라고 주장함으로써 돌연변이설에 유리하게 해석했다. Bateson은 여러 다양한 장소에서 실험했으나 취급한 개체의 수가 작았고, Schmankewitsch는 많은 개체를 다루었으나 오직 카스피해에서만 실험했다. 저자들은 이 두 가지 방법을 섞어서 다양한 곳에서 많은 개체를 다루는 방법을 취한다(*Ech.*, 429쪽 73쪽의 주1에 대한 주석). 여기서 *Ech.*의 주석의 보고는 끝난다. 그 결과를 말해주어야 하는데 아쉽다.

더 오랫동안 돌수록 음률에서 들을 수 있는 부분은 더 길어지지만 들려진 음률이나 내가 들은 부분의 본성은 태엽의 작용에 달려 있지 않다. 사실상 첫 번째 경우에서만 원인은 그 결과를 설명한다. 다른 두 경우에서는 결과가 다소간 미리 주어져 있고 동원된 전건은 ― 다양한 정도로 그렇다는 것은 사실이다 ― 원인이라기보다는 기회(occasion)이다. 그런데 물의 염도가 아르테미아의 변형의 원인이라거나 온도가 어떤 번데기가 나비로 되면서 취할 날개의 색과 그림을 결정한다고 말할 때 원인이라는 말을 취하는 것은 첫 번째 의미인가? 분명히 아니다. 여기서 인과성은 전개와 촉발 사이의 의미이다. 게다가 아이머가 변이의 '만화경적' 성격을 말하거나*1 무

*1 Eimer, *Orthogenesis der Schmetterlinge*(나비의 정향진화), Leipzig, 1897, 24쪽. *Die Entstehung der Arten*(종의 출현), 53쪽 참조.[128]

128 Eimer, *Die Entstehung der Arten auf Grund von Vererben erworbener Eigenschaften nach den Gesetzen organischen Wachsens*(유기적 성장의 법칙에 따른 획득된 형질의 유전에 근거한 종의 출현). Zweiter Theil *Orthogenesis der Schmetterlinge*, Leipzig, Emgelman, 1897, 24쪽. 이것은 책의 첫 장인 "정향진화(Orthgenesis)와 종의 출현을 설명하는 데 다윈의 도태설의 무력함에 대하여"라는 장에서 "종의 형성 또는 유기체 연쇄의 종으로의 분리"의 절이다. 그러니까 종의 형성을 자연 도태와는 다른 방식으로 설명하는 부분이다. 종형성의 첫째 원인은 Genepistase, 즉 다른 것들은 계속 되는데 고립된 어떤 형태는 진화의 일정한 정도에서 멈춘다는 것이고, 두 번째는 비약적 진화 또는 Halmatogenesis인데 그것은 새로운 형질이 갑자기 중간 단계 없이 출현하거나 그런 형질의 충분한 양이 나타날 때 원래의 형태와 먼 새로운 형태가 갑작스럽게 출현하는 것이다. 여기서 어느 한도 내에서 외부의 직접적 영향이 작용하는지는 여러 사실들이 증명하

기질이 정해진 방향으로 결정체화되는 것처럼 유기적 물질의 변이
가 정해진 방향으로 이루어진다고 말할 때*1 아이머 자신이 의미하 75
는 것은 분명 그러하다. 그것이 거기서 순전히 물리-화학적 과정이
라는 것은 피부의 색깔의 변화에 관한 것일 때 부득이하다면 인정

---

*1   Eimer, *Die Entstehung der Arten*, Iena, 25쪽.[129]

는데, 그것은 발생 중의 열과 차가움의 영향 아래 나비의 날개의 그림과
색깔이 갑자기 만화경적으로 변화하거나, 외부 생의 모든 조건이나 영양
에 의해 갑자기 변하는 것 등이다. 이에 대한 주석은 여기서 문제되는 만
화경적인 상응은 기능적 상응이나 Cuvier의 상응과는 구별된다고 말하
고 있다. 하여간 여기서 말하는 만화경적인 변이는 "전개와 촉발 사이의
의미"라는 것이다. 또 *Die Entstehung der Arten auf Grund von Vererben
erworbener Eigenschaften nach den Gesetzen organischen Wachsens. Ein
Beitrag zur einheitlichen Auffassung der Lebewelt*(생물계의 통일적 파악에
대한 기여), I Theil, Jena, Fischer, 1988, 53쪽은 제2절 "생물계의 유기적
성장" 중 "상응하는(만화경적인) 변이, 구성적 수정(구성적 적응)" 부분이
다. 여기는 유기체 부분들의 처음 상태와 처음 질서에 뭔가가 변하자마자
다른 부분들이 움직이기 시작하고, 전체는 새로운 전채로 조율되며 새로
운 "종"을 형성한다. 만화경에서 회전에 의해 한 부분이 사라지면 다른 부
분이 움직여서 새로운 이미지를 만들듯이. 베르크손은 이것도 "전개와 촉
발 사이의 의미"라고 생각한 것이다.

129 *Die Entstehung der Arten*, Iena, 25쪽은 앞 주에 나온 제2절 중 "유기적 형
태구성의 다양성의 근본 원인" 부분이다. 무기물의 세계에서 상이한 결정
이 상이한 모수母水에서 형성되듯이, 또는 단순한 기계적 충격이 동질이
형同質二形의 결정체를 만들어 내듯이, 상대적으로 다른 유기적 형태들이
시간이 지나면 동일한 처음의 덩어리로부터 결정체화 될 수 있다고 말한
다. 여기도 역시 "전개와 촉발 사이의 의미"이다.

할 수 있을 것이다. 그러나 그런 설명 방식을 척추동물의 눈의 점진적 형성의 경우까지 확장한다면 유기체의 물리-화학은 여기서 빛의 영향이 모두 극도로 복잡하나 볼 수 있고 점점 더 잘 보는 시각장치의 점진적 계열을 구성해 줄 수 있는 것과 같은 것[*1]이라고 가정해야 할 것이다. 그런 완전히 특별한 물리-화학, 즉 목적성의 가장 단호한 지지자를 특징짓기 위해 무엇을 더 말할 것인가? 연체동물의 알이 척추동물과 동일한 화학적 구성을 가질 수 없으며, 그 두 형태 중 첫 번째의 것으로 진화한 유기적 물질이 다른 방향을 취한 것과 화학적으로 동일할 수 없었으나, 그럼에도 불구하고 빛의 영향 아래서 두 경우 동일한 기관이 구성되었다는 것을 주목케 했을 때, 기계론적 철학의 입장은 분명 더욱더 어려워지지 않았을 것인가?

더 반성할수록 거대한 수의 작은 원인들의 다양한 두 축적에 의

[*1]   Eimer, 같은 책, 165쪽 이하.[130]

---

130 "획득형질의 사용을 통하여" 부분이다. 여기는 기관의 사용이 그 구조를 만든다는 라마르크의 주장을 증명하는 부분이다. Eimer에게 기관의 구조의 주요 원인은 그것의 사용과 불용이며 그렇게 결정된 구조는 유전된다. 빛의 자극이 없으면 눈의 형성에 그토록 본질적인 색소는 나타날 수 없다. 빛의 자극이 계속되지 않으면, 계속적인 사용이 없으면 눈은 그것이 존재하는 방식으로 존속할 수가 없다. 그러나 계속적인 사용이 있으면 그것은 완벽해진다. 기관의 사용-불용의 조건은 있지만 빛의 영향 하에 눈이 점점 완성 단계로 간다는 것은 베르크손이 보기에 물리-화학의 순전히 목적론적인 해석이라는 것이다.

한 그런 동일한 결과의 생산이 기계론적 철학이 끌어들인 원리와
얼마나 반대인지를 더 볼 것이다. 우리는 논의의 모든 노력을 계
통 발생으로부터 끌어낸 한 예에 집중했다. 그러나 개체발생은 적
지 않게 증명력 있는 사실들을 우리에게 제공했을 것이다. 매순
간 우리 눈앞에서 자연은 때로는 서로 이웃하는 종들에서 완전
히 다른 배아 발생적 과정을 통해 동일한 결과에 도달한다. '이배 76
(hétéroblastie)'의 관찰은 최근 몇 년 동안 다수 이루어졌고[*1] 배엽
의 특정성(spécificité)에 대한 거의 고전적 이론을 포기해야 했다.
다시 한번 우리의 척추동물과 연체동물의 눈의 비교에 만족한다
면, 우리는 척추동물의 망막은 젊은 배아에서 뇌의 초안(ébauche)

....

[*1] Salensky, "Heteroblastie(이배)"(*Proc. of the fourth international Congress of
zoology*, London, 1899, 111-118쪽). 서로 친족적인 동물들에서 배아적 원
천은 다른 동등한 기관이 동일한 지점에서 형성되는 경우를 가리키기 위
해 Salensky는 그 말을 만들었다.[131]

———

[131] Salensky, "Heteroblastie" Sedgwick ed., *Proceedings of the fourth
international Congress of zoology. Cambridge, 22-27 Aug. 1898*, London,
Clay, 1899, 111-118쪽. 우리는 이 논문에 접근할 수가 없었으므로 Ech.
의 도움을 받을 수밖에 없다. Salensky는 생-페테르스부르크의 교수이나
독일어로 썼다. 우렁쉥이의 심장과 심낭은 다른 동물들처럼 중배엽이 아
니라 내배엽으로부터 발생한다. 그는 이 현상을 유사한 동물에서 동등한
기관이 동일한 장소에서 발생하지만 상이한 배엽으로부터 발생하며, 이
를 '이배'라고 부른다는 것이다(*Ech.*, 431-432쪽, 76쪽 주1에 대한 주). 이는
주석에서의 베르크손 자신의 설명과 일치한다. 여기서 말하려는 주안점
은 전통적 배엽의 특정성에 대한 이론을 포기해야 한다는 것이다.

이 발하는 확장에 의해 이루어진다는 것을 주목케 할 것이다. 주변
으로 옮겨질 것은 진정한 신경중추이다. 반대로 연체동물에서는 망
막은 외배엽으로부터 직접적으로 나오며, 배아적 뇌의 매개로부터
간접적으로 나오는 것이 아니다. 그러므로 인간과 가리비에서 동
일한 망막의 발달에 도달하는 것은 분명 상이한 진화적 과정이다.
그러나 그처럼 서로 떨어진 두 유기체를 비교하는 데까지 가지조
차 않고도 하나의 동일한 유기체에서 재생이라는 분명 호기심 나는
어떤 사실들을 연구하면 동일한 결론에 도달할 것이다. 소라고둥
(Triton)의 수정체를 추출하면 홍체에 의한 수정체의 재생을 본다.[*1]
그런데 원시적 수정체는 외배엽에서 구성되었던 데 비해 홍체는
중배엽이 원천이다. 더 한 것은 살라만드라 마쿨라타(Salamandra
maculata)에서 홍체를 보호하면서 수정체를 제거하면 수정체의 재
생이 이루어지는 것은 홍체의 윗부분에 의해서이다. 그러나 홍체의

·················

[*1]   Wolff, "Die Regeneration der Urodelenlinse(유미류 수정체의 재생)" (*Arch.
f. Entwickelungsmechanik*, I, 1895, 380쪽 이하.[132]

------

132 Wolff, Gustav, "Die Regeneration der Urodelenlinse" (*Arch. f.
Entwickelungsmechanik der Organismen*, I, 1895, 380쪽 이하. 유미류有尾類는
도롱뇽이 속한 양서류의 일종이다. Wolff는 신-라마르크주의와 다윈주의("우
연의 이론"으로)를 엄격하게 비판한다. 그는 발달의 과정이 정상적으로 전
개되는 방식과 완전히 다르게 이루어질 수밖에 없게 제약을 받으면서도
동일한 결과에 도달할 수 있는가를 묻고 본문에 이야기된 재생을 보고한
다. 그의 결론은 "여기서 모든 기계론적인 설명은 힘을 잃는다. 우리가 알
아낼 수 있는 유일한 것은 여기도 역시 목적론"이라는 것이다(*Ech.*, 432쪽
76쪽 주2의 주석).

그런 윗부분 자체를 제거하면 재생은 남은 부분의 안쪽 층이나 망막 층에서 그려진다.[*1] 이처럼 상이하게 위치하고 상이하게 구성되며 정상적인 때에는 상이한 기능을 수행하는 부분들이 동일한 보충 을 하고 필요한 때에는 장치의 동일한 조각을 만들 수 있다. 우리는 여기서 분명 원인의 다양한 결합에 의해 얻어진 동일한 결과를 가진다.

77

 그럭저럭 결과의 수렴을 얻기 위해 호소해야 할 것은 방향의 내적 원리이다. 그런 수렴의 가능성은 다원적 주장과 특히 우연적 미소변이의 신-다원적 주장에서도, 우연적 돌연변이의 가설에서도, 심지어 외부 힘과 내부 힘의 일종의 기계적 구성에 의해 다양한 기관의 진화에 정해진 방향을 할당하는 이론에서도 나타나지 않는다. 그러므로 아직도 말할 것이 남은 진화의 현재 형태 중 유일한 것, 즉 신-라마르크주의로 가보자.

······················

[*1] Fischel, "Über die Regeneration der Linse(수정체의 재생에 대하여)" (*Anat. Anzeiger*, XIV, 1898, 373-380쪽).[133]

───────────

133 Fischel, Alfred, "Über die Regeneration der Linse" (*Anatomischer Anzeiger, Celtralblatt für die gesammte wissewnschaftliche Anatomie. Amtliches Organ der anatomischen Gesellschaft*, XIV, no. 14, 1898. 4월, 373-380쪽). *Ech.* 이 전해주는 정보는 저자가 위의 주 31)에 나오는 Wolff의 발견에서 출발하였으나 그와 동일한 이론적 주장은 하지 않았다는 것뿐이다(*Ech.*, 433쪽). 우리는 아마도 본문에 나오는 홍체 윗부분에서의 수정체 재생이나 윗부분을 제거하면 남은 부분에서 재생에 관한 보고가 있을 것이라 추측할 수밖에 없다.

라마르크가 생명체에 기관의 용·불용에 따라 변할 수 있고 이렇게 획득된 변이를 후손에 물려줄 수 있는 능력을 부여했다는 것은 알려진 바이다. 오늘날 어떤 수의 생물학자들이 지지하는 것은 동일한 종류의 이론이다. 새로운 종을 낳는 데 이르는 변이는 배아 자체에 내재하는 우연적 변이가 아니리라는 것이다. 그것은 또한 유용성에 대한 모든 염려와는 독립적으로 정해진 성격을 정해진 방향으로 발달시킬 독자적인(sui generis) 결정론에 의해 규제되지도 않을 것이다. 그것은 생명체가 살아야 하는 조건에 적응하기 위한 생명체의 노력 자체로부터 태어날 것이다. 그런 노력은 게다가 외부 조건의 압력에 의해 기계적으로 야기된, 어떤 기관의 기계적 작동에 불과할 수 있을 것이다. 그러나 그것은 또한 의식과 의지를 내포할 수 있을 것이고, 이 이론의 가장 저명한 대표자 중의 하나인 미국 박물학자 코프가 이해한 것으로 보이는 것은 이 마지막 의미이다.*1 그러므로 신-라마르크주의는 진화론의 모든 현재 형태들 중에서 거기에 반드시 호소하지는 않을지라도 발달의 내적이고 심리적인 원리를 받아들일 수 있는 유일한 것이다. 그리고 그것은 또한

78

---

*1 Cope, *The origin of the fittest*(최적자의 기원), 1887; *The primary factors of organic evolution*(유기적 진화의 첫 번째 요인들), 1896.[134]

---

134 Cope, *The origin of the fittest. Essays on evolution*, New York, Appleton, 1887; *The primary factors of organic evolution*, Chicago, Open court, 1896. 앞에서 이미 인용되었던(위의 35쪽 원주 1을 보라) 이 책은 마지막 제4부의 제목이 "형이상학적 진화"인데 그중에는 "진화에서의 의식"의

독립적 발달 노선에서 동일한 복잡 기관의 형성을 설명할 수 있는 것으로 보이는 유일한 진화론이다. 왜냐하면 동일한 상황을 이용하기 위한 동일한 노력은 동일한 결과에 도달하며, 특히 외부 상황에 의해 제기된 문제가 하나의 해법만을 받아들이는 것일 때 그러하다고 생각되기 때문이다. '노력'이라는 용어가 그때, 어떠한 신-라마르크주의자도 그렇게 가정하지 않았을지라도, 더 깊고, 더 심리적인 의미로 취해져야 하지 않는지를 아는 것이 남았다.

  아닌 게 아니라 크기의 단순한 변화는 다른 것이고, 형태의 변화는 다른 것이다. 한 기관이 작동에 의해 강화되고 증대할 수 있다는 것은 아무도 거부하지 않을 것이다. 그러나 거기서부터 연체동물과 척추동물에서와 같은 눈의 점진적 발달은 멀다. 그런 결과를 수동적으로 받아들인 빛의 영향의 연장에 할당한다면 우리가 방금 비판한 이론으로 다시 떨어지는 것이다. 반대로 내적 활동을 끌어들인다면 그때에는 우리가 보통 노력이라 부르는 것과는 완전히 다른 것에 관한 것이다. 노력은 결코 기관의 복잡화를 조금이라도 우리 앞에서 산출하지는 않지만, 적층류의 안점에서 척추동물의 눈으로 가기 위해서는 놀랍도록 조율된 거대한 수의 복잡화가 필요했기 때문이다. 그러나 동물에 대해서는 진화 과정에 대한 그런 견해를 받

장은 무기물로부터 원형질에 이르기까지 모두 의식을 출현시키기 위한 받침대 역할을 했다는 이야기가 논해져 있고, "의지의 원천"이라는 장은 진화의 각 국면에서 의식과 의지가 개입한 여러 예들을 열거하고 있다. 또 두 번째 책도 제X장이 "의식의 기능"이다. 거기는 의식이 동물의 행동을 지도하고 있음을 증명하는 다양한 예들이 열거되어 있다.

아들인다고 하자. 그것을 어떻게 식물계로 확장할 것인가? 여기서
는 형태의 변이가 항상 기능적 변화를 내포하지도 유발하지도 않는
것으로 보이며, 변이의 원인이 심리적 질서의 것이라면 말의 의미
를 유별나게 확장시키지 않는 한 그것을 아직도 노력이라 부르기가
79 어렵다. 노력 자체의 아래를 파서 더 깊은 이유를 찾아야 한다는 것
이 진실이다.

　우리가 믿기에 규칙적 유전 변이의 원인에 도달하기를 원한다
면 특히 그렇게 해야 한다. 우리는 여기서 획득 형질의 전이가능성
(transmissibilité)에 관련된 논쟁의 세부에 들어가지 않을 것이다. 우
리의 능력이 아닌 문제에 너무 분명하게 편을 드는 것은 더 더욱 원
하지 않는다. 그러나 그것에 완전히 관심을 끊을 수도 없다. 오늘날
철학자가 막연한 일반성에 만족하는 것이 불가능하다는 것과 실험
의 세부에까지 과학자를 따라야 하고 그들과 함께 그 결과를 토론
해야 한다는 의무가 더 잘 느껴지는 곳은 아무 데도 없다. 스펜서가
획득형질의 유전의 문제를 스스로 제기하는 것으로 시작했다면, 그
의 진화론은 아마도 완전히 다른 형태를 취했을 것이다.[135] (우리에
게 그래 보이는 것처럼) 개체에 의해 형성된 습관이 매우 예외적인
경우가 아니고는 후손에 전달되지 않는다면 스펜서의 모든 심리학
은 다시 해야 할 것이며, 그의 철학의 상당 부분이 무너질 것이다.
그러므로 문제가 어떻게 제기된 것으로 보이며 어떤 의미에서 그것

---

135 스펜서는 획득형질의 유전을 받아들였다. 반면 베르크손은 그것을 부인
　한다.

을 해결하려고 모색할 수 있을 것으로 보이는지를 말하자.

독단론으로 인정된 이후, 획득형질의 전이가능성은 배아세포의 가설적 본성으로부터 선험적으로 끌어낸 이유로 또한 적지 않게 독단적으로 부정되었다. 어떻게 바이스만이 생식 질(plasma germinatif)의 연속성의 가설에 의해 배아 세포들(cellules germinales) ― 난자와 정자 ― 을 체세포와는 거의 독립적인 것으로 생각하기에 이르렀는지를 안다. 거기서부터 출발하여 획득형질의 전이는 생각할 수 없는 것이리라고 주장했고 많은 이들은 아직도 주장하고 있다. ― 그러나 혹시 획득형질이 전이될 수 있다는 것을 증명한다면 그 자체에 의해 생식질이 말하는 것만큼 신체 상황과 독립적이지 않다는 것을 증명할 것이며, 획득 형질의 전이는 그 80 사실 자체에 의해 생각할 수 있는 것이 될 것이다. 그것은 곧 생각 가능성과 불가능성은 그와 같은 일에서는 아무 관계가 없고 문제는 오로지 경험에 속한다는 말과 같다. 그러나 바로 여기서 어려움이 시작된다. 사람들이 말하는 획득형질은 매우 자주 습관이거나 습관의 결과들이다. 그리고 형성된 습관의 근저에는 자연적 적성이 없는 경우가 드물다. 그 결과 전달된 것이 분명 개체의 몸(soma)에 의해 획득된 습관인지, 형성된 습관 이전에 오히려 자연적 적성이 아닐지를 항상 물을 수 있다. 그런 적성은 이미 개체에, 따라서 그 배아(germe)에 내재해 있었듯이 개체가 자신 속에 포함하고 있는 **생식세포**(germen)에 내재한 채로 남았을 것이다. 그러므로 아무것도 두더지가 땅속에서 사는 습관을 형성했기 때문에 눈이 어둡게 되었는지를 증명하지 않는다. 두더지가 지하 생활에 처해져야 했던

것은 아마도 그 눈이 쇠퇴해 가고 있는 중이었기 때문일 것이다.[*1]
이 경우 시각을 잃으려는 경향이 두더지 자체의 몸에 의해 얻거

[*1] Cuénot, "La nouvelle théorie transformiste(새로운 변형이론)" (*Revue générale des sciences*, 1894). Morgan, *Evolution and adoptation*(진화와 적응), London, 1903, 357쪽.[136]

---

136 Cuénot, "La nouvelle théorie transformiste. Jäger, Galton, Nussbaum et Weissman" (*Revue générale des sciences pures et appliquées*, 1894). 두더지 가 땅 속에 살아서 눈이 어두워졌는지 아니면 눈이 어두워지려는 경향 때문에 땅 속에 살게 되었는지의 문제와 직접 관련된 내용은 젖소의 젖 을 자꾸 짜서 젖통이 커졌다기보다는 인간이 인위적으로 젖이 많이 나 오는 개체를 선택한 결과라는 부분이다(75쪽). 그러므로 Cuénot는 획득 형질의 유전을 받아들이지 않고 오히려 Weismann과 같이 생식질의 연 속성(continuité du plasma germinatif)을 주장하는 쪽이다. 이 논문의 제목 에 나오는 Jäger, Galton, Nussbaum, Weissman은 모두 생식질의 연속성 을 주장하는 사람들이다. 즉 획득형질이 유전된다는 것을 부인하고 유전 은 오직 생식질에서 생식질로의 연속성에 의해 이루어진다고 주장한 것 이다. 그런데 이 논문은 생식질도 다른 체세포와 마찬가지로 "영양을 취 하고, 호흡하며, 성숙하"므로 그것 역시 삶의 과정에서 변할 수 있다는 사 실에 주목한다. 그리하여 가령 유럽과 아시아 전역에 퍼져 있는 주홍색의 나비는 날이 더울수록 점점 더 검은 부분이 많아지는데 그것은 기온이 생 식질에 영향을 주었다고 할 수밖에 없다. 또 유럽의 어떤 개와 양은 더운 지방에 갖다놓으면 몇 세대 후 털을 다 잃는다. 알코올 중독은 부모의 병 적소질을 강화하는데 그것이 생식질에 영향을 미쳐 자손들은 마르고 병 적이 되며, 폐병이나 신경증에 걸릴 위험이 높다. 결국 생식질의 연속성 에도 불구하고 마치 획득형질이 유전되는 것과 같은 효과가 발생할 수 있 다. Morgan, *Evolution and adoptation*, New York; London, Macmillan, 1903, 357쪽은 퇴락하려는 성향이 상황에 적합하였기 때문에 거기서 길

나 잃은 아무것도 없이 생식세포(germen)에서 생식세포로 옮겨갔
을 것이다. 펜싱사범(maître d'arme)의 아들이 아버지보다 훨씬 빨
리 탁월한 펜싱선수가 되었다는 것으로부터 아버지의 습관이 아들
에게 전달되었다고 결론 내릴 수 없다. 증가하고 있는 중의 어떤 소
질이 아버지를 낳은 생식세포에서 아들을 낳은 생식세포로 전달되
고, 원시적 비약의 결과로 도중에 커지며, 말하자면 아버지가 했던
것에 신경 쓰지 않고도 아들에게 아버지보다 더 큰 유연성을 보장
해 줄 수 있기 때문이다. 동물의 점진적인 길들이기로부터 끌어낸
많은 예에 대해서도 마찬가지이다. 전달되는 것이 형성된 습관인지   81
아니면 오히려 어떤 자연적 경향, 이런 저런 특별한 종이나 그 대표
자들 중 몇몇을 길들이기로 선택하게 한 그 경향 자체인지를 알기
가 어렵다. 사실을 말하자면 모든 의심스러운 경우, 여러 해석이 가
능한 모든 사실들을 제외시킬 때 획득되면서도 전이되는 특수성의
절대적으로 부정할 수 없는 예로는 여러 생리학자들에 의해 반복되
고 인정된 브라운-세까르(Brown-Séquard)의 유명한 실험을 제외
하면 거의 남지 않는다.*1 브라운-세까르는 모르모트에서 척수나

---

*1   Brown-Séquard, "Nouvelles recherches sur l'épilepsie due à certaines
      lésions de la moelle épinière et des nerfs rachidiens(척추와 척추신경
      의 어떤 손상에 기인한 간질에 대한 새로운 연구)" (*Arch. de physiologie*, II권,
      1869, 211, 422, 497쪽).[137]

      을 찾는다고 말하고 있다. 즉, 두더지가 땅에 살아서 눈이 어두워진 것이
      아니라 눈이 어두워지려는 성향이 땅 속에서 자신의 길을 찾았다는 것이다.
137   Brown-Séquard, "Nouvelles recherches sur l'épilepsie due à certaines

좌골신경(nerf sciatique)을 절단하면서 후손에 전달되는 간질적 상
태를 결정했다. 그 동일한 좌골신경, 밧줄형체(corps restiforme)[138]
등의 손상은 모르모트에 다양한 장애를 일으켰고, 그 자손이 때로
는 상당히 다른 형태이기도 하지만 안구돌출, 발가락 상실 등을 유
전시킬 수 있었다. ― 그러나 유전적 전이의 그 다양한 경우에 동물
의 몸이 그 생식세포에 대해 진정한 영향을 준다는 것이 증명되지
는 않았다. 이미 바이스만이 브라운-세까르의 조작은 모르모트의
몸에 특수한 미생물을 넣을 수 있었고, 그것이 신경조직에서 양분
의 환경을 찾았으며 성적 요소로 뚫고 들어가 병을 전달했을 것이

---

lésions de la moelle épinière et des nerfs rachidiens" 1, 2, 3 (*Archives de
physiologie normal et pathologique*, II, 1869, 211, 422, 497쪽). 세 편의 논문이
잡지의 한 호에 실려 있다. 211, 422, 497(사실은 496)은 각각의 논문이
처음 시작하는 쪽수이다. 그런데 문제는 이제부터이다. 이 논문들을 읽어
보면 모르모트에서 척수나 좌골신경(nerf sciatique)을 절단하면서 간질을
일으킨다는 이야기는 있지만 그것이 유전된다는 이야기는 전혀 없다. 그
러나 다음 주 140)에 인용된 같은 저자의 논문을 읽어 보면 분명히 척수
나 좌골신경의 절단에 의해 유발된 간질이 유전된다는 이야기를 자신이
1850년대에서부터 주장해 왔음을 말하고 있다. 이 실험은 여러 저자가
도처에서 논하고 있으므로 매우 유명한 실험인 것은 분명하고 따라서 그
이전의 논문에서 주장한 사실을 여기서 주장한 것으로 착각한 것이 아닌
가한다. A. François에 따르면 Brown-Séquard의 첫 실험은 1850년에 이
루어졌고, *Researches on Epilepsy*, 1857, Boston에 실려 있다고 한다(*Ech.*,
436쪽, 81쪽 주1에 대한 주석).
138 소뇌 하부의 밧줄 모양의 부분. resti-의 어원은 라틴어 restis(밧줄)에서
온 것이다.

라고 반대했다.*1 그 반론은 브라운-세까르 자신에 의해 배제되었
다.*2 그러나 더 그럴듯한 다른 반대를 할 수 있을 것이다. 그도 그

*1 Weismann, *Aufsätze über Vererbung*(유전에 관한 논문들), Iéna, 1892,
    376-378쪽과 또한 *Vorträge über Descendenztheorie*(전이이론에 관한 강
    연), Iéna, 1902, II권, 76쪽.[139]
*2 Brown-Séquard, "Hérédité d'une affection due à une cause
    accidentelle(우연적 원인에 기인한 병의 유전)" (*Arch. de physiologie*, 1892,
    686쪽 이하).[140]

---

139 Weismann, *Aufsätze über Vererbung und verwandte biologische Fragen*(유
    전과 유사한 생물학적 문제에 관한 논문들), Iéna, 1892, 376-378쪽은 인공
    적으로 일으킨 병의 유전은 획득 형질의 유전 일반에 유리한 증명이 아
    니라는 것을 주장한다. 간질은 형태적 형질이 아니라 그냥 병이다. 손상
    에 의해 야기된 혼란은 반드시 간질적 성격이 아니다. 그것도 항상 일어
    나는 것이 아니라 일어나지 않는 경우가 많다고 한다. ─ 또 *Vorträge über
    Descendenztheorie gehalten an der Uiversität zu Freiburg im Breisgau*(프
    라이부르크 대학에서 한 전이이론에 관한 강연), Iéna, 1902, II권, 76쪽은
    Brown-Séquard의 수술 작업이 신경계에 특수한 미생물을 넣을 수 있었
    고, 그것이 신경조직에서 염증을 일으켰으며 그것이 뇌에까지 병을 전달
    했을 것이라는 추측을 말한다. 임파선에서 그것이 가능하다면 신경계에
    는 왜 그렇지 않아야 하는가라고 묻는다.
140 Brown-Séquard, "Hérédité d'une affection due à une cause
    accidentelle. Faits et arguments contre les explications et les critiques
    de Weismann" (*Arch. de physiologie*, 1892, 686쪽 이하). 이 짧은 논문에서
    Brown-Séquard는 세균이 스며들어 갔다는 Weismannd의 지적은 "어
    떠한 사실에도 근거하지 않기 때문에 그런 가정은 과학적 가설이 아니
    다."라며 단호하게 거부한다. 자기 자신이 한 실험에서 세균은 보이지 않
    았으며 세균의 감염에 의한 병증은 전혀 없었다는 것이다. 또 세균만큼이

럴 것이 봐쟁(Voisin)과 뻬롱(Peron)의 실험으로부터 간질의 발작
82 은 주사에 의해 동물에 경련적 발작(accidents)을 일으킬 수 있는 독
극물의 제거에 뒤따른다는 결과가 나왔기 때문이다*1. 브라운-세
까르가 일으켰던 신경손상에 뒤따르는 영양장해는 아마도 바로 그

....

*1 Voisin과 Peron, "Recherche sur la toxicité urinaire chez les
    épileptiques(간질환자에서의 소변의 독성에 관한 연구)" (*Archives de
    neurologie*, XXIV권, 1892, XXV권, 1893). Voisin의 책, *L'épilepsie* (간질),
    Paris, 1897, 125-133쪽 참조.[141]

―――――

나 작은 정자를 망가뜨리지 않고는 세균이 침투할 수 없으며, 마지막으로
Weismann의 가설이 옳다면 동일한 세균이 부모나 자식에게 간질을 일
으켰을 텐데 그 균이 왜 어떤 데(간질을 일으키는 부위, 가령 연수의 뒷부분)
는 들어가고 어떤 데(간질을 일으키지 않는 부위, 가령 연수의 앞부분)는 들
어가지 않는지를 설명할 수 없다는 것이다. 그밖에도 여러 이유를 들면서
Weismann에 반대한다.

141 Voisin과 Peron, "Recherche sur la toxicité urinaire chez les
    épileptiques" (*Archives de neurologie, Revue des maladies nerveuses et
    mentales*, XXIV권, 1892, 178-202쪽; XXV권, 1893, 65-72쪽). 이 논문은 간질
    환자의 오줌의 독성의 높고 낮음과 간질 발작의 상관관계를 다룬 것이다.
    간질발작의 전과 후, 그리고 발작 중의 오줌의 독성을 조사한 결과 발작
    전과 발작 중의 오줌의 독성이 낮다는 것을 발견한다. 오줌의 독성이 낮
    다는 것은 혈중 독성의 농도가 높다는 것을 의미하므로 그것이 곧 발작을
    일으키는 원인이 된다는 것이다. Voisin, *L'épilepsie*, Paris, F. Alcan, 1897,
    125-133쪽도 동일한 실험을 다만 Peron뿐만 아니라 다른 인턴과도 시행
    한 결과를 이야기하고 있다. 결과는 마찬가지이다. 단 발작 후의 오줌의
    독성이 높아진다는 사실이 좀 더 강조되어 있다. 베르크손이 하려는 이야
    기는 간질 발작 중에 작용하는 혈중 독성이 정자나 난자에 영향을 주어
    배아의 발달에 장애를 줄 것이라는 것이다.

런 경련적 독의 형성으로 번역된다. 그 경우 독소는 모르모트로부
터 그 정자나 난자로 옮겨갈 것이고 배아의 발달에서 장해 일반을
결정지을 것이며, 그 장해는 그러나 일단 진화된 유기체의 이러저
러한 특별 지점에만 가시적 효과를 줄 수 있을 것이다. 사태는 여기
서 샤랭(Charrin)과 들라마르(Delamare), 무쒸(Moussu)의 실험에서
처럼 진행되었을 것이다. 간과 콩팥을 손상시킨 임신 중의 모르모
트는 그런 손상을 자손에게 전달했다. 단지 어머니의 기관의 손상
은 태아의 상동 기관에 작용하는 특수한 '세포독소(cytotoxines)'를
낳기 때문이다.[*1] 그 실험에서, 게다가 동일한 생리학자들의 이전

[*1] Charrin, Delamare, Moussu, "Transmission expérimentale aux
descendants de lésions développées chez les ascendants(선대에서 발
달된 손상의 후대로의 실험적 전이)" (*C. R. de l'Ac. des sciences*, CXXXV권, 191
쪽). Morgan, *Evolution and adatation*, 257쪽과 Delage, *hérédité*(유전), 2
판, 388쪽 참조.[142]

---

[142] Charrin, Delamare, Moussu, "Transmission expérimentale aux
descendants de lésions développées chez les ascendants" (*Comptes
Rendus héptomadaires des scéances de l'Académie des sciences*, CXXXV권, 1902.
7. 2, 189-191쪽). 191쪽은 이 짧은 논문의 마지막 쪽으로서 논문의 결론
이 서술되어 있다. 그것은 ① 모체의 획득된 형질은 자손에 전이될 수 있
다. ② 그런 전이는 용해물질(substance soluble)에 의해 이루어진다. ③
그런 결과는 어떤 태생적 위축의 반향을 설명하는데, 그것이 어떤 가족의
간을 허약하게 하거나 다른 가족에게는 콩팥을 허약하게 한다는 것이다.
조금 위쪽을 보면 결론에 언급된 용해물질은 베르크손이 말하는 '세포독
소(cytotoxines)'임을 알 수 있다. Morgan, *Evolution and adatation*, 257쪽

관찰에서와 마찬가지로[*1] 독소에 의해 영향 받는 것은 이미 형성
된 태아이다. 그러나 샤랭의 다른 연구는 유사한 장치에 의해 동일

[*1] Charrin과 Delamare, "Hérédité cellulaire(세포유전)" (*C. R. de l'Ac. des sciences*, CXXXIII권, 1901, 69-71쪽).[143]

은 바로 위의 논문을 논하면서 이것은 난자의 형질이 유전되었다기보다
는 발달 중이거나 발단된 기관에 가해진 영향임을 보여준다고 해석한다.
또 베르크손이 지금 하고 있는 바와 같이 Brown-Séquard의 실험도 그와
같은 과정을 통해 이루어졌을 것이라는 평가도 내리고 있다. 그러니까 베
르크손은 Morgan의 해석에 영향 받았을 가능성이 크다. Delage, *hérédité
et les grands problèmes de la biologie générale*, Paris, Schleicher Frères, 2
판, 388쪽은 Emery의 이론을 설명하는데, 그는 생식질(plasma germinatif)
옆에 효모질(Zymoplasma)이 있다고 생각한다. 생식질은 매우 복잡하고
종의 계통발생을 통한 모든 진화현상을 관장하는 데 비해 효모질은 매우
단순하며 효모나 그와 유사한 성질의 물질로서 생식질과 섞여 있다. 효
모질은 자기 혼자서는 아무 일도 못하지만 화학적 길을 통해 생식질에
모종의 영향을 줄 수 있다. 이 효모질을 통해 알코올 중독이나 Brown-
Séquard의 실험에서와 같은 유전현상으로의 영향이 설명될 수 있다. 그
런 현상에서 오는 화학적 변화를 생식질에 전할 수 있기 때문이다. 그러
니까 이것은 알코올 중독이나 Brown-Séquard의 실험이 주는 영향을 설
명하기 위한 이론적 상상물이라 할 수 있다.

143 Charrin과 Delamare, "Hérédité cellulaire" (*Comptes Rendus héptomadaires
des scéances de l'Académie des sciences*, CXXXIII권, 1901, 69-71쪽)은 당뇨에
걸린 어머니가 임신을 하고 출산을 했는데, 출산 중의 급작스러운 발작으
로 급사한 경우를 보고한다. 신생아도 어떠한 생명의 기미도 보이지 않았
다. 그러나 2시간 전에는 분명히 심장소리를 들을 수 있었다. 사후에 해부
해 보니 모자가 모두 간肝에 여러 구멍이 나 있었고 적혈구도 색깔이 변
해 있었다. 어머니의 간은 임신 당시에는 아무런 이상을 보이지 않았으므

한 결과가 정자나 난자에서도 일어날 수 있음을 보이는 데 이르렀
다.[*1] 요약하자면 획득된 특수성의 유전은 브라운-세까르의 실험
에서는 배아의 중독에 의해 설명될 수 있을 것이다. 손상은 아무리
잘 장소가 정해진 것처럼 보여도 가령 알코올의 결함과 동일한 과
정에 의해 전달될 것이다. 그러나 유전적이 된 모든 획득된 특성에 83
관해서도 마찬가지가 아닐 것인가?

아닌 게 아니라 획득형질의 전이성을 긍정하는 사람들이나 부
정하는 사람들이나 일치하는 한 가지 점이 있다. 그것은 알코올과

[*1] Charrin, "L'hérédité pathologique(병리적 유전)" (*Revue générale des sciences*, 1896, 1월 15일).[144]

로 발작의 후유증이라 볼 수밖에 없다. 그러나 모자의 동일한 세포의 이
상은 유전에 의한 것이라기보다는 병증을 유발한 어떤 원인이 모자에게
동일한 작용을 했기 때문일 것이라 결론 내린다. 베르크손은 이 '동일한
원인'을 독소의 작용이라 생각한 것이다.

144 Charrin, "L'hérédité en pathologie" (*Revue générale des sciences pures et appliquées*, VII, no. 1, 1896, 1월 15일, 1-7쪽). Gallica 사이트에는 다른 해는
다 있는데 공교롭게도 1896년 것만 없다. *Ech.*에 따르면 저자는 bacille
pyocyanique(고름을 일으키는 균)을 토끼에 주사하면 대부분의 경우 자손
들은 병을 일으킨다. 고름이 없어지면 병은 사라지는데, 불행히도 정자와
난자를 생산하는 상피의 세포적 병증은 계속 남아서 결국 정자와 난자는
병증을 가지게 된다. 저자는 이것을 모델로 해서 매독에 걸린 사람의 자
손들에게 나타나는 병증에 대해서도 설명한다(*Ech.*, 439쪽 82쪽 주 4에 대
한 주석). 여기서 중요한 것은 부모의 획득된 변화가 정자와 난자에도 영
향을 미친다는 것이고, 그것은 정확히 획득된 형질이 전이의 문제가 아니
라 독성에 의한 손상 일반으로 나타난다는 사실이다.

같은 어떤 영향은 생명체나 그것이 담지하고 있는 생식질(plasma germinatif)에 동시에 작용할 수 있다는 것이다. 그와 같은 경우 결함의 유전이 있으며, 사실은 생식세포(germen)나 체세포(soma)가 단순히 동일한 원인의 작용을 받은 것임에도 불구하고 마치 부모의 체세포가 그 생식세포에 작용한 것처럼 모든 것이 일어난다. 이렇다고 한다면 획득형질이 전달될 수 있다고 간주할 때 믿는 것처럼 체세포가 생식세포에 영향을 미칠 수 있다고 받아들이자. 가장 자연스러운 가설은 두 번째의 경우에도 첫 번째처럼 사태는 진행될 것이며 그런 체세포의 영향의 직접적 결과는 생식질의 **일반적** 변질일 것이라 가정하는 것이 아닌가? 이러하다면 자손의 변형이 부모와 마찬가지일 것은 예외적으로, 그리고 말하자면 우연적으로일 것이다. 알코올적인 결함의 유전처럼 이루어질 것이다. 그것은 아마도 아버지에서 아이로 옮아갈 것이지만 아이들 각각에게서 상이한 형태를 취할 수 있고 그들 각자에게서 아버지에게 그랬던 것과는 닮지 않을 수 있다. 원형질에 도래한 변화를 C라 부르면 C는 적극적이거나 부정적일 수 있다. 즉 어떤 물질의 획득이나 상실을 나타낼 수 있다. 결과는 원인을 정확하게 재생하지는 않을 것이며, 새로운 유기체의 모든 다른 발생 중인 부분들이 C에 대하여 일종의 면역성을 향유할 때에만 체세포의 어떤 부분의 어떤 변화에 의해 야기된 생식세포의 변화는 형성중인 새로운 유기체의 동일한 부분의 변화를 결정할 것이다. 그때 새로운 유기체에서는 동일한 부분이 변화될 것이다. 왜냐하면 그 부분의 형성이 유일하게 새로운 영향에 감응할 수 있을 것이기 때문이다. — 비록 발생시킨 유기체의 상응하는 부분이 그랬던 것과는 완전히 다른 방향으로 변화될 수는 있을지라도.

그러므로 우리는 **차이**(écart)의 유전과 **형질**(caratère)의 유전의 구별을 도입할 것을 제안할 것이다. 새로운 형질을 획득한 개체는 그에 의해 그가 가졌고, 발달하면서 그것이 가지고 있는 배아나 더 자주는 반半-배아[145]가 낳았을 형태로부터 **멀어진다**(s'écarte). 그런 변화가 생식세포를 변화시킬 수 있는 물질의 생산이나 어떤 요소들을 없애버릴 수 있는 영양의 일반적 변화를 유발하지 않는다면 그것은 개체의 자손에는 어떠한 영향도 끼치지 않을 것이다. 그것이 아마도 가장 자주 일어나는 일일 것이다. 반대로 변화가 어떤 결과를 끼친다면 그것은 아마도 그것이 생식질에서 결정할 화학적 변화를 매개로 해서일 것이다. 그런 화학적 변화는 예외적으로 생식세포가 발달시키려 하는 유기체에 원래의 변화를 다시 회복시킬 수 있을 것이나, 그것이 다른 일을 할 확률이 그만큼 크거나 더 이상이다. 이 마지막의 경우 탄생된 유기체는 아마 부모의 유기체**만큼** 정상적 형태로부터 멀어질 것이지만 **다르게** 멀어질 것이다. 그것은 차이를 유전했을 것이지만 형질은 아닐 것이다. 그러므로 일반적으로 개체에 의해 형성된 습관은 아마도 자손에게는 어떠한 영향도 끼치지 않을 것이다. 그리고 영향을 끼친다면, 자손들에게 일어난 변화는 본래의 변화와는 아무런 눈에 띄는 유사성을 가지지 않을 수 있다. 그와 같은 것이 적어도 우리에게 가장 그럴듯해 보이는

---

145 생식세포는 감소분열을 하므로 반-배아가 된다.

가설이다. 하여튼 저명한 생물학자[1]에 의해 요청된 결정적 실험이
확립되지 않는 한, 반증이 있을 때까지는 우리는 관찰의 현재 결과
85 에 만족해야 한다. 그런데 사태를 획득 형질의 전이 가능성에 가장
유리하게 놓고, 주장되는 획득형질이 대부분의 경우 본유형질의 다
소간 늦은 발현이 아니라고 가정하더라도, 사실은 우리에게 〔그것
의〕 유전적 전이는 예외이지 규칙이 아님을 보여준다. 그러한 전이
로부터 어떻게 눈과 같은 기관을 발달시키기를 기다릴 것인가? 적
충류의 색소점으로부터 연체동물과 척추동물의 눈으로 가기 위해
서는 서로 축적된 것으로 가정해야 할, 모두가 동일한 방향을 향한
거대한 수의 변이를 생각할 때, 우리가 관찰하는 것과 같은 유전이
도대체 어떻게 그런 차이의 축적을 ― 개별적 노력은 그것들 각각을
개별적으로 만들 수 있었다고 가정한다하더라도 ― 결정했을 수 있을지
를 자문하게 된다. 그것은 다른 진화론의 형태와 마찬가지로 신-라

---

*1　Giard, *Controverses transformistes*(변형론의 논쟁들), Paris, 1904, 147
　　쪽.146

146　Giard, *Controverses transformistes*, Paris, Masson, 1904, 147쪽. 이 책에
　　서 베르크손은 147쪽만 언급했지만 이 실험은 146쪽에서 147쪽까지 이
　　어져서 설명된 실험이다. 라마르크주의자라 할 수 있는 Giard는 몸에서
　　생긴(somatogène) 변화가 유전될 수 있다는 것을 주장하는데 Marey를 인
　　용하면서 그것을 위해서는, 특히 특정 근육의 많은 사용이 자손에게까지
　　유전된다는 것에 대한 많은 수의 관찰자들에 의한 수 세대에 걸친 관찰과
　　시험이 필요하다고 주장한다. 베르크손은 그러한 실험이 이루어져서 결
　　과가 나오지 않는 한 획득형질의 유전을 받아들일 수 없다고 말하고 있는
　　것이다.

마르크주의도 문제를 해결할 수 있는 것으로 보이지 않는다고 말하는 것이다.

이처럼 현재의 진화론의 다양한 형태를 공통적으로 시험하고 그것들이 모두 극복할 수 없는 동일한 난점에 부딪히게 된다는 것을 보임으로써 우리는 그것들이 서로 등을 돌리게 할 의도는 전혀 가지고 있지 않다. 반대로 그들 각각은 상당수의 사실에 기대고 있어서 나름의 방식으로 진실임에 틀림없다. 그것들 각각은 진화 과정에 대한 어떤 관점에 상응함에 틀림없다. 게다가 아마도 한 이론이 과학적으로 남으려면, 즉 세부의 탐구에 정확한 방향을 주려면, 특수한 한 관점을 배타적으로 지켜야 한다. 그러나 그 이론들 각각이 부분적 관점을 취하는 실재는 그들 모두를 능가하는 것임에 틀림없다. 그리고 그런 실재는 어떠한 적용도 겨냥하고 있지 않기 때문에 과학의 정확성에 얽매이지 않는 철학[147]의 고유한 대상이다. 그러므로 현재의 진화의 큰 세 형태들[148]이 문제의 해결에 가져오는 것으로 보이는 적극적인 것과 그들 각각이 한쪽에 남겨둔 것, 그리고 우리의 견해로 봐서, 진화과정에 대한 더 포괄적인 ─ 그 자체에 의해 더 모호할지라도 ─ 관념을 획득하기 위해 그 삼중 노력을 어떤 점으로 수렴시켜야 할지를 몇 마디로 지적해 보자. 86

신-다윈주의자들이 변이의 본질적 원인은 개체가 담지자인 배아

---

147 철학이 정확하지 않아도 된다는 것이 아니라 실용을 위해 필요한 세부에 얽매이지 않아도 된다는 뜻.

148 다윈주의(돌연변이론까지 포함하여), 정향진화설, 라마르크주의.

에 내재하는 차이이지 생애 동안의 그 개체의 행동이 아니라고 가
르칠 때 아마도 옳을 것이라고 우리는 믿는다. 우리가 그 생물학자
들을 따르기가 어려운 때는 그들이 배아에 내재하는 차이들을 순전
히 우연적이고 개체적인 것이라 간주할 때이다. 그 차이들은 개체
를 넘어 배胚에서 배로 가는 충력의 발전이며, 따라서 그것들은 순
수 우연이 아니고, 한 종의 모든 대표자들에게서나 적어도 그들 중
어떤 수에게서 동시에 동일한 형태로 매우 잘 나타날 수 있을 것이
라고 믿지 않을 수 없다. 게다가 이미 **돌연변이**(mutation)의 이론은
다윈주의를 그 점에서 깊이 변화시켰다. 그것은 긴 기간이 흐른 후
어느 순간에 종 전체가 변하려는 경향에 사로잡힌다고 말한다. 그
러므로 그것은 **변하려는 경향**이 우연적이지 않기 때문이다. 변이가
드 브리스가 원하는 것처럼 종의 상이한 대표자들에게서 상이한 방
향으로 작용한다면 사실 변화 자체는 우연적일 것이다. 그러나 우
선 그런 이론이 많은 다른 식물 종에서도 인정되는지를 봐야 할 것
이고(드 브리스는 달맞이 꽃(Oenothera Lamarckiana)에서만 그것을
긍정했다*1), 다음으로 우리가 나중에 설명할 것처럼[149] 우연의 부

---

*1 그러나 유사한 몇몇 사실들이 역시 식물계에서 지적되었다. Blaringhem,
"La notion d'espèces et la théorie de la mutation(종개념과 돌연변이론)",
(*L'année psychologique*, vol. XII, 1906, 95쪽 이하)와 De Vries, *Species and
varieties*, 655쪽.[150]

---

149 120쪽을 보라.

150 Blaringhem, "La notion d'espèces et la théorie de la mutation d'après
les travaux de Hugo De Vries", (*L'année psychologique*, vol. XII, 1906, 95

분이 동물보다는 식물에서 더 크리라는 것도 불가능한 것이 아니
다. 왜냐하면 식물계에서 기능은 형태에 그렇게 긴밀하게 의존하지 87
는 않기 때문이다. 어쨌든 신-다윈주의자들은 변이의 기간이 정해
져 있다는 것을 인정하고 있는 중이다. 그러므로 변이의 방향도 적
어도 동물에서는, 우리가 지적해야 할 것에 따라[151] 또한 그럴 수 있
을 것이다.[152]

  그리하여 상이한 형질의 변이는 세대에서 세대로 정해진 방향을
따라 이어진다는 아이머의 가설에 도달하게 된다. 그러한 가설은
우리에게 아이머 자신이 그것을 가둔 한계 내에서는 그럴듯한 것
으로 보인다. 물론 유기계의 진화는 전체적으로 미리 예정된 것이
어서는 안 된다. 우리는 반대로 다른 형태에 이어지는 형태의 연속
적 창조에 의해 생명의 자발성이 드러난다고 주장한다. 그러나 그
러한 비결정성은 완전할 수가 없다. 그것은 결정성에 어떤 부분을

쪽 이하)는 린네의 종의 확정성에서 출발하여 Jardin의 기초적 종에 관
한 논의를 거쳐 De Vries의 돌연변이설을 옹호한다. 논문의 마지막에
는 De Vries가 연구한 Oenothra Lamarkina 외에도 미국에서 토마토의
일종인 Solanum Lycopersicum, 네덜란드령 인도에서 야자수의 일종
인 Cocos nucifera, 비엔나에서 감자의 조상일 가능성이 있는 Solanum
Commersoni 등에서 돌연변이 현상이 관찰된다는 보고를 하고 있다. 또
생 페테르스부르크 식물원장인 Korchinsky는 이런 현상의 다양한 사례를
모았다고 한다(111쪽). De Vries, *Species and varieties*, 655쪽은 앞의 논문
에 나온 Solanum Lycopersicum의 돌연변이가 언급되어 있다.

151 121-127쪽을 보라.

152 물론 말 그대로 우연적이 아니라 정해져 있을 것이라는 뜻.

남겨 두어야 한다.[153] 가령 눈과 같은 기관은 바로 정해진 방향으로의 연속적 변이에 의해 구성되었을 것이다. 심지어 우리는 어떻게 전혀 동일한 역사를 가지지 않는 종들에서의 눈의 구조의 유사성을 다르게 설명할 수 있을지를 알 수가 없다. 우리가 아이머와 갈라지는 것은 그가 물리·화학적인 결합이 결과를 확보하는 데 충분하다고 주장할 때이다. 우리는 반대로 바로 눈이라는 그 예에서 여기에 '정향진화'가 있다면 심리적 원인이 개입한 것임을 확립하려고 시도했다.

어떤 신-라마르크주의자들이 도움을 청한 것도 바로 심리적 질서의 원인이다. 우리의 견해로는 신-라마르크주의의 가장 견고한 점 중의 하나가 거기에 있다. 그러나 그런 원인이 개체의 의식적 노력에 불과하다면 그것은 상당히 제한된 수의 경우에만 작용할 수 있을 것이다. 그것은 기껏해야 동물에게만 개입할 것이며, 식물계에는 아닐 것이다. 동물 자체에서도 직접적이건 간접적이건 의지의 영향에 복종하는 지점에 대해서만 작용할 것이다. 그것이 작용하는 곳에서조차 그것이 어떻게 복잡성의 증가와 같은 깊은 변화를 얻을 수 있을지를 알 수 없다. 기껏해야 획득된 형질이 서로 덧붙여지는 방식으로 규칙적으로 전이된다면 (그때에는) 생각해 볼 수 있을 것이다. 그러나 그런 전이는 규칙이라기보다는 예외인 것으로 보인

---

153 A. François가 지적하고 있는 바와 같이 여기서의 결정성은 물질적 결정성이 아닌 생명 내부의 어떤 성향을 말한다. 바로 다음 문장에 설명된 바와 같이, 그것에 의해 진화의 다른 가지에서도 눈과 같은 동일한 기관이 발생할 수 있다(*Ech.*, 442쪽 주 218).

다. 점점 더 복잡한 장치를 구성하는 방식으로 축적되고 스스로와
결합하는, 정해진 방향의 유전적인 변화는 아닌 게 아니라 어떤 종
류의 노력과 관계되어야 하지만, 개체적 노력과는 다르게 깊고, 다
르게 상황으로부터 독립적이며, 동일한 종의 대부분의 대표자들에
게 공통적이고, 그들의 〔몸을 이루는〕 물질(substance)만이라기보
다는 그것들이 가진 배아에 내재하며, 그에 의해 후손에 전이되는
것이 확보된 노력에 관계되어야 한다.

우리는 이처럼 긴 우회를 거쳐 우리가 출발했던 관념,[154] 즉 배아
사이의 연결부호를 이루는 성숙된 유기체를 매개로 하여 배아의 한
세대에서 다음 세대로 지나가는 생명의 **원천적 비약**(élan originel)의
관념으로 되돌아온다. 그런 비약은 그것이 퍼져나가는 진화의 노선
들 위에서 보존되는 것으로서 적어도 규칙적으로 전이되고, 더해지
며, 새로운 종을 낳는 변이들(variations)의 깊은 원인이다. 일반적으
로 종들이 공통의 근원으로부터 분산되기 시작했을 때 그것들이 진
화에서 진보함에 따라 그 분산성(divergence)을 강화한다. 그러나
공통의 비약의 가설을 받아들인다면 정해진 지점에서 종들은 동일
하게 진화할 수 있고, 심지어 그래야 한다. 그것이 우리가 선택했던
예 자체에서, 즉 연체동물과 척추동물에서의 눈의 형성에서, 더욱 89
정확한 방식으로 보여줘야 할 것으로 우리에게 남은 것이다. 게다

154 위의 26-27쪽. 생명 일반, 성체를 매개로 배아에서 배아로 이어지는 생명
     의 흐름.

가 그렇게 함으로써 '원천적 비약'의 관념은 더욱 분명해질 수 있을 것이다.

눈과 같은 기관에서는 두 가지 점, 즉 구조의 복잡성과 기능의 단순성이 동일하게 눈에 띈다. 눈은 공막(sclérotique), 원추세포, 망막, 수정체 등 구별되는 부분들로 이루어져 있다. 각 부분들의 세부를 따지자면 무한히 갈 것이다. 망막만 말하자면 세 층의 겹쳐진 신경 요소들 — 다극세포, 이극세포, 시각세포 — 을 포함하고 있으며, 그들 각각은 자신의 개체성을 가지고, 아마도 매우 복잡한 유기체 — 비록 그것이 거기서 그 막의 섬세한 구조의 단순화된 도식에 불과할지라도 — 를 구성한다는 것을 안다. 그러므로 눈이라는 장치는 모두 극도의 복잡성을 가진 무한수의 장치들로 구성되어 있다. 그러나 시각은 단순한 사실이다. 눈이 열리자마자 시각은 작동한다. 바로 기능 작용이 단순하기 때문에 무한히 복잡한 장치의 구성에서 자연이 조금이라도 방심했다면 시각은 불가능해졌을 것이다. 기관의 복잡성과 기능의 단일성 사이의 그런 대비가 정신을 놀라게 한다.

기계론적 이론은 조직에 대한 작용에 의해 직접적으로 개입하거나[155] 가장 잘 적응한 것들의 선택에 의해 간접적으로 개입하면서[156] 외적 상황의 영향 하에서의 기계의 점진적인 구성을 우리에게 보여줄 이론이다. 그러나 그 주장이 어떤 형태를 취하건, 부분의 세부에는 뭔가 타당하다고 가정한다하더라도 그들의 상호관계에는 어떤

---

155 Eimer의 이론
156 다윈이나 돌연변이론 모두.

빛도 던져주지 않는다.

그때 목적성의 주장이 도래한다. 그것은 부분들이 하나의 목적을 위해 미리 짜인 계획에 따라 조립되었다고 말한다. 그 점에서 그것은 자연의 작업을, 관념의 실현이나 전범(modèle)의 모방을 위해 그 역시 부분들의 조립에 의해 작업하는 작업자의 작업과 동화한다. 그러므로 기계론은 목적론에 그 의인적 성격을 비난할 것이고, 90 그것은 옳다. 그러나 그것은 자기 자신이 같은 방법으로 단지 〔중요 부분을〕 삭제하면서 진행한다는 것을 알아차리지 못한다. 아마도 그것은 따르는 목적이나 이상적 전범을 지워버렸을 것이다. 그러나 그것 역시 자연이 부분들을 조립하면서 인간 작업자처럼 작업하기를 원한다. 그러나 단지 배아의 발달에 시선을 던지기만 했다면 생명은 완전히 다르게 행동한다는 것을 보여주었을 것이다. **생명은 요소들의 조합이나 덧붙임에 의해서가 아니라 분해**(dissociation)**와 둘로 쪼개기**(dédoublement)**에 의해 진행한다.**

그러므로 기계론이나 목적론의 관점 둘 다 모두를 극복해야 하고, 그것들은 결국 인간 정신이 인간의 작업의 광경에 의해 인도된 관점에 불과하다. 그러나 어떤 방향으로 그것들을 극복해야 할 것인가? 우리는 한 기관의 구조를 분석할 때 전체의 기능 작용은 단순한 것임에도 불구하고 분해에서 분해로 무한히 간다고 말했다. 기관의 무한으로 가는 복잡성과 기능의 극단적인 단순성 사이의 대비가 바로 우리에게 눈을 열어 주어야 할 것이다.

일반적으로 동일한 대상이 한편으로는 단순하고 다른 편으로는 무한히 복합적인 것으로 보일 때 두 측면이 동일한 중요성이나

또는 오히려 동일한 정도의 실재성을 갖는다는 것과는 거리가 멀
다.[157] 그때 단순성은 대상 자체에 속하나, 복잡성의 무한은 대상
주변을 돌면서 대상에 대해 취하는 관점들에, 즉 우리의 감각과 지
성이 대상을 표상하는 병치된 상징들에, 더 일반적으로는 우리가
대상을 모방하려고 시도하지만 그것들과는 다른 본성의 것이어서
통약 불가능한 것으로 남는 **다른 질서**의 요소들에 속한다. 천재적
화가가 캔버스에 어떤 그림을 그렸다. 우리는 그의 그림을 다양한
91 색깔의 모자이크 타일들로 흉내 낼 수 있을 것이다. 그리고 우리의
타일이 더 작고, 수가 더 많고, 색조가 더 다양할수록 모델의 곡선
과 뉘앙스를 그만큼 더 잘 재생할 것이다. 그러나 화가가 단순한 것
으로 생각했고 캔버스 위에 통째로 옮기기를 원했으며 더 잘 불가
분적 직관의 투사로 보일수록 더 완전하게 되는 그 형태의 정확한
등가물을 얻기 위해서는, 무한한 뉘앙스를 표현하는 무한수의 무한
히 작은 요소들이 필요할 것이다. 이제 이렇게 만들어진 우리 눈이
거장의 작품에서 모자이크의 결과를 보지 않을 수 없다고 가정해
보자. 또는 이렇게 만들어진 우리 지성이 캔버스 위의 형태의 출현
을 모자이크의 작업과는 다르게는 설명할 수 없다고 가정해 보자.
그때 우리는 단지 작은 타일의 모음에 대해 이야기할 수 있을 뿐이
며 기계론의 가설 속에 있게 될 것이다. 그 모음의 물질성 이외에
모자이크 조립자가 작업했을 계획이 필요했다고 덧붙일 수 있을

---

157 바로 이어지는 설명에서도 알 수 있는 바와 같이, 이때 베르크손의 입장
   은 단순한 쪽이 더 중요하거나, 더 실재성을 갖는다는 쪽이다(Ech., 443쪽,
   주 225 참조).

것이다. 우리는 이번에는 목적론자로서 의견을 말하는 것일 것이다. 그러나 이쪽이든 저쪽이든 실재 과정에는 도달할 수 없을 것인데, 왜냐하면 모아진 타일은 없었기 때문이다. 우리의 지각에 들어온다는 사실만으로도 그 자체 우리 눈에는, 재구성된 것으로서 놀랄 만한 배열을 나타내는 수많은 타일들로 해체되는 것은 그 그림, 즉 캔버스 위에 투사된 단순한 행위이다. 이처럼 눈은 그 경탄할 만한 구조의 복잡성과 함께, 시각의 단순한 행위에 불과할 수 있을 것이다. 우리가 전체를 모음으로 일단 표상하기만 하면 그 질서가 경탄할 만한 것으로 보이는 세포들의 모자이크로 나누어지는 한에서 말이다.

내가 A에서 B로 손을 들어 올리면 그 운동은 나에게 동시에 두 측면으로 나타난다. 안으로부터 느끼면 그것은 단순하고 불가분적인 행위이다. 밖에서 보면 그것은 곡선 AB의 지나감이다. 그 선에서 나는 원하는 만큼의 위치들을 구분해낼 것이며 곡선 자체는 그들 위치들 사이의 어떤 조율로 정의될 수 있을 것이다. 그 92 러나 무한 수의 위치들과 위치들을 서로 연결하는 순서는 내 손이 A에서 B로 갔던 불가분적 행위로부터 자동적으로 나온다. 여기서 기계론은 위치들만을 보는 데서 성립할 것이다. 목적론은 그 순서를 고려할 것이다. 그러나 기계론과 목적론은 모두 실재 자체인 운동을 옆으로 지나칠 것이다. 어떤 의미에서는 운동은 위치들과 그 질서보다 **더 많은** 것이다. 왜냐하면 무한한 연속적 위치들과 그 순서가 거기에 더하여 순서도 위치도 아니지만 본질적인 어떤 것, 즉 운동성과 함께 한꺼번에 주어지기 위해서는 운

동이 그 불가분적인 단순성에서 주어지는 것으로 충분하기 때
문이다. 그러나 다른 의미에서는 운동은 위치들과 그들을 연결
하는 순서보다 **더 적은** 것이다. 왜냐하면 어떤 순서를 지닌 위치
들을 가지기 위해서는 우선 순서를 떠올리고 그 순서를 위치들
과 함께 실현해야 하며 모음의 작업과 지성이 필요한 반면, 손
의 단순한 운동은 그런 어떠한 것도 포함하고 있지 않기 때문이
다. 운동은 그 말의 인간적 의미에서의 지성적인 것이 아니며[158]
그것은 모음(assemblage)도 아니다. 요소로 이루어져 있는 것이 아
니기 때문이다. 눈과 시각의 관계에 대해서도 마찬가지이다. 시각
에는 눈을 구성하는 세포들과 그들의 상호조율보다 **더 많은** 것이
있다. 그런 의미에서 기계론도 목적론도 필요한 만큼 멀리 가지 않
는다. 그러나 다른 의미에서 기계론과 목적론은 모두 너무 멀리 간
다. 왜냐하면 자연이 눈을 만드는 데는 내가 손을 드는 것보다 더한
고통을 감수하지 않았는데도 무한히 복잡한 무한수의 요소들을 시
각이라는 단순한 행위로까지 올리기를 원함으로써 헤라클레스의
역사役事들 중 가장 어려운 것을 자연에 할당했기 때문이다. 그것의
단순한 행위는 자동적으로 무한수의 요소들로 나누어졌지만, 그것
93 들은 동일한 관념(idée)[159]으로 조율된 것으로 발견될 것이다. 내 손

---

158 '인간적인 의미에서의 지성적인 것'이라는 것은 인간이 생각하는 지성,
    즉 의식적이고 분할하면서 진행하는 지성의 성격을 띤 것이라는 의미이
    다. 운동은 그렇게 분할되지 않는다.

159 여기서는 본다는 관념. 눈의 구조를 지성적으로 설명하려면 그런 관념을
    동원할 수밖에 없으므로 '관념'이라는 말을 쓴 것이다.

의 운동이 무한수의 위치들을 자기 밖에 남겨두지만 그것들은 〔모두〕 동일한 방정식을 충족하게 되는 것처럼.

그러나 그것은 우리가 이해하기에 많은 어려움을 겪는 것인데, 우리는 유기적 조직화(organisation)를 **제작**(fabrication)으로 표상하지 않을 수 없기 때문이다. 그러나 제작한다는 것과 유기적으로 조직화한다는 것은 다른 것이다. 전자의 작업은 인간에 고유한 것이다. 그것은 서로서로 끼워 맞춰서 공통적 작동을 얻으려는 방식으로 재단한 물질의 부분들을 조립하는(assembler) 데서 성립한다. 그 부분들은 말하자면 이미 관념적 중심인 행동의 주변에 배치된다. 그러므로 제작은 주변에서 중심으로, 또는 철학자들이 말할 것처럼 여럿에서 하나로 간다. 반대로 유기적 조직화의 작업은 중심에서 주변으로 간다. 그것은 거의 수학적 점인 한 점에서 시작하여 그 점 주변으로 항상 커지는 동심원적 물결을 통해 번져 나간다. 제작의 작업은 더 큰 양의 물질을 가지는 만큼 더 효과적이다. 그것은 집중(concentration)과 압축(compression)에 의해 진행한다. 반대로 유기적 조직화의 행위는 뭔가 폭발적인 것을 가지고 있다. 유기적 조직화하는 힘은 마치 마지못해서만 공간에 들어오는 것처럼, 처음에는 가능한 한 가장 작은 장소, 최소한의 물질이 필요하다. 배아의 삶의 진화 과정을 움직이게 하는 정자는 유기체에서 가장 작은 세포들 중의 하나이다. 작업에 실질적으로 참여하는 것은 정자의 미미한 부분에 불과함에도 불구하고 말이다.

그러나 그것은 피상적 차이일 뿐이다. 그 아래를 파보면 더 깊은 차이를 발견할 것이라 믿는다.

제작된 작품은 제작 작업의 형태를 그린다. 그것은 제작자는 그
의 산출물에서 정확히 그가 넣은 것을 다시 발견한다는 것을 의미
한다. 그가 기계를 만들고 싶으면 그 조각들을 하나씩 잘라서 그것
94 들을 조립할 것이다. 만들어진 기계는 그 조각들과 그 조립을 보여
줄 것이다. 여기서 결과의 총체는 작업의 총체를 나타내며 작업의
각 부분에 결과의 부분이 대응한다.

이제 나는 유기적 조직화가 그 같은 종류의 작업인 것처럼 실증
과학이 진행할 수 있고 진행해야 한다는 것을 인정한다. 오직 그
런 조건 하에서만 그것은 유기체를 다룰 수 있을 것이다. 왜냐하면
그것의 목적은 사물의 밑바닥을 우리에게 드러내 주는 것이 아니
라 그것에 대해 작용할 가장 좋은 수단을 제공하는 것이기 때문이
다. 그런데 물리학과 화학은 이미 진척된 과학이고 살아 있는 물질
은 그것을 우리의 물리학과 화학의 절차에 따라 취급할 수 있는 한
도에서만 우리 행동의 대상이 될 수 있다. 그러므로 유기적 조직화
는 유기체가 우선 기계와 동화될 때에만 과학적으로 탐구될 수 있
을 것이다. 세포들은 기계의 부품들일 것이며 유기체는 그것들의
조립체일 것이다. 그리고 부분들을 유기적으로 조직한 요소의 작
업들은 전체를 유기적으로 조직화한 작업의 실질적 요소로 간주될
것이다. 이것이 과학의 관점이다. 우리 생각에 철학의 작업은 완전
히 다르다.

우리에게 유기적 기계의 전체는 부득이 하다면 분명 유기적으로
조직화하는 작업의 전체를 나타내지만(그것도 근사치로만 진실이지
만), 그 기계의 부분들은 작업의 부분들에 대응하지 않는다. 왜냐하

면 **그 기계의 물질성은 더 이상 적용된 수단의 총체가 아니라 극복된
장애물의 총체를 나타내기 때문이다.** 그것은 적극적인 실재라기보
다는 부정이다. 이처럼, 이전의 연구에서 보였듯이[160] 시각은 권리
상 우리 시선에 접근할 수 없는 무한수의 사물에 닿았을지도 모를
능력이다. 그러나 그와 같은 시각은 행동으로 연장되지 않았을 것
이다. 그것은 유령에나 적합할지 모르지만 생명체에게는 아니다.[161]
생명체의 시각은 존재가 작용할 수 있는 대상에 한정된, 효과적 시
각이다. 그것은 **운하를 낸**(canalisé) 시각이며, 시각 장치는 단지 운   95
하내기의 작업을 상징한다. 이제부터 운하의 뚫음이 그 양안兩岸을
형성할 흙을 가져오는 것에 의해 설명되지 않는 것과 마찬가지로
시각 장치의 창조는 해부학적 요소들의 조합에 의해 설명되지 않는
다. 기계론의 주장은 흙이 한 수레, 한 수레 날라졌다고 말하는 데
서 성립할 것이다. 목적론은 흙이 우연히 놓인 것이 아니라 수레꾼
이 계획을 따랐다고 덧붙일 것이다. 그러나 운하는 다르게 만들어
졌기 때문에 기계론이나 목적론은 모두 잘못일 것이다.

　더 정확히는 우리는 자연이 눈을 구성하는 방식을 우리가 손을
드는 단순한 행위에 비교했었다. 그러나 우리는 손이 어떠한 저항
도 받지 않는 것으로 가정했었다. 내손이 공중에서 움직이는 대신
에 나아감에 따라 압축되고 저항하는 쇠 줄밥을 통과해야 한다고

160　*MM*, 35-44쪽. 시각은 권리상 무한수의 사물을 다 볼 수 있어야 할 것이
　　지만 사실상은 우리 몸의 행동과 관련이 되는 것만을 보고 나머지는 흘려
　　보낸다.

161　동일한 표현이 *MM*, 43쪽에 정확하게 반복된다.

상상해 보자. 어느 순간 내 손은 그 힘을 다 소진하고, 정확히 그 순간 줄밥 알갱이들은 정해진 형태로, 즉 멈춘 손과 팔의 부분의 형태 그 자체로 병치되고 조율될 것이다. 이제 손과 팔이 보이지 않는다고 가정해 보자. 구경꾼들은 줄밥 알갱이 자체에서, 그리고 〔줄밥〕더미에 내재하는 힘에서 배열의 이유를 찾을 것이다. 어떤 이들은 각 알갱이의 위치를 주변 알갱이들이 그것에 미친 작용에 관계시킬 것이다. 그들은 기계론자들일 것이다. 다른 이들은 전체의 계획이 요소, 요소의 작용들의 세부를 총괄하기를 바랄 것이다. 그들은 목적론자들일 것이다. 그러나 진실은 단지 불가분적인 한 행위, 즉 줄밥을 통과하는 손의 행위가 있었다는 것이다. 알갱이들의 운동의 끝없는 세부와 그것들의 마지막 배열의 순서는 요소의 적극적 작용들의 종합이 아니라 저항의 전반적 형태이므로 말하자면 부정적으로 그 나누어지지 않은 운동을 표현하고 있다. 그렇기 때문에 알갱이들의 배열을 '결과'라 부르고 손의 운동을 '원인'이라 부른다면 부득이한 경우 결과의 전체는 원인의 전체에 의해 설명된다고는 말할 수 있을 것이지만 원인의 부분들에 결과의 부분들이 전혀 대응하지 않을 것이다. 다른 말로 하면 기계론도 목적론도 여기가 그들의 자리가 아닐 것이며 독자적(sui generis) 설명 방식에 도움을 청해야 할 것이다. 그런데 우리가 제안하는 가설에서 시각과 시각 장치의 관계는 거의 손과 쇠 줄밥 ─ 손을 그리고(畵), 그것에 운하를 내고, 그 운동을 한정짓는 ─ 의 관계일 것이다.

손의 노력이 더 클수록 줄밥의 내부로 더 멀리 나아간다. 그러나 그것이 멈추는 지점이 어디이건 순간적으로 자동적으로 알갱이들은 균형을 잡고 서로 조율된다. 시각과 그 기관도 그러하다. 시각을 구성하는 나누어지지 않는 행위가 더 멀리나 적게 나아감에 따라 기관의 물질성은 더 많거나 적은 수의 서로 조율된 요소들로 이루어지지만, 질서는 필연적으로 갖추어져 있고 완전하다. 그것은 부분적일 수 없을 것이다. 다시 한번 말하거니와 그것을 탄생시키는 실재 과정은 부분이 없기 때문이다. 그것이 기계론도 목적론도 고려하지 않은 것이며, 눈과 같은 도구의 경탄스러운 구조에 놀랄 때 우리가 주의하지 않은 것이다. 우리의 놀람의 밑바닥에는 항상 그런 질서의 **한 부분만이** 실현될 **수 있었을 텐데** 하는 것과 그것의 완전한 실현은 일종의 은총이라는 생각이 있다. 그런 은총을 목적론자들은 목적인에 의해 단 한 번에 없애버렸으며, 기계론자들은 자연 선택의 결과에 의해 조금씩 획득한다고 주장한다. 그러나 그들 모두는 그런 질서에서 뭔가 긍정적인 것을, 따라서 그 원인에서 가능한 모든 정도의 완성을 포함하는 뭔가 쪼갤 수 있는 (fractionnable) 것을 본다. 사실은 원인은 더나 덜 강력하나 그 결과를 단번에, 완성된 방식으로만 낳을 수 있다. 원인이 시각의 방향 97 으로 더 멀리 또는 더 가깝게 감에 따라 세르폴라(Serpule)의 초보적인 눈이나 알시오프(Alciope)의 이미 분화된 눈과 같은 하등 유기체의 단순한 색소 덩어리나 새의 놀랄만하게 완성된 눈을 낳지만, 그 복잡성이 매우 다른 그 모든 기관들은 반드시 동등한 조율성 (coordination)을 나타낼 것이다. 그렇기 때문에 두 종류의 동물이 서로 상당히 멀리 떨어져 있어도 소용없을 것이다. 이쪽에서나 저쪽에서나 시각을 향한 행진이 마찬가지로 멀리 나아갔다면 양쪽에는 동일한 시각 기관이 있을 것이다. 왜냐하면 기관의 형태는 기능의 실행이 획득한 정도를 표현할 뿐이기 때문이다.

그러나 시각을 향한 행진을 말하면서 예전의 목적론의 사고방식으로 되돌아온 것은 아닌가? 그런 행진이 의식적이건 무의식적이건 도달해야 할 목적의 표상을 요청한다면 의심의 여지없이 그러할 것이다. 그러나 진실은 그것이 생명의 원초적 비약의 덕에 이루어지고, 그 운동 자체에 내포되어 있으며, 바로 그렇기 때문에 그것을 독립된 진화노선에서도 재발견된다는 것이다. 그리고 이제 그것이 왜 그리고 어떻게 거기에 내포되었는지를 묻는다면 우리는 생명은 무엇보다도 먼저 무기물에 대해 행동할 수 있는 경향이라고 답할 것이다. 그런 행동의 방향은 아마도 미리 정해진 것은 아닐 것이다. 거기서부터 생명이 진화하면서 도중에 뿌리는 형태들의 예견 불가능한 다양성이 나온다. 그러나 그런 행동은 항상 다소간 높은 정도로 우연의 성질을 나타낸다. 그것은 적어도 선택의 초보를 내포하고 있다. 그런데 선택은 가능한 여러 행동의 예견적 표상을 가정한다. 그러므로 행동의 가능성들이 행동 자체 이전에 생명체에게 그려져 있어야 한다. 시각적 지각이 다른 것이 아니다.[*1] 물체의 시각적 윤곽은 그것에 대한 우리의 가능적(eventuelle) 행동의 소묘이다. 그러므로 시각은 매우 다양한 동물들에게서 상이한 정도로 다시 발

98

----

*1 그 주제에 관해서는『물질과 기억』, 제1장을 보라.[162]

----

162 *MM*의 제1장 36쪽에는 지각이 우리의 가능적 행동을 그리고 있다는 이
    야기가 강조되어 있다.

견될 것이며, 동일한 정도의 강도에 도달한 어디에서나 동일한 구조의 복잡성으로 나타날 것이다.

우리는 일반적으로는 구조의 유사성에 대해, 특수하게는 눈의 예에 대해 강조하였다. 왜냐하면 우리의 태도를 한편으로는 기계론에 대해 다른 한편으로는 목적론에 대해 정의해야 했기 때문이다. 이제는 그 태도를 더 정확하게, 그 자체로서 묘사하는 것이 남았다. 그것이 우리가 하려는 것인데, 더 이상 그것이 나타내는 유사한 것에서가 아니라 그것이 가진 상호 보완적인 것에서 진화의 다양한 결과를 생각하면서 하려는 것이다.

제2장
생명 진화의 분산적인 방향들
마비, 지성, 본능

생명이 대포로 쏜 탄알과 비교될 수 있는 단일한 궤적을 그린다면[1] 진화의 운동은 단순한 것일 것이고, 우리는 쉽게 그 방향을 결정할 수 있을 것이다. 그러나 우리는 여기서 곧바로 여러 파편들로 터져 버린 폭탄을 다루고 있으며, 그 파편들은 그 자체 일종의 폭탄이어서 이번에는 그들이 또한 터지게 되어 있는 파편들로 터졌고, 그런 식으로 매우 오랫동안 계속되었다. 우리는 우리와 가장 가까운 것들, 즉 박살난 파편들의 흩어진 운동들만 볼 뿐이다. 그들로부터 출발하여 최초의 운동까지 점점 더 거슬러 올라가야 한다.

폭탄이 터질 때 그 개별적 파열(fragmentation)은 그것이 포함하고 있는 화약의 폭발력과 동시에 금속이 거기에 맞서는 저항에 의

---

1   이와 같은 가정에 대해서는 위의 53-54쪽; 아래의 257-258을 보라.

해 설명된다. 종과 개체들로의 생명의 파열도 그러하다. 그것은 두 계열의 원인, 즉 무기물로부터 생명이 겪는 저항과 생명이 자신 속에 포함하고 있는 폭발력 — 경향들의 불안정한 균형에 기인한 — 에 기인한다고 우리는 생각한다.

무기물의 저항이 우선 돌아가야 했을 장애물이다. 생명은 겸손함 덕분에, 스스로를 매우 작고 환심을 사는 것[2]으로 만들고, 물리적, 화학적 힘에 완곡히 순종하며, 나누어지려는 철로의 방향을 어느 정도 따라가는 철로의 전철기(轉轍機, aiguille de la voie ferrée)처럼 심지어 그것과 함께 어느 부분의 길을 같이 가는데 동의함으로써, 거기에 성공하는 것처럼 보인다. 생명의 가장 기초적인 형태들에서 관찰되는 현상들이 아직 물리적, 화학적인 것인지 아니면 이미 생명적인 것인지를 말할 수 없다. 생명은 이처럼 최면이 걸린 (magnétisé) 물질을 조금씩 다른 길로 유혹하기 위해서는 무기물의 습관 속으로 들어와야 했다. 그러므로 우선적으로 나타난 삶의 형태는 극도로 단순한 것이었다. 그것은 모르긴 몰라도 밖으로는 오늘날 관찰되는 아메바와 비교할 수 있으나 더하여 그것을 생명의 상위 형태로까지 올려야 하는 놀라운 내적 추진력을 가진, 거의 분화되지 않은 원형질의 작은 덩어리였다. 그런 추진력 덕으로 최초의 유기체들이 가능한 한 가장 커지려고 모색했다는 것은 그럴듯해 보인다. 그러나 유기물은 곧 바로 도달된 〔크기〕확장에 한계를 가진다. 그것은 어떤 점을 넘어 성장하기보다는 둘로 나누어진다. 생

2   위의 71, 93쪽을 보라.

명이 이 새로운 장애물을 돌아가기 위해서는 아마도 수 세기의 노력과 놀라운 섬세함이 필요했을 것이다. 그것은 나누어질 준비가 된 증가하는 수의 요소들이 통일된 채 남아 있도록 하기에 이르렀다. 분업에 의해 그것들 사이에 풀 수 없는 유대(lien)를 맺었다. 복잡하고 거의 불연속적인 유기체는 이처럼 단지 커지기만 했을 연속적인 생명 덩어리가 했을 것처럼 기능한다.[3]

그러나 나뉨의 진정한 깊은 원인은 생명이 자신 속에 포함하고 있던 것이었다. 왜냐하면 생명은 경향이고, 경향의 본질은 그 성장의 사실만으로도, 비약이 나누어질 다양한 방향들을 창조하면서 다발(gerbe)의 형태로 발달된다는 것이기 때문이다. 그것이 우리의 성격이라 불리는 특별한 경향의 진화 속에서 우리 자신에 대해 관찰하는 것이다. 우리들 각자는 자신의 역사에 회고적 시선을 던지면 어릴 때의 인격이 비록 불가분적일지언정, 탄생 중의 상태에 있 101 었기 때문에 함께 녹은 채 남아 있을 수 있었던 다양한 인격을 자신 속에 통일하고 있었다는 것을 인정할 것이다. 약속으로 가득찬 그런 미결정은 심지어 어린 시절의 가장 큰 매력 중의 하나이다. 그러나 상호 침투된 인격들은 성장하면서 양립 불가능하게 되고, 우리들 각자는 오직 하나의 삶을 살 뿐이기 때문에 선택을 하지 않을 수 없다. 사실상 우리는 끊임없이 선택하며 또한 우리는 끊임없이 많

---

3 전부 이어져서 거대해지는 생명체 대신 개체로 분화한 생명체는 바로 개체이므로 각자가 여러 기능으로 복잡해지고 거의 불연속적이다. 개체(individu)는 자신의 내부에서는 나누어질 수 없지만(in-dividuum=a-tomon), 하나의 전체로서는 다른 것과 불연속적이다.

은 것을 포기한다. 시간 속에서 지나가는 길은 우리가 되기 시작한 모든 것, 우리가 될 수 있었을 모든 것의 파편들로 흩뿌려져 있다. 그러나 셀 수 없는 수의 생명들을 가지고 있는 자연은 그와 같은 희생에 전혀 강요되지 않는다. 그것은 성장하면서 나누어진 다양한 경향들을 보존한다. 자연은 그러한 경향들을 가지고 따로 진화할 종의 다양한 계열들을 창조한다.

그런 계열들은 게다가 동등하지 않은 중요성을 띤 것일 수 있을 것이다. 한 소설을 시작하는 작가는 진행해감에 따라 포기할 수밖에 없는 많은 것들을 인물 속에 넣는다. 아마도 그는 그것들을 나중에 다른 책에서 다시 취해서 그것들로 먼저 번 인물의 발췌나 또는 오히려 보완으로 나타날 새로운 인물을 구성할 것이다. 그러나 거의 항상 새 인물은 원래의 인물에 비하면 뭔가 옹색한 것을 가질 것이다. 생명의 진화도 그러하다. 도정 상의 분기는 여럿이었으나, 둘이나 세 가지 큰길 옆에는 많은 막다른 길이 있었다. 그 큰길들 자체 중에서도 오직 하나만이, 척추동물을 따라 인간에까지 오르는 길만이, 생명의 큰 숨이 자유롭게 지나갈 수 있을 정도로 충분히 넓었다. 우리가 가령 꿀벌이나 개미의 사회를 인간의 사회와 비교할 때 우리는 그런 인상을 갖는다. 전자들은 놀랍도록 규율이 갖추어져 있고 통합되어 있지만 경직되어 있다. 후자는 모든 진보에 열려 있지만 분열되어 있고 자신과 끊임없이 투쟁 중이다.[4] 이상적인 것

102

---

4   A. François는 여기서 이미 *DSMR*의 열림과 닫힘의 구별이 거의 예상된다고 지적한다(*Ech.*, 445쪽, 주9 참조). 그러나 그것은 인간 사회들 사이의 문제일 수 있지만 여기서는 막시류와 인간 사회 사이의 구별이 문제이다.

은 항상 진보하면서 항상 균형잡힌 사회일 것이나 아마도 그런 이
상은 실현 가능하지 않을 것이다. 서로 보완되기를 원하고 배아의
상태에서는 서로 보완되는 두 성격도 강화되면서 양립 불가능해진
다. 사회적 삶의 추진력에 대해 비유와 다른 방식으로 말할 수 있다
면, 추진력의 주요부분은 인간에 이르는 진화의 노선을 따라 옮겨
졌고 나머지가 막시류膜翅類로 가는 길에서 수집되었다고 말해야
할 것이다. 개미와 꿀벌의 사회는 이처럼 우리의 것의 보완적인 측
면⁵을 나타낼 것이다. 그러나 그것은 거기서 표현의 방식에 불과할
것이다. 사회적 삶에 특수한 추진력은 없었다. 단지 생명의 일반적
인 운동만 있었고, 그것이 분기된 노선에서 항상 새로운 형태들을
창조한다. 그 노선들 중 둘에서 사회가 나타나야 했다면 그것은 비
약의 공통성과 동시에 노선의 분기를 나타내야 했을 것이다. 사회
는 이처럼 우리가 막연하게 서로 보완적임을 발견하는 두 계열의
성격을 발달시킬 것이다.

그러므로 진화운동의 연구는 어떤 수의 분산적인 방향들을 구별
해 내고, 그 방향들 각각에서 일어났던 것의 중요성을 평가하는 데
서, 한 마디로 분열되는 경향들의 본성을 정하고 그 크기를 가늠하
는 데서 성립할 것이다. 그때 그 경향들을 서로 결합하면서 그 비약
이 움직이게 되는 불가분적 운동 원리의 근사치(approximation)나
또는 오히려 모방을 얻을 것이다. 그것은 진화에서 기계론이 주장

---

5   우리 사회의 특징이 진보라면, 그와 보완적인 측면은 균형 잡힌 측면, 즉
     질서의 측면이다.

하는 것과 같은 상황에 대한 일련의 적응과는 완전히 다른 것을, 목
적성 이론이 원하는 것 같은 전체적 계획의 실현과는 또한 완전히
다른 것을 볼 것이라고 말하는 것이다.

103 진화의 필연적 조건이 환경에 대한 적응이라는 것에 우리는 전
혀 반론을 제기하는 것이 아니다. 자신에게 이루어진 생존의 조건
에 복종하지 않을 때 종은 사라진다는 것은 너무도 명백하다. 그러
나 외적 환경이 진화가 고려해야 할 힘이라 인정하는 것과 환경이
진화의 지도적 원인이라고 주장하는 것은 다른 것이다. 이 마지막
주장은 기계론의 것이다.[6] 그것은 원초적 비약, 즉 생명을 점점 더
복잡한 형태로, 점점 더 높은 운명으로 끌고 가는 내적 추진력의 가
설은 절대적으로 배척한다. 그러나 그런 비약은 보이는 것이고, 화
석화된 종에 단순히 시선을 던지기만 해도 생명이 자신에게는 훨씬
더 편하게 원시적 형태에서 경직되는 편에 섰다면 진화 없이 지내
거나 매우 한정된 한계 안에서만 진화할 수 있었을 것임을 보여준
다. 어떤 유공충류(Foranimifères)[7]는 실루리아기 이후에는 변하지
않았다. 우리별을 뒤흔들었던 수도 없는 변혁의 불굴의 목격자인

---

6 A. François는 이것이 특히 Eimer의 주장이라 하는데(*Ech.*, 446쪽 주11),
   그럴 필요가 없다. 다윈주의나 돌연변이론이야말로 기계론적이다.

7 껍데기가 있는 근족충류로 원생동물 중에서는 큰 편에 속하며, 보통은
   1mm 이하인데 110mm에 이르는 종도 알려져 있다. 대부분이 바다에서
   살며 껍데기는 주로 석회질이다. 껍데기의 개구부에서 실뿌리 모양의 위
   족偽足을 내어 운동한다. 가장 오래된 생물의 하나로 약 8억 년 전의 화석
   도 있다.

개맛(Lingules)[8]은 오늘날에도 고생대의 가장 먼 시기에 그랬던 대로이다.

　진실은 적응이 진화운동의 굴곡(sinuosité)은 설명하지만, 운동의 일반적 방향은 설명하는 것이 아니며, 운동 자체는 더 더욱 아니라는 것이다.[*1] 도시에 이르는 길은 분명 비탈을 오르고 경사를 내려가지 않을 수 없으며, 토지의 우연에 **적응한다**. 그러나 토지의 우연들은 길의 원인이 아니며 그 방향을 새기는 것 또한 아니다. 매순간 우연들은 필수 불가결한 것, 길이 놓인 토양 자체를 제공한다. 그러나 그 부분들 각각이 아니라 길의 전체를 생각한다면, 토지의 우연

[*1]　적응에 대한 그러한 관점은 종의 기원에 대한 주목할 만한 논문에서 M. F. Marin에 의해 지적되었다 (*Revue scientifique*, nov. 1901, 580쪽).[9]

8　껍데기가 근육에 의해 닫히는 완족동물. 육경(肉莖, pédoncule)이라는 발이 양쪽으로 나오며 개펄에 뿌리박고 산다. 이름은 '맛'이지만 맛조개와는 전혀 다른 종이며, 고생대부터 존재해 '살아 있는 화석'으로 불린다.

9　M. F. Marin, "Origine des éspèces" (*Revue scientifique*, 4e S. t. XVI, no. 19, 1901, 9. nov., 577-588쪽), 생물학적이라기보다는 철학적인 이 어려운 논문은 베르크손을 직접 언급하거나 인용하는 것은 아니지만 베르크손적 뉘앙스를 강하게 풍긴다. 그러나 이 논문은 분명 EC 출간 전에 나온 논문이다. 그러니까 반대로 베르크손이 Marin의 영향을 받았다고 해야 할 것이다. 저자는 여기서 진화에는 능동적인 요인과 수동적인 요인이 있는바, 내적, 능동적인 요인이 진화의 진정한 동인이고 수동적 요인, 즉 환경은 능동적 요인에 대한 조건이거나 저항이라고 말한다(585쪽 이하). 가령 길을 가다가 도랑을 만나면 뛰어서 건너야 하지만, 도랑은 걸음을 방해하는 저항일 뿐, 나의 가는 길을 결정하는 것은 아니다. 나는 원래 가고자 한 길로 계속 가기 위해 힘을 들여 뛰는 것이다(580쪽).

들은 이미 방해나 지연의 원인으로서밖에는 나타나지 않는다. 왜

104 냐하면 길은 단지 도시를 겨누었고, 직선이기를 원했을 것이기 때문이다. 생명의 진화나 그것이 건너는 상황에 대해서도 마찬가지이다. ― 다만 진화는 유일한 길을 그리지 않으며, 목적을 겨냥하지 않지만 어떤 방향들을 취하고, 그 적응에까지 창조적으로 남는다는 차이를 가지지만.

그러나 생명의 진화는 우연적 상황에 대한 일련의 적응과 다른 것이며, 계획의 실현 또한 아니다. 계획은 미리 주어져 있다. 그것은 실현의 세부 이전에 표상되었고, 적어도 표상될 수 있다. 그것의 완전한 수행은 먼 미래로 미루어질 수 있고, 심지어 무한히 후퇴할 수도 있다. 그럼에도 불구하고 그러한 생각은 지금부터라도 현재 주어진 용어로 정식화定式化할 수 있다. 반대로 진화가 끊임없이 다시 시작하는 창조라면 삶의 형태뿐만 아니라 지성이 그것을 이해하게 허락하는 관념들, 그것을 표현하는 데 사용될 용어들을 점차적으로 창조한다. 그것은 그 미래가 그 현재를 넘쳐나서 한 관념으로 그려질 수 없을 것이라고 말하는 것이다.

거기에 목적론의 첫 번째 오류가 있다. 그것은 더 중요한 다른 오류를 유발한다.

생명이 어떤 계획을 실현한다면 그것이 더 나아감에 따라 더 높은 조화를 나타내어야 할 것이다. 그와 같이 하여 돌 위에 돌이 쌓여가는 동안 집은 점점 더 잘 건축가의 관념을 그린다. 반대로 생명의 단일성이 완전히, 시간의 길 위에서 그것을 미는 비약 속에 있다면 조화는 앞에 있는 것이 아니라 뒤에 있다. 단일성은 등 뒤로부터

의 힘(vis a tergo)으로부터 온다. 그것은 처음에 추진력으로 주어진 것이지 나중에 이끄는 힘(attrait)으로 놓인 것이 아니다. 비약은 소통되면서 점점 더 나누어진다.[10] 생명은 진보함에 따라, 아마 어떤 측면에서는 서로 보완적임을 그 원천의 공통성에 빚지고 있을 것이지만 그럼에도 불구하고 서로 적대적이고 양립 불가능할 현상들로 분기된다. 이처럼 종들 사이의 부조화는 나아가면서 강화될 것이다. 비록 여태까지는 그 본질적 원인만을 지적했을 뿐이지만 말이다. 단순화하기 위해 우리는 각 종은 받은 추진력을 다른 것들로 전달하는 것을 받아들이고 생명이 진화하는 모든 방향으로의 전파가 직선적으로 이루어진다고 가정했다. 사실은 정지하는 종들도 있고 그 중에는 길을 거슬러 가는 것도 있다. 진화는 단지 앞으로의 운동만인 것은 아니다. 많은 경우에서 제자리걸음이 관찰되고 벗어나는 것이나 뒤로 되돌아가는 것 또한 더 자주 관찰된다. 우리가 나중에 보여줄 것처럼[11] 그러해야 할 것이며 진화운동을 자르는 동일한 원인들[12]은 생명으로 하여금 진화하면서 자신이 방금 낳은 형태에 최면이 걸려 자주 자신으로부터 벗어나게 한다. 그러나 거기서부터 증가하는 무질서가 결과 된다. 진보가 첫 추진력이 결정할[13] 일반적 방향으로의 계속적인 진행을 의미한다면 아마 진보가 있을 것이

105

10　생명은 공통의 비약을 기반으로 서로 소통하면서 나누어진다.

11　아래의 128쪽을 보라.

12　"진화운동을 자르는 동일한 원인들"은 확정하기 어렵지만 문맥상 물질적 원인들이라 해야 할 것이다.

13　제1판(초)에서는 '결정한(détermina)'으로 되어 있음.

지만, 그런 진보는 점점 더 복잡하고 점점 더 높은 형태들이 그려지는 둘이나 세 개의 큰 진화 노선에서만 이루어진다. 그 노선들 사이에 반대로 우회와 정지, 후퇴가 수를 더해가는 많은 수의 이차적 길들이 지나간다. 각 세부가 전체적 계획에 결부되어 있다는 것을 원리로 놓고 시작한 철학자는 사실의 검토에 착수한 날부터 실망에서 실망으로 나아간다. 모든 것을 동일한 서열에 놓았기 때문에, 우연의 몫을 마련하기를 원치 않았던 이유로 이제 모든 것이 우연적이라고 믿기에 이른다. 반대로 우연에 매우 큰 몫을 마련하는 것으로 시작해야 한다. 자연에는 모든 것이 정합적이지는 않다는 것을 인정해야 한다. 그에 의해 주변에 부정합성의 결정이 맺히는 중심들을 결정하는 데로 인도될 것이다. 그런 결정체 자체는 나머지를 밝혀줄 것이다. 생명이 최초의 추진력을 발달시키면서 움직이는 큰 방향들이 나타날 것이다. 어떤 계획의 세부적 성취를 보지는 못할 것임은 사실이다. 여기는 실현되는 계획보다 더한 것과 더 나은 것이 있다. 계획은 어떤 일에 할당된 끝이다. 즉, 그것은 그것이 형태를 그리는 미래를 닫는다. 반대로 생명의 진화 앞에 미래의 문은 크게 열린 채이다. 그것은 처음의 운동 덕분에 끝없이 이어지는 창조이다. 그 운동은 유기계의 단일성, 무한한 풍부함의 비옥한 단일성, 지성은 그 측면, 그 산출물 중의 하나에 불과하기 때문에 어떠한 지성이 꿈꿀 수 있는 것보다 우월한 단일성을 이룬다.

그러나 그 방법을 정의하는 것보다 적용하는 것이 더 어렵다. 우리가 생각하는 것과 같은 과거에서의 진화 운동의 완전한 해석은 유기계의 역사가 〔일단〕 이루어졌을 때에만 가능할 것이다. 우리는 그와 같은 결과와는 거리가 멀다. 다양한 종에 대해 제안된 계보학은 매우 자주 문제가 많다. 그것은 저자에 따라, 그것이 영감 받은 이론적 관점에 따라 다양해지며, 현 상태의 과학으로는 결정이 허락되지 않는 논쟁을 일으킨다. 그러나 다양한 해법을 서로 비교하면 논쟁은 큰 노선에서보다 세부에 관계된다는 것을 볼 것이다. 그러므로 큰 노선을 가능한 한 자세히 따라가 보면 길을 잃지 않는다는 것을 확신하게 될 것이다. 게다가 그것들만이 우리에게 중요한 것이다. 왜냐하면 우리는 박물학자들처럼 다양한 종들의 계승의 질서를 재발견하는 것이 아니라 단지 그들 진화의 주요한 방향을 정하는 것을 겨냥하고 있기 때문이다. 또한 우리는 그들 방향 모두에 동일한 관심을 가지는 것은 아니다. 우리가 더 특별하게 몰두해야 하는 것은 인간으로 인도하는 길이다. 그러므로 우리는 그것들을 하나하나 따라가면서 특히 동물계 전체와 인간의 관계, 그리고 유기체 전체에서 동물계 자체의 위치를 정하는 것이 문제라는 것을 시야에서 놓치지 않아야 할 것이다.

 두 번째 점부터 시작하자면, 정확한 어떤 성격도 식물과 동물을 107 구별하지는 않는다고 말하자. 두 계를 엄밀하게 정의하기 위해 행해진 시도는 항상 실패했다. 식물의 삶의 단 하나의 속성도 어떤 동물에서 어느 정도 재발견되지 않은 것은 없으며, 동물의 단 하나의 특징적 성격도 식물계의 어떤 종에서나 어떤 순간에 관찰될 수 없었던 것도 없다. 그러므로 엄밀함에 사로잡힌 생물학자들이 두 계의 구별을 인위적인 것이라 간주한 것을 이해할 수 있다. 여기서 정의가 수학적·물리학적 과학에서처럼 정의된 대상은 가지고 다른 것들은 가지지 않는 어떤 정적인 속성들로 이루어져야 한다면 그들이 옳을 것이다. 우리의 견해로는 생명의 과학에 적합한 정의의 종류는 분명 다르다.[14] 대부분의 다른 현상들의 본질적 성격을, 잠복적(latent)이건 잠재적(virtuel)이건, 기초적 상태로 포함하고 있지 않은 생명의 현상은 거의 없다. 차이는 비율에 있다. 그러나 그런 비율의 차이는, 그것이 우연적이지 않고 그 집단이 진화함에 따라 점점 더 그 특수한 성격을 **강조하는** 경향이 있다는 것을 확립할 수 있다면, 그것을 마주치는 집단을 정의하기에 충분할 것이다. 한 마디로 **집단은 더 이상 어떤 성격의 소유에 의해서가 아니라, 그것을 강조하는 경향에 의해 정의될 것이다.** 그런 관점에 자리 잡고 상태보다는 경향을 더 고려한다면, 식물과 동물은 정확한 방식으로 정의되고 구별될 수 있으며 그것들이 분명 생명의 두 개의 갈라지는 발달에 상응한다는 것을 발견한다.

그런 분산은 우선 영양의 방식에서 현저하다. 식물은 공기, 물, 흙에서 직접적으로 생명의 유지에 필요한 요소, 특히 탄소와 질소를 빌린다는 것을 안다. 식물은 그것들을 광물의 형태로 취한다. 반대로 동물은 그것들이 식물이나 동물 ― 그 동물들은 직접적이건 간접적이건 그것을 식물에 빚지고 있어서 그 결과 동물에 영양을 주는 것은 결정적으로 식물이다 ― 에 의해 유기물질 속에 이미 고정되었을 때만 그 동일한 요소들을 얻을 수 있다. 그런 법칙이 식물에게는 많은 예

108

14　위의 12-13쪽 참조. 개체성과 관련하여 식물과 동물의 구별의 어려움에
　　대한 내용이 나온다.

외를 겪고 있다는 것은 사실이다. 사람들은 식충식물인 끈끈이주걱
(Drosera), 파리지옥(Dionée), 벌레잡이제비꽃(Pinguicula)을 식물로
분류하는 데 주저하지 않는다. 다른 한편 식물계에서 그처럼 대단
한 위치를 차지하는 버섯류는 동물처럼 영양을 섭취한다. 효모건,
부생적(saprophyte)[15]이건, 기생적이건 그들이 영양을 빌리는 것은
이미 형성된 유기물질로부터이다. 그러므로 그런 차이로부터 다루
고 있는 것이 식물인지 동물인지를 아는 문제를 어떠한 경우에도
자동적으로 결정 내리는 정적 정의를 끌어낼 수는 없을 것이다. 그
러나 식물과 동물이 그들의 도약(essor)을 얻는 두 개의 나누어지
는 방향을 표시한다는 점에서 그런 차이는 두 계의 동적 정의의 시
작을 제공할 수 있다. 자연에 그처럼 놀랍도록 풍부하게 퍼진 버섯
류가 진화할 수 없었다는 것은 주목할 만한 사실이다. 그것들은 고
등 식물에서는 배젖의 배낭에서 형성되고 새로운 개체의 배아의 발
달에 앞서는 조직들 너머로는 유기적으로 올라가지 않는다.[*1] 그것

___

[*1] De Sporta et Marion, "L'évolution des Cryptogammes(은화식물의 진화)",
1881, 37쪽. [16]

___

15 썩은 유기물로부터 영양분을 얻는 식물.
16 원제목은 "L'évolution du règne végétal. Les Cryptogammes(식물계의 진
화. 은화식물)"(Paris, G. Baillière, 1881)이다. 37쪽에는 "고등 식물에서는
배젖의 배낭에서 형성되고 새로운 개체의 배아의 발달에 앞서는 조직들
너머로는 유기적으로 올라가지 않는다."는 문장이 거의 그대로 나온다.
다만 이 책에서는 버섯류뿐 아니라 해초류와 지의류 등 저자들이 원생식
물(protophytes)이라 부르는 것이 모두 그러하다고 지적되어 있는 점만

들은 식물계의 조생아(avortons)라 말할 수 있을 것이다. 마치 식물의 일반적 영양방식을 포기함으로써 식물 진화의 큰길에서 멈춘 것처럼 그들의 다양한 종은 그만큼의 막다른 골목을 구성한다. 끈끈이주걱, 파리지옥, 식충식물 일반에 대해서라면 그것들은 다른 식물과 마찬가지로 뿌리로부터 영양분을 얻고, 엽록 부분에 의해 대기 중에 포함된 탄산(acide carbonique)으로부터 탄소를 또한 고정한다. 곤충을 잡아서 흡입하고 소화하는 능력은 토양이 너무나 척박하여 충분한 영양을 제공하지 않았던 완전히 예외적인 경우[를 당해서] 나중에나 나타난 것이 틀림없는 능력이다. 일반적인 방식으로 발달되려는 경향보다 성질의 현존에 덜 집착하고 진화가 무한히 계속될 수 있는 경향을 본질적으로 간주하면, 대기와 대지와 물로부터 직접적으로 취한 광물적 요소들을 이용하여 유기물을 창조하는 능력에 의해 식물은 동물로부터 구별된다고 말할 것이다. 그러나 그런 차이에는 이미 더 깊은 다른 차이가 결부되어 있다.

　동물은 도처에 현존하는 탄소와 질소를 직접 고정할 수 없기 때문에 먹고 살기 위해서는 그런 요소들을 이미 고정시킨 식물이나 그들 자신 식물계에서 그것들을 빌린 동물들을 찾지 않을 수 없다. 그러므로 동물들은 필연적으로 움직인다. 물방울에 퍼져있는 유기

다르다. 이 문장은 고등 식물에서의 배아 이전 단계의 조직 이상으로 유기화가 진행되지 않는다는 것을 뜻한다. 직접 인용임에도 불구하고 따옴표를 넣지 않은 것은 당시로는 관용적이라는 François와의 지적(*Ech.*, 447쪽, 108쪽 주석에 대한 주석 1)과는 별도로 베르크손에서는 여기가 유일한 경우로 보인다.

물을 취하기 위해 무작위로 의족을 내미는 아메바로부터, 먹이를 알아차리기 위한 감각기관, 그것을 포착하러 가기 위한 운동기관, 운동을 감각과 조율하기 위한 신경계를 가지고 있는 고등동물에까지, 동물적 삶은 그 일반적 방향에서 공간 속에서의 운동성에 의해 특징지어진다. 그 가장 기초적인 형태에서 동물은 변형되고 움직일 완전한 자유를 허락하는 기껏해야 알부민의 얇은 필름에 싸인 작은 원형질 덩어리로 나타난다. 반대로 식물 세포는 그것을 부동성에 처단하는 섬유질(cellulose)의 막으로 둘러싸여 있다. 그리고 식물계의 아래에서 위로 식물은 몸을 움직일 필요 없고 그 주변 대기에서, 그것이 위치한 땅과 물에서, 직접적으로 차지하는 광물적 요소 110 들을 발견하므로 [어디서나] 동일한, 점점 더 정착적인 습관이 [있]다. 물론 운동의 현상이 식물에서도 또한 관찰된다. 다윈은 덩굴식물의 운동에 대해 멋진 책을 썼다.[17] 그는 끈끈이주걱과 파리지옥과 같은 몇몇 식충식물의 먹이를 잡기 위한 움직임을 연구했다.[18] 아카시아,[19] 미모사(Sensitive) 등의 이파리의 운동은 알려져 있다. 게다가 외피 내에서의 식물원형질의 왕래가 있는 것은 동물 원형질과의 유사성을 증언하기 위한 것이다. 반대로 수많은 동물 종(일반적으로 기생동물)에서 식물과 유사한 고정(fixation)의 현상을 알아차

---

17 Darwin, *The movements and habits of climing plants*(덩굴식물의 운동과 습관), 1865, Linnean society의 논문, 1875년에 출간됨.

18 Darwin, *Insectivorous Plants*(식충식물), 1875.

19 우리나라에서 '아카시아'로 알려진 나무는 아까시나무이며, 원래의 아카시아는 미모사 과의 관목. 호주가 원산지이다.

릴 것이다.*1 여기서 또한 고정과 운동성을, 대하고 있는 것이 식물
인지 동물인지를 단순한 고찰로 결정할 수 있게 해주는 두 성질로
주장한다면 잘못일 것이다. 동물에서 고정성은 매우 자주 종이 떨
어졌을 마비나 어떤 방향으로 더 멀리 진화하는 것을 거부하는 것
으로서 나타난다. 그것은 기생의 가까운 친척이며, 식물적 삶을 상
기시키는 성격들을 동반한다. 다른 한편 식물들의 운동은 동물들의
운동의 빈도도 다양성도 가지고 있지 않다. 그것은 보통 유기체의
부분들에만 관여되며 유기체 전체로는 거의 퍼지지 않는다. 막연한
자발성이 거기서 나타나는 예외적인 경우에는 정상적으로는 잠들
어 있는 활동의 우연적인 각성을 보는 것과 같다. 요약하자면 운동
성과 고정성이 동물계에서나 식물계에서 공존한다면 균형은 명백
히 한 경우는 고정성을 향해, 다른 경우에서는 운동성을 향해 깨진
다.[20] 그 두 반대되는 경향들은 너무도 명백히 두 진화를 이끄는 것
이어서 이미 그것들에 의해 두 계를 정의할 수 있을 정도이다. 그러

111

*1 고정과 기생 일반에 대해서는 Houssay의 작품 *La forme et la vie*(형태와
생명), Paris, 1900, 721-807쪽을 보라.[21]

20 동물의 경우는 고정성을 향해 식물의 경우는 운동성을 향해 깨진다.

21 원제는 *La forme et la vie. Essai de la méthode mécanique en zoologie*(형
태와 생명. 동물학에서 기계론적 방법에 대한 시론), Paris, Schleicher frères,
1900. 이 책은 현재 Nabu public domain에서 나온 사진본으로 접할 수
있다. 정학(statique), 운동학(cinématique), 동학(dynamique)으로 나누
어진 두꺼운 분량의 동물학 일반서이다. 인용된 721-807쪽은 동학부
분의 세 장인 "기생(parasitisme)", "모기관에 대한 배아의 특수한 기생
(parasitisme spécial des embryons sur l'organisme maternel)", "부동성과 고

나 이번에는 고정성과 운동성이 아직 더 깊은 경향들의 표면적 신
호에 불과하게 된다.22

　운동성과 의식 사이에는 명백한 관계가 있다. 물론 고등 유기체
의 의식은 어떤 뇌의 장치와 유대 되어 있는 것으로 보인다. 신경계
가 더 발달할수록 그것이 선택권을 가지는 운동은 더 많은 수가 되
고 더 정확해지며, 또한 그것들을 동반하는 의식이 더 밝아진다. 그
러나 운동성도, 선택도, 따라서 의식도 신경계의 현존을 필연적 조
건으로 가지지는 않는다. 신경계는 유기 물질 덩어리에 분산되어
있는 기초적이고 막연한 활동을 일정한 방향으로 운하를 내고 더
높은 정도의 강도로 나를 뿐이다. 동물의 연쇄를 내려올수록 신경
중추들은 더 단순화되고 또한 서로로부터 분리된다.23 결국 신경
요소는 덜 분화된 유기체의 전체 속으로 잠겨 사라져버린다. 그러
나 모든 다른 장치나, 모든 다른 해부적 요소들에 대해서도 마찬가
지이다. 어떤 동물에게 뇌가 없기 때문에 의식을 부정하는 것은 위
가 없기 때문에 영양을 취할 수 없다고 선언하는 것만큼이나 어리

───────
　정(immobilité et fixation)"으로 이루어져 있다. 특히 마지막 장에는 움직이
　지 않고 고정되어 생활하는 많은 동물들이 묘사되는데 주로 기생하는 동
　물들이 많다. 그들은 갈고리나 빨판으로 기생하는 생물에 붙어 있는 경우
　가 많고, 주로 머리 부분이 다른 부분과 독립적으로 구별 되어 있지 않다.
22　영양섭취의 방식의 차이(107-109쪽)와 운동성의 차이(109-111쪽) 다음
　에 이제 세 번째의 차이인 의식과 무의식의 차이(111-113쪽)로 나아간다.
23　반대로 "서로로부터 분리되지 않는다."고 해야 할 것 같은데, 본문은 이렇
　게 되어 있다. "ne-pas"가 빠진 것일까? 아니면 서로 유기적으로 연결되
　지 않고 따로따로 떨어지다는 말일까? 의문이다.

석을 것이다. 진실은 신경계도 다른 계들과 마찬가지로 분업으로부
터 태어났다는 것이다. 신경계가 자신의 기능을 창조한 것은 아니
며, 반사활동과 의지적 활동이라는 이중의 형태를 부여함으로써 단
지 더 높은 정도의 강도와 정확성을 가지고 그 기능을 지니고 있을
뿐이다. 진정한 반사 운동을 수행하기 위해서는 골수나 연수에 구
성된 장치(mécanisme) 전체가 필요하다. 여러 정해진 행동 방식들
중에서 의지적으로 선택하기 위해서는 두뇌중추, 즉 다양한 형태의
동일한 정확성을 가진 운동 장치에 이르는 길들이 출발하는 교차로
112 가 필요하다. 그러나 아직 신경 요소로의 운하가 산출되지 않았고,
신경요소들의 한 체계로의 집중은 더 더욱 산출되지 않은 곳에서
는 이중화의 길을 통해 반사적인 것과 의지적인 것이 출발할 무엇
인가가, 첫 번째 것의 기계적인 정확성도 두 번째 것의 지적인 주저
(hésitation)도 가지지 않지만 무한소의 양으로 양쪽 모두의 성격을
띠면서 단순히 비결정적이고 따라서 이미 막연하게 의식적인 반작
용인 무언가가 있다. 그것은 가장 보잘 곳 없는 유기체도 **자유롭게**
움직이는 한도 내에서 의식적이라고 말하는 것이다. 의식은 여기서
운동에 관해 결과인가, 원인인가? 어떤 의미에서는 그것의 역할이
운동을 주도하는 것이니까 원인이다. 그러나 다른 의미에서는 결과
이다. 왜냐하면 의식을 유지하는 것은 운동적 활동(activité motrice)
이고 그 활동이 사라지자마자 의식은 위축되거나 또는 오히려 잠들
기 때문이다. 예전에 더 분화된 구조를 나타냈음에 틀림이 없는 근
두류(Rhizocéphale)[24]와 같은 갑각류에서 고정성과 기생은 신경계
의 퇴화(dégénérescence)와 거의 〔완전한〕 소멸을 동반한다. 그와

같은 경우 유기적 조직화의 진보는 모든 의식적 활동을 신경 중추에 제한시켰으므로 그런 종류의 동물들에게 의식은, 신경중추가 결코 있은 적이 없으나 운동하는 것으로 남은 훨씬 덜 분화된 유기체에서보다 더욱더 약하다고 추측할 수 있다.

그렇다면 어떻게 땅에 고정되어 있고 제자리에서 양분을 찾는 식물이 의식적 활동의 방향으로 발달할 수 있었을까? 원형질이 싸여 있는 셀룰로스의 막은 가장 단순한 식물적 유기체를 움직이지 않게 하는 동시에, 감수성의 자극처럼 동물에 영향을 미치고 잠드는 것을 방해하는 외부 자극으로부터 식물을 많은 부분 벗어나게 했다.*1 그러므로 식물은 일반적으로 무의식적이다. 여기서 또한 극단적 구별에 주의해야 할 것이다. 무의식과 의식은 하나는 모든 113 식물 세포에, 다른 하나는 모든 동물에 기계적으로 붙일 수 있는 두 표지가 아니다. 의식이 부동의 기생생물로 퇴락한 동물에게서 잠든다면 역으로 운동의 자유를 재탈환한 식물에게는 아마도 깨어날 것이고, 식물이 정확히 그러한 자유를 재탈환한 정도만큼 깨어난

----

*1　Cope, 위에 인용된 책, 76쪽.25

24　따개비 등의 만각류를 나눈 아목의 하나. 십각류(보리새우 류, 게 등을 포함한 갑각류)에 기생하는데 몸은 달걀꼴의 주머니로 된 부분과 여러 갈래의 긴 실꼴로 된 뿌리 부분으로 되고, 뿌리 부분이 임자몸 안으로 뻗어 들어가 양분을 빨아들인다. 주머니에는 생식기가 있다.

25　Cope, *The primary factors of organic evolution*, 76쪽은 식물에서 셀룰로스가 원형질을 감쌈으로써 동물에서는 중요했던 자극의 영향을 제거해 버렸다는 점이 논의되고 있다.

다. 그럼에도 불구하고 의식과 무의식은 두 계가 발전된 방향을 나타낸다. 동물에서 의식의 가장 좋은 표본을 찾기 위해서는 그 연쇄의 가장 높은 대표자에까지 **올라가야** 하며, 대신에 식물적 의식의 개연적 경우를 발견하기 위해서는 식물의 단계에서 가능한 한 가장 아래로 **내려가서** 가령 해초류의 유주자(遊走子, zoospores)[26]에까지, 그리고 더 일반적으로는 식물적 형태와 동물성 사이에서 주저한다고 말할 수 있는 단세포 유기체에까지 이르러야 한다. 그런 관점에서, 그리고 그런 한에서, 우리는 동물을 감수성(sensibilité)과 깨어난 의식에 의해, 식물을 잠든 의식과 무감각(insensibilité)에 의해 정의할 것이다.

요약하자면, 식물은 광물질을 가지고 직접적으로 유기물질을 만든다. 그런 적성이 일반적으로 움직이는 것과 그리고 그 자체에 의해 느끼는 것도 면제해 준다. 양식을 찾아가야 하는 동물은 공간 운동적 활동의 방향과, 따라서 점점 더 풍부하고 점점 더 구별되는 의식의 방향으로 진화했다.[27]

이제 동물세포와 식물세포는 공통의 기원으로부터 나온다는 것, 최초의 살아 있는 유기체는 동시에 식물형태와 동물형태의 성격을 가지기 때문에 그 양자 사이에서 흔들렸다는 것은 우리에게 의심스러운 것으로 보이지 않는다. 왜냐하면 우리는 방금 계의 진화의 특

---

26 운동성 홀씨.

27 이 문단은 영양섭취방식 → 운동여부 → 의식여부로 이어진 설명의 요약
    이다.

징적인 경향들이 나누어질지언정 식물에서나 동물에게서 오늘날 114
에도 아직 공존한다는 것을 보았기 때문이다. 단지 비율만 다르다.
보통 두 경향 중 하나는 다른 것을 덮거나 압도하지만, 예외적인 경
우 그 다른 것이 드러나고 잃어버린 위치를 되찾는다. 식물세포의
운동성과 의식은 상황이 허락하거나 요청할 때 깨어날 수 없을 정
도로 잠들지 않는다. 그리고 다른 한편 동물계의 진화는 식물적 생
에서 보존했던 경향에 의해 끊임없이 지연되거나 정지되거나 뒤로
되돌아왔다. 어떤 동물종의 활동성이 사실상 아무리 충만하고 넘
쳐흐르는 것으로 보일 수 있다할지라도 마비와 무의식이 노려보고
있다. 그 활동성은 피곤을 대가로 노력에 의해 그 역할을 유지한다.
동물이 진화한 길을 따라 무수한 실패(défaillances)들이, 대부분 기
생적 습관에 결부된 전락(déchéances)이 일어났다. 그것들은 식물
적 생으로의 그만큼의 선로 바꾸기(aiguillages)이다. 그러므로 모든
것은 우리에게 식물과 동물이 탄생 중의 상태에서는 서로의 경향을
통합했던 공통의 조상으로부터 내려온다고 가정하게 만든다.

　그러나 그러한 기초적 형태에서는 상호 내포된 두 경향은 성장하
면서 분열되었다. 그에 의해 식물은 고정성과 무감각을 가지고, 동
물은 운동성과 의식을 가지게 되었다. 게다가 그런 양분兩分을 설명
하기 위해 신비한 힘을 개입시킬 필요가 전혀 없다. 생명체는 그에
게 가장 편리한 것으로 기울며, 식물과 동물은 그것들이 필요한 탄
소와 질소를 얻는 방식에서 각자는 자신의 편에서 상이한 두 종류
의 편이성을 선택했다는 것을 주목하는 것으로 충분하다. 식물은
계속적으로 그리고 기계적으로 원소들을 끊임없이 그것을 제공하

115 는 주변에서 끌어들인다. 동물은 비연속적 활동에 의해, 몇몇 순간
들에 집중하여, 의식적으로 그 원소들을 이미 고정한 유기체에서
그 물체[원소]들을 찾으러 간다. 그것들은 작업, 또는 선호한다면
게으름을 이해하는 상이한 두 방식이다. 그러므로 도대체 식물에서
아무리 기초적이라 가정할지라도 신경요소들을 발견하는 것은 의
심스러워 보인다. 우리가 믿기에 식물에서 동물의 지도적 의지에
대응하는 것은 탄산에서 탄소와 산소의 결합을 끊기 위해 사용할
때 태양 광선의 에너지를 굴절시키는 방향이다. 식물에서 동물의
감수성에 대응하는 것은 빛에 대한 엽록소의 완전히 특별한 감수성
(impressionnabilité)이다. 그런데 신경계란 무엇보다도 먼저 감각과
의지 사이의 매개자 역할을 하는 장치이므로 식물의 진정한 '신경
계'는 엽록소의 빛에 대한 감수성과 녹말의 산출 사이의 매개자 역
할을 하는 장치, 또는 오히려 독자적(sui generis)인 화학 작용으로
보인다. 그것은 식물이 신경요소를 가질 필요가 없고 **동물을 신경과
신경중추들을 가지는 데로 데려간 동일한 비약(élan)이 식물에서는 엽
록소의 기능에 이르렀음이 틀림없다고 말하는 것과 마찬가지이다.***1

*1 식물이 어떤 경우 자신 속에 잠자는, 자유롭게 움직이는 능력을 되찾는
것과 마찬가지로 동물은 예외적인 상황에서 식물적 생의 조건에 다시 위
치하여 자신 속에 엽록소의 기능의 등가물을 발달시킬 수 있다. 왜냐하면
다양한 인시류의 애벌레와 번데기가 빛의 영향 아래 대기 속에 포함된 탄
산으로부터 탄소를 고정한다는 결과가 Maria von Linden의 최근 실험들
에서 나온 것으로 보이기 때문이다(M. von Linden, "L'assimilation de l'acide
carbonique contenu dans l'atmosphère(인시류의 번데기에 의한 탄산의 동
화)", *C. R. de la Soc. de biologie*, 1905, 692쪽 이하.28

유기계에 던져진 이 첫 번째의 시선은 곧 두 계를 통합하는 것과 분리하는 것을 더 정확한 용어로 결정하게 할 것이다.

우리가 이전 장에서 엿보게 한 것처럼[29] 생명의 바닥에는 물리적 힘의 필연성에 가능한 한 가장 큰 양의 비결정성을 접목하기 위 116 한 노력이 있다고 가정해 보자. 그런 노력은 에너지를 창출하는 데 이를 수 없거나, 창출한다면 창출된 양은 우리의 감각과 측정도구, 우리의 경험과 과학이 영향을 미치는 크기의 질서에 속하지 않는다.[30] 그러므로 모든 것은 그 노력이 단지 자신이 처분할 수 있는 것으로 발견하는 기존의 에너지를 가장 잘 이용하는 것을 겨냥하고

---

28 *Comptes rendus héptomadaires des séances de la Société de biologie et de ses filiales*, 59, 1905의 692-697쪽(Gallica 사이트에서 접근가능)에는 M. von Linden의 "L'assimilation de l'acide carbonique par les chrysalides de Lépidoptère(인시류 번데기에 의한 탄산의 동화)", "Comparaison entre les phénomènes d'assimilation du carbone chez les chrysalides et chez les végétaux(식물과 번데기에서의 탄소의 동화현상 사이의 비교)", "L'augmentation de poids des chrysalides n'est pas due à l'absorption d'eau(번데기의 무게의 증가는 수분의 흡수에 기인한 것이 아니다)"의 세 논문이 연달아 실려 있다. 여기서는 베르크손이 지적한 대로 인시류, 즉 'papilio podalirius', 'Spinx euphorbiae', 'Lacio campanini'의 번데기와 'Botys urticata', 'Vanessa urticae'의 애벌레에서 탄산(주로 이산화탄소)의 동화가 관찰된다고 보고되어 있다.

29 위의 47-49쪽을 보라.

30 A. François는 이 부분을 *ES*의 "*AC*", 34-36쪽과 *Mélanges*의 "Théorie de la volonté(의지의 이론)", 686쪽, 그리고 "Conférence de Madrid sur l'âme humaine(인간 영혼에 대한 마드리드의 강연)", 같은 책, 1207쪽과 연결시키는데(*Ech.*, 450쪽, 주 53), 두 번째 문헌을 제외하면 분명히 여기와

있는 것처럼 진행될 것이다. 그것에 성공할 방법은 하나밖에 없다. 그것은 물질로부터 행동하기에 필요한 작업을, 주어진 한 순간, 방아쇠를 작동시킴으로써 얻을 수 있을 정도의 잠재적 에너지의 축적을 얻는 것이다. 자기 자신은 방아쇠를 당길 능력밖에는 소유하지 않는다. 그러나 발사의 작업은 항상 동일하고 항상 주어진 어떠한 양보다 작지만 더 무거운 무게를 더 높은 데서부터 떨어지게 한 만큼, 또는 다른 말로 하면 축적되고 처분 가능한 잠재적 에너지의 총량이 더 큰 만큼 더 효율적일 것이다. 사실 우리 행성의 표면에서 이용 가능한 에너지의 주요 원천은 태양이다. 그러므로 문제는 다음과 같은 것이었다. 태양이 지구 표면의 여기저기에서 이용 가능한 에너지의 끊임없는 소모를 부분적으로 그리고 잠정적으로 유예하게 하고, 원하는 순간, 원하는 장소에서 원하는 방향으로 흐를 수 있을 적합한 보존소에 아직 사용되지 않은 에너지의 형태로 그것의 어떤 양을 축적하도록 태양으로부터 얻어내는 것이다. 동물이 양분을 얻는 물질은 바로 그런 종류의 보존소이다. 잠재적 상태로 상당한 총량의 화학적 에너지를 가두고 있는 매우 복잡한 분자들로 형성되어 그것은 축적된 힘을 풀어놓기 위해서는 하나의 불똥만이 필요한 어떤 종류의 폭발물을 구성한다. 이제 생명이 우선 폭발물의

관련이 있는 부분이다. 거기서 논의되는 것은 의지가 에너지를 산출할 수 있는가, 있다면 그것은 에너지 보존의 법칙과 어긋나는 것이 아닌가, 그리고 그 에너지를 측정할 방법이 지금으로서는 없다, 다만 방아쇠를 당기는 것과 같은 아주 작은 힘이 큰 폭발을 일으키는 것과 같은 방식일 것이라는 논의가 전개되어 있다.

제조와 그것을 이용한 폭발을 동시에 얻는 것을 겨냥했다는 것은 117
그럴듯하다. 그 경우 태양광선의 에너지를 직접적으로 축적했을 동
일한 유기체가 공간에서의 자유로운 운동에 그것을 사용했을 것이
다. 그리고 그렇기 때문에 우리는 최초의 생명체가 한편으로는 태
양에서 빌린 에너지를 쉬지 않고 축적하면서 다른 편으로는 공간운
동에 의해 불연속적이고 폭발적으로 그것을 사용하려고 시도했다
고 가정해야 했다. 엽록소를 가진 적충류인 유글레나(Euglènes)[31]는
아마 오늘날에도 아직 생명의 그런 원초적 경향을, 그러나 진화할
수 없고 옹색한 형태로, 상징하고 있다. 두 계의 나누어지는 발달은
각 계에 의한 계획의 두 부분 중 하나의 망각이라고 비유적으로 부
를 수 있을 것에 대응하는가? 또는 더 그럴듯한 것인데 생명이 우
리 행성에서 자신 앞에 발견한 물질의 본성 자체가 두 계가 동일한
유기체 속에서 상당히 멀리까지 진화할 수 있는 것에 반대했는가?
확실한 것은 식물은 첫 번째 방향으로, 동물은 두 번째 방향으로 기
울어 갔다는 것이다.[32] 그러나 처음부터 폭발물의 제조가 폭발을 목
적으로 가진다면 총체적으로 생명의 근본적인 방향을 가리키는 것
은 식물의 진화보다 분명 더 동물의 진화이다.

---

31 연두벌레라고도 하는 유글레나는 몸 안에 엽록소를 광합성을 하는 점에
    서는 식물이라고 할 수 있으나, 몸을 싸는 세포벽이 없고 편모로 유영하
    며, 또 안점眼點으로 빛을 감각하는 점에서는 원생동물의 편모충류로 취
    급하기도 하는데, 즉, 식물과 동물의 중간에 위치한다고 볼 수 있다.
32 첫 번째 방향은 에너지 축적 또는 폭발물 제조, 두 번째 방향은 그것을 사
    용하여 움직이는 것 또는 폭발.

그러므로 두 계의 '조화', 즉 그들이 나타내는 보완적 성격은 결국 우선 오직 하나로 녹아 있던 두 경향들을 발달시킨다는 것으로부터 올 것이다. 본래의 유일한 경향이 성장할수록 기초적 상태에서는 서로 속에 내포되어 있는 두 요소를 하나의 생명체 속에 통합하여 유지하는 것이 더 어렵다는 것을 발견한다. 거기서부터 둘로 나누기가 나오고 나누어지는 두 진화가 나온다. 거기서부터 또한 어떤 점에서는 대립되고 다른 점에서는 보완하지만, 보완하건 대립되건 항상 그들 사이에 친척의 기운을 보존하고 있는 두 계열의 성질들이 나온다. 동물이 도중에 사고가 없지는 않지만 불연속적 에너지의 점점 더 자유로운 사용으로 진화한 반면, 식물은 오히려 제자리에서의 축적의 체계를 완성시켰다. 이 두 번째 점에 대해서는 강조하지 않겠다. 식물은 식물과 동물 사이에 일어난 것과 유사한 새로운 양분兩分에 의해 자신의 차례에 와서는 크게 도움을 받았음에 틀림없다고 말하는 것으로 충분하기 바란다. 원시적인 식물세포가 혼자서 탄소와 질소를 고정해야 했다면, 극소의 식물이 게다가 아직 복잡한 그 작업에서 다양하게 전문화하면서 두 번째 방향으로 배타적으로 기운 날, 식물은 그 두 기능 중 두 번째 것을 거의 단념할 수 있었다. 대기 중의 질소를 고정하는 미생물과 암모니아 복합물을 아질산(nitreux)복합물로, 아질산복합물을 질산염(nitrates)으로 차례차례 전환시키는 미생물들[33]은 원시적으로 하나인 경향

---

33 뿌리혹박테리아와 같은 세균들이 공기 중 질소를 우선 암모니아화하여 암모늄(NH_4^-)을 생산하고 그것을 질화작용에 의해 아질산염(NO_2^-)으로 만든 다음 그것을 다시 질산염(NO_3^-)으로 전환한다.

의 동일한 분해에 의해, 식물 일반이 동물에 했던 것과 동일한 종류
의 봉사를 식물계 전체에 했다. 그런 극소의 식물에 특별한 계를 만
들어 준다면 토양의 미생물과 식물, 동물은, 생명이 우선 상호 내
포의 상태에서 포함하고 있던 모든 것에 대한, 우리 행성에서 생명
이 처분할 수 있는 물질에 의해 행해진 **분석**을 나타낸다고 말할 수
있을 것이다. 그것은 고유하게 말하자면 '분업'인가? 그 말은 우리
가 표상하는 바대로의 진화에 대한 정확한 관념을 주지는 않을 것
이다. 분업이 있는 곳에 **연합**(association)이 있고 또한 노력의 **수렴**
(convergence)이 있다. 반대로 우리가 말하는 진화는 결코 연합의
방향으로 이루어지지 않고 분열(dissociation)의 방향으로 이루어지
며, 노력의 집중이 아니라 분산(divergence)의 방향으로 이루어진
다. 우리 생각으로는, 일정한 점에서 보완되는 항들 사이의 조화는
도중에서 상호 적응에 의해 일어나지 않는다. 반대로 그것은 처음
에만 완전히 온전하다. 그것은 원래의 동일성으로부터 나온다. 그   119
것은 다발의 형태로 피어나는 진화의 과정이 우선은 너무도 잘 보
완적이어서 혼동되었을 정도의 항들을 동시적인 성장에 따라 서로
로부터 떨어지게 한다는 것으로부터 온다.

　게다가 한 경향에서 분리되어 나오는 요소들은 모두 동일한 중요
성과 특히 동일한 진화의 능력을 가지는 것과는 거리가 멀다. 우리
는 방금 유기계에서, 이렇게 표현할 수 있다면 상이한 세 계를 구별
했다. 첫 번째 것이 기초적 상태에 남은 미생물만을 포함하는 반면,
식물과 동물은 매우 높은 운명으로의 도약을 이루었다. 그런데 그
것은 거기서 한 경향이 분석될 때 보통 일어나는 사실이다. 그것이

일으키는 다양한 발달 중에 어떤 것은 무한히 계속되고 다른 것은
전개의 끝으로 다소간 빠르게 도달한다. 이 마지막의 것은 원시적
경향으로부터 직접적으로 나오는 것이 아니라, 그 경향이 나누어진
요소들 중의 하나에서 나온다. 그것은 진화를 계속하는 진정으로
기본적인 어떤 경향에 의해 도중에 수행되고 놓여진, 잔여의 발달
이다. 진정으로 기본적인 경향들에 대해서는 그것들을 알아볼 표시
를 가진다고 우리는 믿는다.

그런 표시는 그런 경향들이 그 기본적 방향들을 나타내는 원초
적 경향이 포함하고 있는 것의 흔적 ― 그것들 각각에서 아직 볼 수 있
는 ― 과 같다. 왜냐하면 한 경향의 요소들은 공간 속에 병치되는 서
로 배척적인 대상들과는 비교할 수 없고, 오히려 각각이 우선은 자
기 자신이지만 다른 것의 성격을 띠고 그리하여 그것이 속하는 모
든 인격을 잠재적으로 포함하고 있는 심리적 상태와 비교할 수 있
기 때문이다. 우리가 말했듯[34] 다른 현상들의 성질을 기초적이거나
잠재적인 상태로 나타내지 않는 생명의 본질적 현상은 없다. 역으
로 진화의 노선에서 말하자면 다른 노선을 따라 발달된 것의 기억
을 만날 때, 동일한 원초적 경향의 분열된 요소와 관계하고 있다고
결론 내려야 한다. 그런 의미에서 식물과 동물은 분명 생명의 나누
어지는 커다란 두 발달을 나타낸다. 식물이 고정성과 무감각에 의
해 동물과 구별된다면 운동과 의식은 그 속에서 깨어날 수 있는 기
억으로 잠들고 있다. 게다가 보통은 잠든 그런 기억 옆에 깨어나 있

120

---

34 107쪽을 보라.

고 활동적인 것들이 있다. 그것들은 그 활동이 기초적 경향 자체의
발달을 방해하지 않는 것들이다. 다음과 같은 법칙을 말할 수 있을
것이다. **발달하면서 한 경향이 분석될 때 이렇게 태어난 각각의 특수
한 경향들은 원시적 경향으로부터 그것이 전문화한 작업과 양립 불가
능한 것이 아닌 모든 것을 보존하고 발달시키고 싶어 한다.** 그에 의
해 바로 우리가 이전 장에서 중점적으로 논한 사실, 즉 독립적인 진
화 노선 상의 동일한 복잡한 장치의 형성[35]이 설명될 것이다. 식물
과 동물 사이의 어떤 깊은 유사성들은 아마 다른 이유가 없을 것이
다. 즉, 유성생식은 아마 식물에게는 사치에 불과할 것이지만, 동물
은 그것으로 갔어야 했고, 식물은 동물을 그것으로 밀었던 것과 동
일한 비약, 두 계의 갈라짐 이전의 원초적, 원시적 비약에 의해 그
것으로 이끌렸음에 틀림없다. 증가하는 복잡성으로 향하는 식물의
경향에 대해서도 우리는 그와 같이 말할 것이다. 그런 경향은 점점
더 넓고 점점 더 효과적인 행동의 필요가 작동하는 동물계에는 본
질적이다. 그러나 무감각과 부동성에 처단된 식물은 처음에 동일한
추진력을 받았기 때문에만 동일한 경향을 나타낸다. 최근의 실험들
은 '변이(mutation)'의 시기가 오면 식물이 어떤 방향으로든 변이한
다는 것을 보여준다.[36] 반대로 동물은 훨씬 더 정해진 방향으로 진   121
화했음에 틀림없다고 우리는 믿는다.[37] 그러나 우리는 생명의 그런

---

35 제1장 후반부의 여러 진화 노선 상에서의 눈의 출현에 대한 논의. 위의
     53쪽 이하를 보라.

36 이것은 앞에 나왔던 De Vries의 실험(위의 86-87쪽)을 이야기한다.

37 위의 주 36)에 이야기된 De Vries의 변이성에 따라서 변이의 시기가 왔을

원초적인 양분兩分에 대해서는 더 이상 강조하지 않을 것이다. 우리가 더 특별히 관심을 갖는 동물의 진화에 도달해 보자.

동물성을 구성하는 것은 가능한 한 가장 큰 양의 축적된 잠재적 에너지를 '폭발적' 행동으로 전환하기 위한 발사 장치를 사용하는 능력이라고 우리는 말했다.[38] 처음에 폭발은 그 방향을 선택할 수 없이 우연적으로 이루어졌다. 그리하여 아메바는 의족의 연장을 모든 방향으로 동시에 뻗쳤다. 그러나 동물의 계열에서 상승함에 따라 신체의 형태 자체가 에너지가 향해갈 어떤 수의 잘 정해진 방향들을 그리는 것을 본다. 그런 방향들은 끝에서 끝으로 놓인 그만큼의 신경 요소들의 연쇄에 의해 표시된다. 그런데 신경요소는 유기적 조직의 거의 분화되지 않은 덩어리로부터 조금씩 드러났다. 그러므로 축적된 에너지를 급작스럽게 풀어놓는 능력이 나타나자마자 그것이 집중된 것은 신경요소와 그 부속물(annexe)이라는 것을 추측할 수 있다. 사실을 말하자면 모든 살아 있는 세포는 균형을 유지하는 데 끊임없이 에너지를 사용한다. 식물세포는 처음부터 선잠이 들어 우선은 수단에 불과한 것임에 틀림없는 것을 목적으로 취하거나 하는 것처럼 전체가 그런 보존의 작업에 흡수된다. 그러나 동물에서는 모든 것이 행동으로, 즉 공간이동의 운동을 위한 에너지의 사용으로 수렴한다. 아마 각 동물 세포는 그것이 처분할 수 있

때, 식물은 어떤 방향으로든 변이하는 반면, 동물은 어떤 정해진 방향으로 진화한다.

38 위의 115-117쪽을 보라.

는 에너지의 상당 부분을, 자주는 심지어 모든 그런 에너지를 사는 데 사용한다. 그러나 유기체 전체는 공간이동이 이루어지는 지점에 에너지를 가능한 한 가장 많이 끌어들이기를 원할 것이다. 그 결과 신경계통이 감각기관들과 그 부속기관(appendice) 역할을 하는 운동 장치들과 함께 존재하는 곳에서는 모든 것이 마치 신체의 나머지는 원하는 순간에 전달하기 위하여 그것들(신경계통, 감각기관, 운 동 장치)이 일종의 폭발에 의해 풀어놓을 힘을 그것들을 위해 준비하는 것을 본질적 기능으로 가지는 것처럼 이루어짐에 틀림이 없다.

122

  고등동물에서 양분의 역할은 아닌 게 아니라 지극히 복잡하다. 그것은 우선 조직을 복구하는 데 쓰인다. 다음으로 자신을 주변 온도의 변화에 대해 가능한 한 독립적으로 만들기 위해 필요한 열을 동물에게 제공한다. 그에 의해 그것은 신경체계가 삽입해 들어가고 그 위에서 신경 요소가 살아야 하는 유기체를 보존하고, 유지하고, 지속하게 한다. 그러나 그런 신경 요소들은 유기체가 그것들과 특히 그것들이 움직이는 근육에 소모할 어떤 에너지를 전해주지 않는다면 어떠한 존재이유도 가지지 않을 것이고, 심지어 결국은 거기가 영양분의 본질적이고 궁극적인 목적지라고 추측할 수 있다. 그것은 양분의 가장 큰 부분이 그 작업에 사용된다는 것을 의미하지는 않는다. 한 국가는 세금의 징수를 확보하는 데 거대한 지출을 해야 할 수 있다. 국가가 처분할 수 있는 액수는 징수비용을 공제하면 아마 매우 적을 것이다. 그럼에도 불구하고 그것이 세금과 그 징수를 확보하기 위해 사용한 모든 것의 존재이유이다. 동물이 영양물질에 요구하는 에너지도 그러하다.

많은 사실들이 신경과 근육 요소들이 유기체의 나머지 부분에 대해 그런 위치를 점하고 있음을 가리키는 것으로 보인다. 우선 살아 있는 신체의 다양한 요소들 사이의 영양물질의 배분에 시선을 던져보자. 그 물질은 두 범주로 나누어지는데, 하나는 사차적(quaternaires)인 것, 즉 단백질이고, 다른 것은 삼원적(ternaires)인 것으로서 탄수화물과 지방을 포함한다.[39] 전자는 고유하게 조형적인 것이어서 조직을 복구하는 데 쓰이도록 되어 있다. ─ 그것이 포함하고 있는 탄소 때문에 때로는 에너지를 제공하는 것이 될지언정. 그러나 에너지 제공의 기능은 후자에 더 특수하게 귀속된다. 후자는 물질로 합체되기보다는 세포 속에 놓이면서 화학적 잠재력의 형태로 직접 운동이나 열로 전환될 퍼텐셜에너지(énergie de puissance)[40]를 세포에 가져온다. 요약하자면 전자는 기계를 수선하는 것을 주요 역할로 가지며 후자는 그것에 에너지를 제공한다. 기계의 모든 조각들이 유지될 필요가 있으므로 전자는 특권적 선택의

123

---

39 단백질은 펩타이드 사차 결합으로 이루어졌고, 탄수화물과 지방은 수소(H), 탄소(C), 산소-수소(HO⁻)의 3원적 결합으로 이루어졌다.

40 에너지는 운동에너지(énergie cinétique)와 퍼텐셜에너지(énergie potentiel)로 나뉜다. 퍼텐셜에너지는 그 전에는 위치에너지로 불렸으나 별로 좋지 않은 번역이라 하여 2009학년도 교과과정부터 퍼텐셜에너지로 바뀌었다. 물질이나 계에 저장되는 에너지로, 보존력에 대한 그 물체의 상대적인 차이에 의해 결정된다. 그 차이가 반드시 위치의 차이만이라 할 수 없으므로 번역이 바뀐 것이다. 퍼텐셜에너지는 운동에너지로 바뀔 수 있다. 영양물질에 저장된 에너지는 화학적 변환에 의해 저장된 에너지를 발현시키는데, 그것은 일종의 퍼텐셜에너지이다.

여지가 없는 것이 자연스럽다. 그러나 후자는 그렇지가 않다. 탄수 화물은 매우 불균등(inégal)하게 배분되며 배분의 그런 불균등성은 우리에게 가장 높은 정도로 교훈적으로 보인다.

아닌 게 아니라 포도당(glucose)의 형태로 동맥의 피에 의해 옮겨지는 그런 물질들은 조직을 형성하는 다양한 세포 속으로 글리코겐의 형태로 놓인다. 간의 주요 기능 중의 하나는 간세포가 정제하는 글리코겐의 보존 덕분에 피의 포도당 함유량을 일정하게 유지하는 것임은 알려져 있다.[41] 그런데 포도당의 그런 순환과 글리코겐의 축적에서 유기체의 전체 노력이 근육조직과 또한 신경조직의 요소들에 퍼텐셜에너지(énergie potentiel)를 제공하는 데 쓰이는 것처럼 모든 것이 일어난다는 것을 보는 것은 쉬운 일이다. 두 경우에서 일은 다르게 진행되지만 동일한 결과에 도달한다. 첫 번째의 경우, 미리 그 속에 놓여 있는 상당한 보존량을 세포에게 확보해 준다. 아닌 게 아니라 근육이 포함하고 있는 글리코겐의 양은 다른 조직에서 발견되는 것과 비교하면 어마어마하다. 반대로 신경조직에는 보존량이 미미하다(게다가 단지 근육에 축적된 퍼텐셜에너지를 풀어놓는 역할만 하는 신경 요소는 많은 일을 동시에 제공할 필요가 결코 없다). 그러나 주목할 만한 것은 그런 보존량은 소모되는 바로 그

---

41 A. François에 따르면 베르크손은 여기서 간의 글리코겐 기능에 대한 Claude Bernard의 발견을 생각하고 있는 것이고 이 발견은 다음에(124쪽 주1) 나오는 연구의 출발점이 되었다(*Ech.*, 451쪽 주 77). 오늘날에는 혈액의 포도당 함유량을 일정하게 유지하는 것은 췌장에서 나오는 인슐린의 기능으로 알려져 있다.

순간 피에 의해 복구되고, 그 결과 신경은 순간적으로 퍼텐셜에너지를 재충전한다. 그러므로 근육조직과 신경조직은 분명 특권적인 것인데, 하나는 상당한 에너지 보존량을 제공받는다는 점에서, 다른 것은 필요한 순간 정확히 필요한 만큼 항상 공급받는다는 점에서 그러하다.

더 특별하게는 마치 유기체의 나머지 부분이 신경계와 신경이 움직이는 근육에 힘을 전달하기 위해 있는 것처럼 여기서 글리코겐, 즉 퍼텐셜에너지의 요청이 오는 것은 감각-운동 체계로부터이다. 물론 신경계가(감각-운동계조차) 유기적 생의 조절자(régulateur)로서 하는 역할을 생각할 때 그것과 몸의 나머지 부분 사이의 좋은 태도(bons procédés)[42]의 교환에서 그것이 진정으로 몸이 봉사하는 주인인지를 자문해 볼 수는 있다. 그러나 말하자면 정적인 상태에서 조직들 사이의 퍼텐셜에너지의 배분을 생각하면 이미 그런 가설[43]로 기울 것이다. 그리고 에너지가 소모되고 복구되는 조건을 반성해 보면 완전히 거기에 찬성할 것이라고 믿는다. 아닌 게 아니라 감각-운동계가 다른 것과 같은 체계이며 다른 것과 같은 등급이라고 가정해 보자. 유기체 전체에 의해 지탱되는 그것은 작업을 성취하기 위해 화학적 퍼텐셜의 초과분이 그에게 제공됐을[44] 것을 기다릴

---

42 종이 주인에게 하듯 공손한 태도. 몸의 나머지 부분은 신경계에 거의 모든 잠재적 에너지를 제공한다.

43 신경계가 몸이 봉사하는 주인이라는 가설.

44 먼저 초과분의 에너지가 제공되어야 작업을 성취하기 때문에 시제 상 앞선 접속법과거로 되어 있다.

것이다. 다른 말로 하면 글리코겐의 생산이 신경과 근육들이 하는 소비를 조절할 것이다. 반대로 감각-운동계가 진정으로 지배하는 것이라고 가정해 보자. 그 행동의 지속과 범위는 적어도 어느 정도 는 그것이 포함하고 있는 글리코겐의 보존량과는, 심지어는 유기체 전체가 포함하고 있는 양과는 독립적일 것이다. 감각-운동계는 [우 선] 작업을 제공할 것이며 다른 조직들은 그것에 퍼텐셜에너지를 다져다주기 위해 할 수 있는 대로 대처해야 할 것이다. 그런데 특히 모라(Morat)와 뒤푸르(Dufourt)의 실험이 보여주는 것처럼 사태는 바로 그렇게 이루어진다.*1 간의 글리코겐 생성기능이 그것을 통제 하는 자극 신경들의 작동에 의존한다면 그 신경들의 작동은 운동근 125

---

*1 *Archives de physiologie*, 1892.[45]

---

45 Morat, Jean-Pierre et Dufourt, E., "Consommation du sucre par les muscles. Origine probable du glycogène musculaire(근육에 의한 당 의 소비. 근육 글리코겐의 개연적 원천)", *Archives de physiologie normale et pathologique*, 5e série, t. IV, 24e année, 1892, 327-336쪽; "Sur la consommation du glycogène des muscles pendant l'activité de ces organes(기관의 활동 중 근육 글리코겐의 소비에 대하여)", 같은 책, 457- 464쪽. 같은 책에 실린 이 두 논문 중 특히 두 번째의 것이 본문과 관계있 는 것이다. 이 논문에 따르면 근육은 글리코겐의 보존량이 다 소모되기 전에 실험자에 의해 유발된 응축을 멈춘다. 그것은 다른 곳의 글리코겐이 다 차고 남는 것이 근육으로 온다면 근육의 글리코겐이 다 소모될 때까지 근육이 응축해야 할 텐데 그렇지 않고 우선적으로 근육에 글리코겐이 오 기 때문에 응축을 멈추었을 때조차 아직 근육 글리코겐이 남아 있다는 것 을 뜻한다. 또 근육의 글리코겐 보존량을 확보하기(고갈을 멈추기) 위하여

육을 흔드는 신경들의 작동에 종속한다. 근육은 따지지 않고 소모
하는 것으로 시작하고, 이렇게 글리코겐을 소모하면 혈액에서 포도
당을 빈약하게 하여, 결국은 그것을 새로 생산하는 데 글리코겐의
보존량의 일부분을 빈약해진 혈액에 제공하지 않을 수 없었던 간
肝을 결정한다는 의미에서. 그러므로 요약하자면 모든 것이 출발하
는 것은 분명 감각-운동계로부터이며, 모든 것이 수렴하는 것도 그
것으로 수렴하고, 유기체의 나머지는 그것을 위해 봉사한다고 비유
없이 말할 수 있다.

　기아가 연장될 때 일어나는 일을 또한 반성해 보기 바란다. 굶
어 죽는 동물들에게서 뇌는 거의 손상 받지 않았는데 다른 기관들
은 그들 중량의 다소간 큰 중량을 잃었고 그 세포는 심대한 손상
(altération)을 겪었다는 것은 주목할 만한 사실이다.*1 신체의 나머

---

*1　De Manacène, "Quelques observations expérimentales sur l'influence
　　de l'insomnie absolue(절대적 불면의 영향에 대한 몇몇 실험적 관찰)"(*Arch.*
　　ital. de biologie, t. XXI, 1894, 322쪽 이하). 최근에는 유사한 관찰이 35일간
　　의 기근 후 영양실조로 죽은 사람에 대해 이루어졌다. 이 주제에 관해서
　　는 1898년의 *Année biologique*, 338쪽의 Tarakevich와 Stchasny의 작업
　　(러시아어)에 대한 요약을 보라.46

　　간의 글리코겐 기능의 초활성화, 순환의 초활성화 등이 관찰된다는 것이
　　다. 즉 몸의 다른 부분이 근육의 글리코겐 조달을 위해 힘쓴다는 것이다.
　　그리하여 논문의 결론은 한 동물 전체의 영양상태가 어떻든 당질은 계속
　　근육에 조달된다는 것이 글리코겐 이론의 본질적 기반이라는 것이다.

46　우리는 이 논문에 접근할 수 없었다. A. François에 따르면 이 논문은 아
　　사한 동물의 뇌는 놀랍게도 거의 정상상태를 보존하고 있는데 몸의 다른

지는 스스로를 신경계를 목적으로 삼는 단순한 수단으로 취급하면
서 최후의 극한까지 신경계를 유지한 것으로 보인다.

요약하자면, 뇌-척추 신경계에 더하여 그것이 연장되는 감각 장
치와 그것이 통제하는 운동근육을 축약을 위해 '감각-운동계'라 부
르는 데 동의한다면[47] 고등 유기체는 본질적으로 수선하고, 청소하

부분은 많이 손상되고 무게도 다소 큰 손상을 입었는데 반해, 불면으로
죽은 동물은 정반대로 뇌가 가장 많이 손상되었음을 보고하고 있다고 한
다(*Ech*, 451-2쪽, 125쪽 주1에 대한 주). — Tarakevich(L.) et Stchasny(S.),
"Modification du système nerveux central et des organes internes dans
un cas de mort d'un Homme par suite d'inanition pendant 35 jours(35
일간의 영양실조에 따른 한 인간의 죽음의 경우 중추신경계와 내부기관의 변
화)"에 대한 Podwyssozki, (W.)의 짧은 보고(*L'année biologique: Comptes
rendus annuels des traveaux de biologie générale*, t. IV, 1898, 338쪽). 이 보고는
BNF의 Gallica 사이트에서 접근 가능. Stchasny의 관찰에 의하면 다른 부
분(간, 콩팥, 지라, 위, 창자 등)은 많은 손상을 입은 데 비해 신경계는 거의
손상이 없었다. 몸의 세포들은 매우 위축되었으나(기공, 착색, 크기의 감소
등) 핵은 염색질-핵소(chromatine-nucléin)가 매우 풍부했다. 즉 핵의 물
질은 신경물질만큼이나 정성껏 보존되었다. 또 내부기관에는 피가 극도
로 많이 고여 있었는데 아마도 신체에 열을 보존하기 위한 것 같다, 등등
의 사실이 보고되어 있다.

47 A. François는 *MM*에서 이미 확립되고 그 후에도 베르크손이 줄곧 사용
한 감각-운동계의 정의를 여기서 다시 한 번 하는 것은 그 사이에 이 개
념을 둘러싸고 19세기 후반의 심리학자들 사이에(Wundt와 Bain 대 W.
James) 논쟁이 있었기 때문이라고 지적한다. 이 개념은 원심신경과 구심
신경의 구분을 제거해버리는 듯한 효과를 지녔기 때문이었다는 것이다.
그러나 이 문제를 묻는 Binet에게 베르크손은 그 구별을 지우려는 의도는
전혀 없고 다만 감각신경을 제거하면 그것이 유발하는 행동도 동시에 제

고, 보호하고, 일정한 내부 환경[48]을 만들어주고, 마지막으로 특히
공간운동으로 전환될 퍼텐셜에너지를 전달해 주는 것을 역할로 삼
126 는 소화, 호흡, 순환, 배설의 장치들 위에 자리 잡은 감각-운동계에
의해 구성된다고 말할 수 있을 것이다.[*1] 신경기능이 더 완전해질

....

*1 Cuvier는 이미 "신경계는 근본적으로 동물 전체이다. 다른 체계들은 그것
    에 봉사하려고 있을 뿐이다."라고 말했다("Sur un nouveau rapprochement
    à établir entre les classes qui composent le règne animal(동물계를 구성하는
    부류들 사이에 확립해야 할 새로운 근접사항에 대하여)", *Archives du Museum
    d'histoire naturelle*, Paris, 1812, 73-84쪽). 그런 공식에 자연히 많은 제한
    을 가해야 할 것이다. 가령 신경계가 배후로 가게 되는 퇴락과 후퇴의 경
    우들을 고려해야 할 것이다. 그리고 특히 신경계에 그것이 매개자로 봉
    사하는 한편으로는 감각장치와 다른 편으로는 운동 장치를 덧붙여야 한
    다. Foster, *Encyclopaedia Britannica*, Edinburgh, 1885, 17쪽, 생리학
    (Physiologie) 항목 참조.[49]

한 받을 수밖에 없음을 이야기한 것뿐이라고 대답했다고 한다(*Ech.*, 452
    쪽 주 81 참조).
48 일정한 내부 환경이란 Cl. Bernard가 발견한 것이다(*Ech.*, 453쪽 주 82
    참조).
49 우리는 Cuvier의 논문을 구할 수 없었다. A. François에 따르면 여기서
    Cuvier가 동물계의 분류에 착수했는데 그 기준을 신경계로 잡으면서 위
    에 인용된 말을 한다고 한다. 그 결과 Cuvier는 동물계를 척추동물, 연체
    동물, 절지동물, 원생동물(극피동물 포함)로 나누었다고 한다(*Ech.*, 453-
    454쪽, 126에 대한 주1). ─ Forster의 *Britannica* 항목도 구할 수가 없어
    서 A. François에 의지할 수밖에 없다. 그에 따르면 본문에 연관된 부분은
    "신체의 주요 기관과 조직은 신경계와 근육계이다. 후자는 전자에게 효과
    와 표현을 주기 위해 만들어진 순수 도구이다. 몸의 나머지 부분은 그것
    에 봉사하기 위해 있는 것이다, 등등."이다(*Ech.*, 454쪽, 126쪽 주2).

수록 그것을 유지하도록 되어 있는 기능들은 더 발전되어야 하고, 따라서 자기 자신을 위해 더 요청이 많아진다는 것은 사실이다. 신경활동이 잠겨 있던 원형질 덩어리로부터 솟아오름에 따라 의지할 모든 종류의 활동들을 자기 주변에 불러들였음이 틀림없다. 그 활동들은 다른 활동들 위에서만 발달할 수 있었고, 다른 활동들은 또 다른 활동들을 포함하고, 〔그런 식으로〕 무한정 간다. 그렇게 하여 고등유기체의 기능의 복잡화는 무한히 간다. 그러므로 그런 유기체들 중 하나의 연구는 모든 것이 모든 것에 수단으로 봉사하듯이 원환을 돌게 한다. 그런 원환은 그럼에도 불구하고 중심을 가지고, 그 중심은 감각 기관과 운동 장치 사이에 드리워진 신경요소들의 체계이다.

이전 작업[50]에서 길게 다루었던 점에 대해 여기서 천착하지는 않을 것이다. 단지 신경계의 진보는 운동들의 더 정확한 적응의 방향과 운동들 사이의 선택을 위해 생명체에 남겨진 더 큰 자유의 방향으로 동시에 이루어졌다는 것을 상기하자.[51] 그 두 경향은 적대적으로 보일 수 있고 실제로 그렇기도 하다. 그러나 가장 기초적인 형태에서조차 신경 연쇄는 그것들을 화해시키기에 이른다. 아닌 게 아니라 한편으로 그 연쇄는 주변의 한 점과 다른 한 점 사이에, 전자는 감각적이고 후자는 운동적인 두 점 사이에 분명 결정된 선을 그린다. 그러므로 그것은 원형질의 덩어리 속에 우선은 분기되어 있

---

50 *MM*의 제1장을 말한다.

51 이 두 방향에 대해서는 아래의 254쪽과 *MM*의 24-27쪽을 보라.

127 던 활동에 운하를 내었다. 그러나 다른 한편, 그것을 구성하는 요소들은 아마도 불연속적일 것이다. 하여튼 그것들이 서로 접합한다고 가정하더라도 그것들은 기능적인 불연속성을 나타낸다. 그것들 각각은 아마도 신경 충동(influx nerveux)[52]이 길을 선택할 수 있을 일종의 교차로로 끝나기 때문이다. 열등한 적충(Monère)으로부터 가장 재주 있는 곤충에까지, 가장 지능적인 척추동물에까지, 실현된 진보는, 각 정도마다 그 진보가 요청하는 조각들의 모든 창조와 복잡화와 함께, 특히 신경계의 진보였다. 이 작업의 시작부터 예견하게 한 것처럼[53] 생명의 역할은 물질에 비결정성을 집어넣는 것이다. 생명이 진화해 감에 따라 창조하는 형태들은 비결정적이며, 즉 예견 불가능하다. 그 형태들이 탈것으로 봉사하는 활동 또한 점점 더 비 결정적이며, 즉 점점 더 자유롭다. 각각의 뉴론 끝에서 그 만큼의 문제가 제기되는 여러 길이 열리는 방식으로 끝과 끝이 〔마주보게〕 놓인 뉴론과 함께 신경계는 진정한 **비결정성의 저장고**(réservoir d'indétermination)이다. 생명의 추진력(poussée)의 본질적인 것이 그런 종류의 장치의 창조로 이행했다는 것은 유기계 전체에 단지 시선을 던지기만 해도 보여주는 것으로 보인다. 그러나 생명의 그런 추진력 자체에 대해서는 몇 가지 해명이 필수적이다.

유기계를 통해 진화한 힘은 제한적인 힘이며, 그 힘은 항상 스스

---

52 신경에 유입되는 신호들.
53 위의 47-49쪽, 116쪽을 보라.

로를 능가하려고 모색하고 항상 그것이 생산하려고 시도하는 작품
에 불충분한 채로 남는다는 것을 잊어서는 안 된다. 그 점을 무시
한 데서 급진적 목적론의 오류와 유치함(puerilité)이 나온다. 그것
은 생명계 전체를 하나의 구성물, 우리의 것과 유사한 구성물로 표
상했다. 그것의 모든 조각들이 기계의 가능한 가장 좋은 기능을 위
해 배열될 것이라는 것이다. 각 종은 자신의 존재이유와 기능과 목 128
적을 가진다는 것이다. 그것들 전체는 하나의 커다란 협주곡을 이
룰 것이고 거기서 외양적인 불협화음은 근본적 조화를 두드러지게
하는 데에만 봉사할 것이라는 주장이다. 요약하자면 자연에서 모든
것은 인간 천재의 작품에서처럼 이루어질 것이라는 것이고 거기서
얻어진 결과가 미미할 수는 있지만 적어도 제조된 대상과 제조의
작업 사이에는 완벽한 충분함(adéquation parfaite)이 있다는 것이다.

　생명의 진화에는 그와 같은 것이 없다. 거기서 작업과 결과 사이
의 불균등(dispropor- tion)은 현저하다. 유기계의 아래에서부터 위
까지 항상 단 하나의 커다란 노력이다. 그러나 매우 자주 그런 노력
은 때로는 반대의 힘에 의해 마비되고 때로는 그것이 하고 있는 것
에 의해 해야 하는 것으로부터 벗어나 그것이 취하려고 몰두하는
형태에 사로잡히고 거울처럼 그 형태에 의해 최면이 걸려 갑자기
끝나버린다. 그 노력의 가장 완전한 작품에까지 외부 저항과 또한
자신의 고유한 저항에 승리한 것으로 보일 때조차 그것이 취해야
했던 물질성에 의해 좌지우지된다. 그것은 우리들 각자가 자신 속
에서 경험할 수 있는 것이다. 우리의 자유는 그것이 인정되는 운동
자체에서도 항상적인 노력에 의해 다시 새롭게 되지 않는다면 그것

을 질식시킬 발생 중의 습관들을 만든다. 즉, 자동성(automatisme)이 그것을 노리고 있다. 가장 생기 있는 사유도 그것을 표현하는 공식 속에서 얼어버릴 것이다. 말은 관념을 배반한다. 문자는 정신을 죽인다. 그리고 우리의 가장 열렬한 열광(enthousiasme)도 행동으로 외화될 때는 때로 너무도 자연스럽게 이익과 허영의 차가운 계산으로 굳어버려서, 전자는 너무도 쉽게 후자의 형태를 취하여, 죽은 것이 어느 정도의 시간동안 아직 살아 있는 것의 특성을 가지고 있다는 것을 모른다면 우리는 그것들 모두를 혼동하고, 우리 자신의 성실성을 의심하며, 선의와 사랑을 부정할 수 있을 정도이다.

129 그런 부조화의 깊은 원인은 치유할 수 없는 리듬의 차이에 놓여 있다. 생명 일반은 운동성 자체이다. 생명의 특수한 현상들은 그런 운동성을 마지못해서만 받아들이며 끊임없이 그것에 뒤쳐진다. 운동성은 항상 앞서 간다. 특수한 현상들은 제자리걸음하기를 원할 것이다. 진화 일반은 가능한 만큼 직선으로 이루어질 것이다. (그러나) 특수한 각 진화는 순환적인 과정이다. 지나가는 바람에 의해 일어난 먼지의 회오리처럼 생명체들은 생명의 큰 숨에 매달려 제자리에서 돈다. 그러므로 그것들은 비교적 안정적이며 심지어 너무도 잘 부동성을 위조하여, 그것들의 형태의 영속성 자체는 운동의 그림이라는 것을 잊어버리고 우리는 그것들을 **진전**(progrès)이라기보다는 **사물**(choses)로 취급한다. 그러나 때로는 그것들을 나르는 보이지 않는 숨(souffle)이 달아나기 쉬운 외관으로 우리 눈에 구체화된다. 우리는 그런 갑작스러운 현현(顯現, illumination)을 어떤 형태의 모성적 사랑에서 본다. 대부분의 동물에게서 그토록 현저하고,

또한 그토록 감동적이며, 씨앗을 향한 식물의 배려(sollicitude)에서 까지 관찰할 수 있는 그 사랑에서. 어떤 이들이 생명의 위대한 신비를 본 그런 사랑은 아마 생명의 비밀을 우리에게 전해줄 것이다. 그것은 각 세대가 자신을 이을 세대로 기울어져 있는 것을 보여준다. 그것은 생명체가 특히 이행의 장소이며 생명의 본질적인 것은 그것을 전달하는 운동에 집착함(tient)을 엿보게 해 준다.

생명 일반과 그것이 드러나는 형태들 사이의 그런 대비는 어디서나 동일한 성질을 나타낸다. 생명은 가능한 한 가장 많이 행동하는 것을 목표로 하지만 각 종은 가능한 한 가장 적은 합계의 노력을 하는 것을 선호한다고 말할 수 있을 것이다. 그 본질 자체인 것에서, 즉 종에서 종으로의 전이로서 생각해 보면 생명은 항상 커지는 행동이다. 그러나 생명이 옮겨가는 종들 각각은 자신의 편리성(commodité)만을 노린다. 각 종은 가장 적은 수고를 요구하는 것으로 간다. 그것이 취하려는 형태에 몰두되어 각 종은 반-수면 상태로 들어가고, 거기서 그것은 생명의 거의 모든 나머지를 무시한다. 그것은 직접적인 주변의 가능한 가장 쉬운 이용을 위해 스스로를 만든다. 그러므로 생명이 새로운 형태의 창조로 나아가는 행위(acte)와 그런 형태가 그려지는 행위는 상이한 두 운동이며, 둘은 자주 적대적이다. 전자가 후자로 연장되지만 그 방향에서 벗어나지 않고는 연장될 수는 없다. 마치 장애물을 넘기 위해서는 거기서 눈을 돌려 자기 자신을 보지 않을 수 없는 높이뛰기 선수(sauteur)에게 일어날 것처럼.

살아 있는 형태들은 정의 자체에 의해 살 수 있는 형태들이다. 생존 조건에 대한 유기체의 적응을 어떤 방식으로 설명하든 그런 적응은 그 종이 존속하는 순간부터 필연적으로 충분하다. 그런 의미에서 고생물학과 동물학이 묘사하는 연속적인 각 종은 생명이 차지한 **성공**이었다. 그러나 각 종을 더 이상 그것이 삽입된 조건이 아니라 그 여정 중에 그것을 놓은 운동과 비교할 때 사태는 완전히 다른 모습을 띤다. 자주 그 운동은 일탈했고, 또한 매우 자주 갑자기 딱 멈추었다. 이행지에 불과한 것이 되어야 할 것이 종착지가 되었다. 그런 새로운 관점에서는 성공하지 못하는 것이 규칙으로, 성공은 예외적이고 항상 불완전한 것으로 보인다. 동물적 생이 들어선 네 큰 방향 중에 둘은 막다른 길에 봉착했고 다른 둘에서는 노력이 일반적으로 결과에 불균등했다는 것을 우리는 곧 볼 것이다.

그런 역사의 세부를 재구성하기에는 우리에게 자료가 없다. 그러나 큰 노선들을 갈라낼 수는 있다. 우리는 동물과 식물이 공통의 뿌리로부터 충분히 빨리 나누어졌음에 틀림없고 식물은 부동성 속에 잠들었으며 동물은 반대로 점점 더 깨어나 신경계의 정복으로 행진했다고 말했다.[54] 동물계의 노력은 아직 단순하지만 어떤 운동성을 부여받고 특히 미래의 모든 결정에 대비하기 위해 형태는 충분히 결정되지 않은 유기체를 창조하기에 이른다는 것은 그럴 듯하다. 그런 동물들은 우리의 지렁이들 몇몇과 닮을 수 있지만, 그러나 그것들과 비교할 오늘날 살아 있는 지렁이들은 극피동물, 연체동물, 절지동물, 척추동물의 공통 뿌리였으며 무한한 미래를 품고 있고

131

---

54 위의 109-111쪽을 보라.

무한히 조형적인 형태들의 텅 비고 굳어버린 예라는 차이를 가지고
있다.

　하나의 위험, 아마 동물적 생의 도약을 멈출 뻔한 장애물이 그들
을 노리고 있었다. 원시시대(temps primaires)의 동물군(faune)에 시
선을 던질 때 충격 받지 않을 수 없는 특별한 점이 있다. 그것은 운
동을 방해하거나 빈번히는 심지어 마비시켰음에 틀림없는 다소간
딱딱한 표피에 동물들이 가두어졌다는 것이다. 우선 연체동물[55]은
오늘날보다 더 보편적으로 껍질을 가지고 있었다. 절지동물 일반은
갑각을 가지고 있었고, 그것은 갑각류였다. 가장 오래된 어류는 극
도로 단단한 외골격을 가졌다.[*1] 그 일반적인 사실의 설명은 자신
을 가능한 만큼 삼킬 수 없는 것으로 만들어 서로로부터 스스로를

----

*1　그 상이한 점들에 대해서는 Gaudry, *Essai de paléontologie physique*(물리
　　적 고생물학 시론), Paris, 1896, 14-16쪽과 78-79쪽을 보라.[56]

55　"우선 연체동물은(les mollusques d'abord)"이 초판(초)에는 "그때의 연체
　　동물은(les mollusques d'alor)"이었다. 문장의 대구對句로 보면 초판이 더
　　부드러운 것 같은데〔뒤에 "오늘날의 것(ceux d'aujourd'hui)"이 나오니까〕,
　　나중의 판이 고쳤으므로 이를 따른다.

56　원제목은 *Essai de paléontologie philosophique*. Ouvrage faisant suite aux
　　enchainements du monde animal dans les temps géologiques(철학적
　　고생물학 시론. 지질학적 시대에서의 동물계의 연쇄를 따르는 작품)』(1896,
　　Masson)이다. Gallica 사이트에서 접근가능하다. 14-16쪽에서는 "생명체
　　들의 다수화는 처음에 그들이 보호되었기 때문에 용이해졌다"는 절의 부
　　분으로서 고생물의 여러 보호막에 대한 설명이 이루어지고 있다. 78-79
　　쪽은 "공간운동의 역사"의 부분으로서 물고기들이 어떻게 경린갑옷을 벗
　　고 헤엄치게 되었는지에 대한 설명이 있다.

방어하려는 연성의(mous) 유기체의 경향에서 찾아야 한다고 믿는 다. 각 종은 그것이 구성되는 행위에서 자신에게 가장 편리한 것으 로 간다. 원시 유기체들 중 어떤 것은 무기물에서 유기물을 만드는 것을 포기하고 이미 식물적 삶으로 향한 유기체에서 완성된 유기물 질을 빌리면서 동물성으로 향했던 것과 마찬가지로, 동물 종들 자 체에서도 많은 것들이 다른 동물을 희생시켜서 살도록 준비되었다. 132 아닌 게 아니라 동물, 즉 움직이는 유기체는 방어가 없는 동물들을 찾으러 가서 식물만큼이나 잘 그것을 먹기 위해 운동성을 이용할 수 있을 것이다. 그러므로 종이 스스로를 더 움직이게 할수록 아마 그것들은 서로에 대해 위험하고 탐욕스럽게 되었을 것이다. 거기서 부터 그것을 점점 더 높은 운동성으로 나르던 진보에서의 동물계 전체의 갑작스런 정지가 결과 되었음에 틀림없다. 왜냐하면 극피동 물의 딱딱한 석회질의 피부, 연체동물의 껍질, 갑각류의 갑각과 고 대 어류의 경린갑각이 아마도 적대 종에 대항하여 스스로를 보호하 려는 동물 종들의 노력을 공통의 원천으로 가졌기 때문이다. 그러 나 동물이 은신처로 뒤에 숨었던 갑각은 그것을 운동에서 방해했 고 때로는 움직이지 못하게 했다. 식물이 셀룰로오스 막에 싸이면 서 의식을 단념했다면 성체나 갑옷에 갇힌 동물은 반-수면에 처단 된다. 오늘날에도 아직 극피동물이나 심지어 연체동물이 사는 것은 그런 마비 속에서이다. 절지동물과 척추동물도 아마 마찬가지로 거 기에 위협 받았을 것이다. 그들은 거기서 벗어났고, 그런 다행스러 운 상황에 생명의 가장 고등의 형태들의 현재의 개화가 기인한다.

왜냐하면 두 방향에서 우리는 운동을 향한 생명의 추진력이 우

위를 탈환하는 것을 보기 때문이다. 어류는 경린의 갑옷을 비늘과
교환한다. 그 오래전에 곤충들 역시 조상들을 보호하던 갑옷을 벗
어던지고 나타났다. 보호 싸개의 불완전성은 적들을 피하게 해주
고 또한 공세를 취하여 만남의 장소와 순간을 선택하게 해주는 민
활성(agilité)에 의해 서로 보완되었다. 동일한 종류의 진보를 우리
는 인류의 무장의 진화에서 관찰한다. 첫 번째 운동은 스스로의 은
신처를 찾는 것이다. 가장 좋은 두 번째의 것은 도망과 특히 공격   133
을 위해 ― 공격은 아직 방어를 위해 가장 효과적인 방법이므로 ― 가능
한 한 유연하게 자신을 만드는 것이다. 그리하여 무거운 장갑보병
(hoplite)은 군단병사들로 대체되고, 철갑을 입힌 기병은 운동이 자
유로운 보병에 자리를 내주어야 했으며, 일반적인 방식으로 인간
사회의 진화나 개인 운명의 진화에서와 마찬가지로 생 전체의 진화
에서도 가장 큰 성공은 가장 큰 위험을 받아들인 자들을 위한 것이
었다.

　그러므로 물론 동물의 이익은 자신을 더 가동적으로 만드는 것이
었다.[57] 적응 일반에 대해 우리가 말했듯[58] 종의 변형을 항상 특수
한 이익에 의해 설명할 수 있을 것이다. 그렇게 하여 변이의 직접적
원인을 말할 수는 있을 것이다. 그러나 그렇게 하면 자주 가장 표면
적인 이유밖에는 말할 수 없을 것이다. 깊은 원인은 생명을 세계에
던진 추진력이며, 그것은 생명이 식물과 동물로 갈라지게 했고, 동

57　우리는 "L'intérêt bien entendu de l'animal"을 "L'intérêt, bien entendu,
　　de l'animal"로 읽었다. 그것이 더 부드럽다.
58　위의 102-104쪽을 보라.

물성을 그 형태의 유연성으로 접어들게 했으며, 잠들려는 위협을 받는 동물계에서 어떤 순간 적어도 몇몇 점에서는 깨어나서 앞으로 가는 것을 얻는다.

척추동물과 절지동물이 떨어져 진화한 두 길에서, 발달(기생이나 다른 모든 원인에 연결된 후퇴를 제외하면)은 무엇보다 먼저 감각-운동적인 신경계의 진보에서 성립했다. 운동성이 모색되고, 유연성이 모색되고, 운동의 다양성이 모색된다 — 많은 더듬기를 통해서 그리고 우선 덩치와 난폭한 힘의 과장에 빠지기도 하면서.[59] 그러나 그러한 모색 자체가 다양한 방향에서 이루어졌다. 절지동물과 척추동물의 신경계에 시선을 던지면 차이를 알려준다. 절지동물에서, 신체는 병치된 사슬의 다소간 긴 연쇄로 형성된다. 그때 운동 활동은 각각이 자신의 전문성을 갖는, 다양한 수의, 때로는 상당한 수의 부속 기관들로 나누어졌다. 척추동물에서, 활동은 두 쌍의 사지에만 집중되고 그 기관들은 그 형태에 훨씬 덜 밀접하게 의존하는 기능들을 수행한다.[*1] 인간에게서 독립[60]은 완전해지며, 그것의 손은 어떤 일이건 수행할 수 있다.

134

*1 이 주제에 관해서는 Shaler, *The Individual*(개체), New York, 1900, 118-125쪽을 보라.[61]

59 덩치를 키우거나 난폭한 힘을 가지려는 유혹에 빠지기도 하면서.

60 기능과 형태의 독립. 앞에 나온 '의존한다(dépendent)'는 동사에 대응하여 '독립(indépendance)'이라는 말을 쓴 것이다.

61 Shaler, Nathaniel Southgate, *The Individual: A study of life and death*(개체. 삶과 죽음의 연구), New York, D. Appleton, 1902. 현재는 사진본으로 접

이것이 적어도 보이는 것이다. 보이는 것 뒤에는 추측되는 것이 있다. 그것은 생명에 내재하는 두 힘이며 우선은 혼동되지만 성장하면서 분리되어야 했던 것이다.

그 힘들을 정의하기 위해서는 절지동물과 척추동물의 진화에서 양쪽의 정점을 나타내는 종들을 생각해야 한다. 그 점을 어떻게 결정해야 할 것인가? 여기서 또한[62] 기하학적 정확성을 노린다면 잘못된 길을 갈 것이다. 동일한 진화의 노선에서 한 종이 다른 종보다 더 앞서는 것을 인정할 수 있을 유일하고도 단순한 표지는 없다. 다양한 성질들이 있으며, 어떤 점에서 그것들이 본질적인지, 우연적인지, 어느 정도로 고려하는 것이 적합한지를 알기 위해서는 그것들을 서로 비교하고 각 특수한 경우에 무게를 달아봐야 한다.

가령 두 항이 어느 점까지는 서로 유사하다면 성공이 우월성의 가장 일반적인 기준이라는 것은 반박할 수 없다. 성공은 생명체에 관한 것일 때 가능한 한 가장 큰 다양성의 장애물을 건너 지구의 가장 넓은 범위를 덮을 수 있는 방식으로 가장 다양한 환경 속에서 발달될 수 있는 적성(aptitude)을 의미해야 한다. 지구 전체를 영역으로 요구하는 종은 진정으로 지배적이며, 따라서 우월한 종이다. 그와 같은 것이 인류라는 종이며, 그것은 척추동물의 진화의 정점을 135

근가능. 인용된 118-125쪽에는 척추동물의 사지가 형태와 밀접한 연관이 없는 행동을 할 수 있는 것에 대한 직접적인 이야기라기보다는, 절지동물들이 형태와 밀접하게 연관된 구체적 행동을 잘 할 수 있게 되어있는 반면 척추동물은 그렇지 못하다는 것이 간접적으로 이야기되고 있다.

62 위의 12-13쪽, 107쪽을 보라.

나타낼 것이다. 그와 같은 것이 또한 절지동물의 연쇄에서는 곤충과 특히 어떤 막시류(Hymnoptères)이다. 인간이 땅의 주인인 것처럼 개미는 지구의 지하의 주인이라고 사람들은 말했다.

다른 한편 늦게 나타난 종들의 집단은 퇴락한 집단일 수 있지만, 그를 위해서는 퇴화의 특별한 원인이 개입해야 한다. 권리상 그 집단은 그것이 파생되어 나온 집단보다 더 상위일 것이다. 그것은 진화의 더 나아간 단계에 대응하니까. 그런데 인간은 아마도 척추동물 중에 가장 마지막에 온 것일 것이다.[*1] 그리고 곤충의 연쇄에서 막시류보다 늦게 나온 것은 인시류(Lépidoptères)밖에 없다. 그것은 아마도 개화식물의 진짜 기생동물인 퇴화한 종이다.

....

[*1] 이 점은 반추하는 육식 포유류와 몇몇 새를 인간보다 후대의 것으로 생
각하는 René Quinton 씨에 의해 반대되었다(R. Quinton, *L'eau de mer,
milieu organique*(유기체의 환경, 바닷물), Paris, 1904, 435쪽). 지나가면서
한 마디 하자면, 우리의 일반적 결론은 Quinton씨와는 매우 다르지만 그
와 화해할 수 없는 아무것도 가지고 있지 않다. 왜냐하면 진화가 분명 우
리가 표상하는 것과 같았다면 척추동물은 가장 유리한 행동조건, 즉 생명
이 우선적으로 자리 잡은 조건 자체를 유지하려고 노력했음에 틀림없기
때문이다.[63]

———

63 Quinton, *L'eau de mer, Milieu organique*. Constance du milieu marin
originel, comme milieu vital des cellule, à travers la série animale(유기
적 환경, 바닷물. 동물 연쇄를 통한 세포의 생명환경으로서의 원천적 해수환경
의 항상성), Paris, Masson, 1904. Quinton은 세포가 태어날 때의 원천적
인 상태를 일정하게 보존할 때 가장 잘 기능한다는 가장 일반적인 "원천
상태 일정성의 일반법칙(loi générale de constance originelle)"을 중심으로
"원천 해양상태 일정성의 법칙(loi de constance marine originelle)"과 "원

그러므로 상이한 길을 통해 우리는 동일한 결론으로 인도되었다. 척추동물의 진화가 인간과 함께 그랬던 것처럼 절지동물의 진화는 곤충, 특히 막시류와 함께 정점에 도달했을 것이다. 이제 본능은 곤충의 세계에서만큼 발달하지 않았고 곤충의 어떤 집단에서도 막시류에서만큼 놀랍지 않다는 것을 주목한다면 동물계의 모든 진화는 식물적 삶으로의 후퇴를 제외한다면 하나는 본능으로 가고 다른 하나는 지성으로 가는 두 나누어지는 길에서 이루어졌다고 말할 수 있을 것이다.

그러므로 식물적 마비, 본능, 지성, 이것이 결국 식물과 동물에 공통적인 생의 추진력에 일치하는 요소들이며, 그것들이 가장 예견되

천 온도 일정성의 법칙(loi de constance thermique originelle)", "원천 삼투압 일정성의 법칙(loi de constance osmotique originelle)", "원천 광도 일정성의 법칙(loi de constance lumieuse originelle)" 등을 주장한다. 이중 "원천온도 일정성의 법칙"은 지구의 한랭화에 대항하여 생명은 항상 이전의 원천적 온도를 내부에서 산출할 수 있는 유기체를 만들려고 한다는 법칙이다. 그렇게 되면 이제 유기체의 온도로부터 그 출현 시기를 결정할 수 있게 된다. 그 결과 인간은 반추육식동물과 흉봉류(carinates)의 새(鳥) 이전에 출현한 것이 된다. 인간이 최후에 나타난 것이 아니라는 것이다. 저자는 그것이 일반적 관념과 어긋난다는 것을 인정한다. 그러나 일반관념에 대항하여 그는 지성의 발달을 분류의 기준으로 삼는 것은 분류학적으로 정당하지 않다고 말함으로써 이 책에서의 베르크손의 입장과는 대립된다. 그러나 베르크손은 "생명이 우선 자리 잡은 조건 자체를 유지하려고 노력했다"는 점에서, 즉 원천 온도나 다른 조건들, 즉 원천 상태를 유지하려고 노력했다는 점에서 저자의 "원천상태 일정성의 법칙"과 자신의 입장이 다르지 않다고 말하고 있다.

136 지 않은 형태들로 나타나는 발전의 도중에 그들의 성장이라는 사실
만으로도 분해되는 요소들이다. **아리스토텔레스 이래로 전해지면서
대부분의 자연철학을 악화시킨 주요 오류는 식물적 생과 본능적 생,
이성적 생에서 성장하면서 갈라지는 활동의 분산적인 세 방향인데도,
발달되는 동일한 경향의 연속적인 세 정도〔단계〕를 보는 것이다.** 그것
들 사이의 차이는 강도의 차이도, 더 일반적으로 정도의 차이도 아
니요, 본성의 차이이다.

그 점을 천착하는 것이 중요하다. 식물적 생과 동물적 생에 대해
우리는 그것들이 어떻게 서로 보완하고 어떻게 서로 대립하는지를
보았다. 이제 지성과 본능 역시 서로 대립하고 보완한다는 것을 보
는 것이 문제이다. 그러나 왜 거기서 지성이 본능보다 우위이며 본
능에 포개질 활동들을 보려고 시도하는지를 우선 말하자. 사실 그
것들은 동일한 질서의 사물이 아니며, 서로를 뒤따르는 것도 아니
고 서열을 할당할 수 있을 것도 아닌데도 말이다.

그것은 지성과 본능이 상호 침투되는 것으로 시작하여 그들의 공
통 원천의 뭔가를 보존하고 있기 때문이다. 양쪽 다 순수한 상태에
서 만나지지는 않는다. 우리는 식물에서 그에게 잠들었던 의식과
운동성이 깨어날 수 있고 동물은 식물적 생으로 향하려는 끊임없는
위협 아래에서 산다고 말했다.[64] 동물과 식물의 두 경향이 우선 너
무도 잘 침투하여 그들 사이에 완전한 단절은 없었다. 하나는 다른

---

64 위의 114쪽을 보라.

것에 출몰하기를 계속하여 어디서나 그것들이 섞여 있는 것을 발견한다. 차이가 나는 것은 비율이다. 지성과 본능에 대해서도 마찬가지이다. 본능의 자국을 발견할 수 없는 지성은 없으며 특히 지성의 가장자리로 둘러쳐져 있지 않는 본능은 없다. 그토록 많은 무시의 원인이었던 것은 그런 지성의 가장자리이다. 본능은 항상 다소간 지성적이라는 것으로부터 본능과 지성은 동일한 질서의 것이며, 그것들 사이에 복잡성이나 완성도의 차이밖에는 없고, 특히 둘 중하나는 다른 것의 용어로 표현될 수 있다고 결론 내렸다. 사실 그것들은 서로 보완하기 때문에만 서로를 동반하며, 본능에서 본능적인 것은 지성에서 지성적인 것과 대립된 방향의 것이어서 그것들이 서로 다르기 때문에만 서로 보완적이다.

우리가 그 점을 강조한다고 해서 놀라지는 않을 것이다. 우리는 그것을 핵심적인 것으로 간주한다.

우선 모든 실재적 지성에 본능이 스며들어 있는 것처럼 모든 구체적 본능은 지성이 섞여 있는데도 우리는 본능을 그것이 가지고 있는 본능적인 것으로, 지성을 그것이 가지고 있는 지성적인 것으로 정의하기를 원한다는 바로 그 이유 때문에 우리가 하려는 구별은 너무나 일도양단적일 것이라고 말하자. 게다가 지성도 본능도 경직된 정의에 준비가 되어 있지 않고, 그것들은 경향이지 이루어진 사물이 아니다. 마지막으로 지금 이 장에서 우리는 지성과 본능이 그 경로를 따라 그것들을 놓은 생명에서 나올 때를 생각한다는 것을 잊어서는 안 될 것이다. 그런데 우리 눈에 한 유기체로 나타난 생명은 무기물의 어떤 것을 획득하기 위한 어떤 노력이다. 그러므로 본능과 지성에서 우리에게 두드러진 것이 그런 노력의 다양성이라 해서, 그런 두 형태의 심리적 활동에서 무엇보다 먼저 무기물에 대한 행동의 상이한 두 방법을 본다고 해서 놀랄 일은 아니다. 그것들을 생각하는 그런 조금 좁은 방식은 그것들을 구별하는 객관적 방법을 우리에게 제공하는 이점을 가질 것이다. 반대로 그것은 지성 일반과 본능 일반에 대해 그것들 둘 모두가 끊임없이 진동하는 138 아래, 위의 중간 지점만을 줄 것이다. 그렇기 때문에 다음에 이야기할 것에서 지성과 본능 각각의 윤곽이, 그래야 할 것보다 더 강조되고, 그것들 각각의 비결정성과 서로 간의 상호 잠식으로부터 동시에 오는 어렴풋함(estompage)[65]을 무시한 것일 도식적 그림만을 보아야 할 것이다. 이처럼 어두운 주제에서는 밝히기 위해 너무 큰 노력을 할 수는 없을 것이다. (그런 도식 또는 밝힘) 다음으로는 형태를 흐릿하게 만들고, 그림이 가진 지나치게 기하학적인 것을 수정하며, 마지막으로 도식의 경직성에 생의 유연성을 대체하는 것이 항상 쉬울 것이다.

우리는 지구상의 인간의 출현을 어느 날까지 올라가게 하는가? 첫 번째 무기, 첫 번째 도구가 만들어진 날까지이다. 물랭-끼뇽의 채석장(carrière de Moulin-Quignon)에서의 부셰 드 뻬르뜨(Boucher de Perthes)의 발견을 둘러싸고 벌어진 기억할 만한 소동을 사람

---

65 "estompage"는 찰필擦筆로 양 옆을 흐리게 칠하여 윤곽을 드러내는 그림으로서 선명한 윤곽보다는 어렴풋하고 흐릿한 윤곽을 드러낸다.

들은 잊지 않았다. 문제는 진짜 도끼냐 우연히 쪼개진 규석(silex)
의 조각이냐를 아는 것이었다.[66] 그러나 그것이 도끼였다면 그것
은 지성, 특히 인간적 지성을 앞에 둔 것이라는 점은 누구도 단 한
순간도 의심하지 않았다. 다른 한편 동물의 지성에 대한 일화집을
열어보자. 모방이나 이미지들의 자동적 결합에 의해 설명될 수 있
는 많은 행위들 옆에 주저하지 않고 지성적이라 선언하는 것들이
있다. 첫 째 열에, 동물이 스스로 거친 도구를 만들기에 이르거나,
인간에 의해 만들어진 대상을 자신의 이득을 위해 사용하거나, **제
작**(fabrication)적인 사유를 증언하는 것들이 있다. 지성의 관점에
서 인간 바로 다음에 분류되는 동물인 원숭이나 코끼리는 때에 따
라 인위적 도구를 사용할 줄 아는 동물이다. 그들 위에, 그러나 그
들과 너무 멀지 않게, 만들어진 도구를 **알아차리는** 동물을 놓을 것
이다. 가령 함정이 함정인지를 매우 잘 아는 여우가 그것이다. 아마 139
추론이 있는 어디서나 지성이 있을 것이다. 과거 경험의 현재 경험

---

66 부셰 드 뻬르뜨(Jacques Boucher de Crèvecoeur de Perthes)는 1863년 압
    빌(Abbeville) 부근 물랭-끼뇽 채석장에서 사람의 턱뼈의 반을 규석조각
    들과 함께 발견했다. 그 이전에 그는 같은 지역에서 규석 조각의 도구와
    맘모스와 코뿔소의 뼈를 발견했다. 그는 1863년의 발견을 노아의 홍수
    이전 시대(antédiluvien)에 사람이 존재했다는 것을 증명하는 증거로서 내
    세웠는데, 특히 그런 유적의 발견은 그것을 묻은 자들에게서 장례의식을
    행했다는 증거라는 문제를 놓고 학자들의 논쟁을 불러 일으켰다. 나중에
    인간의 턱뼈가 묻힌 것은 조작으로 드러났다. 그러나 그는 성경의 내용대
    로 4천년 이전에는 생물이 없었다고 생각했던 당시의 영국과 프랑스의
    학자들에 대항하여 인간의 출현을 훨씬 앞당김으로써 선사시대의 연구의
    기초를 놓은 사람이 되었다.

의 방향으로의 굴절(fléchissement)[67]에서 성립하는 추론은 이미 발명(invention)의 시작이다. 그것이 제작된 도구로 구체화될 때 발명은 완전하게 된다. 동물들의 지성은 그것을 이상처럼 향한다. 그리고 보통 그것이 인위적인 대상을 만들어서 그것을 사용하는 데 아직 이르지 못한다면 자연에 의해 제공된 본능에 대해 수행하는 변화들 자체에 의해 그것을 준비한다. 인간의 지성과 관련하여 기계적 발명이 우선 본질적 방식이었으며, 오늘날도 아직 우리의 사회생활은 인위적 도구의 제작과 사용의 주위를 맴돌고 있고, 진보의 길을 구획 짓는 발명들 또한 그 방향을 그렸다는 것을 충분히 주목되지 않았다. 인류의 변화는 보통 그 도구의 변형에 뒤쳐지기 때문에 우리는 그것을 알아차리는 데 어려움을 겪는다. 우리의 개인적 습관 심지어 사회적 습관들조차 그것이 이루어진 상황보다 충분히 오랫동안 살아남아서 그 결과 한 발명의 깊은 효과는 이미 새로움이 시야에서 사라졌을 때 눈에 띠게 된다. 증기기관이 발명된 지 한 세기가 지났고 그것이 준 깊은 진동을 우리는 [이제야] 단지 느끼기 시작한다. 그것이 산업에서 수행한 혁명은 인간 사이의 관계를 뒤엎었다. 새로운 관념들이 일어난다. 새로운 감정들이 피어나고 있는 중이다. 수천 년 안에 과거의 후퇴가 더 이상 그것의 큰 노선 밖에 보지 못하게 할 때 우리의 전쟁과 혁명들은 아직 기억되기나 한다고 해도 미미한 것으로 치부될 것이다. 그러나 증기기관에 대해서는 그에 뒤따르는 모든 발명들과 함께 아마 청동기나 타제석기

140

---

67 1907년의 제1판(초)에는 "infléchissement(변경, 수정)"으로 되어 있다.

에 대해 말하는 것처럼 말할 것이다. 그것은 시대를 정의하는 데 사용될 것이다.*1 우리가 모든 오만을 제거할 수 있다면, 우리 종을 정의하기 위해 역사와 선사가 인간과 지성의 항상적인 특성으로 나타내는 것에만 엄밀하게 집착할 수 있다면 우리는 아마 **지성인**(Homo sapiens)이라 하지 않고 **제작인**(Homo faber)이라 말할 것이다. 결정적으로 **그것의 원천적인 행동으로 보이는 것에서 생각한 지성은 인위적 대상들, 특히 도구를 만드는 도구를 만들고 그 제작을 무한히 변화시키는 능력이다.**

이제 지성적 동물은 또한 도구나 기계를 가지는가? 틀림없이 그렇다. 그러나 여기서 도구는 그것을 이용하는 신체의 부분이다. 그리고 그러한 도구에 대응하여 그것을 사용할 줄 아는 **본능**이 있다.

---

*1 Paul Lacombe씨는 위대한 발명들이 인류의 진화에 작용한 주요 영향을 부각시켰다(P. Lacombe, *De l'histoire considérée comme science*(과학으로 생각된 역사에 대하여)』, Paris, 1894. 특히 168-247쪽을 보라).[68]

---

68 P. Lacombe, *De l'histoire considérée comme science*(Paris, Hachette, 1894, BN의 Gallica 사이트에서 접근가능.)는 Lacombe의 대표작이다. Lacombe는 Blaudel에게도 영향을 미쳐 아날학파의 선구자로 꼽힌다. 이 책은 역사를 과학으로 생각하려는 시도로 역사 전환의 원인을 기술에서 찾는다. 인용된 부분은 XI장 도구, XII장 주요 발명과 그 효과, XIII장 진보의 심적, 사회적 원인을 논하고 있다. 특히 XII장은 베르크손의 말대로 언어, 불, 가축이나 영농 등 큰 발명들이 인간의 삶에 어떠한 영향을 미쳤는지를 일상생활의 세세한 형태에 이르기까지 잘 드러내고 있다. A. François는 187쪽의 과학은 실용 이후 나중에 이루어진 이론이라는 부분과 242쪽의 열린 민족과 닫힌 민족의 구별까지도 이 책의 영향을 받은 것이라 한다(*Ech.*, 458쪽, 140쪽 주1에 대한 주 참조).

아마도 모든 본능이 타고난(inné) 기계를 사용하는 자연적 능력에서 성립하는 것은 아닐 것이다. 그러한 정의는 로메인즈(Romanes)가 '이차적'이라 부른 본능에는 적용되지 않을 것이며 여러 '일차적' 본능도 거기서 벗어날 것이다.[69] 그러나 본능에 대한 그러한 정의는 지성에 대해 우리가 잠정적으로 한 정의와 마찬가지로 적어도 피정의 대상의 아주 많은 형태들이 향해가는 이상적 한계를 결정한다. 사람들은 대부분의 본능은 유기적 조직화 작업 자체의 연장이나 또는 더 좋게 완성임을 분명 자주 주목하게 했다. 본능의 활동은 어디에서 시작하는가? 자연의 활동은 어디서 끝나는가? 그것을 말할 수는 없을 것이다.[70] 애벌레의 번데기와 성충으

---

69 George John Romanes는 다윈의 제자이자 친구로서 자연도태설을 심리적 진화에 적용한 영국의 생리학자, 동물학자이다. 그의 책 *Mental evolution in animals*(동물에서의 정신적 진화)[1883. 우리는 불역본(Varigny 역)인 *Evolution mentale chez les animaux suivi d'un essai posthume sur l'instinct par Charles Darwin*(Paris, Reinwald, 1884, BN의 Gallica 사이트에서 접근가능)을 이용했다]에 따르면 '일차적' 본능은 지성의 개입 없이 자연 선택에 의해 생긴 본능이며, '이차적' 본능은 지성적 기원을 가진 본능이다. 쉽게 말하자면 전자는 자연적으로 생긴 본능이며, 후자는 처음에는 지적인 행동이었던 것이 상투적으로 굳어져서 본능으로 된 것이다(*Ech.*, 459쪽, 주 127 참조).

70 A. François는 이러한 문제제기와 물음, 그리고 대답방식이 Paul Janet(*Les causes finales*, Paris, Baillière, 1876, 137쪽 이하)로부터 온 것이라고 설명한다. 다만 그를 인용하지 않은 것은 베르크손이 그의 목적론에 동의하지 않기 때문이라고 짐작한다(*Ech.*, 459-460쪽 주 129 참조). 우리는 그의 주장을 굳이 반박할 이유를 찾지 못했다.

로의 변태(métamorphose), 애벌레로부터 자주 적합한 행동방식들 (démarches)과 일종의 주도(initiative)를 요구하는 변태에는 동물의 본능과 생명물질의 유기적 작업 사이를 가르는 경계선은 없다.[71] 본 141 능이 곧 사용할 도구를 유기적으로 조직한다고 하거나 유기적 조직 화는 기관을 사용해야 하는 본능으로 연장된다고 원하는 대로 말할 수 있을 것이다. 사회생활이 개인들 사이에 작업을 나누고 그리하 여 그들에게 상이한 본능들을 부과하는 곳에서 상응하는 구조의 차 이가 관찰될 정도로, 곤충의 가장 놀라운 본능은 그 특별한 구조를 운동으로 발달시킨 것에 불과하다. 개미, 꿀벌, 말벌과 몇몇 의맥시 류(pseudonévroptères)의 다형성(polymorphisme)은 알려져 있다.[72] 그러므로 지성과 본능의 완전한 승리를 보는 한계적 경우만을 생각 한다면 그들 사이에 본질적 차이를 발견한다. 즉 **완성된 본능은 유 기적 도구를 사용하고 구성하기조차 하는 능력이며, 완성된 지성은 비**

---

71 애벌레가 번데기나 성충으로 변태할 때 어떤 정해진 방식들을 따라 이루 어지는 것 같고 애벌레가 주도적으로 형태를 변하는 것 같다. 그리고 "생 명물질의 유기적 작업"이라 한 것은 생명과 물질을 나누지 않고 그 둘이 합쳐진 상태에서 유기적 존재가 완성되어 갈 때의 그 유기적 작업을 말 하는 것이다. 거기서 본능과 자연의 유기적 조직화를 가르는 선을 정하기 곤란하다는 말이다.

72 개미귀신과 같은 진정한 맥시류(두쌍의 맥상날개를 가진 곤충)를 제외한 잠자리와 같은 청령류蜻蛉類나 하루살이류 같은 것을 예전에는 의맥시류 라 했다. 한편 다형성이란 같은 종의 생물이지만 모습이나 고유한 특질이 다양한 것을 말한다. 사회성 곤충에서 계급적인 다형성이 보이고, 또 곤 충의 변태단계는 발생적 다형성이라고 할 수 있다.

유기적 도구를 제작하고 사용하는 능력이다.

그 두 방식의 활동의 이점과 단점이 눈에 띈다. 본능은 적합한 도구를 손닿는 곳에서 발견한다. 스스로 만들어지고 정비되며, 자연의 모든 작품들처럼 무한한 세부의 복잡성과 놀라운 기능의 단순성을 나타내는 그 도구는 원하는 순간 어려움 없이 자주 경탄스럽게 완벽히 즉시에 그것이 하도록 호출된 것을 한다. 반면에 그 수정은 종의 수정 없이는 행해지지 않으므로 그것은 거의 불변의 구조를 보존한다. 그러므로 본능은 정해진 대상에 대한 정해진 도구의 사용에 불과하기 때문에 필연적으로 전문화되어 있다. 반대로 지적으로 제작된 도구는 불완전한 도구이다. 그것은 노력을 대가로 해서만 얻어진다. 그것은 거의 항상 다루기가 고통스럽다. 그러나 그것이 무기물로 이루어진 것이기 때문에 어떠한 형태도 취할 수 있으며, 어떠한 용도에도 쓰일 수 있고, 나타나는 모든 새로운 난관으로부터도 생명체를 끌어낼 수 있으며, 무한수의 능력을 제공한다. 142 그것은 직접적 필요의 충족을 위해서는 자연적 도구보다 열등할지라도 필요가 덜 급박한 만큼 더 그것보다 이점을 가지고 있다. 특히 그것을 만든 존재의 본성에 대해 반작용한다. 새로운 기능을 수행하도록 호출하면서 그것은 자연적 유기체를 연장하는 인위적 기관이므로 말하자면 더 풍부한 조직을 제공하기 때문이다.[73] 그것이 충족시키는 각 필요에 대해 그것은 새로운 필요를 창조하며,[74] 그리하

---

73 그런 도구-기관론에 대해서는 아래의 162쪽을 보라. 지성이 만드는 도구는 새로운 기능을 수행하도록 하며 더 풍부한 조직을 제공하기 때문에 그것을 만드는 자의 본성에 반작용한다고 말한 것이다.

여 동물이 자동적으로 움직이려 하는 행동의 반경을 본능처럼 닫는 대신에 그 활동성에 그것을 점점 더 멀리 밀고 나가고 점점 더 자유롭게 만드는 무한한 장을 연다. 그러나 본능에 대한 지성의 그러한 이점은 나중에 지성이 제작을 상위 등급의 능력으로 끌고 가서 이미 제작하는 기계들을 제작할 때에만 나타나는 것이다. 처음에는 제작된 도구와 자연적 도구의 이점과 난점은 너무나 잘 균형이 잡혀서 둘 중 어느 것이 생명체에게 자연에 대한 더 큰 제국을 확보해 줄 것인지를 말하기 어렵다.

그것들이 서로 안에 내포되어 있는 것으로 시작했고, 원래의 심적 활동성은 동시에 둘의 성격을 띠었으며, 과거로 충분히 거슬러 올라가면 우리의 곤충보다는 더 지성과 가까운 본능과 우리의 척추동물보다는 더 본능과 이웃인 지성, 즉 아직 지배하기에 이르지 못한 물질에 사로잡혀 있으며 게다가 기초적인 지성과 본능을 발견할 것이라고 추측할 수 있다. 생명에 내재하는 힘이 무한한 힘이라면 그것은 아마 본능과 지성을 동일한 유기체에서 무한히 발달시켰을 것이다. 그러나 모든 것은 그 힘이 유한하며 나타나면서 상당히 빨리 소모된다는 것을 가리키는 것으로 보인다. 그 힘이 여러 방향으로 동시에 멀리 가는 것은 어렵다. 그것은 선택해야 한다. 그런데 그것은 무기물질에 작용하는 두 방식 사이에 선택권을 가진다. 그 것이 작업을 같이 할 **유기적** 도구를 창조함으로서 그런 작용을 **직접**

---

74 아래의 146쪽 참조. 동일한 분석이 *DSMR*에서는 길게 서술되어 있다
   (*DSMR*, 317-328쪽 참조. *Ech.*, 461쪽, 주 134).

143 **적으로** 제공할 수 있다. 또는 자연적으로 필요한 도구를 가지는 대신에 무기물질의 모양을 잡음으로써 그것을 스스로 만드는 유기체에서 **간접적으로** 작용을 할 수 있다. 거기서부터 발전하면서 점점 더 나누어지지만 결코 서로로부터 완전히 분리되지는 않는 지성과 본능이 나온다. 아닌 게 아니라 한편으로 곤충의 가장 완전한 본능도 집짓기(construction)의 장소, 순간, 재료의 선택에서만이라도 지성의 어렴풋한 빛(lueur)을 동반한다. 꿀벌이 놀랍게도 야외에 둥지를 지을 때 새로운 조건에 적응하기 위해 새롭고 진정으로 지적인 장치를 발명한다.*[1] 그러나 다른 한편 본능이 지성을 필요로 하는 것보다 더 지성은 본능을 필요로 한다. 무기물을 제작한다는 것은 이미 동물에게서 높은 정도의 유기적 조직화를 가정하고 있고 거기서 동물은 본능의 날개를 달고서만 상승할 수 있었기 때문이다. 그러므로 자연이 절지동물에게서는 내놓고 본능 쪽으로 진화한 반

*1 Bouvier, "La nidification des abeilles à l'air libre(꿀벌의 야외 집짓기)"(*C. R. de l'académie des sciences*, 1906. 5. 7).[75]

75 E.-L. Bouvier, "La nidification des abeilles à l'air libre", *Comptes Rendus heptomadaires des séances de l'Académie des sciences*, 142, 1906. 5, 1015-1020쪽. BN의 Gallica 사이트에서 접근가능. Bouvier는 곤충학자이며 파리자연사박물관의 교수였다. 꿀벌은 보통 벌통이나 바위에 난 홈 등 밀폐된 장소에 집을 짓는데 드물게 나뭇가지 등의 드러난 장소에 집을 짓는 경우가 있다. 이러한 경우 그 집의 형태나 비바람에 대한 보호 장치 등을 상세히 관찰하여 보고한 논문이다. 벌집 홈의 형태나 송진같이 사용하는 물질에서 건축학적 창의성이 보인다고 하고 "벌집의 정신"을 따라 집짓는 일벌들 사이의 의사소통능력이 있지 않나 의심한다.

면, 우리는 거의 모든 척추동물에게서 지성의 개화라기보다는 모색을 본다. 그들의 심적 활동의 기저를 형성하는 것은 아직 본능이지만 지성이 거기 있어서 본능을 보완하기를 열망한다. 지성은 도구를 발명하기에 이르지 못한다. 적어도 없었으면 하는 본능에 가능한 한 가장 많은 변화를 일으키면서 그것을 시도한다. 지성은 인간에게서밖에는 완전히 스스로를 통제하지 못하며, 그러한 승리도 인간이 적들과 추위와 굶주림에 대항하여 방어하기 위해 가지는 자연적 수단의 불충분성 자체에 의해 긍정된다. 그런 불충분성은 그 의미를 판독하려고 모색할 때 선사 시대적 기록의 가치를 얻는다. 즉 본능이 지성으로부터 받는 것은 결정적 휴가이다. 그럼에도 불구하고 자연이 두 방식의 심적 활동, 즉 하나는 직접적 성공은 보장되었 144 으나 결과에서는 제한적이고 다른 하나는 불확실하지만 독립성에 이르면 그 정복이 무한히 확장될 수 있을 것인 둘 사이에서 주저하였음에 틀림없다는 것은 사실이다. 가장 큰 성공은 게다가 여기서도 역시[76] 가장 큰 위험이 있는 쪽의 차지였다. **그러므로 본능과 지성은 하나의 동일한 문제에 대한 마찬가지로 우아하지만 분산적인 두 해법을 나타낸다.**

거기서부터 사실 본능과 지성 사이의 내적 구조의 깊은 차이가 나온다. 우리는 우리의 현재 연구와 관계있는 것만을 다룰 것이다. 그러므로 지성과 본능은 두 종류의 근본적으로 상이어디까지 본능이 의식적인지를 사람들은 자문해 보았다. 여기에는 다수의 차이와

---

76 위의 133쪽을 보라. 두꺼운 보호막과 운동성의 확보 사이에서.

정도들이 있고, 본능은 어떤 경우 다소간 의식적이고 다른 경우에
는 무의식적이라고 우리는 대한 인식을 내포한다고 말하자. 그러나
우선 의식 일반에 대한 몇 가지 해명이 필요하다.

　사람들은 어디까지 본능이 의식적인지 자문했다. 우리는 다수의
차이와 정도들이 있고 본능은 어떤 경우에는 다소 의식적이며 어떤
경우에는 다소 무의식적이라 답할 것이다. 우리가 볼 것처럼 식물
은 본능을 가진다.[77] 식물에서 그 본능이 느낌을 동반하는지는 의심
스럽다. 동물에게서조차 그 행동의 적어도 한 부분에서 무의식적이
지 않은 복합적 본능은 거의 발견되지 않는다. 그러나 여기서 두 종
류의 무의식, 즉 의식이 [아예] **없는 데**(nulle)서 성립하는 것과 [있
는데] **무화된**(annulée) 의식으로부터 나오는 것 사이의 너무도 주목
되지 않는 차이를 지적해야 한다. 없는 의식과 무화된 의식은 둘 다
영(零)과 같다. 그러나 첫 번째 영은 아무것도 없다는 것을, 두 번
째 영은 서로를 보상하여 중화되는, 동등하지만 반대방향의 두 양
과 관계하고 있다는 것을 표현한다. 낙하하는 돌의 무의식은 없는
의식이다. 돌은 그 낙하에 대한 어떠한 느낌도 가지지 않는다.[78] 그
것은 본능이 무의식적인 극단적 경우에서의 본능의 무의식과 마찬
145 가지인가? 우리가 습관적 행동을 기계적으로 수행할 때, 몽유병자

77　아래의 171쪽을 보라.

78　A. François는 이 분석이 물질에서 모든 의식이 중화되어 있음을 이야기
　　하는 MM, 246-247쪽과 다름을 지적한다(Ech,, 461쪽, 주 143 참조). 분명
　　히 그렇다. 그러나 두 구절의 관점이 다르다고 해야 할 것이다. MM에서
　　는 정신과 물질의 만남을 설명하기 위하여 물질이 질적이라는 점에서 의

가 자신의 꿈대로 자동적으로 움직일 때, 무의식은 절대적일 수 있다. 그러나 그런 무의식은 이번에는 행위의 표상이 행위 자체의 수행에 의해 실패하고 말았다는 데 기인한다. 행위는 표상과 너무도 완벽하게 유사하고 너무도 정확히 거기에 스며들어 어떠한 의식도 더 이상 넘쳐날 수 없기 때문이다. **표상은 행동에 의해 막혀 있었다.** 그 증거는 행위의 완성이 장애물에 의해 정지되거나 방해받는다면 의식은 나타날 수 있다는 것이다. 그러므로 의식은 거기에 있었으나 표상을 채우는 행위에 의해 중화되어 있었다. 장애물은 적극적인 아무것도 만들지 않았다. 그것은 단지 허공을 만들고 마개 따기를 수행했다. 표상에 대한 행위의 그런 불충분성이 여기서는 바로 우리가 의식이라 부르는 것이다.

그 점을 천착하면서 사람들은 의식이 생명체에 의해 실질적으로 수행된 행동을 감싸고 있는 가능적 행동이나 잠재적 활동성의 지역에 내재하는 빛임을 발견할 것이다.[79] 그것은 주저나 선택을 의미한다. 동일하게 가능한 많은 행동들이 아무런 실질적 행동 없이 그려질 때에는(결론이 나지 않는 숙고에서처럼) 의식은 강해진다. 실제 행동이 가능한 유일한 행동일 때에는(몽유병적이거나 더 일반적으로 자

식적일 수 있지만 그런 의식은 서로 작용·반작용에 의해 중화된 의식이라는 것인데, 그런 의식은 결국 없는 의식과 마찬가지이며 지금 이 구절에서의 없는 의식과 같다. 실제 물질은 의식을 가지지 않는다. 그러므로 *MM*과 이 구절은 대립된 이야기가 아니다.

79 A. François는 이것을 아래의 264쪽과 연관 짓고 있다(*Ech.*, 462쪽 주 148 참조). 좋은 지적이다.

동적인 종류의 활동에서처럼) 의식은 무가 된다. 이 마지막의 경우 표상과 인식은 그럼에도 불구하고 존재한다. 마지막 것이 첫 번째의 것[80]에 이미 미리 형성되어 있는 체계화된 운동의 총체가 거기서 발견되고 의식은 게다가 장애물의 충격에 의해 거기서 솟아나올 수 있을 것이 밝혀졌다면. 그런 관점으로부터 **생명체의 의식은 잠재적 활동과 실재적 활동 사이의 산술적 차이로 정의될 것이다. 그것은 표상과 행동 사이의 간격만한 크기이다.**

146 이제부터 지성은 의식을, 본능은 무의식을 향한다고 가정할 수 있다. 왜냐하면 다루어야 할 도구가 자연에 의해 유기적으로 조직되고, 적용점이 자연에 의해 제공되며, 획득해야 할 결과가 자연에 의해 원해진 곳에서는 선택에 미미한 부분이 남겨지며, 표상에 내재하는 의식은 따라서 드러나려는 경향을 보임에 따라 행위의 완성에 의해 평형이 이루어지고, 행위는 〔또〕 그것에 평형추로 작용하는 표상과 동일하기 때문이다. 의식이 나타나는 곳에서 의식은 본능 자체보다는 본능이 빠지기 쉬운 반대항들(contrariétés)을 밝힌다. 의식이 될 것은 본능의 **결손**(déficit), 관념에 대한 행동의 거리이며, 의식은 그때 우연에 불과할 것이다. 의식은 본질적으로 본능의 처음 행동, 자동운동의 모든 연쇄를 격발시킨 것만을 강조한다. 반대로 결손은 지성의 정상적 상태이다. 반대들을 감수하는 것은 그것의 본질 자체이다. 무기물의 도구를 제작하는 것을 원시적 기능

---

80 마지막 것은 실재 행동과 가능한 행동이 일치하여 의식이 무가 되는 경우이며, 첫 번째 것은 가능한 행동은 많고 실재 행동은 없어서 의식이 강해질 경우이다.

으로 가지기 때문에 지성은 그 작업을 위해 수많은 난관을 건너 장소와 순간, 형태와 재료를 선택해야 한다. 새로운 만족은 새로운 필요를 만들기 때문에 지성은 완전히 만족할 수가 없다.[81] 요약하자면 본능과 지성이 모두 인식을 포함한다면, 본능의 경우는 인식이 **실연되고**(jouée) 무의식적이며, 지성의 경우에는 오히려 **사유되고**(pensée) 의식적이다. 그러나 그것은 거기서 본성이라기보다는 정도의 차이이다. 의식에만 집착하는 한 심리적 관점에서 지성과 본능의 주요한 차이인 것에 눈감는 것이다.

본질적 차이에 도달하기 위해서는 내적 활동의 그 두 형태를 밝히는 다소 강한 빛에 머물지 말고 그것들의 적용점인, 서로 깊이 구별되는 두 대상으로 곧바로 가야 한다.

말쇠파리(Oestre du Cheval)가 말의 다리나 어깨에 알을 깔 때 그것은 애벌레가 말의 위胃에서 자라야 하고 말은 자신을 핥으면서 갓 태어난 애벌레를 소화관으로 옮기리라는 것을 아는 것처럼 행동한다. 마비시키는 막시류가 그 먹이를 죽이지 않고 움직이지 못하게 하는 방식으로 중추신경이 있는 정확한 지점을 찌르려 할 때, 그것은 능숙한 외과 의사를 겸한 곤충학자가 할 것처럼 일을 처리한다. 그렇게 자주 이야기되던[82] 돌담가뢰(Sitaris)[83]라는 작은 딱정

147

---

81 위의 142쪽 참조.

82 아래에 나오는 이야기가 등장하는 것은 Jean-Henri Fabre, *Nouveaux souvenirs entomologiques. Etudes sur l'instinct et les moeurs des insectes*(새로운 곤충기. 곤충의 본능과 습속에 관한 연구)」(Paris, Delagrave, 1882, 262-349쪽, BN의 Gallica 사이트에서 접근가능)에서이다. 한국어 번역본은 이진

벌레(Scarabée)가 알지 말아야 했던 것은 무엇인가? 그 딱정벌레류 (Coleoptère)는 꿀벌의 일종인 줄벌(anthophore)[84]이 파는 땅굴의 입구에 알을 낳는다. 돌담가뢰의 애벌레는 긴 기다림 후 줄벌 수컷 이 동굴에서 나오는 것을 노려서 거기로 옮겨간 다음 '밀월비행' 때 까지 붙어있다. 그때 수컷에서 암컷으로 옮아갈 기회를 잡고, 암컷 이 알을 까기를 조용히 기다린다. 알을 까면 알로 뛰어올라서 꿀 속 에서의 디딤대로 삼아 며칠 만에 알을 삼키고는 껍질 위에 자리 잡 아 첫 번째 변태를 겪는다. 이제 꿀 위에 뜰 수 있게 조직화되어 그 양분의 비축물을 소비하며 번데기가 되고 나중에는 완전한 성충이 된다. 모든 것은 **마치** 돌담가뢰의 애벌레가 알에서 깨자마자 우선 줄벌 수컷이 동굴에서 나올 것이라는 것과 밀월비행이 암컷으로 옮 겨갈 수단을 제공할 것이고, 암컷은 자신이 변태를 겪었을 때 먹고 살 수 있는 꿀의 저장고로 데려다 줄 것이며, 그런 변태까지는 양분 을 얻고 꿀의 표면에서 버티며 또한 알에서 나오는 적수를 제거하 는 방식으로 줄벌의 알을 조금씩 삼켰을 것을 아는 것**처럼** 일어난

일 역,『파브르 곤충기』(전10권), 현암사, 2006-2010이 비교적 충실하다. 베르크손의 곤충의 생태에 관한 이야기의 출처는 주로 Fabre이다(*Ech*., 462쪽 주 154 참조).

83 위에서 언급한 우리말 번역본이 'Sitaris'를 '돌담가뢰'라 했으므로 이를 따 른다.

84 'anthophore'는 털이 많고 매우 빨리 날아다니는 꿀벌의 일종이다. 어원 을 따른다면 '꽃을 나른다(antho-phoros)'는 뜻이므로 '화반봉花搬蜂'이라 할 수 있을 것이다. 위에서 언급한 우리말 번역본이 '줄벌'이라 했으므로 이를 따른다.

다. 그리고 마찬가지로 모든 것이 **마치** 돌담가뢰 자신이 자기의 애 벌레가 그런 일들을 알 것이라는 것을 아는 **것처럼** 일어난다. 인식 이라는 것이 있다면 그 인식은 암묵적일 뿐이다. 그것은 의식으로 내재화하는 대신에 정확한 행동으로 외면화한다. 그럼에도 불구하 고 곤충의 행동은 곤충이 배우지 않고도 아는 공간과 시간의 정확 148 한 점에 존재하거나 일어나면서 정해진 사물의 표상을 그린다는 것 은 사실이다.

 이제 동일한 관점에서 지성을 생각하면 그것 역시 배우지 않고 도 어떤 것들을 안다는 것을 발견한다. 그러나 그것들은 분명 다른 질서의 인식이다. 우리는 여기서 본유성(innéité)에 대한 철학자들 의 오래된 논쟁을 되살리기를 바라지는 않을 것이다. 그러므로 모 든 사람이 일치하는 점, 즉 동물들은 전혀 이해하지 못할 것들을 어 린 아이들이 즉각 이해한다는 것과 그런 의미에서 지성은 본능처럼 유전적이고 따라서 본유적인 기능이라는 것을 기록하는 것으로 만 족하자. 그러나 그런 본유적인 지성은 인식하는 능력일지라도 어떤 특수한 대상도 알지 못한다. 신생아가 처음으로 어미의 가슴을 찾 을 때, 그리하여 그가 결코 보지 않은 것에 대한 인식(아마도 무의식 적인)을 가진다는 것을 증명하지만, 본유적인 인식이 여기서 바로 정해진 대상에 대한 인식이기 때문에 지성적인 것이 아니라 본능적 인 것이라 말할 것이다. 그러므로 지성은 어떠한 대상에 대한 본유 적 인식도 가져다주지 않는다. 그러나 그것이 자연적으로 아무것도 알지 못한다면 본유적인 아무것도 가지지 않을 것이다. 모든 것을 모르는 그것이 무엇을 알 수 있는가? ―**사물들**(choses) 옆에 **관계들**

(rapports)이 있다. 방금 태어난 아기는 정해진 대상도 어떠한 대상의 정해진 특성도 알지 못한다. 그러나 그의 앞에서 한 대상에 어떤 특성을, 실체에 수식어를 적용하는 날, 아기는 그것이 의미하는 바를 즉시 이해할 것이다. 그러므로 주어에 대한 속성의 관계는 그에 의해 자연적으로 파악된다. 동사가 표현하는 일반적 관계, 정신에 의해 너무나 직접적으로 생각되기 때문에 동사가 없는 초보적인 언어에서 일어나는 것처럼 언어가 그것을 암시할 수 있는 관계에 대해서도 마찬가지로 말할 것이다. 그러므로 지성은 자연적으로 표현되었건 암시되었건 주어, 속사, 동사가 있는 모든 문장이 내포하고 있는, 등가물과 등가물, 용기와 내용, 원인과 결과 등의 관계를 사용한다. 그 관계들 각각에 대한 특수한 **본유**인식을 가진다고 말할 수 있는가? 그것들이 그만큼의 환원 불가능한 관계인지 아니면 그것들을 아직 더 일반적인 관계로 해소할 수는 없을 것인지를 탐구하는 것은 논리학자의 일이다. 그러나 어떤 방식으로 사유의 분석을 수행하든 항상, 정신이 그것을 자연스럽게 사용하므로 정신이 본유적 인식을 가지는 하나나 여러 일반적 틀에 도달할 것이다. 그러므로 **본능과 지성에서 그것들이 가지는 본유적으로 인식하는 것을 생각해 보면 그런 본유적 인식은 전자의 경우는** 사물에, **후자의 경우는** 관계에 **관한 것임을 발견한다**고 말하자.

철학자들은 우리 인식의 내용과 형식을 구별한다. 내용은 가공하지 않은 상태에서 취하고 지각의 능력에 의해 주어진 것이다. 형식은 체계적 인식을 구성하기 위해 내용들 사이에서 확립된 관계들의 총체이다. 내용 없는 형식은 이미 인식의 대상이 될 수 있는가? 아

마도 그럴 것이다. 그런 인식이 소유된 사물보다는 형성된 습관을,
상태보다는 방향을 닮았다는 조건 아래에서는. 원한다면 그것은 주
의의 어떤 자연스러운 주름일 것이다. 분수를 받아쓰게 할 것을 아
는 초등생은 분자와 분모가 무엇일지를 알기 전에 선부터 그을 것이
다. 그는 그러므로 두 항 중 어느 것도 알지 못할지라도 둘 사이
의 일반적 관계를 마음속에 떠올리고 있다. 그는 내용 없이 형식을
알고 있다. 모든 경험 이전에 경험이 개입하러 오는 틀에 대해서도
그러하다. 그러므로 여기서 관용(usage)에 의해 인정된 말을 채택
하자. 우리는 지성과 본능 사이의 구별에 대해 다음과 같은 더 정확
한 정형을 줄 것이다. 즉, **지성은 그것이 가진 본유적인 것에서** 형식
의 인식이며, 본능은 내용의 **인식을 내포한다.**

150

인식의 것이지 더 이상 행동의 것이 아닌 이 두 번째 관점[85]에서
도 생명 일반에 내재하는 힘은 아직, 그 속에서 인식의 상이하고 심
지어 갈라지는 두 방식이 처음에는 상호 공존하고 침투하는, 유한
한 원리로 보인다. 첫 번째의 것은 직접적으로 그 물질성 자체에서
일정한 대상에 닿는다. 그것은 "있는 것이 바로 이것이다"라고 말한
다. 두 번째의 것은 특수한 어떤 대상에도 닿지 않는다. 그것은 대
상을 대상에, 혹은 부분을 부분에, 혹은 측면을 측면에 관계시키며,
결국 전제를 가졌을 때 결론을 이끌어내고 아는 것에서 모르는 것

---

85 바로 앞의 설명에서도 나왔듯이 행동의 관점이 아닌 인식의 관점을 이야
    기하는데, 그 관점은 바로 앞 절에서 이야기한 형식과 내용에 의해 지성
    과 본능을 구별하는 관점이라 할 수 있고, 그것은 곧 더 앞 절에 나온 관
    계와 사물에 의해 구별하는 관점과 같다.

으로 나아가는 자연적 능력에 불과하다. 그것은 더 이상 "이것이 있다"고 말하지 않고 단지 조건이 이러**하다면** 이러한 것이 조건 지어져 나올 것이라고 말한다. 요는 본능적 본성의 첫 번째 인식은 철학자들이 **정언적** 명제라 부르는 것으로 정식화될 것인 반면 지성적 본성의 두 번째 것은 항상 **가언적으로** 표현된다. 그 두 능력 중 우선 첫 번째 것이 분명 다른 것보다 선호할 만한 것으로 보인다. 그리고 그것이 무한 수의 대상으로 확장된다면 실제로 그럴 것이다. 그러나 그것은 사실상 특별한 대상에만, 심지어 그 대상의 한정된 부분에만 적용된다. 적어도 대상에 대한 내적이고 충만한 인식, 명시적인 것은 아니지만 완성된 행동에 내포되어 있는 인식을 가진다. 두 번째 것은 반대로 자연히 외적이고 공허한 인식만을 가질 뿐이다. 그러나 그것 자체에 의해 무한한 대상이 차례로 자리를 잡을 수 있을 틀을 가져오는 이점을 가진다. 모든 것은 마치 생명의 〔여러〕 형태들을 건너 진화하는 힘은 한정된 힘이기 때문에 자연스럽고 본유적인 인식의 영역에서 하나는 인식의 **외연**에, 다른 것은 그 **내포**에 관계된 두 종류의 한정 사이에서 선택권을 가진 것처럼 이루어진다. 첫 번째 경우 인식은 풍부하고(étoffée) 충만할 수 있을 것이지만 그때 정해진 대상에 한정될 것이다. 두 번째의 경우 더 이상 그 대상이 한정되지는 않지만 그것은 내용 없는 형식에 불과하므로 더 이상 아무것도 포함하고 있지 않기 때문이다. 두 경향은 우선은 서로 속에 내포되어 있었으나 성장하기 위해서는 분리되어야 했다. 그것들은 각각이 자신 편에서 세상의 운을 찾으러 갔다. 그들은 본능과 지성에 도달했다.

그러므로 그와 같은 것이, 더 이상 행동의 관점이 아니라 인식의 관점에 자리 잡는다면, 본능과 지성이 정의되어야 할 인식의 분산되는 두 방식이다. 그러나 인식과 행동은 여기서 하나의 동일한 능력의 두 측면에 불과하다. 왜냐하면 두 번째 정의는 첫 번째 정의의 새로운 형태에 불과하다는 것을 보는 것은 쉽기 때문이다.[86]

본능이 탁월하게 유기적인 자연적 도구를 사용하는 능력이라면 그것이 그 도구에 대해서도 그것이 적용되는 대상에 대해서도 본유적인(잠재적이거나 무의식적인 것은 사실이지만) 인식을 포함하는 것이 틀림없다. 본능은 그러므로 **사물**에 대한 본유적인 인식이다. 그러나 지성은 무기적인, 즉 인위적인 도구를 제작하는 능력이다. 지성에 의해 자연이 생명체에게 유용할 도구를 제공하는 것을 포기한다면 그것은 생명체가 상황에 따라 그 제작을 변화시킬 수 있게 하기 위해서이다. 지성의 본질적인 기능은 그러므로 어떠한 상황에서든지 곤경에서 빠져나올 수단을 분별해 내는 일일 것이다. 그것은 자신에게 가장 잘 봉사할 수 있는 것, 즉 제안된 틀에 가장 잘 끼어들 수 있는 것을 찾을 것이다. 그것은 본질적으로 주어진 상황과 그것을 이용할 수단 사이의 관계에 관한 것일 것이다. 그러므로 그것이 가진 본유적인 것은 관계를 세우는 경향이고, 그런 경향은 어떤 매우 일반적인 관계, 즉 각 지성에 고유한 활동이 더 특수한 관계를

---

86 두 번째 정의는 인식의 관점에서 지성과 본능을 구별하는 정의로서 사물과 관계, 형식과 내용, 외연과 내포의 관점에서의 정의를 말하고, 첫 번째 정의는 행동의 관점에서 구별하는 정의, 즉 무기물의 도구를 만드느냐 유기적 도구를 사용하느냐에 따라 행하는 정의를 말한다.

잘라낼 진정한 밑감(étoffe)에 대한 자연적 인식을 내포한다. 그러
므로 활동이 제작으로 향한 곳에서 인식은 필연적으로 관계에 관한
152 것이다. 그러나 지성의 그런 완전히 **형식적인**(formelle) 인식은 본능
의 **내용적인**(matérielle) 인식에 대해 계산할 수 없는 이점을 지닌다.
형식은 바로 그것이 비어 있기 때문에 무한 수의 사물에 의해, 심지
어 아무 소용도 없는 것에 의해[87] 원하는 대로 차례차례 채워질 수
있다. 그 결과 형식적 인식은 그것이 세상에 나타난 것은 실용적 유
용성을 위해서일지라도 실용적으로 유용한 것에 제한되지 않는다.
지성적 존재는 자신을 능가할 수 있는 것을 자신 속에 지니고 있다.

그러나 그는 원하는 것보다는 적게, 또한 한다고 생각하는 것보
다는 적게 스스로를 능가할 것이다. 지성의 순전히 형식적인 성격
은 지성이 사변을 위해 가장 강력하게 흥미로운 대상에 놓이기 위
해 필요할 무게 추를 앗아간다. 반대로 본능은 원하는 물질성[88]을
가질 것이지만 그렇게 멀리 대상을 찾으러 갈 수가 없다. 그것은 사
변하지 않는다. 우리는 현 연구의 가장 흥미로운 점에 닿고 있다.
본능과 지성 사이에 우리가 지적할 차이는 우리의 모든 분석이 드
러내려고 겨냥했던 것이다. 우리는 다음과 같이 정형화할 것이다.
지성만이 찾을 수 있지만 혼자서는 결코 찾아내지 못할 것이 있다. 그

---

87 A. François는 이 구절을 인간만이 "필요 없는 것에 가치를 부여할" 줄 안
다는 *MM*, 87쪽의 구절과 관련시킨다(*Ech.*, 462쪽 주164). 완전히 옳은 지
적이다.

88 이때 물질성은 대상성, 즉 대상에 대한 인식의 뜻과 바로 그 대상적 인식
의 내용성의 의미를 다 가지고 있다.

것을 본능만이 찾아낼 것이지만 본능은 결코 찾지 않을 것이다.

여기서 지성의 기계론에 대해 몇 가지 잠정적 세부에 들어갈 필요가 있다. 우리는 지성이 관계를 확립하는 것을 기능으로 가진다고 말했다.[89] 지성이 확립하는 관계의 본성을 더 정확하게 결정하자. 그 점에 대해, 지성에서 사변을 위한 능력을 보는 한 아직 모호하거나 자의적인 것에 머물고 있다. 그때 사람들은 오성(entendement)의 일반적 틀을 뭔지 모를 절대적이고 환원 불가능하며 설명할 수 없는 것으로 간주하는 데로 환원된다. 우리들 각각이 얼굴을 가지고 태어나는 것과 마찬가지로 오성은 형식을 가지고 하늘에서 떨어진 것이 될 것이다. 아마 그 형식을 정의할 것이지만 그것이 할 수 있는 모든 것이고 그것이 왜 다른 것이 아니고 그것인지를 찾을 여지는 없다. 그러므로 지성은 본질적으로 통일(unification)이고, 그것의 모든 작업은 현상의 다양성에 어떤 통일성(unité)을 도입하는 것을 공통의 목적으로 가지고 있다고 가르칠 것이다. 그러나 우선 '통일'은 '관계'보다, 심지어 '사유'보다 불분명하며 그 이상은 말하지 않는 모호한 용어이다. 게다가 지성은 통일하는 것보다는 더 나누는 것을 기능으로 하고 있지 않을지를 자문해 볼 수 있을 것이다. 마지막으로 지성이 통일하기를 원하기 때문에 그것이 하는 것처럼 일을 처리하고 단지 그것이 필요하기 때문에 통일을 모색한다면 우리의 인식은 아마 그런 것과는 완전히 다를 수 있었을 정신의 요청에 상대적으로 된다. 다르게 정형화된 지성에게 인식은 다

153

---

89 위의 146-149쪽을 보라.

를 수 있었을 것이다. 지성은 아무것에도 의존하지 않기 때문에 그
때 모든 것은 지성에 의존한다. 그러므로 지성을 너무 높은 곳에 위
치시켰기 때문에 그것이 제공하는 인식은 너무 낮은 데 놓이기에
이른다. 지성이 일종의 절대적인 것이 되는 순간부터 인식은 상대
적이 된다. 반대로 우리는 인간 지성이 행동의 필요에 상대적인 것
으로 간주한다. 행동을 놓아 보라. 지성의 형식 자체가 거기서 연역
된다. 그런 형식은 그러므로 환원될 수 없는 것도 설명될 수 없는
것도 아니다. 그리고 바로 그것이 독립적이지 않기 때문에 인식은
지성에 의존한다고 더 이상 말할 수 없다. 인식은 지성의 산물이기
를 멈추고 어떤 의미에서는 실재에 통합되는 부분이 된다.

철학자들은 행동이 **질서 지어진**(ordonné) 세계에서 수행되고, 그
런 질서는 이미 사유적인 것이며, 지성을 전제로 하는 행동에 의해
지성을 설명함으로써 선결문제 요구의 오류를 범한다고 대답할 것
154 이다. 우리가 이 장에서 자리 잡은 관점이 우리의 결정적 관점이어
야 한다면 그들의 대답은 옳을 것이다. 우리는 그때, 지성을 물질
의 일반적 성격에 의해 우리 속에 남겨진 자국으로 환원할 때 그것
이 충분히 설명된다고 믿은 스펜서와 같은 착각에 속는 것이 될 것
이다. 물질에 내재하는 질서가 지성 자체가 아니라는 듯이![90] 그러
나 철학이 어느 지점까지, 어떠한 방법으로 물질과 함께 지성의 진
정한 발생론을 시도할 수 있을지를 아는 문제는 다음 장으로 미룬
다.[91] 당분간 우리가 다루는 문제는 심리학적 질서의 것이다. 우리

---

90 아래의 189-190쪽, 365-367쪽을 보라(*Ech.*, 463쪽 주172).

지성이 특별히 채택하는 물질적 세계의 부분은 어떤 것인지를 우리
는 자문해 본다. 그런데 그 문제에 대답하기 위해서는 철학적 체계
를 선택할 필요가 없다. 상식의 관점에 자리 잡는 것으로 충분하다.

그러므로 행동으로부터 출발하고 지성은 우선 제작하는 것을 노
린다는 것을 원리로 놓자. 제작은 배타적으로 무기물에 대해서 수
행되는데, 유기물을 사용하더라도 그것에 형태를 부여한 생명에는
신경 쓰지 않고 죽은 대상으로 취급한다는 의미에서 그러하다. 무
기물 자체 중에서도 거의 고체만을 취한다. 나머지는 그 유동성 자
체에 의해 달아난다. 그러므로 지성이 제작하기를 기도하면 실재에
서 유동적인 것은 부분적으로 달아날 것이며 생명체에 있는 고유하
게 생명적인 것은 완전히 달아날 것이라고 예견할 수 있다. **자연의**
손에서 나온 지성은 무기적 고체를 주요 대상으로 가진다.

지성적 능력들을 검열해 본다면 지성은 무기물, 특히 고체에 대
해 작업할 때만 편안하게 느끼고 완전히 제 세상에 있다는 것을 볼
것이다. 무기물의 가장 일반적인 특성은 어떤 것인가? 그것은 연
장적이며 다른 대상에 외적인 대상과 그 대상 속에서도 다른 부분 155
에 외적인 부분들을 나타낸다. 우리의 나중의 조작을 위해 각 대상
을 임의로 잘라진 부분들로 나눌 수 있고 각 부분은 또 우리 마음대
로 자를 수 있고 그런 식으로 무한히 가는 것으로 생각하는 것이 유
용하다. 현재의 조작을 위해서는 우리가 관계하는 실재 대상들이나
그것을 해체한 실재 요소들을 **잠정적으로 결정적인**(provisoirement

---

91 아래의 209-238쪽을 보라.

définitifs) 것으로 간주하고 그것들을 그만큼의 **단위**(unités)로 취급하는 것이 무엇보다도 먼저 필수적이다. 물질적 연장성의 **연속성**에 대해 말할 때, 우리는 물질을 원하는 만큼, 원하는 대로 해체할 수 있는 가능성을 암시한다. 그러나 그런 연속성이 우리에게는, 사람들이 보듯이, 우리가 거기서 볼 불연속성의 방식을 선택하도록 물질이 남겨둔 능력으로 환원된다. 요는 우리에게 결과적으로 실재적이고, 우리의 주의를 고정시키는 것은 항상 일단 선택된 불연속의 방식이다. 현재 행동이 규제되는 것은 그것 위에서이기 때문이다. 그러므로 불연속성은 그 자체로 생각되고, 그 자체에서 생각될 수 있으며, 우리 정신의 적극적 행위로 표상되는 반면, 연속성의 지적 표상은 결국 현재 주어진 어떠한 해체의 체계 앞에서도 그것을 유일하게 가능한 것으로 간주하는 것에 대한 우리 정신의 거부에 불과하기 때문에 오히려 부정적이다. **지성은 불연속적인 것만을 분명히 표상한다.**

다른 한편 우리 행동이 작용하는 대상은 의심의 여지없이 움직이는 대상들이다. 그러나 우리에게 중요한 것은 그 움직이는 것이 **어디로** 가는가, 그 궤적의 어떠한 순간에서든 **어디에** 있는가이다.[92] 우리는 무엇보다도 먼저 그것의 현재나 미래의 위치에만 집착하지, 그것이 한 위치에서 다른 위치로 가는 **진전**(progrès), 운동 자체인 진전은 아니다. 체계화된 운동인 우리가 수행하는 행동에서 우리가 정신을 고정시키는 것은 운동의 목적이나 의미, 전체의 그림,

---

92 아래의 302쪽을 보라.

한마디로 움직이지 않는 수행계획이다. 행동에서 움직이는 것은 그 전체가 도중에 일어나는 이러저러한 사고에 의해 진행되거나, 지연되거나, 방해받을 수 있을 한도에서만 우리의 관심을 끈다. 운동성 자체에 대해서는 신경 써 봐야 아무 이득도 없으므로 우리의 지성은 고개를 돌린다. 지성이 순수 이론을 위해 예정된 것이라면, 운동이 아마도 실재 자체이고 부동성은 외양적이거나 상대적일 뿐이기 때문에, 지성이 자리 잡을 것은 운동이 다. 그러나 지성은 전혀 다른 것을 위해 예정된 것이다. 자신을 저버리지 않는다면 반대의 행보를 따른다. 그것이 항상 출발하는 것은 부동성으로부터이다. 그것이 궁극적 실재이거나 요소인 것처럼. 지성이 운동을 표상하려고 할 때 부동성들을 병치시켜서 운동을 재구성한다. 우리가 사변의 질서에서 그 부당성과 위험을 보일(그것은 막다른 골목으로 인도하며 풀 수 없는 철학적 문제를 인위적으로 만들어 낸다)[93] 그런 작업은 그 목적을 참조할 때 쉽게 정당화된다. 자연적인 상태에서 지성은 실용적으로 유용한 목적을 겨냥한다. 그것이 운동을 병치된 부동성으로 대체할 때 운동을 있는 그대로 재구성한다고 주장하지는 않는다. 운동을 단지 실용적 등가물로 대체한다. 행동을 위해 만들어진 사유의 방법을 사변의 영역으로 옮길 때, 잘못을 저지른 것은 철학자들이다. 그러나 우리는 (나중에)[94] 그 점으로 되돌아오자고 제안한다. 안정적인 것과 부동의 것은 우리 지성이 그 자연적 성향 덕에

93 무질서(아래의 209-238쪽 참조)와 무 개념(아래의 273-298쪽 참조)에 대한 논의에서.

94 아래의 298-315쪽을 보라.

애착하는 것이라 말하는 것으로 만족하자. **우리의 지성은 부동성만
을 분명히 표상한다.**

이제 제작한다는 것은 물질에서 대상의 형태를 자르는 데서 성립
한다. 무엇보다 중요한 것은 얻어야 할 형태이다. 〔도구를 이루는〕
물질에 관해서는 가장 적합한 것을 선택한다. 그러나 그것을 선택
157 하기 위해서는, 즉 많은 다른 것들 중에 그것을 찾으러 가기 위해서
는 적어도 상상 속에서나마 모든 종류의 물질에, 생각한 대상의 형
태가 부여될 것이라는 것을 시도해 봤어야 한다. 다른 말로 하면 제
작할 것을 겨냥한 지성은 사물의 현재 형태에 결코 머무르지 않고
그것을 결정적이라 생각하지 않으며 반대로 모든 물질을 원하는
대로 자를 수 있는 것으로 간주하는 지성이다. 플라톤은 좋은 변증
법론자를 자연에 의해 그려진 관절을 따라 뼈를 부수지 않고 짐승
을 해체하는 좋은 요리사에 비교한다.[*1] 왜냐하면 항상 이렇게 진
행할 지성은 분명 사변을 향할 지성이기 때문이다. 그러나 행동, 특
히 제작은 반대의 정신적 경향을 요구한다. 그것은 사물, 심지어 자
연적 사물의 모든 형태를 인위적이고 잠정적인 것으로 생각하고,
우리의 사유가 지각된 대상에 대하여, 그것이 유기적이건 살아 있
건, 내적인 구조를 밖으로 표시하는 선들을 지우며, 마지막으로 우
리가 물질을 그 형태와 무관한 것으로 간주하기를 원한다. 그러므
로 물질의 총체는 우리가 원하는 것을 재단해서 우리가 원하는 대
로 다시 기울 수 있는 거대한 원단으로 우리 사유에게 나타나야 할

---

*1 Platon, 『파이드로스』, 265e.

것이다. 지나가면서 다음과 같은 것을 지적해 두자. 우리가 **공간**, 즉 동질적이며 비어 있고 무한하며 무한히 나눌 수 있고, 어떠한 해체 방식에도 무차별적으로 대비가 된 장소를 말할 때 우리가 인정하는 것은 그러한 능력이다. 그런 종류의 장소는 결코 지각되지 않는다. 그것은 생각될(conçu) 뿐이다. 지각되는 것은 실재하는 물체나 그들의 요소를 이루는 실재적인 부분들의 윤곽이 그리는 선을 따라 나누어지는, 색깔이 있고, 저항하는 연장이다. 그러나 우리가 그런 물질에 대한 우리의 능력, 즉 물질을 우리가 원하는 대로 해체하고 재구성하는 능력을 표상할 때 우리는 그런 모든 해체와 재구성을 통째로 실재 연장 뒤에 그것의 아래에 깔려 있는 동질적이고, 158 텅 비어 있으며, 무차별적인 공간의 형태로 투사한다. 그러므로 그런 공간은 무엇보다도 먼저 사물에 대한 우리의 가능적 행동의 도식이다. 그런 사물들이 나중에 설명할 것처럼[95] 그런 종류의 도식 (그것은 정신의 시각이다)에 들어갈 자연적 성향을 가질지라도. 동물은 우리처럼 연장적 사물을 지각할지라도 거기에 대해서는 아마 어떠한 관념도 없다. 그것은 인간 지성의 제작적 경향을 상징하는 표상이다. 그러나 당분간은 그 점에 머무르지 않을 것이다. **지성은 어떠한 법칙에 따라서도 해체할 수 있고 어떠한 체계로도 재구성할 수 있는 무한한 능력에 의해 특징지어진다**고 말하는 것으로 충분하길 바란다.

우리는 인간 지성의 몇몇 특징들을 열거했다.[96] 그러나 우리는 고

---

95 아래의 203-205쪽을 보라.

립된 상태에서의 개인을 취했고 사회적 삶에 대해서는 고려하지 않았다. 사실상 인간은 사회 안에서 사는 존재이다. 인간 지성이 제작을 겨냥하고 있다는 것이 사실이라면 그것이 제작을 위해서건 나머지 것을 위해서건 다른 지성과 결합한다고 덧붙여야 한다. 그 구성원들이 기호(signes)에 의해 그들 사이에 소통하지 않는 사회를 상상하기는 힘들다. 곤충들의 사회는 아마도 언어를 가지고 있으며 그 언어는 인간의 언어와 마찬가지로 공통의 삶의 필요에 적응되었음에 틀림이 없다. 그것은 **공통 행동**이 가능하게 되도록 했다. 그러나 그러한 공통행동의 필요는 개미와 인간 사회에 전혀 같지가 않다. 곤충들의 사회에는 일반적으로 다형성(polymorphisme)이 있으며, 일의 분업이 자연적이고, 각 개체는 그 구조에 의해 그가 행하는 기능에 붙박여 있다. 하여간 그 사회는 본능, 따라서 기관들의 형태에 다소간 연결되어 있는 어떤 행동이나 제작에 안착되어 있다. 그러므로 예를들어 개미가 언어를 가진다면 그 언어를 구성하는 기호들은 잘 정해진 수여야 하며 그것들 각각은 종이 일단 구성된 다음에는 어떤 대상이나 어떤 작업에 불변적으로 붙어 있어야 한다. 기호는 의미된 사물에 붙어 있다. 반대로 인간 사회에서는 제작과 행동이 가변적 형태의 것이고, 게다가 각 개체는 그 구조에 의해서 미리 거기에 정해져 있지 않기 때문에 자신의 역할을 배워야 한다. 그러므로 항상 아는 것에서 모르는 것으로 이행하기를 허용하는 언어가 필요하다. 그러므로 기호들이 ― 무한수일 수 없는 ― 무

159

---

96 "지성의 자연적 기능"의 소제목이 시작된 152쪽부터.

한한 사물들로 확장될 수 있는 언어가 필요하다. 한 대상에서 다른 것으로 전이될 그런 기호의 경향은 인간 언어에 특징적이다. 그것은 어린 아이가 말하기 시작 하는 날 그에게서 관찰된다. 즉시, 그리고 자연적으로 아이는 배우는 말의 의미를 확장한다. 매우 우연적인 접근과 매우 먼 유비를 이용하여 그 앞에서 한 대상에 붙였던 기호를 떼 내어 다른 곳으로 옮기면서. "무슨 말이든 무엇이든 가리킬 수 있다."는 것이 아이의 언어의 내재적인 원리이다. 그런 경향을 일반화하는 능력과 혼동하는 것은 잘못이었다. 동물들 자신도 일반화하며, 게다가 원숭이는 본능적일망정 항상 다소간 어떤 유를 표상한다. 인간 언어의 기호를 특징짓는 것은 일반성이라기보다는 운동성이다. **본능적 기호는** 접착되어 있는(adhérant) **기호이며, 지성적 기호는** 움직이는(mobile) **기호이다.**

그런데 한 사물에서 다른 사물로 가도록 만들어진 말의 그런 운동성은 말이 사물에서 관념으로 확장되는 것을 허용했다. 아닌 게 아니라 언어는 완전히 밖으로 향해 있고 자신을 반성할 수 없는 지성에게 반성의 능력을 주지는 않았을 것이다. 반성하는 지성은 실용적으로 유용한 노력 이외에 사용할 힘의 잉여를 가졌던 지성이다. 그것은 이미 잠재적으로 자기 자신에 대하여 자신을 되찾은 의식이다. 그러나 아직도 잠재성이 현실성으로 이행해야 한다. 언어 없이는 지성은 생각하는 것이 이득인 물질적 대상에 붙박여 있었을 것이다. 그것은 몽유병적인 상태에서, 자신의 밖에서, 그의 작업에 최면이 걸려 살았을 것이다. 언어는 지성을 해방시키는 데 많은 기여를 했다. 한 사물에서 다른 것으로 가도록 이루어진 언어는 아

160

닌 게 아니라 본질적으로 이동가능하고 자유롭다. 그러므로 그것은 지각된 한 사물에서 다른 지각된 사물로뿐 아니라 지각된 사물에서 그 사물의 기억으로, 정확한 기억에서 더 달아나는 이미지로, 달아나지만 그러나 아직 표상된 이미지에서 그것을 표상하는 행위의 표상, 즉 관념으로 확장될 수 있을 것이다. 이와 같이 하여 밖을 보는 지성의 눈에 내적 세계 전체, 즉 그의 고유한 작업의 광경이 열린다. 게다가 지성은 그런 기회만을 기다렸다. 그것은 말이 그 자체 하나의 사물이라는 것을 이용하여 말에 의해 옮겨지면서 자신의 고유한 작업의 내부로 뚫고 들어간다. 그의 첫 번째 직업이 도구를 제작하는 것이어도 소용없다. 그런 제작은 그 대상의 정확한 치수로 재단되지 않고 그것을 넘어서며 그리하여 지성에 보완적인, 즉 사심 없는 작업을 허용하는 어떤 수단[97]의 사용에 의해서만 가능하다. 지성이 그의 행동방식에 대해 반성하면서 자기 자신을, 관념을 창조하는 것, 즉 표상 일반의 능력으로서 알아차리는 날, 실용적 행동과 직접적 관계가 없다고 할지라도 지성이 관념을 가지기를 원하지 않는 대상은 없다. 이것이 오직 지성만이 찾을 수 있는 사물이 있다고 우리가 말한[98] 이유이다. 왜냐하면 오직 지성만이 이론을 걱정하기 때문이다. 그리고 그의 이론은 지성이 자연적으로 영향력을 가지는 무기물뿐 아니라 생명과 사유까지 모든 것을 포함하기를 원할 것이다.

---

97 언어를 말한다. 언어는 사실 사물의 정확한 치수에 맞추어 만들어진 것이 아니다.

98 위의 152쪽을 보라.

어떤 수단, 어떤 도구, 마지막으로 어떤 방법으로 그런 문제들을 접근할 것인지는 우리가 추측할 수 있다. 본래 지성은 무기물의 형 161 태에 적응했다. 지성에게 그 작업의 장場을 확장하도록 허용한 언어는 사물과 그리고 사물만을 가리키도록 만들어졌다. 〔사실〕 말은 아무것에도 놓여 있지 않고, 그때까지는 숨겨져 있어서 그늘에서 빛으로 이행하기 위해 말의 도움을 기다렸던, 사물이 아닌 대상에 적용되는데, 단지 말이 움직이며 한 사물에서 다른 것으로 향하기 때문에 지성은 빠르건 늦건 **도중에**(en chemin) 말을 취해야만 했다.[99] 그러나 말은 그 대상을 덮으면서 그것을 또한 사물로 전환시킨다. 이처럼 지성은 더 이상 무기물에 대해 작업하지 않을 때조차 그런 작업에서 형성한 습관을 따른다. 즉, 지성은 비유기물의 겉인 형태를 적용한다. 그것은 그런 종류의 일을 위해 만들어졌다. 오직 그런 종류의 일만이 그것을 완전히 만족시킨다. 그리고 오직 이렇게만 지성은 **구별**(distinction)과 **명료성**(clarté)[100]에 도달한다고 말하면서 표현하는 것이다.

그러므로 지성은 명료하고 분명하게 스스로를 사유하기 위해서는 불연속성의 형태로 자신을 봐야 할 것이다. 개념들은 아닌 게 아니라 공간에서의 대상들과 같이 서로로부터 외적이다. 그리고 그것

---

99 말이 움직이고 확장성을 가지기 때문에 그것을 이용하려고 지성은 나아가는 도중에 말을 취한다. 그러나 계속 자신의 습관을 버리지 못하고 말이 지시하는 것을 사물로 전환시킨다.

100 순서를 바꾸어 놓았지만 데카르트의 "명석판명(clair et distinct)"을 연상시킨다.

들이 창조된 모범을 따라 대상과 동일한 안정성을 가진다. 그것들
이 통합되면 "가지적 세계"를 구성하고, 그것은 본질적 특성에 의
해 고체의 세계를 닮았으나, 그 요소들은 구체적 사물들의 단순한
이미지보다 더 가볍고, 더 투명하며(diaphane), 지성이 다루기는 더
쉽다. 왜냐하면 그것들은 더 이상 사물의 지각 자체가 아니라, 지성
이 그 위에 고정되는 행위의 표상이기 때문이다. 그러므로 그것들
은 더 이상 이미지가 아니라 상징이다. 우리의 논리학은 상징들의
조작에서 따라야 할 규칙들의 총체이다. 그런 상징들은 고체의 고
려로부터 파생되고, 상징들 상호간의 구성의 규칙이 고체들 사이의
162　가장 일반적인 관계를 거의 번역한 것에 불과한 것처럼, 우리의 논
리학은 물체의 고체성을 대상으로 삼는 과학, 즉 기하학에서 승리
한다. 우리가 조금 후에 볼 것처럼[101] 논리학과 기하학은 서로를 상
호적으로 낳는다. 자연적 논리학이 나오는 것은 고체의 일반적이고
도 직접적으로 알아차려진 특성에 의해 암시된, 어떤 자연적 기하
학의 확장으로부터이다. 고체의 외적 특성들에 대한 인식을 무한히
확장시킨 과학적 기하학이 나온 것은 이번에는 그런 자연적 논리학
으로부터이다.[*1] 기하학과 논리학은 물질에 대해 엄밀하게 적용될
수 있다. 그것들은 거기가 자기 집이며, 거기서 완전히 홀로 걸을
수가 있다. 그러나 그 영역 밖에서는 순수 추론은 완전히 다른 것인

*1　다음 장에서 그런 모든 점들에 대해 재론할 것이다.[102]

101　아래의 212-217쪽을 보라.
102　아래의 212-217쪽을 보라.

양식(bon sens)에 의해 감시 받을 필요가 있다.

   이처럼 지성의 모든 요소가 되는 힘들은 물질을 행동의 도구, 즉 말의 어원적 의미에서의 **기관**(organe)으로 변형시키는 경향을 가진다. 생명은 유기체를 생산하는 데 만족하지 못하고 그들에게 생명체의 산업에 의해 거대한 기관으로 전환되는 비유기적 물질을 부속기관으로 주기를 원했을 것이다. 그와 같은 것이 우선 지성에 할당하는 과제이다. 그렇기 때문에 지성은 아직도 불변적으로 타성적 물질의 명상에 의해 매혹된 것처럼 행동한다. 지성은 밖으로 보고, 자신과 관계해서는 외화하며, 비유기적 본성의 행동방식들을 사실상 지도하기 위해 원리상 그것들에 적응하는 생명이다. 거기서부터 그것이 생명체로 향하여 유기적 조직을 대면했을 때 그의 놀라움이 나온다. 그때 지성이 무엇을 하건 그것은 유기적인 것을 무기적인 것으로 해체한다. 왜냐하면 자신의 자연적 방향을 뒤집지 않고 자기 자신으로 뒤틀리지 않고서는 그것은 진정한 연속성, 실재하는 운동성, 상호적인 침투, 그리고 요약하자면 생명인 그런 창조적 진화를 사유할 수 없을 것이기 때문이다.

163

   연속성이 문제인가? 우리 지성이 접근할 수 있는 생명의 측면은 게다가 우리 지성이 연장하는 방향에서처럼 우리 행동에 영향을 미치는 측면이다. 우리가 한 대상을 변화시킬 수 있기 위해서는 우리는 그것을 분할가능하고 불연속적인 것으로 봐야 한다. 실증적 과학의 관점에서는 유기적 조직을 세포로 해체하는 날 비교할 수 없는 진보가 이루어졌다. 세포의 연구는 이번에는 더욱더 천착할수록 그 복잡성이 증가하는 것으로 보이는 유기체를 세포 속에서 드러냈다. 과학이 나아감에 따라, 생명체를 이루기 위해서는 서로 외적이며 병치되는 이질적 요소들의 수가 증가하는 것을 보았다. 이처럼 과학은 생명을 더 자세하게 조이는가? 아니면 반대로 생명체 속에 있는 고유하게 생명적인 것은 병치되는 부분들의 세부를 더 멀리 밀고 감에 따라 후퇴하는 것으로 보이지 않는가? 이미 과학자들 사이에 유기체의 실체를 연속적인 것으로 생각하고 세포를 인위적인 존재로 생각하는 경향이 나타난다.*1 그러나 그런 견해가 이기는 것으로 끝난다고 가정하더라도 스스로를 더 깊이 파고 들어가면서 그것은 살아 있는 존재의 다른 분석 방식, 따라서 새로운 불연속성 — 생명의 실재적 연속성과는 아마도 덜 멀지라도 — 밖에는 도달할 수 없을 것이다. 진실은 그런 연속성이 자신의 자연적인 운동에 빠진 지성에 의해 사유될 수 없으리라는 것이다. 그것은 요소들의 다수성과 모든 것에 의한 모든 것의 상호침투, 즉 우리의 산업과 따라서 또한 우리의 지성이 적용되는 영역에서 거의 화해될 수 없는 두 특성을 동시에 포함한다.

우리가 공간에서 분리하는 것과 마찬가지로 시간에서는 고정한
164 다. 지성은 말의 고유한 의미에서의 **진화**, 즉 순수 운동성일 변화의 연속성을 사유하도록 만들어지지 않았다. 우리는 여기서 그 점을

---

*1   그 점에 대해서는 제 IV장, 281쪽에서 재론할 것이다.103

---

103 여기에 표시된 인용 쪽수는 잘못된 것이다. 제III장의 259-261쪽이 바른
     쪽수이다(Ech., 465쪽, 163쪽의 주석에 대한 주1 참조). 여기에서 문제가 되
     는 과학자들은 260쪽의 마지막 원주 1, 각주 114)에 언급된다.

강조하지 않을 것이다. 그것은 특별한 장에서 천착할 것을 제안한다.[104] 단지 지성은 생성을 일련의 **상태들**로 표상하고, 그들 각각은 자신과 동질적이며 따라서 변하지 않는다고 말하자. 우리의 주의는 그런 상태들 중 하나의 내적 변화로 호출되는가? 곧바로 우리는 그것을 상태들의 다른 연속으로 해체하며, 그것들은 결합하여 내적 변화를 구성할 것이다. 그런 새로운 상태들은 각각이 불변적일 것이거나, 또는 그때 그들의 내적 변화는 우리 눈에 띠면 곧바로 새로운 연쇄의 불변적 상태들로 해소되고, 이런 식으로 무한히 갈 것이다. 여기서 역시 사유한다는 것은 재구성하는 데서 성립하고, 자연적으로 우리가 재구성하는 것은 주어진 요소들, 따라서 안정적 요소들과 함께이다. 그 결과 우리의 덧붙임의 한정 없는 진전에 의해 생성의 운동성을 만들어도 소용없을 것이며 흉내〔만〕을 구성할 수 있을 것이나, 생성 자체는 그것을 잡는다고 믿는 순간 손가락 사이로 빠져 나갈 것이다.

바로 항상 재구성하고, 자료를 가지고 재구성하기를 모색하기 때문에 지성은 한 역사의 각 순간에 있는 **새로운** 것을 달아나게 한다. 그것은 예견할 수 없는 것을 인정하지 않는다. 그것은 모든 창조를 배제한다. 일정한 전건이 그것에 따라 계산할 수 있는 일정한 결과를 가져온다는 것이야말로 우리 지성을 만족시키는 것이다. 일정한 목적이 그것에 도달하기 위한 일정한 수단을 야기한다는 것도 또한 우리는 이해한다. 두 경우[105]에서 우리는 아는 것으로 구성되는

---

104 아래의 제IV장을 보라.

아는 것, 즉 반복되는 예전의 것과 관계한다. 우리의 지성은 거기서
편안하다. 그리고 대상이 무엇이든 지성은 필요하다면 대상 자체를
사태가 그건 방식으로 이루어질 근사적(approximatif) 등가물로 대
165 체하는 방식으로 추상하고, 분리하며, 제거한다. 그러나 매순간이
하나의 이바지이며, 새로운 것이 끊임없이 솟아나오고, 한 형태 ―
그것에 대해 아마도 일단 산출되면 원인에 의해 결정된 결과라고 말할 것
이지만 여기서 그 종류에서 유일무이한 원인이 결과의 부분이고, 결과와
동시에 형체를 이루며, 원인이 결과를 결정하는 만큼 결과에 의해 결정
되기 때문에 그 형태가 어떤 것일지가 예견된다고 가정하는 것이 불가능
한 ― 가 태어난다는 것, 그것은 거기서 우리가 우리 속에서 느끼고
우리 밖에서 공감에 의해 추측할 수 있지만 순수 오성의 용어로는
표현할 수도, 말의 좁은 의미에서 사유할 수도 없는 무엇이다. 우
리 오성의 용도를 생각하면 거기에 놀라지 않을 것이다. 그것이 찾
고 도처에서 재발견하는 인과성은 우리가 동일한 요소들로 동일한
전체를 무한히 재구성하며, 동일한 결과를 얻기 위해 동일한 운동
들을 반복하는 우리 산업의 장치 자체를 표현한다. 탁월한 목적성
은 우리 오성에게는, 미리 주어진, 즉 이전의 것이거나 알려진 요소
들로 구성된 모범을 따라 작업하는 우리 산업의 목적성이다. 그러
나 산업 자체의 시작점인 고유한 의미에서의 창의에 대해서는 우리
지성은 그것의 **용솟음**(jaillissement), 즉 그것이 가진 불가분적인 것

---

105 바로 앞에 나오는 두 문장 중, 앞의 것은 기계론, 뒤의 것은 목적론을 말한
　다. "두 경우"란 이 두 경우를 말한다.

에서도, 그것의 **천재성**(génialité), 즉 그것이 가진 창조적인 것에서도 파악하는 데에는 이르지 못한다. 그것을 설명한다는 것은 항상 예견불가능하고 새로운 그것을 알려지거나 예전의 요소로, 즉 다른 순서로 배열된 요소로 해소하는 데에서 성립한다. 지성은 완전한 새로움도, 근본적인 생성도 인정하지 않는다. 그것은 여기서 또한 지성이 생명의 본질적 측면을 빠져나가게 내버려둔다고 말하는 것이다. 마치 그것이 그러한 대상을 사유하도록 만들어지지 않은 것처럼.

우리의 모든 분석은 우리를 그러한 결론으로 되돌아가게 한다. 그러나 지적 작업의 기제에 대한 그처럼 긴 세부로 들어갈 필요는 전혀 없었다. 그 결과를 고찰하는 것으로 충분했다. 죽은 것을 조작하는 데 그토록 능란한 지성이 생명체를 건드리자마자 자신의 서투름을 드러낸다는 것을 볼 것이다. 신체의 생명을 다루는 것이 문제이건 정신의 생명을 다루는 것이 문제이건 지성은 그와 같은 용도로 향해 있지 않던 도구의 엄격함, 경직됨, 난폭함을 가지고 일을 처리한다. 그 점에 관해서는 위생과 아동교육학의 역사가 잘 말해줄 것이다. 신체를 보존하고 정신을 고양시키는 데 대해 우리가 가진 중심적이며 긴급하고 불변적인 관심과, 자신과 타인에 대해 끊임없이 경험하기 위해 여기서 각자에게 주어지는 특별한 용이함과, 어떤 의학적, 교육학적 실천의 흠결성이 드러나고 지불되는 손에 잡히는 손상을 생각할 때, 사람들은 실수의 조악함과 특히 완강함에 당황한 채로 남는다.[106] 그 원천은 생명체를 죽은 것으로 취급하고 모든 실재를 아무리 유동적이라 할지라도 결정적으로 정지된 고

체의 형태로 생각하는 고집에서 쉽게 찾을 것이다. 우리는 불연속
적인 것, 부동의 것, 죽은 것에서만 편안함을 느낀다. **지성은 생명의
자연적 몰이해에 의해 특징지어질 수 있다.**

반대로 본능이 주조된 것은 생명의 틀 자체에서이다. 지성이 모
든 사물을 기계적으로 다루는 반면, 본능은 이렇게 말할 수 있다면
유기적으로(organiquement) 진행한다. 그 속에서 잠자는 의식이 깨
어난다면, 본능이 행동으로 외화되는 대신 의식으로 내재화한다면,
본능에게 물을 수 있고 그것이 답한다면, 그것은 우리에게 생명의
가장 내밀한 비밀을 넘겨줄 것이다. 왜냐하면 그것은 사람들이 분
명 자주 보여주었던 것처럼[107] 어디서 유기적 조직화가 끝나고 어
디서 본능이 시작되는지를 말할 수 없을 정도로 생명이 물질을 유
기적 조직화하는 작업을 계속할 뿐이기 때문이다. 어린 닭이 부리
로 껍질을 깰 때 그것은 본능적으로 행동하지만, 그러나 어린 닭은
배아적 생명을 넘어 그것을 날라 갔던 운동을 따르는 데에 그쳤다.
반대로 배아적 생명 도중에(특히 배아가 초기 생명(larve)의 형태로
자유롭게 살 때) 본능에 관계시켜야 할 많은 행동들이 이루어진다.
167 그러므로 초기 본능들(instincts primaires) 중에 가장 본질적인 것은

---

106 여기서 지적되고 있는 위생과 교육학적 문제는 위에서 말한 위생과 아동
  교육학과 같다. 후자는 "정신을 고양시키는 것"이고 전자는 "신체를 보존
  하는 것"이다. 두 경우 모두 생명을 타성적 고체로 다루는 데서 발생하는
  문제이다. 위생과 교육학이 중요하고 자신과 다른 사람들과의 교류도 쉽
  게 이루어지는 데도 불구하고, 위생과 교육학의 실천에서는 많은 흠결과
  손실이 드러나는 것은 매우 당황스럽다는 말이다.
107 위의 140-141쪽을 보라.

실재적으로 생명의 과정들이다. 그것들을 따르는 잠재적 의식은 매우 자주 행위의 시작 국면에서만 현실화되고 나머지 과정은 완전히 홀로 이루어지도록 남겨둔다. 의식이 더 크게 피어나서 완전히 깊어지기만 하면 생명의 발생적 힘과 일치할 것이다.

생명체에서 수많은 세포들이 공통의 목적을 위해 총체적으로 일하고, 작업을 나누며, 각각이 자기 자신을 위하는 동시에 다른 것들을 위해서 살고, 자신을 보존하며, 양분을 취하고, 번식하며, 적합한 방어적 반응으로 위험의 위협에 대응하는 것을 볼 때 어떻게 그만큼의 본능을 생각하지 않을 수가 있겠는가? 그러나 그것들은 거기서 세포들의 자연적 기능이며, 그의 생명성을 구성하는 요소들이다. 역으로, 한 벌집의 벌들이 너무도 긴밀하게 유기적으로 조직된 체계를 형성하여 어떤 개체도, 그에게 집과 양분을 제공한다 할지라도 어떤 시간을 넘어 고립된 채로 살 수 없다는 것을 볼 때 벌집은 비유적으로가 아니라 실재적으로 각 벌이 보이지 않는 유대에 의해 연결된 하나의 세포인 단일한 유기체라는 것을 인정하지 않을 수 있겠는가? 그러므로 벌을 움직이는 본능은 세포를 움직이는 힘과 혼동되거나 그것을 연장한 것일 뿐이다. 이와 같은 극단적인 경우에 그것은 유기적 조직화의 작업과 일치한다.

아닌 게 아니라 동일한 본능에도 수많은 정도의 완성이 있다. 가령 꿀벌과 땅벌(Bourdon) 사이의 거리는 크며, 하나에서 다른 것으로 그만큼의 사회생활의 복잡성에 대응하는 수많은 중간단계를 거쳐야 할 것이다. 그러나 동일한 다양성이 다소간 서로 닮은 상이한 조직에 속하는 조직학적 요소들의 기능에서도 다시 발견될 것이다.

168 두 경우 동일한 주제 위에 수행된 다수의 변종(variations)들이 있다. 주제의 일정성은 그럼에도 불구하고 명백하며 변종들은 그것을 상황의 다양성에 적응시킨 것에 불과하다.

그런데 한 경우나 다른 경우나 동물의 본능에 관한 것이든 세포의 생명적 특성에 관한 것이건 동일한 앎과 동일한 무지가 나타난다. 사태는 마치 세포가 다른 세포에 대해 그에게 관심 있는 것을, 동물이 다른 동물에 대해 그가 사용할 수 있을 것을 알며 나머지 모든 것은 어둠에 남아 있는 것처럼 이루어진다. 생명은 정해진 종으로 응축되자마자 그러나 방금 태어난 종의 관심을 끄는 한두 점을 제외하고는 자신의 나머지와는 접촉을 잃어버리는 것처럼 보인다. 생명은 여기서 의식 일반이나 기억처럼 진행한다는 것을 어떻게 보지 않을 수가 있는가? 우리는 우리 뒤에 알아차리지 못하면서 우리 과거의 총체를 끌고 온다. 그러나 우리 기억은 현재에 우리의 현재 상황을 어떤 점에서 보완할 두, 세 기억만 털어놓는다(verse). 한 종이 다른 종의 특별한 어떤 점에 대해 가지고 있는 본능적 인식은 그러므로 그 뿌리를 생명의 단일성에서 가진다. 그것은 고대 철학자의 표현을 사용하자면 스스로에 공감하는 전체이다.[108] 동물과 식

---

108 A. Robinet를 인용한 A. François에 의하면 이것은 플로티노스의 표현이다(*Enn.*, IV, 4, §32). Bréhier와 Robinet는 Alexandre d'Aphrodisiade의 *De Mixtione*에 근거하여 그것을 스토아학파에서 연원한 것이라 한다. 베르크손은 스토아학파의 그런 면을 꼴레즈 드 프랑스의 강의(*L'evolution du problème de la liberté*, PUF, 2017, (1905, 2월 10일과 17일 강의))에서 강의했다고 한다(*Ech.*, 466쪽, 주 230 참조).

물의 어떤 특별한 본능은 명백히 특별한 상황에서 탄생한 것인데, 그것은 외견상 잊힌 것이지만 긴급한 필요의 압력에 의해 갑자기 솟아난 기억과 접근시키지 않고서는 생각하는 것이 불가능하다.

아마도 많은 이차적 본능과 많은 일차적 본능의 양상들은 어떤 과학적 설명을 포함하고 있다.[109] 그러나 과학이 현재의 설명방식과 함께 본능을 완전히 분석하는 데 이르리라는 것은 의심스럽다. 그 이유는 본능과 지성이 한 경우에는 자신에 내적인 것으로 남아 있고, 다른 경우에는 외화하여 무기물의 사용에 몰두해 있는 동일 169 한 원리의 분산적인 두 발전이기 때문이다. 그런 연속적인 분산은 근본적인 양립 불가능성과 지성이 본능을 흡수하는 것의 불가능성을 증언한다. 본능에서 본질적인 것은 지적인 용어로 설명될 수도, 따라서 분석될 수도 없기 때문이다.

태생적 맹인(aveugle-né)들 사이에 살았을 태생적 맹인은 중간의 모든 대상들의 지각을 지나지 않고도 떨어진 대상을 지각하는 것이 가능하다는 것을 인정하지 않을 것이다. 그러나 시각이 그런 기적을 행한다. 사실 태생적 맹인이 옳고 시각은 그 원천이 빛의 진동에 의한 망막의 진동에 있기 때문에 결국 망막의 촉각과 다른 것이 아니라고 말할 수 있을 것이다. 원컨대 그것은 거기서 과학적 설명이다. 왜냐하면 과학의 역할은 바로 모든 지각을 촉각의 용어로 번역

---

109 "일차적 본능"과 "이차적 본능"에 대해서는 위의 140쪽 주69) 참조. 그 구별은 다윈주의자인 로메인즈에 의한 것이며 "일차적 본능"은 지성의 개입 없이 자연적으로 생긴 본능이며 "이차적 본능"은 처음에는 지성이 개입했으나 나중에 본능으로 된 본능이다.

하는 것이기 때문이다. 그러나 우리는 다른 데서 지각의 철학적 설
명은 여기서 아직도 설명을 말할 수 있다고 가정한다면 다른 본성
의 것이어야 함을 보였다.*1 그런데 본능 역시 떨어진(à distance) 인
식이다. 그것과 지성의 관계는 시각과 촉각의 관계와 같다. 과학은
그것을 지성의 용어로 번역하는 것과는 다르게 할 수는 없을 것이
다. 그러나 그것은 이처럼 하여 본능 자체 속으로 뚫고 들어가기보
다는 본능의 흉내[만]을 구성할 것이다.

여기서 진화론적 생물학의 정교한 이론들을 연구하면서 그것에
확신을 가질 것이다. 그것들은 두 형태로 환원되는데, 그 둘은 게다
가 자주 서로를 간섭한다. 때로는 신-다윈주의의 원리에 따라 본능
에서 선택에 의해 보존된 우연적 차이들의 총계를 본다. 즉, 이러저
러한 우연적 행동방식들은 배아의 우연적 소질 덕분에 개체에 의해
170 자연적으로 이루어진 것인데 우연이 동일한 방식에 의해 새로운 완
성을 덧붙이러 오기를 기다리면서 그 행동방식들이 배아에서 배아
로 전달된다는 것이다. 때로는 본능을 퇴락한 지성으로 만든다. 즉,
종이나 그 대표자들 몇몇에 의해 유용하다고 판단된 행동이 어떤
습관을 낳고 그 습관이 유전적으로 전달되어 본능이 되었다는 것이

---

*1 『물질과 기억』, 제I장.110

---

110 *MM*, 36쪽, 41쪽을 보라. 지각의 철학적 설명이란 지각이 행동을 위한 밑
그림이라는 것이다. 그런데 그것은 외부사물 자체에서 이루어지는 것이
므로 외부 사물의 입장에서는 촉각적이지만 우리의 입장에서는 "떨어진
인식"이라 할 수 있다. 우리 기능이 밖으로 나가야 하니까.

다. 그 두 체계 중에 첫 번째의 것은 중대한 반대를 일으키지 않고
도 유전적 전달에 대해 말할 수 있다는 이점을 가진다. 왜냐하면 그
것이 본능의 원천으로 놓는 우연적 변화는 개체에 의해 획득된 것
이 아니라 배아에 내재할 것이기 때문이다. 반대로 대부분의 곤충
들의 본능처럼 박식한 본능을 설명하기가 완전히 불가능하다. 아마
도 본능은 그것이 오늘날 가지고 있는 정도의 복잡성에 단번에 도
달하지 않았음에 틀림없었다. 그것은 대체로 진화했을 것이다. 그
러나 신-다윈주의와 같은 가설에서 본능의 진화는 다행스러운 우
연이 이전의 것들에 맞물리러 올, 말하자면 새로운 조각들의 점진
적인 덧붙임에 의해서만 이루어질 수 있을 것이다. 그런데 대부분
의 경우에 본능이 완성될 수 있었던 것은 단순한 증가의 길을 통해
서가 아님은 명백하다. 왜냐하면 각 새로운 조각은 모든 것을 망치
지 않으려면 전체의 완전한 수정을 요청하기 때문이다. 어떻게 우
연에 그와 같은 수정을 기다릴 수 있을 것인가? 배아의 우연적 변
화가 유전적으로 전달되고 새로운 우연적 변화가 그것을 복잡하게
하러 온다는 것을 말하자면 기다릴 수 있을 것임은 나는 인정한다.
자연 선택이 살 수 없을 더 복잡한 형태들의 모든 변화를 제거할 것
이라는 또한 나는 인정한다. 그러나 아직 본능의 삶이 진화하기 위
해서는 살 수 있는 복잡화가 일어나야 할 것이다. 그런데 그것은 어
떤 경우 새로운 요소의 덧붙임이 이전의 모든 요소들의 상관적 변
화를 가져올 때에만 일어날 것이다. 우연이 그와 같은 기적을 이룰 171
수 있는 것이라고는 아무도 주장하지 않을 것이다. 이런 형태이건
다른 형태이건 지성에 호소할 것이다. 생명체가 자신 속에 상위의

본능을 발전시키는 것은 다소간 의식적인 노력에 의해서라는 것을
가정할 것이다. 그러나 그때 형성된 습관이 유전적이 될 수 있을 것
이고 진화를 확보하기에 충분할 만큼 규칙적인 방식으로 그렇게 된
다는 것을 인정해야 할 것이다. 사태는 의심스러울 것이다. 더 이상
을 말하지 않는다면. 동물의 본능을 유전적으로 전달되고 지적으
로 획득된 습관에 관계시킬 수 있다고 할지라도, 그런 설명방식을
어떻게 때로는 의식적이라 가정하더라도 노력이 결코 지적이지 않
은 식물계로 확장할 것인지는 알 수가 없다. 그러나 덩굴 식물이 어
떠한 확실성과 어떠한 정확성을 가지고 그 덩굴을 사용하는지, 난
초들이 곤충에 의해 수정되기 위해 얼마나 놀랍도록 결합된 조작을
수행하는지[*1]를 볼 때 어떻게 그만큼의 본능을 생각하지 않을 수
있겠는가?

......

[*1] 다윈의 두 작품 *Les plantes grimpantes*(덩굴식물들), Gordon역, Paris,
1890과 *La fécondation des Orchidées par les insectes*(곤충에 의한 난초의 수
정), Rérolle 역, Paris, 1892를 보라.[111]

---

111 Darwin, *Les mouvements et les habitudes des plantes grimpantes*(덩굴
식물들의 운동과 습관), Gordon역, Paris, Reinwald, 2e ed., 1890; *De
la fécondation des Orchidées par les insectes et des bons résultats du
croisement*(곤충에 의한 난초의 수정과 잡종의 좋은 결과들), Rérolle역,
Paris, Reinwald, 2e ed., 1892(이 두 책은 모두 BN의 Gallica 사이트에서 볼
수 있다). 앞의 책에서는 덩굴식물이 "나사모양으로 감기는 식물(plantes
volubiles)", "잎의 도움으로 기어오르는 식물(plantes grimpantes à l'aide de
feuilles)", (갈퀴와 곁뿌리나 부착근의 도움으로 기어오르는 식물(plantes
grimpantes à l'aide de crochets et de radicelles ou crampons))과 구별되어

그것은 신-다윈주의의 주장도 신-라마르크주의의 주장도 완전히 단념해야 한다는 의미는 아니다. 전자는 진화가 개체에서 개체라기보다는 배아에서 배아로 이루어지기를 원할 때 아마도 옳을 것이고, 후자는 본능의 근원에는 노력(비록 그것이 우리가 믿기에 **지적인** 노력과는 완전히 다를지라도)이 있다고 종국에는 말하게 될 때 그럴 것이다. 그러나 전자는 본능의 진화를 우연적 진화로 만들 때 아마도 잘못을 범한 것이며, 후자는 본능이 진행하는 노력에서 개체적 노력을 볼 때 그럴 것이다. 한 종이 그 본능을 변경하고 자기 자신 또한 변경되는 노력은 분명 더 깊은 것이어야 하며, 단지 상황이나 개체에 의존하는 것은 아닌 것이다. 그것은 개체가 거기에 협조하기는 하지만 오직 개체의 주도에만 의존하지 않으며, 우연이 거기서 넓은 자리를 차지하기는 하지만 순전히 우연적인 것은 아 172 니다.

아닌 게 아니라 막시류의 다양한 종에서 동일한 본능의 다양한 형태들을 서로 비교해 보자. 우리가 가지는 인상은 서로서로 연속

있다. 특히 덩굴식물을 다루는 제III장과 제IV장에는 여러 덩굴식물에 대한 묘사가 나오는데 그 중 가령 Bingonia unguis는 마치 새의 발처럼 막대를 움켜잡고 오르는 것처럼 보인다. 또 덩굴은 마치 감각기관을 가진 것처럼 빛의 방향에 따라 또는 독성물질이 있느냐 없느냐에 따라 달리 방향을 취한다. ― 뒤의 책에는 제VI장의 Catasétidée에 대한 묘사가 가장 본문에 나오는 내용과 부합한다. 거기에는 곤충이 꽃의 어떤 부분을 건드리면 꽃가루가 터져서 그 곤충 전체에 달라붙고 그 곤충이 다른 꽃으로 가면 암술 부분에 닿지 않을 수 없게 되어 수정이 이루어진다는 묘사가 나온다.

적으로 덧붙여지는 요소들에 의해 획득되는 증가하는 복잡성이나 말하자면 어떤 계단을 따라 배열되는 장치들의 상승하는 계열이 줄 인상은 아니다. 적어도 많은 경우에 우리는 오히려 어떤 원주를 생각하며 그것의 다양한 점들로부터 그 다양한 변종들이 출발했을 것이고 그들 모두는 동일한 중심을 바라보고 그 방향으로 노력을 하지만 그들 각각은 자신의 수단을 따라서만, 또한 그들에게 중심점이 밝혀지는 한에서만 서로 접근한다. 다른 말로 하면 본능은 어디서나 완전하지만 다소간 단순화되어 있고 특히 **다양하게** 단순화되어 있다. 다른 한편, 규칙적인 점증화(gradation)가 관찰되는 곳에서 본능은 어떤 계단의 단계를 올라가는 것처럼 유일하고 동일한 방향으로 스스로 복잡해지면서 그들의 본능이 단선적 계열로 분류하는 종들은 그들 사이에 항상 친족관계를 가지는 것과는 거리가 멀다. 그리하여 최근 몇 년간 다양한 꿀벌들(Apides)에서의 사회적 본능에 대해 행한 비교연구는 멜리포나벌(Méliponines)의 본능은 복잡성에서 봉빈벌(Bombines)의 아직 초보적인 경향과 꿀벌(Abeilles)의 완숙한 앎의 중간이라는 것을 확립했다. 그러나 꿀벌과 멜리포나벌 사이에는 친족관계가 있을 수 없다.[*1] 아마도 그 다양한 사회

[*1] Buttel-Reepen, "Die phylogenetische Entstehung des Bienenstaates(꿀벌 사회의 계통발생적 원천)"(*Biol. Cetralblatt*, XXIII, 1903), 특히 108쪽.[112]

---

[112] Buttel-Reepen, "Die phylogenetische Entstehung des Bienenstaates, sowie Mitteilungen zur Biologie der solitären und sozialen Apiden(꿀벌 사회의 계통발생적 원천, 외톨이와 사회적 벌들 사이의 생물학에 대한 정보와 함께)"(*Biol. Cetralblatt*, XXIII, 1903), 4-31, 80-108, 129-153, 183-195쪽.

들 간의 다소간 큰 복잡화는 덧붙여진 요소들의 다소간 상당한 수
에 기인하는 것이 아니다. 우리는 분명 오히려 우선 어떤 수의 조
(ton, 調)로 스스로 전체가 이조되어 다음으로 어떤 것은 매우 단조
롭고, 다른 것은 무한히 복잡하게 다양한 변주가 또한 전체적으로
이루어졌을 어떤 **음악적 주제**(thème musical)를 앞에 두고 있는 것   173
이다. 원래의 주제에 관해서는 그것은 어디에나 있고 아무데도 없
다. 그것을 표상의 용어로 적어두기를 원해도 헛되다. 그것은 아
마도 처음에는 **사유되기**(pensé)보다는 **느껴졌을**(senti) 것이다. 어
떤 말벌(Guêpes)의 마비시키는 본능에 대해 동일한 인상을 가진
다. 다양한 종류의 마비시키는 막시류가 그들의 알을 거미, 풍뎅이
(Scarabée), 애벌레(Chenilles) 위에 낳고, 이들은 어떤 날수동안 움
직이지 않은 채 계속 살 것이며 그리하여 우선 말벌에 의해 능숙한
외과 수술을 받았기 때문에 유충의 신선한 양분으로 봉사할 것이라
는 것을 안다.[113] 죽이지 않고도 움직이지 않게 하기 위해 신경중추
에 주는 주사에서, 막시류의 그 다양한 종들은 그들이 차례로 상대
하는 다양한 종류의 먹이에 따라 조절한다. 점박이꽃무지(Cétoine)

특히 108쪽에는 "땅벌(Hummelen)과 멜리포나벌 사이에는 친족관계가
없다. 그들은 서로 멀지만 멜리포나벌과 트리고나벌〔모두 멜리포나벌의
종류이다-역주〕에서의 사회의 형성은 봉빈벌과 꿀벌 사이의 생물학적으
로 대단히 중요한 단계를 형성한다."고 되어 있다.
113 여기서 맨 앞에 나오는 "다양한 종류의 마비시키는 막시류"는 말벌류를
가리키는 것이고, 그들이 마비시킨 여러 종류의 곤충 위에 알을 낳는 것
이므로 그 곤충들을 마비시킨 것은 결국 말벌이다.

굼벵이를 공격하는 배벌(Scolie)은 한 점만을 찌르지만 그 점에는
운동 신경절들(ganglions moteurs)이 집중되어 있고 그 신경절들만
을 찔러야 하며 다른 신경절들을 찌르면 죽음과 부패를 가져올 것
이고 그것을 피하는 것이 문제이다.*¹ 귀뚜라미(Grillon)를 희생물
로 선택한 노랑날개조롱박벌(Sphex à ailes jaunes)은 귀뚜라미가 그
세 쌍의 발을 움직이는 세 개의 신경중추를 가지고 있다는 것을 알
거나 적어도 아는 것처럼 행동한다. 그는 우선 곤충의 턱밑을 찌르
고, 다음으로 앞가슴(Prothorax) 뒤를, 마지막으로 배의 시발점 부
분을 찌른다.*² 쇠털나나니벌(Ammophile hérissée)은 애벌레의 아

---

*1 Fabre, *Souvenirs entomologiques*(곤충기), 3e Série, Paris, 1890, 1-69
    쪽.114

*2 Fabre, *Souvenirs entomologiques*, 1re Série, 3e édit., Paris, 1894, 93쪽 이
    하.115

---

114 Fabre, *Souvenirs entomologiques*, 3e Série, Paris, 1890, 1-69쪽은 BN의
     Gallica 사이트에서 볼 수 있다. 위의 주 19)에서 언급했듯이 이 책은 이진
     일 역, 『파브르 곤충기』(전10권), 현암사, 2006-2010이 비교적 충실한 번
     역본이다. 지금 인용된 책은 『파브르 곤충기3』의 17-90쪽 부분이다. 점
     박이꽃무지 굼벵이는 점박이꽃무지의 애벌레인데, 배벌은 이 굼벵이의
     목 밑인 제1체절에 모든 신경 절이 하나의 덩어리로 모여 있다. 배벌이 찔
     러야 할 곳은 바로 이곳이다(67쪽).

115 Fabre, *Souvenirs entomologiques*, 1re Série, 3e édit., Paris, Delagrave,
     1894, 93쪽 이하는 번역본 『파브르 곤충기1』의 122쪽 이하이다. 조롱박
     벌은 정확히 여기서 이야기 된 귀뚜라미의 세 부분을 찌른다는 이야기가
     나온다. 다만 번역본에서는 "머리 밑", "앞가슴의 뒤쪽", "배가 연결된 부
     분"이라 번역되어 있다(125쪽).

홉 신경중추에 연속적으로 아홉 바늘을 찌르고, 마지막으로 죽음 없이 마비를 가져오기 충분할 만큼만 머리를 덥석 물고 우물우물 씹는다.*1 일반 주제는 "죽이지 않고 마비시킬 필요성"이다. 변주는 174 조작하는 대상의 구조에 종속된다. 아마도 조작이 항상 완전하게 수행되는 것은 아니다. 최근에 나나니조롱박벌(Sphex ammophile)이 애벌레를 마비시키는 대신에 죽이는 일이 일어나며 또한 때로는 반만 마비시키기도 한다는 것이 증명되었다.*2 그러나 본능이 지성 처럼 잘못을 범하기 때문에, 본능 역시 개체적 격차를 나타내기 쉽 기 때문에, 조롱박벌의 본능이 사람들이 주장하듯 지적인 더듬기에

---

*1 Fabre, *Souvenirs entomologiques*, Paris, 1882, 14쪽 이하.[116]

*2 Peckham, Wasps, solitary and social(사회적 또는 고독한 말벌), Westminster, 1905, 28쪽 이하.[117]

---

116 Fabre, *Souvenirs entomologiques*, Paris, 1882는 Gallica 사이트에서는 "Nouveaux souvenirs entomologiques", Paris, Delagrave, 1892밖에는 찾을 수 없다. 이 책은 장 구분과 쪽수가 이 여기에 표시된 책과도 또 그 것을 따른 번역본과도 다르다. 하여간 원문의 주석에서 언급하는 14쪽 이 하는 제2장 쇠털나나니벌에 대한 장부터이다. 여기에는 쇠털나나니가 애 벌레(송충이)의 신경중추에 9 바늘을 찌르고 머리를 우물우물 씹는다는 이야기가 나온다. 본문의 애벌레는 나중에 거세미나방의 유충임이 밝혀 지는데, 그리하여 번역본은 이를 송충이로 번역한다(『파브르 곤충기2』, 41 쪽 주5).

117 Peckham, Gifford & Williams, *Wasps, social and solitary*, The Riverside press, cambridge, 1905는 요즈음 사진 본으로 접할 수 있다. 28쪽 이하 에는 우선 나나니벌이 애벌레를 일률적으로 9 바늘을 찌르는 것이 아니 라 어떤 것은 7번 찌르고 중간 절은 찌르지 않은 채로 두고 씹기도 하지

의해 획득되었다는 것이 따라 나오는 것이 전혀 아니다. 시간이 이어짐에 따라 조롱박벌이 움직이지 못하게 하기 위해 찔러야 하는 희생물의 요점들과 죽음을 유발하지 않고도 마비가 오게 하기 위해 뇌에 가해야 하는 특별한 처치를 하나하나 더듬기로 알아차리기에 이른다고 가정하더라도 그토록 정확한 인식의 그토록 특별한 요소들이 규칙적으로 하나씩 유전에 의해 전달된다고 어떻게 가정할 것인가? 우리의 모든 현재 경험에서 그런 종류의 전달의 논박할 수 없는 예가 하나라도 있다면, 획득된 형질의 유전은 누구도 반박하지 않을 것이다. 사실상 형성된 습관의 유전적 전이는 그것이 도대체 진실로 이루어진다고 가정하더라도 부정확하고 비규칙적인 방식으로 이루어진다.

그러나 모든 난점은 우리가 막시류의 앎을 지성의 용어로 번역하기를 원한다는 것으로부터 온다. 그때 우리는 조롱박벌을, 애벌레를 아는 곤충학자와 동일시해야 한다. 그가 사태의 모든 나머지를 아는 것처럼, 즉 밖에서 그 점에 관해 특별하고도 생사가 걸린 관심을 갖지 않고도 아는 것처럼. 그러므로 조롱박벌은 곤충학자처럼

않거나, 어떤 것은 역시 7 바늘을 찌르지만 앞과 중간 절만 찌르면서 씹기를 하며, 어떤 것은 한 번만 찌르고 씹기를 오래토록 한다고 보고되어 있다. 또 알을 낳는 자리도 똑 같은 것이 아니다. 마지막으로 먹이가 모두 오랫동안 살아남는 것이 아니고 어떤 것은 2주 동안 살지만 어떤 것은 3일만, 또 어떤 것은 조금 더 길게 산다. 그래서 알이 애벌레 한 마리를 먹어 치우는 동안 다른 것은 죽어서 색깔이 변한다. 그래도 그것을 아무 탈 없이 먹고 자란다. 또 먹이가 움직일 때도 있는데 그때도 알은 계속 살아남았다는 보고이다.

애벌레의 신경중추의 위치를 하나하나 배워야 하고 — 자신의 찌르 기의 결과를 시험하면서 그 위치들에 대한 적어도 실용적 앎을 획 175 득해야 한다는 것이다. 그러나 조롱박벌과 그 희생물 사이에, 애벌 레의 취약점에 대해, 이를테면, 안에서부터 알려줄 **공감**(sympathie) (말의 곤충학적 의미에서)을 가정하면 더 이상 그와 같지는 않을 것 이다. 취약성의 느낌은 외적 지각에 아무것도 빚지지 않고 조롱박 벌과 애벌레 — 두 유기체가 아니라 두 활동으로 생각된 — 의 단지 대 면으로부터도 나올 수 있을 것이다. 그것은 서로의 관계를 구체적 형태로 표현할 것이다. 아닌 게 아니라 과학적 이론은 그런 종류의 고찰에 호소할 수는 없다. 과학적 이론은 유기체 앞에 행동을, 지각 과 인식 앞에 공감을 두어서는 안 된다. 그러나 다시 한번 철학은 여기서 아무 상관이 없거나, 아니면 그것의 역할은 과학의 역할이 끝나는 곳에서 시작한다.

철학이 본능을 "복합 반사(réflexe composé)"[118]라 하건, 지적으로 형성되어 자동운동이 된 습관이라 하건, 선택에 의해 축적되고 고 정된 우연적인 작은 이점들의 총체라 하건, 모든 경우에 과학은 본 능을 지적인 행동방식이나 우리의 지성이 결합하는 장치처럼 조각 조각 구성된 장치로 완전히 해체한다고 주장한다. 나는 분명 과학 이 여기서 그의 역할을 맡고 있기를 원한다. 대상에 대한 실재적 분 석이 없다면 과학은 그 대상에 대한 지적인 용어로의 번역을 제공

---

118 Spencer의 정의이다(*Principes de psychologie*, t. I, Paris, Alcan, 1892, 462쪽). *Ech*., 470쪽, 주 253 참조.

할 것이다. 그러나 과학 자체가 철학이 사태를 다른 측면에서 취하
도록 초청한다는 것을 어떻게 주목하지 않을 수 있겠는가? 우리의
생물학이 아직 아리스토텔레스에 머물고 있다면, 생명체의 계열을
단선적으로 생각한다며, 생명 전체가 지성으로 진화하고 있으며 그
를 위해 감성과 본능을 지나가고 있다고 보여준다면, 지적인 존재
인 우리는 생명의 이전의, 따라서 열등한 현상들로 되돌아가서 그
176 것들을 왜곡시키지 않고 우리 지성의 틀에 들어가게 한다고 주장하
는 권리를 가질 것이다. 그러나 생물학의 가장 분명한 결과 중의 하
나는 진화가 분산적인 노선들을 따라 이루어졌다는 것을 보여주는
것이었다. 우리가 지성과 본능을 거의 순수한 형태로 발견하는 것
은 그 노선들 중 둘 — 가장 중요한 둘 — 의 끝에서이다. 그렇다면 본
능이 왜 지적 요소들로 해체될 것인가? 왜 심지어 완전히 지적인
용어로? 여기서 지적인 것이나 절대적으로 가지적인 것을 생각하
는 것은 아리스토텔레스적 자연론으로 되돌아가는 것이라는 것은
보지 못하는가? 아마도 헤아릴 수 없는 신비 앞에서처럼 본능 앞에
서 완전히 멈추는 것보다는 그리로 되돌아가는 것이 나을지도 모르
겠다. 그러나 본능은 지성의 영역에 있지 않기 위해 정신의 한계 밖
에 자리 잡은 것은 아니다. 느낌의 현상에서, 무반성적인 공감과 반
감에서, 우리는 우리 자신 속에서 분명 더 모호하고 또한 지성이 너
무 스며든 형태로 본능에 의해 움직이는 곤충의 의식에서 일어날
것이 틀림없는 것의 어떤 것을 경험한다. 진화는 본래 함께 침투되
어 있던 요소들을 끝까지 발전시키기 위해 서로서로 떼어놓은 것에
불과하다. 더 정확히는 지성은 무엇보다도 먼저 공간의 한 점을 공

간의 다른 점과, 물질적 대상을 물질적 대상과 관계시키는 능력이
며, 사물 밖에 있으면서 모든 사물에 적용되고, 도대체 깊은 원인에
대해서는 그것의 병치된 결과들로의 분산만을 알아차린다. 애벌레
의 신경체계의 발생으로 번역되는 힘이 무엇이건 우리의 눈과 지성
으로는 신경과 신경 중추의 병치로서만 그것에 도달할 수 있다. 우
리는 그렇게 하여 그 힘의 모든 외적 결과에 도달하는 것은 사실이
다. 조롱박벌로 말하자면 그것은 아마도 결과의 작은 것, 바로 그것
에게 관심이 가는 것만을 파악할 것이다. 적어도 그것은 관심이 가
는 것을 안으로부터 파악하며, 인식의 과정과는 다르게, 우리가 점
쟁이 같은 공감이라 부르는 것과 아마도 닮은 직관(**표상되기**보다는 177
살아진)에 의해 파악한다.

본능에 대한 과학적 이론이 **지적인** 것(l'*intelligent*)과 단순히 **가지
적인** 것(l'*intelligible*) 사이를, 즉 본능을 "떨어진(tombée)" 지성과 동
일시하는 것과 본능을 순수 기계론으로 환원하는 것 사이를 오락
가락한다는 것은 주목할 만한 사실이다.*1 그 두 설명체계 각각은

---

*1   최근 작업들 중에 특히 다음을 보라: Bethe, "Dürfen wir den Ameisen
     und Bienen psychischen Qualitäten zuschreiben?(개미와 꿀벌에 심리
     적 성질을 부과해야 하는가?)"(*Arch. f. d. ges. Physiologie*, 1898)과 Forel, "Un
     aperçu de psychologie comparée(비교 심리학 개관)"(*Année pschologique*,
     1895).119

---

119 Bethe, "Dürfen wir den Ameisen und Bienen psychischen Qualitäten
    zuschreiben?"(*Archiv für die gesamte Physiologie des Menschen und der
    Thiere*, t. XVII, 1898, 15-100쪽). 이 논문은 "개미와 꿀벌에 심리적 성질을

다른 체계에 대해 행하는 비판에서는 승리한다. 전자는 본능은 순수 반사일 수 없다는 것을 보여줄 때, 후자는 본능이 무의식으로 떨어졌을 때조차 지성과 다른 것이라 말할 때 그러하다. 그들은 거기서 어떤 측면에서는 마찬가지로 받아들일 수 있지만 다른 측면에서는 그 대상에 마찬가지로 불충분하다는 것 이외에 무슨 말을 할 것인가?[120] 더 이상 과학적이 아니라 형이상학적인 구체적 설명은

_____

부과해야 하는가?"라는 제목이 제기한 질문에 대해 부정적인 결론을 내린다(86쪽). 개미의 행동은 기계적 반작용이며, 순수 반사작용에 불과하다는 것이다. 그러니까 이 논문은 본문에 나오는 두 번째 입장, 즉 본능을 순수 기계론으로 환원하는 입장을 대변하는 논문이다. — 반면 Forel, "Un aperçu de psychologie comparée"(*L'année pschologique*, t. II, 1895, 18-44쪽)는 Durand(de Gros)의 입장을 적극적으로 받아들여 panpsychisme(모든 것이, 즉 물질도 영혼이 있다는 입장)과 인간영혼의 polipsychisme이나 polizoïsme(즉 인간영혼의 다원성)을 주장한다. 그 결과 곤충의 본능도 인간의 지성과 같은 영혼을 가진 것으로서 다만 그 복잡성에서 인간 뇌의 복잡성을 따라가지 못한다는 것이다. 그리하여 논문의 끝에 가서는 개미도 베르크손이 주장하는 바와 같이 어떤 특수한 기능에만 특성화된 것이 아니라 상황이 바뀌면 거기에 따라 자신의 본능을 조금씩 바꾸어 적응할 수 있는 예를 들고 있다(적이 없던 개미를 큰 덩치의 적이 있는 지역으로 옮기면 집의 출입구를 점점 작게 해서 적이 못 들어오게 한다). 그러나 본문에 나오는 "떨어진 지성"이라는 표현은 없다. *Ech.*에 따르면 Romanes가 그 표현을 사용했다고 한다(*Ech.*, 470쪽, 177쪽 주의 주 참조). 또 본문에서 "본능에 대한 과학적 이론이 지적인 것과 단순히 가지적인 것 사이를 오락가락한다."는 것은 본능을 "떨어진" 지성과 동일시하는 것을 지적인 것으로 보는 입장이라 이해하고, 본능을 순수기계론으로 환원하는 것을 가지적인 것으로 보는 입장이라 이해하면 뜻이 통한다.

120 두 설명 다 본능이 지적 능력임을 받아들이지만, 하나는 지성보다 낮은

완전히 다른 길에서, 지성의 방향이 아니라 "공감"의 방향에서 찾
아져야 한다.

　본능은 공감이다. 그런 공감이 그 대상을 확장하고 또한 스스로
에 대해 반성할 수 있다면 그것은 생명적 작업의 열쇠를 줄 것이다.
― 지성이 발달하고 다시 세워진다면 우리에게 물질을 소개하는 것
과 마찬가지로. 왜냐하면 아무리 반복해도 지나치지 않겠지만 지
성과 본능은 대립되는 두 방향으로, 즉 전자는 무기물로 후자는 생
명으로 향하고 있기 때문이다. 지성은 그것의 작품인 과학을 매개
로 물리적 작업의 비밀을 점점 더 완전하게 제공할 것이다. 생명에
대해서는 무기물의 용어로 된 번역만을 가져다주며 게다가 그것만
을 가져다준다고 주장할 수밖에 없다. 그것은 자신에게로 끌어들이
는 대상으로 들어가는 대신에 그것에 대한 가능한 가장 큰 수의 관 178
점을 밖에서 취하면서 완전히 주변을 돈다. 그러나 **직관**, 즉 편애가
없게 되고, 스스로를 의식하며, 대상에 대해 반성할 수 있고 그것을
무한히 확장할 수 있는 본능이 인도할 것은 생명의 내부 자체이다.
　그런 종류의 노력이 불가능하지 않다는 것은 인간에게 정상적 지
각 옆에 미적 능력이 존재한다는 것이 이미 증명하는 것이다. 우리
의 눈은 생명체의 윤곽을 지각하지만 서로 병치된 것으로이지 서로
유기적으로 조직된 것으로는 아니다. 생명의 의도, 선들을 건너 달

　능력이라는 점에서, 다른 하나는 기계적인 능력이라는 점에서 모두 본능
　이 불충분한 능력이라 생각한다.

리며, 선들을 서로 연결하고 의미를 부여하는 단순한 운동은 그것
을 벗어난다. 예술가가 일종의 공감에 의해 대상의 내부에 다시 자
리 잡고 공간이 그와 대상 사이에 개입시킨 철책(barrière)을 직관의
노력에 의해 낮추면서 다시 포착하기를 노리는 것은 그런 의도이
다. 그런 미적 직관은 게다가 외적 지각과 마찬가지로 개별성에 이
를 뿐이라는 것은 사실이다. 그러나 물리과학이 외부 지각에 의해
표시된 방향을 끝까지 따르면서 개별적 사실들을 일반적 법칙으로
연장하는 것과 마찬가지로 예술과 동일한 방향을 향하며 생명 일반
을 대상으로 취할 연구를 생각할 수 있다. 아마도 그런 철학은 과학
이 그 대상에 대해 가지는 것과 비교될 수 있는 인식을 결코 자신의
대상에 대해 얻지는 못할 것이다. 지성은 빛나는 핵으로 남고, 본능
은 심지어 직관으로 확대되고 순수하게 되더라도 그 주위에 모호한
성운을 이룰 뿐이다. 그러나 순수 지성에 제한된 고유한 의미에서
의 인식이 없다고 하더라도 직관은 지성의 자료가 여기서 가진 불
충분한 것을 파악하게 하고 그것을 보충할 수단을 엿보게 할 수 있
을 것이다. 왜냐하면 한편으로 그것은 지성의 장치 자체를 이용하
여 어떻게 지적인 틀이 여기서 더 이상 정확한 적용을 찾지 못하는
지를 보여줄 것이고, 다른 한편 자신의 고유한 작업에 의해 적어도
179 지적인 틀 대신에 놓아야 할 것에 대한 막연한 느낌을 암시할 것이
기 때문이다. 그러므로 직관은 지성으로 하여금 생명은 다의 범주
에도 일의 범주에도 완전히 들어가지 않으며, 기계적 인과성도 목
적성도 생명의 과정에 대한 충분한 번역을 주지 않는다는 것을 인
정하는 데로 데려갈 수 있을 것이다. 다음으로 직관이 우리와 나머

지 생명체들 사이에 확립할 공감적 소통에 의해, 즉 우리 의식에 대해 그것이 얻을 확장에 의해 직관은 상호 공침투(compénétration)이자 무한히 계속되는 창조인 생명의 고유한 영역으로 우리를 인도할 것이다. 그러나 그에 의해 직관이 지성을 능가한다면 직관이 있는 지점까지 지성을 올라가게 한 진동이 올 것은 지성으로부터이다. 지성이 없다면 직관은 본능의 형태로 그것이 실질적으로 관심을 가지는 특별한 대상에 잡힌 채로 본능에 의해 공간 운동으로 외화된 채로 남아 있었을 것이다.

인식론은 어떻게 지성과 직관이라는 그 두 능력을 고려해야 하는가, 그리고 직관과 지성 사이에 충분히 명료한 구별을 확립하지 못한다면 또한 어떻게 인식론은 유령의 문제들이 걸려 있을 유령의 관념들을 만들면서 풀 수 없는 난점들로 접어드는가를 우리는 좀 더 나중에[121] 보여주려고 시도할 것이다. 그런 측면에서 취한 인식의 문제는 형이상학적 문제와 하나이며 양 문제는 그때 경험으로부터 제기된다는 것을 볼 것이다.[122] 아닌 게 아니라 한편으로는 지성이 물질에, 직관이 생명에 일치한다면, 그것들로부터 그들 대상의 정수를 뽑아내기 위해서는 그것들을 서로에 대고 짜내야 할 것이다. 그러므로 형이상학은 인식론에 매달릴 것이다. 그러나 다른 한편 의식이 이처럼 직관과 지성으로 나뉜다면 그것은 생명의 흐름을 따르는 동시에 물질에 적용되어야 하는 필연성에 의해서이다. 의

---

121 무질서와 무의 문제들에 대해서는 아래의 209-238쪽, 273-298쪽을 보라.
122 아래의 187-193쪽을 보라.

180 식의 이중성은 이처럼 실재의 이중적 형태에 기인할 것이며, 인식
론은 형이상학에 매달려야 할 것이다. 사실 두 연구 각각은 다른 것
으로 인도된다. 그것들은 순환을 이루며, 순환은 진화의 경험적 연
구만을 중심으로 가질 수 있다.[123] 우리가 두 항이 서로 대립된다는
관념과 또한 아마도 그들의 공통 원천에 대한 관념을 형성하는 것
은 단지 의식이 물질을 건너 흐르고, 거기서 길을 잃다가 되찾으며,
나누어지고 재구성되는 것[124]을 바라보면서이다. 그러나 다른 한편
그런 두 요소의 대립과 기원의 공통성에 의존하면서 우리는 아마도
진화 자체의 의미를 더 분명하게 드러낼 것이다.

그러한 것이 우리의 다음 장의 대상일 것이다. 그러나 이미 우리
가 방금 검토한 사실들이 생명을 의식 자체나 그것과 닮은 어떤 것
에 결부시킨다는 생각을 암시할 것이다.

우리가 말하기를[125] 동물계의 전 범위에서 의식은 생명체가 가지
고 있는 선택의 능력에 비례하는 것으로 보인다고 했다. 그것은 행
위를 둘러싼 잠재성의 지역을 밝힌다. 그것은 이루어지고 있는 것
과 이루어질 수 있을 것 사이의 간격만큼의 크기이다. 그러므로 외

---

123 형이상학이 인식론에 의존한다는 생각과 인식론이 형이상학에 의존한다
는 생각이 서로 순환적으로 주장될 수 있으나, 그 문제를 풀 중심점은 진
화의 경험적 연구라는 것이다. 결국 진화의 경험, 즉 존재에 인식이 의존
한다.

124 *Ech.*은 이 부분을 *ES*의 "CV", 19-21과 연결시키고 있다(*Ech.*, 472쪽 주
267). 타당하다.

125 위의 47-49쪽, 126-127쪽, 145쪽을 보라.

부에서 생각하자면 그것을 행동의 단순한 보조자로, 행동이 켜는 빛, 가능적 행동에 대한 실재 행동의 마찰로부터 나타나는 도망치는 듯한 불똥으로 간주할 수 있을 것이다. 그러나 의식이 결과인 대신 원인이라면 사태는 정확히 동일하게 이루어질 것임을 주목해야 한다. 가장 초보적인 동물에게서조차 의식은 권리상 광대한 장을 덮고 있지만 사실상은 일종의 바이스(étau)에 물려 압축되어 있다고 가정할 수 있을 것이다. 신경 중추의 각 진보는 유기체에 더 큰 수의 행동 사이의 선택을 주면서 실재를 둘러쌀 수 있는 잠재성에 호소를 발하고, 그럼으로써 바이스를 느슨하게 하며, 더 자유롭게 의식이 지나가게 할 것이다. 이 두 번째 가설에서는 첫 번째와 마찬가지로 의식은 분명 행동의 도구일 것이다.[126] 그러나 행동은 의식의 도구라 말하는 것이 아직 더 참일 것이다. 왜냐하면 행동과 행동 자신의 복잡화[127]와 행동과 행동의 대결이, 갇힌 의식에게는 가능한 유일한 해방될 수 있는 수단일 것이기 때문이다.[128] 그 두 가설 중 어떻게 선택해야 할 것인가? 첫 번째 가설이 사실이라면 의식은 매 순간 두뇌의 상태를 정확하게 그릴 것이다. 심리적 상태와 뇌의 상태 사이의 평행론(그것이 가지적인 한)은 엄밀할 것이다. 반대로

181

---

126 첫 번째 가설은 의식을 행동의 결과로 보는 가설이며, 두 번째 가설은 의식을 원인, 행동을 결과로 보는 가설이다.

127 행동이 스스로 복잡화되는 것을 말한다.

128 행동이 스스로 복잡해지건 다른 행동과의 대립되건 선택이 이루지려면 의식이 깨어나야 하고, 그러면 의식의 결정에 따라 행동이 이루어지는 것이므로 결국 의식이 원인이고 행동은 결과, 즉 도구가 된다.

두 번째 가설에서는 뇌와 의식 사이에 분명 유대성과 상호 의존성
이 있을 것이지만 평행론은 아닐 것이다. 두뇌가 더 복잡해질수록,
그리하여 유기체가 선택하는 가능적 행동의 수는 증가하지만, 의식
은 더 그것의 물리적 동반자(concomitant)를 넘쳐야 할 것이다. 그
러므로 그들이 보았을 동일한 광경에 대한 기억은 지각이 동일했다
면 개의 뇌와 인간의 뇌를 아마도 동일한 방식으로 변경시킬 것이
다. 그러나 기억은 인간의 의식에서 개의 의식에서와는 완전히 다
름에 틀림없을 것이다. 개에게 기억은 지각의 포로로 남을 것이다.
그것은 유사한 지각이 동일한 광경을 재생산하여 그것을 기억시키
러 올 때에만 깨어날 것이고 그것은 그때 기억 자체의 진정한 재생
에 의해서라기보다는 현재 지각의 **사유되기**보다는 **실연된** 재생에
의해 나타날 것이다. 반대로 인간은 원하는 대로 아무 때나 현재 지
각과 독립적으로 기억을 불러일으킬 수 있다. 그는 지나간 삶을 실
연하는 데 멈추지 않고, 표상하고 꿈꾼다. 기억이 붙어 있는 뇌의
국지적 변형은 여기서나 저기서나 동일하기 때문에, 두 기억 사이
182 의 심리적 차이는 두 두뇌 기제의 세부의 이런저런 차이에 그 이유
를 가질 수 없을 것이며 전체적으로 취한 두 두뇌 사이의 차이에 있
을 것이다. 둘 중 더 복잡한 것이 더 큰 수의 장치를 서로 대결하게
하여 의식을 양자의 속박에서 벗어나 독립에 이르도록 할 것이다.
사태가 이렇게 진행되고 두 가설 중 두 번째가 선택해야 할 것임은
이전 작업에서 의식 상태와 두뇌 상태를 가장 잘 두드러지게 하는
사실들, 정상 재인과 병리적 재인의 사실들, 특히 실어증의 연구에
의해 증명하려고 애썼던 것이다.*1 그러나 그것은 추론 또한 분명

예견하게 했을 것이다. 우리는 스스로와 모순적인 어떤 요청에, 그리고 서로 양립할 수 없는 상징주의의 어떤 혼동에 두뇌 상태와 심리 상태 사이의 등가성의 가설이 놓여 있는지를 보여주었다.*²

그런 측면에서 생각된 생명의 진화는 진정한 관념으로 포섭할 수는 없을지라도 더 명료한 의미를 취한다. 마치 의식의 큰 흐름이 모든 의식이 그렇듯 상호 침투되는 방대한 다수의 잠재성을 가져서 그것이 물질 속으로 침투해 들어간 것처럼 모든 것이 일어난다. 그것은 물질을 유기적 조직화로 이끌었으나 그 운동은 그에 의해 동시에 무한히 느려지고 무한히 나누어졌다. 왜냐하면 한편으로는 의식이 날개를 준비하는 껍질 속의 번데기처럼 선잠이 들었음에 틀림없고 다른 한편 그것이 포함하던 다수의 경향들이 게다가 그 경향들 자체를 표상으로 내재화하기보다는 운동으로 외화하는 유기체

---

*1　『물질과 기억』 제2장과 제3장.
*2　"Le paralogisme psychophysiologique(심리생리학적 오류추리)"(*Revue de métaphysique*, 1904. 11.)[129]

---

129 "Le paralogisme psychophysiologique"(*Revue de métaphysique et de morale*, 1904. 11.) 이 논문은 "Le cerveau et la pensée: une illusion philosophique"라는 제목으로 *ES*에 실렸다. 이 논문은 심신 평행론을 관념론적으로 주장하려면 전체의 부분인 두뇌의 표상이 전체를 표상해야 하므로 부분이 전체라는 생각에 기반을 두고 있으며 또 대상이 완전히 없는 데서 그 대상을 표상할 수 없으므로 기억이라는 현상을 설명할 수 없게 된다. 그러므로 알게 모르게 실재론에 호소해야 한다. 또 그것을 실재론적으로 주장하려면 관념론이 상정하는 사물의 절단을 인정해야 하므로 관념론을 인정할 수밖에 없다고 주장한다.

의 분산되는 연쇄들로 나누어졌기 때문이다. 그런 진화 도중에 어
183 떤 것들은 점점 더 깊이 잠드는 반면 어떤 것들은 점점 더 완전히
각성하였으며, [또] 어떤 것의 마비는 다른 것의 활동을 도왔다. 그
러나 각성은 상이한 두 방식으로 이루어질 수 있었다. 생명, 즉 물
질을 건너게 던져진 의식은 자기 자신에 대해서나 그것이 건너는
물질에 대해 주의를 고정시켰다. 그것은 그리하여 직관의 방향이나
지성의 방향으로 향했다. 직관은 의식과 생명이 자기 자신에 내적
으로 남을 수 있기 때문에 우선은 분명 더 선호할 만한 것으로 보인
다. 그러나 생명체들의 진화의 광경은 그것이 멀리 갈 수는 없었다
는 것을 보여준다. 직관의 쪽에서 의식은 직관을 본능으로 좁혀야
했을 정도로, 즉 관심이 가는 생명의 매우 작은 부분밖에 포함할 수
없을 ― 그것도 그 부분을 거의 보지 못하고 만지면서 음지에서 포함하
는 ― 정도로 그 껍질에 의해 축소된 채 발견되었다. 그 쪽으로 지평
은 즉시 닫혀버렸다. 반대로 의식은 자신을 지성으로 결정하면서,
즉 우선 물질로 집중하면서 이처럼 자신과의 관계에서 외화된 것으
로 보인다. 그러나 바로 외부의 대상에 적용하기 때문에 의식은 그
것들 사이에서 돌아다니고, 그것들이 대립시키는 장애를 우회하며,
무한히 자신의 영역을 넓히기에 이른다. 게다가 일단 해방되면 내
부로 물러가서 아직 자기 속에서 잠자고 있는 직관의 잠재성을 깨
울 수 있다.

그런 관점에서 의식은 진화의 운동 원리로 보일 뿐 아니라, 의식
적 존재 자신들 사이에서 인간은 특권적 위치를 차지하러 온다. 동
물과 인간 사이에는 더 이상 정도의 차이가 아니라 본성의 차이가

있다. 이런 결론이 우리의 다음 장[130]에서 드러나기를 기다리면서 우리의 앞선 분석들이 어떻게 그것을 암시하는지를 보자.

한 발명의 결과들과 그 발명 자체 사이의 놀랄 만한 불균형은 주 184 목할 가치가 있는 사실이다. 우리는 지성이 물질의 전형을 따른 것이고 우선은 제작을 겨냥한 것이라 말했다.[131] 그러나 지성은 제작하기 위해 제작하는가, 아니면 본의 아니게 심지어 무의식적으로 완전히 다른 것을 추구하는가? 제작한다는 것은 물질에 형태를 주며(informer), 그것을 부드럽게 만들고, 복종시키고, 그 주인이 되기 위해 그것을 도구로 전환시키는 것에서 성립한다. 인류에게 이득이 되는 것은 발명 자체의 물질적 결과보다 훨씬 더 그런 **지배**(maîtrise)이다. 우리가 지적 동물이 그렇게 할 수 있는 것처럼 제작된 대상으로부터 직접 이득을 끌어낸다면, 심지어 그런 이득이 발명가가 찾던 모든 것이라면, 그것은 발명이 모든 측면에서 나타나게 할 수 있는 새로운 관념과 새로운 감정과 비교하면 미미한 것이다. 발명이 마치 우리를 우리 자신 너머로 끌어올리고 그에 의해 우리의 지평을 넓히는 것을 본질적 결과로 갖는 것처럼. 결과와 원인 사이의 불균형은 여기서 너무도 커서 원인이 결과를 **낳은** 것으로 간주하는 것이 어려울 정도이다. 그것은 사실 결과에 방향을 부여하면서 결과를 **촉발한다**(déclenche).[132] 결국 모든 것은 마치 지성의

---

130 아래의 263-265쪽을 보라.

131 위의 140-141쪽을 보라.

132 촉발에 의한 인과성에 관해서는 위의 73-75쪽 참조.

물질에 대한 지배(mainmise)는 물질이 정지시키는 **무언가가 벌어지게 하는 것**을 주요 목적으로 하고 있는 것처럼 진행된다.[133]

동일한 인상이 인간의 뇌와 동물의 뇌의 비교로부터 드러난다. 차이는 우선 크기와 복잡성의 차이에 불과한 것으로 보인다. 그러나 그 기능에 의해 판단하건대 분명 다른 것이 또한 있음에 틀림없다. 동물에게 뇌가 만들기에 이르는 운동 장치나 다른 말로 그 의지가 형성하는 습관은 그 습관에서 그려지고 장치 속에 축적된 운동을 성취하는 것 이외의 목적이나 결과를 갖지 않는다. 그러나 인간에게 운동 습관은 첫 번째 것과 통약 불가능한 두 번째 결과를 가질 수 있다. 그것은 다른 운동 습관을 실패하게 하고 그에 의해 자동성을 길들여서[134] 의식을 자유롭게 할 수 있다. 언어가 인간의 뇌에서 어떤 방대한 영역을 차지하는지는 주지하는 바이다. 단어에 상응하는 뇌의 장치는 그것들이 다른 장치들, 가령 사물 자체에 상응하는 장치들과 대결하거나 서로가 서로와 대결할 수 있다는 특별한 점을 갖는다. 그 동안 행위의 성취에 유인되고 빠져 있었을 의식은 자신을 다시 찾아서 해방된다.[*1] [135]

185

....

*1 우리가 이미 인용할 기회를 가졌던 지질학자 N. S. Shaler는 탁월하게 말한다. "인간에 도달할 때 우리는 정신의 육체에 대한 종속이 무너지는 것

─────

133 "물질이 정지시키는 무언가가 벌어지게 한다(lasser passer quelque chose que la matière arrête)"는 것은 정지된 것을 일어나게 해서 거기서 무슨 일이 벌어지면 그 일을 즐긴다, 향유한다는 뜻이다.

134 길들인다는 것은 자동성이 작동되는 것을 막아서 다른 길로 갈 수 있게 한다는 것.

그러므로 차이는 피상적 검토가 믿게 하는 것보다 더 근본적이어
야 한다. 그것은 주의를 빨아들이는 장치와 정신을 딴 데로 돌릴 수
있는 장치 사이에서 발견할 차이이다. 뉴커먼(Newcomen)[136]이 생
각한 대로의 원시적 증기기관은 증기를 실린더로 주입시키기 위해
서든 응축을 위한 찬물을 붇기 위해서든 오로지 밸브를 작동시키는

을 발견하는 것처럼 보이며, 지적인 부분이 놀라운 속도로 발달하고 신체
의 구조는 본질적인 것에서 동일하게 남는다." (Shaler, *The interpretation of
nature*(자연의 해석)』, Boston, 1899, 187쪽).[137]

---

135 여기는 내용이 조금 어려운데, 각 단어에 상응하는 뇌의 장치는 그 단어
가 가리키는 일을 하게 할 뿐만 아니라 다른 것도 생각하게 하여 그것이
서로 대립되고, 그리하여 거기서 의식이 깨어나 자기 자신을 찾을 수 있
게 한다는 말이다. 즉 바로 다음에 설명이 나오듯이 "주의를 빨아들이는
장치와 정신을 딴 데로 돌릴 수 있는 장치 사이에서 발견할 차이"를 보여
준다는 것이다.

136 영국의 침례교회의 목사였던 뉴커먼은 탄광의 갱도에서 발생하는 물을
퍼내기 위한 증기 기관을 발명했다. 시소의 한 쪽에는 물을 끓이는 기관
을 달고 다른 쪽에는 물을 퍼내기 위한 펌프를 달아서 기관에서 압력이
올라가면 그에 따라 피스톤이 올라가는 반면 다른 쪽(펌프)은 내려가며,
그 기관에 찬물을 주입해주면 압력이 내려가서 피스톤도 내려가고 다른
쪽이 올라가는 방식의 증기기관을 만들었다. 아이가 작동해야 할 밸브는
뜨거운 증기를 실린더 속으로 주입시킬 때와 찬물을 넣어 줄 때에 작동해
야 했다.

137 Shaler는 위의 134쪽의 원주 1 각주 61)에서 언급되었던 사람인데, 여기
서는 다른 책인 *The interpretation of nature*, Boston, 1899.를 인용하고
있다. 187쪽은 이 책의 제4장 "세대의 행진(The march of generations)"의
마지막 결론으로서 "정신력의 진보(Advance in mental power)"라는 소제

책무를 가진 한 인원의 존재를 필요로 했다. 그 작업에 고용된 아이
가 그것을 하는 것이 매우 지겨워져서 밸브의 손잡이를 기계의 시
소에 줄로 연결하자는 생각을 하게 되었다는 이야기가 있다.[138] 그
때서부터 기계는 스스로 밸브를 열었다 닫았다 했다. 기계는 완전
히 혼자 작동했다. 이 두 번째 기계의 구조를 첫 번째와 비교했을
관찰자는 감시 임무를 맡은 두 아이[139]는 주목하지 않고 가벼운 복
잡화의 차이만을 발견했을 것이다. 사실 기계만을 봤을 때 그것이
알아차릴 수 있는 모든 것이다. 그러나 아이들에 시선을 던진다면
한 아이는 감시에 몰두해 있고 다른 아이는 마음대로 놀 수 있는 자
유가 있으며, 그 점에서 두 기계 사이의 차이는 첫 번째의 것은 주
의를 사로잡고 있고 두 번째의 것은 휴가를 주기 때문에 근본적이
라는 것을 본다. 우리가 믿기에 동일한 종류의 차이를 동물의 두뇌
와 인간의 두뇌 사이에서 발견할 것이다.

요는, 목적성의 용어로 표현하기를 원한다면 의식은 스스로를 해
방하기 위해 유기적 조직을 한편으로는 동물, 한편으로는 식물이라
는 두 보완적 부분으로 나누지 않을 수 없게 된 다음 본능과 지성이

목이 붙어 있다. 인용부호 안에서 인용되어 있지만 문장은 조금 다르다.
정확히는 "인간에서만 몸은 비교적 불변적이고 새로운 발달 노선을 열어
젖힐 능력을 보이지 않는다는 것을 우리는 발견한다. 반면, 지적인 능력
은 진보의 가능성에서 거의 무한하게 보인다."고 되어 있다.

138 이 아이는 Humprey Potter라는 아이였고 1713년에 본문과 같은 개선을
시행했다고 한다(*Ech.*, 471쪽, 주 281 참조).

139 첫 번째와 두 번째 기계의 두 아이(두 번째 기계에도 아이가 있다면).

라는 이중적 방향으로 출구를 모색했다고 말해야 할 것이다. 본능
과 함께는 찾지 못했고 지성 쪽에서는 동물에서 인간으로의 갑작스
러운 도약에 의해서만 그것을 얻었다. 결국 최후의 분석에서 인간
은 우리 행성의 생명의 전체 유기적 조직의 존재 이유일 것이다. 그
러나 그것은 거기서 말하는 방식에 지나지 않을 것이다. 사실상은
존재의 어떤 흐름과 〔그에〕 적대적인 흐름밖에 없다. 거기서부터
모든 생명의 진화가 온다. 이제 그 두 흐름의 대립을 점점 더 가까
이 조여들어가야 한다. 아마도 그렇게 하여 우리는 그들에게 공통
의 원천을 발견할 것이다.[140] 그에 의해 우리는 아마 또한 형이상학
의 가장 어두운 지역으로 뚫고 들어간다. 그러나 우리가 따라야 할

---

140 이 구절이 아마도 베르크손이 일원론을 생각하지 않았나 하는 의심을
하게 하는 유일한 구절일 것이다. 그러나 제III장의 "물질의 이상적 발생
(génèse idéale de la matière)"의 논의를 보면 생명의 숨(souffle)이 올라가
다 떨어질 때 폭죽이 올라가다 떨어지는 것처럼 그 잔해로서 물질이 형성
된다는 이야기밖에 없다. 그것은 물질의 원천이 생명이 아닌가 하고 의심
할 수 있는 측면이지만 그러나 생명이 그렇게 떨어지려면 떨어질 수 있
는 기반이 미리 깔려 있어야 한다(즉, 떨어질 수 있어야 한다). 이 세상에 생
명만 있다면 떨어질 이유가 없지 않은가? 그렇기 때문에 생명과 다른 원
리(물질이 아니라면 공간성)를 놓을 수밖에 없다. 베르크손 철학은 이원론
이다. 적어도 형이상학이 지성의 작업이라면 지성의 작업은 그렇게 갈라
지는 두 원리를 놓을 수밖에 없다. 이 점에 대해서는 졸고 "베르크손은 일
원론자인가?"(『철학』, 제98집, 2009. 2.) 참조. 2007년 서울에서 열린 "『창
조적 진화』 발간 100주년 기념 세미나"에서 위의 논문을 발표했을 때 A.
François는 그런 이원론을 놓는 이유는 무엇인가? 그 이원론의 원천은 무
엇인가? 하고 물었다. 나는 그때 모르겠다고 말했는데, 그것은 내 불어가

두 방향이 한편으로는 지성에, 다른 편으로는 본능과 직관에 표시되어 있기 때문에 우리는 길을 잃을까 두려워하지 않는다. 생명의 진화의 광경은 인식에 대한 어떤 견해와 또한 상호 내포된 어떤 형이상학을 암시한다. 일단 드러나면 그런 형이상학과 비판은 이번에는 진화 전체에 대한 어떤 빛을 던질 수 있을 것이다.

짧아서 복잡한 이야기를 다 할 수 없었기 때문에 그렇게 넘긴 것뿐이고 사실은 그렇게 묻는 것 자체가 형이상학을 모르기 때문이라고 답해야 했다. 모든 것을 하나로 설명할 수 있는 일원론이면 간단해서 좋긴 하지만 형이상학이라고 무조건 위로만 올라가서 일원론을 마음대로 상정할 수는 없고 올라갈 수 있는 데까지만 올라갈 수 있을 뿐이다. 사실은 이원론도 베르크손에서 한껏 올라간 것이고, 플라톤에서처럼 삼원론(peras, poioun, apeiron)에 머물러야 할지도 모른다. 물질도 생명의 흐름에 의해 어느 정도 들어 올려져야 하는 것이긴 하지만 폭죽은 올라가다 떨어진다. 폭죽은 결국은 떨어져야 한다는 사실은 여전히 타당하다. 아니 바로 두 줄 앞에 "사실 상은 존재의 어떤 흐름과 〔그에〕 적대적인 흐름밖에 없다. 거기서부터 모든 생명의 진화가 온다."고 말하지 않았는가? 왜 그것은 주목하지 않는가?

제3장

생명의 의미에 대하여
자연의 질서와 지성의 형태

제1장의 도중에 우리는 유기적인 것과 비유기적인 것 사이의 구분 선을 그었으나, 물질의 비유기적 물체로의 분할은 우리 감각과 지성에 상대적이고, 나누어지지 않은 전체로서 생각된 물질은 사물이기보다는 흐름(flux)임에 틀림없다고 지적했다.[1] 그에 의해 우리는 타성적인 것과 살아 있는 것 사이의 접근을 위한 길을 준비했다.

다른 한편 우리는 제2장에서 지성과 본능 사이에 동일한 대립이 재발견됨을, 즉 본능은 생명의 어떤 결정에 일치하며 지성은 무기물의 형태에 따라 만들어진 것임을 보였다.[2] 그러나 지성과 본능은 더 좋은 말이 없어서 의식 일반이라 불릴 수 있을 것이며 보편적 생

---

1 위의 7-11쪽을 보라. 물질은 플럭스이지만 물체는 그 플럭스를 단일한 몸체를 가진 사물로 자른 것이다.

2 위의 136-180쪽을 보라.

명과 동외연적(coextensif)임에 틀림없는 유일한 기반 위에서 서로 갈라졌다고 덧붙였다.[3] 그에 의해 우리는 그것을 감싸고 있는 의식으로부터 출발하여 지성을 낳을 수 있는 가능성을 엿보게 했다.

그러므로 물체의 발생과 동시에 지성의 발생 ─ 우리 지성의 큰 선이 물질에 대한 우리 행동의 일반적 형태를 그리고, 물질의 세부가 우리 행동의 요청에 조정되는 것이 사실이라면 분명 서로 상관적인 두 작업 ─ 을 시도할 때가 온 것 같다. 지성성(intellectualité)과 물질성(matérialité)은 세부에서 상호 적응에 의해 구성되었을 것이다. 양자는 더 넓고 더 높은 존재의 형태로부터 파생되었을 것이다. 그것들이 거기서 나오는 것을 보기 위해서는 그것들을 거기로 다시 위치시켜야 할 것이다.

그와 같은 시도는 우선 무모함에서 형이상학자들의 가장 힘겨운 사변을 넘어서는 것으로 보일 것이다. 그것은 심리학보다 더 멀리, 우주발생론보다 더 멀리, 전통 형이상학보다 더 멀리 간다고 주장할 것이다. 왜냐하면 심리학, 우주발생론, 형이상학은 그것이 가진 본질적인 것에서 지성을 가지고 출발하는 데 반해, 여기서는 지성을 그 형식이나 내용에서 태어나게 하는 것이 문제이기 때문이다. 우리가 곧 보게 할 것처럼 그 작업은 사실 훨씬 더 겸손하다. 그러나 우선 어디서부터 그것이 다른 것과 구별되는지를 말하자.

심리학부터 시작하자면 그것이 동물의 연쇄를 통해 지성의 점진적 발달을 따를 때, 그것이 지성을 **낳는다**(engendrer)고 믿어서는

3   위의 180-186쪽을 보라.

안 된다. 비교 심리학은 한 동물이 더 지적일수록 그것이 사물을 사용하는 행동에 대해 반성하고 그리하여 인간에 접근하는 경향을 더가진다는 것을 알려준다. 그러나 그 행동들은 이미 그 자체에 의해인간 행동의 주요 노선들을 채택했으며, 물질계에서 우리가 구별하는 것과 동일한 방향들을 구별해 내고, 동일한 관계에 의해 서로 연결된 동일한 대상에 의지한 결과, 동물의 지성은 고유한 의미에서의 개념을 형성하지는 않지만 이미 개념적 분위기 속에서 움직이고있다.[4] 그런 분위기로부터 나오는 행위와 태도에 의해 매순간 흡수되며 그 대상들에 의해 밖으로 이끌리고 그리하여 스스로와의 관계에서 외화되어 그것은 아마도 표상을 사유하기보다는 실연한다. 적어도 그 놀이는 이미 대체로 인간 지성의 도식을 그리고 있다.[*1] 그러므로 인간의 지성을 동물의 지성으로 설명하는 것은 단지 인간의배아를 인간으로 발달시키는 데서 성립한다. 사람들은 어떻게 어떤방향을 점점 더 지적인 존재가 점점 더 멀리 따라갔는가를 보여준다. 그러나 방향을 놓는 순간 지성을 가지는 것이다.

189

스펜서와 같은 우주 발생론에서도 또한 지성을 가진다. 그와 동시에 물질을 가지는 것과 마찬가지로. 사람들은 우리에게 법칙에

---

*1   우리는 그 점을 『물질과 기억』, 제2장과 제3장, 특히 78-80쪽과 169-186
     쪽에서 발전시켰다.[5]

---

4   동물도 인간이 구별해낸 사물계 내에서 움직이고 있으므로 인간과 같은
     개념적 분위기에서 움직이고 있다고 말할 수 있다.
5   Quadrige 판(5와 *Ech.*)으로는 86-88쪽과 170-185쪽이다.

복종하는 물질과, 일정한 관계에 의해 대상에 연결되는 대상과, 사실에 연결되는 사실과, 그리고 그 관계와 그 법칙의 자국을 받아들이고 그리하여 자연의 일반적 형식을 채택하고 지성으로 자신을 결정하는 의식을 보여준다. 그러나 대상과 사실을 놓자마자 지성이 가정된다는 것을 어떻게 보지 않을 수 있는가?[6] 물질의 본질에 대한 모든 가설들을 떠나 선험적으로 한 물체의 물질성이 우리가 그것을 만지는 점에서 정지하지 않는다는 것은 분명하다. 그것은 그 영향이 느껴지는 모든 곳에 현존한다. 그런데 단지 그것만 말하자면 물질의 인력은 태양에서도, 행성들에서도, 아마 우주 전체에서도 작용된다. 물리학이 진보할수록 그것은 게다가 물체와 심지어 과학적 상상력이 물체를 해체하기 시작한 미립자의 개체성을 지운다. 물체와 미립자는 보편적 상호 작용으로 녹아드는 경향을 가진다. 우리의 지각은 사물 자체보다는 분명 더 사물에 대한 우리의 가능적 행동의 그림을 제공한다. 대상에서 우리가 발견하는 윤곽은 단지 우리가 그것에 닿아서 변경시킬 수 있는 것을 표시한다. 우리가 물질에서 그려지는 것으로 보는 선들은 우리가 돌아다니도록 호출되는 선들 자체이다. 윤곽과 길은 물질에 대한 의식의 행동이 준

190 비됨에 따라, 즉 대체로 지성이 구성됨에 따라 분명해진다. 우리와 다른 가지(plan)[7] 위에서 구성된 동물들, 가령 연체동물이나 곤충

---

6 스펜서에 대항한 이 중요한 논점에 관해서는 위의 154쪽, 아래의 365-367쪽 참조.

7 여기서 "plan"이란 각 동물이 생성이 이루어진 진화의 가지를 말한다. 그래서 "가지"라 번역한다.

같은 것은 물질을 동일한 분절을 따라 자르는지는 의심스럽다. 심지어 그들이 물질을 물체로 자르는 것도 필요치 않다. 본능의 표시를 따르기 위해 **대상**(objets)을 지각하는 것도 전혀 필요치 않고 **속성**(propriétés)을 구별하는 것으로 충분하다. 반대로 지성은 가장 저급한 형태에서조차 이미 물질이 물질에 작용하게 하는 것을 희망한다. 어떤 측면에서 물질이 능동자(agents)와 수동자(patients)[8]로의 분할이나 또는 더 단순하게 공존하고 구별되는 조각들로의 분할을 준비하고 있다면 그 측면에서 지성은 볼 것이다. 그리고 지성이 나누는 데 더 몰두할수록 지성은 더, 아마 공간성으로 향하지만 그 부분들이 아직 상호 내포와 침투의 상태에 있는 물질을 연장에 병치된 연장의 형태로 공간에 펼쳐놓을 것이다.[9] 그러므로 정신을 지성으로, 즉 구별되는 개념으로 자기결정하게 하는 동일한 운동이 물질을 서로 분명히 외적인 대상들로 조각내게 할 것이다. **의식이 지성화할수록 물질은 공간화 한다.** 그것은, 진화론적 철학은 우리 행동이 따를 선 자체를 따라 잘려진 물질을 공간에서 표상할 때 그것이 낳는다고 주장한 지성을 미리 완성된 것으로 가진다고 말하는 것이다.

---

8 어려운 "능동자"나 "수동자"라는 말을 썼지만, 말 그대로의 의미보다는 운동을 일으키는 것과 받는 것의 구별이라 생각하면 된다. 가령 두 당구 공 중에서 가서 때리는 것과 그 때림을 겪는 것 정도의 구별로 보면 된다.

9 물질은 그 자체 완전히 공간으로 펼쳐진 것이 아니라 어느 정도 상호침투하고 상호 내포하는 측면을 가지지만(가령 질을 가진다), 지성은 그 측면을 무시하고 병치된 연장의 형태로 자르는 데 주력한다.

사유의 범주를 선험적으로 연역할 때 형이상학은 동일한 종류이지만 더 섬세하고 자기 자신에 대해 더 의식적인 작업에 종사한다. 지성을 쥐어짜서, 그 정수로 환원시키고, 너무나 단순하여 비었다고 믿을 수 있을 원리 속에 유지하도록 한다. 그런 원리로부터 다음으로 가능적으로 거기에 넣었던 것을 끌어낸다. 그에 의해 아마 지성의 자기 자신과의 정합성을 보여주고, 지성을 정의하며, 그 정형을 주지만 그 발생은 전혀 재추적하지 않는다. 피히테와 같은 작업은 사물의 진정한 질서를 더 존중한다는 점에서 스펜서보다는 더 철학적일지언정 그것보다는 거의 더 멀리 이끌고 가지는 않는다. 피히테는 사유를 집중의 상태에서 취하여 실재로 확장한다. 스펜서는 외부 실재에서 출발하여 그것을 지성으로 다시 응축시킨다. 그러나 이 경우든 저 경우든 응축된 것이건 만개한 것이건, 직접적인 시각에 의해 자신 속에서 파악된 것이건 거울에서처럼 자연에서의 반사에 의해 파악된 것이건, 지성을 가지고 출발해야 한다.

그 점에 대한 대부분의 철학자들의 일치는 그들이 자연의 단일성을 긍정하고 그런 단일성을 추상적이고 기하학적인 형태로 표상하는 데 일치하는 것에서 온다. 그들은 유기적인 것과 비유기적인 것 사이의 단절을 보지도 않고 보기를 원치도 않는다. 어떤 이들은 비유기적인 것으로부터 출발하여 그것을 자기 자신과 함께 복잡하게 만들면서 살아 있는 것을 재구성한다고 주장한다. 다른 이들은 우선 생명을 놓고 능숙하게 조절된 점감(decrescendo)에 의해 무기물로 향한다. 그러나 이쪽이든 저쪽이든 자연에는 정도 — 첫 번째 가설에서는 복잡성의 정도, 두 번째 가설에서는 강함의 정도[10] — 의 차이밖에 없다. 일단 그 원리가 받아들여지면 지성은 실재만큼 넓어진다. 왜냐하면 사물에 있는 기하학적인 것은 인간 지성에 완전히 접근 가능하다는 것은 부인할 수 없기 때문이다. 그리고 기하학과 나머지 사이의 연속성이 완벽하다면 모든 나머지는 마찬가지로 가지적이고, 마찬가지로 지적이다.[11] 그와 같은 것이 대부분의 체계들의 요청이다. 서로 어떠한 접촉점도, 어떠한 공통의 척도도 가지지 않는 것으로 보이는 이론들, 가령 피히테와 스펜서 ─ 우리가 방금 우연히 서로 접근시킨 두 이름 ─ 의 이론들을 서로 비교하면 그 점을 쉽사리 확신할 것이다.

그러므로 그런 사변의 밑바닥에는 자연이 하나라는 것과 지성은 그것 전체를 감싸는 것을 기능으로 가진다는 두 확신(상관적이고 상보적인)이 있다. 인식의 능력은 경험의 총체와 동외연적이기 때문에 그것을 낳는 것은 더 이상 문제가 될 수 없다. 지평을 포괄하기 위해 시각을 사용하듯이 인식능력은 주어져 있고 그것을 사용한다. 결과의 가치에 대해 견해가 다를 것이라는 것은 사실이다. 어떤 이에게는 지성이 껴안는 것은 실재 자체이며, 다른 이에게 그것은 실재의 환영일 뿐이다. 그러나 환영이건 실재건 지성이 파악하는 것은 파악할 수 있는 것의 총체로 간주된다.

그에 의해 개인적 정신의 힘에 대한 철학의 과도한 믿음이 설명

192

---

10 첫 번째 가설은 스펜서, 두 번째 가설은 피히테.

11 "가지적(intelligible)"인 것은 물질적 대상에 대한 수식이며, "지적(intelligent)"인 것은 그것을 파악하는 의식에 대한 것이지만 그 둘이 모두 지성적인 것이므로 결국 일치하게 된다.

된다. 그것이 독단적이건 비판적이건, 우리 인식의 상대성에 동의하건 절대에 자리 잡는다고 주장하건, 철학은 일반적으로 한 철학자의 작품이며, 전체에 대한 유일하고 전반적인 시각이다. 그것은 취해야 하거나 버려야 한다.

우리가 주장하는 철학은 더 겸손하며, 또한 유일하게 보완되거나 완성될 수 있는 것이다. 우리가 생각하는 인간 지성은 동굴의 비유 (allégorie)에서 플라톤이 보여주었던 것이 전혀 아니다. 그것은 헛된 그림자가 지나가는 것을 보는 것도, 뒤를 돌아서 빛나는 별을 보는 것도 기능으로 가지지 않는다. 그것은 해야 할 다른 것을 가지고 있다. 밭가는 소처럼 무거운 업무(tâche)의 멍에를 쓰고 우리는 근육과 관절의 놀림과 쟁기의 무게와 땅의 저항을 느낀다. 행동하고 자신이 행동하고 있는 것을 알며, 실재와 접촉해 들어가고 심지어 실재를 사는 것이지만 단지 이루어지는 작업과 패는 고랑에 관계된 한에서만 그렇게 하는 것, 이것이 인간 지성의 기능이다. 그러나 우리가 일하고 사는 힘 자체를 길어내는 호의적인 흐름[12]에 우리는 잠겨 있다. 우리가 잠겨 있는 그 생명의 대양으로부터 우리는 끊임없이 무언가를 희망하며, 우리는 우리의 존재나 적어도 그것을 인도하는 지성이 거기서 일종의 국지적 고체화[13]에 의해 형성된다는 것

---

12 바로 다음에 나오듯이 이것은 생명의 흐름이다. A. François가 잘 지적한 바와 같이 이 구절은 지성이라는 핵심을 둘러싸고 있는 직관의 가장자리라 이해해야 한다(*Ech.*, 475쪽, 주 22 참조).

13 개별적 유나 생명체, 또는 인간에서의 지성은 생명의 흐름으로부터 굳어진 무엇이다.

을 느낀다. 철학은 다시금 전체로 녹아들려는 노력에 불과할 수밖에 없다. 지성은 그 원리로 다시 흡수됨으로써 자기 자신의 발생을 거꾸로 다시 살 것이다. 그러나 작업은 더 이상 갑자기 완성될 수 없을 것이다. 그것은 필연적으로 집단적이고 점진적일 것이다. 그것은 인상들의 교환에서 성립할 것이며, 그 인상들은 서로 수정되고 또한 포개지면서 우리 속에서 인간성을 확장하고 인간성이 스스로를 넘어서는 것을 얻는 것으로 끝날 것이다.

그러나 그 방법은 정신의 가장 뿌리 깊은 습관들을 대항자로 가진다. 그것은 즉시 악순환의 관념을 암시한다. 당신이 지성보다 더 멀리 간다고 주장해 봐야 소용없다고 사람들은 말할 것이다. 즉, 지성 자체를 가지고서가 아니라면 어떻게 그렇게 할 것인가? 당신의 의식 속에 있는 모든 밝은 것은 지성이다. 당신은 당신의 사유 안에 있으며, 거기서 나올 수는 없을 것이다. 원한다면 지성이 진보할 수 있고, 그것은 점점 더 큰 수의 사물들에 대해 점점 더 밝게 볼 것이라고 말하라. 그러나 그것을 낳는다고는 말하지 말라. 그것의 발생을 행할 것도 역시 지성을 가지고서이기 때문이다.

반대는 자연스럽게 정신에 떠오른다. 그러나 그와 같은 추론을 가지고는 무엇이든 새로운 습관을 획득할 수 없다는 것 또한 분명 증명할 수 있을 것이다. 우리를 주어진 것의 순환에 가두는 것은 추론의 본질에 속한다. 그러나 행동은 순환을 부순다. 사람이 수영하는 것을 본 적이 없었다면 당신은 아마 수영은 불가능한 것이라 말할 것이다. 수영하기를 배우려면 물에서 떠 있는 것, 따라서 이미 수영할 줄 아는 것으로부터 시작해야 할 것이니까. 사실 추론은 항상 나를 단단한 땅에 못박아 둘 것이다. 그러나 내가 무서워하지 않고 그냥 물속으로 뛰어 든다면 나는 우선 물을 치면서 그럭저럭 물에 떠 있을 것이며, 점점 그 새로운 환경에 적응할 것이고, 수영하기를 배울 것이다. 이처럼 이론 상 지성에 의한 것과 다르게 인식하기를 원하는 것에는 일종의 부조리가 있다. 그러나 위험을 허심탄회하게 받아들이면 행동은 아마 이성이 묶어놓고 풀지 않을 매듭을 잘라버릴 것이다.

    게다가 우리가 자리 잡은 관점을 더 채택할수록 위험은 덜 큰 것으로 보일 것이다. 우리는 지성이 더 넓은 실재로부터 떨어져 나왔으나 둘 사이에는 결코 명료한 단절이 없다는 것을 보여주었다.[14] 개념적 사유의 주변에 그 원천을 상기시키는 불분명한 가장자리가 존속한다. 더하여 우리는 지성을 응축의 길을 통해 형성되었을 굳은 핵에 비교했다.[15] 그 핵은 그것을 둘러싸고 있는 흐름과 근본적으로 다르지 않다. 그것이 동일한 실체(substance)로 이루어졌기 때문에만 흐름에 다시 흡수될 것이다. 물에 뛰어드는 자는 굳은 땅의 저항밖에 모르기 때문에 새로운 환경의 유체에 대고 손을 치지 않으면 즉시 익사할 것이다. 그는 물이 아직도 주고 있는 말하자면 고체적인 것에 달라붙지 않을 수가 없다. 그런 조건 아래에서만 물이 가진 불안정한 것 속에서 끝내는 유체에 적응하게 된다. 도약하기

14　위의 136-186쪽을 보라.

15　위의 서론 IX, 46-47, 49-50, 136-137, 178, 193쪽을 보라.

를 결정했을 때 사유에 대해서도 마찬가지이다.

　그러나 사유는 도약해야 한다. 즉, 그 환경에서 나와야 한다. 자신의 능력에 대해 추론하는 이성은 결코 그 능력을 확장하는 데 이르지 못할 것이다. 그 확장이 일단 이루어지면 전혀 비이성적이라 보이지 않을지라도. 걸음을 주제로 수많은 변주를 연주해 봐도 소용없을 것이다. 거기서부터 수영하기 위한 규칙은 끌어낼 수 없을 것이다. 물에 들어가라. 그리고 수영할 줄을 알 때 수영의 기제가 걸음의 기제와 결부되어 있다는 것을 이해할 것이다. 수영은 걸음을 연장하고 있으나, 걸음이 수영으로 들어가게 하지는 않을 것이다. 그러므로 지성의 기제에 대해 원하는 만큼 지적으로 사변할 수 있 195 을 것이나, 그 방법으로는 결코 그것을 능가하는 데 이르지는 못할 것이다. 더 복잡한 것은 얻을 것이나, 더 우월한 것이나 단지 다른 것도 얻지 못할 것이다. 사물에 폭력을 가해야(brusquer) 하고, 의지의 행위에 의해 지성을 자신의 집 밖으로 밀어내어야 한다.

　그러므로 악순환은 외양적인 것에 불과하다. 우리가 믿기로 완전히 다른 철학하는 방법에서 악순환은 반대로 실재적이다. 철학은 인식의 이론과 인식된 것의 이론 사이, 형이상학과 과학 사이에 순수 지성주의가 확립한 관계[16]를 받아들일 수도 없고, 들어서도 안 된다는 것을 증명하기 위해서만이라 하더라도 그것이 몇 마디로 우

16　인식론은 인식된 것에만 기반을 두고 이야기 될 수 있고, 형이상학은 과 학이 확립한 것에만 기초한다는 것, 즉 과학이 확립한 사실과 관계를 존 중해야 하는 관계를 말한다. 곧 이어지는 과학과 철학에 대한 설명에서 분명해진다.

리가 말하고자 했던 것이다.

첫눈에는 사실들에 대한 고려는 실증과학에 넘겨주는 것이 신중해 보인다. 물리학과 화학은 무기물을 다룰 것이며, 생물학과 심리학적 과학은 생명의 현상을 연구할 것이다. 그때 철학자의 작업은 분명히 금 그어진다. 그는 과학자의 손으로부터 사실과 법칙을 받아들이며, 깊은 원인에 도달하기 위해 그것을 넘어서려고 모색하거나 더 멀리 가는 것이 불가능하다고 믿고 과학적 인식의 분석 자체에 의해 그것을 증명하거나 두 경우에 [모두] 그는 과학이 전달한 대로의 사실과 관계를 존중한다. 그 존중은 [이미] 판단된 사물에 보내야 할 것이다. 그런 인식에 그는 인식능력에 대한 비판[17]과 또한 필요한 경우에는 형이상학을 포갤 것이다. 인식 자체의 내용(matérialité)에 대해서는 과학의 일로 간주되지 철학의 일은 아니다.

그러나 그런 이른바 분업은 모든 것을 흐리게 하고 모든 것을 혼동하는 것과 마찬가지라는 것을 어떻게 보지 못할 것인가? 철학자가 자신에게 남겨두는 형이상학이나 비판을 그는 과학자에게 모든 근심을 넘겨준 묘사와 분석에 이미 포함되어 있고 완전히 이루어진 것으로서 실증과학으로부터 받아들이려 한다. 처음부터 사실의 문제에 개입하기를 원하지 않았기 때문에 그는 원리의 문제에서 단순히 더 정확한 용어로 실재에 대한 과학의 태도 자체가 그리는 무의식적이고 그러므로 비정합적인 형이상학과 비판을 정형화

196

---

17 칸트.

하는 것에 머물고 만다. 자연적 사물과 인간적 사물 사이의 외견적
유사성에 속게 버려두지 말자. 우리는 여기서 사실의 묘사와 사실
에 대한 판단이 두 개의 구별되는 사물이 되는 법률적 영역에 있지
않다. 그것은 사실과 독립적으로 사실 위에 입법자에 의해 반포된
법률이 있다는 매우 단순한 이유로 그러하다. 여기서 법률은 사실
들 안에 있으며, 실재를 구별되는 사실들로 자르기 위해 따랐던 선
에 상대적이다. 〔거기서는〕 그 내적 본성과 조직에 대한 선입견 없
이 대상의 측면이 묘사될 수 없다. 형식은 더 이상 내용과 완전히
떨어질 수 있는 것이 아니며, 원리의 문제를 철학에 유보하는 것으
로 시작했고 그에 의해 초심(cour d'assises)과 항소심(cour d'appel)
위의 최고 재판소(Cour de Cassation)처럼 과학 위에 철학을 놓기를
원했던 사람은 점점 그것을 기껏해야 불복할 수 없게 결정된 채 도
착한 판결문을 더 정확한 용어로 등재하는 책무를 진 등기심(cour
d'enregistrement)으로밖에는 더 이상 어쩔 수 없게 될 것이다.

아닌 게 아니라 실증과학은 순수 지성의 작품이다. 그런데 우리
의 지성에 대한 견해를 받아들이건 거부하건, 모든 사람들이 동의
할 점이 하나 있는데 그것은 지성이 무기물질 앞에서는 특히 편안
하게 느낀다는 것이다. 그런 물질로부터 지성은 기계론적 발명에
의해 점점 더 잘 이득을 취하며, 기계론적 발명은 그것이 물질을 더
기계론적으로 생각할수록 그 만큼 더 쉬워진다. 지성은 죽은 물질 197
의 내부로 더 파고들어감에 따라 드러나는 잠재적 기하학주의를 자
연적 기하학의 형태로 자신 속에 포함하고 있다. 지성은 그런 물질
과 일치해 있고, 그렇기 때문에 무기물의 물리학과 형이상학은 서

로로부터 그렇게 가깝다. 이제 지성이 생명의 연구에 다가갈 때 그
것은 필연적으로 살아 있는 것을 타성적인 것으로 취급하며, 이 새
로운 대상에 동일한 형식을 적용하고, 이 새로운 영역에 옛것에서
너무도 잘 성공했던 것과 동일한 습관들을 옮겨놓는다. 그리고 그
렇게 하는 것은 옳다. 왜냐하면 그런 조건 아래에서만 살아 있는 것
은 우리 행동에 죽은 물질과 동일한 영향력을 줄 것이기 때문이다.
그러나 이렇게 도달한 진실은 완전히 우리의 행동능력에 상대적으
로 된다. 그것은 더 이상 상징적 진실에 불과하다. 그것은 우리가
선험적으로 외적 측면을 생각할 뿐이라는 데 동의한 대상으로의 물
리학의 확장에 불과하기 때문에 물리적 진실과 동일한 가치를 가질
수 없다. 그러므로 철학의 책무는 여기서 활동적으로 개입하고 고
유하게 지적인 형식과 습관을 벗어남으로써 살아 있는 것을 실용적
사용이라는 뒷생각 없이 검토하는 일일 것이다. 그것의 본연의 목
적은 사변하는 것, 즉 보는 것이다. 살아 있는 것에 대한 그것의 태
도는 행동하는 것만을 겨냥하고, 타성적 물질의 매개에 의해서밖에
행동할 수 없어서 실재의 나머지를 오직 그런 측면에서만 생각하는
과학의 태도일 수 없을 것이다. 그러므로 지성이 생물학적 사실들
과 심리학적 사실들을, 물리학적 사실들에 대해서는 정당하게 그렇
게 하듯이 오직 실증과학에만 넘겨주면 무슨 일이 일어날 것인가?
선험적으로 지성은 자연 전체에 대한 기계론적 견해, 즉 물질적 필
요에서 나온 비반성적이고 심지어 무의식적인 견해를 받아들일 것이
다. 선험적으로 그것은 인식의 단순한 제일성齊一性과 자연의 추
상적 제일성의 이론을 받아들일 것이다.

그때서부터 철학은 이루어졌다. 철학자는 결국 동일한 요청 위에 놓여있으며 실증과학에 덧붙일 아무것도 가지고 있지 않는 형이상 198 학인 독단론과 회의론 사이밖에는 더 이상 선택권을 가지지 않는다. 그는 아무것도 하지 않기 때문에 아무것도 아닐 존재에서나, 단지 자신 속에 모든 주어진 것을 요약할 비효율적인 신속에서나, 자연의 사물들이나 법칙들의 속성들이 쏟아질 영원한 물질 속에서나, 또는 파악할 수 없는 다수성을 파악하려 모색하고 원하는 대로 자연의 형식이나 사유의 형식일 순수 형상 속에서, 자연의 제일성이나 마찬가지이겠지만 과학의 제일성을 존재의 위계로 만들 수 있을 것이다. 그 모든 철학들이 과학은 살아 있는 것을 타성적인 것으로 취급하는 것이 옳고, 지성이 그 범주들을 적용함으로써 도달하는 결과들 사이에는 타성적 물질에 기반을 두든 생명을 다루든 어떠한 가치의 차이나 구별을 해야 할 것이 없다고 다른 언어로 말할 것이다.

그러나 많은 경우 틀이 무너지는 것을 느낀다. 그러나 타성적인 것과 살아 있는 것 ― 전자는 미리 그것이 삽입될 틀에 적응된 것이고 후자는 그 본질적인 것을 배제하는 규약에 따르지 않고서는 거기서 유지될 수가 없는 것 ― 사이를 구별하는 것으로 시작하지 않았기 때문에 그 틀이 포함하는 모든 것에 동일한 의심을 던지지 않을 수 없게 된다. 과학의 인위적 단일성을 절대로 세우는 형이상학적 독단론에 이제 과학의 모든 결과들에 그들 중 어떤 것의 인위적 성격을 보편화하고 확장하는 회의주의나 상대주의가 이어질 것이다. 그러므로 철학은 이제부터 절대적 실재를 파악 불가능한 것으로 간주하는 이론과 철학이 그런 실재에 대해 주는 관념에서 과학이 말한 것 이상은 아무것도 말하지 않는 이론 사이를 진동할 것이다. 과학과 철학 사이의 모든 분쟁을 예견하기를 원했기 때문에 과학이 크게 얻는 것 없이 철학을 희생하게 될 것이다. 그리고 지성을 넘어서기 위해 지성을 사용하는 데서 성립할 외견적 악순환을 피한다고 주장했기 때문에, 선험적으로 놓고 시작한 단일성, 오직 모든 경험을 과학에, 모든 실재를 순수 오성에 넘겨주었다는 것에 의해 맹목적으로, 무의식적으로 받아들인 단일성을 형이상학에서 힘들게 다시 찾는다는 데서 성립하는 분명 실재하는 순환에 처할 것이다.

반대로 타성적인 것과 살아 있는 것 사이에 구획선을 그리는 것으로 시작하자. 전자는 자연적으로 지성의 틀 속에 들어오고, 후자는 인위적으로만 그렇게 되며, 이제부터 후자에 대해서는 특별한 태도를 채택하고 실증과학의 것이 아닌 눈으로 그것을 검토해야 한다는 것을 발견할 것이다. 철학은 이처럼 경험의 영역을 침범한다. 그것은 지금까지 그것과 상관없던 많은 것들을 취급한다. 과학, 인식론, 형이상학은 동일한 영역으로 옮겨진 것을 곧 발견할 것이다. 우선 그들 사이의 어떤 혼동이 결과될 것이다. 셋은 모두 우선 거기서 뭔가를 잃어버렸다고 생각할 것이다. 그러나 셋은 모두 만남으로부터 이득을 끌어내는 것으로 끝날 것이다.

아닌 게 아니라 과학적 인식은 과학의 전 영역에서 자신의 주장에 균일한 가치를 부여한다는 것을 자랑스러워 할 수 있었다. 그러나 바로 모든 것이 동일한 열에 배치되었기 때문에 모든 것은 동일한 상대성이라는 얼룩을 가지는 것으로 결말이 났다. 우리의 입장에서는 할 수밖에 없는 구별을 하는 것으로 시작했을 때, 더 이상

마찬가지가 아닐 것이다. 타성적 물질의 영역에서 오성은 자기 집
에 있다. 본질적으로 인간 행동은 그런 물질에 대해 수행되며, 우리
가 위에서 말했듯이[18] 행동은 비실재적인 것에서는 움직일 수 없을
것이다. 그러므로 물리학을 그 일반적 형태로만 생각하고 그 실현
의 세부를 생각하지 않기만 한다면, 그것은 절대와 접촉한다고 말 200
할 수 있다. 반대로 과학이 살아 있는 것에 대해 무기물에 대한 것
과 유사한 영향력을 얻는다는 것은 우연 ─ 기회이건 규약이건 원하
는 대로 ─ 에 의한 것이다. 여기서 오성의 틀의 적용은 더 이상 자연
스럽지 않다. 우리는 말의 과학적 의미에서 더 이상 적법하지 않다
고 의미하려는 것은 아니다. 과학이 사물에 대한 우리 행동을 확장
해야 한다면, 도구를 위해 무기물을 가지고서밖에는 행동할 수 없
다면, 과학은 살아 있는 것을 무기물처럼 취급하기를 계속할 수 있
고, 해야 한다. 그러나 생명의 심부로 더 뚫고 들어갈수록 그것이
제공하는 인식은 더 상징적이 되고 행동의 우연에 상대적이라는 것
은 양해된 사항일 것이다. 그러므로 그 새로운 영역에 대해 철학은
과학적 진리에 형이상학이라 부를 수 있을 다른 종류의 인식을 겹
치기 위해 과학을 따라야 할 것이다. 이제부터 과학적이건 형이상
학적이건 모든 우리의 인식은 다시 일어선다. 절대적인 것 속에 우
리는 있으며, 움직이고, 산다.[19] 우리가 그것에 대해 가지는 인식은
아마도 불완전할 것이나, 외적이거나 상대적이지 않다. 우리가 과

---

18 위의 서론 vii쪽을 보라.

19 바울, 사도행전, XVII장, 28절. 원전과 비교하여 '살다'와 '있다'의 순서가
    바뀌어 있다.

학과 철학의 결합되고 진보적인 발전에 의해 도달하는 것은 그 깊이에서 존재 자체이다.

이처럼 오성이 밖으로부터 자연에 부과하는 인위적인 제일성을 거부하면서 우리는 아마도 진실 되며, 내적이고, 살아 있는 제일성을 다시 찾을 것이다. 왜냐하면 순수 오성을 넘어서기 위해 우리가 경주하는 노력은 우리를 우리 오성이 잘라 내지고 떨어져 나왔음이 틀림없는 더 방대한 무엇으로 끌어들이기 때문이다. 그리고 물질은 지성에 따라 조절되고 그들 사이에는 분명한 일치가 있기 때문에 하나의 발생을 논하지 않고 다른 것을 낳을 수는 없다. 동일한 과정이 그 둘 모두를 포함하던 밑감에서 물질과 지성을 동시에 잘라내었음이 틀림없다. 순수 지성을 초월하려고 더 애씀에 따라 우리는 그런 실재로 점점 더 완전하게 자리 잡는다.

그러므로 우리가 가진 외부적인 것으로부터 가장 떨어져 있고 지성성이 가장 덜 스며든 것에 모두 동시에 집중하자. 우리 자신의 가장 깊은 곳에서 우리가 우리 자신의 생의 가장 내적인 것들을 느끼는 점을 찾아보자. 그때 우리가 다시 뛰어드는 것은 순수 지속 속, 항상 진행하고 있는 과거가 절대적으로 새로운 현재에 의해 끊임없이 커져가는 지속 속이다. 그러나 동시에 우리는 우리 의지의 용수철이 그 극단적 한계까지 당겨짐[20]을 느낀다. 우리 인격의 자기 자

---

20 "당겨진다"는 동사는 "se tendre"이다. "당겨진다는 것"은 자칫 양옆으로 더 넓게 당겨진다는 의미로도 이해될 수 있는데, 여기서는 그것이 아니라 바로 이어지는 설명에도 나오듯이 "응축"된다는 뜻이다. 사실 더 넓게 당

신에 대한 폭력적 응축에 의해 벗어나는 우리 과거를 모아서, 그 과
거를 응축되고 나누어지지 않은 채 거기로 들어오면서 창조할 현재
속에 밀어 넣어야 한다. 우리가 우리 자신을 그 지점까지 다시 잡는
순간들은 분명 드물다. 그런 순간은 우리의 진정으로 자유로운 행
동과 하나이다. 그리고 그때조차 우리는 결코 우리 전체를 잡지는
않는다. 우리의 지속의 감정, 즉 우리 자아의 자기 자신과의 일치는
정도를 인정한다. 그러나 그 감정이 더 깊고 일치가 완전할수록 그
순간들이 우리를 위치시키는 생명은 더 지성성을 능가하면서 그것
을 흡수한다. 왜냐하면 지성은 동일한 것을 동일한 것에 연결하는
것을 본질적 기능으로 하고 지성의 틀에 완전히 받아들일 수 있는
것은 반복되는 사실들뿐이기 때문이다. 그런데 실재 지속의 실재
순간들에 대해 지성은 아마도, 새로운 상태를 그것에 대해 밖에서
취하였으며 이미 알려진 것과 가능한 한 닮은 일련의 관점들로 재
구성하면서 나중에 영향력을 발견한다. 그런 의미에서 새로운 상태
는 말하자면 '가능적으로(en puissance)' 지성성을 포함한다. 그러
나 그 상태는 지성성을 넘쳐흐르며, 나눌 수 없고 새롭기 때문에 지
성성과는 통약 불가능한 것으로 남는다.

　이제 긴장을 풀고 과거의 가능한 한 가장 큰 부분을 현재로 밀어
넣는 노력을 중단하자. 이완이 완전하다면 기억도 의지도 더 이상 202
없을 것이다. 그것은 우리가 절대적으로 자유롭게 될 수 없는 것과

　겨지면 거기에 저항하는 내적인 힘의 입장에서 보았을 때는 더 긴장한다,
　즉 더 응축한다는 의미가 된다.

마찬가지로 결코 그런 절대적 수동성으로 떨어지지 않는다고 말하는 것이다. 그러나 극한에서 우리는 끊임없이 다시 시작할 현재 — 더 이상 실재 지속이 없고 무한히 죽고 다시 태어나는 순간뿐인 — 로 이루어진 존재를 엿본다. 그것은 물질의 존재인가? 아마 완전히 그렇지는 않을 것이다. 왜냐하면 분석해 보면 물질은 가장 짧은 것도 거의 사라질듯 하지만 무는 아닌, 매우 약한 지속의 성격을 띤 기본적 진동으로 해체되기 때문이다. 그럼에도 불구하고 심리적 존재가 첫 번째로 기울듯이 물리적 존재는 두 번째로 기운다고 가정할 수 있다.[21]

한편으로는 '정신성(spiritualité)'과 다른 편으로는 지성성과 함께 '물질성'의 밑바닥에는 그러므로 반대 방향의 두 과정이 있을 것이고, 전환과 아마도 심지어 단순한 중단의 길을 통해 — 좀 더 나중에 자세히 보여줄 것처럼[22] 전환과 중단이 여기서 동의어로 간주되어야 할 두 용어라는 것이 사실이라면 — 전자에서 후자로 옮겨갈 것이다. 그런 가정은 사물을 더 이상 단지 지속의 관점이 아니라 연장성의 관점에서 생각하면 인정될 것이다.

순수 지속 속에서의 우리의 진전을 더욱 의식할수록 더욱 우리 존재의 다양한 부분들이 서로 속으로 들어가고 우리 인격 전체가 한 점으로나 더 낫게는 미래를 끊임없이 침입하면서 거기로 삽입되는 첨단으로 집중되는 것을 느낀다. 거기서 자유로운 삶과 행동이

---

21 첫 번째는 앞 문단, 즉 긴장의 방향이고 두 번째는 이번 문단의 이완의 방향이다.

22 아래의 209-238쪽을 보라.

성립한다. 반대로 우리를 풀어놓아 버리자. 행동하는 대신에 꿈꾸어 보자. 그와 함께 우리의 자아는 분산된다. 그때까지 그것이 전달하는 불가분의 충력 속에서 스스로에게로 모이던 과거는 서로에 관해 외화되는 수많은 기억들로 해체된다. 그것들이 더 굳어짐에 따라 상호침투하기를 포기한다. 그처럼 우리의 인격은 공간의 방향으 203 로 다시 내려온다. 인격은 게다가 감각 속에서 끊임없이 공간을 따라간다. 우리가 다른 데[23]서 천착한 점을 여기서 장황하게 늘어놓지는 않을 것이다. 펼쳐짐(extension)은 정도를 받아들이고, 모든 감각은 어느 정도 연장적이며, 인위적으로 공간에 자리가 정해진 비연장적 감각의 관념은 심리적 관찰에 의해서라기보다는 무의식적 형이상학에 의해 암시된, 단순한 정신의 관점이라는 것을 상기하는 것으로 만족하자.

우리가 할 수 있는 한 가장 많이 내버려둘지라도 아마 우리는 연장성의 방향으로 첫 발자국만 뗀 것에 불과할 것이다. 그러나 잠시 물질은 더 멀리 밀고 간 동일한 운동에서 성립하며, 물리적인 것은 단지 역전된 심리적인 것이라 가정하자. 그때 물질이 더 구별되는 표상을 암시하자마자 정신은 공간에서 너무나 편안함을 느끼고 너무나 자연스럽게 돌아다닌다는 것이 이해될 것이다. 정신은 있을지도 모를(éventuelle) **이완**(détente)에 대해, 즉 그것의 가능한 **펼쳐짐** (extension)에 대해 취하는 느낌 자체에서 그런 공간의 암묵적인 표상을 가진다. 정신은 그것을 사물 속에서 재발견하지만, 자신의 자

---

23 *MM*, 235-245쪽을 보라.

연적 운동의 역전을 끝까지 밀고나가기에 충분히 강력한 상상력을 가졌다면 사물 없이도 획득했을 것이다. 다른 한편 우리는 이처럼 물질이 정신의 시선 아래에서 아직 그 물질성을 강화한다는 것을 납득할 것이다. 물질은 정신이 자신의 경사를 다시 내려가는 것을 돕는 것으로 시작했고, 그것에 추진력을 주었다. 그러나 일단 던져지면 정신은 계속한다. 그것이 순수 공간에 대해 형성하는 표상은 그 운동이 도달할 종착점의 **도식**(schema)에 불과하다. 일단 공간의 형식을 가지면 정신은 그것을 마음대로 생기게도 없앨 수도 있는 코를 가진 그물처럼, 물질에 던지면 우리 행동의 필요가 요구하는 대로 물질을 나눌 수 있는 그물처럼 이용한다. 그러므로 우리 기하학의 공간과 사물들의 공간성은 동일한 본질을 가지지만 서로 반대 방향으로 진행하는 두 항의 상호 작용과 반작용에 의해 상호적으로 서로를 낳는다. 공간은 우리가 생각하는 것만큼 우리 본성에 낯선 것도 아니며, 물질은 우리 지성과 감각이 표상하는 것만큼 공간에 완전히 펼쳐져 있는 것도 아니다.

우리는 첫 번째 점을 다른 곳에서 다루었다.[24] 두 번째 점[25]에 대해서는 완전한 공간성은 부분들의 서로에 대한 완전한 외부성, 즉 완전한 상호 독립성에서 성립할 것임을 보게 하는 것으로 만족하자. 그런데 무엇이든 다른 질점에 작용하지 않는 질점은 없다. 한 사물은 진정으로 그것이 작용하는 곳에 있다는 것을 주목한다면

24 *MM*, 235-245쪽을 보라. "첫 번째 점"이란 공간이 우리가 생각하는 것만큼 우리 본성에 낯선 것이 아니라는 점을 말한다.

25 "두 번째 점"이란 물질이 공간에 완전히 펼쳐져 있다는 점을 말한다.

모든 원자는 상호침투하고 그것들 각각은 세계를 채운다고 말하는 것(패러데이가 한 것처럼[*1])으로 인도될 것이다. 그와 같은 가설에서 원자나 더 일반적으로 질점은 단순한 정신의 관점, 물질을 물체로 나누는 작업(우리의 행동 능력에 완전히 상대적인)을 충분히 멀리 계속하면서 도달하는 관점이 된다. 그러나 물질은 그런 나눔(subdivision)에 준비가 되어 있고, 물질을 서로 외적인 부분들로 나눌 수 있다고 가정하면서 우리는 실재를 충분히 나타내는 과학을 구성한다는 것은 거부할 수 없다. 완전히 고립된 체계가 없다할지라도 과학은 그러나 우주를 상대적으로 서로 독립적인 체계로 자를 수단을 찾고, 그렇게 함으로써 눈에 띄는 잘못을 범하는 것은 아니라는 것은 거부할 수 없다. 물질은 공간에서 절대적으로 **펼쳐진 것**은 아니면서 **펼쳐져 있으며**, 물질을 고립된 체계로 해체할 수 있는

---

*1 Faraday, "A speculation concerning electric conduction(전기전도에 대한 사변)"(*Philos. Magazine*, 3e série, XXIV권).[26]

---

26 Faraday, Michael, "A speculation touching electric conduction and the nature of Matter", *The London, Edinburgh and Dublin Philosophical Magazine and Journal of science*, 3e série, t. XXIV, j1-6월, 1844. 136-144쪽. 이 논문은 베르크손의 물질관에 기반을 제공한 논문으로서 여기뿐만 아니라 *MM*, 225쪽에서는 직접 인용되었고, *Essai*, 164쪽에서는 직접 인용 없이 언급되었다. 물질을 원자로 보면 원자 사이에 빈 공간이 있게 되는데 그 경우 전도체에서는 공간이 전도체가 되어야 하고 비전도체에서는 공간이 절연체가 되어야 한다. 이것은 곤란하므로 원자를 힘의 중심으로 보자는 Moscovich의 이론을 다시 끌어들일 것을 제안한다. 원자를 힘의 중심으로 보면 원자의 한계는 없고 전 우주로 퍼져가야 한다.

것으로 간주하고, 그것에 자신은 변화하지 않지만 서로에 대해서
205 는 변화하는(변질되지 않고 '위치를 옮긴다'고 우리는 말한다) 분명 구
별되는 요소들을 할당하며, 마지막으로 물질에 순수 공간의 속성을
부여하면서, 물질이 단지 방향을 그릴 뿐인 운동의 종착점으로 이
동한다는 것이 아니면 무엇을 말해야 할 것인가?

　칸트의 「선험적 감성론」이 결정적인 방식으로 확립했다고 보이
는 것은 연장성이 다른 것과 비교할 수 있는 물질적 속성이 아니라
는 것이다. 열의 개념이나 색깔, 무게의 개념에 대해 추론이 무한히
작업하지는 않을 것이다.[27] 무게나 열의 양상을 알기 위해 경험과
다시 접촉해야 할 것이다. 공간의 개념에 대해서는 마찬가지가 아
니다. 그것이 시각이나 촉각에 의해 경험적으로 제공된다고 가정할
지라도(칸트는 그것을 결코 거부하지 않았다) 그것은 정신이 자신의
힘만으로 스스로에 대해 사변하면서 그것이 선험적으로 속성을 결
정할 도형을 거기서 선험적으로 잘라낸다는 주목할 만한 점을 가지
고 있다. 공간이 접촉을 유지하지 않았던 경험은 그러나 그 추론의
무한한 복잡성을 통해 공간을 따랐으며 불변적으로 추론에 이유를
제공한다. 이것은 사실이다. 칸트는 그것을 완전히 밝혔다. 그러나
우리가 생각하기에 사실의 설명은 칸트가 들어선 것과 완전히 다른
길에서 찾아져야 한다.

　칸트가 제시하는 대로의 지성은 살아 있는 물체가 숨 쉬는 공기

---

27 "추론이 무한히 작업한다"는 것은 추론을 끝까지 밀고 간다는 것. 곧 이어
　설명이 나오지만 경험과의 접촉 없이 추론만으로 작업이 계속되는 것을
　말한다.

에 대해 그런 것만큼이나 불가분적으로 결합된 공간성의 대기에 잠겨 있다. 우리의 지각은 그런 대기를 통한 후에라야 우리에게 도달한다. 그것은 미리 우리의 기하학에 젖어 있어서 우리의 사유 능력은 우리의 지각 능력이 미리 거기에 놓았던 수학적 속성들을 물질 속에서 재발견한다. 그러므로 우리는 물질이 우리 추론에 순종적으로 복종하는 것을 보는 것이 보장되어 있다. 그러나 그런 물질은 그것이 가지고 있는 지성적인 것에서 우리의 작품이다. 실재 '자체'에 대해 우리는 알지 못하고 결코 아무것도 알지 못할 것이다. 우리는 206 그것에 대해 우리 지각 능력의 형식을 통한 굴절밖에는 파악할 수 없으니까. 그것에 대해 뭔가를 긍정한다고 주장하면 즉시 동일하게 증명할 수 있고 동일하게 그럴 듯한 반대의 긍정이 나타난다. 인식의 분석에 의해 직접적으로 증명된 공간의 관념성(idéalité)은 반대 주장이 이끄는 이율배반에 의해 간접적으로 증명된다. 그와 같은 것이 칸트 비판론의 지도적 이념이다. 그것은 칸트에게 인식의 이른바 '경험적' 이론에 대한 단호한 거부에 영감을 주었다. 우리의 생각으로 그것은 부정하는 것에서 결정적이다. 그러나 그것이 긍정하는 것에서 문제의 해법을 우리에게 가져다 줄 것인가?[28]

---

28 바로 위의 문장으로 보아 여기서 "부정하는 것"은 인식의 경험적 이론, 즉 경험론이고, "긍정하는 것"은 인식의 관념성, 즉 다음 단락의 내용에 따르면 공간은 완성된 형태를 가진다는 이론을 말한다. 따라서 이 문장은 칸트가 공간의 경험론적 이론을 거부한 것에는 결정적이지만, 공간의 관념성, 즉 그 공간이 완성된 형태를 가진다는 점에서는 문제의 해법을 가져다 줄 수 없다는 것을 의미한다.

그것은 공간을 우리 지각 능력의 완성된 형태 — 어떻게 그것이 나타나는지도 왜 그것이 완전히 다른 것이 아니고 그것인 것인지도 알 수 없는 진정한 하늘에서 떨어진 동아줄(deus ex machina) — 로서 가진다. 그것은 우리가 아무것도 알 수 없다고 주장하는 "물자체"를 가진다. 그때 그것은 무슨 권리로 그것의 존재 — '문제적'일지라도 — 를 긍정하는가? 인식할 수 없는 실재가 우리 지각능력에 감각의 다양성 — 거기에 정확히 삽입될 수 있는 — 을 투사한다면 그것 자체에 의해 그것이 부분에서는 알려지지 않았는가?[29] 그리고 그런 삽입을 천착하면 적어도 한 점에서는 사물과 우리 정신 사이에 예정된 일치 — 칸트가 없어도 되기를 원한 것이 옳은, 게으른 가설 — 를 가정하는 데로 인도될 것이 아닌가?[30] 결국 공간성에서 정도를 구별하지 않았기 때문에 칸트는 완성된 공간을 가져야 했다. — 거기서 어떻게 '감각적 잡다'가 거기에 적응하는지를 아는 문제가 나온 것이다. 동일한 이유로 칸트는 절대적으로 서로 외적인 부분들로 완전히 전개된 물질을 믿었다. 거기서부터 정립과 반정립이 물질과 기하학적 공간의 207 완전한 일치를 가정한다는 것을 쉽게 볼 것이지만 순수 공간에 대해 참인 것을 물질에 확장하기를 멈추자마자 사라질 이율배반이 나

---

29 물 자체가 우리 지각능력에 정확히 삽입될 수 있는 감각의 다양성을 투사한다면 바로 그 부분, 즉 지각능력과 감각의 다양성이 삽입되는, 즉 일치하는 부분은 물자체의 성격이 알려지는 부분이 아닌가하는 말이다.

30 바로 위의 문장과 같이 지각능력에 감각의 다양성이 삽입된다면 삽입된다는 바로 그 점에서 사물과 정신의 일치 — 그것이 예정된 일치라 주장한다면 칸트가 게으른 가설이라 부정할 터이지만 — 를 가정해야 될 것이 아닌가하는 것이다.

온다.31 마지막으로 거기서부터 인식론을 위해 선택해야 할 세 선택지가 있고, 오직 세 개만 있다는 결론이 나온다. 세 선택지란 정신이 사물에 조정되거나, 사물이 정신에 조정되거나, 사물과 정신 사이에 신비적인 일치를 가정해야 한다는 것이다.

그러나 진실은 네 번째 선택지가 있다는 것이고 칸트는 그것을 생각지 않은 것으로 보인다. — 우선 그는 정신이 지성을 넘친다고 생각지 않았기 때문이며, 다음으로(결국 마찬가지이지만) 지속에 절대적 존재를 부과하지 않았기 때문 — 선험적으로 시간을 공간과 동일한 선에 놓았으므로 — 이다. 해법은 우선 지성을 본질적으로 타성적 물질을 향한 정신의 특수한 기능으로 생각하는 데서 성립할 것이다. 다음으로는 물질도 지성의 형식을 결정하지 않으며, 지성도 그 형식을 물질에 부과하지 않고, 물질과 지성이 뭔지 모를 예정조화에 의해 서로 조절되지도 않았지만, 지성과 물질은 점진적으로 서로 적응되어 결국 공통의 형식에 도달한다고 말하는 데서 성립한다. **그런 적응은 게다가 완전히 자연스럽게 이루어졌을 것이다. 왜냐하면 정신의 지성성과 사물의 물질성을 동시에 창조하는 것은 동일한 운동의 동일한 역전이기 때문이다.**32

---

31 공간이 유한하다와 무한하다를 정립과 반정립으로 놓는다면 양쪽 다 물질과 기하학적 공간의 일치를 가정하지만 — 공간이 **물질**과 일치한다면 유한하다는 쪽으로, 물질이 **공간**과 일치한다면 무한하다는 쪽으로 — , "공간에 대해 참인 것을 물질에 확장하기를 멈추자마자" 이율배반은 사라진다. 즉 공간은 무한하다는 쪽으로 입장이 정해진다. 아닌 게 아니라 베르크손은 공간이 무한하다고 생각한다. 물론 순수공간이라서 그런 것은 아니고 지속이 무한한 가능성으로 열려 있기 때문이지만.

그런 관점에서 한편으로 우리의 지각과 다른 편으로 과학이 물질에 대해 주는 인식은 아마 근사적(approximative)인 것으로는 보이지만 상대적인 것은 아니다.[33] 우리 행동을 밝히는 것이 역할인 지

---

32 이 문장은 오해의 소지가 매우 크므로 주의해야 한다. "정신의 지성성과 사물의 물질성을 동시에 창조하는 것은 동일한 운동의 동일한 역전"이라는 것은 모두 생명의 올라가는 길의 역전을 말하는 것이고 그것이 "정신의 지성성과 사물의 물질성을 동시에 창조하는 것"은 사실이므로 이렇게 말한 것이지만, 지성과 물질이 동일한 과정을 통해 창조된 것은 아니다. 지성성과 물질성이 동일한 과정을 통해 창조되었다는 것은 지성과 물질이 동일한 과정을 통해 창조되었다는 것과는 완전히 다르다. 지성과 물질은 생명현상과 물질 현상이라는 별개의 현상이고 그 창조도 별개로 이루어졌다. 다시 말하면 따로 창조된, 이미 존재하는 물질에 적응하기 위해 생명이 지성을 창조해낸 것이고 그 지성이 물질에 적응하다 보니 물질성에 맞는 지성성이 형성되었고 그 과정에서 정신의 지성성과 물질의 물질성이 서로 동일한 과정을 통해 창조된 것은 맞지만, 그러나 물질 그 자체가 지성화한 것은 아니다(아마 지성이 물질화한 것은 맞을 것이다). 물질은 물질로서 항상 완전한 질과 완전한 양(공간) 사이에서 존재할 뿐이다. 그것을 지성이 공간 쪽으로 끌어들여서 본 것에 불과할 뿐 물질 그 자체는 공간화한 것이 아니다.

33 "근사적"이라는 것은 전체적, 전면적인 인식은 아니라는 뜻이며, "상대적"이라는 것은 실재를 반영하는 것, 즉 절대가 아니라는 뜻이다. 우리의 인식은 전면적인 진리, 즉 진리 전체를 파악하는 것은 아니지만 그 부분적인 인식이 실재를 파악하지 못한 것은 아니다. 바로 이어지는 이 단락의 논의가 이를 자세히 설명하고 있다. 지각은 항상 물질을 분할하고, 과학은 필요 이상으로 물질의 공간성을 강조하기 때문에 항상 수정되어야 한다. 과학적 인식이 결정적이기 위해서는 사물에 대한 총체적 지식을 가지고 서로에 대한 위치를 확정해야 하지만 사실은 그렇지 못하고 부분적인 해법밖에는 주지 못하기 때문에 문제의 제기순서의 우연성에 좌지우

각은 항상 너무 명료하고, 항상 실용적 요청에 종속되며, 따라서 항
상 수정해야 할 것일 물질의 분할을 수행한다. 수학적 형태를 취하
려고 갈망하는 우리의 과학은 필요한 것보다 더 물질의 공간성을
강조한다. 그러므로 그것의 도식은 일반적으로 지나치게 정확하며,
게다가 항상 수선해야 할 것이다. 과학적 이론이 결정적이기 위해 208
정신은 사물들 총체를 한꺼번에 감싸 안고, 그것들을 서로에 대해
정확하게 위치시켜야 할 것이다. 그러나 사실상 우리는 문제를 하
나하나씩, 그것 자체에 의해 잠정적인 항인 용어로 제기해야 하며,
그 결과 각 문제의 해법은 다음 문제에 대해 제공할 해법에 의해 무
한히 수정되어야 할 것이며, 과학은 그 총체에서 문제가 차례로 제
기된 우연적 순서에 상대적이다. 그런 의미에서, 그리고 그런 한에
서 과학을 규약적이라 간주해야 할 것이지만, 규약성은 말하자면
사실상의 것이지 권리상의 것은 아니다. 원리 상 그것이 자신의 고
유한 영역인 죽은 물질로부터 나오지만 않는다면 실증과학은 실재
자체에 관계하는 것이다.

　이렇게 생각된 과학적 인식은 상승한다. 반대로 인식론은 무한히
어렵고 순수 지성의 힘을 넘는 작업이 된다. 왜냐하면 신중하게 인
도된 분석에 의해 사유의 범주들을 결정하는 것으로는 더 이상 충

　지되어 규약적이라 말할 수 있을 정도이지만(이상 "근사성"에 관한 설명)
　그 규약성은 사실의 문제이지 권리의 문제는 아니다. 원리상으로는 죽은
　물질의 영역에서 나오지 않는 한 과학은 실재에 접하고 있다. 즉, 상대적
　이지 않다. 우리의 인식이 근사적이지만 상대적이지 않다는 것은 칸트에
　대한 베르크손의 비판의 궁극적 내용이다.

분하지 않고, 그것을 낳는 것이 문제이기 때문이다. 공간에 대해서
는 정신의 독자적인(sui generis) 노력에 의해 공간으로 퇴락되는
초-공간적인 것의 진보나 또는 오히려 퇴보를 따라야 할 것이다.
우선 우리 의식의 가능한 한 높은 곳에 자리 잡고 다음으로 조금씩
떨어지게 하면서 우리는 우리 자아가 불가분적이고 능동적인 의지
로 긴장하는 대신에 서로 외화된 타성적 기억들로 퍼지는 느낌을
분명 갖는다. 그러나 그것은 시작에 불과하다. 우리의 의식은 그 운
동의 초벌그림을 그리면서 그 방향을 보여주고 그것이 끝까지 계속
될 가능성을 엿보게 한다. 그것은 그렇게〔끝까지〕멀리 가지는 않
는다. 반대로 우리에게 우선 공간과 일치하는 것으로 보이는 물질
을 생각하면 우리 주의가 그것에 고정될수록 더 우리가 병치되었다
209 고 말한 부분들은 서로 속으로 들어가며 부분들 각각은 따라서 어
떤 방식으로 그것에 현전하는 전체의 작용을 겪는다. 그러므로 물
질이 공간의 방향으로 전개될지라도 그것은 완전히 공간에 도달하
지는 않는다. 거기서부터 물질은 의식이 우리 속에서 발생 중의 상
태로 초벌그림을 그릴 수 있는 운동을 훨씬 더 멀리 계속하게 할 뿐
이라고 결론 내릴 수 있다. 그러므로 우리는 다른 고리를 잡는 데
이르지 못할지라도 사슬의 두 끝을 잡고 있다.[34] 그 고리들이 항상

---

34 사슬의 양쪽 끝은 물질과 의식이다. 그 사이의 고리들을 하나하나 다 잡
    아야 하지만 거기에 이르지는 못하고 있다. 즉 물질에서 출발하여 의식으
    로, 또 의식에서 출발하여 물질로의 고리들을 잡아야 하지만 거기에까지
    이르지는 못하고 있다. "다른 고리를 잡는 데 이르지 못할지라도"라는 말
    은 그러한 사태를 표현한 것이다.

우리로부터 도망갈 것인가? 우리가 정의하는 대로의 철학은 아직 자신을 완전히 의식하지는 못한다고 생각해야 한다. 물리학은 물질을 공간의 방향으로 밀 때 그 역할을 이해한다. 그러나 형이상학은 동일한 방향으로 더 멀리 간다는 몽상적 희망으로 물리학의 걸음을 단순히 따라 갈 때 자신의 역할을 이해했는가? 그것의 고유한 작업은 반대로 물리학이 내려간 경사를 다시 올라가고, 물질을 그 근원으로 되돌리며, 이렇게 말할 수 있다면 역전된 심리학일 우주론을 점진적으로 구성하는 것이 아닐까? 물리학자와 기하학자에게 **적극적**(positif)으로 보이는 모든 것이 이 새로운 관점에서는 심리학적 용어로 정의해야 할 진정한 적극성의 중단이나 역전이 될 것이다.

물론, 수학의 경탄스러운 질서, 그것이 다루는 대상들의 완벽한 일치, 수와 도형에 내재하는 논리, 동일한 주제에 대한 우리 추론의 다양성과 복잡성이 어떠하건 항상 동일한 결론에 떨어진다는 것에 대해 우리가 가지는 확실성을 생각한다면, 이렇게 긍정적인 외양의 속성에서 부정의 체계, 진정한 실재의 현존보다는 부재를 보는 것에 망설일 것이다. 그러나 그 질서를 긍정하고 그것을 경탄하는 우리의 지성은 그 대상의 물질성과 공간성에 도달하는 운동의 방향 210 자체로 향해 있다는 것을 잊어서는 안 된다. 그 대상을 분석하면서 지성이 거기에 더한 복잡성을 넣을수록 거기서 발견되는 질서는 더 복잡하다. 그리고 그런 질서와 복잡성은 지성과 같은 방향이기 때문에 반드시 적극적 실재의 효과를 낸다.

한 시인이 자신의 운문을 읽을 때 나는 그의 생각 속으로 들어가기에 충분하게 그에게 관심을 가지고, 그 감정에 스며들어 가며, 그가 문장들이나 단어들로 분산시킨 단순한 상태를 다시 살 수 있다.
나는 그때 그의 영감과 공감하며, 영감 자체처럼 나누어지지 않은
행위인 연속적 운동으로 그것을 따른다. 이제 내 주의를 놓아버리
고 내 속에 있던 긴장된 것을 이완시키는 것으로 그때까지 의미 속
에 빠져 있던 소리들이 그 물질성에서 하나하나 구별되어 나타나기
에 충분하다. 그를 위해 나는 아무것도 덧붙일 것이 없다. 어떤 것
을 삭제하는 것으로 충분하다. 〔그리로〕 가게 놓아둠에 따라 연속
적 소리들은 더 개별화할 것이다. 문장들은 단어들로 해체된 것처
럼 단어들은 내가 차례로 지각할 음절들로 구별될 것이다. 꿈의 방
향으로 아직 더 멀리 가보자. 그것은 〔이번에는〕 서로 서로 구별되
며 상상적 종잇장 위에 얽혀서 도열되는 것을 볼 글자들이다. 나는
그때 얽힘의 정확성, 줄의 놀라운 질서, 음절들 속으로의 글자들의,
단어들 속으로의 음절들의, 문장들 속으로의 단어들의 정확한 삽
입에 경탄할 것이다. 이완이라는 완전히 부정적인 방향으로 더 나
아갈수록 나는 더 펼쳐짐(extension)과 복잡성을 만들 것이다. 이번
에는 복잡성이 더 증가할수록 흔들리지 않고 요소들 사이의 지배
를 계속하는 질서는 나에게 놀라운 것으로 보일 것이다. 그러나 그
런 복잡성과 펼쳐짐은 적극적인 아무것도 나타내지 않는다. 그것은
의지의 흠결을 표현한다. 그리고 다른 한편 질서는 그것의 한 측면
에 불과하기 때문에 복잡성과 함께 분명 증가해야 한다. 불가분적
211 인 전체에서 상징적으로 부분들을 더 많이 구별해낼수록 반드시 부
분들이 서로 사이에 가지는 관계의 수는 증가한다. 실재 전체의 동
일한 비분리[35](indivision)는 주의의 분산이 그것을 해체한 상징적

요소들의 증가하는 다수성 위를 선회하기를 계속하기 때문에. 그런 종류의 비교는 어떻게 적극적 실재의 동일한 제거, 즉 어떤 원천적 운동의 동일한 전환이 공간에서의 펼쳐짐과 우리의 수학이 거기서 발견하는 놀라운 질서를 동시에 만들 수 있는지를 어느 정도 이해 하게 해 줄 것이다. 단어와 글자는 인류의 적극적인 노력에 의해 발 명된 반면 공간은 일단 두 항이 놓이면 빼기의 나머지가 나오는 것 처럼 자동적으로 나온다는 점에서 아마 두 경우의 차이가 있을 것 이다.*1 그러나 이 경우든 저 경우든 부분의 무한한 복잡성과 그들 의 상호간 완벽한 조율은 결국 중단, 즉 적극적 실재의 감소인 역전 에 의해 한꺼번에 만들어진다.

*1 우리의 비교는 플로티노스가 이해하는 바대로의 λόγος라는 용어의 내용 을 발전시킨 것에 불과하다. 왜냐하면 한편으로 그 철학자의 λόγος는 발 생적이고 형상을 넣는(informatrice) 능력, 즉 ψυχή의 측면이나 단편이 고, 다른 편으로 플로티노스는 그것에 대해 때로는 **담화**(discours)처럼 말하기 때문이다. 더 일반적으로 이 장에서 우리가 '펼쳐짐(extension)' 과 '이완(distension)' 사이에 확립하는 관계는 어떤 측면에서 플로티노 스가 연장을 아마 원래의 존재의 역전은 아니지만 그 본질의 약화, 즉 전 개(procession)의 마지막 단계들 중 하나로 만들었을 때(특히 *Enn.*, IV, III 9-10과 III, VI, 17-18을 보라) 가정하는 것(라베쏭씨가 영감을 받았음에 틀림 없는 전개에서)과 닮았다. 그러나 고대철학은 거기서부터 수학에는 어떤

---

35 "indivision"은 원래 법률용어로서 재산이 분리되지 않고 공유된 상태를 가리키는 말이지만 여기서는 분리, 분산의 반대의 의미가 크므로 "비분 리"라 번역한다. "실재 전체"는 위 문장에 나온 "불가분의 전체"와 같은 것으로, 나누어지지 않은 것으로서 부분들이 뭉쳐서 하나로 유지되고 있 는 상태를 말한다. "비분리"란 그런 상태를 뜻한다.

우리 지성의 모든 작업은 그것의 완벽한 완성을 발견하는 종착점 처럼 기하학을 향한다. 그러나 기하학은 필연적으로 그것보다 앞서

212 기 때문에(그 작업은 결코 공간을 재구성하는 데 이르지 않을 것이고 그 것을 자신에게 부여하는 것과 다르게는 할 수 없으므로) 우리 지성의 큰 충력이자 그것을 작동하게 하는 것은 우리의 공간표상에 내재하는

결과가 나오는지는 보지 않았다. 왜냐하면 플로티노스는 플라톤처럼 수 학적 본질을 절대적 실재로 세웠기 때문이다. 특히 고대철학은 지속과 펼 쳐짐의 완전히 외적인 유비에 의해 스스로를 무너지게 놓아두었다. 고대 철학은 지속을 펼쳐짐을 취급하듯 취급하였고, 변화를 부동성의 퇴락으 로, 감각적인 것을 가지적인 것의 추락으로 생각했다. 거기서부터 우리가 다음 장에 밝힐 것처럼[36] 지성의 실재 역할과 범위를 무시하는 철학이 나 왔다.[37]

---

36 아래의 308-328쪽을 보라.

37 플로티노스의 λóγος는 대체로 이데아를 본 영혼이 가지는 것이라 말할 수 있다. 그 중 "λóγος informatrice"는 "λóγος σπερματκóς"를 말하며, 사물을 낳을 때 그 사물의 내용에 해당하는 것이고 영혼의 낮은 부분에 속하지 만 그 사물로서는 통일성의 원리라 할 수 있다. 그리고 물론 λóγος 일반의 의미로서 논의, 담론의 뜻도 가지고 있다. 그러니까 플로티노스의 λóγος 는 시인의 시상처럼 사물에 통일성을 확보해주는 "λóγος σπερματκóς"의 의미도 가지고, 그것이 확산된 말이라는 의미도 가진다. 인용된 *Enn.*, IV, III 9-10과 III, VI, 17-18에서 플로티노스가 가정하는 것이란 바로 연장을 "원래 존재의 역전은 아니지만 그 본질의 약화"로 생각하는 것이며, 라베 쏭이 물질이 기억을 방해하는 것이라 생각한 것도 동일한 전제에서이다. 한편 플로티노스와 그 이전의 고대철학은 수학적 존재, 즉 정지체를 진정 한 존재로 생각했기 때문에, 시간은 그것이 퇴락하여 확장된 것으로 생각 함으로써 베르크손과 같은 철학으로의 길이 막혀버렸다.

잠재적인 기하학인 것은 분명하다. 지성의 두 본질적 기능인 연역하는 능력과 귀납하는 능력을 생각하면 그것을 납득할 것이다.

연역부터 시작하자. 내가 공간에 도형을 그리는 동일한 운동이 그것의 특성들을 낳는다. 그것들은 그 운동 자체에서 볼 수 있고 만질 수 있다. 나는 공간에서 정의와 그 결과들의 관계, 전제와 결론의 관계를 느끼고, 본다. 경험이 관념을 암시하는 모든 다른 개념들은 부분적으로만 선험적으로 재구성할 수 있다. 그러므로 그것의 정의는 불완전하고, 그 개념들이 들어갈 연역은 아무리 엄격하게 결론을 전제와 연결하더라도 그런 불완전성을 띨 것이다. 그러나 모래 위에 삼각형의 밑변을 대강 그리고 밑변에 두 각을 그리기 시작할 때 도형은 그때 아무것도 변하지 않고 제자리에서 돌 수 있기 때문에 두 각이 같으면 측면의 변도 또한 그럴 것이라는 것을 확실한 방식으로 알며, 절대적으로 이해한다. 기하학을 배우기 훨씬 이전에도 나는 그것을 안다. 그러므로 학문적 기하학 이전에 그 명확성과 명증성이 다른 연역을 능가하는 자연적 기하학이 있다.[38] 다른 연역은 질에 관한 것이며 더 이상 크기에 관한 것이 아니다. 그러므로 크기는 아마도 질의 전범 위에서 형성되며, 그 힘을 질 아래에서 우리가 막연하게 크기가 비치는 것을 본다는 것에서 빌려 온 것에 틀림없다. 상황과 크기의 문제는 우리 활동성에 제기되는 첫 번째의 것이며, 반성적 지성이 나타나기도 전에 행동으로 외화된

---

38 *Ech.*에 따르면 이 표현은 데카르트의 것이다. "A Messieurs les Doyens et Docteurs de la Sacré Faculté de Théologie de Paris", *AT.* IX, 6-7(*Ech.*, 480쪽 주 94)

213 지성이 해결하는 것임을 주목하자. 야만인은 문명인보다 더 거리를
평가하고, 방향을 결정하며, 지나온 길의 자주 복잡한 도식을 기억
으로 다시 그리고(畵), 그리하여 출발점에 직선으로 되돌아가는 데
정통하다.*1 동물이 명시적으로 연역하지 않고, 명시적으로 개념을
형성하지 않는다면, 또한 동질적 공간도 표상하지 않는다. 스스로
논리로 떨어질 잠재적 기하학39을 동시에 도입하지 않고는 그런 공
간을 가질 수는 없다. 철학자들이 사태를 그런 측면에서 생각하는
것을 혐오하는 것은 모두 지성의 논리적인 작업이 그들 눈에는 지
성의 적극적인 노력을 나타낸다는 것으로부터 온다. 그러나 정신성
이 항상 새로운 창조, 전제와의 관계에서 결정할 수 없고 전제와 통
약 불가능한 결론으로의 전진을 의미한다면, 미리 결론을 포함하는
전제를 통해 필연적 결정의 관계에서 움직이는 표상에 대해 반대
의 방향, 물질성의 방향을 따른다고 말해야 할 것이다. 지성의 관점

*1   Bastien, *Le cerveau*(뇌), Paris, 1882, vol. I, 166-170쪽.40

39 "스스로 논리로 떨어질 잠재적 기하학"이란 유클리드 기하학으로 되려는
"잠재성"을 가진 기하학, 그런 기하학은 논리로 되려는 경향을 가진다. 왜
"논리로 떨"어진다고 했느냐하는 것은 순수 공간으로 가려는 물질의 펼
쳐지는 성격을 정신에 대비했을 때 떨어진 것이기 때문이다.

40 Bastien, *Le cerveau*, Paris, 1882, vol. I, 166-170쪽에서는 자기 집의 방향
을 거의 즉각적으로 찾아내는 동물들(개, 고양이, 말, 당나귀 등)의 여러 경
우가 인용되어 있다. 인간에게는 그 능력이 많이 약화되었지만 시베리아
의 한 종족이나 북 아메리카의 인디언들은 그 능력이 상당히 발달된 상태
를 유지하고 있다. 저자는 방향감(sens de direction)이라는 특수한 능력이
있고, 그에 해당하는 기관도 있다고 설명한다.

에서 노력으로 보이는것은 그 자체 포기이다. 그리고 지성의 관점에서 공간에서 기하학을, 기하학 자체에서 논리를 나오게 하는 것에는 선결문제 요구의 오류가 있는 반면에, 반대로 공간이 정신의 이완 운동의 궁극적 종착점이라면 이처럼 순수 공간적 직관이 종착점인 도정 위에 있는 논리와 기하학을 놓지 않고는 공간을 가질 수 없다.

　연역의 영향력이 심리과학과 정신과학에서는 얼마나 약한지가 충분히 주목되지 않았다. 사실에 의해 확인된 명제로부터 여기서는 어느 지점까지만, 어느 정도까지만 확인할 수 있는 결과를 끌어낼 수 있을 뿐이다. 연역된 결과들을 굴절시켜서 생명의 굴곡을 따라 214 구부리기 위해서는 곧 바로 상식에, 즉 실재에 대한 계속적 경험에 호소해야 한다. 연역은 정신적 사물에 대해서는 말하자면 비유적으로만, 그리고 정신적인 것이 물리적인 것에 겹쳐질 수 있는 한도, 즉 공간적 상징으로 번역될 수 있는 정확한 한도 내에서만 성공한다. 비유가 분명 결코 멀리 가지 않는 것은 곡선이 오랫동안 그 접선과 혼동되도록 내버려두지 않는 것과 같다. 연역의 그런 약함에 있는 이상한 것, 심지어 역설적인 것에 어떻게 충격 받지 않을 수가 있겠는가? 여기 오직 정신의 힘에 의해서만 수행되는 정신의 순수 작업이 있다. 어디선가는 그것이 자신의 집처럼 느끼고 편안하게 진보해야 할 것이라면 그것은 정신의 사물들 속에서, 정신의 영역 속에서인 것으로 보인다. 〔그러나〕 전혀 그렇지가 않다. 거기서 〔오히려〕 그것은 즉시 두루마리의 끝에 이른다. 반대로 기하학, 천문학, 물리학에서 우리 밖의 사물과 관계함에도 연역은 전능하다!

관찰과 경험은 아마 여기서 원리에 도달하기 위해, 즉 사물을 생각했어야 할 측면을 발견하기 위해 필요할 것이다. 그러나 굳이 말하자면(à la rigueur) 많은 행운과 함께 그것을 즉시 발견할 수도 있었을 것이다. 그리고 그 원리를 소유하자마자 거기서 충분히 멀리까지 결과를 도출해내며 경험은 항상 그것을 확인할 것이다. 연역은 물질의 진행에 조절된 작업이며, 물질의 움직이는 분절을 본뜬 작업이고, 결국 물질 아래에 깔려 있는 공간과 함께 암묵적으로 주어지는 작업이라는 것밖에 거기서 무슨 결론을 끌어낼 것인가? 그것이 공간이나 공간화된 시간에서 전개되는 한 마음대로 내 버려두면 된다. 바퀴에 장애물을 끼워 넣는 것은 **지속**이다.

그러므로 연역은 공간적 직관이라는 배후의 생각 없이는 진행되지 않는다. 그러나 귀납에 대해서도 그렇게 말할 것이다. 물론 동일한 조건으로부터 동일한 사실의 반복에 도달하기 위해서는 기하학자로서 사유할 필요나 심지어 전혀 사유할 필요조차 없다. 동물의 의식은 이미 그런 작업을 하고, 모든 의식과 독립적으로 생명체 자신이 이미 자신이 처하는 연속적 상황으로부터 자신에게 관심 있는 유사성을 뽑아내고 그리하여 자극에 대해 적합한 반작용으로 반응하도록 구성되어 있다. 그러나 신체의 기계적 기대와 반작용으로부터 지적 작업인 고유한 의미에서의 귀납까지는 거리가 멀다. 지적 작업은 원인과 결과가 있고 동일한 결과는 동일한 원인으로부터 따라 나온다는 믿음 위에 놓여 있다. 이제 그 이중적 믿음을 천착해 보면 다음과 같은 것이 발견된다. 그것은 우선 실재는 실질적으로 고립되고 독립적이라 간주될 수 있는 무리들(groupes)로 해체될 수 있다는 것을 내포한다. 풍로 위에 놓인 냄비에 물을 끓이면 그것을 받치는 작업과 대상들은 사실 한 무리의 다른 대상들과 한 무리의 다른 작업들과 유대 되어 있다. 점점 더 가까이 접근시키면 우리 태양계 전체가 공간의 그 지점에서 이루어지는 것과 관련되어 있음을 발견할 것이다.[41] 그러나 어느 한도 내에서, 내가 추구하는 특별한 목적에 대해서는 **물-냄비-불붙은 풍로**의 무리가 독립적 소우주인 것처럼 사태는 일어난다는 것을 인정할 수 있다. 이것이 내가 우선 인정하는 것이다. 이제 내가 그 소우주는 항상 동일한 방식으로 작동하며, 열은 필연적으로 어떤 시간 후에는 물의 비등을 야기한다고 말할 때, 나는 체계의 어떤 수의 요소들이 주어지면 체계는 충분히 완전하다는 것을 인정한다. 체계는 자동적으로 완성되며, 나는 생각에 의해 원하는 대로 자의적으로 체계를 완성할 수 없다. 불붙은 풍로, 냄비, 물과 일정한 기간의 지속이 주어지면, 완전하기 위해 체계에 부족한 것이라고 경험이 어제 보여주었던 비등이 내일이든, 언제든, 항상 보충될 것이다. 그런 믿음의 근저에는 무엇이 있 216 는가? 그 믿음은 경우에 따라 더나 덜 확실하다는 것과, 생각된 소우주가 크기(grandeurs)만을 포함할 때 그것은 절대적 확실성의 성격을 띤다는 것을 주목해야 한다. 왜냐하면 내가 두 수를 취하면 그 차이를 선택하는 데에 더 이상 자유롭지 않기 때문이다. 한 삼각형의 두 변과 포함된 각이 주어지면 세 번째 변은 저절로 주어지고,

---

41 위의 189쪽; 아래의 242쪽 참조. 베르크손에게 우주는 모두 이어져 있고 한 질점은 다른 모든 질점에 영향을 미친다.

삼각형은 자동적으로 완성된다. 나는 언제 어디서든 동일한 각을 포함하는 동일한 두 변을 그릴 수 있다. 이렇게 형성된 새로운 삼각형들이 첫 번째의 것과 포개지며, 따라서 동일한 세 번째 변이 체계를 완성하러 왔을 것이라는 것은 명백하다. 그런데 순수 공간적 결정에 대해 추론하는 경우 확실성이 완전하다면 다른 경우에는 그런 한계적 경우에 더 접근한 만큼 더 확실성이 완전하다고 가정해야 하지 않을까? 심지어 다른 모든 경우를 통해 비칠 것,*1 그리고 투명성이 더나 덜 큼에 따라 기하학적 필연성의 더 강조되거나 덜 강조된 뉘앙스로 채색할 것은 그 한계적 경우가 아닐까?42 사실상 풍로에 놓인 내 물이 어제 그랬던 것처럼 오늘도 곧 끓을 것이며 그것은 절대적으로 필연적이라고 말할 때, 나의 상상력이 오늘의 풍로를 어제의 풍로로, 냄비를 냄비로, 물을 물로, 흐르는 지속을 흐르는 지속으로 옮기고, 그때부터 겹친 두 삼각형의 첫 두 변이 이미 함께 일치하면 세 번째 변들도 일치하게 하는 동일한 이유로 나머지 역시 일치해야 하는 것으로 보인다는 것을 막연하게 느낀다. 그러나

*1 우리는 이전의 작업에서 이 점을 발전시켰다. 『의식에 직접 주어진 것들에 관한 시론』, Paris, 1889, 155-160쪽을 보라.43

---

42 순수 공간의 기하학적 성격이 한계적인 상황이고, 그 상황이 다른 모든 경우에도 비치며(보이며), 또 그리로 향한 투명성이 크고 작음에 따라 그 한계적인 경우를 중심으로 색조가 정해진다.

43 Quadrige 판(5와 Ech.)의 153-158쪽을 말한다. 거기에서는 인과성의 개념을 둘러싸고 완전히 공간적인 한계 상황(필연적 동질성이 확보되는 곳)과 그렇지 않은 중간적인 상황의 대립이 자세히 논의되고 있다.

나의 상상력은 두 본질적 점에 눈을 감기 때문에만 이처럼 진행한
다. 오늘의 체계가 어제의 체계와 겹칠 수 있기 위해서는 후자가 전
자를 기다리고, 시간이 멈추며, 모든 것이 모든 것과 동시적이 되어   217
야 할 것이다. 그것이 기하학에서 일어나는 것이지만, 오직 기하학
에서만 일어난다. 그러므로 귀납은 우선 기하학자의 세계에서처럼
물리학자의 세계에서도 시간은 쳐주지 않는다는 것을 내포한다. 그
러나 그것은 또한 질들이 크기들처럼 서로 포개질 수 있다는 것을
내포한다.[44] 내가 관념적으로 오늘의 불붙은 풍로를 어제의 것으로
옮긴다면 나는 분명 형식은 동일하게 남는다는 것을 인정하는 것이
다. 그를 위해서는 면과 모서리가 일치하는 것으로 충분하다. 그러
나 두 질의 일치는 무엇이며, 그것들이 일치한다는 것을 확보하기
위해 어떻게 그것들을 서로 겹칠 것인가? 그러나 나는 첫 번째 것
에 적용되는 모든 것을 두 번째 것으로 확장한다.[45] 물리학자는 질
의 차이를 가능한 한 크기의 차이로 환원함으로써 그런 작업을 나
중에 합법화할 것이다. 그러나 모든 과학 이전에 나는 마치 투명성
에 의해 질의 배후에 기하학적 기계론을 보는 것처럼 질을 양에 동
화시키는 데로 기운다.[*1] 그런 투명성이 더 완전할수록 동일한 조
건에서 동일한 것의 반복은 나에게 필연적으로 보이게 한다. 정확
히 질적 차이를 밑에 깔려 있는 공간의 동질성으로 녹게 하는 정도

---

*1   앞의 책, 제1장과 제3장 도처에.

---

44   *Essai*의 제1장에서 제기된 문제.

45   첫 번째의 것은 기하학적인 것, 두 번째의 것은 물리학의 질에 관한 것.

에 따라 귀납은 우리 눈에 확실해지며, 그 결과 기하학이 연역뿐 아니라 귀납의 이상적 한계가 된다. 그 끝이 공간성인 운동은 연역뿐 아니라 귀납의 능력을, 즉 지성성 전체를 그 도정을 따라 놓는다.

그런 운동은 귀납과 연역을 정신에 창조한다. 그러나 그것은 또한 사물 속에 연역의 도움을 받은 우리의 귀납이 다시 발견하는 '질서'를 창조한다.[46] 우리의 행동이 승인하고 우리의 지성이 자신을 알아보는 그런 질서는 우리에게 놀랍게 보인다. 동일한 큰 원인은 항상 동일한 전체 결과를 낳을 뿐 아니라, 가시적인 원인과 결과들 아래에서 우리의 과학은 분석을 더 멀리 밀고 감에 따라 점점 더 정확하게 서로 속으로 스며드는 무한한 무한소의(infinitesiaux) 변화를 발견한다. 그 결과 그런 분석의 끝에서는 물질이 기하학 자체일 것으로 우리에게는 보인다. 물론 지성은 당연한 권리로 여기서 증가하는 복잡성에서의 증가하는 질서를 감탄한다. 질서와 복잡성은 모두 지성과 같은 방향이기 때문에 지성에게는 적극적인 실재성을 가진다. 그러나 실재의 전체를, 이어지는 창조로의 나누어지지 않은 전진으로 생각할 때 사태의 모습은 달라진다. 그때 물질적 요소들의 복잡화와 그것들을 서로 연결하는 수학적 질서는 전체의 한 가운데에 부분적 중단이나 역전이 일어나자마자 자동적으로 나타나야 한다는 것이 짐작된다. 게다가 지성은 동일한 종류의 과정

---

46 여기서 주어는 "그 끝이 공간성인 운동"이다. 그런 운동은 사물 속에 연역과 귀납이 재발견하는 질서를 사물 속에 창조한다. 그런 운동은 물질, 공간, 지성으로 가는 운동인데, 여기서 지성은 "그 끝이 공간성인 운동"이 창조한 질서를 그 자신이 창조한다기보다는 발견한다.

에 의해 정신에서 잘라내진 것이기 때문에 그것은 그런 질서와 그런 복잡화에 일치되어 있고, 거기서 스스로를 알아보기 때문에 그것들을 감탄한다. 그러나 **그 자체로서** 경탄할 만한 것, 놀람을 일으킬 가치가 있을 것은 실재의 전체가 나누어지지 않은 채 전진하면서 실행하는 끊임없이 경신되는 창조이다. 왜냐하면 수학적 질서의 스스로와의 어떠한 복잡화도 아무리 과학적이라 가정하더라도 세계에 단 하나의 새로운 원자도 도입하지 않을 것이지만, 창조의 능력이 일단 놓이면(그리고 그것은 존재한다. 우리가 자유롭게 행동할 때 적어도 그것에 대한 의식을 우리 속에서 가지기 때문에) 이완되기 위해서는 자신으로부터 산만해지면 되고, 펼쳐지기 위해서는 이완되기만 하면 되고, 이처럼 구별된 요소들의 배치를 주제하는 수학적 질서와 그것들을 연결하는 불굴의 결정론이 창조적 행위의 중단을 나타내려면 펼쳐지기만 하면 된다. 그것들은 게다가 중단 자체와 하나이다.

그런 완전히 부정적인 경향을 물리적 세계의 특수한 법칙들이 표현한다. 그들 중 어떤 것도 따로 취하면 객관적 실재성을 가지지 않는다. 그것은 사물을 어떤 측면에서 생각하고, 어떤 변수를 고립시키며, 측정의 어떤 규약적 단위들을 적용한 과학자의 작품이다. 그리고 그럼에도 불구하고 물질에 내재적인, 근사적으로 수학적인 질서, 즉 우리의 과학이 그 진보에 따라 접근하는 객관적 질서가 있다. 왜냐하면 물질이, 펼쳐지지 않은 것의 펼쳐진 것으로의, 그에 의해 자유의 필연성으로의 이완이라면, 그것이 순수 동질적 공간과 완전히 일치하지 않더라도 소용없으며, 〔그래도〕 그것은 동질적 공간으로 인도하는 운동에 의해 구성되었으며, 그때서부터 기하학으로 가는 도정 위에 있다. 수학적인 형태의 법칙들은 결코 물질에 완전히 적용되지는 않는다는 것은 사실이다. 그를 위해서는 물질이 순수 공간이어야 하고, 지속으로부터 떠나야 할 것이다.

물리적 법칙의 수학적 형태에 있는, 따라서 사물에 대한 우리의 과학적 인식에 있는 인위적인 것에 대해 결코 충분히 강조할 수는 없을 것이다.*1 우리의 측정 단위는 규약적이며, 이렇게 말할 수 있다면 자연의 의도와는 낯설다. 어떻게 자연이 열의 모든 양상들을 수은의 동일한 양의 확장이나 일정한 부피로 유지되는 동일한 양의 공기의 압력의 변화에 관련시켰다고 가정할 수 있겠는가? 그러나

....

*1 우리는 여기서 특히 *Revue de métaphysique et de morale*에 등재된 Ed. Le Roy씨의 심오한 연구를 암시한다.[47]

―――――

47 Le Roy et Vincent, "Sur la méthode mathématique", *Revue de Métaphysique et de Morale*, t. II, no. 5, sept.-oct., 1894; no. 6, nov.-dec., 1894; "Sur l'idée de nombre", *Revue de Métaphysique et de Morale*, t. IV, no. 5, sept.-oct., 18964. A. François는 이 논문들 이외에도 *Revue de Métaphysique et de Morale*에 실린 Le Roy의 여러 논문들을 인용했으나 본문의 내용과는 상관없는 것들이다. "Sur la méthode mathématique"는 기하학으로부터 출발하여, 기계론, 물리학 등의 분야에서의 수학적 방법이 포함하고 있는 주관적, 심리적, 인위적, 규약적인 요소들에 대해 밝힌다. 가령 순수 기하학에서조차 지각의 형태를 포함하고 있으며, 정도 차만 있을지언정 물리학과 다르지 않다고 말한다. 그는 특히 Poincaré를 많이 인용하고 그와의 유사점을 많이 보이는데, 그렇기 때문에 Le Roy는 그와 함께 "규약론자"라 불린다.

그것으로 충분히 말한 것이 아니다. 일반적으로 **측정한다**(mesurer) 는 것은 두 대상을 어떤 횟수 동안 실재적이건 관념적이건 서로 포 갠다는 것을 내포하는 완전히 인간적인 작업이다. 자연은 그런 포 개짐을 생각하지 않았다. 그것은 측정하지도, 더구나 샘하지도 않 는다. 그러나 물리학은 법칙을 획득하기 위해 세고, 측정하고, '양 적' 변이들을 서로 관련시키며, 성공한다. 물질성을 구성하는 운동 220 이, 우리에 의해 그 끝까지, 즉 순수 공간까지 연장되어 우리가 세 고, 측정하고, 서로의 함수인 항들을 그 상호 변이에서 따르도록 하 는 데 이르는 운동 자체가 아니라면 그것의 성공은 설명할 수 없게 될 것이다. 그런 연장을 수행하기 위해 우리 지성은 게다가 스스로 연장되기만 하면 된다. 왜냐하면 지성성과 물질성은 동일한 본성의 것이고 동일한 방식으로 이루어지기 때문에 그것은 자연스럽게 공 간과 수학으로 가기 때문이다.

수학적 질서가 적극적인 것이라면, 우리의 법전의 법률과 비교될 수 있는 법칙이 물질에 내재적으로 있다면 우리 과학의 성공은 기 적에 속할 것이다. 왜냐하면 우리가 자연의 도량형을 재발견하고, 그 상호관계를 결정하기 위해 자연이 선택했을 변수들을 정확히 떼 어낼 확률은 얼마나 되겠는가? 그러나 물질이 우리 틀로 들어가기 위해 필요한 모든 것을 가지고 있지 않다면 수학적 형태의 과학의 성공도 적지 않게 이해할 수 없는 것이 될 것이다. 그러므로 단 하 나의 가설만이 그럴 듯하다. 그것은 수학적 질서는 적극적인 아무 것도 가지지 않았으며, 그것은 어떤 **중단**(interruption)이 저절로 향 하는 형태이고, 물질성은 바로 그런 종류의 중단에서 성립한다는 것이다. 그렇게 하여 우리 과학은 그것이 선택한 변수에 상대적이고 그것이 연속적으로 문제를 제기하는 순서에 상대적인, 우연적인 것이며, 그럼에도 불구하고 성공한다는 것이 이해될 것이다. 그 전체에서 그것은 완전히 다른 것일 수도 있었을 것이나 또한 성공했었을 것이다. 그것은 바로 수학적 법칙들의 어떠한 정해진 체계도 자연의 근저에 있지 않고, 수학 일반은 단지 물질이 떨어지는 방향을 나타내기 때문이다. 발이 납으로 된 이 작은 코르크 인형들(오뚜기) 중 하나를 아무 자세로나 놓아 보라. 등을 대고 눕히거나, 머리를 아래로 두고 거꾸로 세우거나, 공중에 던져보라. 그것은 항상 자동적으로 설 것이다. 물질에 대해서도 마찬가지이다. 우리는 그것을 어느 끝이든 잡고 어떤 방식으로든 조작할 수가 있다. 그것은 항상 우리의 수학적 틀 중 어떤 것으로 떨어질 것이다. 기하학의 추를 달고 있기 때문에.

그러나 철학자는 아마 그와 같은 생각 위에 인식론을 세우기를 거부할 것이다. 그가 그런 생각을 싫어하는 것은 수학적인 질서는 질서니까 뭔가 적극적인 것을 포함하고 있는 것으로 보이기 때문이다. 그런 질서는 반대 질서의 중단에 의해 자동적으로 생겨나고 그것은 그런 중단 자체라고 말해봐야 소용없다. **질서가 전혀 없을 수도 있을 것이고** 사물의 수학적 질서는 무질서에 대한 정복이기 때문에 적극적 실재성을 가진다는 생각은 그럼에도 불구하고 존속한다. 그 점을 천착해보면 인식론에 관계된 문제에서 **무질서**(désordre)의 관념이 어떤 중요한 역할을 하는지를 볼 것이다. 그것은 거기서 명시적으로 나타나지 않고 그렇기 때문에 그것에 대해 다루지 않왔다. 그러나 그 관념의 비판에 의해 인식론은 시작해야 할 것이다. 왜냐하면 왜 그리고 어떻게 실재는 질서에 복종하는가를 아는 것이 큰 문제라면 그것은 모든 종류의 질서의 부재가 가능하거나 생각할 수 있는 것으로 보이기 때문이다. 그런 질서의 부재를 실재론과 관념론은 각자 생각하는 것으로 믿는다. 실재론자는 '객관적' 법칙들이 자연의 가능한 무질서에 부과한 규제(réglementation)에 대해 말할 때, 관념론자들은 우리 오성의 조직자적(organisatrice) 영향 아래 조율될 − 따라서 질서가 없는 − '감각적 잡다'를 가정할 때 그러하다. 그러므로 **질서의 부재**(absence d'ordre)라는 의미로 이해된 무질서의 관념이 우선 분석해야 할 관념이다. 철학은 그것을 일상적 삶에서 빌려왔다. 그리고 통상적으로 우리가 무질서에 대해 말할 때 우리는 무언가를 생각한다는 것은 거부할 수 없다. 그러나 우리는 무엇을 생각하는가?

부정적 개념의 내용을 결정하는 것이 얼마나 어려운지, 그리고 그 작업을 시도하지 않아서 어떤 착각에 노출되어 있고 어떤 풀 수 없는 난점에 철학이 빠지는지를 다음 장에서[48] 볼 것이다. 난점과 착각들은 보통 본질적으로 잠정적인 표현 방식을 결정적인 것으로 인정하는 것에 기인한다. 실용을 위해 이루어진 방식을 사변의 영역으로 옮겨놓는 것에 기인한다. 나는 책장에서 책 한 권을 아무렇게나 선택하고는 그것을 들여다 본 후 "운문이 아니네."하고 말하며 그것을 다시 책장에 꽂는다. 그것이 분명 책을 넘기면서 내가 본 것

---

48 아래의 272-298쪽을 보라.

인가? 명백히 아니다. 나는 운문의 결여를 보지 않았고, 결코 보지
못할 것이다. 나는 산문을 보았다. 그러나 내가 원하는 것은 시이기
때문에 내가 찾는 것에 따라 내가 발견한 것을 표현하고, "여기 산
문이 있네."라고 말하는 대신 "이건 운문이 아니네."라고 말하는 것
이다. 반대로 산문을 읽겠다는 변덕이 일어났는데 운문이 손에 떨
어졌다면 나는 "이건 산문이 아니야."라고 소리쳤을 것이다. 이렇게
운문을 보여주는 내 지각의 소여를, 산문의 관념에 고정되어 있고
그것에 대해서만 말하는 것을 듣고 싶어 하는 내 기대와 주의의 언
어로 번역하면서. 이제 쥬르뎅 씨가 내 말을 듣는다면 그는 아마 나
의 두 소리침으로부터 운문과 시가 책에 예정된 언어의 두 형태이
며, 그런 학문적 형태가 산문도 운문도 아닌 날 언어(langage brut)
에 겹쳐졌다고 추론할 것이다. 운문도 산문도 아닌 것에 대해 말하
면서 그는 게다가 그것에 대해 생각한다고 믿을 것이다. 그러나 그
것은 의사-표상(pseudo-représentation)에 불과할 것이다. 더 멀리
가보자. 의사-표상은 의사-문제를 만들 수 있을 것이다. 주르뎅 씨
가 철학교수에게 산문의 형태와 시의 형태가 어떻게 둘 중 어느 것
도 가지지 않은 것에 덧붙여졌는지, 그리고 말하자면 그런 단순한
질료에 대한 그 두 형태의 부과에 관해 이론을 만들어 주기를 원하
는지를 묻는다면. 그의 물음은 부조리할 것이고, 부조리는, 하나의
부정은 다른 것의 긍정에서 성립한다는 것을 잊고 산문과 시의 동
시적 부정을 양자의 공통적 기체(substrat)로 실체화한(hypostasié)
것에서 올 것이다.

그런데 두 종류의 질서가 있고, 그 두 질서는 동일한 類의 한 가

운데에[49] 두 반대되는 것이라 가정하자. 또한 무질서의 관념은 두 질서 중 하나를 찾다가 다른 것을 만났을 때마다 정신에 일어나는 것이라 가정하자. 그때 무질서의 관념은 삶의 통상적 실용에서 명료한 의미를 가질 것이다. 그것은 필요한 것과 다른 질서, 당분간은 어찌 할지를 알 수 없고 그런 의미에서 그에게는 존재하지 않는 질서 앞에 마주친 정신의 실망을 언어의 편리를 위해 객관화할 것이다. 그러나 그것은 어떠한 이론적 소용도 포함하지 않을 것이다. 우리가 어떠한 일이 있더라도 그것을 철학에 도입한다고 주장한다면 불가피하게 우리는 그것의 진정한 의미를 시선에서 놓쳐버린다. 그것은 어떤 질서의 부재를 표기했으나 [사실은] **다른 것**(신경 쓸 필요가 없는 것)**을**[이 있다는 것을 표기하기] **위해서**이다. 단, 그것이 둘 중 각자에게 차례로 적용되고 둘 사이를 끊임없이 왔다 갔다 하므로, 우리는 그것을 두 라켓 사이의 셔틀콕처럼 도중에서, 또는 오히려 공중에서 취해서 그것을 무차별적으로 하나나 다른 것의 부재가 아니라 둘 모두의 부재 ― 지각되지도 생각되지도 않는 것, 단순한 언어적 존재 ― 를 표상하는 것처럼 취급할 것이다. 그리하여 어떻게 질서가 무질서에, 형상이 질료에 부과되었는가를 아는 문제가 태어났을 것이다. 이렇게 교묘하게 꾸민 무질서의 관념을 분석하면 그것은 전혀 아무것도 나타내지 않는다는 것을 볼 것이며, 그와 함께 그 주변에서 일어나게 했던 문제들도 사라질 것이다.

---

49 여기서는 "유(genre)"라는 말에 주의해야 한다. 즉, 책이라는 동일한 "유"가 있고 그 속에서 운문과 산문이라는 두 질서가 있다는 것을 말한다.

보통 함께 혼동하는 두 종류의 질서를 구별하고 심지어 서로 대
224 립시키는 것으로 시작해야 할 것은 사실이다. 그런 혼동이 인식 문
제의 주요 난점들을 만들어 냈기 때문에 두 질서가 구별되는 특징
을 다시 한번 강조하는 것이 불필요하지는 않을 것이다.

일반적으로 실재는 정확히 우리 사유를 충족시키는 정도로 **정
돈된다**. 그러므로 질서는 주체와 객체 사이의 어떤 일치이다. 그것
은 사물에서 재발견되는 정신이다. 그러나 정신은 두 대립되는 방
향으로 진행할 수 있다고 우리는 말했다.[50] 때로는 자연스러운 방
향을 따르고, 그때는 긴장, 연속적 창조, 자유로운 활동의 형태에
서의 진보이다. 때로는 그것을 역전하고, 그런 역전은 끝까지 밀고
가면 펼쳐짐으로, 서로 외화된 요소들의 상호 필연적 결정으로, 마
지막으로 기하학적 기계론으로 이끌 것이다. 그런데 경험이 첫 번
째 방향을 채택하는 것으로 보이건, 두 번째 것의 방향으로 향하건,
두 경우에서 우리는 질서가 있다고 말한다. 두 과정에서 정신은 자
신을 재발견하기 때문이다. 그러므로 그들 사이의 혼동은 자연스럽
다. 혼동에서 벗어나기 위해서는 두 종류의 질서에 대해 다른 이름
을 주어야 할 것인데, 그것들이 취하는 형태의 다양성과 가변성 때
문에 그것은 쉽지 않다. 두 번째 종류의 질서는 극단적 한계인 기하
학에 의해 정의될 수 있을 것이다. 더 일반적으로 원인과 결과 간
에 필연적 결정의 관계가 발견될 때마다 문제되는 것은 그것[51]이다.

---

50 위의 201-204쪽을 보라.

51 두 번째의 질서.

그것은 타성, 수동성, 자동성의 관념을 불러일으킨다. 첫 번째 종류
의 질서에 관해 말하자면 그것은 아마 목적성 주변을 왔다 갔다 할
것이다. 그러나 그것에 의해 두 번째 질서를 정의할 수는 없을 것
인데, 때로는 그 위에, 때로는 그 아래에 있기 때문이다. 그것의 가
장 높은 형태에서 그것은 목적성보다 더한 것인데, 자유로운 행동
이나 예술 작품에 대하여 그것들이 완벽한 질서를 나타낸다고 말할
수 있을 것이지만, 사후에 근사적으로만 관념의 용어로 표현할 수
있기 때문이다.[52] 창조적 진화로 생각된 생명 전체는 〔그와〕 유사한
무엇이다.[53] 목적성이 미리 생각되고 생각될 수 있는 관념의 실현을 225
의미한다면 생명은 목적성을 넘어선다. 그러므로 목적성의 틀은 생
명 총체에게는 너무 좁다. 반대로, 개별적으로 취한 생명의 이러저
러한 현상에 대해서는 너무 넓다. 어떻든 여기서 문제인 것은 항상
생명적인 것이며, 모든 현 연구는 생명적인 것이 의지적인 것의 방
향이라는 것을 확립하기를 지향한다.[54] 그러므로 이 첫 번째 종류의
질서는 **죽은 것**(inérte)이며 **자동적**(automatique)인 것의 질서인 두
번째와 대립되는 **살아 있는**(vital) 것과 **원해진**(voulu) 것의 질서라
고 말할 수 있을 것이다. 게다가 상식은 본능적으로 두 종류의 질서
를 적어도 극단적인 경우에는 구별한다. 또한 본능적으로 그것들을
접근시킨다. 천문학적 현상들에 대해 놀라운 질서를 나타낸다고 말
할 것이다. 그에 의해 그것들을 수학적으로 예견할 수 있다는 것을

---

52 위의 47-48쪽 참조.

53 위의 163쪽 참조.

54 아래의 239쪽 참조.

의미하면서. 베토벤의 교향곡에서 〔또한〕 적지 않게 놀라운 질서를 발견할 것이다. 그것은 천재성, 독창성, 따라서 예견 불가능성 자체이다.[55]

그러나 첫 번째 종류의 질서가 그렇게 구별되는 형태를 띠는 것은 단지 예외적으로만이다. 일반적으로는 반대되는 질서의 형태와 혼동하는 데 모든 이득이 있는 성격과 함께 나타난다. 가령 우리가 생명의 진화 전체를 생각한다면 그 운동의 자발성과 그 진행의 예견 불가능성이 우리 주의에 부각될 것임은 분명 확실하다. 그러나 우리의 일상적 경험에서 만나는 것은 이미 알려진 형태와 사실들을 **거의**(à peu près) 반복하는 이러저러한 결정된 생명체, 생명의 이러저러한 특수한 현상들이다. 심지어 낳는 것과 낳아지는 것 사이에 어디서나 확인되는 구조의 유사성, 즉 불특정 수의 살아 있는 개체들을 동일한 집단으로 가두게 해주는 유사성은 우리 눈에 는 **유적인**(générique) 것의 전형 자체이며, 무기물의 종류는 생명체의 종류를 모델로 취하는 것으로 보인다. 이처럼 그것을 자르는 경험에서 우리에게 제공되는 바대로의 생명의 질서는 물리적 질서와 동일한 성격을 나타내고 동일한 기능을 수행하게 된다. 양자는 모두 우리 경험이 **반복되게** 하고, 우리 정신이 **일반화하는** 것을 허용한다. 사실상 그 성격은 두 경우 완전히 상이한 원천과 심지어 대립되는 의미를 가진다. 두 번째의 것에서 그 성격은 동일한 성분은 동

---

55   바로 위에 나온 구별과 접근의 관점에서 말한다면, 우리는 천문학적인 질서와 음악의 질서를 본능적으로 구별하지만(수학적인 것이냐 독창적인 것이냐가 다르다), 또한 본능적으로 그 둘은 놀라운 것이라고 접근시킨다.

일한 합력을 주는 기하학적 필연성을, 전형으로, 이상적 한계로, 또한 기초로 가진다. 첫 번째의 것에서 그 성격은 반대로 무한히 복잡한 요소가 되는 원인들이 완전히 다를 수 있음에도 불구하고 동일한 결과를 획득하는 방식으로 사태를 배열하는 뭔가의 개입을 내포한다. 우리는 이 마지막 요점에 대해 어떻게 동일한 구조를 독립적인 진화의 노선에서 만날 수 있는지를 보여주었을 때 제1장에서[56] 강조한 바 있다. 그러나 그렇게 멀리까지 찾지 않고도 자손에 의한 조상의 전형의 재생만으로도 이미 동일한 합력으로 요약될 힘의 동일한 성분과는 완전히 다른 것임을 가정할 수 있다. 한 생명체의 발생에 협조하는 무한소의 요소들과 무한소의 원인들의 무한성을 생각할 때, 그들 중 하나라도 없거나 일탈하면 아무것도 작동하지 않는 데 충분할 것이라는 것을 생각할 때, 정신의 첫 번째 운동은 그런 작은 일꾼들의 군대를, 범해진 잘못을 매순간 고치고, 방심의 결과를 수정하며, 사태를 제자리로 돌려놓을 신중한 감독관, 즉 '생명의 원리'[57]에 의해 감시하게 하는 것이다. 그에 의해 사람들은 물리적 질서와 생명의 질서 사이의 차이를 번역하려고 시도한다. 물리적 질서는 동일한 원인의 합성이 동일한 전체의 결과를 제공하게

---

56 위의 59-88쪽을 보라.

57 생명의 원리는 생기론자들이 말하는 원리임은 분명한데, A. François는 그런 생명의 원리가 부분들의 놀라운 조율을 관장하는 어떤 의식이라고 생각한 점에서 베르크손은 생기론자들에 반대한다고 지적한다(*Ech.*, 483쪽, 주 131). 이후의 설명에서도 밝혀지는 바와 같이 베르크손에게 그런 감독관은 없고, 생명은 그냥 단순한 운동이다.

227 함으로써, 생명의 질서는 원인에 주저(flottement)가 있을 때조차 결
과의 안정성을 확보함으로써. 그러나 그것은 번역에 불과하다. 그
것을 반성해 보면 일꾼이 없다는 매우 단순한 이유로 감독관도 있
을 수 없다는 것을 발견한다. 물리-화학적 분석이 발견하는 원인
과 요소는 아마도 유기적 파괴의 사실들에 대해서는 실재하는 원
인과 요소일 것이다. 그것들은 그때 제한된 수이다. 그러나 고유한
의미에서의 생명 현상이나 유기적 창조의 사실들은 그것들을 분석
할 때 무한으로의 진보[58]의 전망(perspectives)을 열어준다. 거기서
부터 다수의 원인과 요소들은 여기서 자연의 작업에 무한히 근접한
모방을 시도하는 정신의 관점에 불과한 반면 모방된 작업은 불가분
적인 행위라고 추론할 수 있다. 동일한 종류의 개체들 사이의 유사
성은 이처럼 동일한 원인의 동일한 합성에 의해 획득된 복잡한 결
과들 사이의 유사성과는 완전히 다른 의미, 완전히 다른 원천을 가
질 것이다. 그러나 이 경우든 저 경우든 유사성이 있고 따라서 일반
화는 가능하다. 그리고 우리의 일상적 삶은 필연적으로 동일한 사
물과 동일한 상황의 기대이므로 거기서 그것은 실용에서 우리가 관
심을 가지는 모든 것이기 때문에, 우리 행동의 관점에서 본질적인
그런 공통의 성격이, 사변만이 관심을 두는 완전히 내적인 차이점
에도 불구하고, 두 질서를 서로 근접시키는 것은 자연스럽다. 거기
서부터 어디서나 동일하고 생명과 물질 위를 동시에 떠도는 **자연의**

---

58 "무한으로의 진보"는 무한히 진보하는, 또는 진보할 수 있는 운동이라는
  뜻이다.

일반 질서(ordre général de la nature)라는 관념이 나온다. 거기서부터 무기물의 영역에서의 **법칙**(lois)의 존재와 생명의 영역에서의 **유**(genres)의 존재를 동일한 말로 표시하고, 동일한 방식으로 표현하는 우리의 습관이 나온다.

게다가 그런 혼동이 고대인이나 근대인들에게 인식의 문제에 의해 야기된 대부분의 난점들의 원천에 있다는 것은 의심스러워 보이 228 지 않는다. 왜냐하면 법칙과 유의 일반성이 동일한 말로 표현되고 동일한 관념에 포섭되며, 기하학적 질서와 생명의 질서는 그때서부터 함께 혼동되었기 때문이다. 자리 잡은 관점에 따라 법칙의 일반성이 유의 일반성에 의해, 또는 유의 일반성이 법칙의 일반성에 의해 설명되었다. 이렇게 정의된 두 이론 중에 첫 번째의 것은 고대 사유에 특징적인 것이고 두 번째의 것은 근대 철학에 속한다.[59] 그러나 양 철학에서 모두 '일반성'의 관념은 서로 화해될 수 없는 대상과 요소들을 그 외연과 내포에서 통일하는 애매한 관념이다. 양쪽에서 모두 단지 사물에 대한 우리 행동에 주는 용이함에 의해서만 서로 닮은 두 종류의 질서를 동일한 개념 아래로 묶는다. 실용에서는 아마도 동일한 단어에 의한 지시를 정당화할 것이지만 사변의 영역에서는 동일한 정의 속에 그것들을 혼동하는 것을 전혀 허락지 않는 완전히 외적인 유사성 때문에 두 항을 접근시킨다.

아닌 게 아니라 고대인들은 왜 자연이 법칙에 복종하는지를 묻지

---

59 첫 번째는 법칙의 일반성을 유의 일반성에 의해 설명하는 것(고대), 두 번째는 유의 일반성을 법칙의 일반성에 의해 설명하는 것(근대). 아래의 329-330쪽 참조.

않고 왜 유에 따라 정돈되는지를 물었다. 유의 관념은 특히, 거부할 수 없는 사실인 유전을 번역하는 생명의 영역에서 객관적 실재에 상응한다. 게다가 개체적 대상이 있는 곳에서만 유가 있을 수 있다. 유기적 존재는 물질의 총체에서 자신의 유기적 조직화 자체에 의해, 즉 자연에 의해 잘라내졌다면, 행동의 관심에 의해 인도되고, 우리 몸이 그리는 발생 중의 반응에 의해, 즉 다른 곳에서*1 보여준 것처럼 구성되기를 열망하는 잠재적 유에 의해 인도되어, 죽은 물질을 구별되는 물체로 자르는 것은 우리 지각이다. 그러므로 여기서 유와 개체는 사물에 대한 우리의 미래 행동에 완전히 상대적인 반-인위적(sémi-artificielle)60인 작업에 의해 서로 결정된다. 그럼에도 불구하고 고대인들은 모든 유를 동일한 열에 배열하고 그것들에게 동일한 절대적 존재를 할당하는 데 주저하지 않았다. 실재는 이처럼 유의 체계가 되었기 때문에 법칙의 일반성이 환원되어야 하는 것은 유의 일반성(즉, 대체로 생명의 질서를 표현하는 일반성)이다. 그와 관련하여 물체의 낙하에 관한 아리스토텔레스의 이론과 갈릴레

*1 『물질과 기억』, 제3장과 제4장.61

---

60 유는 자연이 이미 잘라낸 것이므로 인위적인 것은 아니지만 그것을 그렇게 잘라진 것으로 보는(지각하는) 것에는 역시 지각의 인위적인 성격이 들어간 것이며, 무기물의 개체는 지각이 잘라낸 것이기는 하지만 지각이 마음대로 잘라낸 것이 아니라 "구성되기를 열망하는 잠재적 유", 즉 물질에도 잘라지려는 어떤 성격이 있고 그것에 따라 잘라낸 것이므로 "반-인위적"이라 한 것이다.

61 특히 MM, 173-181쪽, 220-226쪽을 보라.

오에 의해 제공된 설명을 비교하는 것이 흥미로울 것이다.[62] 아리스
토텔레스는 오직 '위'와 '아래', '고유의 장소'와 빌린 장소, '자연적
운동'과 '강제적 운동' 같은 개념들에만 몰두했다.[*1] 돌이 낙하하는
물리적 법칙은 그에게 돌이 모든 돌의 '자연적 장소', 즉 땅에 복귀
한다는 것을 표현한다. 그의 눈에 돌은 정상적 위치에 있지 않는 한
완전히 돌인 것은 아니다. 그 장소로 다시 떨어짐으로써 돌은 자라
나는 생명체처럼 보완되고 그렇게 하여 돌이라는 본질을 충족히 실
현하는 것을 겨냥한다.[*2] 물리적 법칙에 대한 그런 견해가 정확하

[*1] 특히 *Phys.* IV, 215a2; V, 230b12; VIII,255a2와 *De caelo*, IV, 1-5; II, 296b27; IV, 308a34를 보라.[63]

[*2] *De caelo*, IV, 310a 34: τὸ δ' εἰς τὸν αὑτοῦ τόπον φέρεσθαι ἕκαστον τὸ εἰς τὸ αὑτοῦ εἶδός ἐστι φέρεσθαι.[64]

---

62 아래의 330쪽 참조.

63 *Phys.* IV, 8, 215a2에는 모든 운동은 자연적 운동이거나 강제적 운동이라
는 점이, V, 6, 230b12에는 불은 위로 올라가고 흙은 아래로 내려간다는
점이, VIII, 4, 255a2에는 가벼운 것과 무거운 것이 무엇에 의해 움직이는
지 말하기 어려우나 가벼운 것은 위로 무거운 것은 아래로 움직이는 것이
자연적 운동이며, 반대 방향으로 움직이는 것은 강제적 운동에 의한 것이
라는 점이 논의되어 있다. 또 *De caelo*, IV, 1-5는 가벼운 것과 무거운 것
의 운동의 원리에 대해 논하고 있으며, II, 14, 296b27에는 자연적인 운동
에서 흙이 우주의 중심으로, 불이 극단으로 움직인다는 것이, 그리고 IV,
2, 308a34에는 동일한 무게의 물체는 동일한 수의 제일 원소로 이루어졌
다고 하는 것으로는 충분하지 않다는 것이 논의되고 있다. 이 경우 물체
의 무게는 그 속에 포함된 진공의 비율, 오늘날로 말하면 비중에 의해 결
정되어야 한다는 것이다.

다면 법칙은 더 이상 정신에 의해 확립된 단순한 관계가 아닐 것이며, 물질의 물체로의 나눔도 더 이상 우리 지각력에 상대적이지 않을 것이다. 모든 물체는 생명체와 동일한 개체성을 가질 것이고, 물리계의 법칙들은 실재적인 유들 사이의 실재적인 친족관계를 표현할 것이다. 거기서 어떤 물리학이 나왔고, 하나의 결정적인 과학의 가능성을 믿었기 때문에 실재의 총체를 포괄하고 절대와 일치하면서 고대인들은 사실상 물리적인 것의 생명적인 것으로의 다소 거친 번역에 만족해야 했다는 것은 주지의 사실이다.

230   그러나 동일한 혼동이 근대인들에게도 재발견된다. 〔단,〕 두 항 사이의 관계가 역전되고, 법칙이 더 이상 유로 환원되지 않고 유가 법칙으로 환원되며, 다시 한번 하나로 가정된 과학이 고대인들이 원했던 것처럼 전체가 절대와 일치하는 대신에 전체가 상대적이 되었다는 것이 다르다. 근대철학에서 유의 문제가 소멸되었다는 것은 주목할 만한 사실이다. 우리의 인식론은 거의 배타적으로 법칙의 문제에 대해서만 진행된다. 유는 어떻게 해서든 법칙과 화해할 수단을 찾아야 할 것이다. 그 이유는 우리 철학이 근대의 천문학적이고 물리학적인 큰 발견들에 출발점을 두고 있기 때문이다. 케플러와 갈릴레이의 법칙들은 우리 철학에게는 모든 인식의 이상적이고도 유일한 전형으로 남았다. 그런데 법칙은 사물이나 사실들 사이의 관계이다. 더 정확히는 수학적 형태의 법칙은 어떤 크기가 적

---

64   번역하면 "각각이 자기 자신의 장소로 이동한다는 것은 자신의 형상으로 이동한다는 것이다."

합하게 선택된 하나나 여러 다른 변수들의 함수라는 것을 표현한
다. 그런데 변하는 크기의 선택, 즉 자연을 대상이나 사실로 나누는
것은 이미 우연적이고 규약적인 뭔가를 가지는 것이다. 그러나 선
택은 경험에 의해 완전히 표시되어 있고, 심지어 부과되어 있다고
인정하자. 법칙은 그럼에도 불구하고 관계일 것이며 관계는 본질
적으로 비교에서 성립한다. 법칙은 동시에 여러 항을 표상하는 지
성에 대해서만 객관적 실재성을 갖는다. 그런 지성은 나의 것도 당
신 것도 아닐 수가 있다. 그러므로 법칙에 관계된 과학은 경험이 미
리 포함하고 있었고 우리는 단지 경험이 토해내게만 하면 되는 객
관적 과학일 수 있다. 그럼에도 불구하고 비교는, 개별적인 누구의
작품도 아니라면, 적어도 비인칭적으로 수행되고, 법칙, 즉 다른 항
과 **관계된** 항들로 이루어진 경험은 우리가 그것을 모을 때 이미 지
성성의 대기를 건넜음에 틀림이 없는 비교로 이루어진 경험이라는 231
것은 사실이다. 그러므로 인간 오성에 완전히 상대적인 과학과 경
험의 관념은, 법칙으로 구성될 하나이고 총체적인 과학이라는 견해
(conception)에 암묵적으로 포함되어 있다. 칸트는 그것을 드러나
게 한 것뿐이다. 그러나 그런 견해는 법칙의 일반성과 유의일반성
사이의 자의적인 혼동으로부터 나온다. 서로에 관하여 항들을 조
건지우기 위해서 지성이 필요하다면 어떤 경우에[65] 항들 자체는 독
립적인 방식으로 존재할 수 있다고 사람들은 생각한다. 그리고 항
의 항에 대한 관계 옆에 경험 또한 독립적인 항들을 나타낸다면, 살

---

65 살아 있는 유의 경우.

아 있는 유는 법칙의 체계와 완전히 다른 것이기 때문에 적어도 우
리 인식의 반은 '물 자체', 즉 실제 자체에 관한 것이다. 바로 그런
인식은 더 이상 자신의 대상을 구성하지 않고 반대로 그것을 겪어
야 할 것이기 때문에 매우 어려울 것이다. 그러나 그것이 실재에 가
닿기만 한다면 그것이 무는(齧) 것은 절대 자체이다. 더 멀리 가 보
자. 인식의 다른 반도 더 이상 어떤 철학자들이 말하듯이 그렇게 근
본적으로, 그렇게 결정적으로 상대적이지는 않을 것이다. 그것이
반대 질서의 실재, 우리가 항상 수학적 법칙, 즉 비교를 포함하지만
공간성과 따라서 기하학의 추가 달렸기 때문에만 그 작업에 준비가
된 관계로 표현하는 실재에 관한 것임을 확립할 수 있다면. 어쨌건
이미 고대인들의 독단론 아래에서 그랬던 것처럼 근대인들의 상대
주의 뒤에서 발견하는 것은 두 질서의 혼동이다.

그런 혼동의 원천을 표시하기 위해서는 충분히 말했다. 그것은
본질적으로 창조인 '생명의' 질서가 그 몇몇 우연성에서보다 그 본
질에서 우리에게 더 잘 드러나지 않는다는 것에 기인한다. 이 우
연들은 물리적이고 기하학적인 질서를 **모방한다**. 그것들은 물리학
적, 기하학적 질서처럼 일반화를 가능케 하는 반복을 나타내고, 그
것이 우리에게 중요한 모든 것이다. 생명 전체가 진화, 즉 끊임없
는 변천인 것은 의심의 여지가 없다. 그러나 생명은 그것의 담지자
(dépositaires)인 생명체를 매개로 해서만 전진할 수가 있다. 생명체
들이 애써 만든 새로움이 성장하고 성숙하기 위해서는 그들 중 거
의 비슷한 수천, 수만이 시간과 공간에서 서로 반복되어야 한다. 수
천 부의 수천 쇄를 건너 수정본에 이를 책과 같다. 그러나 연속적인

쇄는 동일하고 동일한 쇄의 여러 부수들 또한 동일하지만 공간의
다양한 지점에도, 시간의 다양한 순간에도 동일한 종의 구성원들
은 완전히 서로 닮은 것은 아니라는 점에 두 경우의 차이점이 있다.
유전은 형질을 전할 뿐 아니라 형질을 변화시키는 비약 또한 전하
며, 그 비약이 생명성 자체이다. 그렇기 때문에 우리는 일반화의 근
거 역할을 하는 반복이 물리적 질서에서는 본질적이지만 생명의 질
서에서는 우연적이라고 말한다. 물리적 질서는 '자동적'이다. 생명
의 질서는 의지적이라[고까지는] 말하지는 않을 것이지만 '의도된
(voulu)' 질서와 유사하다.

그런데 '의도된' 질서와 '자동적' 질서 사이의 구별이 분명히 표상
되자마자 **무질서**의 관념이 먹고 사는 애매함이 사라지고 그와 함께
인식론의 주요 난점 중의 하나가 사라진다.

왜냐하면 인식론의 주요 문제는 어떻게 과학이 가능한가, 즉 결
국 왜 사물에는 무질서가 아닌 질서가 있는가를 아는 것이기 때문
이다.[66] 질서가 존재한다는 것은 하나의 사실이다. 그러나 다른 한
편 **질서보다 덜 한 것으로 보이는** 무질서는 권리상 존재할 것으로
보인다. 그러므로 질서의 존재는 밝혀야 할 신비, [그것이 아니라
면] 하여간 제기되어야 할 문제일 것이다. 더 단순하게는 질서에 근   233
거를 주려고 시도하자마자 사람들은 질서를 사태에서가 아니라면
적어도 정신의 눈에는 우연적인 것으로 간주한다. 우연적이라 판단
하지 않을 사물에 대해 사람들은 어떠한 설명도 요구하지 않을 것

---

66 위의 221쪽 참조.

이다. 질서가 무언가(그것은 '질서의 부재'일 것이다)에 대한 정복이
나 무언가에 대한 덧붙임으로 보이지 않는다면, 고대의 실재론이
형상이 덧붙여질 '질료'에 대해 말하지도 않았을 것이며, 현대의 관
념론이, 오성이 자연으로 조직화할 '감각적 잡다'를 놓지도 않았을
것이다. 그리고 아닌 게 아니라 모든 질서는 우연적이며 그런 것으
로 생각된다는 것은 거부할 수가 없다. 그러나 무엇에 대하여 우연
적인가?

　우리의 견해로 대답은 의심스럽지 않다. 질서는 우연적이고 우리
에게 우연적으로 보이는데, 운문이 산문에 대해, 산문이 운문에 대
해 우연적이듯이 반대의 질서에 대하여 그러하다. 그러나 산문이
아닌 모든 말하기가 운문이고 필연적으로 운문으로 생각되는 것처
럼, 운문이 아닌 모든 말하기는 산문이며 필연적으로 산문으로 생
각되는 것처럼, 두 질서 중 하나가 아닌 모든 존재 방식은 다른 것
이며 필연적으로 다른 것으로 생각된다. 그러나 우리가 생각하는
것을 이해하지 못하고, 우리 정신에 실재적으로 존재하는 관념을
정조적 상태의 안개를 통해서만 알아차릴 수가 있다.[67] 일상적 삶

67　바로 이어지는 설명에서 나오는 바와 같이 "우리 정신에 실재적으로 존
　재하는 관념"은 두 질서 중 어느 하나의 질서가 존재한다는 관념이며, 그
　것을 "정조적 상태의 안개를 통해서만 알아차"린다는 말은 지금 보고 있
　는 질서와 다른 것을 원한다는 "정조적 상태"를 통해서만 이해하고 표현
　한다는 것을 의미한다. 앞에 나온 "우리가 생각하는 것을 이해하지 못"
　한다는 말은 우리가 생각하는 것은 앞에서 설명한 사태인데, 그것을 이
　해하지 못하고 질서가 없는 곳에 어떤 질서를 주어야 할 것처럼 생각한
　다는 것이다.

에서 무질서의 관념에 대해 사용하는 용법을 생각하면 그것을 납득할 것이다. 내가 한 방에 들어가서 그것이 '무질서'하다고 판단할 때, 그것이 의미하는 바는 무엇인가? 각 사물의 위치는 방에서 자는 사람의 자동적인 운동이나 각 가구나 옷 등등을 그것이 있는 장소에 놓은 운동인(무엇이든)에 의해 설명된다. 말의 〔이〕 두 번째 의미에서 질서는 완벽하다. 그러나 내가 기대하는 것은 첫 번째 종류의 질서, 정돈된 사람이 그의 생활에서 의식적으로 놓는 질서이며, 그 234 것은 결국 의도된 질서이지 자동적인 것이 아니다. 나는 그때 그런 질서의 부재를 무질서라 부른다. 결국 두 질서 중 하나의 그런 부재에 있는 실재적인 것, 지각된 것, 심지어 생각된 것은 다른 것의 현존이다. 그러나 두 번째의 것은 여기서 나에게 상관이 없는 것이고, **나는 첫 번째의 것에만 관심이 있으며**, 나는 두 번째 것의 현존을 첫 번째 것에 따라서 표현하지, 그것을 무질서하다고 말하면서 그것을 말하자면 그 자체에 따라서 표현하는 것은 아니다. 반대로 혼돈(chaos), 즉 물리적 세계가 더 이상 법칙에 복종하지 않는 사물의 상태를 표상한다고 선언하면서 우리는 무엇을 생각하는가? 우리는 **변덕스럽게** 나타났다가 사라질 사실을 상상한다. 우리는 서로 잘 조율된 원인과 결과와 더불어 우리가 아는 바대로의 물리계를 생각하는 것으로 시작한다. 다음으로는 일련의 자의적인 법령에 의해 증가시키고, 축소시키고, 제거하여 우리가 무질서라 부르는 것을 획득한다. 사실 우리는 자연의 기계론을 의지(vouloir)로 대체했다. 우리가 현상들의 출현과 소멸을 상상하는 만큼 '자동적 질서'를 다수의 요소 의지로 대체했다.[68] 아마도 그 모든 작은 의지들이 '의도된 질서'를 구성하기 위해서는 상위의 의지의 지시를 받아들였어야 했을 것이다. 그러나 그것을 자세히 들여다보면 그것은 분명 그 의지들이 하는 것임을 볼 것이다. 우리의 의지가 거기에 있으며, 그것은 각각의 변덕스런 의지들 속에 자신을 객관화하고, 동일한 것을 동일한 것에 연결하지 않고 원인과 같은 비율의 결과가 〔나오게〕 두지 않으려고 조심하며, 결국 요소 의지들의 총체 위에 단순한 의도가 선회하게 한다.[69] 그러므로 두 질서 중 하나의 부재는 분명 여기서도 다른 것의 존재에서 성립한다. ― 무질서 관념과 가까운 친족인 우연(hasard)의 관념을 분석하면[70] 거기서 동일한 요소들을 발견

---

68 여기서 문제가 되는 것은 법칙에 종속하지 않는 물리적 세계를 상상하는 것이다. 그러려면 우선 법칙에 따르는 물리적 세계를 생각한 다음 그 법칙들이 엄밀하게 적용되는 것이 아니라 "제 마음대로" 움직이는 세계를 생각해야 하니까 자의적으로 법칙을 축소, 제거시켜서 도대체 물리적 법칙 자체가 성립하지 않는 세계를 상상한다. 이때 "제 마음대로", "자의적"이라는 말 자체가 암시하듯 자연의 기계론 대신에 그 반대의 "의지"라는 생명적 질서를 생각하는 것이다. 그때 자연은 **변덕스럽게 나타났다가 사라**"지는 것이 되고, 우리는 마음대로 "현상들의 출현과 소멸을 상상"할 것이며, 바로 그만큼 기계적, 자동적 질서는 여러 "요소 의지"들로 대체된다.

69 여기에 나오는 "의지", "의도"들은 모두 무질서를 생각하기 위해 동원된, 물질적 질서에 대립된 생명의 의지와 의도들을 말한다. 그러므로 무질서를 생각하는 듯하지만 사실은 생명의 의도된 질서대로 이루어지는 것을 말한다. 그리고 작은 "요소 의지"들이 "의도된 질서"를 이루기 위해서는 "상위의 의지"의 지시를 받는 것으로 생각되어야 할 것이지만 사실은 자연의 질서를 허무는 것은 "요소 의지"들이 하는 것이고 "상위의 의지"는 다만 그 위를 떠도는 정도의 의미만 가질 것이다.

할 것이다. 룰렛 판이 한 수에서 멈추는 원인의 완전히 기계적인 놀 235
이가 나를 이기게 하고 따라서 내 이익을 걱정하는 선한 정령이 했
을 것처럼 작동한다는 것, 바람의 완전히 기계적인 힘이 지붕에서
기왓장을 떼 내어 내 머리 위로 날렸다는 것, 즉 나라는 개인에 반
하여 음모를 꾸미는 악령이 했을 것처럼 행동한다는 것, 두 경우에
서 나는 아마도 의도를 찾았고 발견했음이 틀림없을 것이라 보이는
곳에서 기계론을 발견한다. 그것이 내가 **우연**을 말하면서 표현하는
것이다. 현상들이 그들의 변덕대로 이어지는 무질서한(anarchique)
세계에 대해 나는 또한 우연의 왕국이라 말할 것이고, 그에 의해 내
가 기다리는 것은 기계적인 것인데 눈앞에 발견하는 것은 의지나
법령임을 의미한다. 정신이 우연을 정의하려 시도할 때 정신의 독
특한 동요는 그렇게 설명된다. 운동인도 목적인도 찾고 있는 정의
를 제공할 수 없다. 정신은 목적인의 부재의 관념과 운동인의 부재
의 관념 사이에 고정될 수 없기 때문에 그 두 정의의 각각은 정신을
다른 것으로 보내면서 동요한다. 아닌 게 아니라 우연의 관념을 정
조[71]의 섞임 없는 순수한 관념으로 간주하는 한 문제는 풀 수 없는
것으로 남는다. 그러나 사실 우연은 두 종류의 질서 중 하나를 기다
렸을 것이나 다른 것을 발견한 자의 정신 상태를 객관화한 것에 불

---

70 *DSMR*, 154쪽, 주2는 1898년 Collège de France에서 Alexandre
    d'Aphrodisiade의 περὶ Εἱμαρμένης(운명에 대하여)에 대한 강의를 했고, 거
    기서 "hasard" 개념에 대한 분석을 진행했다고 보고하고 있다(*Ech.*, 484
    쪽, 주 153 참조). 이 강의의 내용에 대해 지금 알려진 문헌은 없다.
71 바람이나 실망 등.

과하다. 그러므로 우연과 무질서는 필연적으로 상대적인 것으로 생각된 것이다. 그것들을 절대로 표상하고 싶다면 한 쪽에서 스스로를 보는 바로 그 순간 다른 쪽으로 지나가면서 원하지 않으면서 두 종류의 질서 사이를 왕복선처럼 왔다 갔다 하고, 이른바 모든 질서의 부재는 사실 이쪽에도 저쪽에도 결정적으로 자리 잡지 않는 정신의 균형을 덧붙인 두 질서의 현존이라는 것을 알아차린다. 사물에도 사물에 대한 우리의 표상에도 질서에 무질서를 기체로 주는 236 것은 문제일 수가 없다.[72] 무질서는 두 종류의 질서를 내포하고 그들의 결합으로 이루어졌기 때문이다.

그러나 우리의 지성은 여기서 멈추지 않는다. 단순한 나의 명령(sic jubeo)[73]에 의해 지성은 '질서의 부재'일 무질서를 놓는다. 이렇게 하여 지성은 말이나 말의 병치를 생각하고 그 이상 아무것도 아니다. 이성이 말 아래에 관념을 놓으려 모색해 보기를. 이성은 곧 무질서가 분명 질서의 부정일 수 있으나 그런 부정은 그때 반대 질서의 현존의 암묵적 긍정이라는 것, 즉 우리에게는 관심이 없기 때문에 눈을 감거나, 이번에는 두 번째 질서를 부정하면서, 즉 결국 첫 번째 것을 회복하면서 우리를 벗어나는 긍정이라는 것을 발견할 것이다. 그때 어떻게 오성이 조직할 부정합적인 다양성에 대해 말할 수 있을 것인가? 아무도 그런 부정합이 실현되었다거나 실현될

---

72 "문제일 수가 없다"는 것은 안 된다, 불가능하다는 뜻.

73 "sic jubeo"는 "나는 이렇게 명령한다"는 뜻으로 자의적 명령을 표현하는 말이다. Jubenalius의 표현이다(*Satires*, VI, v, 223). *Ech.*, 485쪽, 주 154 참조.

수 있다고 가정하지 않았다고 말해 봐야 소용없을 것이다. 그것에
대해 말하는 순간 그것을 생각한다고 믿기 때문이다. 그런데 실제
로 현존하는 관념을 분석하면 거기서 다시 한번 관심 없는 질서 앞
에서의 정신의 실망이나 두 종류의 질서 사이의 정신의 동요나 마
지막으로 뭔가를 의미하는 단어에 부정적 접두사를 붙임으로써 만
든 빈 말의 단순한 표상밖에는 발견할 수 없을 것이다. 그러나 그런
분석을 하기를 무시한다. 바로 서로 환원될 수 없는 두 종류의 질서
를 구별하려고 생각하지 않았기 때문에 그것을 생략한다.

  아닌 게 아니라 우리는, 모든 질서는 필연적으로 우연적인 것으
로 보인다고 말했다.[74] 두 종류의 질서가 있다면 질서의 그런 우연
성은 설명된다. 그 형태들 중 하나는 다른 것에 관해 우연적이다.
기하학적인 것을 발견하는 곳에서 생명적인 것은 가능했다. 질서가
생명적인 곳에서 그것은 기하학적일 수도 있었을 것이다. 그러나
질서는 어디서든 동일한 종류이고 단지 기하학적인 것에서 생명적
인 것으로 가는 정도들만 포함하고 있다고 가정하자. 정해진 질서
가 내게 우연적으로 보이기를 계속하고 다른 종류의 질서에 관해서
는 더 이상 그럴 수 없다면, 나는 필연적으로 질서는 **자기 자신의 부
재**에 대해, 즉 "질서가 전혀 없을" 사물의 상태에 관해 우연적이라
고 믿을 것이다.[75] 그리고 그런 사물의 상태를 나는 생각한다고 믿

237

---

74 위의 233쪽 참조.
75 기왓장이 내게 떨어졌을 때, 그것은 내게 우연이라 여겨지는데, 그때 물
    리적 질서는 우연적일 수 없고 따라서 질서가 없어야 할 텐데 우연적으로
    내게 떨어진 것이라고 생각한다는 것.

을 것인데, 왜냐하면 그것이 거부할 수 없는 사실인 우연성 자체에
포함되어 있는 것으로 보이기 때문이다. 그러므로 위계구조의 정상
에 생명의 질서를 놓을 것이며, 다음으로 그것의 축소나 덜 높은 복
잡화로서 기하학적 질서를, 마지막으로 맨 아래에 질서의 부재, 즉
질서가 그 위에 놓일 부정합성 자체를 놓을 것이다. 그렇기 때문에
부정합성은 실현된 것이 아니라면 적어도 생각된 뭔가가 그 뒤에
있음에 틀림없는 말의 효과를 줄 것이다. 그러나 정해진 질서의 우
연성에 의해 내포된 사물의 상태는 반대 질서의 현존임을 주목한다
면, 그에 의해 서로 반대되는 두 종류의 질서를 놓는다면, 두 질서
사이에 중간적 정도를 상상할 수 없을 것이고 두 질서로부터 '부정
합적인 것'으로 내려갈 수도 또한 없을 것이라는 것을 알아차린다.
그런데 부정합적인 것은 의미가 빈 말에 불과하거나 그것에 어떤
의미를 준다면 그것은 부정합을 두 질서 사이의 중간에 놓지 양자
의 아래에 놓지 않는다는 조건에서이다. 우선 부정합적인 것이 있
고 다음으로 기하학적인 것, 다음으로 생명적인 것이 있는 것이 아
니다. 단지 기하학적인 것과 생명적인 것이 있고, 다음으로 양자 사
이의 정신의 주저(balacement)에 의해 부정합적인 것의 관념이 있
다. 그러므로 질서가 덧붙여지는 정돈되지 않은 다양성을 말하는
것은 진정한 선결문제 요구의 오류를 범하는 것이다. 정돈되지 않
은 것을 상상하면서 실재적으로는 질서를, 또는 오히려 두 질서를
놓는 것이기 때문이다.

　이 긴 분석은 어떻게 실재가 역전의 길을 통해 긴장에서 확장으
로, 그리고 자유에서 필연적 기계론으로 갈 수 있을 것인가를 보여

주기 위해 필요했다. 두 항들 간의 그런 관계가 의식과 감각적 경험에 의해 동시에 암시되었다는 것을 확립하는 것으로 충분치 않았 238 다.[76] 기하학적 질서는 단순히 반대 질서의 제거이기 때문에 설명이 필요 없다는 것을 증명해야 했다. 그리고 그를 위해서는 제거는 항상 대체이며, 심지어 그것은 필연적으로 그런 것으로 생각된다는 것을 확립하는 것이 필수 불가결했다. 단지 실용적 삶의 요청만이 여기서 동시에 사물에서 일어나는 것과 우리 사유에 현존하는 것에 대해 우리를 속이는 말하는 방식을 암시한다. 이제 우리가 방금 그 결과를 묘사한 역전을 더 상세히 검토해야 한다. 원인의 중단이 여기서 결과의 뒤집힘과 동등하여서 확장되기 위해서는 이완되기만 하면 되는 원리[77]는 도대체 어떤 것인가?

더 좋은 말이 없어서 우리는 그것을 의식이라 불렀다.[78] 그러나

---

76 위의 201-209쪽 참조.

77 이 원리는 곧 나오는 바와 같이 생명 또는 의식인데, 그것이 이완되기만 하면 곧 확장되어 공간으로 가는 것이고, 그러한 생명의 원인의 중단은 결과의 뒤집힘, 즉 생명의 반대 방향, 즉 공간의 방향으로 가는 것임을 뒤로부터 설명하면 지금 이 문장과 같은 말이 된다.

78 여기서부터 "물질의 관념적 발생"이라는 소제목이 붙어있다. 크게 보면 물질이 어떻게 발생되었는지를 묻는, 물질의 발생을 논한 부분이다. 그런데 왜 "관념적"이라는 수식어가 붙었는지가 의문이다. 경험적으로 확증할 수 있는 것이 아니면 한 마디도 하지 않겠다는 것이 베르크손의 철저한 방법론이기 때문에 "관념적"이라는 말이 더욱 이상하게 느껴진다. 그러나 이것을 직접적으로 설명하는 구절을 우리는 *PM*의 "I2"에서 발견할 수 있다. 거기서는 우리가 물질의 발생을 "사유"에 의해 생각할 수밖에 없기 때문이라고 말한다(*PM*, "I2", 66쪽). 이것이 베르크손의 궁극적 대답이

우리들 각자 안에서 기능하고 있는 축소된 의식에 관한 것은 아니다. 우리의 의식은 공간의 어떤 지점에 위치한 살아 있는 어떤 존재의 의식이다. 그리고 그것이 분명 그 원리와 같은 방향으로 간다 하더라도 그것은 끊임없이 반대 방향으로 당겨지고, 앞으로 나아간다고 할지라도 뒤로 돌아보지 않을 수 없다. 그런 회고적 시각은 우리가 보여준 것처럼[79] 지성, 따라서 구별되는 의식(conscience distincte)[80]의 자연적인 기능이다. 우리의 의식이 그 원리의 뭔가와 일치하기 위해서는 완전히 **이루어진 것**(tout fait)으로부터 떨어져서 **이루어지고 있는 것**(se faisant)에 가까워져야 할 것이다. 뒤돌아서 자기 자신으로 몸을 비틀면서 **보는** 능력은 **원하는** 행위와 이제는 하나여야 할 것이다.[81] 그것은 고통스러운 노력이며 자연을 거스르면서 갑자기 할 수는 있지만 몇 순간을 넘어서는 유지할 수 없

라고 생각할 수 있겠지만 여기서의 설명 자체의 성격에 의해 풀이한 설명은 졸고, "베르크손은 일원론자인가", 『철학』, 98, 2009. 2., 206-207 참조. 거기서는 물질의 발생이 생명 질서의 "관념적 한계"로부터 나온 것이기 때문에 그런 수식어가 붙었다고 설명하고 있다.

79 위의 47쪽을 보라.

80 지성의 의식 상태는 사물을 하나하나 구별하여 보는 것이므로 본래의 의미대로 하자면 "구별하는 의식"이라 해야 할 것이다. 그러나 "distincte"를 "구별하는"으로 번역하기는 어렵고, 그런 의식 상태 자체, 즉 구별한 결과 이루어지는 의식 자체는 구별되는 것이므로 이렇게 번역한다.

81 보는 것은 원래 자신의 밖을 보는 것이다. 그런 능력을 비틀어서 자기 자신을 보는 것이므로 매우 어려운 것은 물론이고, 어떤 것을 원하기 때문에 생긴 보는 능력이 이제 그 원함 자체를 보아야 하니 그 뒤틀림이 극에 달하며 자연에 반하는 행위라고까지 말할 수 있다.

는 것이다. 자유로운 행동에서 우리의 전 존재를 응축시켜서 앞으로[82] 던질 때, 우리는 동기와 동인, 그리고 심지어 그것들이 행위로 조직되는 생성[83]에 대해 다소간 분명한 의식을 가진다. 그러나 순수 의지, 즉 생명을 전달하면서 그런 물질을 건너는 흐름은 우리가 거의 느끼지 못하고 기껏해야 지나가면서 스치는 것이다. 잠시만 239 이라도 거기에 자리 잡으려고 시도해 보자. 그때조차 우리가 파악할 것은 개별적인 조각난 의지이다. 모든 물질성과 마찬가지로 모든 생명의 원리에 도달하기 위해서는 아직 더 멀리 가야 할 것이다. 그것은 불가능한가? 확실히 아니다. 그것을 증언하기 위해 철학사가 있다. 적어도 그 부분들 중 몇몇에서 직관에 의해 활기를 부여받지 않은 지속가능한 체계는 없다. 변증법은 직관을 시험하기 위해 필요한 것이며, 직관이 개념들로 굴절되고 다른 사람들에게 퍼지기 위해서도 또한 필요하다. 그러나 매우 빈번히 그것은 그것을 넘어서는 직관의 결과를 발전시키는 것에 불과하다. 진실을 말하자면 두 방식[84]은 반대 방향이다. 관념에 관념을 연결하는 동일한 노력이 관념들이 쌓는다고 제안했던 직관을 사라지게 한다. 철학자는 일단 그 비약을 받아들였으면 직관을 버리지 않을 수 없고, 이제 개

---

82 미래로.

83 자유로운 행동이 이루어지기까지의 과정을 바로 과정이기 때문에 생성
   이라 한 것이다. 동기와 동인은 어느 정도 인식되는데 비해 생성의 경우
   는 왠지도 모르게 이루어진다는 의미에서 어떤 생성과정이라 할 수밖에
   없다.

84 직관과 변증법.

넘들을 서로의 뒤로 밀고 가면서 그 운동을 계속한다고 자신에게 자랑스러워하지 않을 수 없다. 그러나 곧 바로 그는 발이 닿지 않는 것을 느낀다. 새로운 접촉이 필요하게 된다. 했던 것의 대부분을 허물어야 할 것이다. 요컨대 변증법은 우리 사유의 자기 자신과의 일치를 확보하는 것이다. 그러나 변증법 ― 직관의 이완에 불과한 ― 에 의해 많은 상이한 일치가 가능하지만, 하나의 진실만 있다. 직관이 몇 순간을 넘어 연장될 수 있다면 그것은 철학자의 자기 자신의 사유와의 일치뿐 아니라 모든 철학자들 상호간의 일치도 보장할 것이다. 그것이 존재하는 바대로 잘 도망가고 불완전하지만 직관은 각 체계에서 체계보다 더 가치 있는 것이며, 체계를 넘어 살아남을 240 것이다. 그런 직관이 유지되고, 일반화되고, 특히 헤매지 않기 위한 외적 지표들이 확보될 수 있다면 철학의 목적은 도달되었을 것이다. 그를 위해서는 자연과 정신 사이의 계속적인 왕래가 필요하다.

　우리가 우리 존재를 우리 의지에, 우리 의지 자체를 그것이 연장하는 충력에 다시 위치시킬 때, 우리는 실재가 영속적인 증가이며 끝없이 이어지는 창조임을 이해하고 느낀다. 우리 의지가 이미 그 기적을 행하고 있다. 일부분의 창의를 포함하고 있는 모든 인간의 작품, 일부분의 자유를 품고 있는 모든 의지적 행위, 자발성을 나타내는 유기체의 모든 운동은 세계에 뭔가 새로운 것을 가져 온다. 그것들은 사실이지 형태의 창조일 뿐이다. 어떻게 다른 것일 수 있겠는가? 우리는 생명의 흐름 자체가 아니다. 우리는 이미 물질, 즉 그 도정을 따라 그것이 옮기는 실체(substance)[85]의 응고된 부분들을 실은 흐름이다. 단순한 자유로운 결정에서처럼 천재적 작품의 구성

에서는 우리 활동의 충력을 가장 높은 점까지 긴장시키고 그리하여
어떠한 물질의 단순한 조합도 제공할 수 없을 것(알려진 어떠한 곡
선들의 어떠한 병치가 도대체 위대한 예술가의 연필선과 같을 것인가?)
을 창조해 봐야 소용없다. 그럼에도 불구하고 여기서는 그것들의
조직에 앞서 존재하고 [나중에도] 살아남는 요소들이 있다. 그러나
형태를 발생시키는 행동의 단순한 정지가 그 질료를 구성할 수 있
다면(예술가에 의해 그려진 독창적인 선은 이미 그 자체 한 운동의 고정
이며 응고와 같은 것이 아닌가?), 물질의 창조는 이해 불가능한 것도,
받아들일 수 없는 것도 아닐 것이다. 왜냐하면 우리는 형태의 창조
를 안으로부터 파악하고 그것을 매순간 살며, 형태가 순수하고, 창
조적 흐름이 순간적으로 중단되는 경우 바로 그때가 물질의 창조
일 것이기 때문이다. 도대체 쓰인 적이 있던 모든 것의 구성에 들어
가는 모든 알파벳 글자를 생각해 보자. 우리는 새로운 시를 창작하 241
기 위해 다른 글자들이 나타나서 알파벳에 덧붙여지러 온다고 생각
하지 않는다. 그러나 시인이 시를 창조하고 인간의 사유가 그것으
로 풍부해진다는 것은 우리가 매우 잘 이해한다. 그런 창조는 정신
의 단순한 행위이며, 저절로 행동이 단어로 분산되고, 단어는 글자
로 나누어지며, 글자는 세상에 이미 글자로 있는 모든 것에 덧붙여

---

85 생명 자체, 비약 자체. 생명을 실체라 했다는 것은 생명이 자기동일성을
    갖는다는 것을 의미한다. 생명은 끊임없이 변하고 운동하는 것이지만 그
    러한 존재로서 자기동일성을 갖는다. 베르크손은 이것을 잊은 적이 없다.
    그러므로 그는 플라톤과는 정반대의 철학을 전개했음에도 불구하고 자신
    이 형이상학자임을 부인 한 적이 없다.

지기 위해서는 행동이 계속되는 대신에 새로운 창조를 위해 정지하기만 하면 된다. 이처럼 주어진 한 순간 물질계를 구성하는 원자의 수가 증가한다는 것은 정신의 습관에 거슬리며 우리 경험에 모순된다. 그러나 완전히 다른 질서의 실재이며 시인의 사유가 알파벳 글자에 대해 하듯이 원자를 자르는 실재가 갑작스런 덧붙임에 의해 증가한다는 것은 받아들일 수 없는 것이 아니다. 그리고 각 덧붙임의 이면은 분명 하나의 세계일 수가 있을 것이다. 그런 세계는 우리가 게다가 상징적으로 원자들의 병치로 표상하는 것이다.[86]

아닌 게 아니라 우주의 존재에 대해 〔널리〕 퍼져 있는 신비는 많은 부분 우리가 창세는 단번에 이루어졌거나 또는 그때 모든 물질은 영원하기를 원한다는 것으로부터 온다. 창조를 말하건 창조되지 않은 물질을 놓건 두 경우 문제로 삼는 것은 우주 전체이다. 정신의 그런 습관을 천착해 보면 우리가 다음 장에서[87] 분석할 편견, 즉 실

---

86 이 문단의 내용은 그냥 읽어서는 매우 이해하기 어렵다. 우선 베르크손의 철학 전체를 동원하여, 특히 *MM*을 동원하여 읽어야 한다. 우선 맨 마지막 문장이 이야기하듯이 물질은 원자들의 병치가 아니다. 베르크손에게 물질은 플럭스, 즉 어떤 흐름이다. 그 흐름은 생명의 창조적 행위와는 반대되는 흐름이다. 생명의 흐름이 정지하면 그 반대의 흐름으로 된다. 왜냐하면 이 장에서 누누이 강조했듯이 생명과 물질 두 흐름밖에 없기 때문이다. 생명이 올라가는 길이라면 물질은 내려가는 길이다. 올라가던 것이 멈추면 내려갈 수밖에 없다. 그 내려감이 바로 물질이다. 그러니까 창조의 힘이 멈추면 내려가는 길, 즉 물질이 나올 수밖에 없다. 시작詩作의 창조적인, 응축하는 힘이 멈추면 단어로, 글자로 분산된다. 그 분산된 것이 바로 물질이다.

87 아래의 298쪽을 보라.

재적으로 작용하는 지속은 없고 절대 — 물질이건 정신이건 — 는 구
체적 시간, 즉 우리 삶의 원단 자체라 느끼는 시간에 자리 잡을 수
없을 것이라는, 유물론자들과 그 적대자들에 공통적인 관념을 발견
할 것이다. 거기서부터 단번에 모두 모든 것은 주어졌다는 것, 그리
고 물질적 다수성이나, 그런 다수성의 창조 행위 — 신적 본질 속에
통째로 주어진 — 를 완전히 영원히 놓아야 한다는 것이 결과로 나올
것이다. 일단 그런 편견이 뿌리 뽑히면 창조의 관념은 더 명확해진   242
다. 왜냐하면 그것은 증가의 관념과 합체되기 때문이다. 그러나 그
때 우리가 말해야 할 것은 더 이상 우주 전체가 아닐 것이다.

　왜 그것에 대해 말할 것인가? 우주는 우리 것과 유사하다고 믿
을 여지가 완전히 있는 태양계의 집합이다. 아마도 그런 체계는 서
로 절대적으로 독립적이지는 않을 것이다. 우리의 태양은 가장 먼
혹성을 넘어 열과 빛을 발산하고 다른 한편 우리 태양계 전체는 정
해진 방향으로 마치 그리로 당겨지는 것처럼 움직인다.[88] 그러므로
세계들 사이에 연대가 있다. 그러나 그 연대는 동일한 계의 부분들
사이를 연결하는 유대에 비하면 무한히 느슨하다. 그 결과 우리 태
양계를 고립시키는 것은 단순한 편의성을 이유로 인위적으로 하는
것이 아니다. 자연 자체가 고립시키라고 이끈다. 살아 있는 존재로
서 우리는 우리가 있는 혹성과 그것을 먹여 살리는 태양에 의존하
지만 〔그 외에는〕 다른 아무것에도 의존하지 않는다. 사유하는 존

88　Wiliam Herschel은 1793-1805년에 이루어진 관찰에서 태양이 헤라클레
　　스 성운 쪽으로 움직인다고 증명했다. 태양의 이동의 관념은 이미 18세기
　　부터, 특히 Lambert에게 있었다(*Ech.*, 487쪽, 주 183쪽 참조).

재로서 우리는 우리의 물리적 법칙을 우리 계에 적용할 수 있고 아마도 또한 고립적으로 취한 각각의 계로 그것을 확장할 수 있을 것이지만, 그것이 또한 우주 전체에 적용된다거나 심지어 그런 긍정이 의미를 가진다고는 아무것도 말해주지 않는다. 세계는 이루어진 것이 아니라 끊임없이 이루어지고 있기 때문이다. 그것은 아마도 새로운 세계의 첨가에 의해 무한정 증가하고 있을 것이다.

그때 우리 과학의 가장 일반적인 두 법칙인 에너지 보존의 원리와 퇴락의 원리를 우리 태양계 총체로 확산하고 비교적 폐쇄적인 그 체계 ─ 비교적 폐쇄적인 다른 체계와 마찬가지로 ─ 로 한정하자. 거기서 무엇이 결과로 나올지를 보자. 우선 그 두 원리는 동일한 형이상학적 중요성(portée)을 가지지 않는다는 것에 주목해야 한다. 첫 번째 것은 양적인, 따라서 부분적으로 우리의 측정 방법에 상대적인 법칙이다. 그것은 폐쇄적이라 가정된 체계에서 전체 에너지, 즉 운동 에너지와 위치 에너지의 총계는 일정하게 남는다고 말한다. 그런데 세계에 운동 에너지밖에 없거나 운동 에너지에 더하여 단 한 종의 위치 에너지밖에 없다면 측정의 조작은 법칙을 인위적으로 만들기에 충분치 않을 것이다. 에너지 보존의 법칙은 분명 **뭔가가** 일정한 양으로 보존된다는 것을 표현할 것이다. 그러나 사실은 다양한 본성의 에너지가 있고[*1] 그것들 각각의 측정은 명백히 에너지 보존의 원리를 정당화하는 방식으로 선택되었다. 그러므로

243

───────────

*1 그런 질의 차이에 대해서는 Duhem의 작품, *L'évolution de la mécanique* (기계론의 진화), Paris, 1905, 197쪽 이하를 보라.[89]

아마 동일한 체계를 구성하는 다양한 에너지의 변화들 사이에 적당히 선택된 측정에 의해 바로 원리의 확장을 가능하게 만든 유대성이 있을지라도, 그 원리에 내재하는 규약의 부분은 상당히 크다. 그러므로 철학자가 태양계 전체에 그 원리를 적용한다면 그는 적어도 그 윤곽을 흐리게 해야 할 것이다. 에너지 보존의 법칙은 더 이상 여기서 어떤 사물의 어떤 양의 객관적 존속을 표현할 수 없을 것이며, 오히려 일어나는 모든 변화가 어디선가 반대 방향의 변화에 의해 균형 잡혀야 할 필연성을 표현할 것이다. 그것은 에너지 보존의 법칙이 우리 태양계 전체를 지배할지라도 그것은 이 세계 전체의 본성이라기보다는 그것의 조각과 다른 조각과의 관계에 대해 알려준다고 말하는 것이다.

열역학의 두 번째 원리에 대해서는 다르다. 왜냐하면 에너지 퇴락의 법칙은 본질적으로 크기에 관한 것이 아니기 때문이다. 아마도 그것의 첫 관념은 까르노(Carnot)의 사유에서 열기관의 효율에 대한 양적 고려에서 태어났을 것이다.[90] 또한 아마도 클라우시우스 244

---

89 *L'évolution de la mécanique*, Paris, A. Herman, 1905. 이 책은 BN의 Gallica 사이트에서 찾을 수 있다. 이 책의 197쪽 이하는 제2부 "열역학적 이론들"의 제1장 "질의 물리학"의 부분이다. 물체를 양적인 것에만 한정하여 논의할 수는 없고 질적인 요소도 고려해야 한다고 한다. 그가 우선 들고 있는 성질들은 온도, 밝기, 전기적 성질, 자기적 성질 등이다. 저자는 질의 물리학을 이야기한다고 해서 아리스토텔레스 식의 질의 물리학으로 돌아가지는 것이 아니라 그 질도 양적으로 측정되는 부분이 있고 그것을 수학적으로 설명할 수 있다고 역설한다.

90 Sadi Carnot는 열역학의 창시자로 불린다. 그의 관심은 증기기관에서 어

(Clausius)가 그것을 일반화한 것은 수학적 용어로서이며,[91] 그가 도달한 것은 계산할 수 있는 크기인 '엔트로피'에 대한 견해이다. 그런 정확성은 응용에는 필요하다. 그러나 물리계의 다양한 에너지를 측정하려고 생각조차 하지 않았을지라도, 에너지 개념을 창조하지 않았을지라도, 법칙은 막연하게 정형화할 수 있는 것으로 남을 것이며, 부득이한 경우에는 거칠게 정형화될 수도 있었을 것이다. 왜냐하면 그것은 본질적으로 모든 물리적 변화는 열에서 퇴락하는 경향을 가지며 열 자체는 물체들 사이에 제일적인 방식으로 분산되려는 경향을 가진다는 것을 표현하기 때문이다. 그런 덜 정확한 형태로 그것은 모든 규약으로부터 독립적이 된다. 상징의 개입 없이, 측정의 조작 없이 세계가 진행하는 방향을 손으로 보여주고 있다는 점에서 그것은 물리학의 법칙 중에 가장 형이상학적인 것이다. 그것은 서로 이질적이며 볼 수 있는 변화는 점점 더 동질적이고 볼 수 없는 변화로 옅어진다는 것과, 우리 태양계에서 이루어지는 변화의

떻게 열이 일로 변하는지를 해명하는 것이었다. 그는 열이 다 일로 변하지는 않고, 일정한 한계가 있다는 것을 발견했다. 그는 그것을 Lavoisier 의 "칼로리" 개념을 사용하여 해명했다. 그것이 아마도 베르크손으로 하여금 "열기관의 효율에 대한 양적 고려"를 말하게 했을 것이다. 열역학 제 2법칙은 처음에 "Carnot의 원칙", "Clausius의 원칙", "Carnot-Clausius의 원칙"으로 불리었다(*Ech*., 489쪽, 주 188 참조).

91 Rudolf Clausius는 외부의 개입 없이 열은 찬 물체로부터 더운 물체로 전달될 수 없음을 말함으로써 Carnot의 원칙을 재공식화한다. 열이 일로 변환될 때 상실되는 양을 측정할 수 있다면 마찬가지로 그 열이 다시 사용될 수 없다는 것도 측정될 수 있다고 주장했다. 그 양이 엔트로피이다. 그것은 계속 증가한다.

풍부함과 다양함을 빚지고 있는 불안정성은 서로 무한히 반복될 요소 진동의 상대적 안정성에 조금씩 자리를 내 줄 것이라는 것을 말한다. 마치 한 인간이 그 힘을 보존하지만 행위에는 점점 덜 사용하고 결국에는 허파가 숨 쉬고 심장이 뛰게 하는 데 힘 전체를 사용하는 것으로 마치는 것과 같다.

그런 관점에서 생각하면 우리의 태양계와 같은 세계는 그것이 포함하는 변동성(mutabilité)의 어떤 것을 매 순간 소모하는 것처럼 보인다. 처음에 최대한의 사용 가능한 에너지가 있었다. 그런 변동성이 끊임없이 감소하면서 진행되었다. 그것은 어디에서 오는가? 그것이 공간의 어떤 다른 지점으로부터 왔다고 우선 가정할 수 있을 것이다. 그러나 난점은 뒤로 물러난 것일 뿐이고 변동성의 그런 외 245 적 원천에 대해 동일한 물음이 제기될 것이다. 변동성을 서로 넘겨 줄 수 있는 세계는 무한정이고, 세계에 포함된 변동성의 총계는 무한하며, 그때서부터 그 원천을 찾을 여지가 없는 것은 그 끝을 예견할 여지가 없는 것과 같다고 덧붙일 수 있을 것이라는 것도 사실이다. 그런 종류의 가설은 논박할 수 없는 것만큼이나 증명할 수가 없다. 그러나 무한한 세계를 이야기하는 것은 물질과 추상적 공간의 완전한 일치, 따라서 물질의 모든 부분들의 서로에 대한 절대적 외재성을 인정하는 데서 성립한다. 우리는 위에서[92] 이 마지막 주장에 대해 생각해야 할 것과, 그런 주장을 물질의 모든 부분들 서로 간의 상호 영향, 즉 바로 여기서 호소한다고 주장하는 영향의 관념

---

92 위의 202-203쪽을 보라.

374 생명의 의미에 대하여

과 화해시키는 것이 얼마나 어려운지를 보았다. 마지막으로 일반
적 불안정성은 안정성의 일반적 상태로부터 나왔으며, 사용 가능
한 에너지가 감소하면서 진행하는, 우리가 존재하는 시기는 변동성
이 증가하는 중이었던 시기가 앞섰고, 게다가 증가와 감소의 교대
는 끊임없이 계속된다고 가정할 수 있을 것이다. 최근에 정확히 증
명된 것처럼 그런 가설은 이론적으로 생각할 수 있다. 그러나 볼츠
만(Boltzmann)의 계산에 따르면 그런 가설은 수학적으로 그럴듯하
지 않으며, 모든 상상력을 능가하고 실질적으로 절대적 불가능성과
동등하다.*1 사실상 물리학의 영역에 머문다면 문제는 해결불가능
하다. 왜냐하면 물리학자는 에너지를 연장적 미립자들에 귀착시키
지 않을 수 없고, 미립자들에게서 에너지의 보관소만을 본다 할지
라도 그것은 공간에 남아 있기 때문이다. 그가 그런 에너지의 원천

---

*1 Boltzmann, *Vorlesungen über Gastheorie*(기체론 강의), Leipzig, 1898, 253
쪽 이하.[93]

---

93 이 책의 번역본(*Leçon sur la théorie des gaz*, I, II, Alexander Garotti역,
Gauthier-Villars, Paris, 1902)은 BN의 Gallica 사이트에서 접근할 수 있다.
독일어 책의 253쪽 이하는 번역본의 II, 248쪽 이하이다. 변동성의 증가와
감소가 생각할 수 있다는 이론도 볼츠만에 의해 논의된 가설이다. 그러나
증가는 수학적으로 거의 불가능하다. 0.1리터 용기에 포개놓은 두 기체가
다시 두 기체로 나누어지려면, 즉 서론 섞였다가(엔트로피 증가) 다시 원
래의 상태대로 되돌아가려면(엔트로피 완전 감소) $10^{10^{10}}$년을 기다려야 된
다. 즉 수학적으로 거의 불가능한 것이다. 그것도 0.1 리터라는 한정된 양
의 기체에 대한 것이니 이것이 전 우주처럼 무한히 거대한 양이라면 거의
불가능할 것이다. 그럼에도 불구하고 볼츠만은 그런 가능성을 상정한데
비해 베르크손은 물론 불가능하다고 생각했다.

을 초-공간적 과정에서 찾는다면 그는 자신의 역할을 부정하는 것
이 될 것이다. 그러나 우리의 견해로는 분명 거기서 원천을 찾아야
한다.

추상적으로 연장성 일반을 생각하는가? 우리가 말했듯이[94] **펼쳐** 246
짐은 단지 중단된 **긴장**으로 보인다. 그런 연장성을 채우는 구체적
실재에 집착하는가? 거기서 지배하며 자연법칙으로 나타나는 질서
는 반대 질서가 제거되었을 때 저절로 나타남에 틀림없는 질서이
다. 의지의 이완이 바로 그런 제거를 낳을 것이다. 결국 그런 실재
가 진행하는 방향은 우리에게 이제 **해체되는** 사물의 관념을 암시한
다. 의심의 여지없이 거기에 물질성의 본질적 특성 중의 하나가 있
다. 그런 사물이 **이루어지는** 과정은 물리적 과정에 반대되는 방향으
로 향하고 있고, 그것은 이제부터 정의 자체에 의해 비물질적이라
는 것 이외에 거기서 무엇을 결론지을 것인가? 물질계에 대한 우리
의 상(vision)은 떨어지는 무게의 상이다. 고유한 의미에서의 물질
로부터 끌어낸 어떠한 이미지도 올라가는 무게의 관념을 주지는 않
을 것이다. 구체적 실재를 더 자세히 탐구하더라도, 물질 일반뿐 아
니라 그 물질 내부의 생명체를 생각하면, 그런 결론은 또한 더 강력
하게 인정될 것이다.

아닌 게 아니라 우리의 모든 분석은 삶에서 물질이 내려오는 경
사를 다시 올라가기 위한 노력을 보여준다. 그에 의해 물질성과 반
대의, 단지 그것이 중단하는 것으로도 물질을 창조하는 과정의, 가

---

94 위의 201-204쪽을 보라.

능성과 심지어 필연성마저 엿보게 해 준다. 확실히 우리 행성의 표면에서 진화하는 생명은 물질에 붙어 있다. 그것이 순수 의식, 더 강한 이유로 초-의식이라면 순수한 창조적 활동일 것이다. 사실 생명은 죽은 물질의 일반 법칙에 종속된 유기체에 접착되어 있다. 그러나 모든 것은 그것이 그런 법칙을 넘어서기 위해 자신의 가능성을 다하는 것처럼 이루어진다. 그것은 까르노의 원리가 결정한 것과 같은 물리적 변화의 방향을 뒤집을 힘을 갖지는 않는다. 적어도 247 그것은 절대적으로, 스스로에게 남겨두면 반대 방향에서 작업할 힘이 할 것처럼 행동한다. 물질적 변화의 진행을 **정지시킬** 수는 없으나 **지연시키는**(retarder) 데에는 도달한다. 왜냐하면 생명의 진화는 우리가 보여주었던 것처럼[95] 처음의 충동(impulsion)을 계속하기 때문이다. 식물에서의 엽록소 기능과 동물에서의 감각-운동 체계의 발전을 결정한 그런 충동은 생명을 점점 더 강력한 폭발물의 제조와 사용에 의해 점점 더 효과적인 행위로 데려다 준다. 그런데 그 폭발물이 태양 에너지의 축적, 즉 퇴락이 방출되는 점들 중 몇몇에서 이처럼 잠정적으로 유예된 에너지의 축적이 아니라면 무엇을 나타내는가? 폭발물이 숨기고 있는 사용 가능한 에너지는 분명 폭발의 순간에 사용될 것이다. 그러나 유기체가 거기 있어서 그 분산을 정지시키고, 그것을 붙잡아서 자신에 보태지 않았다면 더 일찍 소모되었을 것이다. 자신 속에 포함하고 있는 서로 보완적인 경향들의 분열이 데려다 준 지점에서 오늘날 우리 눈에 나타나는 바대로

---

95 위의 238-239쪽 참조.

의 생명은 그 전체가 식물의 엽록소 기능에 의존하고 있다. 그것은
모든 분열 이전의 처음의 충력에서 생각하면 생명은, 특히 식물의
녹색 부분이 하는 것처럼 그것이 없었으면 흘러갔을 무언가를 동물
이 행하는 것처럼 효과적인 순간적 사용을 위해 저장고에 축적하는
경향이었다고 말하는 것이다. 그것은 떨어지는 무게를 다시 들어
올리는 노력 같은 것이다. 그것이 추락을 지연시키는 데에만 성공
한 것은 사실이다. 적어도 그것은 우리에게 무게의 상승이 무엇이
었느냐에 대한 관념을 줄 수 있다.[*1]

....

[*1] 사실과 관념들로 풍부한 책*La dissolution opposée à l'évolution*(진화에 대
립된 해체)에서 André Lalande씨는 유기체들이 대립시키는 것으로 보이
는 순간적 저항에도 불구하고 모든 것은 죽음으로 진행한다는 것을 보여
준다.—그러나 무기물 쪽에서조차 우리 태양계의 현재 상태에서 끌어낸
고찰들을 우주 전체로 확장할 권리를 가지지 않는가? 죽는 세계 옆에 아
마도 태어나는 세계들도 있을 것이다. 다른 한편 유기계에서 개체의 죽음
은 전혀 '생명 일반'의 감소나 생명이 유감스럽게 겪을 필연성으로 보이
지 않는다. 우리가 한번 이상 지적한 것처럼 생명은 개체의 존재를 무한
히 연장시키기 위한 노력을 결코 하지 않았던 반면 그토록 많은 다른 점
에 대해서는 그토록 많은 다행스런 노력을 했다. 모든 것은 **마치** 그런 죽
음은 생명 일반의 가장 큰 진보를 위해 원해진 것이거나 적어도 받아들여
진 것**처럼** 진행된다.[96]

────────

96 Lalande, André, *La dissolution opposée à l'évolution dans les sciences
physiques et morales*(물리학과 정신과학에서 진화와 대립된 해체), Paris,
Alcan, 1899. André Lalande(1861- 1963)는 *Vocabulaire technique et
critique de la philosophie*의 저자로 유명하다. 위에 언급된 책은 그의 박사
학위논문이다. 이 책은 "동질적인 것에서 이질적인 것으로의 진행"이라
는 스펜서의 진화에 대한 정의를 받아들이면서 그러나 세계는 "이질적인

248   그러므로 고압의 증기로 가득찬 용기와 안쪽 벽의 여기저기에 증기가 분출되는 틈이 있다고 상상하자. 공중으로 뿜어진 증기는 거의 전부가 떨어지는 물방울로 응축되고 그런 응축과 낙하는 단지 무언가의 상실, 중단, 흠결을 나타낸다. 그러나 분출된 증기의 작은 부분은 어느 순간 동안 응축되지 않고 남는다. 그것은 떨어지는 물방울을 끌어올리기 위한 노력을 한다. 〔그러나〕 기껏해야 낙하를 늦추는 데 이를 뿐이다. 이처럼 생명의 거대한 저장소로부터 끊임없이 분출이 뿜어져 나오고, 그 각각은 떨어지면서 하나의 세계를 이룬다. 그 세계의 내부에서 생명의 종들의 진화는 처음 분출의 본래 방향과 물질성의 역방향으로 계속된 충력에서 남아 있는 것을 나타낸다. 그러나 그런 비교에 너무 집착하지 말자. 그것은 실재에 대해 약화되고 심지어 잘못된 이미지만을 줄 뿐이다. 왜냐하면 틈, 증기의 분출, 물방울의 상승은 필연적으로 결정되어 있는 반면 한 세계의 창조는 자유로운 행위이며 물질계 안에서의 생명은 그런 자유의 성격을 띠기 때문이다. 그러므로 오히려 올리는 팔과 같은 몸짓을 생각하자. 다음으로 팔은 그대로 내버려두면 다시 떨어지지

것에서 동질적인 것으로의 진행"인 해체(dissolution)라고 주장한다. 이런 내용이 베르크손의 관심을 끌지 않을 수가 없는데 그는 바로 이 주석에서 진화가 '개체화(individuation)'라는 랄랑드의 주장을 반박한다. 개체의 죽음은 생명의 감소조차 아니라는 것이다. 또 랄랑드의 세계의 해체라는 주장은 열역학 제2법칙에 기반을 두고 있는데, 베르크손은 그런 법칙까지 포함한 물질세계 전체에 대립한 운동이 생명의 운동이라 반박한다(*Ech.*, 491-492, 247쪽 주석 1에 대한 주석 참조). 그러니 세계가 반드시 해체로 갈 필요는 없다는 것이다.

만 그 속에는 다시 들어 올리려 노력하면서 그것을 움직였던 의지
의 무엇이 남아 있다. 그런 **해체되는 창조적 몸짓**의 이미지와 함께
물질에 대한 더 정확한 표상을 가질 것이다. 우리는 그때 살아 있는
활동에서 역전된 운동에 직접적 운동으로부터 남아 있는 것, **해체되
는 것을 통해 이루어지고 있는 실재**를 볼 것이다.

   습관적으로 그리 하듯이, 오성이 그리 하지 않을 수 없듯이, 창조 249
될 **사물**과 창조하는 **사물**을 생각하면 창조의 관념에서 모든 것은
어두워진다. 우리는 다음 장에서[97] 그런 착각의 원천을 보여줄 것이
다. 그것은 본질적으로 실용적이며 변화와 행위보다는 사물과 상
태를 표상하기 위해 만들어진 기능인 우리 지성에게는 자연스럽다.
그러나 사물과 상태는 우리 정신에 의해 포착된 생성에 대한 관점
에 불과하다. 사물은 없고 행동만 있다. 더 특수하게는 우리가 사는
세계를 생각하면 그 잘 연결된 전체의 자동적이고 엄밀하게 결정된
진화는 해체되는 작용의 성격을 띠고, 생명이 거기서 잘라내는 예
견되지 않는 형태들, 그 자신 예견되지 않는 운동으로 연장되는 형
태들은 이루어지고 있는 행동을 나타낸다는 것을 발견한다. 그런데
다른 세계들은 우리 세계와 유사하며 거기서 사물들은 동일한 방식
으로 진행된다고 믿을 여지가 전적으로 있다. 그리고 관찰은 오늘
날조차도 집중하는 중의 성운을 보여주므로 그 세계들이 모두 동시
에 구성되지 않았다는 것을 나는 안다. 어디서나 동일한 종류의 작
용이 이루어진다면, 해체되건 다시 만들어지기를 시도하건, 세계들

---

97 아래의 298-315쪽을 보라.

이 거대한 다발의 로켓들처럼 분출될 중심을 말할 때 단지 그런 개
연적 유사성을 표현하는 것이다. — 그러나 그 중심을 사물로서가 아니
라 분출의 연속성으로 생각하기만 한다면. 이렇게 정의된 신은 완전히 이
루어진 아무것도 가지지 않는다. 그것은 끊임없는 삶이며, 행동이며, 자
유이다. 이렇게 생각된 창조는 신비가 아니며, 우리가 자유롭게 행동하자
마자 우리 속에서 경험한다. 새로운 사물이 존재하는 사물에 추가될 수
있다는 것은 아마 부조리할 것이다. **사물**은 우리 오성에 의해 행해진 응
고로부터 결과된 것이고 오성이 구성한 것과 다른 사물은 결코 없기 때
문이다. 그러므로 창조된 사물에 대해 말하는 것은 오성이 가진 것보다
더한 것을 가진다고 말하는 것과 같다.[98] — 자신과 모순되는 주장이자
텅 비고 헛된 표상이다. 그러나 나아가면서 행동이 커지고, 행동은
진보한 만큼 창조한다는 것은 우리들 각자가 행동하는 자신을 볼
때 긍정하는 것이다. 사물은 주어진 순간 그런 종류의 흐름(flux)에
오성이 수행하는 순간적 절단에 의해 구성되며, 그런 절단을 서로
비교할 때는 신비스러운 것이 흐름에 관계시킬 때 분명해진다. 심
지어 창조적 행동이 살아 있는 형태들의 조직에서 이어지는 한 창
조적 행동의 양상들은 그런 측면에서 취했을 때 특히 단순화된다.[99]
유기체의 복잡성과 그 복잡성이 미리 가정하는 뒤얽힌 분석과 종합

250

98 운동을 사물로 구성한 것이 오성인데, 그것을 다시 창조되었다고 말하는
    것은 오성이 단지 응축한 것에 불과한 대상을 만들었다고 말하는 것이므
    로 오성이 가진 것보다 더한 것을 가졌다고 말하는 것이다.

99 "창조적 행동의 양상들"이란 형태의 창조의 여러 국면에서 나타나는 여
    러 양상이며, "그런 측면에서 취했을 때"란 흐름에 관계시켰을 때를 말한
    다. "창조적 행동의 양상들"은 흐름의 관점에서 보면 단순해진다.

의 거의 무한한 다수성 앞에서 우리의 오성은 놀라서 물러난다. 물리, 화학적 힘의 단순한 작동이 그런 놀라움을 만들 수 있다는 것을 우리는 믿기 힘들다. 작업하고 있는 것이 심오한 과학이라면 그런 질료 없는 형상이 형상 없는 질료에 끼친 영향을 어떻게 이해해야 할 것인가?[100] 그러나 난점은 서로 병치된, 완전히 이루어진 물질적 미립자를 정적으로, 그리고 그것들에 과학적 조직을 도금할 외적 원인을 또한 정적으로 표상한다는 것으로부터 태어난다. 사실 생명은 운동이고 물질성은 반대의 운동이며, 한 세계를 형성하는 물질은 나누어지지 않은 흐름이고 거기서 생명체를 절단해 내면서 물질을 건너는 생명 또한 나누어지지 않았기 때문에 그 두 운동 각각은 단순하다. 그 두 흐름 중 두 번째의 것은 첫 번째의 것에 반대하나, 첫 번째의 것은 하여간 두 번째의 것에서 무언가를 획득한다.[101] 거기서부터 둘 사이의 타협안(modus vivendi)이 결과 되어 나오고 그것이 바로 유기적 조직화이다. 그런 조직은 우리 감각과 지성에 대해 시간과 공간에서 [다른] 부분들과 완전히 외재적인 부분들의 형태를 취한다. 세대들을 건너면서 개체와 개체를, 종과 종을 연결하며 생명체들의 연쇄 전체를 물질 위를 흐르는 단 하나의 거대한 물결로 만드는 비약의 단일성에 눈감을 뿐 아니라, 각 개체 자신은 군

251

---

100 "질료 없는 형상"과 "형상 없는 질료"는 모두 고대철학의 용어인데, 그런 고대철학의 관점에서 봤을 때 결국 형상(생명)이 질료(물질)에 미친 영향은 더 단순하게 이해되어야 할 텐데 왜 그렇지 않은가가 이해되지 않는다는 말이다.

101 첫 번째는 생명, 두 번째는 물질.

집으로, 분자의 군집과 사실의 군집으로 보인다. 그 이유는 밖에서 물질에 대해 행동하도록 만들어졌고 각각이 그 고정성에서 무한히 해체될 수 있는 것이 되는 순간적 절단들을 실재의 흐름 속에 실행함으로써만 거기에 도달하는 우리 지성의 구조에서 발견될 것이다. 한 유기체에서 부분들에 외적인 부분들만 알아차리는 오성은 두 설명체계 사이에서밖에는 선택권이 없다. 무한히 복잡한(그에 의해 무한히 과학적인) 유기조직을 우연적 조합으로 간주하거나 그 요소들을 모았을 외적 힘의 이해할 수 없는 영향에 그 조합을 관계시키거나이다. 그러나 그런 복잡성은 오성의 작품이며, 그런 이해 불능성 역시 그것의 작품이다. 더 이상 완전히 이루어진 것만을 파악하고 밖으로부터 보는 오직 지성의 눈으로만이 아니라, 정신으로, 즉 행동의 능력에 내재하며 말하자면 의지의 자신으로의 뒤틀림[102]에서 솟아나오는 보는 능력으로 보기를 시도하자. 모든 것은 운동으로 다시 놓일 것이며, 모든 것은 운동으로 해소될 것이다. 진행 중인 행동의 고정된 것으로 가정된 이미지에 대해 작용하면서 오성이 무한한 다수의 부분들과 무한히 정교한 질서를 보여줄 곳에서 우리는 단순한 과정, 해체되는 것과 동일한 종류의 행동을 건너 이루어지는 행동, 꺼진 로켓으로부터 떨어지는 파편들 사이를 불꽃놀이의 마지막 로켓이 쓸어내는 길과 같은 어떤 것을 추측해 낼 것이다.

그런 관점에서 생명의 진화에 대해 우리가 제시했던[103] 일반적

----

102 위의 238쪽 참조.

고찰들이 밝혀지고 보완될 것이다. 그런 진화에서 우연적인 것과 252
본질적인 것이 더욱 분명하게 드러날 것이다.

우리가 말하는 **생명의 비약**(élan de la vie)은 요약하자면 창조의
요청에서 성립한다. 그것은 절대적으로 창조할 수는 없다. 자신 앞
에 물질, 즉 자신과 반대되는 운동을 만나기 때문이다. 그러나 그것
은 필연성 자체인 그런 물질을 잡아서 거기에 가능한 가장 큰 양의
비결정성과 자유를 도입하려고 애쓴다. 어떻게 해결하는가?

우리가 말하기를[104] 그 연쇄에서 길러진 동물은 소화계, 호흡계,
순환계 위에 놓인 신경계에 의해 대체로 표상될 수 있다는 것이었
다. 그런 체계들은 그것을 정화하고, 수선하고, 보호하고, 외부 상황
에 가능한 만큼 독립적으로 만들지만, 특히 무엇보다도 그것이 운
동에서 사용할 에너지를 제공하는 역할을 한다. 그러므로 유기체의
증가하는 복잡성은 이론적으로(진화의 우연적 사고들에 기인한 수많
은 예외에도 불구하고) 신경계를 복잡하게 해야 할 필연성에 기인한
다. 어떠한 것이든 유기체의 어느 한 부분의 각 복잡화는 게다가 많
은 다른 것들을 유발한다. 그 부분 자체가 분명 살아야 하는데, 신
체의 한 지점에서의 모든 변화는 어디서든 그 반향을 가지기 때문
이다. 따라서 복잡화는 모든 방향으로 무한히 나아갈 수 있을 것이
다. 그러나 신경계의 복잡화가 항상 사실상이 아니라면 [적어도]
권리상 다른 것들을 조건 짓는다. 이제 신경계 자체의 진보는 어디

103 위의 180-186쪽을 보라.
104 위의 125-126쪽을 보라.

서 성립하는가? 자동적 활동과 의지적 활동의 동시적 발전에서 성립한다. 전자는 후자에 적합한 도구를 제공함으로써 〔그렇게 한다〕. 그러므로 우리와 같은 유기체에서 상당수의 운동 장치[105]가 상응하는 행위를 풀어내기 위해 신호만을 기다리면서 골수와 연수에서 만들어진다. 의지는 어떤 경우 장치 자체를 만드는 데, 다른 경우에는 촉발시킬 장치나 그것들 전체를 합성시키는 방식이나 촉발의 순간을 선택하는 데 사용된다. 한 동물의 의지는 더 큰 수의 장치들 사이에 선택권을 가지는 만큼, 모든 운동의 방도들이 교차하는 교차점이 더 복잡하거나 또는 다른 말로 그의 뇌가 더 상당한 발전에 도달한 만큼, 더 효과적이고 또한 더 강해진다. 그러므로 신경계의 진보는 행동에 증가하는 정확성과 증가하는 다양성, 증가하는 효율성과 독립성을 확보해 준다. 유기체는 마치 고무로 되어서 매 순간 그 전체가 형태를 바꿀 수 있는 것처럼 점점 더 각각의 새로운 행동에 대해 전체가 재구성될 행동기계처럼 움직인다. 그러나 신경계의 출현 이전에, 심지어 고유한 의미에서의 유기체의 형성 이전에, 이미 아메바의 차별되지 않는 덩어리에서〔도〕 동물적 삶의 그런 본질적 특성이 나타났다. 아메바는 다양한 방향으로 변형된다. 그러므로 덩어리 전체는 부분들의 차별화가 발달된 동물에서의 감각 운동 체계에서 장소를 정할 것을 한다. 그것을 초보적 방식으로만 함으로써 그것은 고등동물의 복잡성이 없어도 된다. 여기서는 보조 요소들이 사용할 에너지를 운동 요소로 전달할 필요가 전혀

253

---

105 이 장치는 습관을 말한다.

없다. 구별되지 않은 동물은 움직이며, 또한 구별되지 않은 채로 그
것이 동화하는 유기물을 매개로 에너지를 획득한다. 그러므로 동물
연쇄의 아래에 위치하건 위에 위치하건 동물적 삶은 1° 에너지의
공급을 획득하고, 2° 가능한 만큼 유연한 물질을 매개로 다양하고
예측되지 않은 방향으로 그 에너지를 사용하는 데서 성립한다는 것
을 항상 발견한다.

　이제 에너지는 어디서 오는가? 먹은 음식으로부터 온다. 음식은
그것이 축적한 에너지를 풀어놓기 위해 불똥만을 기다리는 일종의
폭발물이기 때문이다. 그 폭발물은 누가 만들었는가? 음식은 한 동 254
물의 살일 수 있고, 그 동물은 [또] 다른 동물을 양분으로 섭취하고,
이런 식으로 계속될 것이다. 그러나 결국은 식물에 도달할 것이다.
오직 식물만이 진정으로 태양 에너지를 받아들인다. 동물은 그것을
직접적으로건 서로서로에게 전달된 것이건 식물에게서 빌린 것뿐
이다. 식물은 그 에너지를 어떻게 축적했는가? 특히 엽록소의 기능
에 의해, 즉 우리는 그 열쇠를 가지고 있지 않고 우리 실험실의 것
과는 닮지 않은 독자적인 화학작용(chimisme)에 의해 [축적했다].
그 작업은 탄산(acide carbonique)[106]으로부터 탄소를 고정시키기
위해 태양 에너지를 사용하고[107], 그에 의해 높은 수조를 채우기 위
해 물 나르는 자를 채용하여 그의 에너지를 축적하는 것처럼 태양

---

106 이것은 이산화탄소(CO_2)를 의미한다.

107 광합성이란 태양 에너지를 이용하여 이산화탄소를 탄소와 산소로 분리한
　　다음 탄소와 수소 그리고 산소를 이용하여 당($C_6H_{12}O_6$)을 만드는 과정이
　　다. 반응식은 $6CO_2 + 12H_2O \rightarrow C_6H_{12}O_6 + 6H_2O + 6O_2$이다. 즉 이산화

에너지를 축적하는 데서 성립한다. 일단 올린 물은 원하는 때에 원하는 대로 물방아나 터빈을 움직일 수 있을 것이다. 고정된 탄소의 각 원자는 물 무게의 상승과 같은 뭔가를 나타내거나 탄산에서 탄소를 산소에 결합시켰을 탄성 줄의 긴장과 같은 것이다. 탄성 고무줄은 이완할 것이고, 무게는 떨어질 것이며, 단지 촉발에 의해 탄소가 산소와 재결합하러 가는 것을 허락하는 날 저장고에 넣은 에너지는 결국 되찾게 될 것이다.[108]

그 결과 동물이든 식물이든 생명 전체는 그것이 가진 본질적인 것에서 에너지를 축적해서 다음으로 그것을 유연하고 변형될 수 있는 통로로 풀고 그 통로 끝에서는 무한히 다양한 일들을 성취하기 위한 노력으로 보인다. 바로 이것이 **생의 비약**(élan vital)이 물질을 건너면서 단번에 획득하기를 원했던 일일 것이다. 그것의 힘이 무한하거나 어떤 도움이 밖으로부터 올 수 있다면 그것은 아마도 거기에 성공했을 것이다. 그러나 비약은 유한하며 단번에 모든 것이 주어졌다. 그것은 모든 장애물을 극복할 수가 없다. 그것이 표현하는 운동은 때로는 빗나가고 때로는 나누어지고 항상 대립을 겪으며 유기계의 진화는 그런 투쟁의 전개에 불과하다. 실현되어야 했던

255

탄소와 물을 이용하여 당과 물과 산소를 만드는 것이다. 이중 산소는 공기 중으로 배출된다.

108 탄소와 산소가 결합되어 있던 이산화탄소는 고무줄과 같은 것이고, 그것을 탄소와 산소로 분해하는 것은 그 고무줄의 긴장과 같은 것이며, 그것을 소모하는 것은 긴장된 것을 이완시켜서 다시 탄소와 산소를 결합하게 하는 것이다. 그때 생물들이 사용할 에너지가 발생하는 것이다.

최초의 분열은 식물과 동물이라는 두 계의 분열이었으며 그리하여 그들은 서로 보완적이지만 그러나 그들 사이의 일치는 확립될 수 없었다. 식물이 에너지를 축적하는 것은 동물을 위한 것이 아니라, 자기 자신의 소비를 위한 것이다. 그러나 자신을 위한 소모는 본질적으로 자유로운 행위로 향한, 생명의 첫 비약이 요청했던 것보다 덜 불연속적이며, 덜 모아진 것이고, 따라서 덜 효과적이다. 동일한 유기체가 동일한 힘으로 두 역할을 동시에 유지할 수가, 즉 점진적으로 축적하고 갑자기 소모할 수가 없었다. 그렇기 때문에 아무런 외적 개입 없이, 원래의 비약에 포함된 경향과 그 비약에 대한 물질의 대립된 저항이라는 이원성의 결과만으로도 저절로 유기체들 중 어떤 것은 첫 번째 방향에, 어떤 것은 두 번째 방향에 의존했다. 그런 양분兩分에 많은 다른 것들이 이어졌다. 거기서부터 적어도 그것이 가진 본질적인 것에서 진화의 분산적인 노선이 나왔다. 그러나 거기서 모든 종류의 퇴보, 정지, 사고 등을 고려해야 한다. 그리고 특히 각 종은 생명의 일반적 운동이 자신을 건너는 대신 자신에게서 멈춘 것처럼 행동한다는 것을 상기해야 한다. 종은 자신만을 생각하고 자신을 위해서만 산다. 거기서부터 자연이 그 무대인 수도 없는 투쟁이 나온다. 거기서부터 충격적이고도 불쾌한 부조화가 나오지만, 생명의 원리 자체에 그것을 책임지라고 해서는 안 된다.

그러므로 진화에 우연의 몫은 크다. 적용된, 또는 발명된 형태는 매우 자주 우연적이다. 진화의 분산적인 노선을 창조하는 이러저러한 보완적 경향들로의 원초적 경향들의 분열(dissociation)은 이런 장소, 저런 순간에서 만난 장애물에 상대적이며, 우연적이다. 정지

와 후퇴도 우연적이요, 적응도 큰 부분 우연적이다. 단지 두 가지만
256 필연적이다. 1^0 에너지의 점진적 축적 2^0 그 에너지의 가변적이고
결정할 수 없는 방향(그 끝에는 자유로운 행위가 있다)으로의 탄력적
운하 뚫기(canalisation).

그런 이중적 결과가 우리 혹성에서 모종의 방식으로 획득되었다.
그러나 전혀 다른 방식으로 획득될 수도 있었을 것이다. 생명이 그
의 운명을 주로 탄산의 탄소에 던지는 것은 전혀 필연적인 것이 아
니었다. 그것에게 본질적인 것은 태양 에너지를 축적하는 것이었다.
그러나 태양에게 가령 산소와 탄소 원자를 서로 떼어놓기를 요구하
는 대신에 다른 화학적 요소를 제안할 수도 있었을 것이며(적어도
이론적으로, 그리고 아마도 극복 불가능한 실행의 난점을 제외하면), 이
제부터 완전히 다른 물리적 수단에 의해 그것들을 결합하거나 해체
했어야 했을 것이다. 그리고 유기체의 에너지 물질의 특징적 요소가
탄소와 다른 것이었다면 조형물질의 특징적 요소는 아마도 질소와
다른 것이었을 것이다. 그러므로 생명체의 화학은 [지금] 그런 것과
는 완전히 상이한 것이었을 것이다. 거기서부터 우리가 아는 것과는
아무런 유사성이 없는 생명체의 형태가 결과 되었을 것이고, 그 해
부학도 달랐을 것이며, 생리학도 달랐을 것이다. 오직 감각운동 기
능만이 그 작동방식이 아니라면 적어도 그 결과에서 보존되었을 것
이다. 그러므로 다른 혹성에서, 또한 다른 태양계에서, 생명은 우리
가 생각지도 않은 형태로, 우리의 생리학의 관점에서는 절대적으로
혐오스럽게 보이는 물리적 조건에서 전개된다는 것은 그럴 듯하다.
그것이 본질적으로 사용가능한 에너지를 포착하여 폭발적 행동에

사용하는 것을 노린다면, 각 태양계와 혹성에서 그것은 아마도 지구에서 하듯이 그것이 이루어진 조건에서 그런 결과를 획득하기에 가장 적합한 수단을 선택한다. 이것이 적어도 유비에 의한 추리가 말하는 것이며 지구와 다른 조건이 이루어진 곳에서는 생명이 불가능 257하다고 선언하는 것은 그런 추리를 거꾸로 사용하는 것이다. 진실은 에너지가 까르노의 법칙에 의해 표시된 경사를 내려가고 반대의 방향의 원인이 그 내려감을 지연시킬 수 있는 곳에서는 어디서나 — 즉 아마도 모든 별들에 걸려있는 모든 세계에서 — 생명이 가능하다는 것이다. 더 멀리 나아가자. 생명이 고유한 의미에서의 유기체로, 즉 에너지의 흐름에 신축적일지언정 일단 완성된 골을 제시하는 정해진 육체로 집중되고 명확해질 필요조차도 없다. 에너지는 보존되고 다음으로 아직 응고되지 않은 물질을 통해 흐르는 다양한 노선에서 사용될 수 있다고 사람들은 생각한다(그것을 상상하기에는 거의 이르지 못할지라도). 생명의 모든 본질적인 것은 거기에 있을 것이다. 아직도 에너지의 느린 축적과 갑작스러운 이완이 있을 것이기 때문이다. 그런 막연하고 흐릿한 생명성과 우리가 아는 정해진 생명성 사이에는 우리의 심리적 삶에서 꿈의 상태와 각성의 상태 사이에 있는 차이는 더 이상 거의 없을 것이다. 반대 운동의 효과에 의해 성운과 같은 물질이 나타나는 순간 생명이 자신의 충력(essor)을 얻는다는 것이 사실이라면, 물질의 응축이 완성되기 전에 우리 성운에서 생명의 조건은 그러한 것일 수 있었다.[109]

---

109 물질에 대한 생명의 반대운동이 물질의 성운을 만들고 그때 생명이 자신

그러므로 생명은 완전히 다른 외모를 띠고 우리가 그에게서 아는 것과는 매우 다른 형태를 그릴 수 있었을 것이라고 사람들은 생각한다. 다른 화학적 기체(substrat)를 가지고 다른 물리적 조건 아래 추진력(impusion)은 동일한 것으로 남았을 것이나 도중에 매우 다르게 분열되었을 것이고 총체에서 다른 길 ― 아마도 길보다 적은 것이나 또한 아마도 더한 것일 ― 을 지나갔을 것이다. 하여간 생명체의 연쇄 전체에서 어떤 항도 [지금] 그것인 것이 아니었을 것이다. 이제 연쇄와 항들이 있었다는 것은 필연적이었을까? 왜 단일한 비약이 무한히 진화했을 단일한 신체에 새겨지지 않았을까?

그런 문제는 아마도 생명을 비약과 비교할 때 제기된다. 그리고 생명을 하나의 비약에 비교해야 하는데, 왜냐하면 그것에 대한 더 근사적 관념을 줄 수 있을 물리계에서 빌린 이미지는 없기 때문이다. 그러나 그것은 이미지에 불과하다. 생명은 사실 심리학적 질서의 것이고 상호 침투된 항들의 혼동된 다수성을 감싸는 것이 심리적인 것의 본질적 성질이기 때문이다. 공간에서 그리고 공간에서만 의심의 여지없이 구별되는 다수성, 즉 한 점이 절대적으로 다른 점의 밖에 있다는 것이 가능하다. 그러나 순수하고 빈 단일성도 그것역시 공간에서만 만나진다. 그것은 수학적 점의 단일성이다. 공간성과 지성성은 서로서로 모방된 것이기 때문에 추상적 단일성과 다수성은 공간의 결정이거나 오성의 범주라는 것은 원하는 대로이다.

───

의 충력을 얻는다면(생명의 반대운동이 일어났으므로) 물질의 응축이 완성되기 전의 성운 상태가 생명의 조건이 될 수 있었다. 즉, 훨씬 덜 고체화된 물질을 상대할 수가 있었다.

그러나 심리적 본성의 것은 공간에 정확하게 적용될 수도 오성의
틀에 완전히 들어갈 수도 없을 것이다. 한 순간의 나의 인격은 하나
인가 여럿인가? 내가 그것을 하나라고 선언한다면 나의 개체성이
나누어지는 감각, 감정, 표상이라는 내적 목소리들이 나타나 저항
한다. 그러나 내가 그것을 구별되는 다수로 만든다면 나의 의식이
마찬가지로 강하게 반기를 든다. 의식은 내 감각, 감정, 사유는 나
에 대해 내가 수행하는 추상이며 각각의 내 상태들은 모든 다른 것
들을 포함한다고 주장한다. 나는 따라서 — 오성만이 언어를 가지기
때문에 오성의 언어를 잘 채택해야 한다 — 다수인 하나이자 하나인 다
수성이다.*1 그러나 단일성과 다수성은 자아에 대해 자신의 범주를
돌리는 오성이 내 인격에 대해 취한 관점에 불과하다. 나는 전자에   259
도 후자에도 둘 다 동시에도 들어가지 않는다. 둘은 합하여 그런 상
호 침투와 내 자아의 밑바닥에서 발견하는 연속성의 근사적 모방을
줄 수 있을지라도. 그와 같은 것이 나의 내적 삶이며 그와 같은 것
이 또한 생명 일반이다. 생명이 물질과의 접촉에서 추진력이나 비
약에 비교할 수 있다면, 그 자체로서 생각했을 때 그것은 잠재성의
방대함이며, 수많은 경향들의 상호 잠식(empiétement)이다. 그것은
그러나 일단 서로에 대해 외화되었을 때에만, 즉 공간화되었을 때
에만 "수많은"이라 할 수 있을 것이다. 물질과의 접촉이 그런 분열

---

*1   우리는 이 점을 「형이상학 입문」(*Revue de métaphysique et de morale*, 1903
1월, 1-25쪽)이라는 제목의 작업에서 발전시켰다.[110]

---

110 *PM*, "IM", 194-210쪽을 보라.

을 결정한다. 물질은 잠재적으로만 여럿이었던 것을 실제적으로 나누며, 그런 의미에서 개별화(individuation)는 부분적으로는 물질의 작품이자 부분적으로는 생명이 자신 속에 포함하고 있는 것의 결과이다. 그렇게 하여 시적 감정이 구별되는 연으로, 구별되는 행으로, 구별되는 단어로 표현되는 것에 대해 그 감정이 개별적 요소들의 그런 다수성을 포함하고 있으나, 그 다수성을 창조하는 것은 언어의 물질성이라고 말할 수 있을 것이다.

　그러나 단어, 행, 연들을 건너 시의 전체인 단순한 영감이 흐른다. 그러므로 분열된 개체들 사이로 생명은 아직도 순환한다. 도처에서 개체화되려는 경향이 패퇴하고 동시에 연합하려는 적대적이면서도 보완적인 경향에 의해 완성된다. 마치 생명의 여럿인 단일성이 다수성의 방향으로 이끌리면서 자신으로 축소되려는 그만큼 더 큰 노력을 하는 것처럼. 한 부분은 떨어져 나가자마자, 나머지 전체가 아니라면 적어도 그것과 가장 가까이 있는 것과 연합되려는 경향을 보인다. 거기서부터 생명의 모든 영역에서 개별화와 연합 사이의 균형이 나온다. 개체들은 사회에서 병치된다. 그러나 사회는 형성되자마자 병치된 개체들을 새로운 유기체로 녹이기를 원할 것이며, 결국 사회 자체가 이번에는 새로운 연합의 전체를 이루는 부분이 될 수 있는 개체가 된다. 유기체의 계단의 가장 낮은 정도에서 우리는 이미 진정한 연합, 즉 미생물 집단을 발견하며 그 연합에서 최근의 작업을 믿어야 한다면 핵의 구성에 의해 개체화하려는 경향을 발견한다.[*1] 동일한 경향이 더 높은 단계인 원생식물(Protophytes)

[*1]　Serkovski, *L'année biologique*, 1898, 317쪽에서 분석된 논문에서.[111]

에서 재발견된다. 그것은 의족을 섞는 것으로 시작하여 서로 이어
지는 것으로 끝나는 원생동물(Protozoaires)에서도 역시 그러하듯
이 일단 분할을 통해 모세포로부터 표면을 둘러싸는 젤라틴 물질
에 의해 서로 결합된 체로 남는다. 우리는 고등 유기체의 발생에 대
한 소위 "집단적(coloniale)" 이론을 안다. 단세포에 의해 구성된 원
생동물은 병치되면서 집단들(agrégats)을 형성했을 것이며, 그것들
은 [다시] 그들 차례가 되어 접근하면서 집단들의 집단들을 낳았을
것이다. 그러므로 점점 더 복잡하고 또한 점점 더 차별화된 유기체
들이 거의 차별화되지 않고 기초적인 유기체들로부터 탄생했을 것
이다.[*1] 그런 극단적 형태의 주장은 중대한 반대를 일으켰다. 다생
론(polyzoïsme)은 예외적이고 비정상적인 사실이라는 관념이 점점

*1   Ed. Perrier, *Les colonies animales*(동물 집단), Paris, 1897(2e éd.)[112]

---

111 Serkovski, "Sur la structure des colonies bactériennes(박테리아 집단들
     의 구조에 대하여)", *L'année biologique*, 1898, 317쪽. Podwyssozki에 의한
     Serkovski의 논문의 요약. 각 박테리아 집단은 핵을 가지고 그 핵에 의해
     내부 집단(colonie endofiliale)이 원심적으로 발달한다. 바늘로 각 집단의
     부분을 해체하면 그 부분이 재생하여 원래의 모습을 다시 취한다. 저자는
     일반적으로 박테리아 집단은 복합적 유기체와 같으며 그 형태도 내적 원
     인에 의해 결정되는 것으로 생각한다.

112 Edmond Perrier, *Les colonies animales et la formation des organismes*,(동
     물집단과 유기체의 형성) Masson, Paris, 1897, 2e Ed.은 BNP의 Gallica 사
     이트에서 구해 볼 수 있다. 이 책은 모든 유기체는 다양하게 모아진 더 단
     순한 유기체의 연합(association), 즉 집단(colonie)에 불과하다는 관점에
     서 출발한 책이다. A. François는 그가 베르크손의 친구였고 베르크손 자

더 인정되는 것으로 보인다.*1 그러나 그럼에도 불구하고 **마치** 모든 고등 유기체는 그들 사이에 일을 나누어 가졌을 세포들의 연합

......

*1 Delage, L'hérédité(유전), 제2판, Paris, 1903, 97쪽. 같은 저자의 "La concetion polyzoïque des êtres(존재의 다생적 견해)" (*Revue scientifique*, 1896, 641-653쪽)을 참조하라.113

신이 이 방대한 책에서 많은 생물학적인 지식을 얻었을 것이라 말하지만 (*Ech.*, 465쪽, 260쪽 주석 2의 주석), 연합에 의해 생명을 설명하려 한 것부터 베르크손으로부터 상당히 떨어져 있음을 짐작할 수 있다.

113 Delage, L'hérédité et les grands problèmes de la biologie générale(유전과 일반 생물학의 큰 문제들), 제2판, Schleicher Frères, Paris, 1903도 BNP의 Gallica 사이트에서 구해 볼 수 있다. 97쪽은 다생론이 비정상적이고 예외적이라는 것을 말하기보다는 단세포 생물과 다세포 생물은 그 기능에서 다르며 다세포 생물에서는 조직적인 차별화(différenciation histologique)와 해부적인 차별화(différenciation anatomique)라는 다른 기능이 발생한다고만 말하고 있다. 다만 바로 이곳에서 자신의 논문 "La concetion polyzoïque des êtres" (*Revue scientifique*, 1896, 641-653쪽)를 참조하라고 한다. 이 논문은 하위 형태의 집단으로부터 상위형태가 구성된다는 다생론은 실재적인 사실이지만 매우 한정되고 이차적인 중요성밖에는 갖지 않는다고 말한다. 신체의 축을 따라 배열되는 연속적 부분들의 유사성은 다생론의 사실이라기보다는 생물기계론(biomécanique)의 역할이라고 한다. 다세포적 존재는 세포들의 집단으로부터 파생되는 것이 아니라 개별 세포와 유사한 개체성을 구성한다는 것이다. 그러나 그 개체성은 이해할 수 없는 무의식적 의지로부터 나오는 것이 아니라 이어받은 물리-화학적 구성으로부터 온다고 주장하며, 전자를 신비적 원인론이라 부르고 후자를 현실적 원인론이라 부른다. Delage의 입장은 그러니까 다생론을 찬성한다기보다는 거기에 반대하고 오히려 다음 주에 나오는 단일 전체로부터 분열하여 복잡한 유기체가 나온다는 학설에 찬동하는 입장이다.

에서 태어났던 것처럼 사태가 진행된다는 것은 사실이다. 매우 개
연적으로 개체를 연합의 길을 통해 만든 것은 세포가 아니다. 오히
려 개체가 분열의 길을 통해 세포를 만들었다.*¹ 그러나 그것 자체
가 개체의 발생에서 사회적 형태의 출몰을 우리에게 나타낸다. 마
치 개체가 자신의 물질(substance)을 요소들로 나누고 요소들 자체 261
는 개체성의 외관을 가지며 서로 사교성의 외관에 의해 결합한다
는 조건 하에서만 발전될 수 있는 것처럼. 자연이 두 형태들 사이에
서 주저하고 사회를 만들지, 개체를 만들지 자문하는 것처럼 보이
는 경우는 많다. 그때 균형추를 한쪽으로 기울게 만들기 위해서는
매우 가벼운 추진력으로도 충분하다. 스텐토르(Stentor)와 같은 충
분히 큰 적충류(Infusoire)를 취하여 그것을 양분하되 각 부분이 핵

---

*1 그것은 Kunstler, Delage, Sedwick, Labbé 등에 의해 주장된 이론이다. 그
발전을 문헌의 표시와 함께 Busquet의 작품 *Les êtres vivants*(살아 있는 존
재들), Paris, 1899에서 발견할 것이다.¹¹⁴

---

114 Busquet, *Les êtres vivants*. Organisation-Evolution(살아 있는 존재들. 유
기적 조직-진화), George Carré et Naud, Paris, 1899는 세포설과 다생론
에 대항하여 생명체는 우선 연속적 전체이며, 세포간 물질은 세포로 나누
어지지 않은 살아 있는 물질에 불과하다고 주장한다. 즉 연속적 전체인
생명체로부터 나뉘어져서 비로소 세포적 형태를 띤다는 것이다. 그의 생
각은 그가 스승으로 생각하는 Kunstler로 시작된 것이며 주석에 언급된
Delage에 의해 특히 강조 되었고 Sedwick, Labbé 등의 연구에 의해 더욱
공고히 되었다. 그는 그 외에도 세포막에 의해 분리되지 않은 세포 사이
에 연결된 구조, 즉 세포 간 소통이 발견되는 여러 동식물의 현상들을 소
개하고 있다.

의 부분을 포함하게 자르면 각 부분은 독립적 스텐토르를 재생한다. 그러나 그 분할을 불완전하게 실행하여 두 부분 사이에 원형질의 소통을 남겨놓으면 그것들이 각자의 편에서 완벽히 공동작업적(synergique)인 운동을 수행하여 그 결과 생명이 사회적 형태나 개체적 형태를 띠기 위해서는 한 실이 유지되느냐 잘렸느냐로 충분하다. 그러므로 단일 세포로 이루어진 초보적 유기체에서 우리는 벌써 전체의 외견적 개체성은 **결정되지 않은** 수의 잠재적으로 연합된 잠재적 개체성들의 구성물이라는 것을 확인한다.[115] 그러나 생명의 계열의 밑에서부터 위에까지 동일한 법칙이 나타난다. 그리고 그것이 우리가 단일성과 다수성은 죽은 물질의 범주이고, **생의 비약**은 순수한 단일성도 다수성도 아니며, 그것이 소통하는 물질이 둘 중 하나를 선택하도록 독촉한다면 그의 선택은 결코 결정적이지 않을 것이라고 말하면서 표현하는 것이다. 그것은 하나에서 다른 것으로 무한히 건너 뛸 것이다. 개체성과 연합이라는 이중적 방향으로의 생명의 진화는 따라서 우연적인 아무것도 없다. 그것은 생명의 본질 자체에 기인한다.

반성으로의 행보도 또한 본질적이다. 우리의 분석이 정확하다면 생명의 근원에 있는 것은 의식, 또는 더 좋게는 초의식이다. 의식이나 초의식은 그 꺼진 잔해가 물질로 다시 떨어지는 로켓이다. 의식은 아직 로켓 자신에서부터 잔해를 건너면서 그것을 유기체로 밝

262

---

115 초보적 유기체에서 벌써 외견적으로는 개체로 보이지만 잠재적 개체성들의 연합으로 확인된다. 이것은 "개체성과 연합"이라는 이중적 방향으로 생명이 구성된다는 것을 말하기 위해 언급된 것이다.

히는 남은 것이다. 그러나 **창조의 요청**(exigence)인 그런 의식은 창조가 가능한 곳에서만 자신에게 나타난다. 그것은 생명이 자동성에 처단되어 있는 한 잠잔다. 그것은 선택의 가능성이 다시 나타나자마자 깬다. 그렇기 때문에 신경계가 없는 유기체에서 그것은 유기체가 가지고 있는 공간이동과 변형의 능력에 따라 다양해진다. 그리고 신경계를 가진 동물에서 그것은 소위 감각적인 길과 운동적인 길이 교차하는 교차로, 즉 뇌의 복잡성에 비례한다. 유기체와 의식 사이의 그런 유대를 어떻게 이해해야 하는가?

우리는 여기서 이전의 작업[116]에서 천착한 점에 대해 강조하지는 않을 것이다. 의식은 가령 어떤 뉴런들에 접착되어 있고 그들의 작업으로부터 인광처럼 드러날 것이라는 이론은 분석의 세부에 대해 과학자에 의해 받아들여질 수 있다는 것을 환기하는 것으로 만족하자. 그것은 편리한 설명 방식이다. 그러나 그것 이외의 다른 것이 아니다. 사실은 생명체란 행동의 중심이다. 그것은 세계에 도입되는 어떤 양의 우연, 즉 어떤 양—개체에 따라, 특히 종에 따라 다양한 양—의 가능한 행동을 나타낸다. 한 동물의 신경계는 그 행동이 흐르는 유연한 선들을 그린다(비록 풀어내야 할 가능적 에너지는 신경계 자체보다는 근육에 축적되어 있을지라도). 그것의 신경 중추는 그 발달과 형태(configuration)에 의해 다소간 많고 복잡한 행동들 사이에 그것이 가질 다소간 넓은 선택을 가리킨다. 그런데 생명체에서 의식의 각성은 더 큰 선택의 자유가 그에게 남겨지고 더 상당한 행동

---

116 *MM*과 *ES*, "CP", 191-210쪽을 보라.

263 의 양이 그에게 할당된 만큼 더 완전하므로 의식의 발전은 신경 중
추의 발전에 규제되는 것으로 보일 것은 분명하다. 다른 한편 모든
의식의 상태는 운동 활동에 제기된 문제이자 심지어 대응의 시작이
므로 피질 장치의 작동을 내포하지 않는 심리적 사실은 없다. 그러
므로 모든 것은 마치 의식이 뇌로부터 솟아나고 의식적 활동의 세
부는 두뇌 활동의 세부에 따르는 것처럼 진행되는 것으로 보일 것
이다. 사실은 의식이 뇌로부터 솟아나는 것이 아니다. 그러나 뇌와
의식 중 하나는 그 구조의 복잡성에 의해, 다른 하나는 그 각성의
강도에 의해 생명체가 가지는 **선택**의 양을 마찬가지로 측정하기 때
문에 그들이 대응하는 것이다.

  바로 한 두뇌 상태는 단순히, 대응하는 심리 상태에서 발생 중의
행동의 성격을 가지는 것을 표현하기 때문에, 심리 상태는 두뇌 상
태보다 더 많은 것을 말한다. 우리가 다른 데서 증명하려고 시도했
던 것처럼,[117] 첨점을 가진 칼이 그 첨점과 유대를 가진다는 의미에
서, 한 생명체의 의식은 뇌와 유대를 가진다. 뇌는 의식이 사건들의
조밀한 천을 뚫고 들어가는 날카로운 첨점이지만, 첨점이 칼과 그
렇지 않은 것과 마찬가지로 뇌는 의식과 동외연적(coextensif)이 아
니다. 그러므로 원숭이와 인간의 뇌처럼 두 뇌가 많이 닮았다는 것
으로부터 그들의 의식이 서로 비교가능하다거나 통약가능하다고
결론 내릴 수는 없다.

  그러나 그들의 뇌는 아마도 가정하는 것보다는 덜 닮았을 것이

---

117 *MM*., 82, 169, 193, 196, 198, 274쪽을 보라.

다. 인간은 어떠한 수행(exercice)도 배울 수 있고, 어떠한 대상도
만들 수 있으며, 마지막으로 어떠한 운동 습관도 획득할 수 있지만
새로운 운동을 결합하는 능력은 가장 뛰어난 동물, 심지어 원숭이
에게서조차도 엄격하게 제한되어 있다는 사실에 의해 어떻게 충격
받지 않을 것인가? 인간의 두뇌의 특성은 거기에 있다. 인간의 두
뇌는 모든 두뇌들처럼 운동 기제들을 수립하고 그것들 중 방아쇠를 264
당김으로써 우리가 작동하게 하는 것을 어떤 순간이든 선택할 수
있게 허락하기 위해 만들어졌다. 그러나 그것이 수립할 수 있는 기
제의 수와 따라서 그것이 선택하는 방아쇠의 수가 무한하다는 점에
서 다른 뇌와 다르다. 그런데 유한한 것에서 무한한 것까지는 닫힌
것에서 열린 것까지의 모든 거리가 있다. 그것은 정도의 차이가 아
니라 본성의 차이이다.

　따라서 가장 지능적이라 할지라도 동물의 의식과 인간의 의식 사
이의 차이도 또한 근본적이다. 왜냐하면 의식은 생명체가 가지는
선택의 능력에 정확하게 대응하기 때문이다. 그것은 실재 행동을
감싸는 가능적 행동의 가장자리와 동외연적이다. 의식은 발명과 자
유의 동의어이다. 그런데 동물에서 발명은 결코 일상의 주제에 대
한 변주곡밖에 다른 것이 결코 아니다. 종의 습관에 갇혀 있기 때
문에 동물은 아마도 개인적 주도에 의해 그 습관을 넓히는 데에 이
를 것이다. 그러나 그것이 자동성에서 벗어나는 것은 잠시, 바로 새
로운 자동성을 만드는 시간에 불과하다. 그의 감옥의 문은 열리자
마자 다시 닫힌다. 그의 사슬을 끌어당기면서 그것을 길게 하는 데
만 성공할 뿐이다. 인간과 함께 의식은 사슬을 부순다. 인간에게서,

그리고 인간에게서만 그것은 해방된다. 그때까지 생명의 전 역사는 물질을 들어올리기 위한 의식의 역사였고, 그에게로 다시 떨어지는 물질에 의한 의식의 다소간 완전한 괴멸의 역사였다. 그 작업은 역설적이었다. — 그러나 여기서 비유와는 다른 방식으로 작업과 노력에 대해 말할 수 있다면. 필연 자체인 물질로 자유의 도구를 창조하고, 기계론을 이길 기계를 만들며, 자연의 결정론을 사용하여 그것이 쳐놓은 그물의 코를 뚫고 지나가게 하는 것이 문제였다. 그러나 인간에서와는 다른 도처에서 의식은 그 그물코를 통과하기를 원했던 그물에 걸리고 말았다. 그것은 그가 만든 기계의 포로로 남았다. 의식이 자유의 방향으로 이끈다고 주장했던 자동성은 그것을 둘러싸고 〔오히려〕 그것을 끌어들였다. 의식은 거기서 빠져나올 힘이 없다. 왜냐하면 행동을 위해 그것이 비축한 에너지는 거의 전부가 무한히 미묘하고 본질적으로 불안정한 균형 — 그것이 물질을 데려온[118] — 을 유지하는 데 사용되기 때문이다. 그러나 인간은 자신의 기계를 유지하기만 하는 것은 아니다. 그는 원하는 대로 그것을 사용하기에 이른다. 그는 그것을 아마도 뇌의 우월성에 빚지고 있을 것이지만, 그 우월성은 그에게 무한수의 운동 기관을 구성하고, 이전 것에 새로운 습관을 대립시키며, 자동성을 그것 자체에 대항하여 나눔으로써 그것을 지배하게 해준다. 그는 그것을 언어에 빚지고 있는데, 언어는 의식에 비물질적 신체를 제공하고 거기서 의

---

118 즉 의식이 물질을 끌고 와서 자신에 유리한 기계를 만든다고 만들었으나 그 기계에서 의식과 물질은 어떤 균형상태에 도달하게 되는데, 바로 그 균형을 유지하는 데 에너지가 든다.

식이 육화될 것이며 그리하여 흐름(flux)이 우선 그것을 끌어들여
서 곧 삼켜 버렸을지도 모르는 물질적 신체에만 놓여야 할 필요가
없을 것이다. 그는 그것을 사회생활에 빚지고 있는데, 그것은 언어
가 사유를 축적하는 것처럼 노력들을 축적하고 보존하고, 그에 의
해 개인이 단번에 높여져야 할 중간 단계를 고정하며, 그런 첫 자극
에 의해 평범한 자들이 잠드는 것을 방해하고 더 나은 자들을 더 높
이 올라가도록 민다. 그러나 우리의 뇌와 사회와 언어는 동일하고
유일한 내적 우월성의 외적이고 다양한 신호에 불과하다. 그것들은
각각이 자신의 방식으로 유일하고도 예외적인 성공을 말하고 있고,
생명은 그 성공을 진화의 어떤 주어진 순간에 차지했다. 그것들은
단지 정도의 차이가 아니라 본성의 차이를 번역하고, 그 차이는 인
간을 동물성의 나머지와 구별한다. 그것들은 우리에게 생명이 자신
의 비약을 취한 넓은 트램펄린의 끝에서 모든 다른 것들은 줄이 너
무 높이 당겨진 것을 발견하고 내려왔다면 인간만이 홀로 장애물을
넘었다고 추측하게 한다.

그런 완전히 특별한 의미에서 인간은 진화의 '끝'이며 '목적'이다.
우리가 말하기를 생명은 다른 범주들과 마찬가지로 목적성을 넘어   266
선다고 했다.[119] 그것은 본질적으로 물질을 건너 던져진 흐름이며,
거기서 가능한 것을 끌어낸다. 그러므로 고유하게 말하자면 계획
(projet)도 도면(plan)도 없었다. 다른 한편 자연의 나머지가 인간과
관계되지 않았다는 것은 너무도 명확하다. 우리는 다른 종들처럼

---

119 제1장을 보라.

투쟁하며, 다른 종들에 대항하여 투쟁했다. 마지막으로 생명의 진화가 도중에 다른 사고들에 부딪혔다면, 그에 의해 생명의 흐름이 다르게 분할되었다면, 우리는 신체와 정신에서 〔지금〕 우리인 것과는 상당히 달랐을 것이다. 그런 다양한 이유로 우리가 눈앞에 보는 대로의 인류가 진화의 운동에서 미리 형성된 것으로 간주하는 것은 잘못일 것이다. 심지어 인류가 진화 전체의 결말이라고도 말할 수 없다. 왜냐하면 진화는 여러 분산적인 노선에서 성취되었기 때문이다. 그리고 인간 종이 그런 노선들 중 하나의 끝이라면 다른 노선은 다른 종들과 함께 끝까지 진행되었다. 우리가 인류를 진화의 존재 이유로 간주하는 것은 분명히 다른 의미에서이다.

우리의 관점에서 생명은 전체로서 중심으로부터 퍼져가고 그 주변의 거의 전체에서 제자리에서의 진동으로 멈추고 전환하는 거대한 파도로 보인다. 단 한 지점에서 장애물은 억지로 열리고 추진력은 자유롭게 지나갔다. 인간의 힘이 기록하는 것은 그런 자유이다. 인간 과 다른 도처에서 의식은 막다른 골목에 몰아넣어지는 자신을 보았다. 오직 인간과 함께 그것은 자신의 길을 따랐다. 그러므로 인간은 무한히 생명의 운동을 계속한다. 비록 생명이 자신 속에 포함하고 있던 모든 것을 끌고 가지는 않을 지라도. 다른 진화의 노선에서는 생명이 포함하고 있었던 다른 경향들이 길을 갔다. 그 경향들은 모든 것은 상호 침투하기 때문에 인간이 아마도 그 중 어떤 것을 보존하고 있었지만 아주 작은 것만을 보존했다. **모든 것은 마치 인간이든 초인이든 원하는 대로 부를 수 있을 결정되지 않고 흐린 어떤**

존재가 실현되기를 모색했고 자신의 한 부분을 버림으로써만 거기에

이르렀던 것처럼 이루어진다. 그 잔해들은 적어도 그것들이 진화의 사고들(accidents)보다 적극적이고 우월한 점에서 나머지 동물성과 심지어 식물계에 의해 표현된다.[120]

그런 관점에서 자연이 우리에게 그 광경을 제공하는 불일치가 유독 완화된다. 유기계의 전체는 인간 자체나 정신적으로 그와 닮은 어떤 존재가 자라남에 틀림없었던 토양(humus)처럼 된다. 우리 종과는 너무도 멀고, 심지어 적敵인 동물들은 그럼에도 불구하고 유용한 길동무였고, 그들에게 의식은 귀찮게 끌고 가던 것을 내려놓았고, 그들은 인간과 함께 무한한 지평이 자신의 앞에서 다시 열리는 것을 보는 높이에 의식이 올라가게 허락했다.

의식은 곤란한 짐을 도중에 포기한 것만은 아니라는 것이 진실이다. 그것은 값진 자산들도 또한 포기해야 했다. 인간에게 의식은 특히 지성이다. 그것은 또한 직관일 수도 있었을 것이고 그랬어야 했을 것이라고 보인다. 직관과 지성은 의식적 작업의 대립되는 두 방향을 나타낸다. 직관은 생명의 방향 자체로 걸으며, 지성은 반대 방향으로 가고 그리하여 완전히 자연적으로 물질의 운동에 따르게 되는 자신을 발견한다. 완전하고 완성된 인류는 그런 두 형태의 의식적 활동이 충만한 발전에 도달할 인류일 것이다. 그런 인류와 우리의 인류 사이에 사람들은 게다가 상상 가능한 모든 정도의 지성과 직관에 대응하는 많은 가능한 중간 단계들을 생각한다. 거기에 우

---

120 잔해들은 나머지 동물과 식물계에서 표현되는데, 표현되는 잔해들은 진화에서 일어나는 사고들을 극복하고 이루어진 것이므로 그것들보다 더 적극적이고 더 우월하다.

리 종의 정신적 구조에서의 우연의 부분이 있다. 다른 진화였다면 아직 더 지성적이거나 더 직관적인 인류로 이끌 수 있었을 것이다. 사실 우리가 속하는 인류에서는 직관이 거의 완전히 지성에 희생되었다. 물질을 정복하고 자기 자신을 재정복하는 데 의식은 자신의 힘 중에 가장 좋은 것을 소모해야 했던 것으로 보인다. 그런 정복은 자신에게 이루어진 특수한 조건에서 의식이 물질의 습관에 적응하고 그의 모든 주의를 물질에 집중하며 결국 자신을 더 특별히 지성으로 결정하는 것을 요구했다. 그러나 직관은 거기에 있지만 모호하고 특히 불연속적이다. 이따금씩, 거의 몇몇 순간에만 다시 켜지는, 거의 꺼진 등불이다. 그러나 등불은 결국 생사가 걸린 이해관계(intérêt vital)가 문제될 때 다시 켜진다. 우리 인격에 대해, 우리의 자유에 대해, 자연 전체에서 우리가 차지하는 자리에 대해, 우리의 원천과 또한 아마도 우리의 운명에 대해, 그것은 흔들리며 약한 빛을 비치지만, 그럼에도 불구하고 지성이 우리를 남겨둔 밤의 어두움을 뚫는다.

먼 거리 여기저기서만 대상을 밝힐 뿐인 사라져 가는 직관을, 철학은 우선 그것을 유지하기 위해, 다음으로 그것을 확장하고 서로 일치시키기 위해 쟁취해야 한다. 그런 작업에서 더 나아갈수록 그것은 직관이 정신 자체이자 어떤 의미에서 생명 자체임을 알아차린다. 지성은 물질을 낳은 과정을 모방하는 과정에 의해 그것에서 도려내졌다. 이처럼 정신적 삶의 단일성이 나타난다. 직관에 자리 잡고 거기서 지성으로 감으로써만 그것을 인정하게 된다. 지성으로부터는 결코 직관으로 이행할 수가 없기 때문이다.

철학은 이처럼 우리를 정신적 삶으로 들어가게 한다. 그리고 그것은 동시에 정신적 삶의 신체적 삶과의 관계를 보여준다. 정신주의적 이론의 커다란 오류는 정신적 삶을 나머지 모든 것과 고립시키고 그것을 땅위에서 가능한 만큼 가장 높은 공간에 매닮으로써 그 이론이 정신적 삶을 모든 손상으로부터 안전한 곳에 둔다고 믿는 것이었다. 마치 그것이 정신적 삶을 단지 그처럼 신기루의 효과로 간주되도록 내놓지 않는다는 듯이! 아닌 게 아니라 의식이 인간의 자유를 긍정할 때 그것이 의식(의 말)을 듣는 것은 옳다. ─ 그러나 지성이 거기에 있고 그것은 원인이 그 결과를 결정하며, 동일한 것은 동일한 것을 결정하고, 모든 것은 반복되며, 모든 것은 주어져 있다고 말한다. 그것이 인격의 절대적 실재성과 물질에 대한 그것의 독립을 믿는 것은 옳다. ─ 그러나 과학이 거기에 있고 그것은 의식의 삶과 뇌의 활동성의 유대를 보여준다. 그것이 인간에게 자연에서의 특권적 위치를 부여하고 인간과 동물의 거리를 무한한 것으로 간주하는 것은 옳다. ─ 그러나 삶의 역사가 거기에 있고 그것은 우리에게 점진적 변형의 길을 통한 종의 발생을 보게 하고 그리하여 인간을 동물성에 다시 통합하는 것으로 보인다. 강력한 본능이 인격의 개연적 살아남음을 선언할 때 그것이 자신의 목소리에 귀를 닫지 않는 것은 옳다. ─ 그러나 독립적 삶이 가능한 '영혼'이 그처럼 존재한다면 그것은 어디에서 오는가? 양친의 신체에서 빌려온 혼합된 세포로부터 나오는 것을 우리 눈으로 보는 신체로 그것은 언제, 어떻게, 왜 들어가는가? 직관의 철학이 신체의 생명을 그것이 실제로 있는 곳에서, 정신의 삶으로 가는 길 위에서 보려고 작정하지 않는다면, 그 모든 의문이 대답 없는 채

269

로 남을 것이며, 직관의 철학은 과학의 부정일 것이고, 조만간 과학에 의해 쓸어내질 것이다.[121] 그러나 그때 그것이 다룰 것은 더 이상 이러저러한 결정된 생명체가 아니다. 생명 전체가 그것을 세상에 던진 최초의 추진력 이래로 올라가며 물질의 내려가는 운동을 거스르는 파도(flot)로 나타날 것이다. 그 표면의 가장 큰 부분에서 다양한 높이로 그 흐름은 물질에 의해 제자리에서의 소용돌이로 전환된다. 단 한 지점에서만 그의 발걸음을 무겁게 할 것이나 걸음을 멈추지 않을 방해물을 자신과 함께 끌고 가면서 자유롭게 통과할 것이다. 그 지점에 인류가 있다. 거기에 우리의 특권적 상황이 있다. 다

270 른 한편 그런 올라가는 파도는 의식이고, 모든 의식처럼 그것은 수도 없는 잠재성(virtualités)을 포함하며, 그것들은 상호침투하고, 거기에는 따라서 죽은 물질을 위해 만들어진 단일성의 범주도 다수성의 범주도 적합하지가 않다. 단, 그것이 그와 함께 나르고 그 간극(interstices)에 삽입되는 물질은 그것을 구별되는 개체로 나눌 수 있다. 그러므로 그 흐름은 인류의 세대를 건너면서, 개체로 쪼개지면서 지나간다. 그런 쪼개짐은 자신 속에 막연히 그려져 있었지만 물질이 없었다면 [그렇게] 단죄되지는 않았을 것이다. 이렇게 영혼

---

121 이상의 논의는 매우 어려운데, 직관의 철학 입장에서 인간의 자유, 인격의 실재성과 독립성, 인간의 특권적 지위, 영혼 불멸 등을 주장할 수 있지만 항상 물질적 요소, 즉 물질의 인과관계, 의식과 뇌의 연대, 인간의 동물로부터의 출현, 영혼 자체가 양친의 몸의 일부로부터 나왔다는 사실을 부인할 수 없다는 것을 이야기하면서 그것이 실제로 있는 곳, 즉 신체에서 봐야 한다고 말하고 있다.

들이 창조되지만 그것들은 어떤 의미에서는 미리 존재했다. 그것들은 인류의 신체를 건너 흐르는 생명의 큰 강(fleuve)이 나누어지는 실개천(ruisselets)과 다른 것이 아니다. 한 흐름의 운동은 필연적으로 그 만곡을 채택할지라도 그것이 〔그러면서〕 지나가는 〔그〕것과 구별된다.[122] 의식은 유기체의 어떠한 부침들(vicissitudes)을 겪을지라도 그것이 생기를 주는 유기체와 구별된다. 한 의식 상태가 그 그림을 포함하는 가능적 행동들은 매순간 신경중추에 실행의 시작을 받아들이기 때문에, 뇌는 매순간 의식 상태의 운동적 분절(articulations)을 강조한다. 그러나 의식과 뇌의 상호의존은 거기서 멈춘다. 그렇다고 의식의 운명(sort)은 두뇌물질의 운명과 연결되어 있지 않다. 결국 의식은 본질적으로 자유롭다. 그것은 자유 자체이다. 그러나 의식은 물질 위에 놓이지 않고, 물질에 적응하지 않고 물질을 건널 수 없다. 그런 적응이 지성성이라 불리는 것이다. 그리고 지성은 작용하는, 즉 자유로운 의식을 향해 되돌면서 의식을 자연스럽게 자기가 물질이 삽입되는 것을 보는 습관을 가진 틀로 들어가게 한다. 그러므로 지성은 항상 자유를 필연의 형태로 본다. 항상 지성은 새로움이나 자유로운 행위에 내재하는 창조의 부분을 무시할 것이며, 항상 행동 자체 대신에 옛 것을 옛 것으로, 같은 것을 같은 것으로 구성하면서 얻어진, 인위적이고 근사적인 모방으로 271 대체할 것이다. 그러므로 지성을 직관으로 다시 흡수하려는 노력

---

122 가령 강은 지형에 따라 굴곡을 가지며 흐르지만 그것이 흐르는 지형과는 다르다. 바로 다음 분장과 같이 의식은 유기체의 부침을 겪을지라도 유기체 자체와는 다르다.

을 하는 철학의 눈에는 많은 난점들이 사라지거나 약화된다. 그러
나 그런 이론은 단지 사변만을 쉽게 하는 것이 아니다. 그것은 또한
행동하고 살기 위한 더 많은 힘을 준다. 왜냐하면 그와 함께 우리는
인류 중에서 더 이상 우리를 고립된 것으로 느끼지 않고, 인류도 그
것이 지배하는 자연에서 또한 고립된 것으로 보이지 않기 때문이
다. 가장 작은 먼지 조각이 물질성 자체인 내려감의 나누어지지 않
은 운동에 이끌리어 우리 태양계 전체와 유대 되어 있듯이, 가장 비
천한 것으로부터 가장 높은 것까지, 생명의 첫 번째 원천으로부터
우리가 있는 시간까지, 모든 시간에서와 같이 모든 장소에서의 모
든 유기적 존재는 물질의 운동에 반대이고, 그 자체에서 불가분적
인, 유일한 추진력을 눈으로 감각 가능하게 만들었을 뿐이다. 모든
생명체는 연결되어 있고, 모두는 동일한 놀라운 미는 힘(poussée)
에 따른다. 동물은 그 의지처를 나무에서 취하고, 인간은 동물성
의 등에 타며, 인류 전체는 공간에서 시간에서 우리 각자의 옆에
서, 우리의 앞과 뒤에서 모든 저항을 쓰러뜨리고 많은 장애물, 심지
어는 아마 죽음도 건널 수 있는 매력적인 짐을 지고 보조를 맞추는
(galope) 거대한 군대이다.

제4장
사유의 영화적 기제[*1]와 기계론적 착각 체계의 역사에 관한 일별 실재 생성과 잘못된 진화론

우리의 도정에서 끊임없이 만났고 우리가 지금까지 그 원리보다는 결과를 생각했던 두 착각[1]을 그 자체로서 살펴보는 것이 남아 있다. 그러한 것이 이 장에서의 목적이다. 그것은 우리에게 어떤 반대를

---

*1 체계의 역사, 특히 그리스 철학을 다루는 이 장의 부분은 1900-1904년에 꼴레즈 드 프랑스의 강의, 특히 『시간관념의 역사』에 관한 강의(1902-1904)에서 길게 발전시켰던 관점의 매우 간결한 요약에 불과하다. 우리는 거기서 개념적 사유의 기제와 **영화**의 기제를 비교했다. 우리는 여기서 그러한 비교를 다시 할 수 있다고 믿는다.[2]

---

1 이 장에서 다루어지는 생성과 형태의 문제와 존재와 무의 문제를 가리킨다.

2 1900-1904년 사이 베르크손은 꼴레즈 드 프랑스에서 다음과 같은 강의를 했다. 1900-1901: *L'idée de cause*; 1901-1902: *L'idée de temps*; 1902-1903: *L'histoire de l'idée de temps*; 1903-1904: *L'histoire des théories de*

멀리하고 어떤 오해를 불식시키며 특히 지속을 실재의 바탕(etoffe) 자체로 보는 철학을 다른 것들과 대립시키면서 더욱 명료하게 정의 하는 기회를 제공할 것이다.

물질이건 정신이건 실재는 우리에게 영원한 생성으로 나타났다. 그것은 이루어지거나 해체되지만, 결코 [이미] 이루어진 어떤 것은 아니다. 그와 같은 것이 우리의 의식과 우리 사이에 놓인 막을 걷어 내었을 때 정신에 대해 우리가 가지는 직관이다. 그것은 또한, 지성 과 감각들 자체가 직접적이고 이익에 관계없는 표상을 얻는다면 물 질에 대해 우리에게 보여줄 것이다. 그러나 무엇보다도 먼저 행동 의 필요에 몰두하고 있는 지성은 감각과 마찬가지로 물질의 생성 에 대해 순간적이며, 그에 따라 부동의 관점들을 띄엄띄엄 취하는 데 그친다. 의식은 의식대로 지성에 맞춰 가면서 내적 생에 대해 이 미 이루어진 것을 보며 막연하게만 그것이 이루어지고 있다고 느낀 다. 이처럼 지속으로부터 그 도정을 따라 우리가 모은, 우리에게 관 심이 있는 순간들이 분리된다. 우리는 그것들만을 간직한다. 그리 고 행동만이 유일하게 문제인 한 그렇게 하는 것이 옳다. 그러나 실 재의 본성에 대해 사변하면서 아직도 실재를 우리의 실용적 관심이

la mémoire . 앞의 두 강의는 _Mélanges_, 439-441쪽과 513-517쪽에 요약 본이 실려 있고, 뒤의 두 강의는 PUF에서 2016년과 2017년에 출간되었 다. _L'histoire de l'idée de temps_은 고대에서 근대에 이르는 철학이 개념적 사유를 한 역사가 자세히 다루어져 있으나, 그것이 영화적 기제라고 이야 기된 부분은 없다. 그러나 개념적 사유의 역사 자체가 운동을 영화적으로 기술한 역사라고 보면 위의 주와 같은 기술도 가능할 것이다.

바라보도록 요구하는 대로 바라 볼 때, 우리는 진정한 진화, 즉 근본적 생성을 볼 수 없게 된다. 우리는 생성에 대해 상태들만을, 지속에 대해 순간들만을 볼 뿐이며, 우리가 지속과 생성에 대해 말할 때조차 우리가 생각하는 것은 다른 것이다. 그와 같은 것이 우리가 살펴보기를 원하는 두 착각 중에 가장 충격적인 것이다. 그것은 안정적인 것을 매개로 불안정적인 것을, 움직이지 않는 것에 의해 움직이는 것을 사유할 수 있을 것이라 믿는 데에서 성립한다.

다른 착각은 첫 번째 것과 가까운 친족이며, 동일한 원천을 가진다. 그것 역시 실용을 위해 만들어진 절차를 사변으로 옮겨놓는 것으로부터 온다. 모든 행동은 없다고 느끼는 대상을 획득하거나 아직 존재하지 않는 무언가를 창조하는 것을 노린다. 그런 매우 특별한 의미에서 행동은 빈 것을 채우고 빈 것에서 충만으로, 부재에서 현존으로, 비실재적인 것에서 실재적인 것으로 간다. 여기서 문제되는 비실재성은 게다가 순전히 우리 주의가 접어든 방향에 상대적이다. 왜냐하면 우리는 실재성에 잠겨 있고 거기서 나올 수 없기 때문이다. 다만 현재의 실재성이 우리가 찾던 것이 아니라면 현재의 실재성의 **현존**을 긍정하고 있는 곳에서 우리는 찾던 것의 **부재**를 말한다. 그렇게 하여 우리는 획득하기를 원하는 것에 따라 우리가 가지고 있는 것을 표현한다. 행동의 영역에서 〔이보다〕 더 합법적 274 인 것은 없다. 그러나 사물들이 우리에게 가지는 관심과는 독립적으로 그 사물들의 본성에 대해 사변할 때에도 우리는 그럭저럭 그런 말하는 방식과 또한 생각하는 방식을 보존한다. 이렇게 하여 우리가 지적한 두 착각 중의 두 번째의 것이 나온다. 〔그리고〕 이것이 우리가 우선 천착하려는 것이다. 그것은 첫 번째 것과 마찬가지로 우리 지성이 사물에 대한 행동을 준비할 때 그것이 형성한 정적 습관에 기인한다. 우리가 움직이는 것으로 가기 위해 움직이지 않는 것을 통하는 것과 같이 우리는 충만한 것을 생각하기 위해 빈 것을 이용한다.

우리가 인식의 근본문제를 다룰 때 이미 그 도정에서 우리는 그런 착각을 발견했다.[3] 우리가 말하기를 문제는 왜 사물에 무질서가 아니라 질서가 있는지를 아는 것이었다. 그러나 그 문제는 질서의 부재로 이해된 무질서가 가능하고, 상상할 수 있으며, 생각할 수 있다고 가정할 때에만 의미를 가진다. 그런데 질서 이외에 실재적인 것은 없다. 그러나 질서는 두 형태를 취할 수 있고 그 중 하나의 현존은 원한다면 다른 것의 부재에서 성립하므로 두 질서 중 우리가 찾는 것이 아닌 것을 대면할 때마다 우리는 무질서를 말한다. 무질서의 관념은 따라서 완전히 실용적인 것이다. 그것은 어떤 기대의 실망에 상응하며, 모든 질서의 부재가 아니라 단지 현재의 이익을 제공하지 않는 질서의 현존을 가리킨다. 질서를 완전하고 절대적으로 부정하려고 시도한다면 한 종류의 질서에서 다른 것으로 끊임없이 건너뛴다는 것과, 둘 다를 제거한다고 주장하는 것은 둘의 현존을 내포한다는 것을 알아차린다. 마지막으로 그것을 벗어난다면, 즉 편을 먹고서 정신의 그런 운동과 그것이 가정하는 모든 것에

---

3   인식의 근본문제란 질서와 무질서의 문제, 즉 질서의 존재의 문제를 뜻한다. 그것은 앞 장의 220쪽 이하와 230쪽 이하에 다루어져 있다.

눈을 감는다면, 관념과는 더 이상 상관없게 되고 무질서에 대해서
는 〔결국〕 말밖에 남지 않는다. 그러므로 인식의 문제는 질서가 빈
곳을 채우고 그것의 실재적인 현존은 그것의 가능적 부재에 포개진 275
다는 관념에 의해 복잡해지며 아마도 풀 수 없는 것이 된다. 우리는
오성의 근본적 착각에 의해 부재에서 현존으로, 빈 것에서 가득찬
것으로 간다. 이것이 지난 장에서 그 결과를 지적한[4] 오류이다.[5] 우
리가 예감하게 한 것처럼 그것과 맞붙을 때에만 그 오류를 결정적
으로 이길 것이다. 그것을 정면으로, 그 자체로서, 그것이 부정과 빔
과 무에 대해 내포하고 있는 근본적으로 잘못된 견해에서 바라보아
야 한다.[*1] 철학자들은 무의 관념에 대해 거의 다루지 않았다. 그렇
지만 그것은 자주 숨겨진 충력이며 철학적 사유의 보이지 않는 원
동력이다. 반성이 처음 깨어나자마자[6] 그것은 근심스러운 문제, 현

[*1]   여기서 무의 관념에 대해 우리가 행하는 분석(275-298쪽)은 이미 *Revue
philosophique*(1906. 11.)에 발표되었다.[7]

---

4   "signalons", 즉 현재로 되어 있으나 아마도 "signalions"이 맞을 것이다.
사실 초판(초)에는 그렇게 되어 있다.

5   위의 220쪽을 보라.

6   여기의 앞부분에 위의 주 1)에 언급한 논문과 초판은 다음과 같이 되어
있다. "철학자들의 추론에 명시적으로 나타나고 엄밀한 분석에 붙였던 관
념들 옆에 그것이 하는 역할을 알아차리지 못했기 때문에 그 본성을 천착
하려고 생각지 않은 잠재적 관념들이 있다. 그 중의 하나가 무의 관념이
다. 사람들은 그것을 다루지 않았다. 그러나 그것은 '존재 일반'에 관한 모
든 토론의 숨겨진 충력이자 보이지 않는 원동력이다. 철학적 반성이 처음
깨어나자마자……"(A, 449쪽).

기증에 빠지지 않고서는 정할 수 없는 문제를 의식의 시선 아래에서 곧바로 앞으로 밀고 나아간다. 나는 철학하기를 시작하자마자 스스로에게 나는 왜 존재하는가를 묻는다. 그리고 나를 우주의 나머지와 연결하는 유대를 알아차렸을 때 어려움은 뒤로 물러나기만 했고 나는 우주는 왜 존재하는가를 알고 싶어 한다. 그리고 내가 우주를 지지하거나 창조하는 내재적이거나 초월적인 원리에 우주를 결부시킨다면 나의 사유는 몇 순간 동안만 그 원리에 머문다. 동일한 문제가 이번에는 그 모든 폭과 일반성에서 제기된다. 즉, 어떤 것이 존재한다는 것은 어디서 오며, 어떻게 그것을 이해해야 할 것인가? 바로 여기서, 즉 현재의 작업에서, 물질이 일종의 하강으로, 그런 하강은 어떤 상승의 중단으로,[8] 그런 상승 자체는 증가로 정의되었을 때, 결국 한 창조의 원리[9]가 사물의 근저에 놓였을 때, 동일한 의문이 일어난다. 어떻게, 왜 무가 아니라, 그 원리가 존재하는가?[10]

276   이제 내가 그런 의문들을 멀리하고 그 뒤에 숨겨진 것으로 나아간다면 다음과 같은 것을 발견한다. 존재는 무에 대한 승리처럼 나에게 나타난다. 아무것도 없을 수 있을 것이며, 심지어 없어야 할

---

7   A "L'idée de néant", *Revue philosophique de la France et de l'étranger*, t. LXII, 1906. 11., 449-466쪽.

8   상승과 하강은 위의 246, 269쪽 참조.

9   위의 238-239쪽, 249쪽 참조.

10   이 문장은 1907년 책이 나올 때 덧붙여진 것이다.

것이고, 그때 나는 무엇이 있다는 것에 놀란다. 혹은 나는 모든 실재가 융단 위에서처럼 무 위에 펼쳐진 것으로 표상한다. 그러면 우선 무가 있었고 존재는 그 위에 온다. 혹은 무언가가 항상 존재했다면 무는 그것에 기체나 용기(réceptacle)[11]로 봉사해야 하고 따라서 그보다 영원히 앞선 것이어야 한다. 잔이 항상 가득차 봐야 소용없다. 그것을 채우는 액체는 여전히 빈 곳을 채우는 것이다. 마찬가지로 존재는 항상 거기에 있을 수 있었다. 그에 의해 막힌 듯이 채워진 무는 사실상이 아니라면 적어도 권리상 존재보다 먼저 있다. 결국 가득찬 것은 빈 것의 캔버스 위에 수놓아진 것이며, 존재는 무에 포개진 것이고, "무"의 표상에는 "어떤 것"의 표상보다 **적게** 있다는 관념을 없앨 수 없다. 거기서부터 모든 신비가 나온다.

그 신비가 밝혀져야 한다.[12] 사물의 근저에 지속과 자유로운 선택을 넣는다면 특히 그래야 한다. 왜냐하면 지속하는 모든 실재에

---

11 "기체"는 물론 아리스토텔레스적 개념이고 "용기"는 플라톤의 chōra를 가리킨다.

12 여기서부터 5줄 아래의 "…… 가지는 데로 기운다."까지 논문에는 다음과 같이 되어 있다. "동일한 관념이 이번에는 암묵적인 상태로 철학자들의 사변에서 재발견된다. 우리가 믿기로 그것은 **시간**에 자리를 차지하는 모든 실재에 대한 근대 형이상학의 무시를 설명한다. 그런 철학에게는 그럭저럭 어떤 사물은 필연적으로 무에 대한 정복이라고 보이며 그렇기 때문에 무를 정복하고 스스로를 놓을 수 있는 힘의 진정한 존재를 가지려고 모색한다. 그것은 명백히 모든 사물을 발생시키는 원리에 심리적이거나 물리적이 아니라 논리적인 존재를 할당한다는 조건 아래에서만 그것에 성공한다. 왜냐하면 자기 충족적이고……"(A, 450쪽).

대한 형이상학의 무시는 바로 그것이 "무"를 통과함으로써만 존재
에 이른다는 것과 지속하는 존재는 비존재를 이기고 스스로를 놓
기에 충분히 강하지 않은 것으로 보인다는 것으로부터 오기 때문
이다. 특히 그런 이유로 형이상학은 심리적이거나 물리적이 아니라
논리적인 실재(existence)의 진정한 존재(être)[13]를 가지는 데로 기
운다. 왜냐하면 자기 충족적이고 진리에 내재하는 힘의 효과만으로
도 스스로를 놓는 것으로 보이는 것이 순수 논리적인 실재의 본성
이기 때문이다. 만일 내가 물체나 정신이 왜 무가 아니고 존재하는
가를 자문한다면 나는 답을 찾을 수 없다. 그러나 A=A와 같은 논리
적 원리가 영원 속에서 무를 이기면서 스스로를 창조하는 덕(vertu=
힘)을 가진다는 것은 나에게 자연스럽게 보인다. 칠판에 분필로 그
어진 원의 출현은 설명될 필요가 있는 사물이다. 그런 완전히 물리
적인 존재는 저절로 비존재를 무찌를 힘을 충분히 가지지 않는다.
그러나 원의 "논리적 본질", 즉 어떤 법칙을 따라 그것을 그릴 가능
성, 즉 결국 그것의 정의는 나에게 영원한 것으로 보인다. 그것은
장소도 날짜도 가지지 않는다. 어디에서도 어떤 순간에도 원의 그

277

---

13 여기서 베르크손은 분명 전통 형이상학을 논하고 있다. "existence"는 사
    물의 실재를 가리키고 "être"는 가장 일반적 의미에서의, 그리고 전통 형
    이상학의 중심적 주제가 되는 존재를 가리킨다. 우리는 구별할 다른 방법
    이 없어서 "existence"를 "실재"라 번역한다. 사실 베르크손에서 논리적
    인 실재가 진정한 실재일 수 있느냐는 의문은 들지만 하여간 전통 형이상
    학에서 그렇게 쓰니 그 방식을 따른 것으로 보인다. 베르크손에서는 논리
    적 실재보다 심리적 실재나 물리적 실재가 더 강한 의미에서의 실재임을
    잊지 않으면 될 것이다.

리기는 가능하기[14] 시작한 적이 없다. 그러므로 모든 사물이 놓여있는 원리가 있으며 모든 사물이 원의 정의나 A=A라는 공리와 같은 본성의 존재를 나타낸다고 가정하자. 존재의 신비는 사라진다. 왜냐하면 모두의 근저에 있는 존재는 그때 논리 자체가 놓이듯이 영원 속에서 놓이기 때문이다. 그것이 우리에게 충분히 큰 희생을 치르게 한다는 것은 사실이다. 즉, 모든 사물의 원리가 논리적 공리나 수학적 정의의 방식으로 존재한다면 사물 자체가 공리의 적용이나 정의의 결과처럼 그 원리로부터 나와야 할 것이고, 〔그러면〕 사물 속에도 그 원리 속에도 자유 선택이라는 의미로 이해된 작용적인 원인성을 위한 자리는 없을 것이다. 그와 같은 것이 바로 가령 스피노자나 심지어 라이프니츠 같은 이론의 결론이며, 그와 같은 것이 그것들의 발생이었다.

　우리가 무의 관념을 존재의 관념과 대립시킬 때 우리가 취하는 의미에서의 무의 관념이 의사疑似 관념이라는 것을 확립할 수 있다면 그것이 그 주변에 일으키는 문제는 의사 문제로 될 것이다. 자유롭게 행동하며 탁월하게 지속할 절대의 가정이 더 이상 아무런 충격적인 것도 갖지 않을 것이다. 직관에 더 접근하고 상식에 더 이상 동일한 희생을 요구하지 않을 철학으로의 길이 닦여질 것이다.[15]

14　논문에서는 "생각될 수 있기(d'être concevable)"로 되어 있다(A, 450쪽).

15　논문(A)과 초판(초)에는 이 문단이 다음과 같은 말로 되어 있다. "이런 몇 마디의 서론적 말은 우리가 취급할 문제의 중요성을 보여주는 데 충분할 것이다. 우리가 무의 관념을 존재의 관념과 대립시킬 때 우리가 취하는 의미에서의 무의 관념이 의사疑似 관념이라는 것을 확립할 수 있다면 그

그러므로 무에 대해 말할 때 무엇을 생각하는지를 보자. 무를 표
278 상한다는 것은 그것을 상상하거나 생각하는 것에서 성립한다. 그런
이미지나 관념[16]이 무엇일 수 있는지를 살펴보자. 이미지로부터 시
작하자.

나는 눈을 감고, 귀를 막으며, 외부 세계로부터 나에게 오는 감각
들을 하나하나 꺼뜨리려고 한다. 그것이 이제 다 되고, 나의 모든
지각은 사라지며, 물질계는 나에게 침묵과 밤의 심연으로 잠긴다.
그러나 나는 계속 존속하고, 존속하지 않을 수가 없다. 내 몸의 주
변과 내부로부터 오는 유기적 감각과 함께, 과거 지각이 나에게 남
기는 기억들과 함께, 내가 내 주위에 방금 만들었던 공허의 분명 적
극적이고 분명 가득찬 인상 자체와 함께 나는 아직 거기에 있다. 그
모든 것을 어떻게 제거해야 할 것인가? 어떻게 자기 자신을 제거해
야 할 것인가? 부득이 한 경우에는 나의 기억을 멀리 하고 나의 직
접적 과거까지 잊을 수 있다. 나는 적어도 그 가장 극단적 빈약함으
로 환원된 나의 현재, 즉 내 몸의 현 상태에 대해 가지는 의식은 보
존한다. 나는 그러나 그런 의식 자체마저 끝내려 시도한다. 나는 내
몸이 보내는 감각들을 점점 더 약화시킬 것이다. 이제 그들이 꺼지

것이 의식적으로든 무의식적으로든 그 주변에 일으키는 문제는 의사 문
제로 될 것이다. 전통 형이상학이 해결한다고 제안했던 어떤 난점들은 유
령처럼 사라질 것이다. 직접적 관찰에 더 접근한 철학으로의 길이 닦여질
것이고 상식에 더 이상 동일한 희생을 요구하지 않을 것이다. 그러므로
무에 대해……"(A, 450-451쪽).

16 상상하는 것은 이미지를 떠올리는 것(imaginer)이고 생각하는 것은 어떤
생각, 즉 관념을 생각하는 것이다.

기 직전까지 왔다. 이미 모든 것을 잃은 밤 속으로 그것들은 꺼지고, 사라진다. 그러나 아니다! 내 의식이 꺼지는 바로 그 순간에 다른 의식이 켜진다. ─ 또는 오히려 그것은 이미 켜져 있었고, 처음 것의 사라짐을 보기 위해 이전 순간에 나타났었다. 왜냐하면 처음 것은 다른 것에게만, 다른 것에 대해서만 사라질 수 있기 때문이다. 아직 비자발적이고 무의식적일지언정 적극적 행위에 의해 내 자신 이미 부활했을 때에만 나는 내가 소멸되는 것을 본다. 그러므로 내가 (무엇을) 해봐야 소용없고, 나는 항상 밖으로부터이든 안으로부터이든 무언가를 지각한다. 내 279 가 외부 대상에 대해 더 이상 아무것도 알지 못하는 것은 내 자신에 대해 가지는 의식 속으로 내가 숨어들어가기 때문이다. 내가 그 내부를 소멸시키면 그것의 소멸 자체가 이번에는 사라지는 자아를 외적 대상으로 지각하는 상상적 자아에게는 대상이 된다. 그러므로 밖이든 안이든 항상 나의 상상력이 표상하는 대상이 있다. 그것이 하나에서 다른 것으로 갈 수 있고, 차례로 외부 지각의 무나 내부 지각의 무를 상상할 수 있다는 것은 사실이다. ─ 그러나 둘을 동시에 상상할 수는 없다. 왜냐하면 하나의 부재는 결국 오직 다른 것의 현존에서만 성립하기 때문이다. 그러나 두 상대적 무가 차례로 상상될 수 있다는 것으로부터 그것들이 한꺼번에 상상될 수 있다고 결론짓는 것은 잘못이다. 즉 틀림없이 그 부조리가 눈에 띌 결론이다. 왜냐하면 적어도 막연하게나마 무를 상상한다는 것을 알아차리지 않고서는, 즉 행동하고, 사유하고, 따라서 뭔가가 아직 존속한다는 것을 알아차리지 않고서는 그것을 상상할 수 없기 때문이다.

그러므로 모든 것의 제거라는 고유한 의미에서의 이미지는 결코 사유에 의해 형성되지 않는다. 그런 이미지를 창조하려고 시도하는 노력은 단지 우리를 외부 실재의 시각과 내부 실재의 시각 사이를 오락가락하게 만드는 데에 도달할 뿐이다. 내부와 외부 사이의 우리 정신의 그런 오락가락에는 우리가 더 이상 하나를 알아차리지 못하고 다른 것도 아직 알아차리지 못하는, 둘로부터 동일한 거리에 위치한 지점이 있다. 거기서 무의 이미지가 형성된다. 사실 우리는 그때 두 항의 중간에 있는 지점에 도달했기 때문에 둘 다를 보고 있는 것이고, 이렇게 정의된 무의 이미지는 사물로 가득찬 이미지이며, 주체와 객체의 이미지를 동시에 포함하고 있고, 〔거기에〕더하여 한 쪽에서 다른 쪽으로의 영원한 도약과 결코 그들 중 하나에 결정적으로 안착하지 않는다는 거부도 함께 포함하는 이미지이다. 우리가 존재에 대립시키고 존재 앞이나 존재 아래에 둘 수 있는 무는 그런 무가 아니라는 것은 명백하다. 왜냐하면 그것은 존재 일반을 포함하고 있기 때문이다. 그러나 무의 표상이 가시적이건 잠재적이건 철학자들의 추론에 개입한다면 그것은 이미지의 형태가 아니라 관념의 형태 아래서이라고 말할 것이다. 우리는 모든 것의 말소를 상상하지는 못한다고 인정할 것이나 그것을 생각할 수 있다고 주장할 것이다. 데카르트가 말하길 천 개의 면을 가진 다각형을 상상 속에서 보지는 못할지라도 생각할 수는 있다(entend)는 것이다.[17] 즉, 그것을 구성할 가능성을 명석하게 표상하는 것으로 충분

280

---

17 데카르트, 『성찰』(김형효 역, 삼성출판사, 삼성판 세계사상전집 19, 1976), 제 6성찰, 151쪽.

하다(는 것이다). 모든 사물의 말소의 관념에 대해서도 마찬가지이다. 그것을 구성하는 절차보다 더 단순한 것은 없다고 말할 것이다. 아닌 게 아니라 우리가 말소되었다고 가정할 수 없는 우리 경험의 대상은 단 하나도 없다. 첫 대상의 말소를 다음 것으로, 또 다음으로, 원하는 만큼 오래 연달아 확장하자. 무는 그런 작업이 펼쳐지는 한계와 다른 것이 아니다. 그리고 이렇게 정의된 무는 분명 모든 것의 말소이다. ― 이것이 바로 (그들의) 주장인데, 그것이 숨기고 있는 부조리를 알아차리기 위해서는 그런 형태로 생각하는 것으로 충분하다.

아닌 게 아니라 정신에 의해 여러 조각으로 구성된 관념은 조각들이 함께 공존할 수 있을 때에만 관념이다. 관념을 구성하기 위해 접근시킨 요소들이 그것들을 모음에 따라 서로를 쫓아내는 것이라면 그것은 단순한 말에 불과한 것으로 귀착될 것이다. 내가 원을 정의했을 때 나는 어렵지 않게 검은 원이든 흰 원이든, 종이로 된 것이든 쇠나 청동으로 된 것이든 투명한 원이든 불투명한 원이든 떠올린다. ― 그러나 네모난 원은 아니다. 왜냐하면 원의 발생 법칙이 그 도형을 직선으로 한계지울 가능성을 배제하기 때문이다. 그러므로 내 정신은 존재하는 어떠한 것이든 말소된 것으로 표상할 수 있지만 정신이 어떠한 것이든 말소한다는 것은 전체의 부분에 대해서이지 전체 자체에 대해서는 수행되지 않는다는 것을 내포한 작업이라면 그러한 작업의 사물 총체로의 확장은 부조리한, 자기 자신과 모순되는 것이 될 수 있을 것이며 전체의 말소의 관념은 아마도 네모난 원과 같은 성격을 나타낼 것이다. 그것은 더 이상 관념이 아닐 것이며 말에 불과할 것이다. 그러므로 그 작업의 기제를 자세히 살펴보자.

281   사실 상 제거하는 사물은 외적이거나 내적이다. 그것은 한 사물이거나 의식의 상태이다. 첫 번째의 경우를 고찰하자. 나는 생각으로 외부대상을 말소시킨다. 그것이 있던 장소에 "더 이상 아무것도 없다." — 의심의 여지없이 그 사물의 아무것도 더 이상 없을 것이나 다른 사물이 그 장소를 차지한다. 자연에는 절대적 허공은 없다.[18] 그러나 절대적 허공이 가능하다고 인정하자. 그러나 내가 대상이 일단 말소되면 그것에 의해 차지되지 않는 장소를 남긴다고 말할 때 내가 생각하는 것은 그런 공백이 아니다. 왜냐하면 그것은 가정 상 **장소**, 즉 정확한 윤곽에 의해 제한된 공백, 즉 일종의 **사물**에 관한 문제이기 때문이다. 내가 말하는 공백은 그러므로 결국 어떤 정해진 대상의 부재일 뿐이며, 그것은 우선은 여기에 있었지만

---

18 이것은 베르크손 형이상학의 근본적 명제이다. 이것은 진공이 없다는 주장도 되고, 무는 없다, 허무는 없다는 주장도 된다. 그러니 이것은 물리적, 심리적, 사실적, 논리적 주장이다. 이 명제를 논리적인 필연으로 증명할 수는 없지만(사실을 어떻게 필연적으로 주장하나?), 그렇다고 그 반대의 주장도 그렇게 증명되지는 않는다. 그러니까 어떤 주장을 내놓고 그것을 논하는 수밖에 없다. 우선 우리(베르크손)는 이러한 주장을 내 놓을 것이니 이것을 깨고 싶은 자는 실재로 그 주장을 내놓기 바란다. 그때에는 갑론을박할 수 있을 것이다. 그 전에는 베르크손이 옳다고 할 수밖에 없다. 그러나 이 문제는 사실 변증법(플라톤의)의 성립 가능성과 결부되어 있다. 베르크손은 분명 여기서 그것을 부정하고 있다. 그러나 그가 변증법을 단순히 부정하지는 않았다는 것을 보이는 구절은 여럿 있다. 이 문제는 많은 어려움을 내포하고 있는데, 그것에 관해서는 졸고, 「베르크손의 무이론 분석」, 『과학과 철학』, 5, 과학사상연구회, 1994, 54-81쪽 참조.

지금은 다른 곳에 있고 그것이 더 이상 이전의 장소에 있지 않는 한 그 뒤에 말하자면 자신의 공백을 남긴다. 기억이나 예견을 가지지 않았을 존재는 결코 여기서 "공백"이나 "무"라는 단어를 말하지 않을 것이다. 그는 단지 〔지금〕 있는 것과 지각하고 있는 것만을 표현할 것이다. 그런데 있는 것과 지각하는 것은 한 사물이나 다른 것의 **현존**이며, 결코 무엇인가의 **부재**는 아니다. 기억하고 기다릴 수 있는 존재에게만 부재가 있다. 그는 한 대상을 기억했고 아마도 그것을 만날 것을 기다렸다. 그는 다른 것을 발견하고 그 자체 기억으로부터 탄생한, 그의 기다림의 실망을 더 이상 아무것도 없고 무에 부딪혔다고 말함으로써 표현한다. 그 대상을 만나기를 기다리지 않았다 할지라도 그것이 있었던 곳에 대상이 없다고 말함으로써 그가 번역하는 것은 그 대상의 가능적 기다림이고 아직도, 있을지 모르는 기다림의 실망이다. 사실상 그가 지각하고 있는 것, 그가 실제로 생각하기에 성공하는 것은 옛 대상의 새로운 장소에서의 현존[19]이거나 새 대상의 옛 장소에서의 현존[20]이다. 나머지, 무나 공백과 같은 말로 부정적으로 표현되는 모든 것은 생각이라기보다는 정조(affection)이거나 더 정확하게 말하여 사유의 정조적인 채색이다. 그러므로 말소나 부분적 무의 관념은 여기서 한 사물의 다른 사물로의 대체 중에, 그런 대체가 새로운 것의 자리에 옛 것을 유지하는 것을 선호할 것이거나 적어도 그런 선호를 가능한 것으로 생각하는

282

---

19 뜻밖의 만남에서의 놀라움 또는 반가움의 경우.

20 실망한 경우.

정신에 의해 사유되자마자 형성된다. 그것은 주관적 측면에서 선호를, 객관적 측면에서 대체를 내포하며, 그런 선호의 감정과 대체의 관념 사이의 결합이나 또는 오히려 간섭 이외의 다른 것이 아니다.

  그와 같은 것이 우리 정신이 대상을 소멸시키고 외부 세계에서 부분적 무를 표상하기에 이르는 작업의 기제이다. 이제 어떻게 정신 자신의 내부에서 그것을 표상하는지를 보자. 우리가 우리 자신 속에서 긍정하는 것은 아직 일어나는 현상들이며, 명백히 일어나지 않는 현상들이 아니다. 나는 어떤 감각이나 느낌을 경험하고, 어떤 관념을 생각하며, 어떤 결심을 한다. 나의 의식은 그만큼의 **현존**인 사실들을 지각하며 그런 종류의 사실들이 나에게 현존하지 않는 순간은 없다. 나는 아마도 사유에 의해 나의 내적인 삶의 흐름을 중단하고, 내가 꿈 없이 잠자거나 존재하기를 멈추었다고 가정할 수 있다. 그러나 내가 그런 가정을 하는 순간 자체에 내 잠을 감시하거나 나의 무화에도 살아남는 나를 생각하고 상상하며, 그리고 나 자신에 대한 외적인 지각으로 도망치기 위해서만 안으로부터 나를 지각하기를 단념한다. 그것은 여기서 또한 충만은 항상 충만에 이어진다고, 지성일 뿐인 지성, 후회도 욕망도 갖지 않으며 그의 운동을 대상의 운동에 맞추는 지성은 부재나 공백을 생각하지조차 않을 것이라고 말하는 것이다. 공백에 대한 생각은 여기서 의식이 자기 자신에 머물면서 다른 상태가 이미 현존함에도 불구하고 이전 상태의 기억에 집착한 채로 남을 때 생긴다. 그것은 〔지금〕 있는 것과 있을 수 있거나 있어야 할 것 사이의, 충만한 것과 충만한 것 사이의 비교에 불과하다. 한 마디로 물질의 공백이 문제이건 의식의 공백이 문제이건 **공백의 표상은 항상 충만한 표상이며, 이것은 분석하면 두 적극적 요소로 해체된다. 즉, 구별되든 막연하든 대체의 관념과 경험되든 상상되든 욕망이나 후회의 느낌으로.**

그 이중적 분석으로부터 전체의 말소라는 의미로 이해된 절대적 무의 관념은 자기 파괴적인 관념, 의사 관념이며, 단지 말뿐인 것이다. 한 사물을 제거한다는 것이 그것을 다른 것으로 대체한다는 것에서 성립한다면, 즉, 한 사물의 부재를 생각하는 것이 다른 어떤 것의 현존의 다소간 명시적인 표상에 의해서만 가능하다면, 결국 말소는 우선 대체를 의미한다면, "전체의 말소"라는 관념은 네모진 원과 마찬가지로 부조리하다. 부조리함이 눈에 띄지 않는 것은 말소되었다고 가정할 수 없는 특수 대상은 존재하지 않기 때문이다. 그때 사유에 의해 각 사물을 차례로 제거하는 것이 금지되지 않았다는 것으로부터 사람들은 그것들을 모두 다 한꺼번에 제거하는 것이 가능하다고 결론 내린다. 각 사물을 차례로 제거하는 것은 바로 그것을 점차 다른 것으로 대체하는 것에서 성립하며, 그때서부터 전체의 제거는 절대로 용어의 진정한 모순 — 왜냐하면 그런 작업은 그것이 이루어지는 것을 허용하는 조건을 파괴하는 데서 성립하기 때문에 — 을 포함하고 있다는 것을 사람들은 보지 못한다.

그러나 착각은 끈질기다. 한 사물을 제거한다는 것은 **사실상** 그것을 다른 것으로 대체하는 것에서 성립한다는 것으로부터 **사유에 의한** 한 사물의 말소는 사유에 의해 옛 것에 대한 새로운 사물의 대체를 내포한다고 결론 내리지 않을 것이며, 그러기를 원치도 않을 것이다. 한 사물은 항상 다른 사물에 의해 대체된다는 것과, 심지어는 우리의 정신이 외부나 내부의 대상의 사라짐은 다른 사물이 거기에 대체되었다는 것을 표상하지 않고는 — 비결정적이고 막연한 형태로인 것은 사실이다 — 생각할 수 없다는 것을 인정할 것이다. 그러나 사라짐의 표상은 공간이나 적어도 시간에서 일어나는 현상의 사라짐이며, 따라서 그것은 아직도 한 이미지의 환기를 내포하고, 여기서 바로 순수 오성에 호소하기 위해 상상력을 뛰어넘는 것이 문제라고 덧붙일 것이다. 그러므로 더 이상 사라짐이나 말소에 대해 논하지 말자고 말할 것이다. 그것은 거기서 물리적 작업이다. 대상 A가 말소되거나 부재한다고 더 이상 표상하지 말자. 단지 우리는 그것이 "존재하지 않는" 것으로 생각한다고 말하자. 그것을 말소하는 것은 그것에 대해 시간 속에서 그리고 아마도 또한 공간 속에서 작용하는 것이다. 그것은 따라서 공간적이고 시간적인 존재 조건을 받아들이는 것이며 한 대상과 다른 모든 것들을 잇고 그것이 즉시 대체되지 않고는 사라지지 못하게 방해하는 유대를 받아들이는 것이다. 그러나 우리는 그런 조건을 뛰어 넘을 수 있다. 추상의 노력에 의해 대상 A라는 완전히 하나만의 표상을 환기하고 우선 그것이 존재하는 것으로 생각하는 데에 동의하며 다음으로 지적 펜의 줄로 그 조항을 지우는 것으로 충분하다. 그때 대상은 우리의 포고에 의해 존재하지 않게 될 것이다.

그렇다고 하자. 간단, 순수하게 조항을 지우자. 우리의 펜의 줄이 그 자체로 충분하며 그것이 나머지 사물들과 떨어질 수 있다고 믿어서는 안 된다. 그것은 그럭저럭 우리가 추상한다고 주장했던 모든 것을 다시 가지고 온다는 것을 곧 볼 것이다. 그렇다면 실재한다고 가정된 대상 A와 "존재하지 않는"다고 가정된 동일한 대상의 두 관념을 서로 비교해 보자.

존재한다고 가정된 대상 A의 관념은 대상 A의 단순한 표상에 불과하다. 왜냐하면 한 대상은 바로 그 사실 자체에 의해 그것에 어떤 실재성을 할당하지 않고는 표상할 수 없기 때문이다. 한 대상을 생각하는 것과 그것이 존재한다고 생각하는 것 사이에는 절대로 어떤 차이도 없다. 칸트는 [신의] 존재론적 논증의 비판에서 그 점을 완전히 밝혔다.[21] 그렇다면 존재하지 않는 대상 A를 생각하는 것은 무엇인가? 존재하지 않는 대상을 표상한다는 것은 대상 A의 관념에서 "존재"라는 속성의 관념을 제거하는 데서 성립할 수 없다. 다시 한번 대상의 존재의 표상은 대상의 표상과 분리될 수 없고 심지어 그것과 일치하기 때문이다. 그러므로 존재하지 않는 대상 A를 표상한다는 것은 그 대상의 관념에 무언가를 **덧붙이는** 것에서 성립할 수밖에 없다. 아닌 게 아니라 사람들은 거기에 현재의 실재성 일반에 의한 그 특수 대상의 **배제**의 관념을 덧붙인다. 존재하지 않는 대상 A를 생각한다는 것은 우선 대상을 생각하고, 따라서 그것이 존재한다고 생각하는 것이다. 다음으로 그것과 양립 불가능한 다른 실재가 그것을 보충한다고 생각하는 것이다. 단 우리가 이 최후의 실재

285

---

21   칸트, 『순수이성비판』, "신의 존재에 관한 존재론적 비판의 불가능성에 대하여", A592-602/B620-630쪽(백종현 역, 『순수이성비판2』, 아카넷, 2006, 770-779쪽). 그러나 이것은 사유 속에서의 일(조금 후에 나올 관념적, 가능적 존재)이고, 그런 사유를 했다고 해서 그 대상의 존재가 실제로 정립되지는 않는다.

를 명시적으로 표상하는 것은 불필요하다. 우리가 그것이 무엇인지에 상관할 필요는 없다. 그것이 대상 A를 쫓아낸다는 것을 아는 것으로 충분하며, 오직 그것만이 우리가 관심을 갖는 것이다. 그렇기 때문에 우리는 축출하는 원인보다는 축출을 생각한다. 그러나 그런 원인은 그럼에도 불구하고 정신에 현존한다. 펜을 미는 손이 지우는 펜의 선과 분리될 수 없는 것처럼 축출하는 것은 축출과 분리될 수 없기 때문에 그것〔축출하는 원인〕은 거기에 암묵적 상태로 존재한다. 그러므로 한 대상이 비실재적이라고 선언하는 행위는 실재하는 것 일반의 존재를 놓는다. 다른 말로 하면, 한 대상을 비실재적인 것이라고 표상하는 것은 그 대상에서 모든 종류의 존재를 빼앗는 것에서 성립하지 않는다. 한 대상의 표상은 필연적으로 존재하는 그 대상의 표상이기 때문이다. 그와 같은 행위는 단지 우리 정신에 의해 그 대상에 붙여지고 그것의 표상과 분리될 수 없는 존재는 완전히 관념적(idéale)인 존재, 단순히 가능한 것의 존재일 뿐이라고 선언하는 데서 성립한다.[22] 그러나 한 대상의 관념성, 한 대상의 단순한 가능성은 자신과는 양립 불가능한 대상을 관념적인 것이나 단순히 가능적인 것의 영역으로 쫓아내는 실재와의 관계 하에서만 의미를 갖는다. 더 강하고 더 실체적인 존재가 말소되었다고 가정해보라. 곧 단순히 가능적인 것의 완화되고 더 약한 존재가 실재 자체가 될 것이며, 당신은 그때 더 이상 그 대상을 존재한다고 표상하지 않을 것이다.[23] 다른 말로 하면, 그리고 우리의 주장이 아무리

286

---

22 이것은 위의 주 20)에 나오는 칸트의 생각을 그대로 받아들인 논점이다.

이상하게 보일지라도, **"존재하지 않는"** 것으로 생각된 대상의 관념에
는 **"존재하는"** 것으로 생각된 그 동일한 대상의 관념보다 **더 적은 것**
이 아니라 **더 많은 것**이 있다. 왜냐하면 **"존재하지 않는"** 대상의 관념
은 필연적으로 **"존재하는"** 대상의 관념에, **통째로 취해진 현재 실재에**
의한 그 대상의 배제의 표상이 더해진 것이기 때문이다.

그러나 사람들은 우리의 존재하지 않는 것의 표상은 아직 모든
상상적 요소가 충분히 제거되지 않았다고, 충분히 부정적이지 않
다고 주장할 것이다. 사람들이 말하기를, "사물의 비실재성이 다른
것에 의한 그것의 축출에서 성립한다는 것은 중요하지 않다. 우리
는 그에 대해 아무것도 알고 싶지 않다. 우리는 우리의 주의를 원하
는 곳에 원하는 대로 향하는 것에 자유롭지 않은가? 자, 이제 한 대
상의 표상을 떠올리고 그에 의해 당신이 원한다면 그것이 존재한
다고 가정한 후 우리는 우리의 긍정에 단순히 '아니다'를 붙일 것이
고, 대상이 존재하지 않는다고 생각하기 위해서는 그것으로 충분
할 것이다. 그것은 완전히 지적인 작업이며, 정신의 외부에서 일어
나는 것과는 독립적인 작업이다. 그러므로 무엇이든 생각하거나 모
든 것을 생각하자. 다음으로 우리 사유의 여백에 사유가 포함하고
있는 것의 거부를 명하는 그 '아니다'를 놓자. 우리는 그것의 말소
를 포고한다는 단 한 사실에 의해 모든 사물을 관념적으로 말소한

---

23 더 강한 존재가 말소되었다고 가정할 때에는 더 약한 존재가 거꾸로 실재
가 될 것이라는 말이다. 가령 버클리 류類의 관념론에서는 관념이 실재가
되고, 그렇게 되면 원래(실재론에서) 실재라고 생각되었던 것은 뭔가 존재
하지 않는 것으로 사라져 버린다.

다.”는 것이다. ― 결국 여기서 모든 난점과 모든 오류가 나오는 것은 그런 이른바 부정에 내재하는 권한으로부터이다. 사람들은 부정을 긍정과 정확히 대칭적이라고 표상한다. 부정은 긍정처럼 자기충족적이라고 상상한다. 그때서부터 부정은 긍정처럼 관념을 창조하는 능력을 가진다는 것이다. 부정적 관념일 것이라는 유일한 차이는 있지만. 한 사물을 긍정하고, 다음으로는 다른 것을 긍정하고, 이런 식으로 무한히 가면서, 나는 전체의 관념을 형성한다. 마찬가지로 한 사물을 부정하고, 다음으로 다른 것을 부정하고, 마지막으로는 전체를 부정하면, 무의 관념에 이를 것이다. 그러나 바로 그런 동화가 우리에게는 자의적으로 보인다. 긍정이 한 관념을 구성하는 데 이를 수 있는 정신의 완전한 행위라면, 부정은 지적 행위의 절반에 불과하며, 다른 절반은 생략되거나 결정되지 않은 미래로 미루어 둔다는 것을 보지 못한다. 긍정이 순수 지성의 행위라면 부정에는 초-지성적인 요소가 들어가며, 부정이 그 특수한 성질을 빚지고 있는 것은 바로 낯선 요소의 침입이라는 것을 또한 보지 못한다.

287 두 번째 점으로부터 시작하자면 부정한다는 것은 항상 가능적 긍정을 멀리 하는 데서 성립한다는 것에 주목하자.*¹ 부정은 있을 수

*1 칸트, 『순수이성비판』, 제2판, 737쪽: “우리 인식 일반의 관점에서 … 부정 명제는 단지 오류를 막는다는 것을 그 고유한 기능으로 가진다.” Sigwart, 『논리학』, 제2판, vol. I, 150쪽 이하 참조.[24]

24 칸트, 『순수이성비판』, 제2판, A 709/B 737쪽(백종현 역, 『순수이성비판2』, 861쪽); Sigwart, *Logik*, 제2판, vol. I 은 요즈음 사진본으로 구할 수가 있는데, 우리가 구한 것은 제3판이었다. 그러므로 쪽수가 정확히 맞는지는

있는 긍정에 대해 정신에 의해 취해진 태도에 불과하다. 내가 "이 탁자는 검다."라고 말할 때, 내가 말하는 것은 분명 그 탁자에 대해서이다. 나는 그것이 검다고 보았고 나의 판단은 내가 본 것을 번역한다. 그러나 내가 "이 탁자는 희지 않다."고 말한다면 나는 확실히 내가 지각한 무언가를 표현하지 않고 있다. 왜냐하면 나는 검은 것을 보았지 흼의 부재를 보지는 않았기 때문이다. 그러므로 결국 내가 그 판단을 내린 것은 탁자 자체에 대해서가 아니라 오히려 그것을 희다고 선언할지도 모를 판단에 대해서이다. 나는 한 판단을 판단하는 것이지 탁자를 판단하는 것이 아니다. "이 탁자는 희지 않다."는 명제는 당신이 그것을 희다고 믿을 수도 있을지도 모른다는 것과 당신이 그렇게 믿었거나 내가 그렇게 믿을 것임을 내포하고 있다. 그런 판단은 다른 것(내가 결정되지 않은 채로 남겨두는 것은 사실이다)에 의해 대체되어야 한다는 것을 내가 당신에게 예견하거나 나 자신에게 알린다. 그러므로 긍정은 직접적으로 사물에 관계된 것이지만 부정은 간접적으로만, 중간에 끼인 긍정을 통해서 사물을 겨냥한다. 긍정 명제는 사물에 관계된 판단을 번역한다. 부정 명제는 판단에 관계된 판단을 번역한다. **그러므로 부정은 그것이 이차적** 288

의문이지만 150쪽 이하에서 몇 장만 더 가면 바로 제4부 부정의 부분을 찾을 수 있다. 마침 거기에 피력된 내용도 부정은 긍정과 동일한 원시적 판단이 아니라 항상 어떤 판단에 대한 판단이라는 것이다. 그리고 부정의 목적은 대상에 대해 사실과 다른 판단을 하는 것을 경계하는 것이라 되어 있다. 그는 더군다나 바로 위에 나온 칸트의 구절도 인용하고 있다. 그러므로 베르크손이 이 부분을 두고 그의 책을 언급한 것이 확실해 보인다.

인 정도의 긍정이라는 점에서 고유한 의미에서의 긍정과 다르다. 그것
은 대상에 대해 뭔가를 긍정하는 긍정에 대해 뭔가를 긍정한다.

그러나 거기서부터 무엇보다도 먼저 부정은 순수 정신의, 즉 모
든 동기로부터 떨어져 있고 대상에 대면해 놓여 있으며 대상에만
관계되기를 원하는 정신[25]의 사실이 아니라는 것이 따라 나온다.
부정하자마자 다른 이에게 교훈을 주거나 자기 자신에게 그렇게 한
다. 실재하건 가능적이건 한 대화상대자에게 틀리니 경계하라고 책
임을 묻는다. 그 상대자는 뭔가를 긍정했다. 다른 것(그러나 첫 번째
것에 대체해야 할 긍정을 특정하지 않은 채)을 긍정해야 할 것이라고
예방한다. 그때 다른 것의 면전에 더 이상 단순히 한 인간이나 한
대상은 없다. 대상에 대면하여 다른 사람에게 말하고, 그와 싸우며
동시에 그를 돕는 한 사람이 있다. 사회의 시작이 있다. 부정은 누군
가를 겨냥하고 있으며 순수 지적인 작업에서처럼 무언가를 겨냥하
지 않는다. 그것은 교육적이며 사회적인 본질의 것이다. 그것은 교
정하거나 또는 오히려 통지하며, 통지되고 교정된 사람은 게다가 일
종의 이중화(dédoublement)[26]에 의해 말하는 사람 자신일 수 있다.

이것이 두 번째 점[27]에 대한 것이다. 첫 번째[28] 것으로 가보자. 우

---

25 1906년의 논문에는 "지성"이라 되어 있다(A, 458쪽).

26 말하는 사람은 교정하는 자와 교정 받는 사람으로 둘로 나뉘어서 같은 사
람이 교정하는 자이자 교정 받는 사람이 되는데, 그것을 이중화라 말한
것이다.

27 부정에는 초-지성적 요소가 들어간다는 점. 위의 11쪽 참조.

28 바로 다음에 나오듯이 부정은 지적 행위의 절반에 불과하고 다른 절반은

리는 부정이 지적 행위의 절반에 불과하고 다른 절반은 비결정적인 채 남겨둔다고 말했다. 만약 내가 "이 탁자는 희지 않다."는 부정 명제를 말했다면, 나는 그것으로 "이 탁자는 희다."는 당신의 판단은 다른 판단으로 대체되어야 한다는 것을 의미한다. 나는 당신에게 한 알림을 주는 것이며, 그 알림은 대체의 필요성에 관한 것이다. 당신의 긍정을 대체해야 할 것에 관해서는 사실 나는 당신에게 아무것도 말하지 않는다. 그것은 내가 탁자의 색깔을 모르기 때문일 수도 있으나, 그것은 또한 분명, 심지어는 오히려 분명 흰색이 당분 간 당신에게 관심 있는 유일한 것이고 그때서부터 당신에게는 어떤 것인지를 말할 필요도 없이 다른 색이 흰색에 대체되어야 할 것이라는 것을 나는 단지 알려야 하기 때문이다. 그러므로 부정 판단은 분명 한 긍정 판단이 다른 긍정 판단으로 대체될 여지가 있다는 것을 알리는 판단이다. 그 두 번째 판단의 본성이 게다가 특정되지 않은 것은 어떤 때는 그것을 모르기 때문이기도 하고, 더욱 자주는 주의가 첫 번째 것의 내용에만 돌려져서 현재의 관심을 제공하지는 않기 때문이다.

그러므로 한 긍정에 "아니다"를 붙일 때마다, 내가 부정할 때마다, 나는 잘 결정된 두 행위를 수행하고 있다. 1° 나는 나와 동류의 사람들이 긍정하는 것이나 그가 말하려는 것이나 내가 예고하는 다른 자아가 말할 수 있을 것에 관심이 있다. 2° 내가 그 내용을 특정하지 않는 두 번째의 긍정이 내가 내 앞에서 발견하는 긍정을 대체

비결정적인 채 남겨둔다는 점.

해야 할 것을 나는 알려준다. 그러나 그 두 행위 중 어느 쪽에도 긍정 이외의 다른 것을 발견하지 못할 것이다. 부정의 독자적인 성격은 첫 번째 것의 두 번째 것으로의 포개짐으로부터 온다. 그러므로 부정에 독자적인, 긍정을 창조하는 관념과 대칭적이며 반대 방향으로 향한 관념을 창조하는 능력을 할당해봐야 헛될 것이다. 어떤 관념도 거기서부터는 나오지 않을 것이다. 그것이 판단하는 긍정 판단과 다른 내용을 그것은 갖고 있지 않기 때문이다.

더 정확히 속성 판단이 아니라 존재 판단을 생각해 보자. 내가 "대상 A는 존재하지 않는다."고 말한다면 나는 그에 의해 우선 대상 A가 존재한다고 믿을 수 있을 것임을 의미한다. 도대체 어떻게 대상 A를 그것이 존재한다고 생각하지 않고 생각할 수 있으며, 다시 한번,[29] 존재하는 대상 A의 관념과 단순한 대상 A의 관념 사이에 어떤 차이가 있을 수 있는가? 그러므로 내가 "대상 A"라 말한다는 것만으로도 나는 그것에게 단지 가능한 것, 즉 순수 관념의 존재라 할지라도, 일종의 존재를 할당하는 것이다. 그리고 따라서 "대상 A는 존재하지 않는다."는 판단에는 우선 "대상 A는 존재했다.", "대상 A는 존재할 것이다.", 더 일반적으로 "대상 A는 적어도 단순히 가능한 것으로서 존재한다."와 같은 긍정이 있다. 이제 내가 "존재하지 않는다."는 두 마디를 첨가할 때, 더 멀리 가면, 가능적 대상을 실재적 대상으로 세우면 잘못이며 내가 말하는 가능적인 것은 현실적 실재성으로부터 그것과 양립 불가능한 것으로 배제된다는 것이 아

---

29 위의 284-286쪽을 보라.

니라면, 내가 그것에 의해 무엇을 뜻할 수 있겠는가? 그러므로 한 사물의 비존재를 놓는 판단은 가능한 것과 현실적인 것(즉, 두 종류의 **존재**, 하나는 사유된 것이고 다른 것은 인정된 것) 사이의 대비를 실재적이건 상상적이건 어떤 사람이 어떤 가능적인 것이 현실화되었다고 잘못 믿는 경우에 정형화하는 판단이다. 그 가능적인 것의 자리에 그것과 다르고 그것을 내쫓는 실재가 있다. 즉, 부정 판단은 그런 대비를 표현하나 그것을 의도적으로 불완전한 형태로 표현한다. 왜냐하면 그는 가정 상 지적된 가능적인 것에만 배타적으로 관심을 갖고 어떤 종류의 실재에 의해 가능적인 것이 대체되는지를 아는 것에는 신경 쓰지 않는 사람에게 말을 걸고 있기 때문이다. 그러므로 대체의 표현은 절단될 수밖에 없다. 두 번째 항이 첫 번째의 것을 대체했다고 긍정하는 대신에 첫 번째의 것으로 우선 향한 주의를 첫 번째의 것에, 그것에만 유지할 것이다. 그리고 첫 번째로부터 나오지 않고 첫 번째 것은 "없다"고 말함으로써 두 번째 항이 첫 번째를 대체했다는 것을 암묵적으로 긍정할 것이다. 이처럼 사물을 판단하는 대신에 판단을 판단할 것이다. 적극적 정보를 주는 대신에 다른 이들이나 자기 자신에게 가능한 오류를 알려줄 것이다. 모든 그런 종류의 의도를 제거해 보라. 인식에 그것의 오로지 과학적이거나 철학적인[30] 성질을 돌려 줘보라. 다른 말로 하면 사물에 대해서만 걱정하고 사람에 대해서는 관심이 없는 정신에 실재가 저절로 새겨지러 온다고 가정해보라. 사람들은 이러저러한 사물이

---

30   1907년 초판에 "철학적인"이 덧붙여짐(초, 290쪽).

있다고 긍정할 것이고 어떤 사물이 없다고는 결코 부정하지 않을 것이다.

291   긍정과 부정을 동일한 열에 놓고 그들에게 동일한 객관성을 부여하려고 고집하는 것은 도대체 어디서 온 것인가? 부정은 주관적이며, 인위적으로 절취되었으며,[31] 인간 정신, 특히 사회생활에 상대적인 것을 갖는다는 것을 인정하는 데 그렇게 어려워하는 것은 어디서 오는가? 그 이유는 아마도 부정과 긍정이 서로 명제로 표현되고, 모든 명제는 **개념**을 상징하는 **말**로 형성되었으므로 사회생활과 인간 지성에 상대적인 것이기 때문이다. 내가 "흙은 습하다"거나 "흙은 습하지 않다"고 말한다면 두 경우 [모두] "흙"과 "습하다"는 용어는 인간 정신에 의해 다소간 인위적으로 만들어진, 즉 존재의 연속성으로부터 그의 자유로운 주도로 추출된 개념이다. 두 경우 [모두] 그 개념들은 동일한 규약적인 말에 의해 표현된다. 두 경우 [모두]에서 부득이하다면 명제는 사회적이고 교육적인 목적을 겨냥한다고까지 말할 수 있다. 첫 번째 것은 진실을 퍼뜨리고 두 번째 것은 오류를 예견케 하는 것이므로. 형식 논리의 관점인 그런 관점에 자리 잡는다면 긍정하는 것과 부정하는 것은 분명 서로 대칭적인 두 행위이고, 그 중 첫 번째 것은 주어와 속어 사이의 합치의 관계를, 두 번째 것은 불합치의 관계를 확립하는 두 행위이다. ― 그러나 대칭은 완전히 외적이고 닮음은 표면적이라는 것을 어떻게 보

---

31 위 문단에서 나왔듯, 어떤 가능적 존재가 다른 것에 의해 대체되어야 한다는 것만을 말하지 무엇에 의해 대체되어야 하는지를 말하지 않는 점에서 인위적으로 절취되었다는 것.

지 않을 수 있는가? 언어가 말소되고, 사회가 해체되며, 모든 지적
주도권, 모든 이중화하여[32] 자기 자신을 판단하는 능력이 감퇴되었
다고 가정해 보라. 감각에 자동적으로 새겨지고 몽롱한 지성에나마
막연한 표상을 보낼 수 있는 흙의 습함은 그럼에도 불구하고 존속
할 것이다. 그러므로 지성은 아직 암묵적 용어로 긍정할 것이다. 따
라서 구별되는 개념도, 말도, 자기 주위에 진실을 퍼뜨리려는 욕망
도, 자신을 개선시키려는 욕망도 긍정의 본질 자체가 아니었다. 그
러나 경험의 걸음에 발맞추어 가고 실재의 흐름에 앞서가지도 뒤처
지지도 않는 그런 수동적 지성은 부정해 보려는 어떠한 마음도 가
지지 않을 것이다. 그것은 부정의 자국을 받아들일 수 없을 것이다.
왜냐하면 다시 한 번 존재하는 것은 기록되러 올 수 있지만 존재하
지 않는 것의 비존재는 기록되지 않기 때문이다. 그와 같은 지성이
부정하기에 이르기 위해서는 그의 마비로부터 깨어나서, 실재하거
나 가능적인 기대의 실망을 정형화하고, 현재적이거나 일어날지도
모르는 오류를 수정하며, 마지막으로 다른 사람들이나 자기 자신에
게 교훈을 주려고 작정해야 할 것이다.

우리가 선택한 예에서 그것을 깨닫기는 더 어려울 것이나, 그 예
는 더 교훈적일 것이고 논점은 더 증명력을 가질 뿐이다. 습함이 자
동적으로 기록되러 올 수 있다면 습하지 않음도 마찬가지일 것이라
고 사람들은 말할 것이다. 왜냐하면 건조한 것도 습함과 마찬가지

---

32 "이중화한다(se dédoubler)"는 것은 밖의 대상으로 향하는 방향과 안의
　자기 자신으로 향하는 방향으로 두 겹이 된다는 것을 의미한다.

로 인상들을 감수성 — 지성에게 그것들을 다소간 구별되는 표상으로서
전달할 — 에 줄 수 있기 때문이다. 그런 의미에서 습함의 부정도 긍
정만큼 객관적이고, 그만큼 순수 지적이며, 그만큼 모든 교훈적 의
도로부터 떨어진 사물일 것이다. — 그러나 거기를 더 자세히 보라.
부정 명제 "흙은 습하지 않다"와 긍정 명제 "흙은 건조하다"는 완전
히 다른 내용을 가지고 있다. 두 번째 것은 건조한 것을 알고, 그 표
상의 근저에 있는 가령 촉각이든 시각이든 독특한 감각을 경험했다
는 것을 내포한다. 첫 번째 것은 그와 비슷한 어떠한 것도 요구하지
않는다. 그것은 도무지 습한 것만을 지각했을 지적인 물고기에 의
해서도 정형화될 수 있을 것이다. 그 물고기가 실재적인 것과 가능
적인 것의 구별에까지 교육되었고, 아마도 그들이 실제로 사는 습
함의 조건을 유일하게 가능한 것으로 생각하는 동족의 오류를 앞질
293 러서 걱정해야 할 것이라는 것은 사실이다. "흙은 습하지 않다"는
명제의 용어에 엄밀하게 매달려보라. 당신은 두 가지 것을 발견할
것이다. 1^0 흙은 습하다고 믿을 수 있을 것이다. 2^0 습함은 사실상
어떤 질 x에 의해 대체되었다. 그 질은 비결정성 속에 남겨졌다. 그
것에 대한 적극적인 인식을 가지지 않았건, 부정의 말을 건네는 사
람에게 그것이 어떠한 현실적 관심이 되지 않건 간에. 그러므로 부
정한다는 것은 분명 항상 절단된 형태로 두 긍정의 체계를 제시하
는 데서 성립한다. 한 긍정은 결정된 것이고 어떤 가능한 것에 관계
된 것이며, 다른 긍정은 결정되지 않고 그런 가능성을 보충하는 알
려지지 않거나 무관한 실재에 관한 것이다. 두 번째 긍정은 우리가
첫 번째 것에 관계시키는 판단, 부정 자체인 판단에 잠재적으로 포

함되어 있다. 그리고 부정에 그 주관적 성격을 주는 것은 바로 대체의 확인에서 대체되는 것만을 고려하고 대체하는 것에는 신경을 쓰지 않는다는 것이다. 대체되는 것은 정신의 생각으로만 존재한다. 그것을 보기를 계속하고 따라서 그것에 대해 말하기 위해서는 과거에서 현재로, 뒤에서부터 앞으로 흐르는 실재에 등을 돌려야 한다.[33] 그것이 부정할 때 사람들이 하는 일이다. 뒤를 바라보면서 매 순간 존재하기를 멈춘 점[34]만을 인식하기를 원할 여행자가 자동차의 궤적을 보는 것처럼 변화나 더 일반적으로 대체를 확인한다. 그는 그의 현재의 위차를 그 자체에 따라 표현하는 대신에 결단코 방금 떠난 위치와의 관계 하에서만 결정할 것이다.[35]

요는 경험의 선을 단순히 따를 정신[36]에게는 공백도, 상대적이나 부분적인 것이라 할지라도 무도, 가능한 부정도 없을 것이다. 그와 같은 정신은 사실이 사실에, 상태가 상태에, 사물이 사물에 이어

---

33 1906년의 논문에는 "실재의 흐름을 거슬러 올라가야 한다."고 되어 있다 (A, 462쪽)

34 즉, 방금 떠난 점. 그가 있던 점을 방금 떠났는데, 그 점은 그가 있기를 멈춘 점이다.

35 사태를 자세하게 설명하려다 보니 오히려 더 어렵게 되어버리고 말았는데(이런 일은 베르크손에서는 매우 드문 일이다), 부정은 대체가 되어야 한다는 것은 말하고 있지만 무엇으로 대체되어야 한다고 말하기보다는 대체되어야 할 것("방금 떠난 것")에만 계속 시선을 두고 있다는 것을 설명한 것이다.

36 1906년의 논문에는 "정신" 대신에 "지성"이라 되어 있다(A, 462쪽). 이어지는 두 곳에서도 마찬가지이다.

지는 것을 볼 것이다. 그것이 매순간 알아차릴 것은 존재하는 사물, 나타나는 상태, 일어나는 사실일 것이다. 그것은 현실적인 것 속에 살 것이며, 판단할 수 있다면 오직 현존하는 것의 존재만을 긍정할 것이다.

그 정신에 기억과 특히 과거를 천착하려는 욕망을 주어보라. 분해하고 구별하는 능력을 주어보라. 그는 더 이상 단지 지나가는 실재의 현실적 상태만을 알아차리지 않을 것이다. 그 지나감을 변화로, 따라서 있었던 것과 있는 것 사이의 대비로 표상할 것이다. 그리고 기억하는 과거와 상상하는 과거 사이에 본질적인 차이가 없으므로 가능적인 것 일반의 표상으로 올라가는 것은 즉시 이루어질 것이다.

정신은 이렇게 하여 부정의 길로 방향을 잡을 것이다. 그리고 특히 사라짐을 표상하는 지점에 있게 될 것이다. 그러나 그것은 아직 거기에 이르지 않을 것이다. 한 사물이 사라졌다는 것을 표상하기 위해서는 과거와 현재 사이의 대비를 알아차리는 것으로 충분치 않다. 아직 현재에 등을 돌리고, 과거에 집착하여, 현재와 과거의 대비를, 현재를 거기에 나타나게 하지 않고 과거만의 용어로 생각해야 할 것이다.

그러므로 말소의 관념은 순수한 관념이 아니다. 과거를 후회하거나 후회스러운 것으로 생각하고 과거에 머물 어떤 이유를 가진다는 것을 내포한다. 대체의 현상이 첫 번째 절반에만 관심을 가지기 때문에 그것만을 생각하는 정신에 의해 둘로 잘라질 때 그 관념은 태어난다. 모든 관심과 모든 정조를 제거해보라. 더 이상 흐르는 실재만이, 그리고 그것이 그 현재 상태로써 우리에게 새기는 무한히 새로워지는 인식만이 남는다.

말소에서 더 일반적인 작용인 부정에까지 이제 한 발자국만 남을 뿐이다. 〔지금〕 있는 것의, 있었던 것뿐만 아니라 또한 있을 수 있을 모든 것과의 대비를 표상하는 것으로 충분하다. 그리고 그 대비를 〔지금〕 있는 것이 아니라 있을 수 있을 것에 따라 표현하며, 현재적인 것의 존재를 가능한 것만을 바라보며 긍정해야 한다. 이렇게 획득되는 공식은 더 이상 단지 개인의 실망만을 표현하지 않는다. 그것은 오히려 다른 사람의 오류로 가정된 오류를 수정하거나 예고하기 위해 이루어졌다. 그런 의미에서 부정은 교육적이고 사회적인 성격을 가진다.

이제 부정이 정형화되면 그것은 긍정의 정형과 대칭적인 측면을 나타낸다. 그때 긍정이 객관적 실재를 긍정한다면 부정은 마찬가지로 객관적이고 말하자면 마찬가지로 실재적인 비실재를 긍정해야 한다. 거기에 대해서 우리는 동시에 틀렸고 옳다. 부정은 그것이 가진 부정적인 것에서 객관화될 수 없기 때문에 틀렸고, 그러나 한 사물의 부정은 체계적으로 한쪽에 치워둔 다른 것에 의한 대체의 잠재적 긍정을 내포한다는 것에서 옳다. 그러나 부정의 부정적 형태는 그것의 근저에 있는 긍정의 득을 본다. 그것이 매달려 있는 긍정적 실재의 몸을 타고 그 유령은 객관화한다. 이렇게 하여 공백이나 부분적 무의 관념이 형성되고, 한 사물은 더 이상 다른 사물이 아니라 그것이 남겨둔 공백, 즉 부정 그 자체에 의해 대체된다. 게다가 그런 작업은 어떤 것에 대해서도 이루어지므로 우리는 그것이 각

295

사물에 대해 차례로 수행되며 결국은 모든 사물에 대해 통제로 수
행된다고 가정한다. 우리는 이렇게 하여 "절대적 무"의 관념을 획득
한다. 이제 우리가 그런 무의 관념을 분석하면 그것은 결국 전체의
관념과 그에 더하여 무한히 한 사물에서 다른 것으로 뛰어다니면서
제 자리에 가만히 있기를 거부하고 그의 현재 위치를 방금 떠난 위
치에 관계하여서만 결정하면서 그의 모든 주의를 그런 거부에 집중
시키는 정신의 운동이라는 것을 발견한다. 그러므로 그것은 현저하
게 포괄적이며 충만한, 그것이 가장 밀접한 친족 관계에 있는 전체
의 관념만큼이나 충만하고 포괄적인 표상이다.

296   그렇다면 어떻게 무의 관념을 전체의 관념에 대립시켜야 할 것인
가? 그것은 충만한 것을 충만한 것에 대립시키는 것이며, "왜 어떤
것이 존재하는가"를 아는 문제는 따라서 의미가 없는 문제, 의사-
관념 주변에 제기된 의사-문제라는 것을 보지 않는가? 그러나 우
리는 왜 그런 유령의 문제가 그토록 고집스럽게 정신에 나타나는가
를 다시 한번 말해야 한다. 우리가 "실재적인 것의 말소"의 표상에
는 서로를 무한히 순환적으로 쫓아내는 모든 실재의 이미지밖에 없
다는 것을 보여줘 봐야 헛되다. 우리가 비존재의 관념은 진정한 실
재일 실체적 존재[37]에 의한 미세한 존재나 "단지 가능할 뿐인" 존
재의 축출에 불과하다고 덧붙여 봐야 헛되다. 우리가 부정의 독자

---

37 베르크손에게 "실체적 존재"는 항상 생명, 정신, 영혼, 자아, 의식, 지성 등
이 가지는 성질이다. 그리고 그러한 존재야말로 "진정한 실재"이다. 부정
에서 부정되는 것은 항상 사물들일 것이나 그것들을 부정하는 것은 항상
어떤 의식, 이성, 지성이다.

적인 형태에서 뭔가 초-지성적인 것을 발견해 봐야 헛되다. 부정은 판단의 판단, 다른 사람이나 자기 자신에게 주어진 경고이기 때문에 〔초-지성적인데〕 그 결과 그것에게 새로운 종류의 표상, 내용 없는 관념[38]을 창조하는 능력을 부여하는 것은 어리석을 것이다. 항상 사물 이전에, 또는 적어도 사물 아래에 무가 있다는 확신은 존속한다. 그런 사실의 이유를 탐색하면 그것은 바로 부정에 그 특수한 형태를 주는 정조적, 사회적, 그리고 요약하자면 실천적 요소에서 발견된다. 우리가 말하기를[39] 철학의 가장 큰 난점들은 인간 행동의 형태들이 그 고유한 영역 밖으로 모험을 감행한다는 것으로부터 태어난다.[40] 우리는 사유하기보다는 그리고 그보다 더 행동하기 위해 만들어졌다. ― 또는 오히려 우리가 우리 본성의 운동을 따를 때 우리가 사유하는 것은 행동하기 위해서이다. 그러므로 행동의 습관이 표상의 습관을 물들이고 우리의 정신은 사물을 항상 그것에 대해

38　"내용 없는 관념"을 창조하는 능력이라는 것은 이해하기 어려운 표현인데, 우선 "새로운 종류의 표상"을 만든다는 것은 진짜 새로운 관념이 아니라 내용 없는 빈껍데기에 불과하다는 뜻으로 새기면 될 것이다. 그러니까 부정이 새로운 종류의 표상을 창조한다고 해봐야 결국 내용 없는 관념을 창조하는 데 불과할 것이요, 따라서 그것은 어리석다는 말이다.

39　위의 156, 222, 273쪽을 보라. 1906년의 논문에는 "우리가 말하기를……" 대신에 "우리는 이전 작업에서 어떻게 가장 큰 난점들이 태어났는지를 보여주었다."고 되어 있다(A, 464쪽). 아마도 *MM*의 203-206쪽을 생각한듯하다. 그 곳은 또 *Essai*의 제 3장을 끌어들이고 있다.

40　1906년의 논문은 "인간 행동의 형태들은 말하자면 사변의 영역에서 길을 헤맨다."고 되어 있다(A, 464 쪽).

우리가 행동하려고 계획할 때 생각하는 습관을 들인 순서 자체에서 알아본다는 것에 놀라서는 안 된다. 그런데 우리가 위에서 주목

297 하게 했듯이[41] 모든 인간 행동은 불만과, 그 자체에 의해, 부재의 느낌에서 출발점을 가진다는 것은 부정할 수가 없다. 우리는 어떤 목적을 계획하지 않는다면 행동하지 않을 것이며, 한 사물의 결핍을 느낄 때에만 그것을 찾는다. 이처럼 우리의 행동은 "무"에서 "어떤 것"으로 진행하며, "무"의 캔버스 위에 "어떤 것"을 수놓는 것을 본질로 가진다. 사실상 여기서 문제되는 무는 한 사물의 부재라기보다는 유용성의 부재이다. 만일 내가 한 방문자를 가구가 아직 갖추어지지 않은 방으로 인도한다면 나는 그에게 "아무것도 없어요."하고 알려준다. 그러나 나는 그 방이 공기로 가득찬 것을 안다. 그러나 앉는 것은 공기 위가 아니기 때문에 방은 진정 지금 이 순간 방문자나 나에게 어떤 것이라고 칠 아무것도 포함하고 있지 않다. 일반적 방식으로 인간의 일은 유용성을 창조하는 데서 성립하고 일이 이루어지지 않은 한 "아무것" ― 얻으려고 원했던 것 중 아무것 ― 도 없다. 우리의 삶은 이처럼 우리의 지성이 욕망과 후회라는 초-지성적 영향 아래, 삶의 필요의 압박 아래 생각하는 공백을 메우는 것으로 지나간다. 그리고 공백을 사물이 아니라 유용성의 부재로 이해한다면 그런 완전히 상대적인 의미에서 우리는 끊임없이 공백에서 충만으로 나아간다고 말할 수 있다. 그와 같은 것이 우리 행동이 걸어가는 방향이다. 우리의 사변이 마찬가지로 하는 것을 막을 수 없

41 위의 273-274쪽을 보라. 이 삽입 절은 초판부터 첨가됨(초, 279쪽).

고, 자연히 그것은 상대적 의미에서 절대적 의미로 이행한다. 사변
은 사물들이 우리에 대해 가지는 유용성이 아니라 사물들 자체에
대해 적용되기 때문이다. 이렇게 하여 실재는 공백을 채우고 전체
의 부재로 생각된 무는 사실상이 아니라면 권리상 모든 사물에 앞
서 존재한다는 관념이 우리 속에 심겨진다. 무의 관념은 거기서 모
든 것의 말소의 관념을 본다고 주장한다면 자기 파괴적인 관념이며
단지 말에 지나지 않는다는 것 ─ 반대로 그것이 진정한 관념이라면
거기에는 전체의 관념만큼의 내용이 발견된다는 것 ─ 을 보여줌으로써   298
우리가 제거하려고 애썼던 것은 그런 착각이다.[42]

　이 긴 분석은 **자기 충족적인 실재는 반드시 지속과는 낯선 실재가
아니라는 것**을[43] 증명하기 위해 필요했다. 존재의 관념에 도달하

42　1906년의 논문은 다음과 같은 말을 첨가하며 논문을 끝낸다. "일단 착각
　이 제거되면, 그 주변에 일어났던 난점들은 제거된다. / 꿈에서 달로 가는
　어린 아이는 땅으로부터 너무 높은 곳에 매달리고 너무도 허공으로 둘러
　싸여서 현기증에 사로잡히고 끝내는 자신이 떨어진다고 느낀다. 몇몇 우
　주학적 개념이나 단지 높은 것과 낮은 것의 본성에 대한 반성만으로도 증
　명하는 이성 ─ 이렇게 표현할 수 있다면 ─ 에 의해 그의 현기증이 타당하지
　않고 괜찮아질 것을 확신시켜 줄 것이다. 타당하지 않은 현기증의 경우들
　은 철학에도 또한 나타나며, 진정한 문제들을 대면하기 전에 환상적인 난
　점들과 문제의 인위적인 원인들을 멀리 하게 하기 위해서라도 그것들을
　지적하는 것이 유용할 수 있다"(A, 465-466쪽).

43　이것은 형이상학의 근저를 건드리는 문제이다. 전통 형이상학의 가장 근
　본적인 출발점은 존재와 무에 대한 반성이다. 그것은 파르메니데스의 존
　재론에 대한 플라톤의 반론으로부터 나왔다고 할 수 있다. 전통 형이상

기 위해서는 (의식적이건 무의식적이건) 무의 관념을 통과해야 한
다면 도달하는 존재는 논리적이거나 수학적인, 따라서 비시간적
(intemporelle)인 본질이다. 그리고 그때서부터 실재에 대한 정적인
견해가 인정된다. 모든 것은 단번에 영원 속에서 주어진 것으로 보
인다. 그러나 존재를 직접적으로, 우회하지 않고, 존재와 우리 사이
에 개입하는 무의 유령에 우선 말 걸지 말고 사유하는 데에 익숙해
져야 한다. 여기서 보기 위해서 보지, 더 이상 행동하기 위해 보지
않도록 힘써야 한다. 그때 절대는 우리와 매우 가까이에서, 어떤 정
도에서는 우리 속에서 드러난다. 그것은 심리적 본질의 것이며, 수
학적이거나 논리적 본질의 것이 아니다. 그것은 우리와 함께 산다.
우리처럼, 그러나 어떤 측면에서는 무한히 더욱 자신에게 집중되어

학을 뒤집으려는 베르크손은 지금 이 장에서 바로 그 존재와 무의 관념
으로부터 형이상학을 시작할 필요가 없다고 주장하고 있는 것이다. 진정
한 존재는 플라톤적인 존재와 무가 아니라 능동적 운동, 베르크손이 말하
는 지속으로부터 시작해야 한다는 것이다. 그것이야말로 진짜 존재라는
것이다. 그러나 여기서도 잊지 말아야 할 것은 베르크손이 능동적 운동을
"진정한 존재"라 부르고 있다는 것이다. 베르크손은 분명 전통 형이상학
을 뒤집으려고 시도하고 있지만 그것을 존재라 부르고 있다는 사실은 그
가 계속하여 형이상학자임을 부인치 않는다는 것을 의미한다. 능동적 운
동을 진정한 존재라 생각했다는 것은 플라톤의 변증법적 사유방식을 계
속 유지하고 있다는 뜻도 있지만 또한 능동적 운동이 자기 동일성을 갖는
존재라는 것도 의미하기 때문이다. 이것을 모르면 현대의 포스트-모더니
스트들처럼 엉뚱한 이야기(형이상학의 극복 따위의)를 하게 된다. 이 점에
대해서는 위(주 17)에서 언급한 졸고(1994)를 참조하라. 또 위의 276쪽을
참조하면 베르크손의 뜻이 어디에 있는지를 짐작할 것이다.

있으며 더욱 모아진 것으로서 그것은 지속한다.

    그러나 우리는 도대체 진정한 지속을 사유하는가? 여기서 또한 직접적 점유(prise de possession)[44]가 필요하다. 우회에 의해 지속에 접합될 수는 없을 것이다. 그 속에 단번에 자리 잡아야 한다. 그것은 움직이는 것을 부동적인 것을 매개로 사유하는 데 습관이 든 지성이 가장 자주 하기를 거부하는 것이다.

    아닌 게 아니라 지성의 역할은 행동을 감독하는 것이다. 그런데 행동에서 우리가 관심을 가지는 것은 결과이다. 목적이 달성되기만 하면 수단은 거의 중요하지 않다. 거기서부터 우리는 목적이 관념에서 현실(acte)로 되기 위해 매우 자주 목적을 믿으면서 우리 전체를 실현해야 할 목적으로 향한다는 것이 나온다. 그리고 거기서 또한 우리 활동성이 안착될 끝점만이 정신에 명시적으로 표상된다는 것이 온다. 행동 자체를 구성하는 운동은 우리 의식에서 벗어나거나 막연하게만 의식에 도달한다. 팔을 드는 것과 같은 매우 단순한 행위를 생각해 보자. 우리가 미리 그것을 이루는 모든 요소 응축과 긴장들을 상상하거나 심지어는 그것들이 이루어지는 동안 그것들 하나하나를 지각해야 한다면 우리는 어디까지 갈 것인가? 정신은 즉시 목적으로, 즉 완성됐다고 가정된 행위의 도식적이고 단순화된 전망으로 옮겨진다. 그때 어떠한 반대되는 표상도 첫 번째 것[45]의 효과

299

---

44 직관을 의미한다.

45 처음 표상된 목적.

를 중화시키지 않는다면 저절로 적합한 운동들이 말하자면 그 간극의 공백에 의해 갈망된 도식을 채우러 온다. 그러므로 지성은 활동성에서 도달해야 할 목적만을, 즉 정지 점만을 표상한다. 그리고 도달된 한 목적에서 다른 도달된 목적으로, 정지에서 정지로, 우리의 활동성은 일련의 도약에 의해 옮아가며, 그러는 사이 우리의 의식은 이루어진 운동의 예견된 이미지만을 보기 위해 이루어지고 있는 운동으로부터는 가능한 한 우회한다.

그런데 부동의 의식이 이루어지는 행위의 결과를 표상하기 위해서는 역시 부동인 지성[46]이 그 결과가 끼어 들어가는 중간을 알아차려야 한다. 우리의 활동성은 물질계 속으로 삽입해 들어간다. 물질이 우리에게 영원한 흐름으로 보인다면[47] 우리 행동의 어떤 것에도 우리는 종착점(terme)을 할당하지 않을 것이다. 우리는 행동 각각이 그 완성에 따라 해소되는 것으로 느낄 것이며, 항상 도망가는 미래에 대해 예상하지 않을 것이다. 우리의 활동성이 한 **행위**에서 다른 **행위**로 도약하기 위해서는 물질이 한 **상태**에서 다른 **상태**로 이행하여야 할 것이다. 왜냐하면 행동이 결과를 삽입하고 따라서 완

---

46 여기서 말하는 의식과 지성은 사실 그것들이 표상하고 떠올리는 것이 부동의 것이지만, 그 자신은 움직인다, 즉 운동한다.

47 이 문장은 조건법으로 되어 있어 사실과 반대인 것처럼 되어 있는데, 주동사가 "보인다"임에 주목해야 한다. 베르크손에게 물질은 분명 "영원한 흐름"이다(위의 187, 250쪽 참조). 그러나 보통 사람들에게는 그렇게 보이지 않는다. 그런데도 그렇게 보인다면(사실과 반대), 다음에 나오는 문장과 같을 것이라는 가정이다.

성될 수 있는 것은 물질계의 한 상태에서만이기 때문이다. 그러나 분명 이처럼 물질이 나타나는가?

선험적으로 우리 지각은 물질을 그런 측면에서 포착하기 위해 조절된다고 추정할 수 있다. 왜냐하면 감각 기관과 운동 기관은 서로 300 조율되기 때문이다. 그런데 운동 기관이 우리의 행동 능력을 상징하는 것처럼 감각 기관은 우리의 지각 능력을 상징한다. 유기체는 이처럼 보이고 만져지는 형태로 지각과 행동의 완벽한 일치를 드러낸다. 그러므로 우리의 활동성이 항상 순간적으로 그것이 삽입해 들어가는 **결과**를 겨냥한다면, 우리 지각은 물질계로부터 매순간 거의 잠정적으로 내려앉을 **상태**만을 취함에 틀림이 없다. 그와 같은 것이 정신에 나타나는 가정이다. 경험이 그것을 확인하는 것을 보기는 쉽다.

세계에 던진 첫 시선에서 우리가 거기서 **물체**를 잘라내기도 전에 우리는 거기서 **질**을 구별해 낸다. 한 색깔이 다른 색깔에, 한 소리가 다른 소리에, 한 저항이 다른 저항에, 등등으로 이어진다. 그 각각의 질은 따로 취하면 다른 것이 그것을 대체하기를 기다리면서 그와 같은 것으로서 움직이지 않고 존속하는 것으로 보이는 상태이다. 그러나 각각의 그런 질들은 분석하면 엄청난 수의 요소 운동으로 해체된다. 거기서 진동을 보건 완전히 다른 방식으로 표상하건, 하나의 사실은 분명한데, 그것은 모든 질이 변화라는 것이다. 게다가 여기서 변화 아래에서 변하는 사물을 찾아봐야 헛되다. 우리가 운동을 동체(un mobile)에 갖다 붙이는 것은 항상 잠정적이고 우리 상상력을 만족시키기 위해서이다. 과학의 시선 아래 동체는 끊임없

이 도망간다. 과학은 운동적인 것밖에는 결코 다루지 않는다.[48] 지
각할 수 있는 가장 작은 부분의 초 동안, 감각 가능한 질의 거의 순
간적인 지각에서, 조 번의 진동이 반복될 수 있다. 감각 가능한 질
의 영속성은 생명의 존속이 연속적 박동으로 이루어지는 것처럼 그
런 운동의 반복에서 성립한다. 지각의 첫 번째 기능은 바로 일련의
요소 변화들을 응축의 작업에 의해 질이나 단순한 상태의 형태로
301 포착하는 것이다. 동물 종에 나누어진 행동력이 더 클수록, 아마도
그의 지각 능력이 그 순간들 중 하나에서 집중하는 요소 변화들은
더 많은 수일 것이다. 에테르적인 진동과 거의 일치하여 진동하는
존재에서부터 그 단순 지각 중 가장 짧은 것에서 몇 조의 진동을 움

---

48 "과학의 시선 아래 동체는 끊임없이 도망간다."는 것은 가령 가장 근원적
인 요소로 원자를 취했다면 그 원자는 다시 핵과 전자로, 핵은 다시 양자
와 중성자, 중간자로, 그것들은 다시 쿼크로, 등으로 계속 잡으려 하면 다
시 다른 것으로 도망가서 잡히지 않는다는 말이다. 다음으로 "과학은 운
동적인 것밖에는 결코 다루지 않는다."는 말에서 "운동적인 것"은 "de la
mobilité"를 번역한 말로서 "운동성의 성격을 가진 것(즉, 운동적인 것)"이
라는 말도 되고 "mobilité"의 부분 관사로 생각하여 그냥 (부분적인) 운동
성을 뜻하는 말로서 해석될 수도 있다. 전자든 후자든 과학이 눈앞에 두
는 것은 운동성이라는 말이 된다. 베르크손에 익숙한 사람이라면 당장
과학이 운동의 운동성을 다룬다는 말에 놀랄 터인데 (왜냐하면 과학은 항
상 부동적인 것을 잡으려 하므로), 여기서는 그런 의미가 아니라 바로 앞에
서 운동체는 도망간다고 했으니 그렇다면 운동의 운동성 부분을 대면하
지 않을 수 없다는 말이다. 물론 그 운동성을 제대로 다루는지는 다른 문
제이나 하여튼 그렇다는 말이다. 과학이 대면하는 세계는 항상 움직이는
것, 즉 운동하는 것이며 아리스토텔레스 이래로 자연학은 항상 움직이는
것을 대상으로 한다.

직이지 않게 하는 존재에까지 자연에서 진보는 연속적임에 틀림이 없다.[49] 전자는 거의 운동만을 느끼며, 후자는 질을 지각한다. 전자는 자신이 사물의 톱니바퀴에 물리게 놓아두는 것과 완전히 가까우며, 후자는 반응하고 그 행동 능력의 긴장이 아마도 지각 능력의 집중도에 비례할 것이다. 진보는 인류 자체에까지 계속된다. 눈길 한 번으로 더 큰 수의 사건을 포괄할 줄 아는 만큼 더 "행동인(homme d'action)"이다. 연속적 사건들을 하나하나 지각하고 그들에 의해 인도되게 방치하거나 그것들을 통째로 파악하고 그것들을 지배하거나 하는 것은 같은 이유에서이다. 결국 물질의 질은 그 불안정성에 대해 우리가 취하는 그만큼의 안정된 관점이다.

이제 감각질의 연속성에서 우리는 물체를 잘라낸다(délimitons). 각각의 그런 물체는 사실 매순간 변한다. 우선 그것은 질의 집합으로 해소되고 모든 질은 요소 운동들의 연속에서 성립한다고 우리는 말했었다.[50] 그러나 질을 안정적 상태로 생각할 때조차 물체는 끊임없이 질이 변한다는 점에서 아직 불안정하다. 탁월한 의미에서의 물체, 비교적 닫힌 체계를 구성하기 때문에 물질의 연속성에서 고

---

49 "에테르적인 진동"이란 아주 미세한 진동을 의미하며, 행동력이 큰 종은 그런 미세한 진동에 따라가지 않고 지각의 가장 짧은 순간에 몇 조 번의 진동을 응축하여 움직이지 않게 한다. *MM*에는 파장이 가장 긴 붉은 색도 초당 400조 번을 진동한다고 되어 있으나(*MM*, 230쪽 이하) 여기서는 꼭 인간을 지칭한다기보다는 고등동물들 일반을 이야기하는 것이므로 자세한 숫자를 밝히기보다는 대체적으로 높은 숫자인 조 번을 진동한다고 말하고 있다.

50 바로 앞 문단에서.

립시키는 데에 가장 근거가 있는 물체는 살아 있는 물체이다. 게다가 전체에서 다른 것들을 잘라내는 것은 그것을 위해서이다. 그런데 생명은 진화이다. 우리는 그런 진화의 한 시기를 우리가 형태라 부르는 안정된 관점으로 집중시키며, 변화가 우리 지각의 다행스러운 관성을 이길 만큼 충분히 커졌을 때 우리는 물체의 형태가 변했다고 말한다. 그러나 사실 물체는 모든 순간 형태가 변한다. 또는 오히려 형태는 없다. 형태는 부동의 것이고 실재는 운동이니까. 실재적인 것은 형태의 부단한 변화이다. **형태는 전이에 취해진 스냅사진에 불과하다.** 그러므로 여기서도 또한 우리의 지각은 실재의 유동적 연속성을 불연속적 이미지로 응고시키려고 조처한다. 연속적 이미지들이 서로 너무 다르지 않을 때 우리는 그것들 모두를 하나의 **중간** 이미지의 증가나 감소이거나 또는 상이한 방향으로의 그 이미지의 변형으로 생각한다. 그리고 우리가 사물의 **본질**이나 사물 자체에 대해 말할 때 우리가 생각하는 것은 그런 중간이다.

마지막으로[51] 사물들은 일단 구성되면 전체의 한 가운데서 이루어지는 깊은 변화들을 상황의 변화에 의해 표면에서 나타낸다. 우리는 그때 사물들이 상호 **작용한다**고 말한다. 그런 작용은 우리에게 아마도 운동의 형태로 나타날 것이다. 그러나 운동의 운동성으로부터 우리는 가능한 한 시선을 돌린다. 우리에게 관심이 가는 것은 우리가 위에서 말했듯이[52] 운동 자체보다는 운동의 움직이지 않

---

51 질과 진화적 형태 다음의 마지막으로. 여기서는 행위에 대해 말한다.

52 위의 155-156쪽을 보라.

302

는 그림이다. 단순한 운동이 문제인가? 우리는 그것이 **어디로** 가는 지를 자문自問한다. 우리가 매순간 그것을 표상하는 것은 그 방향, 즉 그것의 잠재적 목적의 위치에 의해서이다. 복잡한 운동이 문제 인가? 우리는 무엇보다도 먼저 일어나는 **것**, 운동이 하는 **것**, 즉 얻 어진 결과나 지배하는 의도를 알고 싶어 한다. 이루어지고 있는 중 의 행동을 말할 때 당신이 정신 속에 가지고 있는 것을 자세히 시 험해 보라. 변화의 관념이 거기에 있다고 나는 분명 바라지만 그것 은 그림자 속에 숨겨져 있다. 밝은 빛 아래에는 완성된 것으로 가정 된 행위의 움직이지 않는 그림이 있다. 복잡한 행위가 구별되고 정 303 의되는 것은 그에 의해, 오직 그에 의해서만이다. 먹고, 마시고, 싸 우는 등등의 행위에 내재하는 운동을 상상하는 데에는 매우 당황스 러울 것이다. 일반적이고 결정되지 않은 방식으로 그런 모든 행위 들이 운동이라는 것을 아는 것으로 충분하다. 그런 측면이 일단 정 리되면 우리는 단지 각각의 그 복잡한 운동의 **전체 도면**, 즉 그것들 아래에 깔려 있는 **부동의 그림**을 표상하기만을 모색한다. 여기서 또 한 인식은 변화보다는 상태에 관계된다. 다른 둘과 마찬가지로 이 세 번째 경우에도 마찬가지이다.[53] 질적인 운동이건, 진화적인 운동 이건, 외연적인 운동[54]이건, 정신은 불안정성에 대해 안정적 관점을 취하도록 조처한다. 그리고 이렇게 하여 정신은 우리가 방금 보여

---

53 다른 둘은 질과 진화적 운동. 세 번째의 것은 외연적인 운동.

54 외연적(extensifs) 운동이란 사물들 사이에 일어나는 외적, 표면적 운동을 말한다.

준 것처럼 세 종류의 표상에 도달한다. 1º 질, 2º 형태나 본질, 3º 행위에.

그 세 가지 보는 방식에 말의 세 범주가 대응한다. 언어의 가장 중요한 요소인 **형용사, 명사, 동사**가 그것이다. 그러므로 형용사와 명사는 **상태**를 상징한다. 그러나 동사는 그것이 상기시키는 표상의 밝은 부분에 만족한다면 거의 다른 것을 표현하지 않는다.

이제 더 많은 정확성으로 생성에 대한 자연적 태도를 특징지으려고 모색한다면 바로 다음과 같은 것을 발견할 것이다. 생성은 무한히 다양하다. 노랑에서 녹색으로 가는 생성은 녹색에서 파랑으로 가는 생성과 닮지 않았다. 그것들은 상이한 질적 운동들이다. 꽃에서 과일로 가는 생성은 유충에서 번데기로, 번데기에서 성충으로 가는 생성과 닮지 않았다. 그것들은 상이한 진화적 운동들이다. 먹거나 마시는 행위는 싸우는 행위와 닮지 않았다. 그것들은 상이한 외연적 운동들이다. 질적, 진화적, 외연적인 그 세 종류의 운동은 깊이 다르다. 우리 지각의 인위적 책략(artifice)은 우리 지성의 책략과 같이, 우리 언어의 책략과 같이, 그런 매우 다양한 생성으로부터 생성 일반이라는 유일한 표상, 결정되지 않은 생성, 우리가 생각하는 것조차 드문 그 자체로서는 아무것도 말하지 않는 단순한 추상을 뽑아내는 데서 성립한다. 항상 동일하고 게다가 어두우며 무의식적인 그런 관념에 우리는 그때 **상태들**을 표현하고 모든 생성들을 서로서로 구별하는 데 사용되는 하나나 여러 이미지를 접합시킨다. 우리는 그런 특수하고 결정된 상태와 결정되지 않은 변화 일반의 결합을 변화의 특수성에 대체한다. 다양하게 채색된 생성의 무한한 다수성은 말하자면 우리 눈 아래에 지나간다. 우리는 색깔의 단순한 차이, 즉 상태를 보기 위해 조처하고, 그 아래에서는 항상, 그리고 도처에서 동일하고 불변적으로 무색인 생성이 어둠 속에서 흐를 것이다.

영사막 위에 움직이는 장면, 가령 군대의 사열을 상영하기를 원한다고 가정하자. 그것을 처리하는 첫 번째 방식이 있을 것이다. 그것은 군사를 표현하는 분절된 형태를 잘라내고 그 각각에 행진의 운동을, 인간 종에게는 공통될지라도 개인에서 개인으로는 다양한 운동을 새기며 그 전체를 영사막에 투사하는 것일 것이다. 그 작은 놀음에 방대한 작업을 소모해야 할 것이며 게다가 상당히 좋지 않은 결과를 얻을 뿐일 것이다. 어떻게 생명의 유연함과 다양성을 재현할 것인가? 이제 두 번째의 진행하는 방식, 훨씬 쉬운 동시에 효과적인 방식이 있다. 그것은 지나가는 군대에 일련의 스냅 사진을 찍고 그것들이 서로서로 매우 빠르게 대체되는 방식으로 영사막에 그 스냅 사진들을 투사하는 것이다. 영화가 그렇게 한다. 그것은 각각이 군대를 부동의 태도로 나타내는 사진들로 지나가는 군대의 운동성을 재구성한다. 우리가 사진들만을 다룬다면 우리가 그것들을 305 [아무리] 바라보아야 소용이 없고 그것들이 움직이는 것을 보지 못할 것이라는 것은 사실이다. 자기 자신에 무한히 병렬된 부동성으로는 우리는 결코 운동을 만들지 못할 것이다. 이미지들이 움직이기 위해서는 어딘가에 운동이 있어야 한다. 여기서 운동은 분명 존재하는데 그것은 기계 속에 있다. 그 장면의 각 배우가 운동성을 재

획득하는 것은 영화 필름이 그 장면의 다양한 사진들이 차례로 서로 계속되게 하면서 전개되기 때문이다. 그것은 모든 연속적 태도들을 영화 필름의 보이지 않는 운동으로 죽 이어지게 한다. 그러므로 그 방식은 결국 모든 등장인물들에 고유한 운동으로부터 비인격적이며 추상적이고 단순한 운동, 즉 **운동 일반**을 추출하여 그것을 기계 속에 넣고 각 개별 운동의 개인성을 그 무명의 운동과 개인적인 태도의 결합에 의해 재구성하는 데서 성립한다. 그러한 것이 영화의 책략이다. 그리고 그러한 것이 또한 우리 인식의 책략이다. 우리를 사물들의 내적인 생성에 결부시키는 대신에 우리는 그들의 생성을 인위적으로 재구성하기 위해 사물들 밖에 자리 잡는다. 우리는 지나가는 실재에 대해 거의 순간적인 관점들을 취하고 그것들이 그런 실재를 특징짓는 것이므로 그런 생성 자체 속에 있는 특징적인 것을 모방하기 위해서는 추상적이고, 획일적이며, 보이지 않고, 인식 장치의 근저에 위치한 생성을 따라 그것들을 죽 잇는 것으로 충분하다. 지각, 지성작용(intellection), 언어는 일반적으로 이렇게 진행한다. 생성을 사유하는 것이 문제이건, 그것을 표현하는 것이 문제이건, 심지어는 그것을 지각하는 것이 문제이건, 우리는 일종의 내적인 영화를 작동시키는 것과 다른 일은 거의 하지 않는다. 그러므로 위의 모든 것을 **우리의 통상적 인식의 기제는 영화적 본성의 것**이라 말하면서 요약할 것이다.

그런 작업의 완전히 실용적 성격에 대해 의심은 가능하지 않다. 우리의 각 행위는 우리 의지의 실재로의 어떤 삽입을 노린다. 그것은 우리 신체와 다른 물체들 사이에 만화경적 도형을 구성하는 유리 조각의 배열과 비교할 수 있는 배열이다. 우리의 활동성은 한 배열에서 다른 재배열로 가고 매번 만화경에 아마도 새로운 흔들림[55]을 새기지만 흔들림에는 관심이 없고 새로운 도형만을 본다. 그러므로 그 활동성이 자연의 작업에 대해 가지는 인식은 그것이 우리 자신의 작업에 대해 가지는 관심과 정확하게 대칭적임에 틀림없다. 그런 의미에서 어떤 종류의 비교를 남용하는 것이 아니라면 **사물에 대한 우리 인식의 영화적 성격은 사물에 대한 우리 적응의 만화경적 성격에 기인한다**고 말할 수 있을 것이다.

그러므로 영화적 방법은 유일한 실용적 방법이다. 그것은 인식의 일반적 보조를 행동의 보조에 맞추는 것 — 각 행위의 세부가 이번에는 인식의 세부에 맞춰지는 것을 기다리면서 — 에서 성립하니까. 행동이 항상 밝혀지기 위해서는 지성이 항상 거기에 현존해야 한다. 그러나 지성은 그처럼 활동성의 걸음에 따라가고 그 방향을 확보하기 위해서는 그 리듬을 채택하는 것으로 시작해야 한다. 행동은 모든 생명의 박동처럼 불연속적이다. 그러므로 인식은 불연속적일 것이다. 인식 능력의 기제는 그런 계획 위에 구성되었다. 본질적으로 실용적인 그 기제가 그런 것인 채로 사색에 사용될 수 있는가? 그 기제와 함께 실재를 그 우회에서 따라가려고 노력해 보자. 그리고 무엇이 일어나는지를 보자.

어떤 생성의 연속성에 대해 일련의 관점을 취했고, 나는 그 관점들을 "생성" 일반에 의해 서로 연결했다. 그러나 나는 거기에 머물

---

55 이 흔들림은 만화경을 돌리는 흔들림을 말한다.

수 없음은 인정된 바이다. 결정될 수 없는 것은 표상될 수 없다. "생성 일반"에 대해 나는 언어적 인식만을 가질 뿐이다. x라는 글자가 어떠한 것이건 어떤 미지의 것을 가리키는 것처럼 나의 "생성 일반"은 항상 같은 것으로서 여기서 내가 스냅 사진을 찍는 어떤 이행을 상징한다. 그 이행 자체에 대해 그것은 아무것도 알려주지 않는다. 그러므로 나는 곧 이행에 대해 전적으로 집중하고 두 스냅 사진 사이에서 일어나는 것을 찾게 될 것이다. 그러나 나는 동일한 방법을 적용하니까 동일한 결과에 이른다. 세 번째 관점은 단지 다른 둘 사이에 끼어들어갈 뿐이다. 내가 무한히 다시 시작하고, 무한히 관점에 관점을 병치시켜도 다른 것을 얻을 수 없을 것이다. 그러므로 영화적 방법의 적용은 여기서 영원한 재시작에 도달할 것이며, 거기서 정신은 결코 충족되지 못하고 어디서도 내려앉을 곳을 보지 못하여 아마도 실재의 운동 자체를 그 불안정성에 의해 모방한다고 스스로에게 납득시킨 것이다. 그러나 스스로 현기증으로 끌려들어가 운동성의 착각을 가지는 것으로 끝난다면 정신의 작업은 항상 목적으로부터 그만큼 멀리 그를 남겨 두었으므로 한 발자국도 그를 나아가게 하지 않았다. 움직이는 실재와 함께 나아가기 위해서는 자리 잡아야 할 곳은 그 실재 속이다. 변화 속에 자리 잡으라. 당신은 변화 자체도, 그리고 그것이 매순간 부동화될 **수 있을** 연속적 상태들도 동시에 잡을 것이다. 더 이상 잠재적이 아니라 실재적인 부동성으로서 밖으로부터 알려진 연속적 상태들 가지고는 당신은 결코 운동을 재구성할 수 없을 것이다. 그것들을 경우에 따라 **질, 형태, 위치, 의도**라 부르라. 당신이 원하는 만큼 그 수를 늘이고 그리하여 연속하는 두 상태를 무한히 접근시킬 수 있을 것이다. 당신은 항상 〔그 상태들〕 중간의 운동 앞에서 열린 두 손을 접근시키면서 연기를 〔잡아〕 부셔버리길 원할 아이의 실망을 경험할 것이다. 운동은 간극 사이로 빠져나갈 것이다. 왜냐하면 상태로 변화를 재구성하려는 모든 시도는 운동이 부동성으로 만들어졌다는 이 부조리한 명제를 내포하기 때문이다.

그것은 철학이 눈을 열자마자 알아차린 것이다. 엘레아의 제논의 308 논증은 분명 다른 의도에서 정형화되었을지라도 다른 것을 말하지 않는다.

나는 화살을 생각하는가? 제논이 말하기를 매순간 화살은 움직이지 않는다. 왜냐하면 적어도 두 순간을 인정해야만 움직일 시간, 즉 적어도 두 연속적 위치를 점할 시간을 가질 것이기 때문이다. 그러므로 주어진 한 순간에는 화살이 주어진 한 지점에 정지해 있다. 그 궤적의 각 지점에서 움직이지 않으므로 그것이 움직이는 모든 시간 동안 움직이지 않는다.

그렇다. 화살이 도대체 그 궤적의 한 점에 **있다**고 가정한다면. 〔또한〕 그렇다. 움직이는 것인 화살이 부동성인 위치와 도대체 일치한다면. 그러나 화살은 결코 그 궤적의 어떤 지점에도 **있지 않다**. 기껏해야 거기에 있을 수 있을 것이라고 말해야 한다. 거기를 지나가고 거기에 머무는 것이 허용되〔기는 한〕다는 의미에서. 그것이 거기에 멈추었다면 거기에 남을 것이고 그 지점에서 우리가 다루는 것은 더 이상 운동이 아닐 것이라는 것은 사실이다. 화살이 A 지점에서 출발하여 B 지점에 이르렀다면 그의 운동AB는 운동인 한 그것을 쏜 활의 긴장만큼 단순하고 그만큼 해체할 수 없다는 것이 진실이다. 유산탄(shrapnell)이 땅에 닿기 전에 터지면서 폭발 지역을 불가분의 위험으로 덮듯이 A에서 B로 가는 화살은 단번에 지속의 어떤 범위 대해서일지라도 그 불가분의 운동성을 전개한다. A에서 B로 당기는 고무줄을 가정하자. 당신은 그 확장을 나눌 수 있는가? 화살의 진행은 그만큼 단순하며, 그만큼 나누어지지 않은 그런 확장 자체이다. 그것은 단 하나의 유일한 도약이다. 당신은 경과된 간격에 C 지점을 고정하고 어떤 순간 화살은 C에 있었다고 말한다. 만약 화살이 거기에 있었다면 그것은 화살이 거기에 머물렀기 때문이며 〔그러면〕 당신은 더 이상 A에서 B로의 하나의 진행이 아니라 정지의 간격이 있는 두 개의 진행, 하나는 A에서 C로의, 다른 하나는 C에서 B로의 진행을 가질 것이다. 하나의 유일한 운동은 가정상 전체가 두 정지 사이의 운동이다. 중간의 정지가 있다면 그것은 더 이상 하나의 유일한 운동이 아니다. 결국 착각은 운동이 **일단 이루어지면**(une fois éffectué) 그 도정을 따라 부동의 궤적을 남긴다는 것에서부터 온다. 그 궤적에 대해서는 원하는 만큼의 부동성을 셀 수 있다. 거기서부터 사람들은 운동은 **이루어지면서**(s'éffectuant) 그 아래에 매순간 그것과 일치하는 위치를 놓았다고 결론지었다. 궤적은 자신을 위해서는 어떤 시간이 필요함에도 불구하고 단번에 창조되며, 일단 창조된 궤적은 마음대로 자를 수 있다면 진행 중의 행위이지 사물이 아닌 그 창조를 나눌 수 없을 것임을 보지 않는다. 동체가 도정의 한 점에 **있다**고 가정하는 것은 그 지점에서 주어진 가위질에 의해 그 도정을 둘로 자르고 두 궤적을 우선 생각했던 유일한 궤적에 대체하는 것이다. 그것은 가정 상 하나밖에 없는 곳에 두 연속적 행위를 구별하는 것이다. 마지막으로 그것은 화살의 진행 자체에다가 화살이 지나간 간격에 대해 말해질 수 있는 모든 것을 전이시키는 것, 즉 운동이 부동적인 것과 일치한다는 이 부조리를 선험적으로 인정하는 것이다.

여기서 제논의 다른 세 논증에 대해 천착하지는 않을 것이다. 우리는 그것을 다른 곳에서 검토했다.[56] 그것은 여전히 운동을 지나간 선을 따라 적용하고 선에 대해 참인 것이 운동에 대해서〔도〕 참이라고 가정하는 데서 성립한다는 것을 상기하는 것으로 그치자. 가령 선은 원하는 만큼의 부분들과 원하는 만큼의 크기로 나누어질 수 있고 그것은 항상 동일한 선이다. 거기서부터 사람들은 원하는 대로 분절된 운동을 가정하고 그것은 항상 동일한 운동이라고 결론지을 것이다. 그렇게 하여 일련의 부조리들을 얻을 것이고 그것들은 전부 동일한 근본적인 부조리를 표현할 것이다. 그러나 운동을 지나간 선**에 대해** 적용할 가능성은 운동 밖에 있으며 정지의 가능성을 매순간 생각하면서 실재 운동을 가능적 부동성으로 재구성한 310 다고 주장하는 관찰자에게만 존재한다. 그런 가능성은 실재 운동의 연속성, 우리들 각각이 팔을 들거나 한 발자국 앞으로 나갈 때 의식하는 연속성을 사유에 의해 채택하자마자 사라진다. 우리는 그때 분명 두 정지 사이에 지나간 선은 불가분의 단 한 손짓(trait)으로 그려지고 그것을 그리는 운동에 일단 그어진 선의 자의적으로 선택된

---

56 *MM*, 213-215쪽을 보라.

분할에 하나하나 대응하는 분할을 실행하려고 해도 헛되다는 것을 느낀다. 동체가 지나간 선은 내적인 유기적 조직이 없기 때문에 어떠한 해체의 방식에도 준비가 되어 있다. 그러나 모든 운동은 내적으로 분절된다. 그것은 불가분의 도약(게다가 매우 긴 지속을 차지할 수 있는)이거나 일련의 불가분의 도약이다. 그런 운동의 분절을 고려에 넣거나 그렇지 않으면 그 본성에 대해서는 사색하지 말라.

아킬레스가 거북이를 뒤쫓을 때 각각의 그의 걸음은 불가분적인 것으로 취급되어야 하고 거북의 각 걸음도 마찬가지이다. 어떤 수의 걸음 뒤에는 아킬레스가 거북이를 따라 잡았을 것이다. 더 이상 단순한 것은 없다. 당신이 더 이상 두 운동을 나누려고 집착한다면 아킬레스의 도정과 거북이의 도정 이쪽과 저쪽에서 그들 각각의 걸음의 **약수들**(sous-multiples)을 나누라.[57] 그러나 두 도정의 자연적 분절을 존중하라. 당신이 그 분절을 존중하는 한 어떠한 난점도 일어나지 않을 것이다. 왜냐하면 당신은 경험의 지시를 따를 것이기 때문이다. 그러나 제논의 인위적 책략은 아킬레스의 운동을 자의적으로 선택된 법칙에 따라 재구성하는 것에서 성립한다. 아킬레스는 첫 번째 도약으로 거북이가 있었던 지점에 도달할 것이고, 두 번째 도약으로 첫 번째 도약을 할 동안 거북이가 옮아갈 지점으로 갈 것이고, 그런 식으로 계속할 것이다. 아닌 게 아니라 그런 경우 아킬레스는 항상 새로운 도약을 해야 할 것이다. 그러나 아킬레스는 거

311

---

57 각 운동은 불가분적이기 때문에 "약수들"은 존재하지 않을 것이다. 그러나 그럼에도 불구하고 굳이 나누겠다면 각 운동의 분절에 맞는, 즉 약수가 되는 운동으로 나누라는 말이다.

북이를 따라잡기 위해 완전히 다른 방식으로 대처한다는 것은 말하지 않아도 당연할 것이다. 제논에 의해 생각된 운동이 아킬레스 운동과 등가물이 되는 것은 그 운동을 마음대로 해체하고 재해체할 수 있는 지나간 간격처럼 취급할 수 있을 때에만 그럴 것이다. 그런 첫 번째 부조리에 찬동하자마자 다른 모든 것들이 따라 나온다.[*1]

*1 그것은 우리가 기하급수 $a(1+ \dfrac{1}{n} + \dfrac{1}{n^2} + \dfrac{1}{n^3} \cdots etc.)$ (a는 아킬레스와 거북이 사이의 처음 거리를, n은 그들의 상호 속도의 비를 가리킨다)가 n이 1보다 클 때 유한한 합계를 가진다는 사실에 의해 제논의 궤변이 논박된다고 생각하지 않는다고 말하는 것이다. 이 점에 대해서는 우리가 결정적인 것으로 간주하는 Évellin씨의 논증을 보라(Évellin, *Infini et quantité*(무한과 양), Paris, 1880, 63-97쪽을 보라. *Revue philosophique*, vol. XI, 1881, 564-568쪽 참조).[58] 진실은 수학적인 것은 — 우리가 이전 작업에서 증명하려고 시도했던 것처럼[59] — 길이에 대해서만 작업하고 그럴 수밖에 없다. 그러므로 그것은 우선 길이가 아닌 운동에 그것이 지나간 선의 가분성을 옮기고, 다음으로 길이로서의 운동(mouvement-longueur), 즉 그 궤적에 대하여 적용되고 그것처럼 자의적으로 해체될 수 있는 운동의 관념(경험에 반하고 부조리로 가득찬)과 경험 사이의 일치를 회복시키는 인위적 술책을 찾았음에 틀림없다.

---

58 Évellin, *Infini et quantité*, Paris, 1880, 63-97쪽은 제2부 "자연에서의 무한"에서 제2장 "무한소의 우상과 물질과 유사한 양"의 부분이다. 더 정확히는 그 중 I절 "장소 지체와 실재 장소"(70-78쪽)의 부분이다. 여기서는 베르크손의 생각처럼 지속은 길이와 다르다는 것에 기반을 둔다기보다는 수학적으로 위에 나온 계산법으로 어느 시간 이후에는 결국 둘이 만날 수밖에 없다고 주장해 봐야 제논을 논박하는 데에는 아무 소용이 없다는 생각에 근거하고 있다. 그렇게 말할 수 있으려면 이미 둘이 만난다는 것을 전제로 했을 때에만 가능한 것이므로 사실은 제논의 논리를 따른

게다가 제논의 논증을 질적 생성과 진화적 생성으로 확장하는 것
보다 더 쉬운 것은 없을 것이다. 동일한 모순이 재발견될 것이다.
아이가 소년이 되고, 성인이 되고, 결국 늙은이가 된다는 것은 여기
서 생명의 진화가 실재 자체라고 생각할 때 이해된다. 유아기, 소년
기, 성년기, 노년기라는 것은 정신의 단순한 관점에 속하는 것이고
진보의 연속성을 따라 밖에서 우리에 대해 상상된 **가능한 정지태들**
이다. 반대로 유아기, 소년기, 성년기, 노년기를 진화의 필요불가결
한 부분으로 인정해 보자. 그것들은 **실재하는 정지태들**이 되고 우
리는 더 이상 어떻게 진화가 가능한지는 생각하지 않는다. 왜냐하
면 병치된 정지는 결코 운동과 같지 않을 것이기 때문이다. 이루어

것이 아니라는 것이다. 제논의 논증에 대해 우리는 둘이 **어떻게** 만나느냐
를 문제 삼고 있는데 위의 수학적 대답은 그 문제를 **언제** 만나느냐로 대
답한다는 것이다. 그렇게 답할 수 있으려면 그 둘이 하여간 만난다는 것
을 전제로 했을 때만 가능한 것이다. 제논 식으로 생각하면 길이가 연속
적인 한 그 나눔은 끝나지 않고, 그러므로 어떻게 끝나지 않는 것이 끝나
느냐를 설명해야 되는데, 거기에 대한 대답은 없다는 것이다. 또, *Revue
philosophique*, vol. XI, 1881, 564-568쪽은 Évellin씨가 이 잡지의 편집자
에게 보낸, 특히 Tannery의 반대(Tannery, "Apropos du livre de M. Evellin",
Revue philosophique, vol. XI, 1881, 561-563쪽)에 대한 변론 형식의 편지이
다. 위의 편지에서 Tannery는 아킬레스의 논변은 이미 기하학적으로 정
리되었다(아킬레스는 거북이에 가 닿는다)는 주장을 편다. 그러나 Evellin은
계속 책에서의 자기 논변을 옹호한다. 아킬레스가 10배 빠르다면 처음 떨
어진 거리의 $1/9, 1/9^2, 1/9^3, \cdots\cdots$ 만큼은 항상 앞서고, 그것은 끝나지 않
는다는 것이다. 즉 이런 식으로 생각해서는 제논의 논증은 논박되지 않는
다는 주장이다.

59 *Essai*, 82-92쪽을 보라. 수학은 공간적인 것에 대해 이루진다.

진 것을 가지고 어떻게 이루어지고 있는 것을 재구성할 것인가? 가령 일단 **사물**로 놓아진 유아기에서 — 가정 상 유아기만이 주어졌음에도 불구하고 — 어떻게 소년기로 이행할 것인가? 거기를 더 자세히 보라. 우리의 습관적 사유 방식에 조절된 우리의 습관적인 말하 312
는 방식은 우리를 진정한 논리적인 막다른 골목으로, 즉 우리가 거기서 나오는 것은 항상 허용될 것이라고 막연하게 느끼기 때문에 별 걱정 없이 들어가는 골목으로 인도한다. 왜냐하면 우리 지성의 영화적 습관을 단념하는 것으로 충분할 것이기 때문이다.[60] "아이가 어른이 된다."고 말할 때, 그 표현의 문자적 의미에 너무 깊이 들어가지 않도록 하자. 우리가 "아이"라는 주어를 놓을 때 "어른"이라는 속사는 아직 적합하지 않으며, "어른"이라는 속사를 말할 때에는 그것이 이미 더 이상 "아이"라는 주어에는 적용되지 않는다는 것을 발견할 것이다. 아이에서 성숙한 나이로의 **이행**(transition)인 실재는 손가락 사이로 흘러 나갔다. 우리는 "아이"와 "어른"이라는 상상적 정지만을 가질 뿐이며, 제논의 화살이 그 철학자에 따르면 그 여정의 모든 점에 **있는** 것처럼 그 정지들 중 하나가 다른 것**이라고** 말하는 것과 매우 가깝다. 진실은 언어가 여기서 실재하는 것에 맞게 주조되었다면 우리는 "아이가 어른이 된다."가 아니라 "아이에서 어른으로의 생성이 있다."고 말할 것이다. 첫 번째 명제에서 "된다"는 "아이"라는 주체에 "어른"이라는 상태를 속어로 부과하면서 **빠**

---

60   우리 사유의 영화적 습관을 단념하기만 하면 곧 막다른 골목으로부터 벗어날 수 있다고 느끼기 때문이다.

지는 부조리를 가리기로 예정되어 있는, 결정되지 않은 의미를 가진 동사이다. 그것은 거의 영화 필름의 항상 동일한 운동처럼, 기계에 숨겨져 있고 실재 대상의 운동을 모방하기 위해 연속적 이미지들을 하나하나 겹쳐놓는 것이 그 역할인 운동처럼 처신한다. 두 번째 명제에서 "생성"은 주어이다. 그것이 전면으로 이행한다. 그것은 실재 자체이다. 그때 유아기와 인간의 시기는 잠재적 정지이며 정신의 단순한 관점들이다. 이번에는 객관적 운동 자체를 다루고 있으며 더 이상 그것의 영화적 모방이 아니다. 그러나 첫 번째 표현 방식만이 우리 언어의 습관과 일치한다. 두 번째 방식을 채택하기 313 위해서는 사유의 영화적 기제로부터 벗어나야 할 것이다.

  운동의 문제가 일으키는 이론적 부조리를 단번에 씻기 위해서는 그것을 완전히 추상해야 할 것이다. 상태들을 가지고 이행을 만든다고 주장할 때 모든 것은 암울이며, 모든 것은 모순이다. 이행을 따라 자리 잡고 거기서 사유에 의해 횡단적인 절단을 행하면서 상태들을 구별하자마자 암울함은 사라지고 모순은 무너진다. 그것은 일련의 상태들, 즉 가능한 절단보다 이행에 **더 많은 것**이 있고, 일련의 위치, 즉 가능한 정지보다 운동에 **더 많은 것**이 있기 때문이다. 단, 첫 번째 보는 방식은 인간 정신의 방식에 적합하다. 반대로 두 번째의 것은 지적 습관의 경사를 거슬러 올라갈 것을 요구한다. 철학이 우선 그와 같은 노력 앞에서 후퇴했다는 것에 놀라야 하는가? 그리스인들은 사유를 자연적으로 외화하고 그런 한에서 자연에 대한 믿음, 그 자연적 성향에 남겨둔 믿음, 특히 언어에 대한 믿음을 가졌다. 사물의 흐름 앞에서 사유와 언어가 취하는 태도가 틀렸다

고 하기보다는 오히려 그들은 사물의 흐름이 틀렸다고 하기를 더
좋아했다.

그것이 엘레아 학파의 철학자들이 가차 없이 했던 것이다. 생성
이 사유의 습관에 충격을 주고 언어의 틀에 잘 삽입되지 않기 때문
에 그들은 생성이 비실재적이라고 선언한다. 공간적 운동과 변화
일반에서 그들은 순전한 착각만을 볼 뿐이다. 전제들을 바꾸지 않
고 그런 결론을 약화시켜서 실재는 변하지만 그러나 실재는 변하지
않아야 할 것이라고 말할 수 있다. 경험은 우리를 생성에 대면하게
하는데 그것은 감각적 실재이다. 그러나 가지적 실재, 존재해야 할
실재는 또한 더욱 실재적이며, 그것은 변하지 않는다고 말할 것이
다. 양적 생성 아래에서, 진화적 생성 아래에서, 연장적 생성 아래에
서, 정신은 변화에 저항하는 것, 즉 정의가능한 질, 형상이나 본질, 314
목적을 찾아야 한다. 그와 같은 것이 고전적인 고대를 통해 발전되
었던 철학, 형상의 철학 또는 그리스인과 더 가까운 용어를 사용하
자면 이데아의 철학의 근본 원리였다.

우리가 여기서 이데아라 번역하는 εἶδος라는 말은 아닌 게 아니라
이 세 가지 의미를 가지고 있다. 그것은 1° 질, 2° 형상이나 본질, 3°
목적 또는 이루어지고 있는 행위의 **의도**(dessein), 즉 결국 이루어
졌다고 가정된 행위의 **그림**(dessin)을 가리킨다. **그 세 관점들은 형
용사, 명사, 동사의 관점이며 언어의 세 가지 본질적 범주와 일치한
다.** 조금 위에서 우리가 했던 설명에 따르면 우리는 아마도 εἶδος를
"관점"이나 또는 오히려 "순간(moment)"으로 번역할 수 있을 것이
며 그렇게 해야 할 것이다. 왜냐하면 εἶδος는 사물의 불안정성에 대

해 취해진 안정된 관점, 즉 생성의 순간인 **질**, 진화의 순간인 **형상**, 그 아래, 위로 다른 형태들이 변형인 것처럼 배열되는 중간 형태인 **본질**, 마지막으로 우리가 말했듯[61] 이루어진 행동의 예상된 그림과 전혀 다른 것이 아닌, 이루어지고 있는 행위에 영감을 주는 **의도**이기 때문이다. 그러므로 사물들을 이데아로 환원시키는 것은 생성을 그 주요 순간들로 해체하는 데에서 성립하며, 각 순간들은 게다가 가정 상 영원에서 모아진 것으로서 시간의 법칙으로부터 추출된다. 그것은 지성의 영화적 기제를 실재의 분석에 적용할 때 이데아의 철학에 도달한다고 말하는 것이다.

그러나 부동의 이데아를 움직이는 실재의 기저에 놓자마자 모든 자연학과 모든 우주론과 모든 신학까지 필연적으로 따라 나온다. 그 점에 머물러 보자. 그리스인들의 철학과 같이 그처럼 복잡하고 그처럼 포괄적인 철학을 몇 쪽으로 요약한다는 것은 우리 생각이 아니다. 그러나 우리가 방금 지성의 영화적 기제를 묘사했으니까 어떤 실재의 표상에 그 기제의 놀음이 도달하는가를 보이는 것은 중요하다. 그런 표상은 바로 고대 철학에서 발견되는 것이라고 우리는 생각한다. 플라톤에서 아리스토텔레스(그리고 심지어 어느 정도는 스토아학파)를 거쳐 플로티노스까지 발전되었던 이론의 큰 줄기는 돌발적이거나 우연적이고 철학적인 환상으로 간주되어야 할 아무것도 가지고 있지 않다. 그것은 체계적 지성이 그 흐름에 대해 띄엄띄엄 취해진 관점을 통해 바라볼 때 보편적 생성에 대해 가질

---

61   같은 문단의 바로 위.

전망을 그린다. 그 결과 오늘날에도 아직 우리는 그리스인들의 방식으로 철학할 것이며, 그것을 인식할 필요도 없이 이러저러한 일반적 결론들을, 우리 사유의 영화적 본능을 믿는 정확히 그 한도 내에서 다시 발견할 것이다.

우리는 동체에 할당된 연속적 위치에서보다 운동에 **더한 것**이 있고, 차례로 지나가는 형태에서보다 생성에 **더한 것**이 있으며, 하나하나 실현되는 형태들보다 형태의 진화에 **더한 것**이 있다고 말했다.⁶² 그러므로 철학은 첫 번째 종류의 항들로부터 두 번째의 항들을 끌어낼 수 있을 것이지만 두 번째에서 첫 번째를 끌어낼 수는 없을 것이다. 사색이 출발해야 할 것은 첫 번째부터이다. 그러나 지성은 두 항의 순서를 뒤집고, 그 점에 대해서는 고대 철학은 지성이 하듯이 일을 처리한다. 그러므로 그것은 부동의 것에 자리 잡고 이데아들만을 가질 것이다. 그러나 생성은 있고 그것은 하나의 사실이다. 오직 완전히 부동성만을 놓은 후 거기서부터 어떻게 변화를 나오게 할 것인가? 가정 상 이데아 밖에는 아무런 적극적인 것이 없으니까 뭔가를 덧붙임에 의해서일 수는 없다. 그러므로 그것은 감소에 의해서일 것이다. 고대 철학의 근저에는 필연적으로 그런 요청이 놓여 있다. 즉, 운동에서보다는 부동의 것에 더한 것이 있고, 316 감소나 약화의 길을 통해 부동성에서 생성으로 이행한다.

그러므로 변화를 얻기 위해 이데아에 붙여야 할 것은 부정적인

---

62 위의 313쪽을 보라.

것이거나 기껏해야 영(零)이다. 거기에서 플라톤의 "비존재"와 아리스토텔레스의 "질료"가 성립한다. 그것은 하나에 수학적 영이 붙듯 이데아에 붙어서 그것을 공간과 시간에서 다수로 만드는 형이상학적 영이다. 그것에 의해 부동의 단순한 이데아는 무한히 퍼지는 운동으로 굴절된다(se réfracte). 권리상 서로 속에 움직일 수 없이 끼어들어간 부동의 이데아만이 있어야 할 것이다. 사실상 질료는 그 공백을 거기에 덧붙이러 가서 그와 함께 보편적 생성을 벗겨 나온다. 그것은 이데아 사이를 미끄러져 들어가서 사랑하는 두 마음 속으로 들어간 의심처럼 끝없는 동요와 영원한 불안을 창조하는 잡을 수 없는 무이다. 부동의 이데아들을 타락시켜(dégradez) 보라. 당신은 그에 의해 사물의 영원한 유동(flux perpétuel)을 얻는다. 이데아나 형상은 아마도 합쳐져서 존재의 이론적 균형을 나타낸다는 점에서 지적 실재, 즉 진리의 전체이다. 감각적 실재로 말하자면 그것은 그런 균형점의 이쪽저쪽으로의 무한한 진동이다.

거기서부터 모든 이데아 철학을 건너 시간의 영원과의 관계와 마찬가지로 지속에 대한 어떤 견해가 나온다. 생성에 자리 잡는 자에게 지속은 사물의 생명 자체로, 근본적 실재로 나타난다. 그때 정신이 고립시키고 개념들 속에 축적하는 형상들은 변하는 실재에 대해 취해진 관점에 불과하다. 그것들은 지속을 따라 모아진 순간들이며, 바로 그것들을 시간으로 연결해 주던 실을 끊었으므로 그것들은 더 이상 지속하지 않는다. 그것들은 그들 자신의 정의와, 즉 그것들의 지적인 등가물인 인위적 재구성과 상징적 표현과 혼동된다. 원한다면 그것들은 영원 속으로 들어간다. 그러나 그것들이 가진 영원한 것은 그것들이 가진 비실재적인 것과 일치한다. — 반대로 생성을 영화적 방법으로 취급한다면 형상들은 더 이상 변화에 대해 취한 관점이 아니라, 변화를 구성하는 요소들이며, 생성에 있는 모든 적극적인 것을 나타낸다. 영원은 더 이상 시간 위에서 추상처럼 떠도는 것이 아니라 그것을 실재처럼 근거 짓는다. 그러한 것이 바로 그 점에 대한 형상이나 이데아 철학의 태도이다. 그것은 영원과 시간 사이에 금화와 잔 동전(menue monnaie) 사이와 같은 관계를 확립한다. — 동전은 너무나 푼돈이어서 빚은 결코 청산되지 않은 채 지불은 무한히 계속된다. 금화로는 단번에 청산될 것이다. 그것이, 플라톤이 신은 영원한 세계를 제작할 수가 없어서 "영원의 움직이는 이미지"인 시간을 주었다고 말할 때 그의 놀라운 언어로 표현한 것이다.[*1]

거기서부터 또한 그렇게 명시적으로 드러나진 않았지만 이데아의 철학의 기초에 있는 연장에 관한 어떤 견해도 나온다. 생성을 따라 자리 잡고 그 운동을 채택하는 정신을 또한 상상하자. 그에게 각 연속적 상태, 각 질, 각 형상은 사유에 의해 보편적 생성에 실행된 단순한 절단으로 나타날 것이다. 그는, 형상이 그것을 그 흐름 중에 물질화한 연장적 생성과 불가분적이기 때문에 형상이 본질적으로

---

*1 플라톤, 『티마이오스』, 37d.[63]

---

63 플라톤, 『티마이오스』, 37d., 김유석 역, 아카넷, 2019, 62쪽. 시간은 "영원의 움직이는 이미지", 즉 모상이지만 플라톤은 거기에 한 가지를 덧붙인다. 수를 따라 진행하는 이미지라고.

연장적이라는 것을 발견할 것이다.[64] 모든 형상은 이처럼 시간을
점하는 것과 마찬가지로 공간을 점한다. 그러나 이데아의 철학은
반대의 행보를 따른다. 그것은 형상으로부터 출발하여 거기서 실재
의 본질을 본다. 그것은 형상을 생성에 대해 취한 관점에 의해 얻지
않는다. 그것은 형상을 영원에서 가진다. 지속과 생성은 그런 부동
318 의 영원의 퇴락에 불과할 것이다. 그때 이렇게 놓인 형상은 시간과
독립적이어서 더 이상 지각에서 오는 것이 아니다. 그것은 **개념**이
다. 그리고 개념적 질서의 실재는 지속적인 것을 가지지 않는 것과
마찬가지로 연장도 점하지 않으므로 형상은 시간 위를 떠도는 것과
마찬가지로 공간 밖에 자리 잡는다. 그러므로 공간과 시간은 고대
철학에서 필연적으로 동일한 원천과 동일한 가치를 지닌다. 존재
의 동일한 감소가 시간에서의 이완(distension)과 공간에서의 확장
(extension)으로 표현된다.

　그때 확장과 이완은 단지 있는 것과 있어야 할 것 사이의 간격을
나타낸다. 고대 철학이 자리 잡은 관점에서 공간과 시간은 불완전
한, 또는 오히려 자신의 밖에서 길 잃는 실재가 스스로 실재를 찾
아 달리기 위해 주어진 장(champs)일 수밖에 없다. 단 그 장은 달림
에 따라 창조되고, 달리기가 말하자면 자신 아래에 깐다는 것을 여
기서 인정해야 할 것이다. 이상적 추인 단순한 수학적 점을 그 균형

64　이것은 운동에 자리 잡은 사람에게 형상이 어떻게 보일 것인가에 대한 이
　야기이다. 그런 사람은 형상의 철학에서 출발한 사람이 아니기 때문에 연
　장적 생성에서 그 형상을 파악할 것이고 그때 연장적 생성 속에서 파악된
　형상(질이나 모양 등)은 연장적으로 보일 것이라는 말이다.

점에서 멀어지게 해보라. 끝없는 진동이 일어나고 그것을 따라 점이 점에 병치되고 순간이 순간에 연이어진다. 이렇게 태어난 공간과 시간은 "실증성"도 운동 자체도 마찬가지로 가지지 않는다. 그것들은 추에 인위적으로 주어진 위치와 그 정상적 위치, 즉 그 자연적 안정성을 되찾으려는, **인위적 위치에는 없는 것** 사이의 간격을 나타낸다. 그것을 그 정상적 위치로 되돌려 놓으라. 공간, 시간, 운동은 수학적인 점으로 응축된다. 마찬가지로 인간 이성은 끝없는 연쇄로 계속되지만 그것은 갑자기 직관에 의해 포착된 진실의 심연 속으로 빠져들 것이다. 왜냐하면 그들의 확산과 이완은 말하자면 우리 사유와 진리 사이의 간격에 불과하기 때문이다.[*1] 순수 형상이나 이데아에 대비된 연장과 지속에 대해서도 마찬가지이다. 항상 감각 319 적 형태들의 관념성(idéalité)을 재파악할 준비가 되어 있고, 항상 그것들이 포함하고 있는 물질에 의해, 즉 그것들의 내적 공백에 의해, 그것들인 것과 그것들이 되어야 할 것 사이에 그것들이 남겨놓은

[*1] 우리는 **공간성**과 관련된 점에서 그런 생각에 있는 참된 것과 거짓된 것을 가리려고 애썼다(제Ⅲ장을 보라[65]). **지속**에 관련해서는 그런 생각이 근본적으로 잘못된 것으로 보인다.

---

[65] 위의 201-209쪽을 보라. 여기는 "지성과 물질성"이란 소제목을 달고 있는 곳으로써, 우리 지성과 물질이 상호 적응하여 성립되었음을 말하고 있다. 그것들이 상호 적응한 만큼은 그들 모두에 합당한 진리성이 있다고 해야 한다. 그러나 지성이 완전히 물질과 같지 않은 한에서는 그만큼의 잘못된 점이 있다고 해야 할 것이다. 한편 지속은 둘 다와 반대의 방향으로 확산과 이완과는 일치하지 않는다.

간격에 의해 방해 받는 감각적 형태들이 우리 앞에 있다. 끊임없이 그것들은 자신을 되찾으려는 지점 위에 있으며 끊임없이 스스로를 잃어버리는 데 몰두해 있다. 피할 수 없는 한 법칙이 시지포스의 바위처럼 그것들이 꼭대기에 닿으려 할 때 다시 떨어지도록 처단하고 있으며, 그것들을 공간과 시간으로 던졌던 그 법칙은 그것들의 본래적 불충분성의 항상성 자체 이외의 다른 것이 아니다. 발생과 퇴락의 교차, 끊임없이 다시 태어나는 진화, 천체의 무한히 반복되는 원환적인 운동, 그 모든 것이 단지 물질성이 성립하는 어떤 근본적 결함을 나타낸다. 그 결함을 메워보라. 그와 함께 당신은 공간과 시간을, 즉 항상 추구되었지만 결코 다다르지는 못한 안정된 균형 주변에 무한히 다시 시작되는 진동을 제거하는 것이다. 사물들은 서로 속으로 다시 들어간다. 공간 속으로 연장되었던 것이 순수 형상으로 다시 조인다. 그리고 과거, 현재, 미래는 영원인 유일한 순간으로 응축된다.

그것은 물리학이 망가진 논리학의 성격을 가진다고 말하는 것이다. 그 명제로 모든 이데아 철학이 요약된다. 그리고 또한 거기에 우리 오성에 내재하는 철학의 숨은 원리가 있다. 부동성이 생성보다 더한 것이라면 형상은 변화보다 더한 것이며, 그들 사이에 합리적으로 종속되고 조율되는 이데아들의 논리적 체계가, 하나가 다른 것에 뒤이어 우연적으로 위치하는 대상과 사건들의 물리적 연쇄로 흩어지는 것은 진정한 추락에 의해서이다. 한 시를 생기게 하는 관념은 수많은 상상으로 발전되고 그 상상들은 단어들로 펼쳐지는 문장들로 물질화한다. 그리고 자신에게로 감긴 부동의 관념으로부터 그것을 펼치는 단어들로 더 내려갈수록 우연과 선택에 남겨진 자리는 더 있게 된다. 다른 단어들로 표현된 다른 비유들이 나타날 수 있었다. 한 이미지는 한 이미지에 의해, 한 단어는 한 단어에 의해 불러내졌다. 그런 모든 단어들이 이제 서로를 뒤따라 달려 나와서 그들에 의해 발생적 관념의 단순성을 주려고 모색하지만 헛되다. 우리의 귀는 단어들만을 들으며, 그러므로 우연만을 지각한다. 그러나 우리의 정신은 연이은 도약에 의해 단어에서 이미지로, 이미지에서 원래의 관념으로 건너 뛰어가며, 이처럼 우연에 의해 야기된 우연인 단어의 지각에서 스스로 자신을 놓는 이데아에 대한 견해로 거슬러 올라간다. 우주를 대면한 철학자는 이렇게 진행한다. 경험은 눈 아래 현상들을 지나가게 하며, 현상들은 그들 역시 시간과 공간의 상황에 의해 결정된 우연적 질서 속에서 서로를 뒤따라 달려간다. 논리적 질서의 진정한 함몰인 그런 물리적 질서는 논리학의 공간과 시간으로의 추락 이외의 다른 것이 아니다. 그러나 철학자는 지각의 대상에서 개념으로 거슬러 올라가면서 물리학이 가졌던 적극적으로 실재적인 모든 것이 논리학으로 압축되는 것을 본다. 그의 지성은 존재를 팽창시키는 물질성을 추상하면서 존재를 그 자체로서 이데아들의 부동의 체계로 재파악한다. 이처럼 과학이 얻어지고 과학은 우리가 우리 지성을 가지적인 것과 분리시켰던 격차를 수정하면서 자신의 진정한 자리에 다시 위치시키자마자 우리에게 완전히 이루어지고 완벽한 것으로 보인다. 그러므로 과학은 인간의 구축물이 아니다. 그것은 우리 지성 이전의 것이며, 지성과 독립된 것, 진정으로 사물을 낳는 것이다.

그리고 아닌 게 아니라 형상을 생성의 연속성에 대해 정신에 의해 취해진 단순한 관점들로 간주한다면 그것들은 표상하는 정신에 대해 상대적일 것이며, 자체적인 존재를 가지지 않을 것이다. 기껏해야 각각의 이데아는 관념적인 것이라 말할 수 있을 것이다. 그러나 우리가 자리 잡는 것은 반대의 가정이다. 그러므로 이데아는 자체적으로 존재해야 한다. 고대 철학은 그런 결론으로부터 벗어날 수가 없었다. 플라톤이 그것을 정형화했고, 아리스토텔레스가 거기서 빠져 나오려고 애써봐야 헛되었다. 운동은 부동의 것의 퇴락으로부터 나왔으므로 어디선가 실현된 부동성[66]이 없으면 운동도, 따라서 감각적 세계도 없을 것이다. 그러므로 이데아들에 독립적 존재를 거부하는 것으로 시작했으나 그럼에도 불구하고 그것들에게 존재를 제거할 수 없는 아리스토텔레스는 이데아들을 서로 조여서 그것들을 덩어리로 모아서 물리적 세계 위에 하나의 형상을 놓고, 이 형상은 그리하여 형상들의 형상, 이데아들의 이데아, 또는 결국 그의 표현을 사용하자면 사유의 사유가 되었다.[67] 그와 같은 것이 아리스토텔레스의 신이다. ― 그것은 필연적으로 움직이지 않고,

---

66 "실현된 부동성"이란 부동성이 실현된 것, 즉 현실계에 부동성이 실현되었다는 뜻이다. 이때 실현되었다는 말은 고대철학적인 부동성의 존재가 아니라 운동하는 세계 속에 구현되었다는 의미이다.

67 아리스토텔레스, 『형이상학』, Λ, 1074b 34. 아리스토텔레스는 이데아를 불필요한 복제이며 실재하는 것은 운동하는 것이라는 생각에서 출발했으나, 나중에는 결국 형상의 형상, 사유의 사유를 제1형상으로 놓는 데로 나아갔다.

모든 개념들의 한 개념으로의 종합에 불과하므로 세상에서 일어나는 것과는 낯선 것이다. 여러 개념들 중 아무것도 신적인 단일성에서 그러한 것처럼 따로 존재할 수는 없을 것이라는 것은 사실이다. 아리스토텔레스의 신의 내부에서 플라톤의 이데아를 찾아봐야 헛될 것이다. 그러나 아리스토텔레스의 신이 스스로 굴절되거나 단지 세계를 향해 기울어지는 것을 상상하는 것으로 충분할 것이며, 그러면 곧 그의 밖으로 그의 본질의 단일성 속에 포함된 플라톤의 이데아들이 쏟아지는 것으로 보인다. 광선들을 전혀 포함하고 있지 않던 태양으로부터 그것들이 〔쏟아져〕 나오는 것과 같다. 아리스토텔레스의 철학에서 능동적 지성, 즉 ποιητικός라 불린 νοῦς에 의해 — 즉, 인간 지성에서 본질적이나 무의식적인 것에 의해 생각된 것은 아마도 아리스토텔레스의 신 밖으로 플라톤의 이데아들의 **쏟아짐의 가능성**일 것이다. νοῦς ποιητικός는 갑자기 놓인 총체적 앎이며, 의식적이고 추론적인 지성은 그것을 어렵사리, 조각조각 재구성하 322 도록 처단되었다.[68] 그러므로 우리 속에는, 또는 오히려 우리 뒤에

---

68 "νοῦς ποιητικός"는 아리스토텔레스의 『영혼론』, III, 5, 430a10-25에 나오는 νοῦς의 한 부분이라기보다는 한 측면으로서, 이 장은 매우 불분명하기 때문에 학자들 사이에 논란이 많은 곳이다. 이것을 베르크손은 Collège de France의 1902-1903년 강의인 *Histoire de l'idée de temps*(PUF, 2016), 164-166쪽에서 논하고 있다. 이 부분에서의 아리스토텔레스 『영혼론』에 대한 베르크손의 해석에 따르면 νοῦς는 νοῦς ποιητικός(능동적 이성)와 νοῦς παθητικός(수동적 이성)의 두 형태나 측면으로 나뉘는데, νοῦς παθητικός는 우리가 일반적으로 νοῦς라 부르는 측면, 즉 감각적 사물 속에 있는 일반자를 사유하고 추론하는 측면, 즉 우리가 보통 추론적 사유(dianoia)라 부르

는 신의 가능적 시각, 알렉산드리아 학파 사람들[69]이 말할 것처럼 항상 잠재적이고 의식적 지성에 의해서는 결코 현실적으로 실현되지는 않는 시각이 있다. 그런 직관 속에서 우리는 신이 이데아로 피어나는 것을 볼 것이다. 그런 직관이 부동의 동자 자신이 천체의 운동과 사물의 흐름에 관하여 하는 것과 동일한 역할을 시간 속에서 움직이는 추론적인 지성에 관하여 하면서 "모든 것을 만든다."[*1]

*1 아리스토텔레스, 『영혼론』, 430a14: καὶ ἔστιν ὁ μὲν τοιοῦτος νοῦς τῷ πάντα γίγνεσθαι, ὁ δὲ τῷ πάντα ποιεῖν, ὡς ἕξις τις, οἷον τὸ φῶς· τρόπον γὰρ τινα καὶ τὸ φῶς ποιεῖ τὰ δινάμει ὄντα χρώματα ἐνεργείᾳ χρώματα.[70]

는 움직이는 측면을 가리키고, νοῦς ποιητικός는 신적인 이성(noēsis)에서 이행되는 측면이며 신처럼 영원하고 부동의 것이다. 그것은 천체의 제일천처럼 능동적 지성이며 부동의 동자이다. 이런 해석의 옳고 그름은 차치하고 일단 베르크손의 해석을 받아들이면, 이제 왜 νοῦς ποιητικός가 태양에서 광선들이 쏟아져 나오듯이 이데아들의 "쏟아짐의 가능성"인지가 이해된다. 여기서 이야기 된 의식적이며 추론적이고 조각조각 구성되도록 처단 된 νοῦς는 νοῦς παθητικός이다. 또 당장 어떻게 능동적인 것이 부동의 것이 될 수 있느냐는 의문은 들지만 이것은 최고의 능동인과 형상인이 모두 합쳐진 아리스토텔레스의 부동의 동자 개념이 포함할 수밖에 없는 모순(부동의 동자가 그렇지 아니한가)이다.

69 이것은 당시의 프랑스 사람들이 신플라톤주의자들을 부르는 명칭이다. 신플라톤주의자들이므로 구체적으로 누구를 가리키는지는 분명치 않은데, 하여간 그들에게 신을 보는 것은 의식적 지성의 영역은 아니고 그보다 더 올라가야 한다.

70 이 문장은 축자적으로 번역하면 "그리고 그러한 이성은 모든 것이 되는 것과 가령 빛과 같은 어떤 상태(hexis)처럼 모든 것을 만드는 것이 있다. 왜냐하면 빛은 어떤 방식으로 가능적인 색깔을 현실적인 색깔로 만들기

그러므로 이데아의 철학에 내재하는 인과성에 대한 고유한 견해, 사물의 근원에까지 거슬러 올라가기 위해 지성의 자연적 운동을 끝까지 따라갈 때 우리들 각자가 도달할 것이기 때문에 완전히 밝히는 것이 중요한 견해를 발견할 것이다. 진실을 말하자면 고대 철학자들은 그것을 결코 명시적으로 정형화하지 않았다. 그들은 그것으로부터 결과를 끌어내는 것에 그쳤고, 일반적으로 그것 자체를 우리에게 표현하기보다는 그것에 대한 관점들을 표시했다. 왜냐하면 우리에게 제일 동자에 의한 세계 전체에 대해 작용된 〔힘을〕 때로는 **인력**이라 하거나, 때로는 **추진력**이라 말한다. 두 관점이 아리스토텔레스에게서 발견되며, 그는 우주의 운동에서 사물들의 신적인 완전성으로의 열망, 따라서 신으로의 상승을 보여주는 반면, 다른 곳에서는 그것을 신의 제일 천과의 접촉의 결과로, 따라서 신이 사물로 내려오는 것으로 묘사한다.[71] 알렉산드리아 학파 사람들은

때문이다."로 된다. 이 말은 이성에는 수동적 이성과 능동적 이성이 있는데, 수동적 이성은 모든 것이 되는 이성이고, 능동적인 이성은 마치 빛이 (어두운 상태에서는 무엇인지 모를) 가능적 색깔을 비추어서 현실적인 어떤 색깔을 만들듯이 모든 가능적인 것을 현실적으로 만드는 이성이라는 말이다. "모든 것을 만든다."는 말은 위 번역에 나오는 그런 역할을 한다는 것이다. 그것이 또한 νοῦς ποιητικός의 역할이다. 또 수동적 지성이 "모든 것이 된다."는 것은 바로 위 본문에서 설명되었듯이 "부동의 동자 자신이 천체의 운동과 사물의 흐름에 관하여 하는 것과 동일한 역할"을 능동적 지성이 수동적 지성("시간 속에서 움직이는 추론적인 지성")에 대해 하기 때문이다.

71 A. François에 따르면 이미 베르크손의 학위 부논문인 *Quid Aristoteles de loco senserit*의 48쪽 주1에 이 두 운동의 해석이 보이며 거기에서 그

게다가 전개(procession)와 전환(conversion)을 말할 때 그런 이중의 지시를 따랐을 뿐이라고 우리는 믿는다.[72] 즉 모든 것은 제일 원리로부터 나왔고 모든 것은 그리로 되돌아가기를 열망한다. 그러나 신적 인과성에 대한 두 견해는 왜, 어떤 의미에서 사물은 공간과 시간에서 움직이는지 뿐만 아니라, 왜 시간과 공간이 있고 운동과 사물이 있는지를 그것만이 유일하게 이해할 수 있게 해주며 우리가 323 근본적이라 간주하는 제삼의 것[73]으로 그것들을 환원시킬 때에만

는 『생성부패론』, II, 337a1과 337a17을 인용하고 있다고 한다(*Ech.*, 510 쪽 주130). 여기서는 공기와 물 사이가 서로 변환되는 것은 마치 원운동과 같이 아래로 갔다가 위로 갔다가 한다는 이야기가 나온다. 이것은 신과 사물 사이의 하강과 상승 운동과는 좀 다른 이야기라서 의문이 든다. 또 하강운동에 대해서는 같은 논문 49-50쪽과 *Histoire des théories de la mémoire*, PUF, 2018, 265-266쪽(그리고 *Annales bergsoniennes*, II, 57쪽)을 보라고 한다. 여기에는 분명히 천체의 원환운동과 같이 원소들 사이의 위치변화가 일어난다는 논의가 있다. 즉, 천체의 운동이 하강하면 원소들의 운동으로 될 수 있다는 이야기가 된다. 결론적으로 하강 운동 부분은 분명하나 상승운동의 부분은 아직 불분명하다. 그러나 아리스토텔레스 철학 전반으로 보아 아래의 사물이 신을 향한 열망으로 하여 그것을 최고 목적으로 삼아 움직인다는 것은 당연하다 할 것이다. 이에 대한 설명은 비로 아래의 324쪽에 나온다.

72 "전개(procession)"와 "전환(conversion)"은 신플라톤학파의 "prohodos" 와 "epistropē"를 말하는 것으로 전자는 일자로부터 지성 → 영혼 → 물질로 내려오는 운동을 말하며, 후자는 그것을 거슬러 올라가는 길을 말한다. 베르크손은 플로티노스의 이러한 운동이 아리스토텔레스의 신에서부터 사물로의 하강과 신으로의 상승을 따른 것이라고 해석하는 것이다.

73 이 제삼의 것은 바로 다음 단락에 나오는 원리, 즉 "한 실재의 위치는 그

함께 동일시될 수 있다.

플라톤에서 플로티노스로 감에 따라 그리스 철학자들의 추론을 점점 더 드러내 보이는 그런 견해를 우리는 다음과 같이 공식화할 것이다. **한 실재의 위치는 그것과 순수 무 사이의 모든 중간적 정도의 실재의 위치를 내포한다.** 수에 관한 것일 때 그 원리는 명백하다. 우리는 10이라는 수를 그 자체에 의해 9, 8, 7 … 등등, 결국 10과 영 사이의 모든 중간수의 존재를 놓지 않고서는 정립할 수 없다. 그러나 우리 정신은 여기서 자연적으로 양의 권역에서 질의 권역으로 이행한다. 어떤 완전성이 주어지면 모든 퇴락의 연속성이 그 완전성을 한편으로, 우리가 생각한다고 상상하는 무를 다른 편으로, 그 둘 사이에 또한 주어지는 것으로 우리에게 보인다. 그러므로 순간적 순환의 과정, 또는 더 낮게는 영원한 과정에 의해 주체에서 대상으로, 대상에서 주체로 변환되면서 아리스토텔레스의 신, 사유의 사유, 즉 **원환을 그리는 사유**를 놓아보자. 다른 한 편 무는 그 자체 정립되는 것으로 보이고 두 극단이 주어지면 그들 사이의 간격도 마찬가지로 주어지므로 신을 놓자마자 말하자면 자동적으로 존재의 모든 하강하는 정도, 신적인 완성으로부터 "절대 무"까지 실현될 것이라는 것이 따라 나온다.

그때 그 간격을 위에서부터 아래까지 따라가 보자. 우선 존재가 시간과 공간 속으로 떨어지기 위해서는 제일 원리의 아주 가벼운

것과 순수 무 사이의 모든 중간적 정도의 실재의 위치를 내포한다."는 원리이다.

감소로도 충분하나, 그런 처음의 감소를 나타내는 지속과 연장은
신적인 비연장성과 영원과 가능한 만큼 가까울 것이다. 그러므로
324 우리는 신적 원리의 그런 첫 번째 타락을 제자리에서 돌며, 그 원환
운동의 영속성에 의해 신적 사유의 원(circulus)의 영원성을 모방하
고, 게다가 자신의 장소와 그에 의해 장소 일반*1을 창조하고 — 아
무것도 그것을 포함하지 않고 그것은 장소를 바꾸지 않으므로 — , 또한
자신의 고유한 지속과 그에 의해 지속 일반을 창조하는 — 그것의 운
동은 다른 모든 것들의 척도이므로*2 — 구로 생각해야 할 것이다. 다

---

*1 『천체론』, II, 287a12: τῆς ἐσχάτης περιφορᾶς οὔτε κενόν ἐστιν ἔξωθεν οὔτε
τόπος. 『자연학』, IV, 212a34: τὸ δὲ πᾶν ἔστι μὲν ὡς κινήσεται ἔστι δ᾽ ὡς οὔ.
Ὡς μὲν γὰρ ὅλον, ἅμα τὸν τόπον οὐ μεταβάλλει, κύκλῳ δὲ κινήσεται· τῶν
μορίων γὰρ οὗτος ὁ τόπος.74

---

74 『천체론』, II, 287a12: "가장 바깥 천의 밖에는 허공도 장소도 없다." 『자연
학』, IV, 212a34: "그런데 우주는 어떤 의미에서는 움직이고 어떤 의미에
서는 움직이지 않는다. 왜냐하면 전체로서는 장소를 바꾸지 않는 동시에
원운동은 할 것이다. 부분들은 그런 장소를 가질 것이기 때문이다." 이 인
용문은 천체 밖에는 아무런 장소가 없으나 원운동의 경우는 천체의 부분
들이 장소를 바꾸면서 원운동 할 장소를 만든다는 것을 의미한다. 그러나
그것이 곧 장소 일반을 창조한다는 이야기는 안 된다. 오히려 천체의 부
분들이 자기 자리를 이미 가지고 있다는 이야기가 된다. 사실 플라톤에서
는 데뮤르고스가 같음과 다름의 원을 휘어서 둥근 천체를 만드는데 그것
은 장소를 만드는 행위가 된다. 그러나 아리스토텔레스에서는 "부분들이
그런 장소를 가진다."는 말은 이미 부분들이 장소를 가지고 있으므로 원
운동 할 장소가 있을 것이라는 말이기 때문에 이미 부분들을 가진 천체가
만들어질 때 장소가 만들어졌다고 할 것이다.

음으로 완전성이 점점 더 우리 월하 세계에까지 감소하는 것을 볼 것이며, 거기서는 탄생, 성장, 죽음의 원이 원래의 원을 망가뜨리면서 마지막으로 모방한다. 이렇게 이해할 때 신과 세계 사이의 인과관계는 아래서부터 바라보면 인력으로, 위에서부터 바라보면 추진력이나 접촉에 의한 작용으로 보인다. 제일 천은 그 원환운동과 함께 신의 모방이며 모방은 형태의 수용이니까. 그러므로 한 방향에서 보느냐 다른 방향에서 보느냐에 따라 신은 작용인이나 목적인으로 보인다. 그러나 그 두 관계의 이쪽도 저쪽도 결정적인 인과관계는 아니다. 진정한 관계는 등식의 양 쪽 사이에서 발견되는 관계이다. 그 한 쪽은 유일한 항이고 다른 쪽은 무한 수의 항의 합계이다. 그것은 원한다면 금화와 잔돈의 관계이다. 금화가 제시되자마자 자동적으로 잔돈이 지불된다고 가정하기만 하면. 오직 이렇게만 아리스토텔레스가 부동의 제일 동자의 필연성을 증명했음을 이해할 것이다. 사물의 운동이 시작을 가져야 했다는 것을 기초로 두지 않고, 반대로 그 운동은 시작할 수 없었고 결코 끝나서는 안 된다는 것을 놓음으로써.[75] 운동이 존재한다면, 또는 다른 말로 잔돈이 계산된다 325

---

*2 『천체론』, I, 279a12: οὐδὲ χρόνος ἐστὶν ἔξω τοῦ ορανοῦ. 『자연학』, VIII,, 251b27: χρόνος πάθος τι κινήσεως.[76]

---

75 이 말은 운동의 출발을 보장하기 위해 제일 동자가 필요한 것이 아니라 운동은 처음부터 계속 있어온 것인데 그것이 멈추지 않고 계속되기 위해 필요하다는 말이다.

76 『천체론』, I, 279a12: "천체의 밖에는 시간도 없다." 『자연학』, VIII,, 251b27: "시간은 운동의 어떤 겪음(pathos)이다." 이때 "겪음"은 운동이

면 그것은 금화가 어딘가에 있기 때문이다. 시작된 적도 없는 합계
가 끝없이 계속된다면 그것은 합계와 탁월하게 등가인 유일한 항이
영원하기 때문이다. 운동성의 영속성은 부동성의 영원성에 의해 배
서될 때에만 가능하며, 영속성은 그 영원성을 시작도 끝도 없는 연
쇄로 전개한다.

그와 같은 것이 그리스 철학 최후의 말이다. 우리는 그것을 선험
적으로 재구성한다는 주장은 하지 않았다. 그리스 철학은 여러 원
천들을 가진다. 그것은 고대 영혼의 모든 섬유에 보이지 않는 실로
연결된다. 그것을 단순한 원리로부터 연역하기를 원하더라도 헛되
다.*1 그러나 그 중 시, 종교, 사회생활, 그리고 또한 아직 미약한 물
리학과 생물학으로부터 오는 모든 것을 배제한다면, 방대한 구축물

---

*1 특히 우리는 플로티노스가 나중에 재 파악하고, 천착하고, 고정했음에
  틀림없는 놀랍지만 약간 달아나는 듯한 직관을 거의 한 쪽으로 제쳐두
  었다.[77]

겪는 것, 운동의 어떤 수동적 특성이라는 뜻이다. 그러니까 시간은 운동
을 따라 나온 것, 즉 운동이 시간을 창조하는 것이 된다는 이야기이다.

77 이것이 플로티노스의 어떤 직관을 말하는지는 불분명하지만 A. François
  에 따르면 Collège de France의 1903-1904년의 강의인 *Histoire des
  théories de la mémoire*의 1904년 4월 15일 강의(262쪽, 또는 *Annales
  bergsoniennes II*, 52쪽)에서 밝힌 내용이라 한다(*Ech.*, 511쪽, 325쪽 주1의 주
  와 510쪽 주 128). 거기의 내용에 따르면 의식은 사유의 감소이며, 진정한
  사유는 의식보다 더 나은 것이며 의식적인 것이 아니라는 생각이 나온다.
  베르크손은 이를 플로티노스 철학의 가장 뛰어난 직관이라고 평가한다.
  아마 사유로부터 의식을 연역하려는 시도를 뒷받침할 수도 있는 곳이라

의 구성에 들어오는 부수어지기 쉬운 내용들을 추상한다면, 단단한 뼈대가 남고, 그런 뼈대는 인간 지성의 자연적 형이상학이라고 우리가 믿는 형이상학의 큰 선들을 그린다. 아닌 게 아니라 지각과 사유의 영화적 경향을 끝까지 따르자마자 그런 종류의 철학에 도달한다. 목마를 타고 도는 아이들이 지나가면서 막대기로 꿰어내는 고리들처럼[78] 진화적 변화의 연속성을 우리의 지각과 사유는 지나가면서 차례차례 꿰어질 일련의 안정적 형태들로 대체하는 것으로 시작한다. 그때 지나감은 무엇에서 성립하며, 형태들이 꿰어질 것은 어디에서인가? 안정적 형태들은 변화에서 발견되는 정해진 모든 것을 거기서 추상함으로써 얻어진 것이기 때문에 형태들이 놓이는 불안정성을 특징짓기 위해서는 더 이상 부정적 속성밖에는 남지 않는다. 그것은 비결정성 자체일 것이다. 그와 같은 것이 우리 사유의 첫 번째 방식이다. 그것은 각 변화를 두 요소로, 하나는 각 특수한 경우에 대해 정의할 수 있는 안정적인 것, 즉 형상이고 다른 것은 정의할 수 없고 항상 같은 것인 변화 일반으로 해체한다. 그리고 그와 같은 것이 또한 언어의 본질적 작업이다. 형태들은 그것이 표현할 수 있는 모든 것이다. 언어는 바로 그것이 표현되지 않은 채로

326

생각된다. 이 생각을 받아들이면 하나의 원리로부터 다른 것을 연역해내려는 생각이 옳을 수도 있겠으나 이를 거의 제쳐두었다고 했으므로 연역은 가능하지 않다는 생각으로 간 것이 아닌가 짐작할 수는 있다.

78 프랑스의 목마는 아이들에게 막대기를 하나씩 주고 돌아가는 목마 바깥쪽에 고리를 매달아 놓는다. 그러면 아이들이 지나가면서 막대기로 고리를 꿰면 고리가 떨어져 막대기에 꿴다.

남기 때문에 모든 경우에 동일한 것으로 간주되는 운동성을 함축하는 것으로 환원되거나 암시하는 데 그친다. 이때 사유와 언어에 의해 이렇게 수행된 해체를 합법적인 것으로 간주하는 철학이 나타난다. 그런 철학은 그런 구별을 더 큰 힘으로 객관화하고, 그것을 그 극단적 결과까지 밀고 나가서, 체계로 환원시키는 것 이외의 무엇을 할 것인가? 그러므로 그것은 한편으로 정해진 형상이나 부동의 요소와 다른 한편 형태의 부정이기 때문에 가정 상 모든 정의를 벗어날 것이며 순수하게 비결정적인 것일 운동성의 원리로 실재를 구성할 것이다. 그것이 사유가 한정짓고 언어가 표현하는 그런 형태에 주의를 더 향할수록, 그것은 더욱더 그 형태들이 감각적인 것 위로 상승하고 순수 개념으로 희박해지는 것을 볼 것이다. 그런 개념들은 서로 속으로 들어가고 심지어는 결국 유일한 개념, 모든 실재의 종합, 모든 완전성의 완성으로 집합될 수 있다. 반대로 보편적 운동성의 보이지 않는 원천으로 더 내려갈수록 더 운동성이 자신의 아래로 달아나면서 동시에 순수 무라 부를 것으로 비워지고 심연으로 들어가는 것을 느낄 것이다. 결국 그것은 한편으로 논리적으로 서로 조율되거나 하나로 집중되는 이데아들의 체계와 다른 한편으로 거의 무, 플라톤의 '비존재'나 아리스토텔레스의 '질료'를 가질 것이다. 그러나 재단한 다음에는 꿰매야 한다. 이제는 감각 상위적인 이데아들과 감각 하위적인 비존재를 가지고 감각계를 재구성하는 것이 문제다. 그것을 할 수 있는 것은 그런 전체와 그런 영 豪의 대면이 둘 사이의 간격을 측정하는 모든 정도의 실재의 정립(position)과 **대등하게** 하는 일종의 형이상학적 필연성을 요청할 때만일 것이다. 나누어지지 않은 수[79]가 그것과 영 사이의 차이로 생각되자마자 단위들의 어떤 합계로 드러나고 그와 함께 모든 하위의 수들을 나타나게 하는 것과 마찬가지로. 이것이 바로 자연적 요청이다. 그것은 또한 우리가 그리스 철학의 근저에서 알아차리는 요청이다. 그때 그 중간 정도의 실재들 각각의 특수한 성격을 설명하기 위해서는 그것을 온전한 실재(réalité intégrale)[80]와 분리하는 거리를 측정하는 것밖에 더 이상 남지 않을 것이다. 각 하위 정도는 상위의 것의 감소에서 성립하며, 거기서 우리가 지각하는 감각적으로 새로운 것은 가지적인 것의 관점에서는 거기에 덧보태진 새로운 부정의 양으로 해소될 것이다. 가능한 최소의 부정의 양, 즉 이미 감각적 실재의 가장 높은 형태와 따라서 더 강하게는 하위의 형태들에서 발견되는 양은 감각 실재의 가장 일반적 속성인 연장과 지속이 표현할 양일 것이다.[81] 증가하는 퇴락들에 의해 점점 더 특별한 속성들을 얻을 것이다. 여기서 철학적 환상들은 자유로운 길을 갈 것인데, 왜냐하면 감각계의 이러한 모습을 저러한 존재 감소

---

79 한 수는 그 수의 독특한 질을 가지고 있고 그런 한에서 나누어지지 않는 독립성을 가진다. 그러나 그것을 분석하면 다시 여럿의 단위로 이루어진 수로 된다.

80 "온전한 실재"란 실재성을 온전히 가진 것, 즉 최고의 존재를 말한다.

81 온전한 실재에 가장 최소의 부정이라도 섞이면 이미 시간성과 공간성을 띠게 된다. 즉자적이지 않은 자기 동일적 이데아도 이미 공간성을 띠게 된다. 그러나 여기서는 감각적 실재의 가장 높은 형태를 말하고 있으므로 아마도 제일 천과 같은 것을 말하는 것 같고, 그렇다면 그것은 공간과 시간의 특성을 가지게 된다.

와 동등하게 놓을 것은 자의적이거나 적어도 논쟁할 만한 칙령[82]에 의해서이기 때문이다. 아리스토텔레스가 한 것처럼 제자리에서 도는 구심적인 구에 의해 구성된 세계에 반드시 도달하지는 않을 것이다. 그러나 유사한 우주론, 즉 그 조각들이 모두 다르기는 하지만 그럼에도 불구하고 그들 사이에 동일한 관계를 가질 구축물로 인도될 것이다. 그리고 그런 우주론은 항상 동일한 원리에 지배될 것이다. 물리학이 논리학에 의해 결정될 것이다. 변화하는 현상들 아래에 서로에 종속되고 조율되는 개념들의 닫힌 체계가 투과[83]에 의해 우리에게 보일 것이다. 개념들의 체계로 이해된 과학은 감각적 실재보다 더 실재적일 것이다. 그것은 그것을 한 자 한 자 읽어내기만 하는 인간적 지식에 선행하며, 또한 그것을 서툴게 모방하려고 시도했던 사물들에도 선행할 것이다. 그것이 자신의 영원성으로부터 나오고 그에 의해 그 모든 지식과 그 모든 사물들과 일치하기 위해서는 자신으로부터 잠시 시선을 돌리기만 하면 될 것이다. 그러므로 그 부동성은 분명 보편적 생성의 원인이다.

그와 같은 것이 변화와 지속에 대한 고대 철학의 관점이었다. 근대 철학이 여러 차례, 그러나 특히 그 출발점에서 그것을 변화시키려는 경향을 가졌다는 것은 우리에게 거부할 수 없는 것으로 보인다. 그러나 저항할 수 없는 매력이 지성을 그 자연적 운동으로, 근

---

82 여기서 "칙령(décret)"이라는 말을 사용했는데, 이것은 각 철학자가 "이렇게 되기를!"하고 명령을 내리는 것을 말한다.

83 "투과(transparence)"란 감각적 세계의 배후에 개념적 체계가 비쳐 보인다는 사태를 표현한 말이다.

대인들의 형이상학을 그리스 철학의 일반적 결론으로 다시 데리고
간다. 이 마지막 점을 우리는 곧 밝히려고 시도할 것이다. 어떤 보
이지 않는 실에 의해 우리의 기계론적 철학이 고대 이데아의 철학
에 결부되어 있으며 또한 어떻게 그것이 우리 지성의 무엇보다도
실용적인 요청에 답하는지를 보여주기 위하여.

　근대 과학은 고대 과학처럼 영화적 방법에 따라 진행한다. 그것
은 달리 할 수가 없다. 모든 과학은 그런 법칙에 복종한다. 왜냐하
면 대상 자체를 대체하는 **기호들**(signes)을 조작한다는 것은 과학의
본질적인 것이기 때문이다. 그런 기호들은 아마도 그들의 더 큰 정
확성과 더 높은 효용성에 의해 언어의 기호들과는 다르다. 그럼에
도 불구하고 그것들은 정지된 형태로 실재의 고정된 측면을 표시하
는 것인 기호의 일반 조건에 구속된다. 운동을 사유하기 위해서는
정신의 끊임없이 다시 시작되는 노력이 필요하다. 기호는 사물의
움직이는 연속성을, 실용에서는 그것과 등가일 것이고 쉽게 다루어
진다는 이점을 가질 인위적 재구성으로 대체하면서 그런 노력을 하
지 않아도 되게 하기 위해 만들어졌다. 그러나 그런 방식을 제쳐두 329
고 결과만을 생각하자. 과학의 본질적 목적은 어떠한가? 그것은 사
물에 대한 우리의 영향을 증가시키는 것이다. 과학은 그 형태에서
사변적이고 그 직접적 목적에서 사심이 없을 수 있다. 다른 말로 하
면 그것이 원하는 만큼 오랫동안 우리는 그것에 신용을 줄 수 있다.
그러나 지불기한이 연기되어도 소용없다. 결국에는 우리의 고통으
로 지불되어야 한다. 그러므로 과학이 노리는 것은 요는 항상 실용
적 유용성이다. 그것이 이론으로 들어갈 때조차 과학은 그의 방식

을 실용의 일반 구조에 적응하는 것으로 취급된다. 그것이 아무리
올라가도 행동의 장으로 다시 떨어지고 거기서 즉시 자신의 발로
서야 할 준비가 되어 있어야 한다. 그것의 리듬이 행동 자체의 리듬
과 절대적으로 다르다면 그것은 가능하지 않을 것이다. 그런데 우
리가 이야기했듯[84] 행동은 도약에 의해 진행한다. 행동한다는 것은
다시 적응하는 것이다. 그러므로 안다는 것, 즉 행동하기 위해 예견
한다는 것은 한 상황에서 상황으로 배열에서 재배열로 가는 것일
것이다. 과학은 서로 점점 더 가까워진 재배열을 생각할 수 있을 것
이다. 그렇게 하여 그것이 고립시킬 순간들의 수를 증가하게 할 수
있을 것이지만 항상 순간들을 고립시킬 것이다. 그 간격에서 이루
어지는 것에 대해서는 과학이 상관하지 않는 것은, 공통적 지성, 감
각과 언어가 상관하지 않는 것과 마찬가지이다. 그것은 간격에 대
해서가 아니라 끝에 대해서만 관계한다. 그러므로 영화적 방법은
고대인들의 과학에 그랬던 것처럼 우리의 과학에도 부과된다.

그렇다면 그 두 과학의 차이는 어디에 있는가? 우리가 고대인들
은 물리적 질서를 생명적 질서로, 즉 법칙을 유類로 환원하는 반면
근대인들은 유를 법칙으로 해소하기를 바랐다고 말했을 때[85] 그것
을 밝혔다. 그러나 게다가 그것을 다른 측면 ─ 그 첫 번째 것[86]의 전
환에 불과한 ─ 에서 생각하는 것이 중요하다. 변화에 대한 그 두 과
학의 태도의 차이는 어디에서 성립하는가? 우리는 **고대 과학이 그**

330

---

84 위의 299쪽을 보라.
85 위의 227-232쪽을 보라.
86 물리적 질서.

특권적 순간을 포착했을 때 그 대상을 충분히 인식한다고 믿는 데 반해 근대 과학은 대상을 어떠한 순간에서든 생각한다고 말하면서 그것을 정형화할 것이다.

플라톤이나 아리스토텔레스 같은 사람들의 형상이나 이데아는 사물의 역사의 특권적이거나 두드러진 순간 — 일반적으로 언어에 의해 고정되었던 순간 — 에 대응한다. 그것들은 생명체의 유년기나 노년기처럼 그것들이 그 진수를 표현할 시기를 특징짓는다고 간주되며 그 시기의 모든 나머지는 그 자체 이득이 없는, 한 형태에서 다른 형태로의 이행으로 차 있다. 떨어지는 물체가 문제인가? 그것을 총체적으로 특징지을 때 사실을 충분히 자세히 조여〔살펴봤〕다고 믿는다. 그것은 그것이 속한 땅으로부터 떨어져서 이제 거기서 자신의 자리를 되찾으려는 물체의 **아래**로 향한 운동이며, **중심**으로 향한 경향이고, **자연적** 운동이다.[87] 그러므로 종착점이나 최고점($\tau\acute{\epsilon}\lambda o\varsigma$, $\acute{\alpha}\kappa\mu\acute{\eta}$[88])이 포착되고, 그것을 본질적 순간으로 세우며, 그리고 언어가 사실의 총체를 표현하기 위해 잡았던 그 순간은 또한 그것을 특징짓기 위한 과학에 충분하다. 아리스토텔레스의 물리학에서 공간으로 던져지거나 자유 낙하하는 물체의 운동이 정의되는 것은 위와 아래, 자발적 이동과 강제적 이동, 고유한 장소와 낯선 장소의 개념에 의해서이다.[89] 그러나 갈릴레오는 본질적 순간도, 특권적 순

---

87   "아래"로의, "중심"으로의, "자연적" 운동은 물체의 운동을 총체적으로 파악한 것이며, 그때 그 운동 충분히 자세히 파악된 것이다.

88   아리스토텔레스, 『천체론』, II, 288a18-22.

89   물체, 가령 돌의 운동은 사람이 강제로 던지는 힘에 의해 움직이지만 또

간도 없다고 생각했다. 즉, 떨어지는 물체를 연구한다는 것은 그 지나가는 어떠한 순간에서든 그것을 생각하는 것이다. 무게의 진정한 과학은 시간의 어떠한 순간에 대해서든 공간에서의 물체의 위치를 결정하는 과학이다. 그것을 위해서는 언어보다는 다르게 정확한 기호가 필요할 것임은 사실이다.

그러므로 우리의 물리학은 특히 고대인들의 물리학과는 시간에 대해 수행하는 무한한 해체에 의해 다르다. 고대인들에게 시간은 우리의 자연적 지각과 우리의 언어가 거기서 일종의 개체성을 나타내는 연속적 사실들 중에 잘라내는 나누어지지 않은 기간들만큼을 포함한다. 그렇기 때문에 그런 사실들 각각은 그들 눈에는 **총체적** 정의나 묘사밖에는 포함하고 있지 않다. 그것을 묘사하면서 거기서 국면들을 구별하게 되면 하나 대신에 여러 사실들을, 유일한 기간 대신에 여러 나누어지지 않은 기간들을 가지게 될 것이다. 그러나 항상 시간은 일정한 기간들로 나누어진 것이 될 것이요, 항상 그런 방식의 분할은 사춘기와 비교될 수 있는 실재의 외양적 위기에 의해, 새로운 형태의 외양적 발발에 의해 정신에 부과될 것이다. 반대로 케플러나 갈릴레오 같은 사람들에게 시간은 그것을 채우는 물질에 의해 이런 방식이든 저런 방식이든 객관적으로 나누어지지는 않는다. 시간은 자연적 분절을 가지지 않는다. 우리는 그것을 원하는 대로 나눌 수 있고, 또 그래야 한다. 모든 순간은 가치가 있다. 그들

한 동시에 자신의 고유한 위치, 즉 지구 중심, 세계의 한 가운데로 가려는 본성에 따라 밑으로 떨어진다.

중 어떤 것도 다른 것들을 대표하거나 지배하는 순간으로 세워질 권리가 없다. 그리고 따라서 우리가 한 변화를 아는 것은 그 순간들 중 어떠한 한 순간에도 그것이 어디에 있는가를 결정할 수 있을 때만이다.

차이는 깊다. 그것은 어떤 측면에서는 심지어 근본적이다. 그러나 우리가 생각하는 관점에서는 그것은 본성의 차이라기보다는 정도의 차이이다. 인간 정신은 첫 번째 종류의 인식에서 두 번째로 점진적 완성에 의해, 단지 더 높은 정확성을 추구하면서 이행했다. 그 두 과학 사이에는 육안으로 운동의 국면들을 알아차리는 것과 그 국면들을 스냅사진에 의해 훨씬 더 완벽하게 기록하는 것 사이에서와 동일한 관계가 있다. 두 경우에서 동일한 영화적 기제이지만 그 기제가 두 번째의 경우는 첫 번째에서 있을 수 없는 정확성에 도달한다. 말의 구보에 대해 우리 눈은 특히 본질적이거나 오히려 도식 332 적인 특징적 태도, 즉 모든 기간 동안 눈부시고 그리하여 구보의 시간을 채우는 것으로 보이는 형태를 지각한다. 그런 태도를 조각가가 파르테논 신전의 지붕 아랫단에 고정시켰다. 그러나 스냅 사진은 어떤 순간이든 고립시키고 그것들을 모두 동일한 열列에 놓으며, 그렇게 하여 말의 구보는 특권적 순간으로 빛나고 모든 기간을 밝혀줄 유일한 태도로 모이는 대신에 원하는 만큼의 수의 연속적 태도들로 분산된다.

그런 원래의 차이로부터 모든 다른 차이들이 흘러나온다. 나누어지지 않은 지속의 기간들을 차례로 생각하는 과학은 국면들에 이어지는 국면들, 형태들을 대체하는 형태들만을 본다. 그것은 유기적 존재들과 동화하는, 대상의 **질적** 묘사에 만족한다. 그러나 시간의 어떠한 순간이든 그런 기간들 중 하나의 내부에서 일어나는 것을 탐구할 때는 완전히 다른 것이 겨냥된다. 한 순간에서 다른 순간으로 일어나는 변화는 가정 상 더 이상 질의 변화가 아니다. 이제부터 그것은 현상 자체이건 요소 부분이건 그것의 **양적** 변화이다. 그러므로 근대 과학은 크기에 관계되고 무엇보다도 먼저 그것을 측정한다는 점에서 고대 과학과 갈라진다고 말하는 것은 옳았다.[90] 고대인들은 이미 실험을 수행했으나, 다른 한편 케플러는 우리가 의미하는 대로의 과학적 인식의 전형 자체인 법칙을 발견하기 위해 말의 고유한 의미에서의 실험을 하지 않았다. 우리의 과학을 구별하는 것은 그것이 실험했기 때문이 아니라 그것이 측정하기 위해서만 실험하고 더 일반적으로는 작업하기 때문이다.

그것이 고대 과학이 **개념**에 관계된 반면 근대 과학은 **법칙**을, 즉 333 다양한 크기들 사이의 일정한 관계를 찾는다고 말하는 것이 옳았던 이유이다.[91] 원환(circularité)의 개념은 별들의 운동을 정의하기에는 아리스토텔레스에게 충분했다. 그러나 타원형이라는 더 정확한 개념을 가지고도 케플러는 혹성의 운동을 설명한다고 믿지 않았을 것이다. 그에게는 법칙, 즉 혹성 운동의 둘이나 여러 요소들의 양적

---

90 바로 아래의 주 91)을 보라.

91 이렇게 옳은 말을 한 사람으로 A. François는 3장(243쪽 주 1)과 우리의 각주 34 참조)에 나왔던 Duhem, *L'évolution de la mécanique*를 꼽는다(*Ech.*, 512쪽, 주 158, 159 참조). 여기에 반대할 이유는 없지만 오직 그만이었을까 하는 의문은 든다.

변수들 사이의 일정한 관계가 필요했다.

그러나 거기서 그것들은 결과들, 즉 근본적인 차이에서 파생되는 차이들에 불과하다. 고대인들에게 측정하기 위해 실험한다는 것과 또한 크기들 사이의 일정한 관계를 표시하는 법칙을 발견하는 것이 우연히 일어날 수 있었다. 아르키메데스의 원리는 진정으로 실험적인 법칙이다. 그는 물체의 크기, 그것을 담그는 액체의 농도, 그것이 겪는 밑에서 위로의 부력이라는 세 가지 변하는 크기를 고려 선상에 넣었다. 그리고 결국은 그 세 항 중의 하나는 다른 둘의 함수라고 분명히 언명했다.

그러므로 본질적이며 원천적인 차이는 다른 곳에서 찾아져야 한다. 그것은 우리가 먼저 지적했던 것 자체이다. 고대인들의 과학은 정적이다. 그것이 탐구하는 변화를 통째로 생각하거나 변화를 그 기간들로 나눈다면 그 기간들 각각을 이번에는 덩어리로 만든다. 그것은 곧 고대 과학은 시간을 고려하지 않는다고 말하는 것과 같다. 그러나 근대 과학은 갈릴레이와 케플러의 발견을 둘러싸고 구축되었고 그들은 즉시 전범典範을 제공했다. 그런데 케플러의 법칙들은 무엇을 말하는가? 그것들은 한 혹성의 태양 중심적 벡터 선에 의해 그려지는 면적과 그것을 그리는데 사용되는 **시간** 사이, 궤도의 큰 축과 그것을 지나가는 데 드는 **시간** 사이의 관계를 확립한다.[92] 갈릴레이의 주요 발견은 어떠했는가? 낙하하는 물체가 지나

---

92 케플러의 첫 번째 법칙은 태양 주위의 혹성의 움직임은 타원형을 그린다는 것이고(바로 두 번째 위 문단에서 언급된 내용), 두 번째 법칙은 태양과 혹성 사이의 선은 동일한 시간에 동일한 면적을 지나간다는 법칙(본 문장

가는 공간을 낙하에 걸리는 시간에 연결시킨 법칙이었다. 더 멀리 가보자. 근대 기하학의 큰 변화 중 첫 번째 것은 어디에서 성립했는가? 가려진 형태였던 것은 사실이지만 시간과 운동을 도형의 고찰에까지 도입한 것이었다.[93] 고대인들에게 기하학은 순전히 정적인 학문이었다. 그들의 도형은 플라톤의 이데아와 유사하게 단번에, 완성된 상태에서 주어졌다. 그러나 데카르트 기하학(데카르트가 그것에게 그런 형태를 주지는 않았을지언정)의 본질은 모든 평면 곡선을 가로축을 따라 자신과 평행하게 이동하는 움직이는 직선 위의 한 점[94]의 운동에 의해 그려지는 것으로 간주한다는 것이었다 — 움직이는 직선의 이동은 제일적齊一的이라 가정되고 가로축은 그리하여 시간을 나타내는 것으로 되면. 그때 곡선은 움직이는 직선 위에서 지나간 공간과 그것을 지나가는데 걸린 시간을 연결시키는 관계를 말할 수 있으면, 즉 그 도정의 어떠한 순간이든 그것이 지나간 직선

₃₃₄

의 앞부분의 내용)이며, 세 번째 법칙은 타원형의 큰 축과 그것을 지나가는 시간 사이의 관계법칙(시간은 큰 축의 길이의 제곱에 반비례한다, 본 문장의 뒷부분의 내용)이다(*Ech*., 513쪽, 주 162 참조).

93 A. François는 이것을 뉴턴의 미분의 업적으로 생각하지만(*Ech*., 513쪽, 주 163), 바로 아래에 나오는 설명에서와 같이 우선적으로는 데카르트의 해석 기하학의 업적이라 보아야 한다.

94 이때 직선은 "가로축을 따라 자신과 평행하게 움직이는 직선"인데 직접 표현은 되지 않았지만 가로축에 수직으로 움직이는 직선일 것이다. 그 선 위에서 움직이는 한 점은 그러므로 각 가로축의 점들에 대해 자신의 세로축에서의 위치를 나타낼 것이다. 쉽게 말해 좌표축에서 곡선의 모양을 나타내는 그래프를 그릴 때 그 그래프 상의 한 점을 말한다.

위의 동체의 위치를 표시할 수 있으면 정의될 것이다. 그런 관계는 곡선의 방정식과 다른 것이 아닐 것이다. 어떤 도형을 방정식으로 대체한다는 것은 요컨대 어떠한 순간이든 곡선의 선의 어디에 있는지를 보는 것 ─ 그 선을 단번에, 곡선이 완성의 상태에 있는 유일한 운동[95]에서 모아진 것으로 생각하는 대신에 ─ 에서 성립한다.

그와 같은 것이 그러므로 분명 자연 과학과 그 도구로 봉사했던 수학이 새로워졌던 개혁의 지도 이념이었다. 근대 과학은 천문학의 딸이다. 그것은 갈릴레이의 사면을 따라 하늘에서 땅으로 내려왔다. 왜냐하면 뉴턴과 그 계승자들이 케플러와 연결되는 것은 갈릴레이에 의해서이기 때문이다. 그런데 어떻게 케플러에게 천문학의 문제가 제기되었던가? 주어진 순간 혹성들 상호간의 위치를 알 때 다른 어떠한 순간에서든 그들의 위치를 계산하는 것이 문제였다. 이제부터 동일한 문제가 물질계 전체에 대해 제기되었다. 각 질점이 초보적 혹성이 되었고, 탁월한 의미에서의 문제, 그 해법이 다른 모든 것의 열쇠를 제공했어야 할 이상적 문제는 주어진 한 순간의 그 위치를 일단 안다면 어떠한 순간에서든 그 요소들의 상대적 위치를 결정하는 것이었다. 아마도 문제는 도식적인 실재에 대해 매우 단순한 경우에만 그런 정확한 용어로 제기될 것이다. 왜냐하 335

---

95 1907년의 제1판(초)에서는 "유일한 순간(moment)"으로 나온다. 논리적으로는 "유일한 순간"이 더 옳아 보이는데, 왜 이렇게 고쳤을까? 하여간 모아진 것이니까 그 모음의 운동을 무시할 수 없었기 때문인 것으로 보인다. 그리고 순간이라 하면 "특권적 순간"이라는 고대적 사고방식과의 혼동의 여지도 있으므로.

면 우리는 물질의 진정한 요소들의 상호 위치를 결코 알지 못하기 때문이다. 실재 요소들이 있다고 가정하고 주어진 한 순간에 그것들을 안다고 하더라도 다른 순간에 그들의 위치의 계산은 매우 자주 인간 능력을 넘어서는 수학적 노력을 요청할 것이다. 그러나 그런 요소들이 알려질 수 있을 것이며, 초인간적 지성은 그런 자료들을 수학적 조작에 해부하면 그 요소들의 위치를 시간의 어떠한 다른 순간에서든 결정할 수 있을 것임을 아는 것으로 충분하다. 그런 확신은 자연의 주제에 대해 우리가 제기하는 문제와 그것을 푸는 데 사용하는 방법의 근저에 있다. 그렇기 때문에 정적 형태의 모든 법칙이 유일하게 우리에게 총체적이고 결정적인 인식을 줄 동적 법칙에 대한 잠정적 분할지불금이나 특수한 관점으로 보인다.

우리의 과학은 법칙을 찾는다는 점에서뿐만 아니라 그 법칙이 크기들 간의 관계를 나타낸다는 점에서 고대 과학과 구별된다. 모든 다른 것들과 관계시키기를 원할 크기는 시간이며, **근대 과학은 특히 시간을 독립 변수로 간주하려는 열망에 의해 정의되어야 한다**는 것을 덧붙여야 한다. 그러나 어떤 시간에 관한 것인가?

우리는 그것을 말했고 그것을 지나치게 반복할 수는 없을 것이다. 즉 물질의 과학은 일상적(usuelle) 인식으로서 행한다. 그런 인식을 완전하게 하고 그 정확성과 범위를 증가시키지만 동일한 방향에서 일하고 동일한 기제를 작동시킨다. 그러므로 일상적 인식이 그것이 종속되는 영화적 기제를 이유로 생성을 그것이 가진 운동적인 것에서 따르기를 포기한다면 물질의 과학도 마찬가지로 그것을 포기한다. 아마도 그것은 원하는 만큼의 수의 순간들을 그것이 고려하는 시간의 간격에서 구별할 것이다. 그것이 머무는 간격들이 아무리 작을지라도 우리가 필요하다면 그것은 우리에게 그 간격들을 다시 나누는 것을 허락한다. 소위 본질적인 어떤 순간들에 머물렀던 고대 과학과 다르게 그것은 임의의 순간을 무차별적으로 다룬다. 그러나 항상 순간들을, 항상 잠재적 정지를, 결국 항상 부동성을 고려한다. 그것은 플럭스, 또는 존재의 운동성으로서 생각된 실재시간은 과학적 인식의 영향을 벗어난다고 말하는 것이다. 우리는 이미 이전 작업에서 그 점을 확립하려고 시도했다.[96] 우리는 이 책의 제1장에서 또한 그 점에 대해 한마디 했다.[97] 그러나 오해를 없애기 위해 마지막으로 거기에 되돌아가는 것이 중요하다.

실증 과학이 시간에 대해 말할 때 그것은 실증 과학이 궤적 위의 동체 T의 운동을 참조하기 때문이다. 그 운동은 시간을 대표하는 것으로 선택되었고, 정의 상 균일하다. 원점 T_0이래로 동체의 궤적을 동일한 부분들로 나누는 점들을 T_1, T_2, T_3,⋯ 등으로 부르자. 동체가 지나간 선의 T_1, T_2, T_3,⋯ 점에 있을 때 1, 2, 3,⋯ 단위의 시간이 흘렀다고 말할 것이다. 그때 어떤 시간 t의 끝의 우주의 상태를 생각한다는 것은 동체 T가 그 궤적의 점 T_t에 있을 때 우주는 어디에 있을지를 조사하는 것이다. 그러나 시간의 **플럭스** 자체에 대해서는, 더 강한 이유로 의식에 대한 그 영향에 대해서는 여기서 문

---

96 *Essai*, 86-89쪽, 144-149쪽을 보라.

97 위의 7-11쪽을 보라.

제되지 않는다. 왜냐하면 고려의 선상에 들어오는 것은 플럭스에서
337 취해진 점 T_1, T_2, T_3, …이지, 결코 플럭스 자체가 아니기 때문이다.
고려된 시간을 원하는 만큼 축소시킬 수 있다. 즉 두 연속적인 분할
T_n과 T_{n+1} 사이의 간격을 마음대로 해체할 수 있다. 사람들이 다룰
것은 항상 점들이고, 오직 점들뿐일 것이다. 동체 T의 운동에서 파
지되는 것은 그 궤적에서 취해진 위치들이다. 우주의 모든 다른 점
들의 운동에서 파지되는 것은 그들 상호간의 궤적의 위치들이다.
분할점 T_1, T_2, T_3, …에서의 동체 T의 각 **잠재적 정지**에 그것들이
지나가는 점에서의 다른 모든 동체들의 **잠재적 정지**를 대응시킨다.
그리고 한 운동이나 모든 다른 변화가 시간 t가 걸렸다고 말할 때
그런 종류의 대응의 수 t를 찍었다는 것을 의미한다. 그러므로 사람
들은 동시성을 세웠고, 하나에서 다른 것으로 가는 플럭스는 상관
하지 않았다. 그 증거는 나는 원하는 대로 우주의 플럭스의 속도를
변하게 할 수 있다는 것이다. 그것과 독립적이고 그것에 대해 가질
완전히 질적인 **느낌**에서 변화를 알아차릴 의식이 보고 있는 데도.
T의 운동이 그런 변화에 참여하는 순간에 대해 나는 나의 방정식도
거기에 들어가는 수도 아무것도 바꿀 것이 없을 것이다.

더 멀리 가보자. 그런 플럭스의 속도가 무한하게 된다고 가정하
자. 이 책의 처음 몇 쪽에서 말했듯[98] 동체 T의 궤적이 단번에 주어
지고 물질계의 과거, 현재, 미래의 모든 역사가 공간 속에서 순간적
으로 배열되었다고 상상해 보자. 동일한 수학적 대응이 말하자면

---

98 위의 8-9쪽을 보라.

부체처럼 펼쳐진 세계 역사의 순간들과 정의 상 "시간의 흐름"으로 불릴 선의 분할점 T₁, T₂, T₃, … 사이에 존속할 것이다. 과학의 눈에는 변한 것이 아무것도 없을 것이다. 그러나 시간이 이처럼 공간에 펼쳐지고 계기가 병치로 되어도 과학이 우리에게 말하는 것에서 변할 아무것도 없다면 그것은 과학이, 우리에게 말하는 것에서 **계기**도 그것이 가진 특별한 점에서, **시간**도 그것이 가진 흐른다는 점에서 고려하지 않았기 때문이다. 과학은 계기와 시간에 대해 우리 의식의 눈에 띄는 것을 표현할 어떠한 기호도 가지고 있지 않다. 강에 띄엄띄엄 건축된 다리들이 그 상판 아래 흐르는 물을 따라가지 않는 것과 마찬가지로 과학은 생성이 가진 운동적인 것에서 생성에 적용되지 않는다. 338

그러나 계기(succession)는 존재하고 나는 그것을 의식하며 그것은 하나의 사실이다. 물리적 과정이 눈 아래에서 이루어질 때 그것은 내 지각에도, 그것을 가속시키거나 지연시키려는 나의 성향에도 달려 있지 않다. 물리학자에게 중요한 것은 그 과정이 채우는 지속의 단위의 **수**이다. 그는 단위들 자체에 불안해 할 필요가 없고, 그렇기 때문에 물리학이 변화하거나 시간에 대해 말하기를 멈추지 않고도 세계의 연속적 상태들이 공간에서 단 한 번에 전개될 수 있을 것이다. 그러나 의식적 존재인 우리에게 중요한 것은 단위들[99]이다. 왜냐하면 우리는 간격의 극단들을 세지 않고 간격들 자체를 느끼고 살기 때문이다. 그런데 우리는 **결정된** 간격[100]으로서의 그런 간격들

---

99 극단의 수만이 문제인 단위가 아니라, 간격을 포함한 단위들 자체.

을 의식한다. 나는 항상 나의 설탕물 잔으로 되돌아간다.*¹ 나는 왜 설탕이 녹기를 기다려야 하는가? 지속이 어떤 수의 시간의 단위로 환원되고 단위들 자체는 원하는 대로의 것이라는 점에서 그 현상의 지속이 물리학자에게는 상대적이라면, 그런 지속은 나의 의식에게는 절대이다. 왜냐하면 지속은 엄격하게 결정된 어떤 정도의 참을 수 없음(impatience)과 일치하기 때문이다. 그런 결정은 어디에서 오는가? 무엇이 나를 기다리게, 내가 아무것도 할 수 없게 강제된 어떤 길이의 심리적 지속 동안 기다리지 않을 수 없게 하는가? 계기가 단순한 병치와 구별되는 한에서 실재적 효과를 발휘하는 것이 아니라면, 시간이 일종의 힘이 아니라면, 어째서 우주는 나의 의식의 시선에는 진정한 절대인 속도를 가지고 연속적인 상태들을 전개하는가? 다른 말로 하면 모든 것이 영화 필름처럼 단번에 주어지지 않는 것은 어디서 오는가? 내가 그 점을 더 천착할수록 더 미래가 현재 옆에 주어지는 대신에 현재에 **계기하도록**(succéder) 처단되었다면, 그것은 미래가 현재 순간에는 완전히 결정되지 않았기 때문으로 보이며, 그런 계기에 의해 점해진 시간이 수와 다른 것이라면, 거기에 자리 잡은 의식에게 절대적 가치와 실재성을 가진다면, 그것은 미래가 거기서, 아마도 한 잔의 설탕물처럼 이러저러한 인위적으로 고립된 체계에서가 아니라, 그 체계와 일체하는 구체적

---

*1 위의 11쪽을 보라.

---

100 곧이어 설명되겠지만, 마음대로 정할 수 있는 상대적 간격이 아니라 어쩔 수 없이 정해진 절대적 간격을 말한다.

전체에서 예견할 수 없고 새로운 것을 끊임없이 창조하기 때문으로 보인다. 그런 지속은 물질 자체의 사실이 아니라 그 흐름을 다시 거슬러 올라가는 생명의 지속일 수가 있다. 두 운동은 그럼에도 불구하고 서로 유대를 맺고 있다. **그러므로 우주의 지속은 거기에 자리를 차지할 수 있는 창조의 범위(latitude)와 하나이어야 한다.**

아이가 퍼즐 놀이의 조각들을 모으면서 어떤 이미지를 재구성하며 놀 때 그 아이는 더욱 연습함에 따라 점점 더 빨리 성공한다. 상점을 나와 상자를 열 때, 재구성은 게다가 순간 적이었고 아이는 그것이 완성되어 있는 것을 보았다. 그러므로 작업은 정해진 시간을 요청하지 않고, 심지어 이론적으로는 아무런 시간도 요청하지 않는다. 그것은 결과가 주어졌기 때문이다. 이미지는 이미 만들어졌고 그것을 얻기 위해서는 재구성과 재배열의 작업 ― 점점 더 빨리 간다고, 심지어는 순간적일 정도로 무한히 빠르다고 가정할 수 있는 작업 ― 으로 충분하기 때문이다. 그러나 자신의 영혼의 근저에서 끌어내면서 이미지를 창조하는 예술가에게 시간은 더 이상 장식물이 아니다. 그것은 내용을 변화시키지 않고 늘이거나 줄일 수 있는 간격이 아니다. 그의 작업의 지속은 그의 작업의 총체적 부분을 이룬다. 그것을 응축하거나 팽창시키는 것은 그것을 채우는 심리적 진화와 그 종착물인 창작을 변화시키는 것일 것이다. 창작의 시간은 여기서 창작 자체와 하나이다. 그것이 형성되어 감에 따라 변하는 것은 사유의 진보이다. 결국 그것은 생명적 과정이며, 한 관념의 성숙과 같은 어떤 것이다. 340

화가가 화판 앞에 있고, 색채는 팔레트 위에 있으며, 모델이 포즈를 취한다. 우리는 그 모든 것을 보며 또한 화가의 방식도 안다. 우리는 화판 위에 나타날 것을 예견할 (수 있)는가? 우리는 문제의 요소들을 가지고 있으며, 추상적 인식에 의해 어떻게 그것이 풀릴 것인지를 안다. 왜냐하면 인물화는 확실히 모델과 또한 확실히 화가를 닮을 것이다. 그러나 구체적 해법은 예술 작품의 전체인 그런 예견할 수 없는 아무것도 아닌 것(cet imprévisible rien)을 가져올 것이다. 그리고 그 아무것도 아닌 것은 시간이 든다. 물질의 무인 그것은 그 자체 형태로 창조된다.[101] 그런 형태의 발아와 개화는 그것들과 일체인 좁힐 수 없는 지속으로 길어진다.[102] 자연의 작품들에 대해서도 마찬가지이다. 거기서 새로운 것으로 보이는 것은 진보나 계기인 내적 추진력으로부터 나온다. 그 추진력은 계기에 고유한 능력(vertu)을 부여하거나, 계기에서 그 모든 능력을 취하고, 하여간 공간에서의 단순한 순간적인 병치로 환원될 수 없는, 시간 속에서의 **상호침투의 연속성**이나 계기를 돌려준다.[103] 그렇기 때문에 물질계의 현재 상태에서 살아 있는 형태들의 미래를 읽고 그들의 미

---

101 "아무것도 아닌 것"은 정신적인 것으로서 물질을 가지지 않으므로 "물질의 무"이며, 그 정신적인 창조력은 결국 어떤 형태를 창조한다.

102 형태의 발현은 바로 지속으로부터 나오는 것이므로 지속과 일체일 것이고, 그 지속은 어떤 시간이 걸리는 것이므로 "지속으로 길어진다."는 표현을 쓴 것이다. 그리고 그런 지속은 마음대로 좁힐 수가 없고 항상 어떤 시간이 걸린다.

103 자연의 창조력은 진보나 계기인 내적 추진력으로부터 나오는 것이며, 그 추진력은 계기에 어떤 능력을 부여하거나 아니면 거꾸로 그 추진력 자체가 계기(지속)에서 모든 능력을 얻어내거나 할 것이지만 하여간 그것은

래의 역사를 단번에 전개한다는 관념은 진정한 부조리를 포함하는 것이 틀림없다. 그러나 그런 부조리를 드러내기가 어려운 것은 우리 기억이 차례로 지각하는 항들을 이상적인 공간에 배열하는 습관 341 을 가지기 때문이며, 그것은 항상 **지나간** 계기를 병치의 형태로 표상하기 때문이다. 게다가 기억이 그것을 할 수 있는 것은 바로 과거는 이미 창조된 것, 죽은 것의 성격을 가지고, 더 이상 창조와 생명의 성격을 띠지 않기 때문이다. 그때 다가올 계기는 지나간 계기가 되는 것으로 끝나기 때문에, 우리는 다가올 지속은 지나간 지속과 동일하〔게〕 취급〔될 수 있다는 것〕을 포함하며, 지속이 지금부터 전개될 수 있고, 미래가 말려서 이미 화폭에 그려진 것으로 있다고 확신한다. 착각인 것은 분명하지만 인간 정신만큼이나 지속될 자연적이고 뿌리 뽑을 수 없는 착각이다.

시간은 창조(invention)**이거나 아니면 아무것도 아니다.** 그러나 창조로서의 시간에 대해 물리학은 영화적 방법에 구속되어 있기 때문에 고려할 수가 없다. 그것은 시간을 구성하는 사건들 사이의 동시성과 그 궤적 위에서의 동체 T의 위치들을 세는 것으로 만족한다. 그것은 매순간 새로운 형태를 취하며 그 새로움의 뭔가를 전달하는 전체로부터 사건들을 떼 낸다. 그것들을 추상적 상태에서, 살아 있는 전체의 밖에 있을 것으로서, 즉 공간에서 전개된 시간으로서 고찰한다. 물리학은 이처럼 너무 깊은 왜곡을 겪게 하지 않고서도 고

시간 속에서의 상호침투의 연속성이나 계기를 돌려준다. 이때 "상호침투의 연속성"이란 모든 것이 공간에서처럼 병치되지 않고 상호침투하며 그것은 단절되는 것이 아니라 연속적인 것으로서 나타난다.

립시킬 수 있는 사건들이나 사건들의 체계만을 파지한다. 그것들만이 물리학의 방법의 적용에 준비가 되어 있기 때문이다. 우리의 물리학은 〔그와〕 유사한 체계를 고립시킬 줄 아는 날이 탄생일이다. 결론적으로 **근대 물리학이 시간의 임의적 순간을 고찰한다는 점에서 고대 물리학과 구별된다면 그 전체가 창조로서의 시간**(temps-invention)**을 길이로서의 시간**(temps-logueur)**으로 대체한다는 것에 놓여 있다.**

그러므로 그런 물리학과 평행하여 물리학이 달아나도록 남겨 두었던 것을 파지했을 두 번째 종류[104]의 인식이 구성되어야 했을 것으로 보인다.[105] 지속의 플럭스 자체에 대해 과학은 영화적 방법에 342 매여 있어서 영향력을 가지기를 원하지도, 원할 수도 없었다. 〔그것을 원했다면〕 그런 방법에서 벗어났을 것이다. 정신에 대해 그것이 가장 애착을 갖는 습관들을 포기하라고 요구했을 것이다. 공감의 노력에 의해 생성의 내부로 옮겨갔을 것이다. 동체가 어디에 있고, 한 체계가 어떤 형태(configuration)를 가질 것이며, 한 변화가 임의의 순간에 어떤 상태로 지나갈 것인지를 더 이상 자문하지 않았을 것이다. 즉, 우리 주의의 정지에 불과한 시간의 순간들은 제거되었을 것이다. 따르려고 시도되었을 것은 시간의 흐름, 즉 실재의 흐름

---

104 베르크손 자신의 인식, 지속의 철학.

105 A. François는 이것이 지속의 철학이 등장할 수 있었으나 실패한 첫 번째 경우라고 말한다(*Ech.*, 514쪽, 주 190). 이런 경우는 앞으로 두 번 더 등장하는데 하나는 칸트의 경우(아래의 357-358쪽과 주 129)이고 하나는 스펜서의 경우(362-363쪽과 주 139)이다.

자체이다. 첫 번째 종류의 인식은 우리에게 미래를 예견하게 하고, 어느 한도 내에서 사건의 주인으로 되게 하는 이 점을 가지고 있다. 반대로, 그것은 움직이는 실재로부터 있을지 모르는 부동성, 즉 우리 정신에 의해 그것에 대해 취해진 관점만을 파지한다. 그것은 실재적인 것을 상징화하고 그것을 표현하기보다는 인간적인 것으로 옮겨 놓는다.[106] 다른 인식은 그것이 가능하다면 실용적으로 무용할 것이며, 자연에 대한 우리의 제국을 넓히지 않을 것이고, 심지어 지성의 어떤 자연적 열망들에 반대할 것이다. 그러나 그것이 성공한다면 결정적 포옹으로 그것이 감싸 안을 것은 실재 자체이다. 그에 의해 움직이는 것에 자리 잡는데 익숙하게 함으로써 지성과 물질에 대한 인식을 완성할 뿐만 아니라 그것과 보완적인 다른 능력을 발전시킴으로써 실재의 다른 반쪽에 대한 시야도 열 것이다. 왜냐하면 진정한 지속에 대한 대면을 다시 찾자마자 그것이 창조라는 것과, 해체되는 것이 지속한다면 그것의 이루어지는 것과의 유대에 의한 것일 수밖에 없음을 보기 때문이다.[107] 그러므로 우주의 연속적인 증가의 필연성, 즉 실재적인 것의 **생명**이 나타날 것이다. 그리고 이때서부터 우리가 이 혹성의 표면에서 만나는 생명, 즉 우주의 생명과 동일한 방향이며 물질성과 반대 방향으로 향한 생명을 다른 측면에서 생각할 것이다. 결국 지성에 직관이 결합될 것이다.

---

106 "인간적인 것"이란 인간의 실용에 맞는 것, 인간 지성적인 것이란 뜻이다.

107 "해체되는 것"이란 물질을 말하며 "이루어지는 것"이란 지속, 즉 생명을 말한다. 그러므로 이 문장은 물질이 생명과 유대 되어 있다는 것을 본다는 말이다.

그것을 더 반성할수록 더욱더 형이상학에 대한 그런 견해는 근대
343 과학이 암시하는 것임을 발견할 것이다.

아닌 게 아니라 고대인들에게 시간은 이론적으로 무시할 수 있는
것이다. 한 사물의 지속은 그 본질의 퇴락을 나타낼 뿐이기 때문이
다. 그런 부동의 본질을 학문은 다룬다. 변화는 자신의 고유한 실현
을 향한 한 형상의 노력에 불과하기 때문에 그 실현을 아는 것이 우
리에게 중요한 모든 것이다. 아마도 실현은 결코 완전하지 않을 것
이다. 그것은 고대 철학이 우리는 질료 없이는 형상을 지각하지 못
한다고 말하면서[108] 표현하는 것이다. 그러나 우리가 변화하는 대
상을 어떤 본질적 순간, 그 절정에서 생각한다면 우리는 그것이 그
것의 가지적 형상을 **스친다**(frôle)고 말할 수 있다. 그런 가지적이고,
이상적이며, 말하자면 극단의 형상을 우리 학문이 탈취한다. 그리
고 그것이 이처럼 금화를 가질 때 학문은 변화인 잔돈도 뛰어나게
가진다. 변화는 존재보다 적은 것이다. 그것을 대상으로 취할 인식
은 그것이 가능하다고 가정하면 학문보다 적은 것일 것이다.

그러나 시간의 모든 순간들을 동일한 열에 위치시키고 본질적 순
간도, 정점도, 절정도 인정하지 않는 과학에게 변화는 더 이상 본질
의 감소가 아니며, 지속도 영원성의 물 타기가 아니다. 시간의 플럭
스는 여기서 실재 자체가 되고, 연구되는 것은 흐르는 사물이다. 흐
르는 실재에 대해 스냅 사진을 찍는 데에 만족하는 것은 사실이다.
그러나 바로 그런 이유로 과학적 인식은 그것을 보충할 다른 것을

---

108 가령 아리스토텔레스, 『영혼론』, III, 429b10-22; III, 431b24-432a8에서.

불러야 할 것이다. 과학적 인식에 대한 고대의 견해가 시간을 퇴락으로, 변화를 모든 영원성으로 주어진 형상의 감소로 만드는 데에 이르렀던 반면, 반대로 새로운 견해를 따르면서 시간에서 절대의 점진적인 증가를, 사물의 진화에서 새로운 형태들의 계속적인 창조를 보는 데에 이르렀을 것이다.

그것은 사실 고대인들의 형이상학과 단절하는 일이었을 것이다. 344 고대인들은 결정적으로 아는 유일한 방식밖에 알아차리지 못했다. 그들의 과학은 흩어지고 조각난 형이상학에서 성립했고, 그들의 형이상학은 집중되고, 체계적인 과학에서 성립했다. 그것들은 기껏해야 동일한 유의 두 종류였다. 반대로 우리가 자리 잡은 가설에서는 과학과 형이상학이 보완적일지라도 반대되는 인식의 두 방식일 것이다. 전자는 순간들, 즉 지속하지 않는 것만을 취하고, 후자는 지속 자체에 관계되는 것으로서. 형이상학에 대한 그렇게 새로운 견해와 전통적 견해 사이에서 망설이는 것은 자연스러웠다. 고대 과학에 대해 시도되었던 것을 새로운 과학에 대해 다시 시작하고, 자연에 대한 우리의 과학적 인식을 즉시 완성된 것으로 가정하며, 그것을 완전히 통일하여 그런 통일에 그리스인들이 이미 했던 것처럼 형이상학의 이름을 부여하려는 유혹은 심지어 컸음에 틀림없었다. 그러므로 철학이 열 수 있었던 새로운 길 옆에 고대의 것이 열린 채 남아 있었다. 그것은 물리학이 걸었던 길 자체였다. 그리고 물리학이 시간에 대해 공간에서 단번에 또한 잘 진열될 수 있었던 것만을 파지하는 것처럼 그런 방향으로 들어 선 형이상학은 반드시 시간이 아무것도 소멸시키지 않는다는 듯이, 지속이 아무 효능도 가지지 않는다는 듯이 일을 처리함에 틀림없었다. 근대인들의 물리학과 고대인들의 형이상학처럼 영화적 방법에 속박되어 그것은 출발에서 묵시적으로 인정되고 방법 자체에 내재하는 다음의 결론에 도달했다. 즉, **모든 것은 주어져 있다**는.

형이상학이 우선 두 길 사이에서 망설였다는 것은 부인할 수 없는 것으로 보인다. 데카르트주의에서 오락가락은 눈에 보인다. 한편으로 데카르트는 보편적 기계론을 긍정한다. 그런 관점에서 운동은 상대적일 것이고[*1] 시간은 바로 운동만큼의 실재성을 가지기 때문에 과거, 현재, 미래는 모든 영원성으로 주어져야 했다. 그러나 다른 한편(그리고 그렇기 때문에 철학은 그 극단적 결과까지 가지 않았다) 데카르트는 인간의 자유 의지를 믿었다. 그는 물리적 현상의 결정론에 인간 행동의 비결정성을 겹치고, 따라서 길이로서의 시간에 창작, 창조, 진정한 계기가 있는 지속을 겹쳤다. 그런 지속을, 그는 창조 행위를 끊임없이 다시 시작하며 이처럼 시간과 생성에 접하여 그것들을 유지하고 그것들에게 자신의 절대적 실재의 뭔가를 필연적으로 전달하는 신에 기대게 한다. 이 두 번째 관점에 자리 잡을 때 데카르트는 운동에 대하여, 심지어 공간적 운동에 대해서도 절대인 것처럼 이야기한다.[*2]

[*1] 데카르트, 『철학의 원리들』, II, 29.
[*2] 위의 책, II, §36 이하.[109]

---

109 데카르트, 『철학의 원리들』, II, § 29; §36(김형효 역, 삼성출판사, 304; 308-309쪽) 이하의 두 부분은 *MM*, 216쪽에서도 그대로 인용되었다. 거기서

그러므로 그는 하나와 다른 길에 차례로 들어서면서 둘 중 어떤 것도 끝까지 따르지 않겠다고 결정했다. 첫 번째 길은 그를 인간에게서 자유의지와 신에게서 진정한 의지(véritable vouloir)의 부정으로 이끌었을 것이다. 그것은 모든 효능 있는 지속의 제거였으며, 초인적 지성이라면 단번에, 순간에서, 혹은 영원에서 감싸 안을 **주어진** 한 사물로 우주를 동화시키는 것이었다. 반대로 두 번째 길을 따르면서 진정한 지속의 직관이 내포하는 모든 결과들로 도달했다. 창조는 더 이상 단순히 **계속되는**(continuée) 것이 아니라, **연속적**(continue)인 것으로 나타났다.[110] 그 전체에서 생각된 우주는 진정으로 진화했다. 미래는 더 이상 현재를 따라 결정될 수 있는 것이 아니었다. 기껏해야 새로운 언어의 소리가 이전 알파벳의 글자에 의해 표현될 수 있는 것처럼[111] 일단 실현되면 미래는 선행하는

도 여기서와 마찬가지로 데카르트가 운동을 상대적인 동시에 절대적인 것으로 생각한 구절로 인용된다. 다만 여기서는 절대적인 운동이 베르크손적인 지속의 의미까지 함의하는 것으로 해석된 점이 다르다.

110 "계속되는" 것은 가운데 끊어짐이 있건 없건 이어진다는 말이고, "연속적"인 것은 끊어짐이 없이 이어진다는 뜻.

111 A. François는 Bergson, *Histoire de l'idée de temps*, 18-19쪽(*Annales bergsoniennes I*, 26-28쪽)에 나오는 프랑스어식 발음 표기를 하는 알파벳을 가지고 영어의 발음을 표기하는 방식에 관한 이야기를 이것과 접근시킨다(*Ech.*, 515쪽, 주205 참조). 거기서의 논의는 직관과 분석의 차이에 관한 것이고, 즉 발음을 내부에서 보느냐 밖에서 보느냐에 따라 다르다는 것이어서, 여기서의 논의와 조금 다르다. 여기서는 미래가 일단 실현되고 나면 선행하는 것에서 재발견될 수 있는 예로 거론된 것이므로 소리가 일단 고정되면 이전의 알파벳으로 표현될 수 있음을 말하는 것이다.

것들에서 재발견될 수 있다고 말할 수 있었다. 그때 문자들의 가치는 확장되고 이전 철자의 어떤 조합도 예견하게 할 수 없을 소리가

346 회고적으로 부여된다. 결국 기계론적 설명은 우주의 연속성 속에서 잘라 내기를 원했을 만큼의 체계로 연장될 것이라는 점에서 보편적으로 남을 수 있었다. 그러나 기계론은 그때 **이론**이기보다는 **방법**으로 되었다. 그것은 과학이 영화적 방식으로 진행해야 한다는 것과 그 역할은 사물의 흐름의 리듬을 구획하는 것이지 거기에 삽입되는 것[112]이 아님을 표현했다. 그와 같은 것이 철학에 제공된 형이상학에 대한 두 대립된 견해였다.

　사람들이 향한 것은 첫 번째의 길이었다. 그런 선택의 이유는 아마 영화적 방법, 우리 지성에 너무도 자연스럽고, 또한 우리 과학의 요청에 너무도 잘 부합하여 형이상학에서 그것을 포기하기에는 그 사변적 무능을 두 배나 확신해야 하는[113] 방법에 따라 진행하려는 정신의 경향이다. 그러나 고대 철학의 영향도 역시 거기에 뭔가 있었다. 영원히 감탄할 만한 예술가인 그리스인들은 그 매력〔의 영향〕을 받지 않기가 어려운 감각적 미처럼[114] 초감각적인 진리의 전

---

112 "삽입된다"는 것은 그 속에 녹아들어가는 것, 사물 자체와 하나가 된다는 것을 의미한다.

113 너무나 자연스러운 방법이어서 그것을 포기하려면 단지 그것의 사변적 무능을 그냥 확신하는 것으로 안 되고, 두 배나 확신해야 될〔지 안 될지도 모를〕 방법이라는 것.

114 감각적 미에 대한 그리스인들의 능력이 너무나 탁월하여 그 영향을 받지 않기가 어려운데, 마치 그것처럼 초감각적 진리의 전형을 만들었다는 것.

형을 창조했다. 형이상학을 학문의 체계화로 만들려는 경향을 가지자마자 플라톤과 아리스토텔레스의 방향으로 미끄러진다. 그리고 일단 그리스 철학자들이 향하는 인력의 지역으로 들어오면 그들의 궤도로 이끌린다.

그처럼 라이프니츠와 스피노자의 이론이 구성되었다. 우리는 그 이론들이 포함하고 있는 독창성의 보고를 무시하지 않는다. 스피노자와 라이프니츠는 거기에 그들 재능의 창안과 근대정신의 획득물로 풍부한 그들 영혼의 내용을 쏟아 부었다. 그리고 양쪽에게, 특히 스피노자에게는 체계를 부서지게 하는 직관의 충동이 있다. 그러나 두 이론으로부터 그들에게 생기와 생명을 주는 것을 제거하고 그것들의 뼈대만을 취하면, 데카르트적 기계론을 건너 플라톤주의와 아 리스토텔레스주의를 바라보면서 얻을 이미지 자체를 자신 앞에 가지게 된다. 새로운 물리학의 체계화, 즉 고대 형이상학을 모델로 구성된 체계화를 대면한다.

아닌 게 아니라 물리학의 통일은 무엇일 수 있었을까? 그런 과학에 영감을 주는 관념은 주어진 한 순간에 그 질점들 각각의 위치가 알려진다면 다음에는 임의의 순간에 그것을 계산할 수 있는 것과 같이 우주의 한가운데서 질점들의 체계들을 고립시키는 것이었다. 게다가 이렇게 정의된 체계들은 새로운 과학이 영향력을 가질 유일한 것이고 한 체계가 원하는 조건을 충족시키는지 아닌지를 선험적으로 말할 수 없기 때문에 **마치** 조건이 실현된 것**처럼** 항상 그리고 어디에서나 처리하는 것이 유용했다. 거기에는 완전히 적시되고 너무도 명백하여 정형화할 필요조차 없었던 방법론적 규칙이 있었다.

그도 그럴 것이 단순한 양식(bon sens)으로도 연구에 효과적인 도구를 가지고 있고 그 적용가능성의 한계를 모를 때 우리는 마치 그런 적용가능성이 한계가 없는 것처럼 처리해야 한다. 그것을 고칠 시간은 항상 있을 것이다. 그러나 철학자에게 새로운 과학의 그런 희망 또는 비약을 실체화하고(hypostasier) 방법의 일반적 규칙을 사물의 근본 법칙으로 전환하려는 유혹은 컸음에 틀림없었다. 그때 사람들은 한계로 옮겨가서 감각계 전체를 포함하는 완성된 물리학을 가정했다. 우주는 그 위치가 매순간 이전 순간에 대하여 엄밀하게 결정되고 임의의 순간에 대해 이론적으로 계산 가능한 점들의 체계가 되었다. 한마디로 보편적 기계론에 도달했다. 그러나 그런 기계론을 정형화하는 것으로 충분치 않았다. 그것을 기초 지어야 했다. 즉 그 필연성을 증명하고 이유를 제공해야 했다. 그리고 기계론의 본질적 긍정은 우주의 모든 점들, 우주의 모든 순간들 사이의 수학적 유대의 긍정이기 때문에, 기계론의 이유는 공간에서 병치된 것으로, 시간에서 계기적인 것으로 있는 모든 것이 응축되는 원리의 단일성에서 찾아져야 했다. 그때서부터 실재의 총체가 단번에 주어진 것으로 가정되었다. 공간에서 병치된 현상들의 상호 결정은 진정한 존재의 불가분성에 기인한 것이었다. 그리고 시간에서 계기하는 현상들의 엄밀한 결정성은 단지 존재의 전체가 영원에서 주어져 있다는 것을 표현했다.

그러므로 새로운 철학은 고대의 철학의 재시작이거나 또는 오히려 전이가 되려는 참이었다. 고대 철학은 한 생성이 집중되거나 그 절정을 표시하는 **개념들** 각각을 취했다. 그것들 모두가 알려져 있다고 가정했고 그것들을 유일한 개념, 아리스토텔레스의 신처럼 형성들의 형상, 이데아들의 이데아로 모았다. 그것은 다른 것들에 관해 한 생성을 조건 짓고 현상들의 영원한 기체(substrat)와 같은 각각의 **법칙들**을 취하려 했다. 그것은 법칙들이 모두 알려져 있다고 가정했을 것이고, 그것들을 탁월하게 표현하지만 아리스토텔레스의 신처럼 그리고 동일한 이유로 자신 속에 부동으로 갇힌 채 남아야 했던 단일성으로 모았을 것이다.

고대 철학으로의 그런 회귀는 큰 난점 없이 진행되지는 않았다는 것은 사실이다. 플라톤 같은 사람이나 아리스토텔레스 같은 사람, 플로티노스 같은 사람이 그들 과학의 모든 개념들을 단 하나의 개념으로 기초를 세울 때 그들은 그처럼 실재의 총체를 포괄한다. 왜냐하면 그 개념들은 사물 자체를 표현하고 적어도 그들만큼의 적극적 내용을 가지기 때문이다. 그러나 일반적으로 한 법칙은 하나의 관계만을 표현할 뿐이고 특히 물리적 법칙들은 구체적 사물들 사이의 양적 관계만을 번역한다. 그 결과 근대 철학자가 새로운 과학의 법칙들에 대해 고대 철학이 고대의 개념들에 대해 하듯이 조작한다면, 전지하다고 가정된 물리학의 모든 결론들을 단 하나로 수렴케 한다면, 현상에 있는 구체적인 것, 즉 지각된 질들이나 지각들 자체를 한쪽에 남겨두게 된다. 그것의 종합은 실재의 부분만을 포함하는 것으로 보인다. 사실상 새로운 과학의 첫 번째 결과는 실재를 두 부분, 즉 질과 양으로 자르는 것이었다. 그 중 하나는 **물체**의 계정(compte)에 관계된 것이었고 다른 하나는 **영혼**의 계정에 관계된 것이었다. 고대인들은 질과 양 사이에도, 영혼과 물체 사이에도 그와 같은 장벽을 세우지 않았었다. 그들에게 수학적 개념들은 다른 것과 같은, 다른 것과 유사하며 관념들의 위계구조에 완전히 자연적으로 삽입되는 개념들이었다. 그때 물체도 기하학적 연장에 의해 정의되지도 않았고, 영혼도 의식에 의해 정의되지 않았다. 생명체의 완성태(entéléchie)인 아리스토텔레스의 ψυχή가 우리의 "영혼"보다 덜 정신적이라면, 그것은 이미 이데아에 젖은 그의 σῶμα가 우리의 "물체"보다 덜 신체적이기 때문이다. 그러므로 두 항 사이의 분열은 아직 회복될 수 없는 것이 아니었다. 그것이 회복될 수 없는 것이 되었고 이제부터 추상적 단일성을 노렸던 형이상학은 그 종합에 실재의 절반만을 포함할 뿐이거나, 반대로 두 절반의 절대적 환원 불가능성을 이용하여 하나를 다른 것의 **번역**으로 생각하는 것을 감수해야 했다. 그것들이 동일한 언어에 속한다면, 즉 그것들 사이에 어떤 소리의 유사성을 가진다면 상이한 문장은 상이한 사물을 말할 것이다. 반대로 그것들이 두 상이한 언어에 속한다면 그것들은 바로 소리의 근본적인 상이성을 이유로 동일한 사물을 표현할 수 있을 것이다. 질과 양, 영혼과 물체에 대해서도 그러하다. 두 항 사이의 모든 결합을 끊었기 때문에 철학자들은 그들 사이에 엄밀한 평행성(parallélisme)을 세우는 데로 인도되었다. 그러한 평행성에 대해 고대인들은 그것들을 서로에 대한 도치(inversion)가 아니라 350 번역으로 간주하려고도, 결국 그들의 이원성에 근본적인 동일성을 기체로 주려고도 생각지 않았다. 사람들이 올라갔던 종합은 이처럼 모든 것을 포괄할 수 있게 되었다. 신성한 기계론이 사유의 현상들을 연장의 현상들에, 질을 양에, 영혼을 물체에 각각 상응하게 했다.

그러한 평행성을 라이프니츠와 스피노자에서 사실 상이한 형태로 발견한다 — 그들이 연장성에 부여하는 중요성이 같지 않기 때문에. 스피노자에게 사유와 연장성이라는 두 항은 적어도 원리상은 동일한 열에 놓였다. 그러므로 그것들은 동일한 원본의 두 번역, 또는 스피노자가 말하듯이 신이라 불러야 하는 동일한 실체의 두 속성[115]이다. 그리고 원의 본질이 말하자면 자동적으로 도형과 정식에 의해 번역되는 것과 같이 두 번역은 또한 우리가 모르는 언어에서의 무수한 다른 것들과 마찬가지로 원본에 의해 불러내지거나 심지어 요청되었다.[116] 반대로 라이프니츠에게 연장은 분명 아직 번역이지만 사유가 원본이며, 번역은 우리를 위해서만 만들어진 것이기 때문에 사유는 번역 없이도 지낼 수 있을 것이다. 신이 놓아지면 반드시 또한 신에 대한 모든 가능한 견해, 즉 모나드가 놓인다. 그러나 우리는 항상 한 견해는 한 관점으로부터 취해졌던 것이라 상상할 수 있으며, 우리와 같은 불완전한 정신에게는 질적으로 다른 견해들을 그 견해들이 취해졌을 관점들의 순서와 위치(질적으로 동일한)에 따라 분류한다는 것은 자연스럽다. 사실은 관점들이 존재하지 않는다. 왜냐하면 각각이 불가분의 덩어리로 주어지고 신神인 실재 전체를 자신의 방식으로 표현하는 견해들 밖에 없기 때문이다. 그러나 우리는 또한 서로 다소간 밀접한, 견해들의 유사성을 서로 상대적인 관점들의 상황에 의해, 그들의 근소近疏에 의

---

115 스피노자, 『윤리학』, 제2부 명제 I과 II.
116 스피노자, 『윤리학』, 제2부 명제 VII.

351 해, 즉 크기에 의해 상징화하는 것과 마찬가지로, 서로 유사하지 않은 다수의 관점들을 서로의 밖에 있는 다수의 관점들에 의해 번역할 필요가 있다. 그것이 라이프니츠가 공간은 공존하는 것들의 질서이며,[117] 연장성의 지각은 혼동된(즉 불완전한 정신에 상대적인) 지각이고, 모나드밖에 없다고 말하면서 표현하는 것이다.[118] 그 말은 실재하는 전체는 부분이 없으나, 매번 총체적으로(다양하게일지라도) 자신 속에서 무한히 반복되며, 모든 그런 반복은 서로 보완적이라는 뜻이다. 이렇게 하여 한 대상의 눈에 보이는 부조는 그것에 대해 모든 관점에서 취할 입체경적(stéréoscopiques)인 견해의 총체[119]와 같고, 부조에서 고체 부분의 병치를 보는 대신에 각각이 통째로 주어지고, 각각이 불가분적이며, 각각이 다른 것과 다르지만, 그러나 동일한 사물을 나타내는 그런 총체적 견해의 **상호 보완성**(complémentarité réciproque)으로 이루어진 것으로 그것을 또한 분

---

117 라이프니츠에게 공간은 객관적인 것이 아니라 공존하는 것의 질서, 즉 모나드가 보는 것이며, 그 점에서 관념적인 것이라 할 수 있다("Troisième réplique", in Recueil de lettres entre Leibnitz et Clarke, *Oeuvres phiolsophiques de Leibnitz* (pbl. par Paul Janet), Alcan, Paris, 1900, 747쪽).

118 라이프니츠에게 세계는 모나드라는 실체로 이루어지고 공간은 혼동된 지각이라는 것은 일반적으로 알려진 사실인데, 그 말은 세계 전체를 자신 속에서 자신의 관점에서 보는 모나드에게 자신의 관점이란 각자가 가진 혼동의 정도에 따라 서로 다른 관점에서 본다는 것이고 그에 따라 모나드들의 관점을 분류할 수 있다는 것이다.

119 각 모나드는 각자의 관점에서 본 부조를 나타낼 뿐이고 전체 부조를 나타내는 입체경적인 견해의 총체는 전체인 신이 나타내는 것이다.

명 생각할 수 있을 것이다. 전체, 즉 신은 라이프니츠에게 그런 부조 자체이며, 모나드는 서로 보완적인 평면적 견해이다. 그렇기 때문에 그는 신을 "관점을 가지지 않는 실체"나 또한 "보편적 조화", 즉 모나드들의 상호 보완성이라고 정의한다.[120] 요컨대 라이프니츠가 스피노자와 다른 것은 그가 보편적 기계론을 실재가 우리를 위해 취하는 모습(aspect)으로 생각한 반면, 스피노자는 그것을 실재가 자신을 위해 취하는 모습으로 생각한 점에서이다.

신에게 실재의 총체를 집중시킨 후 신에서 사물로, 영원에서 시간으로 이행하기가 그들에게는 어렵게 된 것은 사실이다. 난점은 아리스토텔레스나 플로티노스 같은 사람들보다 그 철학자들에게 심지어 훨씬 더 컸다. 왜냐하면 아리스토텔레스의 신은 세계 속에 변화하는 사물들을 완성된 상태에서나 정점에서 나타내는 이데아들의 압축과 상호 침투에 의해 획득되었기 때문이다. 그러므로 신 352 은 세계를 초월해 있었고, 사물의 지속은 그 영원 ― 지속은 그것의 약화인 ― 과 병치되었다. 그러나 보편적 기계론에 대한 고려에 의해 유도되고 그것에 기체로 봉사해야 하는 원리는 더 이상 자신 속에 개념이나 **사물들**이 아니라 법칙이나 **관계들**을 응축한다. 그런데 관계는 떨어져서 존재하지 않는다. 법칙은 변화하는 항들을 서로 연결한다. 그것은 지배하는 것에 내재한다. 그러므로 그런 모든 관계

---

120 라이프니츠에게 하나뿐인 신만이 전체적인 것이고 관점을 가지지 않으며, 창조된 모나드는 각자가 신(즉, 전체)에 대한 부분적 견해만을 가질 수 있을 뿐이기 때문에 모나드들은 모두 각자의 관점에서 신을 나타내지만 그들은 모두 서로 보완적으로 하나인 신을 나타낸다.

들이 응축되러 오고 자연의 단일성을 기초 짓는 원리는 더 이상 감각적 실재를 초월할 수가 없다. 그 원리는 실재에 내재하며, 그것이, 그 실체의 단일성으로 모이지만 시작도 끝도 없는 연쇄로 그것을 전개하도록 처단되었기 때문에 시간 속에 있으면서 동시에 시간 밖에 있다고 가정해야 한다. 그처럼 충격적인 모순을 정형화하기보다 철학자들은 두 항 중에 더 약한 것을 희생하여 사물의 시간적 측면을 순수 환상으로 간주하도록 인도되어야 했다. 라이프니츠는 고유의 용어로 그것을 말한다. 왜냐하면 그는 시간을 공간과 마찬가지로 혼동된 지각으로 만들기 때문이다. 그 모나드들의 다수성이 총체에 대해 취해진 관점의 다양성만을 표현한다면 고립된 한 모나드의 역사는 그 철학자에게 한 모나드가 자신의 고유한 실체에 대해 취할 수 있는 관점의 다수성 이외의 다른 것이라고는 거의 보이지 않는다. 그 결과 공간이 신에 대한 모든 모나드들의 관점의 총체에서 성립하듯이 시간은 자신에 대한 각 모나드의 관점들의 총체에서 성립할 것이다. 그러나 스피노자의 사상은 훨씬 덜 분명하고 그 철학자는 영원과 지속하는 것 사이에 아리스토텔레스가 본질과 우연 사이에 했던 것과 동일한 차이를 확립하려고 모색했던 것으로 보인다. 그것은 모든 것들 중에 [가장] 어려운 시도였다. 왜냐하면 아리스토텔레스의 ὕλη는 더 이상 간격을 재고 본질적인 것에서 우연적인 것으로의 이행을 설명하기 위해 거기에 있지 않았기 때문이다. 353 데카르트는 그것을 영원히 배제했다. 어쨌건 '충분한 것'과의 관계에서 '불충분한 것'에 대한 스프노자의 견해를 더 천착할수록 더 아리스토텔레스주의의 방향으로 걷고 있음을 느낀다. 라이프니츠의 모나드들이 더 분명하게 그려짐에 따라 더욱 플로티노스의 가지적인 것에 접근하려는 경향이 있는 것과 마찬가지로.*1 그 두 철학의 자연적 경사는 고대 철학의 결론으로 환원된다.

*1 1897-1898년에 꼴레즈-드-프랑스에서 했던 플로티노스에 대한 강의에서 우리는 그러한 유사성을 드러내려고 시도했다. 유사성은 다수이며 인상적이다. 유비는 이쪽저쪽에서 사용된 〔말의〕 형식에 이르기까지 계속된다.121

121 *Mélanges*(413쪽)에는 플로티노스의 제4 *Ennéades*에 대한 강독과 플로티노스의 심리학에 대한 강의를 했다는 사실만 나와 있고 그 내용은 알 수가 없다. 그러므로 본래 그 강의가 어떤 내용이었던 가는 알 수 없지만 얼마 전에 출판된 꼴레즈-드-프랑스의 강의록(*Histoire de l'idée de temps*. Cours de collège de France 1902-1903, PUF, 2016)에 의해 라이프니츠와 플로티노스의 유사성에 대한 생각이 어떠했던가는 짐작할 수가 있다. 라이프니츠는 젊었을 때 플로티노스를 읽었는데, 우선 모나드는 플로티노스의 가지계(noeta)와 유사하며 가지계의 모든 존재는 투명하다. 모든 것이 모든 것 속에 내적으로 가시적이다. 모든 존재는 자신 속에 다른 모든 것을 포함하고 있고 각 존재는 전체이다. 부분은 전체를 재생하고 전체는 자기 자신과 조화를 이룬다. 이것은 라이프니츠의 모나드에 그대로 적용된다. 둘 사이의 차이는 플로티노스에게 모든 것은 신으로부터 나오며 신은 필연적인 것이지만 라이프니츠에게 신은 그렇게 필연적이지 않고 여러 모나드가 존재할 때에만 가능하다. 또 플로티노스에게 현실계로 내려와 공간을 가지려면 어떤 감소가 필요하지만 라이프니츠에게는 다른 것이 필요하지 않고 모나드가 여럿이면 여러 관점이 생기고, 그 관점들의 공존의 질서가 곧 공간이다. 이런 차이에도 불구하고 하여간 라이프니츠가 플로티노스에게 영향을 받고 둘 사이에는 유사성이 있다는 것은 부인할 수가 없다.

요는 그 새로운 형이상학의 고대 형이상학과의 유사성은 이쪽과 저쪽이 다, 이쪽은 감각적인 것 위에 저쪽은 감각적인 것 자체의 한 가운데에 감각적인 것이 포함한 실재적인 모든 것과 일치할 하나이며 완전한 과학이 완전히 이루어진 것으로 가정한다는 데서 온다. **이쪽에 대해서도 저쪽에 대해서도 실재는 진실처럼 영원 속에서 전체적으로 주어졌을 것이다.** 이쪽저쪽 다 점점 창조될 실재, 즉 근본적으로는 절대적인 지속의 관념을 싫어한다.

게다가 과학으로부터 나온 그런 형이상학의 결론들이 일종의 수제비 뜨기에 의해 과학의 내부에까지 되튀어 올랐다는 것은 쉽사리 증명될 것이다. 우리의 모든 이른바 경험주의는 아직도 그것에 침투되어 있다.[122] 물리학과 화학은 타성적 물질만을 연구하고, 생물학은 살아 있는 존재를 물리적, 화학적으로 취급할 때 그것의 타성적 측면만을 고려한다. 그러므로 기계론적 설명은 그 발전에도 불구하고 실재의 작은 부분만을 감쌀 뿐이다. 실재의 총체가 그런 종류의 요소들로 해소될 수 있다거나 적어도 기계론이 세계에서 이루어지는 것에 대한 총체적 번역을 줄 수 있을 것이라 선험적으로 가정하는 것은 어떤 형이상학, 스피노자나 라이프니츠 같은 사람들이 원리를 놓고 결론을 끌어내었던 형이상학을 선택하는 것이다. 아닌 게 아니라 뇌의 상태와 심리적 상태의 정확한 등가를 긍정하고 몇몇 초인적 지성에게는 의식에서 일어나는 것을 뇌에서 읽을 가능성

354

---

122 이때 경험론은 베르크손처럼 실재의 전체를 연구하는 것이 아니라, 오직 타성적 존재에 대한 기계론적 탐구에 만족하는 경험론을 말한다. 지속을 탐구하지 않는 경험론이다.

을 표상하는 심리-물리학자는 17세기 형이상학으로부터는 분명히 멀고 경험과는 매우 가깝다고 스스로 믿는다. 그러나 순수하고 단순한 경험은 그와 유사한 아무것도 말하지 않는다. 그것은 신체적인 것과 정신적인 것의 상호의존과 심리적 상태를 위한 어떤 두뇌의 기체의 필요성을 보여주지만 그 이상은 아니다. 한 항이 다른 항과 유대를 가진다는 것으로부터 둘 사이에 등가성이 있다는 것은 따라 나오지 않는다. 어떤 나사가 어떤 기계에 필요하기 때문에, 나사를 놓아두면 기계가 돌아가고 제거하면 멈추기 때문에 나사가 기계와 등가물이라 말하지 않을 것이다. 대응이 등가성이기 위해서는 기계의 임의의 부분에 나사의 정해진 부분이 대응해야 할 것이다. — 각 장이 한 장을, 각 문장이 한 문장을, 각 단어가 한 단어를 번역하는 축자적 번역에서처럼. 그런데 뇌의 의식에 대한 관계는 완전히 다른 것으로 보인다. 심리적 상태와 뇌의 상태의 등가성의 가설은 우리가 이전 작업에서 증명하려고 시도했던 것처럼[123] 진정한 부조리를 포함할 뿐만 아니라, 아무 편견 없이 물어봤을 때 사실들은 한쪽의 다른 쪽에 대한 관계는 바로 기계의 나사에 대한 관계임을 분명 가리키는 것으로 보인다. 두 항 사이의 등가성을 말하는 것은 단지 스피노자나 라이프니츠의 형이상학의 주요 부분을 그것을 거의 알아들을 수 없게 만듦으로써 잘라버리는 것이다. 연장 쪽에서는 그 철학을 있는 그대로 받아들이지만 사유의 쪽에서는 훼손시킨다. 스피노자와 함께, 라이프니츠와 함께, 물질 현상의 통일적 종

---

123 이것은 물론 *MM*이다.

합을 완성된 것으로 가정한다. 거기서 모든 것은 기계적으로 설명
될 것이다. 그러나 의식적 사실에 대해서는 더 이상 종합을 끝까지
355 밀고 나가지 않는다. 중간에서 멈춘다. 의식이 자연의 이러저러한
부분과 공외연적이라 가정하지만 자연 전체와는 아니다. 그리하여
때로는 의식을 어떤 특수한 진동에 결부시키고 그것을 세계의 여기
저기에 산발적으로 놓는 "부대현상론"이나 때로는 의식을 원자가
있는 만큼의 작은 알갱이로 흩어버리는 "일원론"[124]에 다다른다. 그
러나 이 경우이든 저 경우이든 되돌아가는 것은 불완전한 스피노자
주의나 라이프니츠주의이다. 자연에 대한 그런 견해와 데카르트 주
의 사이에 게다가 역사적 중간자들을 되찾을 것이다. 18세기의 의
사 철학자들은 좁혀진 데카르트 주의와 함께 현대의 "부대현상론"
과 "일원론"의 발생에 많은 역할을 했다.[125]

---

124 A. François에 따르면 이 일원론자는 Haeckel과 그의 추종자들이라 한다
(*Ech.*, 519쪽 주 233 참조). 그러나 이 이야기가 진행되는 연대(적어도 18세
기여야 한다)로 보아 Haeckel은 너무도 후대(19세기 후반)의 사람이다. 역
자의 생각으로는 라이프니츠의 생각을 도입하여 정신 일원론을 주장한
Lotze가 아닌가 한다. 그러나 지금으로서는 이 일원론이 누구의 이론을
가리키는지는 불분명하다고 고백할 수밖에 없다.

125 오직 이 한 문단에 대해서만 "평행론과 일원론"이라는 소제목이 붙어 있
다. 일원론은 정신의 일원론으로서 라이프니츠의 모나드론에 기반을 둔
이론일 것이며, 평행론, 또는 부대현상론은 스피노자의 철학에 기반을
둔 이론일 것이다. 그러나 일원론에 대해서는 위 주 124)에서 말한 것처
럼 구체적으로 누구를 말하는지 불분명하지만 "평행론"에 대해서는 이
야기할 수 있는 자료가 있다. 최근에 출간된 꼴레즈-드-프랑스의 강의
(*Histoire des théories de la mémoire*. Cours au Collège de France 1903-1904,

그런 이론들은 이처럼 칸트의 비판에서도 머물렀던 것으로 발견된다. 아닌 게 아니라 칸트의 철학은 그 역시 실재의 총체를 포괄하는 하나이며 전체적인 과학에 대한 믿음으로 취해(imbue) 있다. 심지어 어떤 쪽에서 생각하면 그것은 근대인들의 형이상학의 연장이며 고대 형이상학의 전이에 불과하다. 스피노자와 라이프니츠는 아리스토텔레스의 예에 따라 지식의 단일성을 신에 실체화(hypostasié)했다. 칸트의 비판은 적어도 그 측면들 중 하나에서 그런 가설의 총체가 고대 과학에 그러했던 것처럼 근대 과학에 필수적인가, 아니면 그 가설의 한 부분만으로도 충분하지 않을까를 자문하는 데에서 성립한다. 왜냐하면 고대인들에게 과학은 개념들, 즉 **사물**의 종류들에 관계된 것이기 때문이다. 그러므로 모든 개념

PUF, 2018, Paris, 305-337쪽; *Annales bergsoniennes II*, PUF, Paris, 2004, 103-149쪽에 먼저 실림)의 1904년 5월 6일과 5월 13일의 강의를 보면 베르크손의 입장을 대체로 짐작할 수 있다. 거기의 논의를 따르자면 심신관계에 관한 근대 철학의 입장은 데카르트에서 말브랑쉬의 기회원인론으로, 거기서 다시 라이프니츠의 모나드론으로, 거기서 마지막으로 스피노자에 이르기까지 모두 어떤 논리적 귀결처럼 이어지는데 그들은 모두 1) 기억이 고정적이며 완성된 것으로 생각하며, 2) 그것이 뇌에 저장된다고 생각한다는 점에서 공통적이다. 이런 근대 철학자들의 생각은 그대로 18세기의 의사-철학자(Condillac, Bonnet, La Mettrie, Cabanis, Taine, 첫 번째와 두 번째 그리고 마지막은 물론 의사가 아니다)들에게도 그대로 이어진다. 다만 당시의 의학-생리학의 발달에 따라 적용되는 구체적 용어만 다를 뿐이지 그들의 입장은 모두 철학적, 선험적인 성격의 것이기 때문이라는 것이다. 이 문단에서 논의된 내용은 이러한 18세기 의사-철학자에 대한 평가이다.

들을 단 하나로 압축시키면서 그들은 필연적으로 하나의 **존재**, 아마도 사유라 부를 수 있었지만 주체로서의 사유라기보다는 객체로서의 사유였던 존재에 도달했다. 아리스토텔레스가 신을 νόησεως νόησις(사유의 사유)라 정의했을 때 그가 강조점을 둔 것은 아마도 νόησις(사유)가 아니라 νόησεως(사유의)이다. 여기서 신은 모든 개념들의 종합, 즉 이데아들의 이데아였다. 그러나 근대 과학은 법칙, 즉 관계 위에서 전개된다. 그런데 관계는 둘이나 여러 항들 사이에서 정신에 의해 확립된 관계(liaison)이다. 관계(rapport)는 관계시키는 지성의 밖에서는 아무것도 아니다. 그러므로 우주는 현상들이 지성의 필터를 통해 지나갈 때에만 법칙의 체계일 수가 있다. 아마도 그런 지성은 사물들의 물질성에 기초를 주는 동시에 그들 서로를 연결할, 인간보다 무한히 상위의 존재의 지성일 수 있을 것이다. 그와 같은 것이 라이프니츠와 스피노자의 가설이었다. 그러나 그렇게 멀리 갈 필요가 없고, 여기서 획득하는 것이 문제인 결과를 위해서는 인간 지성으로 충분하다. 그러한 것이 바로 칸트의 해법이다. 스피노자나 라이프니츠 같은 사람의 이론과 칸트의 비판 사이에는 바로 "~~해야 한다"와 "~~로 충분하다" 사이와 완전히 같은 거리가 있다. 칸트는 그리스 형이상학을 향해 너무 멀리 미끄러지게 하는 경사에서 그런 독단론을 멈춘다. 갈릴레이의 물리학을 무한히 확장할 수 있는 것으로 가정하기 위해 해야 했던 가설을 엄격한 최소한으로 감소시킨다. 그가 인간 지성에 대해 말할 때 관계되는 지성은 당신의 것도 나의 것도 아니라는 것은 사실이다. 자연의 단일성은 분명 통일하는 인간 오성으로부터 올 것이지만 여기서 수행하는 통일적 기능은 비인칭적이다. 그것은 우리의 개인적 의식에 소통되지만 그것을 넘어선다. 그것은 실체적인 신보다는 훨씬 적은 것이다. 그러나 그것은 한 인간의 고립적 작업이나 심지어 인류의 집단적 작업보다는 조금 더한 것이다. 그것은 바로 인간의 부분이 아니다. 인간의 의식이 숨 쉬는 지성성의 대기에서처럼 오히려 그 속에 있는 것이 인간이다. 원한다면 그것은 **형식적 신**(Dieu formel), 칸트에서는 아직 신적이지 않지만 그렇게 되려는 경향을 가진 어떤 것이다. 피히테에서 그것을 알아차릴 수 있다.[126] 어쨌든, 칸트에서 오성의 주요 역할은 우리 과학의 총체에 상대적이고 **인간적인** ― 이미 어느 357 정도 신적이 된 인간의 것이라 할지라도 ― 성격을 주는 것이다. 칸트의 비판은 그런 관점에서 생각하면 특히 선배들의 독단론 ― 그들의 과학에 대한 견해를 받아들이고 그것이 포함한 형이상학적인 것을 최소한으로 감소시키면서 ― 에 제한을 가하는 것에서 성립했다.

그러나 인식의 내용과 그 형식 사이의 칸트적 구별은 달랐다. 지성에서 무엇보다도 먼저 관계를 확립하는 능력을 보면서 칸트는 관계가 확립되는 항들에 초-지성적 원천을 부여했다. 그는 직접적 선배들에 대항하여 인식은 지성의 용어로 전적으로 해소되지는 않는다는 것을 인정했다. 그는 철학에, 그러나 그것을 수정하고 다른 차원으로 옮기면서 데카르트주의자들에 의해 포기되었던 데카르트 철학의 본질적인 그 요소를 다시 통합시켰다.[127]

---

126 A. François에 따르면 피히테가 나이 듦에 따라 그의 "자아"는 신적이 되려는 경향을 가진다(*Ech.*, 520쪽, 주 240 참조).

그에 의해 그는 인식의 초-지성적 내용에 직관이라는 상위의 노력에 의해 놓이게 된 새로운 철학으로의 길을 열었다.[128] 그런 내용과 일치하고 동일한 리듬과 동일한 운동을 채택하면서 의식은 반대되는 방향의 두 노력에 의해 차례로 상승하고 하강하면서 실재의 두 형태, 즉 신체와 정신을 더 이상 밖으로부터 알아차리는 것이 아니라 안으로부터 파악할 수는 없었을까? 그 이중적 노력은 가능한 한도 내에서 절대를 다시 살게 하지 않을까? 게다가 그 수행의 도중에 지성이 저절로 일어나서 정신의 전체에서 잘려지는 것을 볼 것처럼 지적 인식은 그때 한정되지만 더 이상 상대적이지 않는 것으로서 그것이 그런 것대로 나타날 것이다.

그와 같은 것이 칸트주의가 재생된 데카르트주의에 보여줄 수 있었던 방향이었다. 그러나 그런 방향으로는 칸트 자신이 들어서지 않았다.[129]

---

127 기계론과 순수 지속으로 향하는 두 방향 중 데카르트주의자들에 의해 포기되었던 것은 후자의 방향이다(위의 345-346쪽을 보라). 칸트는 이 방향으로 갈 수도 있었다. 그러나 다음 주 128)에 나오듯 거기에 실패한다.

128 이때 초-지성적 영역이란 칸트의 선험적 변증론을 말한다. 그러니까 여기서 베르크손이 말하는 칸트의 "지성"은 오성(Verstand)를 가리키고 "초-지성"은 이성(Vernunft)을 가리킨다. 그것이 제대로 수행되었으면 순수 지속을 파악하려는 철학으로 들어설 수도 있었다는 것이 베르크손의 평가이다.

129 A. François에 의하면 이것이 지속의 철학으로 들어갈 수 있었는데도 실패한 두 번째 경우이다(Ech., 520쪽, 주 245). 첫 번째는 근대 과학의 경우(위의 341-346쪽, 주 105) 참조)이며 세 번째는 스펜서의 경우(아래의 362-363쪽, 주 139) 참조)이다.

그는 그리로 들어서길 원하지 않았는데, 왜냐하면 인식에 초-지
성적 내용을 부여하면서 그는 그런 내용이 지성과 공외연적이거나 358
지성보다 더 좁은 것이라 믿었기 때문이다. 이제부터 그는 더 이상
지성을 그 자체로서 잘라 내는 것도 따라서 오성과 그 범주들의 발
생을 재추적하는 것도 생각할 수 없었기 때문이다. 오성의 틀과 오
성 자체는 그런 것으로서 완전히 이루어진 것으로 받아들여져야 했
다. 우리 지성에 제시된 내용과 그런 지성 자체 사이에 어떠한 친족
성도 없었다. 그 둘 사이의 일치는 지성이 그 형식을 내용에 부과했
다는 것에서 왔다. 그 결과 인식의 지성적 형식을 일종의 절대로 놓
고 그것을 발생하게 하는 것을 단념해야 했을 뿐 아니라 그런 인식
의 내용 자체가 그 본래의 순수성에서 도달하기를 원하기에는 너무
도 지성에 의해 빻아진(trituré) 것으로 보였다. 그것은 '물 자체'가
아니었고 우리의 대기를 통한 굴절에 지나지 않았다.

이제 왜 칸트가 우리 인식의 내용이 그 형식을 넘는다고 믿지 않
았는가를 자문하면 다음과 같은 것을 발견한다. 자연에 대한 우리
의 인식에 대해 칸트가 행한 비판은 우리 과학의 주장이 정당화된
다면 우리 정신이어야 할 것과 자연이어야 할 것을 나누는 것에서
성립했다. 그러나 그런 주장 자체에 대해서는 비판을 하지 않았다.
그것은 주어진 것의 모든 부분을 동일한 힘으로 죄고, 모든 부분에
서 동일한 견고함을 나타내는 하나의 체계로 그것들을 조율할 수
있는, 하나의 과학에 대한 관념을 논의도 없이 받아 들였다는 것을
의미한다. 『순수이성비판』에서 그는, 물리적인 것에서 생명적인 것
으로, 생명적인 것에서 심리적인 것으로 감에 따라 과학이 점점 덜

객관적이고 점점 더 상징적이 된다고 판단하지 않았다.[130] 그의 눈에 경험은 상이하고 아마도 반대되는 두 방향으로, 하나는 지성의 방향과 일치하고, 다른 것은 반대인 방향으로 움직이지 않는다. 그에게는 **하나의** 경험만이 있고, 지성이 그 모든 범위를 덮는다. 그것이 칸트가 우리의 모든 직관은 감성적이거나 다른 용어로는 지성이하의 것이라 말하면서 표현하는 것이다. 그리고 아닌 게 아니라 그것이 우리 과학이 모든 부분에서 같은 객관성을 나타낸다면 받아들여야 할 것이다. 그러나 반대로 과학이 물리적인 것에서 생명적인 것을 통해 심리적인 것으로 감에 따라 점점 덜 객관적이고, 점점 더 상징적이 된다고 가정해 보자. 그때는 한 사물을 상징화하기 위해 그것을 분명 어떤 방식으로 지각해야 하기 때문에 심리적인 것과 더 일반적으로 생명적인 것의 직관, 지성이 아마도 옮기고 번역할 것이지만 그럼에도 불구하고 지성을 능가할 직관이 있을 것이다. 다른 말로 하면 초-지성적인 직관이 있을 것이다. 그런 직관이 존재한다면 더 이상 단지 외적이고 현상적인 인식이 아니라 정신의 자기 자신에 의한 소유가 가능하다. 〔거기에〕 분명 더하여 우리가 그런 종류의, 즉 지성외적(ultra-intellectuelle)인 직관을 가진다면 감성적 직관은 아마도 적외선이 자외선과 그런 것처럼 어떤 중간자에 의해 지성외적인 직관과 연속되어 있을 것이다. 그러므로 감성적 직관은 그 자체 곧 드러날 것이다. 그것은 더 이상 단지 파악할 수 없는 물자체의 유령에만 도달하지 않을 것이다. 그것이 우리에게

---

130 이러한 논의는 위의 195-201쪽에도 거의 그대로 나온다.

들어가게 해 줄 것은(거기에 필수불가결한 어떤 수정만 가해진다면) 아직 절대 속이다. 그 속에서 우리 과학의 유일한 내용을 보는 한 모든 과학에 뭔가 상대적인 것이 되 솟아났고, 그 상대성이 정신에 대한 과학적 인식에 충격을 주었다. 그리고 이제부터 물체에 대한 과학의 시작인 물체에 대한 지각은 그 자체 상대적인 것으로 보였다. 그러므로 감성적 직관은 상대적인 것으로 보였다.[131] 그러나 다양한 과학 사이의 구별을 한다면, 정신에 대한(따라서 또한 생명적인 것에 대한) 과학적 인식에서 물체에 적용되면 전혀 상징적이지 않은 어떤 방식의 인식의 다소간 인공적인 확장을 본다면, 사태는 더 이상 동일하지 않다.[132] 더 멀리 가보자. 이처럼 상이한 질서의 두 직관(게다가 두 번째의 것은 첫 번째 것의 방향을 뒤집음으로써 얻어지는)이 있고 지성이 자연적으로 관계되는 것은 두 번째의 것이라면 지성과 그런 직관 자체 사이에 본질적 차이가 없다.[133] 감각적 인식의 내용과 그 형식 사이의 장벽은 감성의 '순수 형식'과 오성의 범주들 사이에서처럼 낮추어진다. 지적 인식(그 고유의 대상에 제한된)의 내

360

---

131 앞의 "그 속에서 우리 과학의 유일한 내용을 보는 한……"에서부터 여기까지 여러 문장이 과거인 것은 칸트가 잘못 보았기 때문에 생기게 된 상대성의 오류를 이야기하는 부분이다. 칸트가 그랬기 때문에 그런 잘못이 나왔다는 것을 과거형으로 말하는 것이다.

132 물체를 잘라서 보듯 정신도 잘라서 보는 습관을 지성은 가지는데, 그것이 바로 물체를 보는 "어떤 방식의 인식의 다소간 인공적인 확장"이다. 정신도 물체처럼 본다는 것이다.

133 위에 나오는 두 번째 직관, 감각적 직관과 지성 사이에는 본질적 차이가 없다는 것이다.

용과 형식이 상호 적응에 의해, 지성은 물체성에 따라, 물체성은 지성에 따라 주조되면서, 서로를 낳는 것을 본다.

그러나 직관의 그런 이원성을 칸트는 받아들이기를 원하지도, 받아들일 수도 없었다. 그것을 받아들이기 위해서는 지속에서 실재의 원단 자체를 보고, 따라서 사물의 실체적인 지속과 공간에 흩어져 있는 시간 사이를 구별해야 했을 것이다. 공간 자체에서 그리고 그것에 내재하는 기하학에서 물질적 사물이 발전되고 있지만 [완전히] 발전되지는 않은 방향에서 한 이상적 항[134]을 봐야 했을 것이다. 『순수이성비판』에 문자적으로도 그리고 아마 또한 정신적으로도 이보다 더 반대되는 것은 없다. 아마도 여기서 인식은 우리에게 항상 열려 있는 목록으로, 경험은 무한히 계속되는 사실들의 밀려옴으로 나타날 것이다. 그러나 칸트에 따르면 그 사실들은 한 국면에서 점점 흩어진다. 그것들은 서로 외적이며 정신에도 외적이다. 안으로부터의 인식, 일단 솟아난 다음에 잡는 대신에 솟아남 자체에서 잡는, 그리하여 공간과 공간화된 시간의 아래를 파는 인식에 대해서는 결코 문제가 되지 않는다. 그러나 우리 의식이 우리를 위치시키는 것은 분명 그러한 차원 아래에서이다. 거기에 진정한 지속이 있다.

그런 쪽에서도 역시 칸트는 그의 선배들과 충분히 가깝다. 시간을 초월한 것(l'intemporel)과 구별되는 순간들로 흩어진 시간 사이

361

---

134 순수 공간을 말한다. 물질은 순수 공간으로 향하지만 완전히 순수 공간이 되지는 못한다(위의 203-205쪽 참조).

에 그는 중간을 인정하지 않는다. 그리고 시간을 초월한 것으로 우리를 옮겨놓는 직관이 없기 때문에 모든 직관은 이처럼 정의 상 감성적 존재가 된다. 그러나 공간에 흩어진 물리적 존재와 형이상학적 독단론이 말한 것과 같은 개념적이고 논리적인 존재일 수밖에 없을 시간을 초월한 존재 사이에 의식과 생명을 위한 자리가 없을까? 거부할 수 없이 있다. 순간들에서 출발하여 그것들을 지속으로 연결하는 대신에 거기서부터 순간들로 가기 위해 지속에 자리 잡자마자 그것을 알아차린다.

그러나 칸트의 직접적인 계승자들이 칸트적 상대주의를 벗어나기 위해 향한 것은 시간을 초월한 직관 쪽이다. 아닌 게 아니라 생성, 진보, 진화의 관념은 그들의 철학에 큰 자리를 차지한 것으로 보인다. 그러나 지속이 진정으로 어떤 역할을 하는가? 실재 지속은 각 형태가 거기에 뭔가를 덧붙이면서 이전의 형태들로부터 파생되며 그것이 설명될 수 있는 한도에서 이전 것들에 의해 설명되는 지속이다. 그러나 그런 형태를 직접적으로 그것이 나타낸다고 가정된 전반적 존재(l'Être global)로부터 연역하는 것은 스피노자주의로 되돌아가는 것이다. 그것은 라이프니츠와 스피노자처럼 지속에 모든 효과 있는 행동을 거부하는 것이다. 후기-칸트주의의 철학은 기계론적 이론에 아무리 엄격할 수 있었다 할지라도 기계론으로부터 모든 종류의 실재에 대해 동일한 유일한 하나의 과학이라는 관념을 받아들인다. 그리고 그것은 자신이 생각하는 것보다는 그런 독단론에 더 가깝다. 왜냐하면 물질, 생명, 사유에 대한 고찰에서 기계론이 가정했던 복잡성의 연속적인 정도를 한 관념의 실현의 정도[135]나

의지의 객관화의 정도[136]로 대체한다면 그것은 아직도 정도에 대해
말하는 것이고 그런 정도는 존재가 단일한 방향으로 지나간 사다리
의 정도이기 때문이다. 요는 그것은 자연에서 기계론이 거기서 구별
해낸 것과 동일한 분절을 구별해 내는 것이다. 기계론으로부터 그것
은 모든 구상을 간직한다. 그것은 거기에 단지 다른 색깔을 넣는다.
그러나 다시 해야 할 것은 구상 자체거나 적어도 구상의 절반이다.

그를 위해서는 칸트의 계승자들의 방법이었던 구성의 방법을 단
념해야 할 것이다. 경험 — 정화된, 즉 우리 지성이 사물에 대한 우리 행
동의 진보에 따라 구성했던 틀을 필요한 곳에서 떨쳐버린 경험 — 에 호
소해야 할 것이다. 그런 종류의 경험은 시간을 초월한 경험이 아니
다. 그것은 단지 우리가 부분들 사이의 끊임없는 재배열을 본다고
믿는 공간화된 시간을 넘어서 전체의 근본적인 재주조(refonte)가
끊임없이 이루어지는 구체적 지속을 찾는다. 그것은 실재를 그 모
든 굴곡에서 따른다. 그것은 구성의 방법처럼 점점 더 높은 일반화,
즉 거창한 건축물의 포개진 단계들로 우리를 인도하지 않는다. 적
어도 그것은 그것이 암시하는 설명들과 설명하는 것이 문제인 대상
들 사이의 놀이를 남겨놓지 않는다. 그것이 밝힌다고 주장하는 것
은 실재의 세부이지 더 이상 단지 총체가 아니다.

19세기의 사유가 자의가 제거되고 특수한 사실들의 세부로 내려

---

135 헤겔을 말하는 것이다. *PM*, "I2", 49쪽 참조.
136 쇼펜하우어를 말하는 것이다. *PM*, "I2", 49쪽 참조.

갈 수 있는 그런 종류의 철학을 요구했다는 것은 의심스러운 것이
아니다. 또한 논박할 수 없이 그것은 그런 철학이 우리가 구체적 지
속이라 부르는 것에 정착해야 한다는 것을 느꼈다. 정신과학의 도
래, 심리학의 진보, 생물 과학에서 발생학(embryologie)의 증가하
는 중요성 등 그 모두는 내적으로 지속하는, 지속 자체인 실재의 관
념을 암시하는 것이 틀림없었다. 또한 지각가능성을 향한 물질의
진보가 합리성을 향한 정신의 진보와 동시에 다시 그려지고, 내적 363
인 것과 외적인 것 사이의 일치의 복잡화가 정도를 더하여 추적되
며, 마지막으로 변화가 사물의 실체 자체가 될 진화의 이론을 선언
하는 사상가가 나타날 때 모든 시선은 그를 향해 돌려졌다.[137] 스펜
서의 진화론이 동시대의 사유에 미친 강력한 매력은 거기서부터 온
다. 스펜서가 칸트로부터 아무리 멀어 보인다 할지라도, 게다가 그
가 칸트주의에 대해 아무리 무지했다 할지라도, 그럼에도 불구하고
그는 생물과학과 한 첫 번째 접촉에서 어떤 방향으로 철학이 칸트
의 비판을 고려하며 행진을 계속할 수 있을 것인가를 느꼈다.[138]

---

137 "지각가능성을 향한 물질의 진보가 합리성을 향한 정신의 진보와 동시에
다시 그려진다"는 것을 A. François는 EC의 제 3장이 시도한 과제라고 했
는데(Ech., 522쪽 주 273), 그보다는 스펜서의 철학의 내용이라 하여야 한
다. 그러한 것이 스펜서 철학의 일반 내용이라는 것은 이미 주지의 사실
이지만, 특히 Les premiers Principes, tr. par Cazelles, 7e éd., Alcan, 1894,
제2부 3장과 4장, 138-158쪽에서 읽을 수 있으며, 나머지 두 내용도 같은
책, 제2부 14장-18장, 276-359쪽과 Principes de la psychologie 1, tr. par
Ribot et Espinas. nouv. éd., Alcan, Paris, 1892, 2부 1장, 145-163쪽과 3
부의 9장, 405-413쪽에서 읽을 수 있다.

그러나 그가 그 길로 접어들자마자 끝나버렸다.[139] 그는 발생을 재 추적한다고 약속했지만 완전히 다른 것을 하고 말았다. 그의 이론은 분명 진화론이라는 이름을 걸고 있다. 그것은 보편적 생성의 흐름을 거슬러 올라가서 다시 내려온다고 주장했다. 사실은 생성에 대해서도 진화에 대해서도 문제가 되지 않았다.

우리는 그 철학의 깊은 시험에 들어갈 필요가 없다. 단지 **스펜서의 방법의 일반적인 인위적 조작은 진화를 진화된 것의 조각들로 재구성하는 데에서 성립한다**고 말하자. 종이판에 어떤 이미지를 붙이고 다음으로 그 종이판을 조각들로 자른다면 작은 종이 조각들을 그래야 하는 대로 모으면 그 이미지를 재구성할 수 있을 것이다. 퍼즐의 조각들을 그처럼 작업하며 형태 없는 이미지의 조각들을 병치하여 끝내는 채색된 멋진 그림을 얻는 아이는 아마도 자신이 그림과 색채를 **생산한** 것으로 생각할 것이다. 그리고 하지만 색칠하는 행위는 이미 그려져 있고 이미 색칠된 이미지의 조각들을 모으는 행위와 아무런 관계가 없다. 마찬가지로 진화의 가장 단순한 결과들(résultats)을 서로 구성하면서 그것의 가장 복잡한 결과들(effets)을

---

138 생물학과의 접촉에서 순수 지속으로 향하는 방향을 생각했을 것이고, 그것은 칸트가 전개한 선험적 변증론을 제대로 실행해야겠다는 "칸트의 비판을 고려하며 행진을 계속할 수 있을 것인가"를 느끼게 했을 것이라는 말이다.

139 A. François에 따르면 이것이 베르크손적인 직관 철학으로 나갈 수 있었던 순간의 세 번째 실패이다(*Ech.*, 522쪽, 주 274 참조). 다른 두 번은 341-346쪽(주 105) 근대 과학에서, 357-358쪽(주 129)의 칸트에서이다.

그럭저럭 흉내 낼 것이다. 그러나 이것에 대해서도 저것에 대해서도[140] 그 생성을 다시 추적한 것이 아닐 것이며 그렇게 진화된 것에 진화된 것을 덧붙이는 것은 진화 자체의 운동과 전혀 유사하지 않을 것이다.

그러나 그와 같은 것이 스펜서의 착각이다. 그는 실재를 현재 형 364 태로 취한다. 그것을 부수고 조각들로 흩어서 바람에 던진다. 다음으로 그 조각들을 "집합시키고" 그 "운동을 쏠어낸다."[141] 모자이크의 작업에 의해 전체를 흉내 낸 후 자신이 그것의 그림을 다시 그렸고 발생을 이루었다고 생각한다.

물질이 문제인가? 그가 보일 수 있고 만질 수 있는 물체들로 통합한 분산된 요소들은 완전히 그가 우선 공간을 통해 흩어진 것으로 가정하는 단순한 물체들의 미립자 자체인 것으로 보인다. 그것들은 하여간 '질점들'이며 따라서 불변의 점, 진정으로 작은 고체들이다. 마치 고체가 우리와 가장 가깝고 우리가 가장 다룰 수 있는 것이기 때문에 물질성의 원천에 있을 수 있는 것처럼![142] 물리학이 진보할수록 그것은 더 모든 물체의 개연적인 기반인 에테르나 전기성의 특성을 우리가 지각하는 물질의 특성을 모델로 표상하는 것의 불가

---

140 이것은 문맥상 앞의 결과들(résultats)과 뒤의 결과들(effets)을 가리킨다고 할 수밖에 없다.

141 Spencer, *Les premiers Principes*, tr. par Cazelles, 7e éd., Alcan, 1894, 도처에서.

142 Spencer, *Les premiers Principes*, tr. par Cazelles, 7e éd., Alcan, 1894, 제2부 3장과 4장, 138-158쪽.

능성을 보여준다. 그러나 철학은 우리 감각에 의해 현상들 사이에
파악된 관계들의 단지 도식적 구조에 불과한 에테르보다 더 올라간
다. 그것은 사물에 있는 보일 수 있는 것과 만질 수 있는 것은 사물
에 대한 우리의 가능적 행동을 나타낸다는 것을 잘 알고 있다. 진화
된 것을 나누면서 진화하는 것의 원리에 닿지는 않을 것이다. 진화
된 것을 진화된 것과 재구성하면서 진화 — 진화된 것은 그 종착점이
다 — 를 재생산할 수는 없을 것이다.

　정신이 문제인가? 반사와 반사의 구성에 의해 스펜서는 차례로
본능과 합리적 의지를 낳는다고 믿는다.[143] 그는 특수한 반사가 공
고한 의지와 동일한 자격으로 진화의 한 종점이기 때문에 처음부
터 가정될 수 없을 것이라는 사실을 보지 않는다. 두 항 중 첫 번째
는 다른 것보다 더 빨리 결정적 형태에 도달했다는 것은 매우 그럴
듯하다. 그러나 양쪽 다 진화적 운동의 보관소(dépôt)이며 진화적
365　운동 자체는 첫 번째 것에만 따라서도 오직 두 번째 것에만 따라서
도 마찬가지로 설명되지 않는다. 반사와 의지적인 것을 섞는 것으
로 시작해야 할 것이다. 다음으로 그 두 형태로 달려가며 아마도 그
둘 중 아무것도 아니면서 서로의 성격을 가지는 유동적 실재를 찾
으러 가야 할 것이다. 동물 단계의 가장 낮은 정도에서, 즉 구별되
지 않는 원형질 덩어리로 환원되는 생명체에서 자극에 대한 반응
은 반사에서처럼 정해진 장치를 아직 작동시키지 않는다. 그것은

143　Spencer, *Principes de la psychologie 1*, tr. par Ribot et Espinas. nouv. éd.,
　　　Alcan, Paris, 1892, 4부의 4장과 5장, 9장, 455-466쪽, 537-548쪽.

아직 의지적 행동에서처럼 정해진 여러 장치들 사이의 선택을 가지지 않는다. 그러므로 그것은 의지적인 것도 반사도 아니지만 그러나 양쪽 다를 예고한다. 우리가 임박한 위험을 피하기 위해 반¥-의지적이고 반-자동적인 운동을 수행할 때 우리는 우리 자신 속에서 진정으로 타고난 활동의 뭔가를 경험한다. 그것은 거기서 원초적 행동의 분명 불완전한 모방에 불과할지라도. 왜냐하면 우리는 그때 뇌와 연수에 이미 구성되고 이미 자리가 정해진 두 활동의 혼합에 관계된 것이기 때문이다. 반면 첫 번째 활동[144]은 단순한 것이며, 그것이 장치의 생산 자체에 의해 연수와 뇌의 장치로서 다양화된다. 그러나 그 모든 것에 대해 스펜서는 눈을 감는다. 진화 자체인 공고화(consolidation)의 점진적인 작업을 되찾는 대신에 공고화된 것을 공고화된 것과 재구성하는 것이 그의 방법의 본질적인 것이기 때문이다.

마지막으로 정신과 물질의 일치가 문제인가? 스펜서가 지성을 그런 일치에 의해 정의하는 것은 옳다. 거기서 진화의 정점을 본 것은 옳다. 그러나 그가 거기서 그런 진화를 다시 그리려고 올 때 그는 아직도 진화된 것을 진화된 것에 통합한다. 그가 그처럼 불필요한 수고를 한다는 것을 알아차리지 못하고. 즉, 현재 진화된 것의 가장 적은 단편을 가지고 그는 현재 진화된 것의 전체를 놓으며, 그가 그때 그 발생을 만들어 낸다고 주장할지라도 헛되다.

왜냐하면 스펜서에게 자연에서 이어지는 현상들은 인간 정신에 366

---

144 반사적 행동 또는 자동적 운동.

그것들을 표상하는 이미지들을 투사하기 때문이다.[145] 그러므로 현상들 사이의 관계에 표상들 사이의 관계가 대칭적으로 일치한다. 그리고 현상들 사이의 관계들이 응축되는, 자연의 가장 일반적인 법칙들은 이처럼 표상들 사이의 관계들이 통합되는 사유의 지도 원리들을 우연히 낳은 것으로 된다. 그러므로 자연은 정신에 반사된다. 우리 사유의 내적인 구조는 한 조각 한 조각 사물의 구조 자체에 일치한다. 나는 분명 그것을 원한다. 그러나 인간 정신이 현상들 사이의 관계를 표상할 수 있기 위해서는 현상들, 즉 생성의 연속성에서 잘라진, 구별되는 사실들이 아직 있어야 한다. 그리고 우리가 오늘날 보는 것과 같은, 해체의 그런 특별한 방식을 가지자마자 그것이 오늘날 그런 것과 같은 지성 또한 가지게 된다. 왜냐하면 실재가 그런 방식으로 해체되는 것은 지성에 대해, 오직 그것에 대해서만이기 때문이다. 포유류와 곤충이 자연의 동일한 측면을 알아보고 동일한 구별을 그리며 전체를 동일한 방식으로 분절한다고 생각하는가? 그러나 지적인 한에서 곤충은 이미 우리 지성의 뭔가를 가지고 있다. 각 존재는 물질계를 그의 행동이 따라야 할 동일한 선에 따라 해체한다. 그것들은 **가능한 행동의** 선들이며, 그것들은 서로 교차하면서 각 눈이 하나의 사실인 경험의 망을 그린다. 아마도 오직 집들로 구성되어 있고 도시의 길들은 집들 사이의 간격에 불과할 것이다. 마찬가지로 자연은 사실들만을 포함하고 사실들이 일단

145 Spencer, *Principes de la psychologie 1*, tr. par Ribot et Espinas. nouv. éd., Alcan, Paris, 1892, 4부의 1장, 415-429쪽.

정해지면 관계들은 단지 사실들 사이를 흐르는 선이라고 말할 수 있다. 그러나 도시에서 집의 위치와 형태, 길의 방향을 결정한 것은 토지의 점진적인 구획이다. 각 집이 있는 곳에 있고 각 길이 통하 367 는 곳으로 통하게 하는 재 구획의 특수한 방식을 이해하기 위해 관계시켜야 할 것은 그런 구획이다. 그런데 스펜서의 근본적인 잘못은 이미 구획된 경험을 가진다는 것이다. 진정한 문제는 어떻게 그 구획이 수행되었는가를 아는 것임에도 불구하고. 나는 사유의 법칙이 사실들 사이의 관계의 총체에 불과하다는 것에 동의한다. 그러나 내가 사실들을 그것들이 오늘날 나에 대해 가지는 구조와 함께 놓자마자 나는 나의 지각과 지적 작용의 능력을 그것이 오늘날 내속에서 그런 것처럼 가정하는 것이다. 왜냐하면 그것이 실재를 구획하는 능력이며 실재의 전체에서 사실들을 잘라내는 능력이기 때문이다. 그때서부터 사실들 사이의 관계가 사유의 법칙을 낳았다고 말하는 대신에 나는 또한 분명 지각된 사실의 구조와 따라서 그들 사이의 관계를 결정한 것은 사유의 형식이라고 주장할 수 있다. 두 표현 방식이 [모두] 타당하다.[146] 그것들은 결국 동일한 것을 말하고 있다. 두 번째와는 진화를 말하기를 단념한다는 것은 사실이다. 그러나 첫 번째와 함께는 진화에 대해 말하는 것에 멈추고 그것을 더 이상 사유하지 않는다. 왜냐하면 진정한 진화론은 점진적으로 얻어진 어떤 타협책(modus vivendi)에 의해 지성은 그 구조의 도

---

146 A. François는 이 두 방식이 베르크손 눈에 비치는 스펜서와 칸트의 철학이라고 주석을 달고 있다(Ech., 523쪽, 주 288). 타당한 관찰이다.

면(plan de structure)을, 물질은 그 재분할의 방식을 채택했는지를 찾으려고 제안했기 때문이다. 그런 구조와 그런 재분할은 서로서로 맞물린다. 그것들은 서로 보완적이다. 그것들은 서로와 함께 진보했음에 틀림없다. 그리고 정신의 현재 구조를 놓건 물질의 현재 재분할을 가지건 두 경우에서 진화된 것에 머문다. 진화하는 것에 대해서도 진화에 대해서도 아무것도 우리에게 말해주지 않는다.

그러나 되찾아야 할 것은 그런 진화이다. 이미 물리학 자체의 영역에서 그들 과학의 천착을 가장 멀리 밀고나간 과학자들은 전체에 대해 추론하듯 부분에 대해 추론할 수 없으며, 진보의 시작과 끝에 동일한 원리가 적용될 수 없고, 원자를 구성하는 미립자가 문제일 때 가령 창조도 소멸도 받아들일 수 없다고 믿는 쪽으로 기운다.[147] 그에 의해 그들은 발생이 있을 유일한 것이며 단지 부분들의 구성이 아닌 구체적 지속에 자리 잡는 경향이 있다. 그들이 말하는 창조와 소멸은 운동이나 에너지에 관한 것이고 운동과 에너지가 순환할 미묘한 환경(milieu impondérable)은 아니라는 것은 사실이다. 그러나 물질을 결정하는 모든 것, 즉 바로 에너지와 운동을 제거할 때 물질에서 무엇이 남을 수 있는가? 철학자는 과학자보다 더 멀리 가야 한다. 상상적 상징에 불과한 것을 백지로 만들면서 그는 물질계가 단순한 플럭스로, 흐름의 연속으로, 생성으로 해체되는 것을 볼 것이다. 그리고 그는 이처럼 실재 지속을, 그것을 되찾는 것이 아직

---

147 A. François는 이것이 양자 물리학에 관한 것이라고 주석을 붙인다(*Ech.*, 523쪽 주 290). 상당히 개연성 있는 주장이라 생각된다.

유용한 곳, 생명과 의식의 영역에서 되찾을 준비를 할 것이다. 왜냐하면 죽은 물질에 관한 한 중대한 잘못을 범하지 않고도 흐름을 무시할 수가 있다. 우리가 말했듯[148] 물질은 기하학의 추를 달고 있고, **내려가는** 실재인 물질은 **올라가는** 것과의 유대에 의해서만 지속한다. 그러나 생명과 의식은 그런 올라감 자체이다. 그들의 운동을 채택하면서 일단 그것들의 본질에서 그것들을 잡았을 때 어떻게 실재의 나머지가 그것들로부터 파생되는지가 이해된다. 진화가 나타나고 그 진화의 한가운데에 물질성과 지성성의 점진적인 결정이 서로의 점진적인 공고화에 의해 나타난다. 그러나 그때 진화적 운동속으로 스며들어가 그들 자신의 조각들로 그 결과들을 인위적으로 재구성하는 대신에 현재의 결과에까지 그것을 추적하게 된다. 그와 같은 것이 철학의 고유한 기능이다. 이렇게 이해되면 철학은 정신의 자기 자신으로의 귀환일 뿐만 아니라, 인간 의식의, 자신이 나온 삶의 원리와의 일치이자, 창조적 노력과의 접촉이다. 그것은 생성 일반의 천착이자, 진정한 진화론이며, 따라서 과학의 진정한 연장이다. ─ 과학이라는 말이, 고대의 물리학이 아리스토텔레스를 둘러싸고 그러했듯이 갈릴레이의 물리학 주변에 19세기의 후반 동안 자라났던 어떤 새로운 스콜라학파가 아니라, 확인되고 증명된 진리의 총체로 이해되기만 한다면.

369

---

148 위의 221쪽, 231쪽을 보라.

창조적 진화 요약

베르크손은『창조적 진화』와 그 이후의 책들(『사유와 움직이는 것』을 제외하면)에 분석적인 목차를 달고 있다. 그러므로 그 목차의 분절을 따르면서 이루어지는 책의 요약이 가장 저자의 뜻에 부합한 것일 수 있으며, 따라서 우리도 그 목차에 따른다. 요약 중 굵은 글씨로 표시된 곳들은 본문에서 강조된 곳들이다. 또 각 문단에 따라 내용이 명확하거나 베르크손 자신이 소제목을 붙인 경우는 문단 앞에 작은 소제목을 표시했다. 그러나 많은 경우는 우리가 붙인 것이므로 베르크손 자신의 생각과는 아무 관련이 없다.

서양 고전(그리스, 라틴서)의 번역본들은 모두 요약을 앞이나 뒤에 붙이는 전통을 가지고 있다. 그것은 책 전체의 구조를 일목요연하게 보여주기 위해서일 것이다. 우리의 판단으로는 베르크손의 책도 이미 고전에 들어갔다고 생각하기 때문에 여기 요약을 붙인다. 베르크손은, 각 단어, 각 문장의 의미는 그 문맥에서 결정되는 것이지 따로 떼어서 독립적으로 의미를 가지지 않는다고 생각하기 때문에 색인을 붙이지 않는다. 이 경우 종래의 색인과 같은 효과를 얻기 위해서는 문맥에 들어가서 필요로 하는 내용을 찾을 수밖에 없다. 요약은 그런 목적으로도 사용될 수 있을 것이다. 물론 책의 내용을 빠르게 훑어보려는 의도에도 봉사할 수 있다.

제1장 생명의 진화에 대하여. 기계론과 목적론.

I. 지속 일반에 대하여. 무기체. 유기체. 노화와 개체성.

지속 일반에 대하여: 우리 자신의 지속. 우리는 다른 대상에 대해서는 외적이고 표면적인 개념을 가지지만, 우리 자신은 내적으로 깊숙이 지각한다. 그때 나의 존재는 무엇인가? 나는 우선 여러 상태들로의 끊임없는 변화이다. 그러나 다른 한편 그 상태들은 한 덩어리를 형성하여 각 상태는 변하지 않는 것처럼 보인다. 그러나 조금만 주의를 기울이면 끊임없이 변하고 있다는 것을 알 수 있다. 상태 자체가 이미 변화이다. 그러나 우리는 변화에 눈을 감고 변화가 너무 커졌을 때 새로운 상태가 이전의 상태에 병치된 것처럼 생각한다. 그러므로 우리 심리의 불연속성은 우리의 주의가 일련의 불연속적 행위로 그것을 고정한다는 데 기인한다. 그런 인위적인 불연속성을 이제 재결합시켜야 한다. 그리하여 불변의 자아를 상상하고 그 위에서 불연속적 상태들이 실에 꿰어지듯 연결된다고 생각한다. 그렇게 생각하면 우리 자아는 지속하지 않는 것이 된다. 그러나 그런 자아의 원단 자체는 시간 속에서의 지속 자체이다. 그것은 실체적인 원단이며, 지속은 미래를 갉아먹으며 나아가면서 부푸는 과거의 연

속적 진전이다. 그때 과거는 무한히 보존된다. 과거는 어디 장부에 기입되는 것이 아니라 저절로, 자동적으로 탄생서부터 지금까지의 모든 것이 보존된다. 뇌는 그 과거 대부분을 억누르고 현재를 밝히는 유용한 것들만 의식에 도입한다. 그러나 과거 전체가 총체적으로 매순간 우리를 규정하며, 그것이 바로 우리의 성격이다. 과거가 살아남기 때문에 우리의 각 상태는 다른 상태이고 그러므로 우리의 삶은 비가역적이다. 그리고 동시에 예견할 수 없는 것이다. 예견은 과거에 지각된 것을 미래에 투사하는 것인데, 지각된 적이 없는 것과 단순한 것은 예견될 수 없기 때문이다. 우리 역사의 매순간이 불가분성 속에서 지각된 모든 것에다 현재가 더한 것을 함께 응축한 것이므로 독창적 역사의 독창적 순간이다. 우리는 지속적으로 우리 자신을 창조한다. 우리의 존재는 결국 변한다는 것이고, 변한다는 것은 성숙한다는 것이며, 성숙한다는 것은 무한히 자기 자신을 창조하는 것이다. 존재 일반에 대해서도 같은 말을 할 수 있는가?(1-7쪽)

무기체: 물질의 표상. 물질적 대상은 그것이 존재하는 대로 남아 있거나 그 부분들의 위치 변화로 표상된다. 그러나 그러한 위치 변화는 다시 제자리로 돌아갈 수 있다. 그러한 것은 나이가 들지 않고 역사가 없다. 과학이 고립된 체계에 적용하는 시간은 특정수의 동시성일 뿐이다. 그것은 간격 자체에 대한 것이 아니라 그 양 극단만을 생각한다. 그러므로 그 흐름이 무한히 빨라져서 단번에 공간에 펼쳐진다고 생각해도 달라질 것이 없다.(7-9쪽)

물질의 계기. 그러나 물질계에서마저 계기는 부정할 수 없는 사실이다. 거기서도 역사는 지속처럼 조금씩 점차적으로 전개된다. 한 잔의 설탕물을 만들기 위해 설탕이 녹기를 기다려야 한다. 그 기다림은 더 이상 수학적 시간이 아니라 체험된 시간이다. 과학이 잘라내는 것은 추상에 불과하지만 구체적 시간은 그것과 다른 방식으로 진행되어 간다는 것을 말한다. 우리가 한 고립적 체계를 폐쇄시키는 것은 완전히 인위적인 것은 아니지만, 그것은 한 경향에 불과하다. 고립은 결코 완전하지 않다. 우리의 물질계와 그 속의 고립된 체계는 우주 전체와 연결되어 있고, 그 우주 전체는 지속한다. 그렇다면 우주 전체도 우리와 같은 방식으로 존재한다고 말할 수 있다. 우리가 대상에 개체성을 부여하는 구별되는 윤곽은 우리가 어느 지점에 끼칠 수 있는 영향의 그림에 불과하다. 그것을 제거하면 개체성은 보편적 상호작용으로 흡수되어 버린다.(9-11쪽)

유기체: 그렇다면 살아 있는 신체는 다른 것과 같은 물체인가? 생물체 역시 물리-화학적 법칙에 종속되는 연장의 부분이지만 우리 지각에 상대적인 물질적 고립체계와 달리 생명체는 자연에 의해 고립되었다. 그것은 이질적 부분들로 구성되어 다양한 기능을 수행하는 개체이다. 개체성은 무한한 정도차를 포함하고 있고 가장 고등의 동물에서조차 완전하지 않다. 그러나 생명은 완전히 정의될 수 없으며 경향만을 가진다. 항상 적대적 경향이 상호 내포된 생명의 영역에서 어느 한 경향의 완전한 승리는 있을 수 없다. 개체화하려는 경향은 유기계 어디서나 발견되지만 그것은 생식하려는 경향에 의해 도전 받는다. 개체성이 완전하려면 유기체에서 떨어진 어떤 부분도 살 수 없어야 할 것이다. 그러나 그것이 바로 생식이 아

닌가? 시간 속에서 영속하기 위해 겪어야 하는 필요가 공간 속에서 결코 완전히 단절될 수 없도록 처단한다. 생명체는 하나였다가 여럿으로 된다. 단세포 생물에서는 바로 그것이 생식이며 복합적인 동물에서는 거의 독립적인 생식세포에 전체를 새롭게 생산하는 능력을 국한시킨다. 사실은 유기체가 살 수 있는 조각들로 갈라질 수 없어야만 개체성에 대해 말할 권리를 가지는 것은 아니다. 그러므로 개체성은 결코 완전하지 않으나, 그럼에도 불구하고 생명은 개체성을 추구하며 자연적으로 고립되고 닫힌 체계를 구성하려는 경향을 가진다고 말하자.(11-15쪽)

노화와 개체성: 유기체는 개별 대상보다 우주 전체와 비견될 수 있다. 지속하는 사물인 유기체는 과거 전체가 현재로 연장되며 현재 작용하는 것이다. 그러한 유기체는 역사를 가지며, 모두 늙는다. **뭔가가 사는 곳에서는 어디서나 어딘가에는 시간을 세기는 장부가 열려 있다.** 그러나 정신의 기계론적 본능은 추론보다, 직접적 관찰보다 강하다. 그리하여 노화는 어떤 물질의 획득이나 상실, 또는 둘 다로 설명된다. 다만 그 물질이 무엇이냐에 대해서만 서로 다르다. 생명체를 늙게 하는 추진력은 배아가 생명의 국면들을 건너게 하는 추진력 자체이다. 생명은 탄생 이전의 진화의 연장이다. 생명의 진화는 지속의 연속적 기록과 과거의 현재에서의 존속, 즉 유기적 기억을 내포한다. 무기체의 현재 상태는 오직 이전 순간에 일어난 것에 의존한다. 생명체에서도 그러한가? 파괴에서는 그렇다고 말할 수 있다. 그러나 창조나 고유한 진화적 현상에서는 그렇지 않다. 거기에는 유기체의 과거 전체, 유전, 즉 긴 역사의 총체를 결합

해야 한다. **수학자들이 조작하는 세계는 매순간 죽었다가 다시 태어
나는 세계, 데카르트가 연속적 창조를 말할 때 생각했던 세계이다.** 그
러나 진화는 현재에서의 과거의 실재적인 연속인 지속을 내포한다.
즉 생명체 또는 자연적 체계의 인식은 지속의 간격 자체에 관계된
인식인 반면, 수학적이거나 인위적 체계의 지식은 그 간격의 극단
에 관계될 뿐이다. 생명은 그 속성을 의식과 나누어 가지는데, 그것
처럼 끊임없는 발명이며 창조라 할 수 있나?(15-23쪽)

II. 생물 변형론과 그것을 해석하는 방식에 대하여. 근본적 기계론: 생물학과 물리-화학. 근본적 목적론: 생물학과 철학.

생물 변형론과 그것을 해석하는 방식에 대하여: 생물 변형론은 생물
들의 분류에 이미 배태되어 있었다. 분류는 닮은 유기체들을 서로
접근시키고, 그 집단을 다시 하위 집단으로 나누고, 하위 집단 내부
에서의 닮음은 더 커지고, 하는 방식으로 이루어지기 때문이다. 그
런 조작 전체를 따라 각 집단의 성격들은 하위 집단들이 자신의 변
이를 수행할 일반 주제들이 된다. 조상이 자손에게 넘겨주는 공통
의 캔버스 위에 각자는 자신의 자수를 놓는다. 발전의 어느 기간까
지 조류와 파충류의 배아는 거의 구별되지 않고 개체는 배아의 삶
일반을 통해 진화론에 따라 한 종에서 다른 종으로 옮겨갈 수 있는
일련의 변형을 발전시킨다는 것을 보여준다. 일상의 관찰은 생명의
가장 높은 형태가 매우 기초적인 형태로부터 나온다는 것을 보여주
고, 따라서 가장 복잡한 것이 가장 단순한 것으로부터 나올 수 있다
는 것을 보여준다. 고생물학도 그것을 믿게 한다. 그 결과 생물 변

형론은 진실의 적어도 근접한 표현으로 보이게 한다. 그것은 엄밀하게 증명할 수 있는 것은 아니지만 무한히 증가하는 개연성을 가지고 있다.(23-24쪽)

그러나 생물 변형론이 잘못이라고 가정해 보자. 그래도 분류도, 발생학의 자료도, 비교 태아 발생학과 비교 해부학 사이의 일치도 존속할 것이다. 그렇다면 생물학은 오늘날의 생물 변형론과 동일한 유사성을 확립할 것이다. 사실 문제는 관념적 유사성이 있느냐 없느냐의 문제이지, 실질적 친자관계는 아닐 것이다. 고생물학의 현 자료는 존속할 것이기 때문에 관념적 유사성이 드러나는 것은 계기적이지, 동시적이지 않다는 것을 분명히 인정해야 할 것이다. 철학자들의 눈은 진화론에 그 이상을 요구하지 않는다. 진화론은 논리적 친자관계가 있는 종들 사이에 시간적 계기의 관계도 있다는 것에서 성립한다. 그런 사실이 존속하는 한 어떤 설명 방식을 취하든 진화를 옮겨 놓는 것에 불과하다. 그렇다면 생물 변형론을 인정하는 것이 더 낫지 않은가.(24-26쪽)

근본적 기계론: 생물학과 물리-화학: 그렇다면 생명의 흐름은 자신이 조직한 물체들을 차례차례 지나 한 세대에서 다음 세대로 나아가는데 앞으로 나아갈수록 오히려 강해지면서 종으로 나뉘고 개체로 분산된다고 해야 하지 않는가? 바이스만의 "생식질의 연속성"은 반박 가능하다. 수정란의 분열에서부터 생식샘의 초벌그림이 그려지는 것은 예외적인 경우이기 때문이다. 수정란의 생식력은 배아조직의 덩어리로 분배됨에 따라 약해진다. 그러나 그동안 새롭게 자신의 무언가를 정자나 난자에 집중시킨다. 그러므로 생식질의 연속

성이 아니라면 적어도 생식 에너지의 연속성은 존재한다고 말할 수 있다. 이 힘은 새로운 성세포 속에서 다시 한번 기회가 오기를 기다리면서 되도록 신속히 자신을 회복한다. 이런 관점에서 보면 **생명이란 성숙한 유기체를 매개로 하여 씨앗에서 씨앗으로 옮겨 가는 흐름 같은 것이다.** 각 유기체는 그런 흐름을 준비하는 혹에 불과하다. 본질적인 것은 무한히 이어지는 나아감의 연속성이다.(26-27쪽)

유기체의 창조. 유기체의 진화는 과거가 현재를 압박하여 이전의 것들과는 약분될 수 없는 새로운 형태를 솟아나게 하는 의식의 진화에 근접한다. 그러므로 거기서는 새로 태어날 형태를 예견하는 것은 있을 수 없다. 조건들의 세부사항을 알면 예견할 수 있는가? 그러나 생명체의 세부조건들은 과거의 역사가 모두 포함된 그 순간의 특징이기 때문에 역사 자체와 합체한다. 그러므로 유일하며, 아직 일어나지 않았고 결코 재생되지 않을 어떤 상황을 어떻게 미리 알려진 것으로 가정할 것인가? 물리, 화학적 사실들은 부동의 요소들의 위치 변화만 있기 때문에 예견이 가능하지만 독창적인 뭔가를 요소들에 전하는 것은 예견할 수 없다. 일단 일어난 후에는 분석이 발견하는 요소들로 설명될 수 있다. 그러나 새로운 생명의 탄생은 그렇지 않다. 새로운 종의 탄생에 관해 사실인 것은 새로운 개체에도 생명의 모든 순간에 대해서도 사실이다. 생명도 의식과 마찬가지로 늘 무엇인가를 창조하고 있다. 그러나 우리의 지성은 독창성과 예견불가능성에 반란을 일으킨다. "동일한 것은 동일한 것을 낳는다."는 자신의 원리를 적용할 수 있기 위해 동일한 것을 찾는다. 과학도 항상 반복을 찾는다. 역사의 환원 불가능성과 비가역성을 표상하기 위해서는 그러한 과학적 습관을 끊고, 정신에 폭력을 가하며, 지성의 자연적 경사를 거슬러 올라가야 한다. 거기에 철학의 역할이 있다.(27-30쪽)

유기체와 물리-화학. 그러나 예견불가능성, 연속성은 우리의 무지가 반영된 외양일 뿐이라는 생각이 항상 존속한다. 기본적인 요소와 원인을 알면 그 결과를 알 수 있으리라는 것이다. 그리하여 분자 → 원자 → 미립자로의 분석을 계속한다. 문제는 생명체라는 자연적 체계가 과학이 무기물에서 잘라내는 인위적 체계와 동일시될 수 있는가이다. 아니면 우주 전체라는 자연적 체계와 비교되어야 하지 않는가? 우리가 실재 전체에서 잘라내는 체계는 전체의 부분이 아니라 부분적 관점일 뿐이다. 끝과 끝을 이어붙인 관점들 가지고는 전체를 구성할 수 없다. 분석은 유기적 창조 과정에서 많은 수의 물리-화학적 현상들을 발견할 것이나 거기서부터 생명의 열쇠를 얻는다는 것이 따라 나오지는 않는다. 생명성은 어떤 점에서는 물리-화학적 힘에 접하지만 그 접점은 곡선에 대한 정신의 관점일 뿐, 곡선 자체를 만들지는 못한다. 정적인 고대 기하학에 비하여 근대 기하학은 도형을 그리는 운동의 연속성을 연구한다. 생물학과 물리-화학의 관계는 근대 수학과 고대 기하학의 관계와 같을 것이다. 물리학과 화학의 피상적 위치이동과 심부에서 이루어지는 생명의 운동의 관계는 정지와 운동의 관계와 같을 것이다. 또 생명활동의 정의로부터 물리-화학적 체계로의 이행은 함수의 도함수로의 이행과 같을 것이다. 그것은 또한 변형의 기계학과 공간이동의 기계학의 관계와도 같을 것이다. 물리-화학적 요소들의 적분의 한 부분은 비결정적인 채로 남을 것이다. 이상의 대비들은 우리의 주장과 순수기계론이 어디서 접근하고 어디서 구별되는지를 보여준다.(30-33쪽)

무기체에 의한 생명체의 모방은 상당히 먼 데까지 밀고 나갈 수 있다. 화학에서의 유기 합성과 세포의 간접 분열, 그리고 원형질의 순환과 같은 현상들의 외적 그림을 그릴 수 있는 데까지 간다. 또 물방울 속의 아메바의 이동과 의족의 운동도 그렇게 설명될 것이다. 점점 좁혀 가면 적충류의 섬모운동까지도 확장될지 모른다. 그러나 과학자들이 그런 종류의 도식과 설명의 가치에까지 일치하는 것은 아니다. 화학자들은 유기체까지 가기는커녕 유기물만을 고려하더라도 생명활동의 찌꺼기를 재구성했을 뿐이라 한다. 또 뛰어난 한 박물학자(E. D. Cope)는 상승생성과 하강생성을 구별하고 물리-화학이 영향력을 갖는 것은 하강생성적 질서에 대해서만이지 산 것에 대해서는 아니라고 한다. 원형질을 화학적으로 재구성하는 것은 아직 가능하지 않고, 아메바나 적충류의 운동도 물리-화학적으로 설명할 수 없다는 사람이 많다. 그런 미미한 생물들에서도 심리 활동의 흔적을 보인다. 또 조직학적 현상들의 연구는 물리-화학적 설명의 경향을 꺾는다. 결국 생명의 기능적 활동에만 몰두하는 사람들은 물리-화학이 생물학적 과정에 열쇠를 주리라고 믿지만, 반면에 살아 있는 조직의 섬세한 구조, 그것의 발생과 진화에 주의를 기울이는 사람들, 즉 조직학자와 배아발생학자, 박물학자들은 그렇지 않다.(33-36쪽)

사실 두 주장 중 어느 쪽도 아직 검증되지는 않았다. 과학이 아직 살아 있는 물질의 화학적 합성으로 한 발자국도 떼지 않았기 때문이고, 또 한 사실(생명의 물리-화학적 설명)의 증명불가능성을 증명할 방법이 없기 때문이다. 그러나 자연에 의해 폐쇄된 체계와 우리 과학이 고립시킨 체계를 동화할 수는 없다. 지속이 그 자국을 생명체에 더 각인시킬수록 그것은 기계장치와 구별된다. 그리고 생명의 진화 전체에 관한 것일 때 증명의 힘은 가장 커진다. 기계론에 대해 우리가 결정적인 논박을 가했다고 할 수는 없다. 가능한 논박은 진화론에 허심탄회하게 자리 잡을수록 더 엄격함을 획득하게 된다. 기계적 설명의 본질은 미래와 과거를 현재의 함수로 계산할 수 있고, 모든 것은 주어져 있다고 주장하는 것이다. 그러나 거기서 시간은 실효성을 결여하고 있다. 근본적 기계론은 실재 총체가 영원 속에 한꺼번에 제시되고 지속은 정신의 허약함의 표현이라는 형이상학을 내포한다. 그러나 지속은 존재의 밑바닥이며 우리가 느끼듯 사물의 실체 자체이다. 보편학의 체계의 요구에 경험을 희생시킬 수는 없다.(36-39쪽)

근본적 목적론: 생물학과 철학: 근본적 목적론도 같은 이유로 받아들일 수 없다. 라이프니츠와 같은 극단적 형태로는 발명도 창조도 없고 시간도 무용한 것이 된다. 기계론과 마찬가지로 모든 것은 주어져 있다고 가정된다. 지성이 인도되어 가는 길을 미래의 인력으로 앞에다 놓는 점만이 다르다. 라이프니츠에게 시간은 인간적 관점에 상대적인, 혼동된 지각이다. 목적론은 기계론과는 달리 조금만 벗어나도 포기되어야 할 것이 아니라 유연한 형태를 취한다. 이 책도 어느 정도는 목적론적 성격을 띨 것이지만 거기서 취할 것과

버릴 것을 명확히 표시해야 할 것이다. 사람들은 외적 목적성을 부정하며, 가령 풀이 암소를 위해, 양이 늑대를 위해 존재한다는 것을 부조리하다고 말한다. 그러나 내적 목적성은 있다고 한다. 각 존재는 자기 자신을 위해 만들어졌고 부분들은 총체의 선을 위해 협조한다. 목적론이 한 생명체 이상을 감싸지 못할 정도로 잘게 부셔진 것이다. 그러나 목적성이란 외적이거나 아니면 아무것도 아니다. 가장 조화로운 유기체에서도 각 요소들은 그 자체 유기체일 수 있으며 그 작은 유기체의 생존을 큰 것의 생존에 종속시키면서 우리는 외적 목적성의 원리를 받아들이고 있는 것이다. 요소들을 유기체라 부르는 것을 거부하고 전체에만 그 이름을 유보하여 내적 목적성을 주장할 수는 있을 것이다. 그러나 요소들이 진정한 자치성을 가짐은 모두가 아는 일이다. 재생의 사실만 보더라도 보통 때에는 작은 자리만 차지하다가 어떤 때에는 갑자기 커지고, 심지어는 자신을 전체의 등가물로 생각할 수 있다는 것을 드러낸다. 생기론의 난점도 거기에 있다. 생기론의 입장은 내적인 목적론도 절대적으로 갈라진 개체성도 없다는 사실에 의해 매우 어렵게 된다. 개체의 구성에 들어오는 유기적 요소는 그 자체 개채성이며 따라서 자신의 생명의 원리를 요구할 것이다. 그러나 다른 한편 그것은 충분히 독립적이지 않고 고립돼 있지도 않다. 고등한 척추동물과 같은 유기체는 가장 개체화되어 있지만, 그것은 두 양친 몸의 일부분이 섞인 연결부호에 불과하다. 그렇다면 개체의 생의 원리는 어디서 시작하여 어디서 끝나는가? 그것을 더 밀고 가면 먼 조상과 계통수의 뿌리에까지 생명체 전체와 연결되어 있다는 것을 알 수 있다. 그러므로 생명의 세계에 목적성이 있다면 그것은 생명 전체를 유일한 불가분의 속박으로 묶는다. 모든 생명체에 공통인 그런 생명은 많은 부정합성과 허점을 나타내며, 또 각 생명체가 개체화하게 내버려 둘 수 없을 정도로 수학적인 하나가 아니다. 그럼에도 불구하고 하나의 전체를 이룬다. 목적성을 통째로 부정하거나 그것을 수정해야 한다.(39-44쪽)

기계론과 목적론의 실패. 원래 우리는 행동하기 위해서만 생각한다. 우리는 기하학자로 태어나는 것과 마찬가지로 장인으로 태어난다. 심지어 우리가 장인이기 때문에만 기하학자이다. 자연을 수학적 법칙에 따르는 기계로 생각하거나 거기서 어떤 계획의 실현을 본다면, 두 경우에서 동일한 삶의 필요에 기원을 가지고 서로 보완적인 정신의 두 경향을 끝까지 따른 것이다. 그렇기 때문에 근본적 목적론이나 근본적 기계론은 매우 가깝다. 둘 다 (생의) 창조를 싫어하고 같은 것은 같은 것을 낳는다는 원리에 따라 진행하며 "모든 것은 주어졌다."는 결론에 이른다. 시간을 백지로 생각한다. 실재 지속에서는 반복이 불가능하며 반복은 추상 속에서만 가능하다. 지성은 흐름을 싫어하고 모든 것을 응고시킨다. 그것은 응축된 핵만을 고려하지만 그 주위의 유동은 잊고 있다. 철학자에게는 흐릿한 가장자리가 중요한데 핵이 더 방대한 것의 응축에 의해 이루어진 것임을 알려주기 때문이다. 기계론과 목적론으로부터 벗어나자마자 실재는 새로움의 부단한 용솟음으로 보인다. 우리 행동의 도처에 기계론과 목적론이 있지만 행동이 우리 인격 총체에 관한 것이고 진정으로 우리의 것이라면 그것은 예견될 수 없을 것이다. 그리

고 그것은 어떤 계획의 실현이기는 하지만 과거의 재시작이나 재배
열밖에 될 수 없는 의도와는 다르다. 기계론과 목적론은 우리 행동
에 대해 취해진 외적인 관점에 불과하고, 그 행동에서 지성성을 끌
어낸다. 그러나 우리의 행동은 그 둘 사이를 미끄러져 나가 훨씬 더
멀리로 확장된다. 자유로운 행동은 변덕스럽거나 비합리적 행동이
아니다. 진정으로 우리의 것인 행동은 지성을 위조하려 하지 않고
진화하면서 점진적인 성숙을 통해 도달하는 의지의 행동이다. 자
유로운 행위는 관념과 통약불가능하다. 그와 같은 것이 우리의 내
적 진화와 생명의 진화의 성격이다. 주제넘은 이성은 진리의 본질
적 요소를 모두 가진 것으로 생각한다. 다만 새로운 것을 이전의 어
느 범주에 넣을 것인지만 생각한다. 새로운 대상에 대해 새로운 개
념과 사유법을 창조해야 한다는 생각을 혐오한다. 그러나 철학사가
기성복에 실재를 집어넣는 것이 불가능하다는 것을 보여준다. 거기
서 이성은 상대적인 것밖에 알지 못하고 절대적인 것은 능력 밖이
라고 미리 선언한다. 그런 예비적 선언에 의해 습관적 사유방법을
오히려 절대적으로 사용한다. 플라톤이 처음으로 그런 실재를 이미
처분권을 가진 틀로 들어오게 했다. 마치 우리가 암묵적으로 보편
지를 가지고 있는 것처럼 생각했다. 그것은 인간 지성에 자연스러
운 경향이며, 우리는 플라톤주의자로 태어났다.(44-49쪽)

그런 방법의 무기력함이 생명이론에서만큼 명백하게 펼쳐지는
곳은 없다. 인간과 지성의 방향으로 진화하면서 자신과 양립할 수
없는 많은 요소들을 포기했어야 했다면 생명활동의 참된 본성을 파
악하기 위해서는 그런 요소들의 총체를 연구하고 그것을 지성과 통

합시켜야 할 것이다. 우리는 거기서 지성을 감싸고 있는 어렴풋한 가장자리의 도움을 받을 것이다. 거기서 우리 자신을 넘어가기 위한 도약을 길어낼 것이다. 지성만 가지고는 전체를 취하는 데 충분치 않다. 진화의 다른 종착점에서 발견하는 것을 지성과 접근시켜야 한다. 그것이 우리가 향하는 생명의 철학이다. 그것은 기계론과 목적론을 능가하는 것이지만 목적론에는 더 가까울 것이다. 우리의 생명철학과 목적론은 어디서 닮았고 어디서 다른가? 우리의 생명철학은 유기적 세계를 조화로운 전체로 나타낼 것이다. 그러나 조화는 완전하지 않다. 각 종과 개체는 생명의 전체적 추진력으로부터 취한 어떤 에너지를 자신의 이익을 위해 사용한다. 거기서 적응이 성립한다. 종과 개체는 자신밖에 생각하지 않고 그래서 투쟁이 발생한다. 그러므로 조화는 사실상 존재한다기보다는 권리상 존재한다. 교차로에 불어 닥쳐 분산적인 흐름으로 나누어지지만 그 흐름들 모두는 하나의 동일한 흐름에 불과한 바람이다. 조화는 경향들에서 대체적으로만 드러난다. 특히 조화는 앞에서보다 뒤에 있을 것이다. 인간적 의미에서의 추구되는 목적은 없다. 일단 지나온 길에 대해서는 우리 자신도 그렇게 말할 것이지만 우리가 제안하는 목적론적 해석은 미래에 대한 예견이 결코 아니다. 고전적 목적론은 너무 넓으면서도 너무 좁다. 그것은 자연 속에 지성적인 것을 놓는 것으로 만족할 때는 충분히 멀리 가지 않으며 현재 속에 관념의 형태로 미래가 존재한다고 가정할 때는 너무 멀리 간다. 고유한 의미에서의 지성을 더 포괄적인 실재로 대체해야 한다. 미래는 그때 현재를 넓히는 것으로 나타난다. 그러므로 그것은 현재 속에 포함되어 있지 않다. 기계론이 진화를 설명하는데 충분치 않다면 그 불충분성을 증명하는 방법은 고전적 목적론보다 더 멀리 가는 것임을 확립할 때가 왔다.(49-53쪽)

III. 한 판단기준의 모색. 한 특별한 예에 대한 다양한 생물변형이론들의 검토. 다윈과 미소변이. 드 브리스와 돌연변이. 아이머와 정향진화. 신-라마르크주의자들과 획득형질의 유전.

한 판단기준의 모색: 생명은 그 원천 이래로 분산적인 노선들 사이로 갈라진 하나의 동일한 비약의 연속이다. 서로 양립 불가능하게 된 경향들이 어느 점을 넘어서면 갈라진다. 거기서 진화는 다양한 노선들에서 수백만의 개체들을 매개로 이루어졌다. 그것이 사실이라면 생명은 그 다양성에도 불구하고 헤어진 동무가 어린 시절의 기억을 갖고 있듯이 공통적인 뭔가를 가지고 있어야 한다. 분기가 일어났더라도 전체의 무엇은 부분 속에 존속해야 한다. 만약 기계론이 옳다면 진화는 일련의 우연에 의해 이루어질 것이다. 그런 우연에 의해 상이한 두 진화가 유사한 결과에 도달하는 확률은 얼마나 될 것인가? 진화의 두 노선이 나누어질수록 그 확률은 더 줄어들 것이다. 그러나 우리의 가설이 옳다면 그런 유사성은 자연스러울 것이다. 그러므로 **생명이 분산된 진화의 노선에서 유사하지 않은 방법으로 어떤 동일한 장치를 만든다는 것을 확립할 수 있다면 순수 기계론은 논박할 수 있고, 우리가 주장하는 것과 같은 목적론은 증명 가능할 것이다. 증명의 힘은 노선이 떨어진 정도와 유사한 구조의 복잡성의 정도에 비례할 것이다.**(53-55쪽)

미소변이설과 정향진화설의 한계. 구조의 유사성은 진화의 외부조건이 동일하기 때문이라고 말할 것이다. 외부조건이 장치를 구성하는 힘에 동일한 방향을 새겼을 것이라는 주장이다. 아이머에 따르면 외부조건이 일정한 방향으로의 변이를 직접 일으켰을 것이라 주장한다. 다윈적 주장은 탄생의 우연이 외부조건에 더 잘 적응하는 것을 생존하게 하다고 주장한다. 외부조건에 소극적 영향을 주장하는 것이다. 여기서 우선 대체적으로 그들의 적응개념의 불충분성을 보여야 한다. 적응의 다윈적 관념은 단순·분명하지만 복잡한 장치의 직선적 발달을 설명하기 어렵다. 그의 변이는 미소하기 때문에 복잡한 가관의 성립을 설명하기 위해서는 무한수의 무한소의 원인들의 협력을 요청한다. 다른 지점에서 출발한 두 산책자가 어느 지점에서 만난다는 것은 이상할 것이 없지만 그들의 길이 정확히 겹칠 수 있는 동일한 길을 그린다는 것은 그럴듯하지 않을 것이다. 각각이 일종의 유기체인 상이한 세포들이 어떤 순서로 놓여 있는 기관의 복잡성에 비하면 그런 굴곡의 일치는 무엇일 것인가? 아이머의 가설로 옮겨가 보자. 잔에 물을 부으면 물은 잔과 같은 형태를 취할 것이다. 그때 적응은 기계적 삽입을 의미할 것이다. 그러나 유기체의 적응을 말할 때 그런 형태는 어디에 있는가? 유기체는 외부조건과 어떠한 유사성도 가지지 않는 어떤 기관을 구축하여 상황에 대처해야 할 것이다. 여기서 적응은 반복이 아니라 대답하는 것이다. 둘은 완전히 다르다. 적응이 마치 외부조건으로부터 가장 좋은 방책을 끌어내기 위한 장치를 구성하는 것처럼 말하고는 적응일반에 관해서는 마치 물질로부터 수동적으로 받아들인 자국 자체인 것처럼 말하는 것이다. 예로 들어가 보자. 성性은 식물이나 동물에서 모두 염색체 수의 감소와 염색체 물질의 어떤 양의 투기에서 성립한다. 그런데 식물과 동물은 서로 다른 상황에서 상이한 도움과 방해를 받으며 진화했다. 그러나 성이라는 동일한 결과에 도달했다. 그것이 과연 적응의 현상일까? 유성생식의 유용성 자체가 분명치 않고 식물의 성은 사치로 보는 이들이 있는데 어떻게 외부상황의 압박에 대한 적응이라 말할 수 있는가? 그러나 더 단순한 예에서 기계론과 목적론을 뛰어넘어야 할 필연성이 분명히 드러날 것이다. 자연은 가장 단순한 유기체의 안점과 척추동물의 복잡한 눈 사이에 모든 중간단계를 제공하기 때문에, 여기서 그만큼 잘 자연선택의 기계적 작동을 개입시킬 수 있을 것이다. 그리고 여기서야말로 적응을 불러들인 권리를 가지는 것으로 보인다. 여기서 여러 원리들의 불충분성을 보여줄 수 있다면 우리의 증명은 즉시 높은 정도의 일반성을 획득할 것이다.(55-61쪽)

한 특별한 예에 대한 다양한 생물변형이론들의 검토: 목적성의 변호자들이 항상 강조한 예인 눈과 같은 구조에서 모든 요소들이 놀랍도록 상호 조율되어 있다는 것을 보여주는 것은 어렵지 않다. 수천의 요소들이 기능의 단일성으로 조율되는 것을 보면 놀랍다. 그러나 그 기능의 원천인 적충류에서 생각하면 그것은 색소 점의 빛에 대한 인상가능성이다. 처음에는 우연적 사실에 불과했던 그런 기능으로부터 기능과 기관 사이의 무한 연쇄의 작용과 반작용에 의해 초-기계적 원인을 개입시키지 않고도 인간의 눈과 같은 것을 점진적 형성을 설명할 것이라고들 한다. 기능과 기관은 서로를 너무

도 잘 조건 짓고 있어서 기계론처럼 기관으로부터 출발할지, 목적
론처럼 기능으로부터 출발할지를 결정하는 것이 불가능하다. 그러
나 기관과 기능이 아니라 기관과 기관을 비교한다면 성공할 가능성
이 더 높아질 것이다.(61-62)

다윈과 미소변이: 척추동물의 눈 옆에 가리비와 같은 연체동물의
눈이 있다. 그 두 눈과 같이 복잡한 눈의 출현은 이전의 공통의 줄
기로부터 갈라졌다는 데에는 의견이 일치한다. 그에 관해 우연적
변이의 가설과 정향진화의 가설이 존재한다. 우연적 변이의 가설은
두 형태이다. 다윈과 같은 미소변이의 축적에 의해 이루어진다는
가설과 상당히 다른 새로운 변이가 동시에 일어난다는 가설이다.
후자는 변이성의 시기가 도래하면 좋은 예기치 않은 형태를 생산한
다고 한다. 하여간 크든 작든 변이가 우연적이라면 구조의 유사성
을 설명할 수 없다는 것을 보여주고 싶다.(62-64쪽)

미소 변이설의 난점. 우선 다윈의 미소 변이설을 보자. 변이가 우
연적이라면 그 변이들이 기관의 모든 부분에서 동시에 일어나기 위
해 잘 화합하지 않을 것이다. 다윈도 그 점을 잘 이해했고 그것이
미소변이를 가정한 이유이기도 하다. 변이는 미소하기 때문에 기관
의 기능을 방해하지 않을 것이다. 한 변이는 보완적 변이들이 와서
시각을 완전하게 할 때까지 기다릴 수 있다는 것이다. 그러나 한 미
소 변이가 눈의 기능을 방해하지 않는다면 보완적 변이가 오지 않
는 한 그것을 도울 수도 없다. 그렇다면 어떻게 선택의 결과로 보존
될 수 있는가? 셀 수 없이 많은 작은 변이들이 순전히 우연적이라
면 그것들이 독립적인 진화의 두 노선에서 동일한 순서로 일어났다

는 것을 어떻게 가정할 것인가? 따로따로 떼어놓고 보면 아무런 유용성도 갖지 않았는데 어떻게 선택에 의해 보존되고 양쪽에서 축적되었는가?(64-65쪽)

드 브리스와 돌연변이: 돌연변이의 가설로 옮겨가 보자. 한 점에서는 난점이 약화되지만 다른 점에서는 더 악화시킨다. 비약이 돌연적이라면 무한소의 닮음으로부터 구성되었을 때보다 양쪽에서의 유사성을 이해하기가 더 쉽다. 또 변이가 선택을 작동하기에 충분히 크다. 그러나 시각 장치의 모든 부분들이 갑자기 변하면서 눈이 그 기능을 계속 수행할 정도로 서로 조율될 것인가? 한 부분의 고립된 변이는 시각을 불가능하게 할 것이다. 시각을 보존하고 개선시킬 수 있는 결합만이 살아남는다는 것은 사실이다. 그러나 그런 행운의 우연이 어떻게 완전한 눈에 이르기까지 매번 반복될 수가 있는가? 특히 단순한 우연이 진화의 독립적 두 노선에서 동일한 순서로 동일하게 일어났다고 할 수가 있는가? 다윈이 이미 이야기했던 상관관계의 법칙을 끌어낼 것이다. 그것은 한 변화는 유기체의 한 지점에 국한되지 않고 다른 지점에 반향을 일으킨다고 할 것이다. 푸른 눈을 가진 흰 고양이는 귀가 먹었다, 털 없는 개는 이빨이 불완전하다, 등등. 그러나 유대 된 변화와 보완적 변화는 다르다. 털과 이빨은 유사한 형성에 관계된 것이고 털의 형성을 방해하는 배아의 화학적 변질은 이빨의 형성을 방해했을 것이다(그것도 손상의 경우이다). 그러나 눈에 대해 말할 때 상관관계는 원천의 공통성에 의해 서로 연결되었을 뿐 아니라 동일한 기능을 더 잘 수행하는 방식으로 조율된 변화의 총체에 관한 것이다. 그러한 변화는 시각

기능의 이득을 감시하는 신비한 힘을 개입시키지 않고는 설명될 수 없다. 돌연변이설의 우연에 의해서는 더더욱 불가능하다. 식물에서는 돌연변이설이 굳건한 실험적 기반 위에 놓여 있다. 식물에서는 기능이 동물에서만큼 긴밀하게 형태와 연결되어 있지 않다. 그러나 복잡한 구조와 섬세한 기능을 가진 눈과 같은 기관을 생각할 때 동물에서는 전혀 그렇지가 않다. 요약하자면 미소 변이설은 변이들의 방향의 연속성을 확보하기에, 돌연변이설은 동시적 변이들의 수렴을 획득하기에 어려움을 겪을 것이다. 양쪽 다 독립적 진화의 노선에서 동일한 복잡구조의 평행적 발달은 우연적 변이들의 단순한 축적에 기인할 수는 없을 것이다.(65-70쪽)

아이머와 정향진화: 자국의 수용과 문제의 해결. 빛이라는 물리적 원인이 계속 작용하면서 일정한 방향으로 계속적 변이를 낳을 수 있다. 빛이 유기적 물질에 직접 작용하여 자신의 고유한 형태에 따라 그것을 적응시킨다는 가설이다. 점점 더 복잡한 눈은 유기적으로 조직되었기 때문에 빛을 받아들일 독자적 적성을 가진 물질에 대한 빛의 점점 더 깊은 자국과 같은 무엇일 것이다. 그러나 유기적 구조가 자국에 비교될 수 있는가? 외부 조건에 점점 더 들어맞는 형태의 복잡화와 조건으로부터 점점 더 이로운 방책을 끌어내는 도구의 복잡한 구조는 다른 것이다. 전자는 자국을 받아들이는 것으로 그치고, 후자는 능동적으로 반응하여 문제를 해결한다. 사람들은 후자에서 전자로 옮겨가서 둘을 일치시키는 데로 끌고 간다. 초보 단계의 하등동물에서 안점은 분명 물리적으로 산출될 수 있었으나 그것과 척추동물의 눈 사이에는 수많은 중간 단계가 있다. 그러

나 한 사물에서 다른 것으로 정도차를 가지고 옮겨 간다는 것에서 둘이 동일한 본성이라는 것은 따라 나오지 않는다. 생명은 우선 상대의 운동을 채택하는 것으로부터 시작한다. 안점과 척추동물의 눈 사이에는 사진과 사진기의 거리가 있다. 사진은 조금씩 사진기의 방향으로 굴절되었을 것이지만 빛에 의해 남겨진 인상을 빛을 이용할 수 있는 기계로 전환시키는 것은 오직 빛이라는 물리적 힘 하나 인가?(70-72쪽)

척추동물의 망막은 시신경으로 연장되고 이것은 운동기제에 연결된 중추신경으로 이어진다. 우리 눈은 반응의 운동에 의해 이로운 대상을 이용하고 해로운 대상을 피하게 해준다는 점에서 눈을 이용한다. 눈을 그것과 분리될 수 없는 것과 결부시켰을 때 빛의 직접적 작용과는 완전히 다른 것을 개입시킨 것이다. 그것은 유기적인 물질에 암묵적으로 자극을 이용하기 위해 복잡한 장치를 세울 수 있는 신비로운 힘을 할당한 것이다. 바로 그런 힘을 없어도 된다고 주장하고 물리학과 화학이 모든 열쇠를 주기를 원한다. 아이머가 그런 주장을 하는 대표자인데 이미 도르프마이스터가 번데기 때의 온도의 변화에 따른 나비의 변화나 염도가 갑각류의 변형의 원인임을 보여주었다. 원인은 추진, 촉발, 전개의 의미를 가질 수 있다. 추진의 경우에만 원인은 결과를 설명한다. 물의 염도가 아르테미아의 변형의 원인이라는 등의 경우는 전개와 촉발 사이의 의미이다. 그러니까 원인의 양과 질이 결과에 아무런 영향을 마치지 않는 것(촉발)과 원인의 양에 결과의 양은 달려 있으나 원인의 질은 결과의 질에 아무 영향이 없는 것(전개)의 사이이다(원인의 양이 결과의 질에 영향을 미친다). 아이머가 변이의 만화경적인 성격을 말하거나 무기물이 정해진 방향으로 결정체화되는 것처럼 유기물의 변이가 정해진 방향으로 이루어진다고 말할 때도 같은 의미이다. 피부의 색깔의 변화가 물리-화학적 과정이라는 것은 인정할 수 있을지 모르지만 그런 설명 방식을 척추동물의 눈에까지 확장한다면 곤란하다. 연체동물의 알이 척추동물과 동일한 화학적 구조를 가질 수 없으나 그럼에도 불구하고 빛의 영향 아래 동일한 기관을 구성했다고 한다면 그런 기계론적 설명을 어떻게 받아들이겠는가?(72-75쪽)

자연은 서로 이웃하는 종들에서 완전히 다른 배아 발생적 과정을 통해 동일한 결과에 도달한다. 이배에 대한 연구는 고전적 배엽 이론을 포기하게 했다. 척추동물의 망막은 뇌와 같은 곳에서 발생하나 연체동물의 망막은 외배엽에서 직접적으로 나온다. 즉, 인간과 가리비의 동일한 망막은 상이한 진화적 과정에 따른 것이다. 재생의 과정을 살펴봐도 상이한 위치와 구성을 가지며 정상적일 때는 상이한 기능을 수행하는 부분들이 필요할 때는 동일한 장치의 조각을 만들 수 있다. 원인의 다양한 결합에 의해 동일한 결과를 얻을 수 있다. 결국 결과의 수렴을 위해 호소해야 할 것은 내적 원리이다. 이제 남은 것은 신-라마르크주의이다.(75-77쪽)

신-라마르크주의자들과 획득형질의 유전: 획득 형질의 유전 불가능성. 라마르크는 생명체의 기관이 용·불용에 따라 변할 수 있고 이렇게 획득된 변이를 후손에 물려줄 수 있다고 했다. 오늘날 어떤 생물학자들은 생명체가 살아야 하는 조건에 적응하기 위한 노력 자체로부터 변이가 나타난다고 한다. 거기에는 의식과 의지를 내포할 수 있다는 것인데 이 이론의 대표적 주창자는 코프이다. 그러므로 라마르크주의는 내적이고 심리적인 발달을 받아들일 수 있는 유일한 이론이며 독립적 노선들에서 동일한 복잡 기관의 출현을 설명할 수 있는 유일한 이론이다. 노력이라는 용어가 더 깊고, 더 심리적인 의미로 취해져야 하는 것은 아닌지를 아는 것이 남아 있다. 한 기관이 작동에 의해 강화되고 증대될 수 있다는 것은 거부할 수 없을 것이지만 거기서부터 연체동물과 척추동물의 눈의 발달은 멀다. 그것이 내적 활동에 의한 것이라면 보통의 노력과는 완전히 다른 것이 된다. 거기에는 놀랍도록 조율된 거대한 수의 복잡화가 필요하기 때문이다. 그러나 그것을 동물계에는 인정한다 하더라도 식물계에는 어떻게 확장할 것인가? 노력 자체의 아래를 파서 더 깊은 이유를 찾아야 한다. 획득 형질의 유전 가능성에 대해 어느 한 쪽 편을 들 자격은 없지만 그렇다고 그것을 무시할 수는 없다. 개체에 의해 형성된 습관이 매우 예외적인 경우가 아니고는 후손에 전달될 수 없다면 스펜서의 심리학과 철학은 무너질 것이다. 사람들이 말하는 획득형질은 매우 자주 습관이거나 습관의 결과이다. 그리고 습관의 근저에는 자연적 적성이 없는 경우가 드물다. 그 결과 전달된 것이 획득된 습관인지, 아니면 오히려 자연적 적성이 아닐지를 물을 수 있다. 두더지가 땅 속에 살았기 때문에 눈이 어두워진 것이 아니라 눈이 어두워지고 있었기 때문에 땅 속에 살게 된 것일 수 있다. 이 경우 시각을 잃으려는 경향이 두더지 자체의 몸에 의해 얻거나 잃은 것 없이 생식세포에서 생식세포로 옮겨 갔을 수 있다. 획득되면서도 전이된 예는 브라운-세까르의 실험을 제외하면 거의 남

지 않는다. 그것은 모르모트의 척수나 좌골신경을 절단하면 간질의
상태가 후손에 전달된다는 것이다. 그러나 동물의 몸이 생식세포에
영향을 미쳤다는 것은 증명되지 않았다. 여러 실험의 결과를 요약
하자면 획득된 특수성의 유전은 배아의 중독에 의해 설명될 수 있
다는 것이다. 손상은 가령 알코올의 결함과 동일한 과정에 의해 전
달된 것이다. 획득형질의 전이 가능성을 긍정하는 쪽이나 부정하는
쪽이나 일치하는 것은 알코올과 같은 어떤 영향은 생명체나 그것이
담지하고 있는 생식질에 동시에 작용할 수 있다는 것이다. 그러한
결함은 아버지에서 아이에게로 옮아갈 것이지만 아이들 각각에게
상이한 형태를 취할 수 있고 그들 각자에게서 아버지가 그랬던 것
과 닮지 않을 수 있다. 그러므로 차이의 유전과 형질의 유전의 구별
을 도입해야 한다. 생명체에서 일어난 변화는 생식세포에도 어떠한
영향도 끼치지 않고 자손에게도 영향을 끼치지 않는 것이 대부분
의 경우이다. 그러나 반대로 어떤 결과를 끼친다면 그것은 아마도
생식질의 어떤 화학적 변화를 매개로 해서이다. 이 경우 탄생된 유
기체는 부모의 유기체만큼 정상적 상태로부터 멀어질 것이지만 다
르게 멀어질 것이다. 차이를 유전했을 것이지만 형질은 아니다. 그
러므로 일반적으로 개체에서 형성된 습관은 자손에게 어떠한 영향
도 끼치지 않을 것이다. 그리고 영향을 끼친다면 자손에게 일어난
변화는 본래의 변화와는 아무런 유사성이 없다. 그러한 전이로부터
어떻게 눈과 같이 동일한 방향을 향한 거대한 수의 변이를 일으킬
것인가?(77-85쪽)

　여러 진화론의 이점과 난점. 이처럼 현재 진화론의 여러 형태들

이 극복할 수 없는 난점을 가진다는 것을 보임으로써 그것들을 서로 등을 돌리게 만들 의도는 전혀 없다. 반대로 그들 각각은 진화에 대한 어떤 관점으로서 나름의 방식으로 진실이다. 그러나 실재는 그 관점들 모두를 능가하는 것이다. 그런 실재는 철학의 고유한 대상이다. 그 관점들을 어떤 점으로 수렴시켜야 하는지를 살펴보자. 신-다윈주의자들이 변이의 본질적 원인은 배아에 내재하는 차이이지 개체의 행동은 아니라고 할 때 옳다. 그러나 배아에 내재하는 차이들이 순전히 우연적이라 할 때는 받아들이기 곤란하다. 그 차이들은 개체를 넘어 배로 가는 충력의 발전이며, 순수 우연이 아니고 한 종의 어떤 수에게 동시에 동일한 형태로 나타날 수가 있다. 돌연 변이론은 그 점에서 다윈주의를 깊이 변화시켰다. 그들이 말하는 변하려는 경향은 우연적이지 않다. 우연의 부분이 동물에서보다는 식물에서 더 클 것이지만, 어쨌든 변이의 기간만 정해져 있는 것이 아니라 방향도 정해져 있을 것이다. 그리하여 변이는 세대에서 세대로 정해진 방향을 따라 이어진다는 아이머의 가설에 도달한다. 그러나 유기체의 진화는 전체적으로 미리 예정된 것이어서는 안 된다. 형태의 연속적 창조에 의해 생명의 자발성이 드러나기 때문이다. 그러나 그러한 비결정성은 완전할 수 없다. 결정성에 어떤 부분을 남겨두어야 한다. 가령 눈과 같은 기관은 정해진 방향으로의 연속적 변이에 의해 구성되었을 것이다. 그렇지 않고는 전혀 다른 노선의 종들에서 눈 구조의 유사성을 설명할 수 있을지 알 수가 없다. 우리가 아이머와 갈라지는 것은 물리-화학적 결합이 결과를 확보하는 데 충분하다고 주장할 때이다. 눈이라는 바로 그 예에서 정향

진화가 있다면 심리적 원인이 개입한 것이다. 신-라마르크주의의 도움을 요청한 것도 심리적 질서의 원인이다. 그러나 원인이 개체의 노력에 불과하다면 동물에게만 개입할 것이요 식물에게는 아닐 것이다. 동물에서도 의지의 영향에 복종하는 지점에 대해서만 작용할 것이다. 작용하는 지점에서도 어떻게 복잡성의 증가와 같은 변화를 얻을 수 있을지 알 수가 없다. 점점 더 복잡한 장치를 구성하는 방식으로 축적되고 결합하는, 정해진 방향의 변화는 어떤 종류의 노력과 관계되어야 하지만, 개체적 노력과는 다르게 깊은, 동일한 종에게 공통적이고 배아에 내재하여 후손에 전이되는 것이 확보된 노력과 관계되어야 한다.(85-88쪽)

IV. *생의 비약*: 제작과 유기적 조직화. 기계론과 목적론의 한계. 이제 배아에서 배아로 지나가는 생명의 원천적 비약의 관념으로 되돌아온다. 그런 비약은 규칙적으로 전이되고, 더해지며, 새로운 종을 낳는 변이들의 깊은 원인이 된다. 공통의 비약의 가설을 받아들이면 다른 진화의 노선에서 동일한 기관의 형성을 설명할 수 있다. 눈과 같은 기관에서는 구조의 복잡성과 기능의 단순성이 눈에 띈다. 그 둘 사이의 대비가 놀랍다. 기계론적 이론은 외적 상황의 영향 하에서 기계의 점진적 구성을 보여줄 것이다. 그러나 그 부분들 상호 간의 관계에 대해서는 아무것도 알려주지 못한다. 그때 목적론이 하나의 목적을 위해 미리 짜인 계획을 말한다. 자연의 작업을 조립 작업자의 작업과 동화한다. 그러면 기계론은 목적론에 의인적 성격을 비난할 것이고 그것은 옳다. 그러나 그것 역시 자연이 인간작업자처럼 일하기를 원한다. **생명은 요소들의 덧붙임이나 조합이 아니라 분해와 쪼개기로 작업한다.** 기계론과 목적론은 인간 정신이 인간의 작업에 의해 인도된 이론이다. 자연은 전체 기능의 단순성에도 불구하고 분해에서 분해로 무한히 나아간다. 동일한 대상이 단순성과 복잡성을 동시에 보일 때 단순성은 대상 자체에 속하나 복잡성은 대상의 주변을 돌면서 대상에 대해 취하는 관점에, 대상에 통약 불가능한 것으로 남는 다른 질서의 요소들에 속한다. 예술가의 단순한 행위는 그것을 밖에서 작은 모자이크 타일로 분석하는 한 무한의 타일로 분석될 것이다. 그 수많은 타일로 해체되는 그 그림은 화가에게는 단순한 행위이다. 내가 손을 들어 올릴 때 그것을 안으로부터 느끼면 단순하고 불가분적 행위이다. 밖에서 보면 손이 지나가는 선을 따라 무한수의 위치들을 구분해 낼 수 있을 것이다. 그러나 무한수의 위치들은 손이 행한 불가분적 행위에서 자동적으로 나온다. 여기서 기계론은 위치들만을 보는 데서 성립한다. 목적론은 그 순서를 고려할 것이다. 그러나 그들은 모두 실재 자체인 운동은 지나칠 것이다. 그러나 우리는 유기적 조직화를 제작으로 표상하지 않을 수 없기 때문에 그렇게 이해하는 데 많은 어려움을 겪는다. 제작은 부분들을 조립하는 방식으로, 즉 주변에서 중심으로 간다. 그러나 유기적 조직화는 중심에서 주변으로 간다. 하나는 집중과 압축에 의해 진행하고, 하나는 폭발적인 성격을 가진다. 제작은 조각낸 부품들을 하나씩 조립하여 진행한다. 작업의 각 부분에 결과의 부분이 대응한다. 그러나 유기적 조직화의 기계의 부분들은 작업의 부분들에 대응하지 않는다. 왜냐하면 그 기계의 물질성은 더 이상 적용된 수단의 총체가 아니라 극복된 장애물의 총체를 나타내기 때문이다. 생명체의 시각은 존재가 작용할 수 있는 대상에 한정된, 효과적 시각이다. 시각 장치는 단지 운하파기의 작업을 상징한다. 시각 장치의 창조는 해부학적 요소들의 조합에 의해 설명되지 않는다. 내 손이 나아감에 따라 압축되고 저항하는 쇠 줄밥을 통과해야 한다고 가정해 보자. 어느 순간 내 손은 힘을 다 소진하고 그 순간 줄밥 알갱이들은 멈춘 손과 팔의 형태로 조율될 것이다. 이제 그 손이 보이지 않는다고 가정하면 구경꾼들 중 어떤 이들은 각 알갱이들의 위치를 주변 알갱이들이 그것에 미친 작용에 관계시킬 것이다. 그들이 기계론자이다. 다른 이들은 전체의 계획이 요소 작용들의 세부를 총괄하기를 바랄 것이다. 그들이 목적론자이다. 그러나 진실은 줄밥을 통과하는 손의 불가분적인 한 행위가 있었다는 것이다. 알갱이들의 운동의 세부와 배열의 순서는 요소들의 적극적 작용의 종합이 아니라 저항의 전반적인 형태이므로 부정적으로 그 불가분적 운동을 표현하고 있다. 그러므로 원인의 부분들에 결과의 부분들이 대응하지 않는다. 시각을 구성하는 불가분적 행위가 더 멀리 혹은 적게 나아감에 따라 더 많거나 적은 수의 서로 조율된 요소들로 이루어지지만 질서는 필연적으로 갖추어져 있고 완전하다. 그것을 탄생시키는 실재과정은 부분이 없기 때문에 질서도 부분적일 수 없다. 그렇기 때문에 두 종류의 동물이 서로 멀리 떨어져 있어도 시각을 향한 행진이 마찬가지로 멀리 나아갔다면 양쪽에는 동일한 기관이 있을 것이다. 왜냐하면 기관의 형태는 기능의 실행이 획득한 정도를 나타낼 뿐이기 때문이다. 그렇다면 시각을 향한 행진은 예전의 목적론으로 다시 돌아온 것이 아닌가? 그것을 목표라 한다면 그럴 것이다. 그러나 그것은 생명의 원초적 비약 덕분에 이루어지고 그 비약 자체에 내포되어 있으며, 바로 그렇기 때문에 독립적 진화노선에서 재발견된다. 그리고 왜 거기에 내포되어 있었냐고 묻는다면 생명은 무기물에 대해 행동할 수 있는 경향이기 때문이라고 답할 것이다. 물체의 시각적 윤곽은 그것에 대한 우리의 가능적 행동의 소묘이다. 그러므로 시각은 매우 다양한 동물에게서 상이한 정도로 다시 발견될 것이며, 동일한 강도에 도달한 어디서나 동일한 구조의 복잡성으로 나타날 것이다. 이제 그런 입장에서 진화의 다양한 결과를 살펴보자.(88-98쪽)

제2장 생명진화의 분산적인 방향들. 마비, 지성, 본능

I. 진화 과정의 일반 관념. 성장. 분산적이며 보완적인 경향들. 진보와 적응의 의미.

진화 과정의 일반 관념: 생명은 여러 파편들로 터져버린 폭탄과 같으며, 그 파편들 역시 폭탄과 같이 터지고, 그런 식으로 계속된다. 우리는 우리와 가장 가까운 파편들의 운동만 볼 뿐이기 때문에 그들로부터 출발하여 최초의 운동까지 거슬러 올라가야 한다. 폭탄의 폭발이 화약의 폭발력과 거기에 맞서는 금속의 저항에 의해 설명되듯이 생명의 파열도 물질의 저항과 생명 자신의 폭발력에 의해 설명된다.(99쪽)

성장: 무기물의 저항이 우선 돌아가야 하는 장애물인데 생명은 우선 물리-화학적 힘에 순종하며 나누어지려는 철로의 방향을 어느 정도 따라가는 분기점과 같이 어느 정도 길을 같이 가는 데 동의함으로써 그 극복에 성공한다. 생명의 기초적 형태들에서 관찰되는 현상들은 물리-화학적인 것인지 생명적인 것인지 말할 수 없을 정도로 물질을 유혹하기 위해 무기물의 습관으로 들어와야 했다. 그러므로 우선적으로 드러난 삶의 형태는 극도로 단순한 원형질의 작은 덩어리였다. 그것이 가진 추진력 덕분으로 가능한 한 가장 커지려고 모색했으나 곧 바로 확장에 한계를 가지고 그 이상 성장하기보다는 둘로 나누어진다. 이 장애물을 돌아가기 위해 수 세기가 걸린 노력이 필요했을 것이고, 결국은 증가하는 수의 요소들이 통일된 채 남아 있도록 하는 데 성공한다. 분업에 의해 풀 수 없는 유대를 맺었다. 이제 복잡하고 불연속적인 유기체, 즉 개체가 탄생한다.(99-100쪽)

분산적이며 보완적인 경향들: 그러나 나뉨의 진정한 원인은 생명 자신 속에 포함하고 있던 것이다. 생명은 경향이고, 경향은 성장만으로도 나누어질 다양한 방향들을 창조하면서 갈라지는 것이기 때문이다. 이것은 우리 속의 성격이라 불리는 경향의 진화에서 관찰되는 것이다. 어릴 때 우리는 함께 녹아 있는 다양한 인격을 자신 속에 통일하고 있었으나 성장하면서 그것들은 양립 불가능하게 되고, 우리는 오직 하나의 삶을 살기 때문에 선택하지 않을 수 없다. 우리는 끊임없이 선택하며 끊임없이 포기한다. 우리가 지나간 길은 우리가 되기 시작한 것, 될 수 있었을 모든 것의 파편들로 흩뿌려져 있다. 그러나 셀 수 없는 수의 생명을 가진 자연은 그런 희생이 강요되지 않고 다양한 경향들을 보존한다. 자연은 그런 경향들로 다양한 계열의 진화를 창조한다. 그 계열들은 동등하지 않은 중요성을 가진다. 큰 길 두세 가지 옆에는 막다른 길이 있다. 그 큰 길 중에서도 인간에까지 이르는 길만이 생명의 큰 숨이 자유롭게 지나갈 수 있을 정도로 충분히 넓었다. 꿀벌이나 개미의 사회는 놀랍도록 규율이 갖춰 있고 통합되어 있지만 경직되어 있다. 후자는 진보에 열려 있지만 분열되고 투쟁 중이다. 항상 진보하면서 항상 균형 잡힌 사회가 이상일 것이나 그런 이상은 실현가능하지 않을 것이다. 어릴 때에는 서로 보완적인 경향도 강화되면 양립 불가능해진다. 막시류의 사회는 우리의 것과는 보완적인 측면을 나타낼 것이다. 그러나 그것은 표현의 방식일 뿐 사회적 삶에 특수한 추진력은 없다.(100-102쪽)[1]

진보와 적응의 의미: 진화운동의 연구는 분열되는 경향들의 본성을 정하고 그 크기를 가늠하는 것이다. 그 경향들의 불가분적 운동 원리를 얻어야 한다. 진화의 필연적 조건은 환경에 대한 적응이다. 생존의 조건에 복종하지 않는 종은 사라진다. 그러나 환경이 진화

---

1 이상의 세 단원은 본문으로 네 쪽에 불과하고 책 위쪽의 소제목도 "분산적이고 보완적인 경향들"이라고 하나만 붙어 있는 부분인데 목차에서는 이렇게 세 단원으로 나뉘어져 있다. 길이는 짧지만 전체의 논의 구조상 중요하기 때문에 이렇게 나누었을 것이다. 아닌 게 아니라 진화의 전체적 성격과 처음 출발하는 추진력과 방식을 말하는 부분이기 때문일 것이다. 거기에 따라 우리도 길이를 조금 길게 하는 방식으로 요약했다.

가 고려해야 할 힘이라는 것과 진화의 원인이라 주장하는 것은 다
르다. 화석화된 종들처럼 원시적 형태에서 경직되어 버렸으면 진화
는 일어나지 않았을 것이다. 적응은 진화의 굴곡은 설명하지만 운
동의 일반적 방향은 설명하지 못하며, 그것이 운동 자체인 것도 아
니다. 길은 토지의 우연에 적응하지만 토지의 우연이 길의 원인이
아니며 그 방향을 새기는 것도 아니다. 생명의 진화는 우연적 상황
에 대한 일련의 적응과 다른 것이며, 계획의 실현도 아니다. 진화
가 끊임없이 다시 시작하는 창조라면 지성의 관념과 용어들도 창
조한다. 즉 미래가 현재를 넘쳐나서 한 관념으로 그려질 수 없는 것
이다. 그것이 목적론의 첫 번째 오류이다. 생명이 어떤 계획을 실현
한다면 더 나아감에 따라 더 높은 조화를 나타내야 할 것이다. 조화
는 앞에 있는 것이 아니라 뒤에 있다. 생의 비약은 점점 더 나누어
진다. 생명들의 보완성은 그 원천에 빚지고 있는 것이지만 그럼에
도 불구하고 서로 적대적이고 양립 불가능한 것으로 된다. 부조화
는 나아가면서 강화된다. 진화는 앞으로 나아가는 것만은 아니고
정지하기도 하고 거슬러 가기도 한다. 생명은 진화하면서 방금 자
신이 낳은 형태에 최면이 걸려 자주 진화로부터 벗어나게 된다. 계
획을 놓는 것으로부터 시작한 철학자는 실망하게 된다. 우연에 큰
몫을 주어야 한다. 자연에는 모든 것이 정합적이지 않다. 계획은 어
떤 일에 할당된 끝이다. 그것으로 미래는 닫힌다. 그러나 생명의 진
화 앞에 미래의 문은 열린 상태이다. 처음의 운동 덕에 이루어지는
생명의 단일성은 지성이 꿈꿀 수 있는 것보다 우월한 단일성을 이
룬다. 그 방법을 정의하는 것보다 적용하는 것이 더 어렵다. 다양한

해법들을 비교하면 논쟁은 큰 노선에서보다 세부에 관계된 것을 볼 것이다. 그러므로 큰 노선을 따라가면 길을 잃지 않을 것이다. 그 것들만이 우리에게 중요한 것이다. 우리의 관심은 특히 인간에 이르는 길이며, 동물계 전체와 인간의 관계, 유기체 전체에서 동물계의 위치를 정하는 것이 문제라는 것을 시야에서 놓치지 말아야 한다.(102-106쪽)

II. 식물에 대한 동물의 관계. 동물적 삶의 도식. 동물성의 발달.

식물에 대한 동물의 관계: 영양의 방식. 우선 동물계의 위치 문제로부터 시작하자. 식물과 동물의 구별하기 위한 시도는 항상 실패했다. 동물의 특성은 어떤 식물에서, 식물의 특성도 어떤 동물에서 발견된다. 다른 생물의 본질적 성격을 기초적 상태로 포함하고 있지 않는 생명은 없다. 차이는 비율에 있다. **집단은 더 이상 어떤 성격의 소유가 아니라 그것을 강조하는 경향에 의해 정의될 것이다.** 그런 갈라짐은 우선 영양의 방식에서 현저하다. 식물은 생명유지에 필요한 요소를 광물의 형태로 취한다. 동물은 식물이나 동물에 의해 유기질 속에 고정되었을 때에만 그런 요소를 취할 수 있다. 그런 법칙이 식물에서는 많은 예외를 겪고 있다. 그러나 동물과 식물이 두 개의 나누어지는 방향을 표시한다는 점에서 동적 정의의 시작을 제공할 수 있다. 형성된 유기질로부터 영양을 취하는 버섯류는 진화할 수가 없었다는 것은 주목할 만한 사실이다. 그것들은 식물계의 조생아라고 할 수 있을 것이다. 거기가 막다른 골목이었던 것이다. 식충식물은 광물로부터의 영양섭취를 계속하고 다만 토양에서 충분한 영양이 제공되지 않았던 예외적인 경우에 나중에야 나타난 예외적인 능력이다. 진화가 무한히 계속될 수 있는 경향을 본질적으로 간주하면 광물적 요소를 이용하여 유기물을 창조하는 능력에 의해 식물이 동물로부터 구별된다고 해야 한다. 그런 차이는 더 깊은 차이와 연결되어 있다.(106-109쪽)

운동성. 동물은 직접 광물에서 탄소와 질소를 고정할 수 없기 때문에 식물이나 식물에서 그것을 빌린 동물을 찾아야 한다. 그러므로 동물은 필연적으로 움직인다. 의족을 내미는 아메바로부터 감각과 신경계를 가진 고등동물에까지 동물은 공간 속에서의 운동을 특성으로 가진다. 가장 기초적인 형태에서 동물은 알부민의 얇은 막에 싸인 원형질로 나타나지만 식물은 그것을 부동성에 처단하는 섬유질 막으로 싸여 있다. 물론 움직일 수 있는 식물도 있고 많은 동물에서도 고정의 현상을 알아차릴 수 있다. 운동성과 고정성이 식물이나 동물에서 공존한다면 균형은 명백히 한 경우에는 고정성을 향해, 다른 경우에는 운동성을 향해 깨진다. 그러나 운동성과 고정성은 더 깊은 경향의 표면적 신호에 불과하다.(109-111쪽)

의식. 운동성과 의식 사이에는 명백한 관계가 있다. 물론 고등 유기체의 의식은 뇌와 유대 되어 있는 것으로 보인다. 신경계가 발달할수록 의식은 더 맑아진다. 그러나 운동도, 선택도, 의식도 신경계를 필연적 조건으로 가지지 않는다. 동물 연쇄를 내려올수록 신경계는 더 단순화되고 결국 덜 분화된 유기체 전체 속으로 사라져버린다. 다른 해부학적 요소에 대해서도 마찬가지이다. 뇌가 없기 때문에 의식을 부정하는 것은 위가 없기 때문에 영양을 취할 수 없다고 하는 것만큼이나 어리석다. 다른 계와 마찬가지로 신경계도 분업으로부터 태어났다. 신경계가 자신의 기능을 창조한 것이 아니며, 반사와 의지라는 이중의 형태를 부여함으로써 더 높은 강도와 정확성을 가지고 기능할 뿐이다. 가장 보잘 것 없는 유기체도 자유롭게 움직이는 한에서 의식적이다. 의식이 운동을 주도한다는 점에서는 의식이 운동의 원인이라 할 수 있으나, 운동을 하는 것은 의식을 유지하고, 그 활동이 사라지자마자 의식은 위축된다는 점에서는 의식이 운동의 결과라 할 수 있다. 식물은 일반적으로 무의식적이다. 여기서도 극단적 구별은 주의해야 한다. 의식이 부동의 기생 생물로 퇴락한 동물에게 잠든다면, 역으로 운동의 자유를 재탈환한 식물은 아마도 깨어날 것이다. 그럼에도 불구하고 의식과 무의식은 두 계의 발전방향을 나타낸다. 의식을 찾기 위해서 동물에서는 올라가야 하는데 비해 식물에서는 내려가서 식물과 동물 사이에서 주저하는 단세포 유기체로 내려가야 한다. 그런 한에서 동물은 감수성과 깨어난 의식에 의해, 식물은 잠든 의식과 무감각에 의해 정의될 것이다. 요약하자면 식물은 광물질을 가지고 직접적으로 유기물질을 만들고 그것이 그에게 움직이는 것과 느끼는 것을 면제해준다. 양식을 찾아야 하는 동물은 공간 운동적 활동의 방향과 점점 더 풍부하고 구별되는 의식의 방향으로 진화하게 했다.(111-113쪽)

신경계와 엽록소. 동물과 식물 세포는 공통의 기원으로부터 나오며 최초의 유기체는 동물과 식물의 형태를 가지기 때문에 양자 사이에서 흔들렸다. 진화의 특징적 경향들이 나누어질지언정 양쪽에서 아직 공존한다는 것을 방금 보았기 때문이다. 단지 비율만 다르다. 보통 하나가 다른 것을 덮거나 압도하지만 예외적인 경우 그 다른 것이 다시 드러난다. 기초적 형태에서는 상호 내포된 두 경향은 성장하면서 분열되었다. 따라서 식물은 고정성과 무감각을 가지고, 동물은 운동성과 의식을 가지게 되었다. 생명체는 자신에게 가장 편리한 것으로 기울며 각자 자신의 편에서 편리한 것을 선택했다. 식물에서 동물의 지도적 의지에 대응하는 것은 탄산에서 탄소와 산소의 결합을 끊기 위해 사용할 태양 에너지의 굴절이다. 식물에서 동물의 감수성에 대응하는 것은 빛에 대한 엽록소의 특별한 감수성이다. 신경계란 감각과 의지 사이의 매개자이므로 식물의 신경계는 엽록소의 빛에 대한 감수성과 녹말의 산출 사이의 매개자 역할을 하는 장치, 또는 독자적인 화학작용으로 보인다. **동물을 신경계를 가지는 데로 데려간 비약이 식물에서는 엽록소의 기능에 이르렀다.**(113-115쪽)

에너지의 축적과 자유로운 사용. 생명의 바닥에는 물리적 힘의 필연성에 가능한 한 가장 큰 양의 비결정성을 접목하기 위한 노력이었다고 가정해 보자. 그런 노력은 에너지를 창출하는 데 이를 수 없거나 창출한다고 해도 그 양은 우리 경험과 과학이 영향을 미치는 크기의 질서에 속하지 않는다. 그러므로 모든 것은 기존의 에너지를 잘 이용하는 것처럼 진행될 것이다. 그것에 성공하는 방법은 주어진 한 순간 방아쇠를 작동시킴으로써 얻을 수 있는 정도의 잠재적 에너지의 축적을 얻는 것이다. 축적된 잠재 에너지의 양이 큰 만큼 더 효율적일 것이다. 우리 행성의 이용 가능한 에너지의 원천은 태양이므로 그 에너지의 소모를 유예하여 원하는 순간, 원하는 장소에서 흐를 수 있는 저장소에 축적하는 것이다. 동물이 양분을 얻는 물질이 바로 그런 저장소이다. 이제 생명은 폭발물 제조와 폭발을 동시에 얻는 것을 원했다. 엽록소를 가진 유글레나는 그런 이중적 시도를 옹색한 형태로 나타내고 있다. 한 가지 확실한 것은 식물은 첫 번째 방향으로 동물은 두 번째 방향으로 기울어 갔다는 것이다. 그러나 폭발물의 제조가 폭발을 목적으로 가진다면 생명의 근본적인 방향은 동물 쪽이다. 두 계가 조화한다면 그것은 오직 하나로 녹아 있던 두 경향이 발달되었다는 것으로부터 온다. 동물은 불연속적 에너지의 자유로운 사용으로 진화한 반면 식물은 제자리에서의 축적의 체계를 완성시켰다. 원시식물이 탄소와 질소를 고정해야 했다면 그중 질소를 고정하는 역할은 미생물들로 전문화되었으며, 그 미생물들은 식물이 동물에게 했던 것과 동일한 봉사를 식물계 전체에 했다. 결국 미생물과 식물, 그리고 동물은 생명이 우리 행성에서 처분할 수 있는 물질에 의해 행해진 분석이라고 말할 수 있다. 그것은 분업인가? 분업이 있는 곳에서는 연합이 있고 노력의 수렴이 있다. 그러나 진화는 연합이 아니라 분열의 방향으로, 노력의 수렴이 아니라 분산의 방향으로 이루어진다. 조화는 처음에만 완전하고 그것은 원래의 동일성에서 나온 것이지만 진화에 의해 서로로부터 떨어지게 된다. 그 분열에서 어떤 것은 무한히 계속되고, 다른 것은 빠르게 끝에 도달한다. 이 마지막 것은 원시적 경향으로부터 직접 나오는 것이 아니라 나누어진 요소들 중 하나에서 나온 것이다. 어떤 경향에 의해 도중에 수행되고 남겨진 잔여의 발달이다. 기본적 경향들은 그것을 알아볼 표시를 가진다. **발달하면서**

한 경향이 분석될 때 이렇게 태어난 각각의 경향들은 원시적 경향으로부터 그것이 전문화한 작업과 양립 불가능한 것이 아닌 모든 것을 보존하고 발달시키고 싶어 한다. 그에 의해 전 장에 나온, 독립적인 진화 노선상의 동일한 복잡한 장치의 형성이 설명될 것이다. 유성 생식은 식물에게 사치에 불과하지만 동물은 그리로 가야 했고 식물과 동물은 두 계로 갈라지기 이전의 원초적 비약에 의해 그리로 이끌렸을 것이다. 증가하는 복잡성으로 향하는 식물의 경향도 그러할 것이다. 점점 더 넓고 점점 더 효과적인 행동이 필요한 동물계에는 복잡화가 본질적이었지만 무감각과 부동성에 처단된 식물계에는 처음에 동일한 추진력을 받았을 때에만 그러할 것이다. 최근의 실험은 변이의 시기가 오면 식물도 어떤 방향으로 변이하는 것을 보여주지만, 그것은 동물에게는 중요한 것이지만 식물에게는 그렇지 않다. 이제 동물의 진화에 도달해 보자.(115-121쪽)

동물적 삶의 도식: 동물은 축적된 에너지를 폭발적으로 전환하기 위한 장치를 사용하는 능력이다. 처음에는 아메바의 의족과 같이 그 방향을 선택할 수 없이 우연적으로 이루어졌다. 그러나 동물 계열로 상승함에 따라 신체의 형태 자체가 에너지가 향해 갈 잘 정해진 방향을 그린다. 그런 방향은 신경요소들의 연쇄에 의해 표시된다. 식물에서의 모든 작업이 에너지의 보존에 흡수되지만 동물에서는 모든 것이 공간이동을 위한 에너지의 사용에 수렴된다. 그러므로 신체의 나머지 부분들은 감각기관, 신경계통, 운동장치가 폭발에 의해 풀어놓을 힘을 준비하는 것이 본질적 기능인 것처럼 이루어진다. 고등 동물에서 양분의 역할은 조직의 복구, 체온 유지 등

유기체의 보존, 유지, 지속에 쓰인다. 그러나 그것들은 모두 신경과 근육의 운동에 에너지를 주지 않는다면 존재이유도 가지지 않을 것이다. 그것은 양분의 가장 큰 부분이 거기에 사용된다는 것을 의미하지는 않는다. 한 국가는 세금징수 자체에 거대한 지출을 해야 하고, 거기에 비하면 국가가 처분할 수 있는 액수는 적을 수 있다. 그러나 그것이 세금과 그 징수를 위해 사용한 모든 것의 존재이유이다. 동물의 에너지도 그러하다. 영양물질은 단백질과 탄수화물, 지방인데 전자는 조직을 복구하는 데 쓰인다. 에너지 제공의 기능은 후자들에 더 귀속한다. 이 후자들이 매우 불균등하게 배분되며 그것은 매우 교훈적이다. 포도당의 형태로 피에 의해 옮겨지는 후자들은 세포 속에 글리코겐의 형태로 놓인다. 거기서 유기체의 전체 노력이 근육조직과 신경조직의 요소들에 퍼텐셜에너지를 제공하는 데 쓰이는 것처럼 모든 일이 일어난다. 우선 근육에서 발견되는 글리코겐의 양은 다른 조직에 비하면 어마어마하다. 그에 비해 신경계의 보존량은 미미하지만, 그 보존량은 소모되는 바로 그 순간 피에 의해 복구되고 그 결과 신경은 순간적으로 퍼텐셜에너지를 재충전한다. 그러므로 근육조직과 신경조직은 분명 특권적이다. 모든 것이 출발하는 것은 감각-운동계로부터이며 모든 것이 그리로 수렴하고 유기체의 나머지는 그것을 위해 봉사한다. 굶어죽은 동물에게서 뇌는 거의 손상 받지 않았는데 다른 기관들은 그 중량을 잃고 세포는 심대한 손상을 겪었다. 고등 유기체는 본질적으로 수선, 청소, 보호하며, 일정한 내부 환경을 만들어주고, 공간운동으로 전환될 퍼텐셜에너지를 전달해 주는 것을 역할로 삼는 소화, 호흡, 순환, 배설의 장치 위에 자리 잡은 감각-운동계에 의해 구성된다. 고등 유기체에서는 모든 것이 모든 것에 수단으로 봉사하듯이 원환을 돈다. 그러나 그 원환은 중심을 가지고, 그 중심은 감각기관과 운동장치 사이에 드리워진 신경요소들의 체계이다. 신경계의 진보는 더 정확한 방향과, 운동들 사이의 선택을 위해 남겨진 더 큰 자유의 방향으로 이루어졌다. 정확성과 자유의 두 방향은 적대적으로 보일 수도 있지만 화해된다. 생명의 역할은 물질에 비결정성을 집어넣는 것이다. 문제가 제기되는 여러 길이 열리는 방식으로 끝과 끝이 마주보게 놓인 뉴런과 함께 신경계는 진정한 비결정성의 저장고이다.(121-127쪽)

동물성의 발달: 진화의 힘은 제한적인 힘이며, 항상 스스로를 능가하려고 모색하고 그것이 생산하려는 작품에 불충분한 채로 남는다. 그것을 무시하면 목적론의 유치함이 나온다. 생명계를 우리 것과 유사한 구성물로 보고 각 종은 자신의 존재이유와 목적을 가진다고 생각한다. 자연 전체는 협주곡처럼 조화를 이루며 제조된 대상과 작업 사이에는 완벽한 충분함이 있다는 것이다. 생명의 진화에는 그런 것이 없다. 유기계는 아래에서 위까지 단 하나의 커다란 노력이지만 그것은 자주 반대의 힘에 의해 마비되고 자신의 길로부터 일탈하거나 자신이 만든 것에 최면이 걸려 갑자기 끝나버린다. 그것은 우리들 각자가 자신 속에서 경험하는 일이다. 우리의 자유는 습관, 즉 자동성이 노리고 있다. 가장 생기 있는 사유도 표현의 공식 속에서 얼어버리고, 말은 관념을 배반한다. 가장 열렬한 열광도 차가운 계산으로 굳어 버린다. 그런 부조화의 깊은 원인은 리듬

의 차이에 놓여 있다. 생명 일반은 운동성이지만 생명의 특수 현상들은 그것에 뒤쳐진다. 진화 일반은 가능한 한 직선으로 이루어지지만 특수한 각 진화는 순환적 과정이다. 그것들은 너무도 잘 부동성을 위조하여 형태의 영속성은 운동의 그림임을 잊어버리고 우리는 그것을 사물로 취급한다. 생명을 나르는 보이지 않는 숨이 우리 눈에 구체화될 때도 있으니 그것은 모성적 사랑이다. 그것은 각 세대가 자신을 이을 세대로 기울어져 있다는 것을 보여주고, 생명의 본질적인 것은 생명을 전달하는 운동에 있음을 보여준다. 생명은 가능한 한 가장 많이 행동하는 것을 목표로 하지만 각 종은 가장 적은 노력을 하는 것을 선호한다. 종에서 종으로의 전이로 생각한 생명은 항상 커지는 행동이다. 그러나 각 종은 자신의 편리성만을 노린다. 새로운 형태의 창조로 나아가는 행위와 그런 형태가 그려지는 행위는 자주 적대적이다. 적응은 종이 존속하는 순간부터 필연적으로 충분하다. 살아 있는 종은 살 수 있는 종이니까. 그 점에서 각 종은 모두 성공적이지만 그 종을 놓은 운동과 비교할 때 사태는 완전히 다른 모습을 띤다. 그것은 자주 일탈했고 또한 매우 자주 멈춰 섰다. 그런 관점에서는 성공하지 못하는 것이 규칙이고 성공은 불완전한 것으로 보인다. 동물적 생이 들어선 네 큰 방향 중에 둘은 막다른 길에 봉착했고 다른 둘은 노력이 결과에 불균등했다.(127-130쪽)

척추동물과 절지동물. 동물과 식물은 매우 빨리 나누어졌고 식물은 부동성 속에 잠들었고 동물은 신경계의 정복으로 행진했다. 동물계의 노력은 아직 형태가 충분히 결정되지 않은 어떤 유기체를 만들었을 것이고 그것은 오늘날의 지렁이와 닮을 수 있지만, 극피동물, 연체동물, 절지동물, 척추동물의 공통 뿌리였으며 무한히 조형적인 어떤 형태에 비하면 오늘날의 지렁이는 그것의 텅 비고 굳은 형태에 불과하다. 동물적 생의 도약을 멈출 뻔한 하나의 위험이 있었다. 그것은 딱딱한 표피였다. 그것은 자신을 삼킬 수 없는 것으로 만들어서 보호하려는 연성의 유기체의 성향에서 그 설명을 찾아야 할 것이다. 무기물에서 유기물을 만드는 것을 포기하고 식물에서 유기물을 빌리면서 동물성으로 향했던 것과 마찬가지로, 다른 동물에서 유기물을 찾도록 준비된 동물이 나타났다. 그들은 운동성을 이용하여 방어가 없는 동물을 찾으러 가는데, 그들은 운동성을 강화할수록 서로에 대해 위험하고 탐욕스럽게 되었을 것이다. 거기서부터 적대적인 종에 대항하여 딱딱한 몸으로 스스로를 보호하려는 노력을 낳았으나 갑각은 운동을 방해했고 때로는 움직이지 못하게 했다. 갑옷에 갇힌 동물은 반-수면에 처단된다. 절지동물이나 척추동물도 마찬가지로 위협을 받았을 것이지만 거기서 벗어났다. 그 두 방향에서 운동을 향한 추진력이 우위를 탈환했다. 어류는 경린의 갑옷을 비늘과 교환했고, 곤충들 역시 갑옷을 벗어던졌다. 그들의 민활성은 적을 피하게 해주었고 만남의 장소와 순간을 선택하게 해주었다. 동일한 진보를 인류의 무장의 진보에서 볼 수 있다. 무거운 장갑 보병에서 군단 병사들로, 철갑기병에서 보병으로의 진보는 가장 큰 성공은 가장 큰 위험을 받아들인 자들임을 보여준다. 동물의 이익은 자신을 더 가동적으로 만드는 것이다. 종의 변형을 특수한 이익에 의해 설명할 수 있지만 그렇게 해서는 표면적 이유밖에는 알 수가 없고, 깊은 원인은 생명을 세계에 던진 추진력이며, 그것이 식물과 동물을 갈라지게 했고, 동물성을 형태의 유연성으로 접어들게 했으며, 잠들려는 위협을 받는 것을 깨어나서 앞으로 가게 했다. 척추동물과 절지동물이 떨어져서 진화한 두 길에서 발달은 감각-운동계의 진보에서 성립했다. 운동성, 유연성, 운동의 다양성이 모색되었다. 절지동물에서 신체는 병치된 사슬의 긴 연쇄로 이루어지며, 운동은 각각이 전문성을 갖는 다수의 부속 기관으로 나누어진다. 척추동물에서 활동은 두 쌍의 사지에만 집중되고 그 기관들은 형태에 의존하는 기능들을 수행한다. 인간에게서 독립은 완전해지며 그 손은 어떤 일이건 수행할 수 있다. 절지동물과 척추동물의 진화에서 양쪽의 정점을 나타내는 종들은 무엇일까? 다양한 성질들 중 어떤 것이 본질적이고 어떤 것이 우연적인지, 어느 정도를 고려할 것인지를 서로 비교하며 무게를 달아봐야 한다. 성공이 우월성의 기준이라는 것은 반박할 수 없다. 성공은 가장 다양한 장애물을 넘어 지구의 가장 넓은 범위를 덮을 수 있는 방식으로 가장 다양한 환경 속에서 발달할 수 있는 적성을 의미해야 한다. 그와 같은 것이 인류라는 종이며 그것은 척추동물의 정점을 나타낸다. 그와 같은 것이 절지동물에서는 곤충과 특히 어떤 막시류이다. 인간이 땅의 주인인 것처럼 개미는 지하의 주인이다. 퇴락한 것이 아니라면 늦게 나타난 집단이 더 우위이다. 진화의 더 나아간 단계에 대응하니까. 인류는 척추동물 중에 가장 마지막에 나온 종이며, 절지동물 중 막시류보다 늦게 나온 동물은 인시류밖에 없다. 그러나 그것은 개화식물의 기생동물인 퇴화한 종이다. (130-135쪽)

III. 생명진화의 큰 방향들: 마비, 지성, 본능: 세 방향의 분산. 그러므로 식물의 마비, 본능, 지성이 식물과 동물에 공통적인 생의 추진력에 일치하는 요소들이며, 발전의 도중에 그들의 성장이라는 사실만으로도 분해되는 요소들이다. **아리스토텔레스 이래로 자연철학을 악화시킨 주요 오류는 식물, 본능, 이성적 생에서 성장하면서 갈라지는 분산적인 세 방향인데도 동일한 경향의 연속적인 세 단계를 보는 것이다.** 그들의 차이는 본성적인 차이이다.(135-136쪽)

지성과 본능의 보완성. 식물과 동물에 대해서는 그들이 어떻게 서로 보완하고, 서로 대립하는지를 보았다. 이제 지성과 본능 역시 어떻게 서로 대립하고 보완하는지를 보는 것이 문제이다.[2] 지성은 왜 본능보다 우위인가? 지성과 본능은 상호 침투하는 것으로 시작하여 공통 원천의 뭔가를 보존하고 있다. 동물과 식물 사이에도 잘 상호 침투되어 둘 사이의 완전한 단절은 없었다. 둘은 섞여 있고 차이가 나는 것은 비율이다. 지성과 본능에 대해서도 마찬가지이다. 본능의 자국을 발견할 수 없는 지성은 없으며 지성의 가장자리로 둘러쳐 있지 않은 본능은 없다. 그들은 서로 보완적이며 동반한다. 그렇게 서로 섞여 있는데도 우리는 그들을 일도양단한다. 그것들은 경향이지 사물이 아니다. 그것들은 무기물에 대한 행동의 상이한 두 방법이다. 다음에 말할 내용은 그들의 윤곽을 강조하고 그들의

---

2   여기서부터 이 절 끝까지 원서의 오른쪽 위의 소제목은 "지성과 본능"이라고 달려 있다. 그러니까 분석적 목차에서는 "III. 생명진화의 큰 방향들: 마비, 지성, 본능"이라고 달려 있는 이 부분이 사실은 지성과 본능에 대한 이야기만 하고 있다는 것에 유념해야 할 것이다.

상호 잠식을 무시한 도식적 그림에 불과하다. 나중에는 그들의 형태를 흐릿하게 만들고 도식의 경직성에 생의 유연성을 대체해야 할 것이다.(136-138쪽)

유기적 도구와 비유기적 도구. 인간의 출현을 어디까지 올라가야 하나? 첫 번째 무기, 도구가 만들어진 날까지이다. 제작적인 사유를 증언하는 유물은 인간의 출현을 말하는 것이다. 지성의 관점에서 인간 아래에는 원숭이나 코끼리 같은 인위적인 도구를 사용할 줄 아는 동물이 올 것이다. 그들 위에 여우와 같이 인위적인 도구를 알아차리는 동물이 놓일 것이다. 과거 경험의 현재 경험으로의 굴절에서 성립하는 추론은 이미 발명의 시작이며 그것이 제작된 도구로 구체화될 때 발명은 완전해진다. 인간에게 기계적 발명이 본질적인 것이며 사회생활은 인위적인 도구의 제작과 사용 주변을 돌고 있다. 청동기, 타제석기처럼 증기기관도 시대를 정의하는 데 사용될 것이다. 우리는 아마 지성인이 아니라, 제작인일 것이다. **원천적인 행동으로 보이는 것에서 생각한 지성은 인위적 대상들, 특히 도구를 만드는 도구를 만들고 그 제작을 무한히 변화시키는 능력이다.** 도구는 그것을 이용하는 신체의 부분이다. 도구에 대응하여 신체를 사용할 줄 아는 본능이 있다. 본능은 유기적 조직화 작업 자체의 연장이나 완성이다. **완성된 본능은 유기적 도구를 사용하고 구성하기조차 하는 능력이며, 완성된 지성은 비유기적 도구를 제작하고 사용하는 능력이다.**(138-141쪽)

분산적인 두 해법. 본능은 스스로 만들어지고 정비되며, 무한한 세부의 복잡성과 기능의 단순성을 나타내는 그 도구는 완벽하다.

반면에 종의 수정 없이는 그 수정이 이루어지지 않으므로 거의 불변의 구조를 보존하며, 전문화되어 있다. 반대로 제작된 도구는 불완전하다. 노력의 대가로만 얻어지며 다루기 고통스럽다. 그러나 정해진 용도가 아닌 다른 곳에도 사용될 수 있고 새로운 기능을 수행하도록 호출되면서 새로운 필요를 창조하며, 그 활동성에서 점점 더 멀리 나아가고 더 자유롭게 만드는 무한한 장을 연다. 그러나 본능에 대한 지성의 이러한 이점은 제작을 상위등급의 능력으로 끌고 가서 제작하는 기계를 제작할 때만 나타나는 것이다. 처음에는 제작된 도구와 자연적 도구의 이점과 난점이 잘 균형 잡혀서 어느 것이 더 큰 제국을 확보해 줄지를 말하기 어렵다. 그러나 그들은 서로 내포되어 있는 것으로 시작했으므로 둘이 나누어지지 않은 상태로 있다가 나중에 나누어졌다. 무기질에 작용하는 두 방식 중, 유기적 도구를 창조함으로써 직접적으로 작용하는 방식과 무기질의 모양을 잡음으로써 간접적으로 작용하는 방식이 있다. 거기서 본능과 지성이 나온다. 그러나 본능도 지성이 필요했고 지성은 더욱 더 본능을 필요로 한다. 무기물을 제작한다는 것은 이미 유기적 조직화를 가정하고 있고 동물은 본능의 날개를 달고서만 상승할 수 있기 때문이다. 그러므로 척추동물에서는 지성의 모색을 본다. 지성은 인간에게서만 스스로 통제하기에 이르렀으며 그것도 자연적 수단의 불충분성에 의해 이루어진다. 하나는 성공이 보장되었으나 결과는 제한적이고, 다른 하나는 불확실하지만 독립성에 이르면 그 정복이 무한히 확장될 수 있는 두 방식 사이에서 자연은 주저하였다. 가장 큰 성공은 여기서도 가장 큰 위험이 있는 쪽이었다. 그러므로

본능과 지성은 하나의 동일한 문제에 대한 마찬가지로 우아하나 분산적인 두 해법을 나타낸다.(141-144쪽)

표상과 행동 사이의 간격인 의식. 지성과 본능은 두 종류의 근본적으로 상이한 인식을 내포한다. 본능은 의식적인가? 없는 의식과 무화된 의식이 있다. 전자는 의식이 아예 없는 것이고 후자는 서로 보상하여 중화되는 의식이다. 돌은 의식이 없다. 습관적 행동을 기계적으로 수행할 때나 몽유병자가 꿈대로 움직일 때의 무의식은 행위의 표상이 행위 자체의 수행에 의해 실패한 데에 기인한다. 그때 표상은 행동에 의해 막혀 있다. 행위가 정지되거나 방해 받는다면 의식은 나타날 수 있다. 표상에 대한 행위의 불충분성이 바로 의식이다. 의식은 수행된 행동을 감싸고 있는 가능적이거나 잠재적 활동성의 지역에 내재하는 빛이다. 그것은 주저나 선택이다. 가능한 행동들이 행동 없이 그려질 때 의식은 강해진다. 실재 행동이 가능한 유일한 행동일 때 의식은 무가 된다. 이 경우 표상과 인식은 존재한다. **생명체의 의식은 잠재적 활동과 실재적 활동 사이의 산술적 차이이다. 그것은 표상과 행동 사이의 간격의 크기이다.**(144-145쪽)

사물과 관계. 그렇다면 지성은 의식을, 본능은 무의식을 향한다고 가정할 수 있다. 다루어야 할 도구가 자연에 의해 조직되고 결과가 자연이 원하는 곳이라면 선택에 미미한 부분이 남겨지며, 행위는 표상과 동일하기 때문이다. 의식이 나타나는 곳에서 의식은 본능보다는 본능이 빠지기 쉬운 반대항들을 밝히며, 의식이 될 것은 본능의 결손, 관념에 대한 행동의 거리이다. 반면, 결손은 지성의 정상적 상태이다. 무기물의 도구를 제작하는 것은 수많은 난관을 건너 장소와 시간, 형태와 재료를 선택해야 한다. 새로운 만족은 새로운 필요를 만들기 때문에 지성은 만족할 수가 없다. 본능은 인식이 실연되고, 지성은 인식이 사유된다. 그러나 그것은 본성의 차이가 아니라 정도의 차이이다. 본질적 차이에 도달하기 위해서는 내적 활동의 두 형태가 아니라 적용 대상으로 가야 한다. 곤충들의 행동은 배우지 않고도 마치 무한히 복잡한 과정을 미리 다 아는 것처럼 일어난다. 그런 인식은 암묵적이다. 의식으로 내재화하는 대신에 행동으로 외면화한다. 지성도 배우지 않고 어떤 것들을 안다. 동물들이 전혀 이해하지 못할 것을 어린 아이들은 즉각 알며, 그런 점에서 지성은 유전적이고 본유적인 능력이다. 그러나 특수한 어떤 대상을 알지는 못한다. 젖을 찾는 간난 아기의 능력은 지성이라기보다 본능이다. 그러면 지성은 무엇을 아는가? 사물이 아니라 관계를 안다. 주어에 대한 속성의 관계를 안다. **본유적 인식은 본능의 경우에는 사물을, 지성의 경우에는 관계에 관한 것임을 말하자.**(145-149쪽)

내용과 형식. 내용 없는 형식은 인식의 대상이 될 수 있는가? 그런 인식이 사물보다는 습관을, 상태보다는 방향을 닮았다는 조건 하에서는 아마도 그럴 것이다. 본유적인 것에서 지성은 형식의 인식이며, 본능은 내용의 인식이다. 본능은 그 물질성 자체에서 일정한 대상에 가 닿으며 "있는 것은 바로 이것이다"라고 말한다. 지성은 특수한 대상에 닿는 것이 아니라 사물들 사이를 관계시키며, 전제에서 결론을 이끌어내고 아는 것에서 모르는 것으로 나아가는 자연적 능력이다. 그것은 "이것이 있다"고 말하지 않고 조건이 이러하다면 이런 결론이 날 것이라고 말한다. 본능은 정언적 명제로, 지성은 가언적 명제로 표현된다. 그 두 능력 중 우선 본능이 선호할 만한 것으로 보인다. 그것이 무한수의 대상으로 확장된다면 실제로 그럴 것이다. 그러나 그것은 한정된 대상에만 적용된다. 그러나 그 대상에 대한 내적이고 충만한 인식을 가질 것이다. 반면 지성은 외적이고 공허한 인식만을 가진다. 그러나 무한한 대상이 차례로 들어올 수 있는 틀을 가진다. 그러니까 하나는 인식의 외연에, 다른 하나는 내포에 관계된다. 본능의 인식은 풍부하고 충만할 수 있지만 정해진 대상에 한정될 것이고, 지성은 한정되지는 않지만 내용 없는 형식에 불과할 것이다.(149-151쪽)

형식적 인식과 내용적 인식. 이상이 행동이 아니라 인식의 관점에서 본능과 지성이 갈라지는 방식에 관한 논의이다. 그러나 인식과 행동은 하나의 동일한 능력의 두 측면에 불과하다. 본능은 사물에 대한 본유적인 인식이다. 그러나 지성은 상황에 따라 그 제작을 변화시킬 수 있는 도구를 제작하는 능력이다. 그것은 본질적으로 주어진 상황과 그것을 이용할 수단 사이의 관계에 관한 것이다. 지성의 관계를 세우는 경향은 특수한 관계를 잘라낼 밑감에 대한 인식을 내포한다. 지성의 그런 완전히 형식적인 인식은 본능의 내용적인 인식에 비해 계산할 수 없는 이점을 지닌다. 형식적 인식은 실용적 유용성을 위해 나타난 것일지라도 거기에 제한되지 않는다. 지성적 존재는 자신을 능가할 수 있는 것을 자신 속에 지닌다. 지성의 그런 형식적인 성격은 사변에 흥미로운 대상에 놓인다. 본능은 물질성을 가질 것이지만 사변하지 않는다. 그리하여 **지성만이 찾을**

수 있지만 결코 찾아내지 못할 것이 있다. 그것을 본능만이 찾아낼 것이지만 본능은 결코 찾지 않을 것이다.(151-152쪽)

IV. 지성의 원초적 기능[3]: 지성과 무기적 고체. 지성이 관계를 확립하는 것이라면 그 관계의 본성을 결정해야 한다. 오성이 그 형식을 가지고 하늘에서 떨어진 것이라면 그것이 왜 다른 것이 아니고 그것인지를 결정할 수가 없다. 지성을 절대적인 것으로 놓는 순간 인식은 상대적이 된다. 반대로 지성이 행동의 필요에 상대적인 것으로 놓아보자. 그러면 지성의 형식 자체가 거기서 연역된다. 그리고 그것이 독립적이지 않기 때문에 인식은 지성에 의존한다고 할 수 없다. 인식은 지성의 산물임을 멈추고 실재에 통합되는 부분이 된다. 지성을 물질의 일반적 성격이 우리 속에 남긴 자국으로 환원한다고 설명되지는 않는다. 물질에 내재하는 질서가 지성 자체이다. 물질과 함께 지성의 진정한 발생론을 말할 때까지 당분간 심리학적 질서만을 다루자. 지성이 채택하는 물질세계의 부분은 어떤 것인가? 그에 답하기 위해서는 상식의 관점에 자리 잡는 것으로 충분하다. 무기물에 대해 수행되는 제작은 생명에 신경 쓰지 않고 죽은 대상을 취급한다. 무기물에서도 고체만을 취한다. 생명의 유동성은 달아난다. **자연의 손에서 나온 지성은 무기적 고체를 주요 대상으로**

---

3   여기는 "지성의 자연적 기능"이라는 소제목이 붙은 곳이다. 목차에서는 "자연적"이 아니라 "원초적"이라는 표현을 썼다. 이곳은 지성의 본성에 대한 이야기가 주를 이루므로 "자연적"이나 "원초적"이나 모두 지성의 본래적 특성에 관한 것이라 이해하면 될 것이다.

한다.(152-154쪽)

지성과 불연속성. 지성은 무기물, 특히 고체에 대해서만 편안함을 느낀다. 무기물의 가장 일반적 특성은 연장적이며, 서로로부터 외적인 부분들로 이루어진다. 대상을 해체한 요소들을 잠정적으로 결정적인 것으로 간주하고 그것들을 단위로 취급한다. 연속성은 원하는 대로 해체할 수 있는 가능성을 의미한다. 연속성은 불연속성의 방식을 선택하도록 남겨둔 능력으로 환원된다. 주의를 고정시키는 것은 항상 불연속이다. **지성은 불연속적인 것만을 분명히 표상한다.**(154-155쪽)

지성과 부동성. 우리의 행동이 작용하는 대상은 움직이는 대상이지만 우리에게 중요한 것은 그 대상이 어디로 가는가, 어디에 있는가이다. 즉 대상의 위치가 중요하지 그것의 나아감 자체가 아니다. 우리가 정신을 고정하는 것은 운동의 목적이나 의미, 전체의 그림, 즉 움직이지 않는 수행계획이다. 운동 자체에는 고개를 돌린다. 지성이 출발하는 것은 항상 부동성이며 부동성을 병치시켜 운동을 재구성한다. 사변의 질서에서 그 부당성을 보일 수 있으나 실용적 목적에서는 운동을 실용적 등가물로 대체한다. **우리의 지성은 부동성만을 분명히 표상한다.**(155-156쪽)

지성과 무한한 절단. 제작한다는 것은 물질에서 대상의 형태를 자르는 것이다. 중요한 것은 형태이다. 제작하는 지성은 사물의 현재 형태에 머무르지 않고 모든 물질을 원하는 대로 자를 수 있는 것으로 간주한다. 우리가 공간, 즉 동질적이며 비어 있고 무한히 나눌 수 있고 어떤 해체에도 무차별적으로 대비가 된 장소를 말할 때 우리가 인정하는 것은 그런 능력이다. 그런 장소는 지각되지 않고, 생각될 뿐이다. 그런 공간은 사물에 대한 우리의 가능적 행동의 도식이다. **지성은 어떠한 법칙에 따라서도 해체할 수 있고, 어떠한 체계로도 재구성할 수 있는 무한한 능력에 의해 특징지어진다.**(156-158쪽)

지성과 움직이는 기호. 이상 인간 지성의 몇몇 특징을 말했으나 고립된 개인을 취했고 사회생활에 대해서는 고려하지 않았다. 지성은 다른 지성과 결합하고, 그것을 위해서는 언어를 통해 공통 행동을 한다. 곤충의 사회에서는 다형성에 의해 일의 분업이 자연적이고 각 개체는 그 구조에 의해 자기의 일에 붙박여 있다. 따라서 개미에 언어가 있다면 정해진 수로서 각 대상이나 작업에 붙어 있어야 한다. 그러나 인간 사회에서는 제작과 행동이 가변적이고 각 개체는 어떤 일에 정해져 있지 않기 때문에 자신의 역할을 배워야 한다. 그러므로 아는 것에서 모르는 것으로의 이행을 허용하는 언어, 기호가 무한한 사물로 확장될 수 있는 언어가 필요하다. 아이는 배우는 말의 의미를 확장한다. 그것은 일반성이라기보다는 운동성이다. **본능적 기호는 접착되어 있는 기호이며, 지성적 기호는 움직이는 기호이다.**(158-159쪽)

지성과 관념. 한 사물에서 다른 사물로 가는 운동성은 말이 사물에서 관념으로 가는 것을 허용했다. 반성하는 지성은 실용적으로 유용한 노력 이외에 사용할 힘의 잉여를 가졌던 지성이다. 언어 없이는 지성이 물질적 대상에 붙박여 있었을 것이다. 언어는 지성을 해방시키는 데 많은 기여를 했다. 언어는 사물에서 기억으로, 기억에서 달아나는 이미지로, 표상된 이미지에서 표상하는 행위의 표상, 즉 관념으로 확장되었다. 그리하여 밖을 보는 지성의 눈에 내적 세계가 열린다. 실용적 행동과 직접 관계가 없다고 할지라도 지성이 관념을 가지기를 원하지 않는 대상은 없다. 이것이 지성만이 찾을 수 있는 사물이 있다고 말한 이유이다. 지성만이 이론을 걱정한다. 말은 그 대상을 덮으면서 그것을 사물로 전화시킨다. 지성은 무기물에 대해 작업하지 않을 때조차 그런 작업에서 형성한 습관을 따른다. 즉 무기물의 형태를 거기에 적용하는 것이다. 오직 이렇게만 지성은 구별과 명료성에 도달한다. 즉, 지성은 스스로를 사유할 때조차 불연속성의 형태로 자신을 본다. 개념들은 공간적 대상과 같이 서로 외적이다. 그것들이 통합되면 "가지적 세계"를 구성하고 고체의 세계를 닮았으나 더 가볍고 더 투명하여 다루기 쉽다. 그러므로 그것들은 더 이상 이미지가 아니라 상징이다. 우리의 논리학은 상징들의 조작에서 따라야 할 규칙들의 총체이다. 그 상징들은 고체의 고려로부터 파생된다. 그리하여 논리학은 고체성을 대상으로 삼는 과학, 즉 기하학에서 승리한다. 자연적 논리학은 고체의 특성에 의해 암시된, 어떤 자연적 기하학의 확장으로부터 나온다. 기하학과 논리학은 물질에 대해 엄밀하게 적용될 수 있다. 그러나 그 영역 밖에서는 상식에 의해 감시 받아야 한다.(159-162쪽)

지성과 생명의 몰이해. 지성의 요소를 이루는 모든 힘들은 물질을 기관으로 변형시키는 경향을 갖는다. 생명은 유기체를 만드는 데 만족하지 못하고 산업에 의해 거대한 기관으로 전환되는 비유기적인 물질을 부속기관으로 주기를 원했다. 그것이 지성에 할당된 과제이다. 그런 지성이 유기적 조직을 대면했을 때 놀라며, 그것을 무기적인 것으로 해체한다. 지성은 지신의 자연적 방향을 뒤집지 않고는 진정한 연속성, 실재하는 운동성, 상호침투, 즉 창조적 진화를 사유할 수 없다. 연속성이 문제인가? 지성은 유기체도 분할 가능하고 불연속적인 것으로 봐야 한다. 실증과학은 유기체를 세포로 해체하는 날 비교할 수 없는 진보가 이루어졌다. 세포의 연구는 점점 복잡해져 갔다. 이미 세포를 인위적인 존재로 생각하는 경향이 나타났다. 그러나 결국은 새로운 불연속성밖에는 도달할 수 없을 것이다. 지성이 연속성을 사유할 수는 없을 것이다. 요소들의 다수성과 모든 것에 의한 모든 것의 상호침투는 지성에게 화해될 수 없는 두 특성이다. 또 지성은 진화를 일련의 상태들로 표상한다. 여기서 역시 사유한다는 것은 재구성에서 성립하고 그것은 안정적 요소들과 함께이다. 그것들을 한정 없이 덧붙여도 생성은 손가락 사이로 빠져 나갈 것이다. 항상 재구성하기 때문에 지성은 역사에서 새로운 것을 달아나게 한다. 인과성은 동일한 요소로 동일한 전체를 재구성하는 우리의 산업의 장치 자체를 표현한다. 우리 오성에게 목적성은 이전의 것이나 알려진 요소로 구성된 모범을 따라 작업하는 우리 산업의 목적성이다. 그러나 산업 자체의 시작점인 창의에 대해 우리 지성은 그것의 용솟음과 천재성을 파악하지 못한다. 지성은 완전한 새로움도, 근본적인 생성도 인정하지 않는다. 생명의 본질적 측면을 빠져 나가게 한다. 죽음을 조작하는 데 능란한 지성이 생명체를 건드리자마자 자신의 서투름을 드러낸다. 정신을 고양시키는 아동교육학과 신체를 보존하는 위생에 지성은 엄격함, 경직됨, 난폭함을 가지고 일을 처리함으로써 흠결성이 드러나고 손상을 일으킨다. 우리는 불연속적인 것, 부동의 것, 죽은 것에서만 편안함을 느낀다. **지성은 생명의 자연적 몰이해에 의해 특징지어질 수 있다.**(162-166쪽)

V. 본능의 본성: 떨어진 인식인 본능. 지성이 사물을 기계적으로 다루는 반면 본능은 유기적으로 진행한다. 본능의 의식이 깨어난다면 우리에게 생명의 가장 내밀한 비밀을 넘겨줄 것이다. 본능은 생명이 물질을 유기화하는 작업을 계속할 뿐이기 때문이다. 초기 본능들 중 가장 본질적인 것은 실제로 생명과정이다. 본능의 힘은 시작 국면에서만 현실화되고 나머지는 완전히 홀로 이루어지도록 남겨둔다. 그러므로 그것은 생명의 발생적 힘과 일치할 것이다. 생명체에서의 세포들의 작업을 보면 그만큼의 본능들을 보지 않을 수 없다. 그러나 한 벌집의 벌들의 체계적 작업과 한 개체도 일정 시간 이상 홀로 떨어져 살 수 없다는 것을 볼 때 벌집 전체가 하나의 단일한 유기체라고 생각하지 않을 수 없다. 그러므로 벌을 움직이는 본능과 세포를 움직이는 힘은 혼동되거나 서로를 연장하는 것일 수밖에 없다. 동일한 본능에도 수많은 정도의 완성이 있다. 꿀벌과 땡벌 사이의 거리는 크며, 둘 사이에 수많은 중간단계를 거쳐야 한다. 두 경우 동일한 주제 위에 수행된 다수의 변종들이 있다. 그러나 주제의 일정성은 명백하며, 변종들은 그것을 다양한 상황에 적응시킨 것에 불과하다. 그런데 동물의 본능에 관한 것이든 세포의 특성에 관한 것이든 동일한 앎과 동일한 무지가 나타난다. 사태는 마치 세포가 다른 세포에 대해, 동물이 다른 동물에 대해 그가 관심이 있

는 것을 알며 나머지는 어둠에 남아있는 것처럼 일어난다. 생명이
여기서 의식 일반이나 기억처럼 진행한다는 것을 어떻게 보지 않을
수가 있는가? 우리는 우리 뒤에 과거의 총체를 끌고 오지만 기억은
현재 상황을 보완할 두, 세 기억만 생각난다. 그러므로 한 종이 다
른 종에 대해 가지는 본능적 인식은 그 뿌리를 생명의 단일성에서
가진다. 동물과 식물의 특별한 본능은 특별한 상황에서 탄생한 것
인데 그것을 긴급한 필요의 압력에 의해 갑자기 솟아난 기억과 접
근시키지 않고는 어떻게 이해할 수 있는가? 본능과 지성은 무기물
의 사용에 몰두한 동일한 원리의 분산적인 두 발전이다. 그런 분산
은 지성이 본능을 흡수하는 것이 불가능하다는 것을 의미한다. 본
능에서 본질적인 것은 지적인 용어로 설명될 수도 분석될 수도 없
다. 태생적 맹인은 중간의 모든 대상들의 지각을 지나지 않고도 지
각이 가능하다는 것을 인정하지 않을 것이다. 그러나 시각이 그런
기적을 행한다. 물론 시각도 빛의 진동에 의한 망막의 진동이 있기
때문에 결국 망막의 촉각이라고 설명할 수 있다. 그것은 과학적 설
명이다. 우리는 다른 데서 철학적 설명은 다를 수 있음을 보였다.
본능 역시 시각과 같이 떨어진 인식이다. 본능과 지성의 관계는 시
각과 촉각의 관계와 같다. 지성은 본능 자체보다는 본능의 흉내만
을 구성할 것이다.(166-169쪽)

본능과 공감. 본능에 대해 때로는 신-다윈주의에 입각하여 선택
에 의해 보존된 우연적 차이들의 총계라고 생각하거나 때로는 유
용하다고 판단된 어떤 행동이 습관을 낳고, 습관이 유전적으로 전
달된 것이고 볼 수 있다. 전자는 유전적 전달에 대해 이점을 갖지만

박식한 본능을 설명하기가 곤란하다. 다행스러운 우연들이 서로 맞물려 점진적인 본능의 진화가 이루어진다는 것인데, 새로운 우연은 전체를 망치지 않으려면 전체의 완전한 수정을 요구하지만 어떻게 우연에 그와 같은 수정을 기대할 수 있을 것인가? 결국 본능의 발전은 의식적인 노력을 가정해야 할 것이다. 그러나 그때 형성된 습관이 규칙적으로 유전된다는 것을 인정해야 할 것이지만, 이것은 의심스럽다. 또 동물의 습관은 지적으로 형성된 습관에 호소할 수 있을지라도, 그것을 어떻게 식물로 확장할 수 있는가? 덩굴 식물의 덩굴의 움직임의 확실성과 정확성, 그리고 곤충에 의해 수정되기 위한 난초들의 결합된 조직을 볼 때 본능을 보지 않을 수가 없다. 그러나 신-다윈주의와 신-라마르크주의를 단념하자는 것은 아니고, 전자는 유전을 말할 때, 후자는 노력을 말할 때 진실일 것이다. 그러나 전자는 본능의 진화를 우연적이라 볼 때, 후자는 노력을 개체적 노력이라 볼 때 잘못일 것이다. 한 종의 본능을 변경하는 노력은 분명 더 깊은 것이고, 우연이 자리를 차지하기는 하지만 순전히 우연은 아닐 것이다. 막시류의 다양한 종에서 동일한 본능의 다양한 형태를 비교해 보면 그것은 어떤 계단을 따라 상승하는 계열이 아니라, 동일한 중심을 바라보고 그 방향으로 노력하지만 그들 각각은 자신의 수단에 따라서만 중심으로 다가가는 어떤 원주를 생각하게 한다. 본능은 어디서나 완전하지만 다양하게 단순화되어 있다. 어떤 음악적 주제에 대해 조를 바꾸며 다양한 변주가 이루어졌을 때 어떤 것은 단조롭고 어떤 것은 복잡하다는 형태로 이루어지는 것 같다. 원래의 주제를 표상의 용어로 적어두려고 해도 헛되다.

그것은 사유되기보다는 느껴졌을 것이다. 다양한 종류의 마비시키는 막시류는 알의 먹이인 벌레들에 죽이지 않고 움직이지 않게 하기 위해 신경중추에 주는 주사를 상대하는 먹이의 종류에 따라 조절한다. 이때 주제는 "죽이지 않고 마비시키는 필요성"이며, 변주는 조작하는 대상의 구조에 종속된다. 때로는 마비시키는 대신에 죽이는 일이 일어나며 때로는 반만 마비시키기도 한다. 그러나 본능이 지성처럼 잘못을 범하기 때문이거나, 본능도 개체적 격차를 나타내기 때문에 본능이 지적인 더듬기에 의해 획득되었다는 것이 따라 나오지 않는다. 그토록 정확한 인식의 그토록 특별한 요소들이 규칙적으로 하나씩 유전되었다고 어떻게 가정할 것인가? 형성된 습관의 유전적 전이는 진실로 이루어진다고 가정하더라도 부정확하고 비규칙적인 방식으로 이루어진다. 그러나 모든 난점은 막시류의 앎을 지성의 용어로 번역하려 한다는 것으로부터 온다. 그때 우리는 조롱박벌을, 애벌레를 아는 곤충학자와 동일시해야 한다. 조롱박벌은 곤충학자처럼 그 모든 것을 배워서 아나? 조롱박벌과 희생물 사이에 애벌레의 취약점을 안으로부터 알려줄 공감을 가정하면 될 것이다. 취약성의 느낌은 조롱박벌과 애벌레의 단지 대면한 것만으로 나올 것이다. 과학적 이론은 그런 종류의 고찰에 호소할 수가 없다는 것은 사실이다. 그러나 철학의 역할은 과학의 역할이 끝나는 곳에서 시작한다. 철학이 뭐라 하건 과학은 본능을 지적인 행동방식처럼 조각조각 구성된 장치로 해체한다. 대상에 대한 실재적인 분석이 없다면 과학은 그 대상에 대한 지적 용어로의 번역을 제공할 것이다. 그러나 과학 자체가 철학이 사태를 다른 측면에서 취하도록 초청한다. 생물학이 아리스토텔레스처럼 생명 전체가 단선적으로 감성과 본능을 지나 지성으로 진화하고 있다고 보여준다면 지적인 존재인 우리가 감성과 본능을 왜곡시키지 않고 지성의 틀에 들어가게 한다고 주장할 수 있을 것이다. 그러나 진화는 분산적인 노선을 따라 이루어졌다. 지성과 본능을 순수한 형태로 발견하는 것은 그 노선들 중 둘의 끝에서이다. 그렇다면 본능이 왜 지적인 요소로 해체될 것인가? 그렇게 하는 것은 아리스토텔레스의 자연론으로 돌아가는 것이다. 그러나 느낌의 현상에서, 무반성적인 공감과 반감에서, 우리는 우리 자신 속에서 더 모호하고 지성이 스며든 형태이지만 본능의 어떤 것을 경험한다. 진화는 본래 함께 침투되어 있던 요소들을 발전을 위해 서로 떼어놓은 것이다. 지성은 깊은 원인에 대해 그것의 결과들로의 분산만을 알아차린다. 본능은 그에게 관심이 가는 것만을 알아차릴 것이지만 그것을 안으로부터, 살아진 직관에 의해 파악할 것이다. 본능에 대한 과학적 이론은 그것을 떨어진 지성이라는 이론과 순수기계론으로 환원하는 이론 사이를 오락가락한다. 전자는 본능이 순수반사일 수 없다는 것을 보여줄 때, 후자는 본능이 무의식으로 떨어졌을 때조차 지성과 다른 것이라 말할 때 옳다. 그들은 모두 본능을 지적이라 생각한 점은 받아들이지만 대상에 대해 불완전한 능력이라 하는 것이 아닌가? 형이상학적인 설명은 지성이 아니라 공감이라는 방향에서 찾아야 한다.(169-177쪽)

VI. 생명과 의식. 자연에서 인간의 외견적 위치.

생명과 의식: 본능과 직관. 본능은 공감이다. 그것을 확장할 수 있다면 생명작업의 열쇠를 줄 것이다. 지성은 무기물로 본능은 생명으로 향하고 있다. 직관, 즉 본능이 인도할 것은 생명의 내부 자체이다. 그런 노력이 불가능하지 않다는 것은 미적 능력이 존재한다는 것이 이미 증명한다. 우리의 눈은 생명체의 윤곽을 지각하지만 유가적으로 조직된 것으로는 보지 못한다. 생명의 의도, 선들을 연결하고 의미를 부여하는 단순한 운동은 그것을 벗어난다. 예술가가 공감에 의해 대상의 내부에 자리 잡고 포착하려고 노리는 것은 그런 의도이다. 물리과학이 개별적 사실들을 일반적 법칙으로 연장하는 것과 마찬가지로 예술과 동일한 방향을 향한 생명 일반을 대상으로 취할 연구를 생각할 수 있다. 그것이 과학과 같은 인식을 얻지는 못할 것이다. 지성은 핵으로 남고 본능은 직관으로 확대되더라도 그 주위의 모호한 성운으로 남을 뿐이다. 그러나 직관은 지성을 보충할 수단을 엿보게 할 수는 있다. 더 이상 지적인 틀이 여기서 자리 잡지 못한다는 것을 보여줄 것이고 어디에 직관을 놓아야 할 것인지에 대한 느낌을 암시할 것이다. 그리하여 상호 공침투이자 무한히 계속되는 창조인 생명의 영역으로 인도할 것이다. 그러나 그러한 진동이 올 것은 지성으로부터이다. 인식론은 어떻게 지성과 직관이라는 두 능력을 고려해야 하는가? 인식의 문제는 형이상학적인 문제와 하나이며 양 문제는 모두 경험으로부터 제기된다. 그 둘을 서로에 대고 짜내야 할 것이다. 형이상학은 인식론에 매달릴 것이다. 두 연구는 순환을 이루며 순환의 중심은 진화의 경험적

연구만이다. 그런 두 요소의 대립과 기원의 공통성에 의존하면서 진화의 의미를 더 분명하게 드러낼 것이다. 그것이 다음 장의 대상이다. 이상의 논의는 생명을 의식 자체에 결부시킨다는 것을 암시할 것이다.(177-180쪽)

생명과 의식. 의식은 선택의 능력에 비례한다. 그것은 이루어지고 있는 것과 이루어질 수 있는 것 사이의 간격만큼의 크기이다. 그것은 의식이 결과가 아니라 원인이라도 같을 것이다. 가장 초보적인 동물에서조차 의식은 권리 상 광대한 장을 덮고 있지만 사실 상은 일종의 바이스에 물려 있다. 신경 중추의 진보는 더 자유롭게 의식이 지나가도록 할 것이다. 이 경우 의식은 행동의 도구이다. 그러나 행동이 의식의 도구라는 것이 아직 더 참일 것이다. 선택이 이루어지는 것은 의식이 깨어나야 할 것이고, 그 의식의 결정에 따라 행동이 이루어질 것이기 때문이다. 의식이 행동의 결과라면 의식은 매순간 두뇌의 상태를 정확히 그릴 것이다. 의식이 행동의 원인이라면 의식과 뇌 사이에 유대성은 있지만 평행론은 아닐 것이다. 의식은 그 물리적 동반자를 넘쳐야 할 것이다. 동일한 광경에 대한 기억은 개와 인간의 뇌를 동일하게 변경시킬 것이지만 개에게 기억은 지각의 포로로 남을 것이다. 개의 기억은 현재 지각의 실연된 재생에 의해 나타날 것이다. 반면 인간은 현재 지각과 독립적으로 기억을 불러올 수 있다. 그는 지나간 삶을 실연하는 데 멈추지 않고, 표상하고 꿈꾼다. 개나 인간의 뇌의 국지적 변형은 동일하기 때문에 두 기억 사이의 심리적 차이는 두뇌기제 세부의 차이에 기인할 수 없으며, 전체적으로 두 두뇌 사이의 차이에 있을 것이다. 둘 중 더 복잡한 것이 더 큰 수의 장치를 대결하게 하여 의식을 속박에서 벗어나게 할 것이다. 그렇다면 의식이 행동의 원인일 것이다. 그것은 이전 연구에서 이미 보여주었던 것이다. 그렇다면 진화는 상호 침투하는 다수의 잠재성을 가진 의식의 큰 흐름이 물질 속으로 침투해 들어간 것처럼 모든 것이 일어난다. 그것은 물질을 유기적 조직화로 이끌었으나 그에 의해 그 운동은 무한히 느려지고 무한히 나누어졌다. 한편으로는 의식이 날개를 준비하는 껍질 속의 번데기처럼 선잠이 들었거나 다른 한편으로는 그것이 포함한 경향들이 의식으로 내재화하지 않고 운동으로 외화하는 유기체들로 분산되기 때문이다. 물질을 건너게 던져진 의식은 자기 자신에 대해서나 물질에 대해 주의를 고정시켰다. 그리하여 직관의 방향과 지성의 방향으로 나아갔다. 생명은 우선 직관을 선호한 것으로 보인다. 그러나 그쪽은 멀리 갈 수가 없었다. 직관 쪽에서 의식은 관심이 가는 생명의 작은 부분밖에 포함할 수 없을 정도로 그 껍질에 의해 축소되었다. 반대로 지성 쪽으로 간 의식은 자신과의 관계에서 외화된 것으로 보이나 바로 외부 대상에 적응하기 때문에 그것들 사이를 돌아다니고, 그 장애를 우회하여 무한히 자신의 영역을 넓힌다. 게다가 일단 해방되면 자신 속의 직관을 깨울 수 있다.(180-183쪽)

자연에서 인간의 외견적 위치: 그런 관점에서 인간은 특권적 위치를 차지한다. 동물과 인간 사이는 더 이상 정도의 차이가 아니라 본성의 차이가 있다. 이런 결론이 다음 장에서 드러나길 기다리면서 우리의 앞선 분석들이 어떻게 그것을 암시하는지를 보자. 인류에게 이득이 되는 것은 발명 자체의 물질적 결과보다 그런 지배이다. 제작된 대상으로부터 직접 이득을 끌어낸다면, 그것은 발명이 모든 측면에서 나타나게 할 새로운 관념과 감정에 비하면 미미한 것이다. 발명이 마치 우리 자신을 끌어올리고 우리의 지평을 넓히는 것을 본질로 가지는 것처럼. 그것은 결과에 방향을 부여하면서 결과를 촉발한다. 마치 지성의 물질에 대한 지배는 물질이 정지시키는 무언가를 벌어지게 하는 것을 주요 목적으로 하는 것처럼. 인간과 동물의 뇌의 비교도 동일한 인상을 준다. 차이는 크기와 복잡성의 차이에 불과한 것으로 보인다. 동물의 뇌가 만드는 운동장치나 습관은 운동을 성취하는 것 이외의 결과를 갖지 않는다. 그러나 인간의 운동 습관은 그것과 통약 불가능한 결과를 갖는다. 자동성을 길들여서 의식을 자유롭게 할 수 있다. 단어에 상응하는 뇌의 장치는 다른 장치들과 대립할 수 있다. 그러는 사이 행위의 성취에 빠져 있던 의식은 자신을 다시 찾아 해방된다. 그 차이는 주의를 빨아들이는 장치와 정신을 딴 데로 돌릴 수 있는 장치 사이에서 발견되는 차이이다. 처음의 증기기관은 오로지 밸브를 작동시키는 책무를 가진 인원이 필요했다. 거기에 고용된 아이가 밸브의 손잡이를 기계의 시소에 연결하자는 생각을 했다. 이 두 기계를 비교하면 가벼운 복잡화의 차이만 발견할 것이다. 그러나 아이를 보면 한 아이는 그 일에 사로 잡혀 있고 다른 아이는 쉴 수 있다는 점에서 두 기계의 차이는 근본적이다. 동일한 종류의 차이가 동물과 인간의 두뇌 사이의 차이일 것이다. 의식은 스스로를 해방하기 위해 우선 식물과 동물로 나눈 후 동물에서는 본능과 지성이라는 두 방향으로 출구를 모색했다. 본능 쪽에서는 찾지 못했고, 지성 쪽에서는 인간으로의 갑작스런 도약에 의해서만 해방을 얻었다. 결국 인간은 우리 행성의 생명 전체의 존재 이유일 것이다. 그러나 그것은 말하는 방식에 불과하고 실재로는 두 적대적 흐름밖에 없다. 거기서부터 모든 생명의 진화가 온다. 그 대립을 점점 좁혀 들어가면 공통의 원천을 발견할 것이다. 그 곳은 형이상학의 가장 어두운 지역일 것이나 본능과 지성의 인도를 받는 우리는 길을 잃을까 두려워하지 않는다.(183-186쪽)

제3장 생명의 의미에 대하여. 자연의 질서와 지성의 형태

I. **생명의 문제와 인식의 문제의 관계. 철학적 방법. 제안된 방법의 외견적 악순환. 반대 방법의 실재적 악순환**

생명의 문제와 인식의 문제의 관계: 물질의 쪼갬은 우리 감각과 지성에 관계된 것이며 나누어지지 않은 전체로서의 물질은 플럭스이다. 거기서 타성과 생명은 만날 수 있다. 지성과 본능도 그렇게 나누어지며 지성은 물질의 구조에 따라 만들어진다. 그러나 지성과 본능은 의식이라는 동일한 기반에서 나누어진 것이다. 거기서부터 지성을 낳을 수가 있다. 이제 물체와 지성의 발생을 시도할 때가 되었다. 지성은 물질에 대한 우리 행동의 형태를 그리고 지성성과 물질성은 상호 적응한다. 그러한 작업은 심리학, 우주론, 형이상학보다 멀리 가서 지성의 발생을 논하는 것이다. 우선 심리학은 미리 인간의 지성을 전제로 하고 동물을 다룬다. 스펜서의 우주론도 물질과 지성을 전제로 한다. 대상과 사실을 놓자마자 지성을 놓는 것이다. 의식의 대상에 대한 행동이 준비되는 만큼, 지성이 구성되는 만큼, 윤곽이 부각된다. 동물은 우리와 다르게 자를 것이며 대상을 지각할 필요도 없다. 속성만 알면 된다. **의식이 지성화할수록 물질은 더 공간화한다.** 물질의 윤곽을 따라가는 한 우주론은 지성을 미리 전제한 것이다. 피히테의 형이상학도 지성을 압축시켜서 원리를 만든다. 거기서부터 실재를 연역해낸다. 스펜서는 반대로 외부 실재를 압착시켜서 지성을 만든다. 어느 경우나 모두 지성을 미리 놓는 것이다. 그들은 모두 자연의 제일성을 믿는다. 유기물과 무기물 사이의 단절을 보지 않는다. 그들은 모두 자연에서 정도의 차이밖에 보지 않는다. 그렇게 되면 지성과 실재는 동일한 범위를 갖게 되고 기하학과 나머지 다른 것은 모두 지성으로 파악 가능한 것이 된다. 자연은 하나이고 지성은 그 전체를 감쌀 수 있다는 것이다. 지성은 파악 가능한 것 전체를 파악한다.(187-192쪽)

철학적 방법: 그렇게 되면 한 철학자가 전체에 대한 단일한 조망을 하게 된다. 플라톤과 달리 철학은 밭 가는 소와 같은 작업이다. 철학은 다시 전체로 녹아들어가려는 노력에 불과하다. 그때 지성은 거꾸로 자신의 발생을 다시 살고 철학은 집단적이고 점진적인 작업을 통해 우리 속에 인류를 넓히고 자기 자신을 초월하게 될 것이다.(192-193쪽)[4]

제안된 방법의 외견적 악순환: 그러나 그런 작업 자체도 지성의 작

---

4 이상의 두 절은 소제목이 "따라야 할 방법"으로 달려 있는 부분이다.

업이 아닌가? 지성을 넓힐 수 있을지는 모르지만 하여간 그것도 지성을 통한 것이 아닌가? 그렇다면 어떠한 새로운 습관도 들일 수 없다는 말이다. 주어진 원 속에 우리를 가두는 것이 추론의 본질이다. 그러나 행동은 원환을 깬다. 수영을 배울 때 그러하다. 이론적으로는 지성에 의하지 않고 알 수는 없지만 위험을 무릅쓰면 추론이 묶어놓은 매듭은 풀릴 것이다. 지성 주변에는 본능이 있다. 지성은 핵이지만 그것이 나온 흐름과 근본적으로 다르지 않다. 수영은 말하자면 물의 고체성에 매달리는 것이다. 수영은 도보를 연장한 것이지만 도보는 수영으로 가게 하지는 않는다. 지성의 메커니즘으로는 더 복잡한 것은 나올지 모르지만 다른 것이나 더 우월한 것이 나오지는 못한다. 의지의 작용으로 지성을 자신 밖으로 밀어내어야 한다. 그러므로 악순환은 외견적인 것이다. 오히려 그 반대가 악순환이다.(193-195쪽)

반대 방법의 실재적 악순환: 과학과 철학. 사실에 대해서는 실증과학에 맡기는 것이 신중해 보인다. 그러나 그것은 실증과학이 그리고 있는 형이상학을 받아들이는 것이다. 법칙은 실재를 자르는 선에 내재한다. 실증과학은 지성의 작업이다. 지성은 무기물에 대해서는 아주 편하다. 지성은 자연 논리의 형태로 기하학주의를 가지고 있다. 지성은 생물을 다룰 때에도 물질처럼 한다. 철학은 그런 실용적인 고려를 버리고 생명을 봐야 한다. 생물학이나 심리학적 사실들을 실증과학에 맡겨버리면 곤란하다. 그러면 인식과 자연의 제일성을 인정하는 꼴이 된다. 그러면 모든 것이 물질의 논리에 따라 취급되게 된다. 그것은 결국 파탄을 맞고 과학의 단일성을 절대로 세운 형이상학적 독단은 모든 과학적 결과가 인위적이라는 상대주의나 회의주의로 화하게 된다. 이제 철학은 절대적 실재는 알수 없다는 이론과 과학만을 인정하는 이론 사이에서 왔다갔다하게 된다. 결국 악순환을 피하려다 모든 경험을 과학에 맡기고 모든 실재를 순수 오성에 맡김으로써 형이상학에서 선험적으로 놓고 출발한 단일성을 다시 발견하게 되는 진짜 악순환에 빠진다. 물질과 생명을 구별하여 전자에는 지성이 잘 맞지만 후자는 실증과학과 다른 눈으로 봐야 한다. 철학이 이처럼 경험의 영역으로 침입하면 과학, 인식론, 형이상학이 동일한 영역에 관계하게 된다. 그렇게 하면 셋다 모두 잃을 것 같지만 사실은 얻게 된다. 과학은 처음의 보편성은 잃어도 물질의 영역에서는 절대에 접한다. 생명의 영역에서는 과학은 힘을 잃고 형이상학이라는 다른 종류의 인식이 생기게 된다. 이제 우리의 인식은 절대 속에서 움직이고 그것은 불완전하지만 외적이거나 상대적이지 않다. 오성이 밖에서 부과하는 인위적 단일성 대신에 우리는 진정한, 내적이며 살아 있는 단일성을 얻게 될 것이다. 물질은 지성에 따르기 때문에 다른 한 쪽을 발생시키지 않고 다른 쪽을 발생시킬 수 없다. 동일한 과정이 그들 모두를 포함하고 있는 밑감(étoffe)으로부터 그 둘을 동시에 잘라내었음이 분명하다.(195-201쪽)[5]

---

5   이상의 두 절은 "과학과 철학"이라는 소제목이 붙어 있는 부분이다.

II. 물질과 지성의 동시적 발생의 가능성에 관하여. 물질에 내재하는 기하학. 지성의 본질적 기능들.

물질과 지성의 동시적 발생의 가능성에 관하여: 지성과 물질성. 지성성으로부터 벗어나서 우리의 가장 내밀한 부분으로 들어가 보자. 우리의 전 과거를 현재로 밀어 넣어야 한다. 그것은 우리의 자유로운 행동과 하나다. 우리의 스스로와의 일치는 정도차를 받아들인다. 우리 속으로 들어갈수록 지성성을 넘어서서 그것을 흡수한다. 지성은 동일한 것을 동일한 것과 연결하는 것이고 반복하는 사실들에만 적합하다. 실재 지속은 지성성을 가능적으로만 포함할 뿐, 그것을 넘친다. 그것은 새로운 것이기 때문에 지성과는 통약불가능하다. 이제 거기서 이완이 되면 기억도 의지도 없어진다. 우리가 절대적으로 자유로울 수 없듯이 절대적으로 수동적일 수도 없다. 하여간 완전히 이완된다면 매순간 다시 태어나고 죽는 순간밖에 없을 것이다. 그것은 완전히 물질인 상태는 아니다. 물질도 아주 약한 지속으로 진동하고 있기 때문이다. 어쨌든 물질은 이완의 방향으로, 심리상태는 긴장의 방향으로 끌린다고 할 수 있다. 물질성(지성성)과 정신성은 반대 방향의 두 과정이며, 전환이나 중단으로 후자에서 전자로 이행할 수 있다. 의식을 순수 지속 상태로 잡을수록, 우리 존재의 다양한 부분들이 한 점, 또는 한 첨단으로 모인다. 그것이 생이며 자유로운 행동이다. 반대로 꿈을 꾸면 자아는 흩어진다. 우리 인격은 공간의 방향으로 간다. 감각에서는 그것을 원한다. 감각은 펼쳐진 것이다. 비연장적인 감각은 단지 정신의 관점일 뿐이다. 물질이 그런 이완을 더 밀고 나간 것에 불과하다면 정신이 공간 속에서 그렇게 편안하게 느끼는 이유를 알 수 있다. 정신은 자신의 이완(détente), 즉 펼쳐짐(extention)으로부터 가지는 느낌 속에서 암묵적인 공간의 표상을 가진다. 정신은 공간을 사물 속에서 재발견하지만 자신의 고유한 운동의 전환에서 더 밀고 나갔다면 공간의 관념을 얻었을 것이다. 물질은 정신의 시선 아래 그 물질성을 더 강화했다. 물질은 정신을 자기의 경사면으로 내려오게 했다. 그러나 정신은 그 길을 계속 갔다. 순수 공간이란 그런 운동이 가 닿을 끝의 도식에 지나지 않는다. 공간의 형식을 일단 가진 다음에는 그것을 물질에 던지는, 마음대로 조절할 수 있는 그물망으로 사용한다. 이렇게 하여 우리의 기하학의 공간과 사물의 공간성은 상호 작용과 반작용에 의해 서로를 낳는다. 공간은 우리가 생각하는 만큼 우리의 본성과 다르지 않으며, 물질은 우리 지성이나 감각이 표상하는 것만큼 완전히 연장적인 것이 아니다. 완전한 공간성은 그 부분들이 완전히 서로의 밖에 있어야 한다. 그러나 모든 질점들은 상호 작용한다. 원자는 정신이 취한 관점에 불과하다. 물질은 펼쳐져 있지만 절대적으로 펼쳐져 있는 것은 아니다. 순수 공간은 물질이 방향만을 그리고 있을 뿐인 운동을 끝까지 밀고 나간 것이다. 칸트의 선험적 감성론은 열, 색, 무게와 연장성은 다르다는 것을 확립했다. 정신은 공간에 대해 사유하면서 거기서 선험적으로 형태를 끊어낸다. 우리는 공간을 통해서만 지각하고 자신이 놓은 수학적 특성을 물질에서 재발견한다. 그러나 그런 물질은 우리의 작품이며 물자체는 알 수가 없다. 경험론을 비판하는 칸트는 결정적이지만 그의 적극적인 해법이 문제이다. 공간은 이미 기성의 것으로 하늘에서 떨어진 동아줄(deus ex machina)처럼 놓이고 물자체를 모르면 그것의 존재 자체는 왜 놓는가? 실재가 우리의 지각능력 속으로 들어온다면 적어도 부분적으로는 알려진 것이 아닌가? 사물과 정신 사이에 예정 조화가 이루어져 있는 것이 아닌가? 칸트는 그것을 부정하는데, 공간의 정도차를 부정하고 기성의 것으로 놓았기 때문에 그것이 어떻게 감각의 다양성에 적합한지를 설명할 수가 없었다. 물질과 공간을 순수 공간으로 놓았기 때문에 이율배반이 나온다. 그렇게 되면 정신이 사물에 적용하거나, 아니면 사물이 정신에 적용하거나, 아니면 둘 사이에 신비로운 일치를 가정해야 한다. 그러나 제4의 해법이 있다. 그것은 지성을 물질로 향한 정신의 특수한 기능이라고 보는 것이다. 그렇게 되면 물질이 지성에 따르는 것도 지성이 물질에 따르는 것도 예정조화도 아니고 점진적으로 물질이 지성이 서로 적용하여 공통의 형태에 다다른 것이 된다. **정신의 지성성과 사물의 물질성을 동시에 창조한 것은 동일한 운동의 동일한 전환이기 때문에 그런 적응은 자연스럽게 이루어진다.**(201-207쪽)

그런 의미에서 지각과 과학이 물질에 대해 주는 인식은 근사적이지만 상대적이지 않다. 지각은 물질을 너무나 명확히 자르고 과학은 수학의 형태를 띠어야 하기 때문에 지나치게 공간성을 부각시킨다. 과학은 문제를 부분적으로 제기하기 때문에 사실상 규약적이지만 원리상으로는 자신의 영역을 나오지만 않는다면 실재에 관계하는 것이다. 이렇게 생각하면 과학적 인식은 일어서지만 인식론은 순수 지성을 넘어서는 매우 어려운 작업이 된다. 사유의 범주를 정

리하는 것이 아니라 그것을 발생시켜야 한다. 초공간적인 것의 공
간성에로의 후퇴를 따라 가야 한다. 우리 의식의 높은 곳에서 아래
로 내려가면 모든 것은 공간화한다. 물질도 완전히 공간적인 것이
아니다. 우리 의식의 운동을 더 끌고 내려가는 운동을 물질은 계속
하고 있는 것이다. 형이상학은 물리학과 같은 방향으로 갈 것이 아
니라 물리학이 내려가는 길을 거슬러 올라가야 한다. 그리하여 역
전된 심리학인 우주론을 구성하고 물리학에서 적극적인 것은 진정
한 적극성의 역전임을 보여야 한다.(207-209쪽)

물질에 내재하는 기하학: 기하학적 질서. 수학적 질서를 적극적인
것이 아니라 결핍으로 보기 어려울 것이다. 그러나 우리의 지성은
물질성과 공간성과 같은 방향임을 잊어서는 안 된다. 시인이 시를
읽을 때 나는 그의 내부로 들어가 그의 단순한 느낌과 불가분의 행
위로 들어간다. 그러나 내가 주의를 놓자마자 의미 속에 잠겨 있던
소리들이 구별되어 나온다. 문장, 음절, 음소로 분리되어 나온다. 그
러면 그것들 사이의 결합의 정확성과 질서의 복잡성을 감탄하게 된
다. 그러나 그런 질서는 의지의 결핍을 나타낸다. 이 예는 독창적인
운동의 전환이 어떻게 공간의 펼쳐짐과 감탄할 만한 질서를 만들어
낼 수 있는가를 설명한다. 부분들의 무한한 복잡성과 그들 사이의
조율은 적극적 실재의 중단이나 감소로부터 동시에 나온다. 지성의
작업은 기하학을 향한다. 그것은 우리의 공간 표상에 내재하는 기
하학이다.(209-212쪽)

기하학과 연역. 내가 공간에 도형을 그리면 동시에 그 속성이 따
라 나온다. 다른 속성들은 그렇지 않고 불완전하다. 그러나 모래

에 밑각이 같은 삼각형을 그리면 두 변은 같으리라는 것은 기하학을 배우지 않아도 안다. 그러므로 학적 기하학 이전에 자연적 기하학이 존재한다. 다른 것들은 거기에 따라간다. 순수 공간과 함께 기하학이 나오고 그것은 논리학으로 퇴락한다. 철학자들이 그렇게 생각하기 꺼리는 것은 그것이 적극적인 작업이라 생각하기 때문이다. 그러나 정신성이 새로움의 창조라면 전제와 결론 간의 필연적 결정성을 가진 물질성과 반대 방향이라 해야 한다. 지성의 관점에서 노력으로 보이는 것은 하나의 포기이다. 공간이 정신의 이완의 끝이라면, 공간이 주어지면 이미 기하학과 논리가 주어진 것이다. 심리적인 과학에서 연역의 범위는 좁다. 항상 다시 경험에 의존해야 한다. 정신에 대해 정신의 힘은 강할 것 같으나 사실은 반대이다. 금방 밑천이 떨어진다. 그러나 외부 사물에 대해서는 매우 강력하다. 결국 연역은 물질의 작용 방식과 공간에 조율되어 있다. 그것을 방해하는 것은 지속이다.(212-214쪽)

　기하학과 귀납. 귀납도 마찬가지이다. 그것은 동물도 한다. 귀납은 원인과 결과가 있고 동일한 원인에 동일한 결과가 따라 나온다는 데 기반을 두고 있다. 그것은 두 변과 사이 각을 알면 나머지 한 변이 따라 나온다는 것과 같다. 비교하는 두 사건 사이에 마치 아무 시간도 흐르지 않은 것처럼 추론한다. 그런 일은 기하학에서만 벌어진다. 귀납은 시간이 흐르지 않는다는 것과 질이 같다는 것을 전제로 한다. 그것은 질을 양화하는 것이다. 기하학은 귀납과 연역의 이상적 한계(limite idéale)이다. 그 끝에 공간성이 있는 운동이 그 궤적을 따라 정신에는 귀납력과 연역력, 즉 지성 전체를 놓는다.(214-

217쪽)[6]

지성의 본질적 기능들: 물리적 법칙들. 그 운동이 사물에는 질서를 창조한다. 그 질서가 우리에게는 놀랍게 보인다. 지성은 거기서 자신을 보기 때문에 감탄한다. 그러나 진정으로 감탄할 것은 실재 전체가 앞으로 나아가면서 행하는 끊임없는 재창조이다. 그것이 흩어지고(se distraire), 이완하고(détendre), 펼쳐지면(s'étendre) 수학적 질서가 나온다. 물리학적 질서는 그런 부정적인 경향이다. 물질이 비연장적인 것의 연장으로의, 자유의 필연으로의 이완이라면 그것이 완전히 수학적이지 않더라도 그리로 가는 도중에 있는 것이다. 물리적 법칙의 수학적 형태는 항상 인위적이다. 측정의 단위는 항상 규약적이고 자연에 반하는 것이다. 잰다는 것 자체가 인간적인 것이다. 물질성을 구성하는 운동이 순수 공간으로 향하지 않는다면 물리학의 성공은 설명할 수 없는 것이 될 것이다. 수학적 질서가 적극적인 것이라면 과학의 성공은 기적이 될 것이다. 자연이 선택한 변수와 척도를 발견할 확률은 얼마나 될까? 없다. 그러므로 수학적 질서는 적극적인 것이 아니라 중단이다. 그렇기 때문에 우리의 과학이 다른 형태를 띠었더라도 성공할 수 있었을 것이다. 그것은 바로 어떠한 수학적 법칙의 체계도 자연의 밑바닥에 없고 수학 일반이 단지 물질이 떨어지는 방향을 표현하고 있기 때문이다. 오뚝이를 공중에 던져 보라. 항상 설 것이다. 물질도 어떤 방식으로

---

6 이 절은 "기하학적 질서", "기하학과 연역"과 "기하학과 귀납"이라는 소제목이 붙어 있는 부분이다.

떨어뜨리든 항상 수학의 틀로 떨어질 것이다. 기하학의 추를 달고 있기 때문이다.(217-221쪽)

III. *무질서* 관념의 분석에 기초를 둔 인식론의 소묘. 질서의 반대되는 두 형태: 유의 문제와 법칙의 문제. 무질서와 두 질서.

무질서 관념의 분석에 기초를 둔 인식론의 소묘: 그러나 질서가 반대 질서의 중단으로부터 나온다고 해봐야 철학자들은 거부할 것이다. **질서가 없을 수도 있기 때문에** 수학적 질서는 무질서에 대한 정복으로서 적극적인 것으로 보이기 때문이다. 그러므로 무질서의 관념을 분석해야 한다. 찾는 것이 운문이면 산문을 보면서 "운문이 아니다"라고 하고, 산문이면 운문을 보면서 "산문이 아니다"라고 한다. 그것을 제삼자가 산문도 운문도 아닌 어떤 글이 있고 그 위에 산문과 운문이 덧붙여진다고 생각하면 그것이 어떻게 가능한가 묻게 된다. 그것은 잘못된 질문이다. 두 개의 질서밖에 없다면 그 둘 중 자기가 찾는 것이 없을 때 한 쪽이 있음에도 불구하고 질서가 없다고 한다. 그래서 어떻게 무질서에서 질서가 생겼냐고 묻게 된다. 그것은 실용적인 표현 방식을 사변에 잘못 도입한 것이다. 두 질서를 우선 구별해야 한다. 실재는 우리 사유를 충족시키는 만큼 질서지어 진다. 질서는 주관과 객관의 일치이며 정신이 사물 속에서 자신을 재발견하는 것이다. 그런데 질서는 두 가지 반대 방향으로 움직인다. 창조와 활동의 방향과 그 반대 방향, 즉 필연과 기하학적 기계론의 방향으로. 정신은 두 방향에서 다 질서를 발견한다. 두 방향에서 다 자신을 발견하기 때문이다. 따라서 그들을 혼동하는 것은 자연스럽다. 첫 번째 방향은 타성, 수동성, 자동성의 방향이며, 두 번째 방향은 목적성이거나 그보다 높은 자유로운 행동 또는 예술 작품의 방향이다. 창조적 진화로서 생명은 목적성을 넘어선다. 그것은 생명적이며 의지적이고, 타성적이며 자동적인 것에 반대이다. 천문학적 질서와 베토벤 음악의 질서처럼 다르다.(221-225쪽).

질서의 반대되는 두 형태: 유의 문제와 법칙의 문제: 유와 법칙. 그러나 일반적으로는 둘을 혼동한다. 생명 자체는 자발적이고 예견 불가능하지만 현실적으로는 형태가 거의 반복되는 구체적 생명체만 본다. 그래서 생명체들을 유로 통합한다. 그래서 물리적 질서와 동일하게 반복한다고 생각하고 일반화한다. 그러나 한 쪽은 기하학적 필연이고 한 쪽은 원인이 다름에도 동일한 결과를 얻어내는 것이다. 그러나 유전은 두 힘이 한 결과를 나타내는 반복과는 다르다. 그러나 일꾼들을 부리는 감독이 원인은 달라도 같은 결과를 내게 하는 것으로 생명체를 해석한다. 생명현상을 원인과 결과로 보는 것은 자연과 같이 보려는 정신의 관점이다. 그러나 생명은 불가분의 행동이다. 그 두 닮음은 완전히 다르다. 그러나 실용적인 생활에서는 닮으면 되는 것이기 때문에 그 두 질서를 혼동한다. 거기서 자연의 일반적인 질서를 이야기한다. 거기서 물리현상의 법칙과 생명현상의 유를 동일한 말로 가리킨다. 그런 혼동이 고대나 근대나 인식론의 문제에 많은 혼동을 일으켰다. 고대는 유의 일반성에 의해 법칙의 일반성을, 근대는 법칙의 일반성에 의해 유의 일반성을 설명했다. 그러나 그것은 일반성이라는 말로 전혀 반대되는 두 질서를 혼동한 것이다. 고대인들은 생명의 자연적 절단과 물질의 실용

적 절단을 같이 놓고 그 본질로부터 운동의 법칙이 나온다고 생각
했다. 실재 전체에 대한 하나의 절대적 학문을 생각하면서 물리적
인 것을 생명적인 것으로 번역하려 했다. 근대인들은 거꾸로 유를
법칙으로 환원시키고 역시 하나뿐인 학문은 모두 상대적으로 되어
버린다. 법칙은 사물들 사이의 관계이기 때문이다. 두 사물 사이의
관계는 그것을 보는 지성의 눈에만 보이는 것이다. 그러므로 인간
오성에 상대적인 유일한 학문의 개념은 이미 그 학문관에 포함되
어 있던 것이고 칸트는 그것을 드러내었던 것뿐이다. 그러나 생명
계와 물질계를 구별했다면 적어도 반은 물자체에 관한 것이어야 한
다. 또 남은 부분이 그것과 반대라면 그것도 완전히 알려지지 않는
것은 아니다. 하여간 고대인이나 근대인이나 그 양자를 혼동했다.
그 이유는 창조인 생명의 질서가 우리에게는 우연적 속성밖에는 보
여주지 않기 때문이다. 생명은 끊임없는 변형이지만 변형은 수많은
개체를 통해서 이루어진다. 그러나 유전은 성질만이 아니라 성질을
변화시키는 비약 자체를 전달하며, 그렇기 때문에 닮은 형상은 우
연적인 것에 불과하다. 물질은 자동적 질서이지만 생명은 원해진
질서이다.(225-232쪽)

무질서와 두 질서: 원해진 질서와 자동적 질서의 구별만 분명히
표상하면 무질서의 관념은 사라진다. 인식론의 중심 문제는 어떻게
학문이 가능한가, 즉 왜 질서가 있는가이다. 그런데 질서를 기초 지
으려면 그것을 무언가에 덧붙여지는 우연적인 것으로 생각해야 한
다. 무엇에 대해 우연적인가? 반대 질서에 대해서이다. 운문 아닌
것은 산문이고, 산문 아닌 것은 운문이듯이. 무질서한 방이 물리적

으로는 전혀 무질서가 아니듯이, 한 질서의 결여는 다른 질서의 존재이다. 물리적 질서가 없는 혼동이라는 것은 사물들이 "마음대로" 움직이는 것이다. 우연을 분석해도 같은 결과가 나온다. 룰렛 게임에서 따거나 기왓장이 떨어지거나 물리적으로는 완벽한 질서이지만 나는 거기서 어떤 의도를 본다. 우연은 두 질서 중 하나를 기다리는 정신의 마음 상태를 객관화한 것이다. 무질서란 사실 두 질서에 그들 사이를 왔다갔다하는 정신의 왕복이 덧붙여진 것이다. 무질서란 단지 말뿐이고 환원 불가능한 두 질서를 구별하지 않은 데서 오는 헛된 개념이다. 두 질서가 있다면 하나는 다른 것에 대해 우연적이다. 만약 질서가 한 종류이고 다만 정도 차만 있다면 질서는 질서의 없음에 대해 우연적이라 설명할 것이다. 그러면 가장 높이 생명의 질서가 있고 그것이 감소하여 기하학적 질서가 있고 그 밑에 무질서가 있게 될 것이다. 그러나 두 개의 질서가 있고 그 사이를 왕복하는 것이 무질서, 비정합이다. 이 긴 분석이 필요했던 것은 긴장으로부터 펼쳐짐으로, 자유로부터 기계적 필연으로의 이행은 전환(inversion)을 통해서라는 것을 보이기 위해서이다. 기하학적 질서는 반대 질서의 제거이므로 설명할 필요가 없다는 것을 보여야 했다. 이제 그 전환이 무언지를 설명해야 한다. 이완하면 펼쳐지는 원리, 원인의 정지는 결과의 전복과 등가인 원리는 어떠한 것인가?(232-238쪽)

IV. 창조와 진화. 물질의 세계. 생명의 원천과 목적지. 생의 과정과
진화적 운동에서의 본질적인 것과 우연적인 것. 인류. 신체의 삶과
정신의 삶.

창조와 진화: 그 원리를 우리는 의식이라 불렀다. 그것은 우리의 것
과 같은 감소된 의식이 아니다. 우리의 의식은 반대 방향으로 당겨
져서 뒤돌아본다. 그런 회고적 시각은 지성의 자연적인 기능이다.
우리 의식이 그 원리와 일치하기 위해서는 이미 이루어진 것에서
떨어져서 이루어지고 있는 것으로 가야 한다. 자기 자신 쪽으로 뒤
틀어서 보는 것이 의지와 합해져야 한다. 순수 의지는 거의 느낄 수
없고 단지 몇 순간 스쳐 지나갈 뿐이다. 그래도 그것은 개인적인 의
지일 뿐이다. 모든 생명과 모든 물질성의 원리로 가기 위해서는 더
멀리 가야 할 것이다. 그것은 가능한가? 가능하다. 철학사가 있다.
직관에 의해 생명을 얻지 않은 철학체계는 없다. 변증법은 직관을
풀어내기 위해 필요하지만, 변증법과 직관은 반대 방향이다. 변증
법은 우리 사유가 스스로와 일치하도록 해 주지만 그러나 다양한
일치가 가능하다. 직관이 계속될 수 있다면, 스스로뿐 아니라 모든
철학자들의 생각을 일치시켰을 것이다. 직관이 일반화될 수 있었다
면 철학의 목적은 이루어졌을 것이다. 그것을 위해서는 자연과 정
신의 끊임없는 왕복이 필요하다. 우리 존재를 의지와, 우리 의지를
그 충력과 일치시키면 우리는 실재는 영원한 증가, 부단한 창조임
을 느낀다. 우리의 의지가 벌써 그런 기적이다. 창조, 자유, 자발성
은 세계에 새로운 것을 공헌한다. 물론 인간의 창조는 형태의 창조
이다. 우리는 생의 흐름 자체는 아니니까 그럴 수밖에 없다. 형태를

낳는 행동의 멈춤이 그 재료를 구성할 수 있다면 물질의 창조도 이해할 수 없는 것이 아니다. 우리는 안에서 형태의 창조를 느끼고 바로 그때, 창조의 흐름이 순간적으로 멈출 때 물질의 창조가 될 것이다. 시인이 새로운 시를 쓰면 인류의 사유는 증가된다. 그것은 정신의 단순한 작용이며, 그것이 멈추기만 하면 저절로 단어들로, 문자로 흩어져버린다. 그와 마찬가지로 우주에 새로운 원자들이 만들어진다는 것은 우리 경험에 반하지만, 전혀 다른 질서의 실재가 증가한다는 것은 인정할 수 있다. 각 덧붙임의 이면이 하나의 세계일 수 있다. 우주의 존재에 관한 신비는 우주가 단번에 만들어지는 한편 물질은 영원하다고 생각하는 데에서 온다. 그런 생각은 실재적으로 작용하는 지속이 없다고 생각하고 절대는 구체적 시간 속에 자리잡을 수 없다고 생각하는 데서 온다. 모든 것은 단번에 주어지고 물질이건 창조 행위건 신적인 본질 속에서 영원히 놓아진다. 그런 생각을 버리면 창조는 증가와 같아진다.(238-242쪽)

물질의 세계: 그러면 우주 전체를 말할 필요가 없다. 우주는 태양계들의 조합이다. 태양계들은 물론 서로 연관을 가지지만 자연적으로 서로 고립되어 있다고 할 수 있다. 생명체로서 우리는 지구와 태양에 의존하고 있다. 사유하는 자로서 우리의 법칙을 다른 세계에 적용할 수도 있으나 그것은 의미가 없다. 우주는 끊임없이 이루어지고 있기 때문이다. 에너지 보존의 법칙과 퇴락의 법칙을 태양계에 국한시켜 보자. 이 중 에너지 보존의 법칙은 양적인 법칙이고 우리의 측정과정에 상대적이다. 에너지는 여러 가지가 있기 때문에 그 법칙의 규약적 요소는 크다. 그것은 오히려 모든 변화의 상호균

형을 의미하고 따라서 태양계 내부의 부분들 사이의 관계이지 전체에 적용하기는 곤란하다. 퇴락의 법칙은 크기의 문제가 아니다. 물론 처음 발견되거나 일반화될 때에는 크기가 문제였으나 그것은 측정하지 않아도 말할 수 있을 것이다. 모든 변화는 퇴락이며 물체들 사이에 제일적齊一的으로 퍼진다는 것이다. 그것은 가시적이고 이질적인 운동이 비가시적이고 동질적인 운동으로 묽어진다는 것과, 변화의 풍부함과 다양함을 주는 불안정성이 기본적인 진동의 안정성에 자리를 내준다는 것을 가리킨다. 이렇게 생각하면 우리의 태양계는 그것이 포함한 가변성을 소모하고 있는 것으로 보인다. 처음에는 에너지가 가장 컸다가 점점 감소한다. 그것은 어디서 오는가? 다른 데서 온다면 문제를 후퇴시키는 것이다. 세계가 무한하므로 걱정할 필요가 없다고 말한다면 무한한 세계는 물질과 추상적 공간의 일치를 말하는 것이다. 그것은 물질 상호간의 연관과 양립할 수 없다. 또 증가와 감소가 차례로 일어난다고 할 수도 있다. 그러나 볼츠만의 계산 결과 그것은 불가능에 가깝다. 물리학자는 공간에만 매달린다. 초공간적인 데서 해법이 찾아져야 한다. 물리계의 법칙은 반대 질서가 멈출 때 나타나는 것이다. 의지의 이완이 바로 그런 멈춤이다. 해체된다는 것이 물질성의 본질적 특징이다. 사물이 이루어지는 과정은 물리적 질서와 반대되고 비물질적인 과정이다. 구체적 실재를 더 명확히 보면, 생명체를 보면 알 수 있다. 생명은 물질이 내려가는 경사를 다시 올라 가려는 노력이다. 그것은 물질과 반대의 과정이며 그것이 멈추기만 하면 물질이 탄생한다. 물론 지구상의 생물들은 물질에 붙어 있다. 그것이 의식, 초의식이라면 순수한 창조적 활동성일 것이다. 물질의 움직임을 멈출 수는 없지만 늦추기는 한다. 생명은 흩어져버릴 태양열을 엽록소를 통해 저장해 두었다가 동물에서처럼 순간적, 폭발적, 효율적으로 사용한다. 그것은 떨어지는 것을 들어 올리려 하지만 추락을 늦출 뿐인 것이다. 높은 기압의 증기를 포함하는 항아리에 균열이 가서 증기가 새어나오면 그것은 곧 물방울로 굳어져 떨어진다. 그것은 증기의 힘의 중단, 결여이다. 그러나 약간의 증기는 굳지 않고 있다. 그것은 물방울을 굳지 못하게는 못하지만 그것을 늦춘다. 생명이 그와 같다. 그러나 이 예는 물리법칙에 따르는 것이지만 생명의 창조는 자유로운 행위이다. 생명의 활동에서 반대되는 운동 속에 남은 직접적 운동, 해체되는 것을 건너서 이루어지는 실재를 볼 수 있다. 창조를 한 사물이 다른 사물을 창조한다고 생각하면 매우 불투명해진다. 그것은 사물과 상태를 생각하는 우리 지성에 자연스럽기는 하다. 그러나 사물과 상태는 우리 정신의 시각에 불과하다. 사물이 아니라 행동이 있을 뿐이다. 잘 연결된 전체의 결정적이고 자동적인 진화는 해체되는 작용이고 거기서 생명이 잘라내는 형태들은 이루어지는 작용을 표현한다. 다른 세계도 우리와 비슷할 것이고 그것들은 동시에 이루어진 것이 아니다. 오늘도 성운이 응축되고 있는 것을 관찰할 수 있기 때문이다. 해체되는 것이건 이루어지는 것이건 어디서나 동일한 종류의 작용이 이루어지는 것이라면 거대한 다발의 폭죽에서처럼 세계들이 솟아 날 중심에 대해서 말할 때 나는 그런 유사성을 표현하는 것뿐이다. 이것을 사물이 아니라 용솟음의 연속이라고 생각하기만 한다면. 이렇게 정의된 신은 기성적인 아무것도 아니며 부단한 생명이며 행동이며 자유이다. 이렇게 생각된 창조는 신비가 아니라 우리가 자유롭게 행동하면 우리 속에서 느껴지는 것이다. 생명은 운동이고 물질성은 반대의 운동이며, 물질은 나누어지지 않는 흐름이고 거기서 생명체를 절단해 내면서 물질을 건너는 생명 또한 나누어지지 않았기 때문에 두 운동은 각각 단순하다. 생명의 흐름은 물질의 흐름에 반대하나 물질에서 뭔가를 획득하기 때문에 둘 사이에서 타협안이 나오고 그것이 바로 유기체이다. 더 이상 완전히 이루어진 것만을 파악하고 밖으로부터 보는 지성의 눈만으로가 아니라 정신으로, 즉 의지의 자신으로의 뒤틀림에서 솟아나오는 능력으로 보자. 모든 것은 운동으로 해소될 것이다. 그러면 꺼진 로켓의 떨어지는 파편들 사이를 불꽃놀이의 마지막 로켓이 쓸어내는 길과 같은 것을 볼 것이다.(242-251쪽)[7]

생명의 원천과 목적지: 생명의 비약은 창조의 요청에서 성립한다. 그것은 반대되는 물질을 만나기 때문에 절대적 창조는 될 수 없다. 그러나 필연성 자체인 물질에 가능한 한 큰 양의 비결정성과 자유를 도입하려고 애쓴다. 동물은 소화계, 호흡계, 순환계 위에 놓인 신경계이다. 유기체의 증가하는 복잡성은 신경계를 복잡하게 해야 할 필연성에 기인한다. 신경계 자체의 진보는 자동적 활동과 의지적 활동의 동시적 발전에서 성립한다. 한 동물의 의지는 더 큰 수의 장치들 사이에 선택권을 가지는 만큼, 운동의 방도의 교차점이 더 복잡하거나 다른 말로 뇌가 상당한 발전에 도달한 만큼 더 강해진다.

---

7   이상의 두 절은 유명한 "물질의 관념적 발생"이라는 소제목이 붙어 있다.

그러므로 신경계의 진보는 행동에 증가하는 정확성과 다양성, 효율성과 독립성을 확보해 준다. 유기체는 점점 더 각각의 새로운 행동에 대해 전체가 재구성되는 행동 기계처럼 움직인다. 그러나 신경계의 출현 이전에 아메바에서도 그런 특성이 나타난다. 아메바는 다양한 방향으로 변형된다. 그러므로 동물적 삶은 1^0 에너지의 공급을 획득하고, 2^0 가능한 한 다양하고 예측되지 않는 방향으로 그 에너지를 사용하는 데서 성립한다. 그 에너지는 먹는 음식으로부터 온다. 그것은 한 동물의 살(肉)일 수 있지만 그것도 궁극적으로는 식물에서 온다. 결국 동물은 식물에서 에너지를 빌린다. 식물은 엽록소의 기능에 의해, 즉 우리가 알 수 없는 독자적인 화학작용에 의해 태양 에너지를 축적한다. 결국 식물이든 동물이든 에너지를 축적해서 그것을 유연한 통로로 풀고, 그 통로 끝에서 무한히 다양한 일들을 성취하기 위한 노력으로 보인다. 바로 이것이 생의 비약이 물질을 건너서 단번에 획득하기를 원했던 일일 것이다. 그러나 비약은 유한하기 때문에 모든 장애물을 건널 수가 없다. 그래서 식물과 동물이 분열되었으나, 식물이 에너지를 축적한 것은 동물을 위한 것이 아니라 자신의 소비를 위한 것이었다. 그것은 생명의 첫 비약이 요청했던 것보다 덜 효과적이었다. 식물과 동물의 분산적인 여러 노선에서 퇴보, 정지, 사고 등을 고려해야 한다. 각 종은 자신만을 위해서 산다. 거기서 종들 사이의 투쟁이 나오고 불쾌한 부조화가 나온다. 그러므로 진화에 우연의 몫은 크다. 단 두 가지만 필연적이다. 1^0 에너지의 점진적 축적과, 2^0 그 에너지의 가변적이고 결정할 수 없는 방향으로의 운하 뚫기가 그러하다.(251-256쪽)

생의 과정과 진화적 운동에서의 본질적인 것과 우연적인 것: 그런 이중의 결과가 우리 혹성에서는 모종의 방식으로 획득되었지만, 전혀 다른 방식을 취할 수도 있었을 것이다. 생명에 본질적인 것은 태양 에너지를 축적하는 것이지 탄산의 탄소에 운명을 던지는 것이 아니다. 태양에게 탄소와 산소를 떼어내는 것 대신에 다른 물리적 수단에 호소했다면 조형 물질은 질소와 다른 것이었을 것이다. 거기서부터 우리가 아는 생명체와는 다른 형태가 결과 되었을 것이고 그 해부학과 생리학도 달랐을 것이다. 오직 감각운동 기능만이 그 결과에서 보존되었을 것이다. 그러므로 다른 혹성에서 다른 형태의 생물이 나타났을 것이고, 다만 에너지를 포착하여 폭발적 행동에 사용하는 것은 같을 것이다. 에너지가 까르노의 법칙에 따라 내려가고 반대 방향의 원인이 그 내려감을 지연시킬 수 있는 곳은 어디에서나 생명은 가능할 것이다. 더 나아가 생명이 정해진 육체로 집중되고 명확해질 필요도 없다. 에너지는 보존되고 아직 응고되지 않은 물질을 통해 흐르는 다양한 노선에서 사용될 수 있다. 물질의 응축이 완성되기 전의 성운에서 생명의 조건은 그러할 것이다. 다른 화학적 기체를 가지고 다른 물리적 조건 아래 추진력은 동일한 것으로 남을 것이나 매우 다르게 분열되었을 것이다. 생명의 연쇄 전체에서 어떤 항도 지금과 달랐을 것이다. 연쇄와 항이 있다는 것도 필연적이었을까? 단일한 비약이 단일한 신체에서 이루어지지 않았을까?(256-258쪽)

개체성과 연합. 생명은 심리적 질서의 비약이고 상호 침투되고 혼동된 다수성을 감싸고 있다. 공간적 다수성은 서로의 밖에 있다.

그러나 심리적 다수성은 공간적인 것과 다르다. 나의 인격은 다수인 하나이자 하나인 다수성이다. 그러나 단일성과 다수성은 오성이 내 인격에 대해 취한 관점에 불과하다. 나는 전자에도 후자에도 둘 다 동시에 들어가지 않는다. 생명은 추진력이나 비약에 비교할 수 있다면 그것은 잠재성의 방대함이며 수많은 경향들의 상호 잠식이다. 수많다는 것은 물질과의 접촉에 의한 분열에서 이루어진다. 그런 점에서 개별화란 부분적으로는 물질의 작품이자 부분적으로는 생명이 자신 속에 포함하고 있는 것의 결과이다. 그리하여 시적 감정이 연, 행, 단어들로 표현되는 것은 시적 감정이 포함하고 있는 것이나, 언어의 물질성이 다수성을 구현하는 것이다. 단어, 행, 연들을 건너 시의 전체인 단순한 영감이 흐른다. 그와 같이 개체들 사이로 생명은 순환한다. 도처에서 개체화하려는 경향이 그에 적대적이나 보완적인 연합하려는 경향에 의해 완성된다. 개체들은 사회에서 병치되나 사회는 형성되자마자 개체들을 새로운 유기체로 녹이기를 원한다. 가장 낮은 정도의 유기체에서 이미 미생물 집단이 발견되나 그 연합에서 개체화하려는 경향이 발견된다. 원생동물도 그러하다. 고등 유기체의 발생을 위한 집단이론이 있지만, 다생론은 예외적이고 비정상적인 사실임이 점점 더 인정된다. 그럼에도 불구하고 마치 모든 고등 유기체는 분업적인 세포들의 연합에서 태어난 것처럼 사태가 진행된다. 매우 개연적으로 개체는 연합이 아니라 분열을 통해 세포를 만들었다. 그러나 그것 자체가 개체의 출현에서 사회적 형태를 나타낸다. 마치 개체가 자신의 물질을 요소들로 나누고, 요소들 자체는 개체성의 외관을 가지며, 그들이 사교성에 의해 결합한다는 조건에서만 발전할 수 있는 것처럼. 생의 비약은 순수한 단일성도 다수성도 아니며 하나에서 다른 것으로 무한히 건너뜰 것이다. 개체성과 연합이라는 이중적 방향으로의 생명의 진화는 생명의 본질 자체에 속한다.(258-261쪽)

의식의 반성. 반성으로의 행보도 본질적이다. 생명의 근원에 있는 것은 의식이나 초의식이다. 창조의 요청인 의식은 창조가 가능한 곳에서만 자신에게 나타난다. 그것은 유기체가 가지고 있는 공간이동과 변형의 능력에 따라 다양해진다. 즉, 감각과 운동 사이의 교차로인 뇌의 복잡성에 비례한다. 생명체란 행동의 중심이다. 그것의 신경중추는 다소간 복잡한 행동들 사이에 가질 선택을 가리킨다. 그런데 의식의 각성은 그에게 남겨진 자유에 달려 있으므로 의식의 발전은 신경중추의 발달에 의해 규제될 것으로 보일 것이다. 다른 한편 모든 의식의 상태는 운동에 제기된 문제이자 그 대응의 시작이므로 피질 장치의 작동을 내포하지 않는 심리적 사실은 없다. 그러므로 모든 것은 마치 의식이 뇌로부터 솟아나고 두뇌활동의 세부에 따르는 것으로 보일 것이다. 그러나 사실 의식이 뇌로부터 솟아나는 것은 아니다. 그러나 뇌와 의식은 그 복잡성에 의해, 그리고 각성의 강도가 선택의 양을 나타내기 때문에 대응하는 것으로 보인다. 그러나 심리 상태는 두뇌 상태보다 더 많은 것을 말한다. 의식은 뇌와 유대를 가진다. 그러나 그들은 동외연적인 것이 아니다. 그러므로 인간과 원숭이의 뇌가 닮았다는 것으로부터 의식이 비슷하다고 결론 내릴 수는 없다. 그들의 뇌는 생각하는 것보다 덜 닮았다. 어떠한 수행도 배울 수 있고 어떠한 운동 습관도 획득할 수

있는 인간의 뇌에 비해, 새로운 운동을 결합하는 능력은 가장 뛰어
난 동물에게조차 엄격히 제한되어 있다. 인간의 뇌가 수립할 수 있
는 기제의 수는 무한하다는 점에서 다른 뇌와 다르다. 유한한 것과
무한한 것 사이의 차이는 열린 것과 닫힌 것 사이의 차이, 정도의
차이가 아니라 본성의 차이이다. 인간과 동물의 의식의 차이 또한
근본적이다. 의식은 발명과 자유의 동의어이다. 그러나 동물의 발
명은 자동성을 벗어나자마자 바로 닫힌다. 사슬을 끌어당겨서 길게
하는 데만 성공할 뿐이다. 그러나 인간의 의식은 사슬을 부순다. 인
간에게서만 그것은 해방된다. 생명의 전 역사는 물질을 들어올리기
위한 의식의 역사였고, 다시 떨어지는 물질에 의한 완전한 괴멸의
역사였다. 그러나 인간은 필연 자체인 물질로 자유의 도구를 창조
하고, 기계론을 이길 기계를 만들며, 자연의 결정론을 사용하여 그
것이 쳐놓은 그물의 코를 뚫고 지나가게 했다. 다른 곳에서는 도처
에서 기계의 포로로 남았다. 인간은 기계를 유지하기만 하는 것이
아니라, 그것을 원하는 대로 사용하기에 이른다. 그것을 아마도 뇌
의 우월성에 빚지고 있을 것이지만, 그 우월성은 무한수의 운동기
관을 구성하고, 이전의 것에 새로운 습관을 대립시키며, 자동성을
자신에 대항하여 나눔으로써 그것을 지배하게 해준다. 언어는 의식
에 비물질적 신체를 제공하고 거기서 의식이 육화될 것이며, 그리
하여 플럭스가 곧 삼켜버렸을지도 모르는 물질적 신체에 놓여야 할
필요가 없게 하였다. 인간은 언어를 사회생활에 빚지고 있는데, 언
어가 사유를 축적하고 노력을 축적, 보존하며 그에 의해 개인이 단
번에 높여져야 할 중간단계를 고정하여 평범한 자들이 잠드는 것을

방해하고 더 나은 자들을 높이 올라가도록 민다. 뇌, 사회, 언어는 동일하고 유일한 내적 우월성의 외적이고 다양한 신호에 불과하다. 진화의 어떤 순간에 차지된 그 성공은 본성의 차이를 번역하고 인간과 나머지 동물을 구별한다. 생명이 취한 넓은 트램펄린의 끝에서 다른 것들은 너무 높이 올라왔다고 내려온 반면 인간만이 홀로 장애물을 넘었다고 할 수 있다.(261-265쪽)

인류: 그런 특별한 의미에서 인간은 진화의 끝이며 목적이다. 생명은 물질을 건너 던져진 흐름이며 거기에는 계획도 도면도 없다. 자연의 나머지는 인간과 관계되지 않았다. 진화에서 인류가 미리 형성된 것은 아니다. 인류가 진화 전체의 결말이라고 말할 수도 없다. 진화가 여러 분산적인 노선에서 이루어졌고, 인류는 그중 하나의 노선에서 다른 종들과 함께 진행되었다. 그러므로 인류를 진화의 존재이유로 간주하는 것은 완전히 다른 의미에서이다. 생명은 중심에서 전체로 퍼져나가는 파도로서 거의 전체에서 제자리에서 멈추는 진동으로 보인다. 단 한 지점에서 장애물이 억지로 열리고 추진력은 자유롭게 지나간다. 인간의 힘이 기록하는 것은 그런 자유이다. 인간은 무한히 생명의 운동을 계속한다. **모든 것은 마치 인간이든 초인이든 마음대로 부를 수 있을, 결정되지 않고 흐린 어떤 존재가 실현되기를 모색했고, 자신의 한 부분을 버림으로써만 거기에 이르렀던 것처럼 이루어진다.** 유기계 전체는 인간이 자라난 토양처럼 되었다. 우리와 먼 종들도 의식이 귀찮게 끌고 가던 것을 내려놓게 했고, 인간에게 무한한 지평이 열리는 것을 보게 했다. 의식은 도중에 짐을 포기한 것만이 아니라 값진 자산도 포기했다. 직관은 생명

의 방향으로 걸었으나 지성은 반대 방향으로 가며 물질의 운동을 따랐다. 완성된 인류는 그런 두 형태의 의식적 활동의 충만한 발전에 도달한 인류일 것이다. 우리가 속하는 인류에서는 직관이 거의 완전히 지성에 희생되었다. 직관은 거의 꺼진 등불이 되었다. 그 등불은 생사가 걸린 이해관계가 문제될 때 다시 켜진다. 그것은 우리의 인격, 자유, 자연에서의 우리의 위치, 우리의 원천, 운명에 대해 지성이 남겨둔 밤의 어두움을 뚫는다.(265-268쪽)

신체의 삶과 정신의 삶: 철학은 직관을 쟁취해야 한다. 직관은 정신 자체이자 생명 자체이며, 지성은 거기서 도려내진 것이다. 직관에 자리 잡고 거기서 지성을 감으로써만 정신적 삶의 단일성을 인정하게 된다. 지성으로부터는 작관으로 이행할 수가 없기 때문이다. 철학은 우리를 정신적 삶으로 들어가게 하고 동시에 정신적 삶과 신체적 삶의 관계를 보여준다. 정신주의의 잘못은 정신을 너무 높이 매달아서 마치 신기루처럼 만드는 것이다. 인간은 자유이지만 지성은 인과관계를 말한다. 인격은 절대적 실재성을 가지고 물질과는 독립해 있지만 의식과 뇌는 연대되어 있다. 인간은 자연에서 특권적 지위를 가지며 동물과의 거리는 무한하지만 생명의 역사가 점진적 변형을 통한 인류의 발생을 보여주고 인간을 다시 동물에 통합시킨다. 본능이 인격의 불멸을 선언하나 그러한 영혼은 양친의 신체에서 빌린 혼합된 세포로부터 오는 것이 아닌가? 직관의 철학은 생명을 그것이 실재하는 곳에서, 정신의 삶으로 가는 길 위에서 보아야 할 것이다. 그렇지 않다면 그것은 과학의 부정일 것이고, 과학에 의해 쓸어내질 것이다. 그때 그것이 다룰 것은 개별 생명체가 아니라 생명 전체이다. 생명을 세상에 던진 추진력 이래로 그것은 올라가며 물질의 내려가는 운동을 거스르는 파도로 나타난다. 그 흐름은 다른 곳에서 모두 제자리의 소용돌이로 전환되지만 한 지점에서만 방해물을 끌고 가면서 자유롭게 통과한다. 그 지점이 인류이고, 거기에 인류의 특권적 상황이 있다. 그런 올라가는 파도는 의식이고, 수없는 잠재성을 포함하며, 그것들은 상호 침투하고, 거기에는 단일성도 다수성도 적합하지 않다. 단 그것이 함께 나르는 물질이 그것을 개체로 나눈다. 그런 쪼개짐은 자신 속에 막연히 그려져 있었지만 물질이 없었다면 이루어지지 않았을 것이다. 이렇게 영혼이 창조되지만, 그것은 인류의 신체를 건너 흐르는 생명의 큰 강이 나누어지는 실개천에 불과하다. 의식은 유기체의 어떤 부침을 겪을지라도 유기체 자체와 다르다. 뇌는 매순간 의식 상태의 운동적 분절을 나타내지만 거기서 의식과 뇌의 상호 의존은 멈춘다. 결국 의식은 본질적으로 자유롭다. 그러나 의식은 물질 위에 놓이지 않고는 물질을 건널 수 없다. 그런 적응이 지성성이라 불리는 것이다. 지성은 항상 자유를 필연의 형태로 본다. 지성은 항상 자유를 무시하고 행동을 인위적이고 근사적인 모방으로 대체할 것이다. 지성을 다시 직관으로 흡수하려는 철학의 눈에는 많은 난점들이 사라질 것이고, 그것은 또한 살기 위한 더 많은 힘을 줄 것이다. 그와 함께 인류는 더 이상 고립된 것으로 느끼지 않기 때문이다. 가장 미천한 것으로부터 가장 높은 것까지 모든 생명체는 연결되어 있고, 모두는 놀라운 추진력에 따른다. 동물은 나무에서 의지처를 취하고 인간은 동물성의 등에 타며, 인류 전체는 모든 저항을 쓰러뜨리고 많은 장애물, 심지어 죽음도 건널 수 있는 매력적인 짐을 지고 보조를 맞추는 거대한 군대이다.(268-271쪽)[8]

제4장 사유의 영화적 기제와 기계론적 착각. 체계들의 역사에 대한 일별. 실재 생성과 잘못된 진화론

I. 무와 부동성 관념의 분석에 기초한 체계들의 비판 소묘. 존재와 무. 무와 부동성 관념의 분석에 기초한 체계들의 비판 소묘: 생성과 형태. 실재는 영원한 생성이다. 정신과 물질이 그러하다. 행동에 몰두해 있는 지성은 감각과 같이 물질에 대해 순간적이며 부동적인 관점들을 취한다. 의식은 지성에 맞춰가며 내적 생을 이미 이루어진 것으로만 본다. 행동만이 문제인 한 그렇게 보는 것은 옳다. 그러나 실재의 본성에 관해 사변하면서도 그렇게 본다면 진정한 진화, 근본적 생성을 볼 수 없다. 우리는 생성에 대해 상태만을, 지속에 대해 순간만을 볼 뿐이다. 그런 것이 이 장에서 살펴볼 가장 충격적인 착각이다. 그것은 안정적인 것을 매개로 불안정적인 것을, 움직이지 않는 것에 의해 움직이는 것을 사유할 수 있을 것이라 믿는 데서 성립한다.(272-273쪽)

　존재와 무. 또 다른 착각은 첫 번째와 가까우며, 동일한 원천을 갖

8　"생명의 원천과 목적지" 이후 지금까지의 네 절은 모두 원서에 "진화의 의미"라는 하나의 소제목이 붙어 있는 부분이다.

는다. 그것 역시 실용을 위한 절차를 사변으로 옮겨놓는 데서 온다. 모든 행동은 없는 것을 얻거나 창조하기를 노린다. 행동은 빈 것에서 충만으로, 부재에서 현존으로, 비실재에서 실재적인 것으로 간다. 우리는 실재에 잠겨 있고 거기서 나올 수 없음에도 불구하고, 현재의 실재성이 우리가 찾던 것이 아니라면 그 실재성을 부정하고 찾던 것의 부재를 말한다. 그리하여 우리는 획득하기를 원하는 것에 따라 우리가 가지고 있는 것을 표현한다. 행동의 영역에서 그것은 합법적이지만 사물의 실상은 아니다. 그것이 두 번째 착각이며 이것을 먼저 살피려 한다. 그것은 행동을 준비할 때 형성한 습관에 기인한 것이다.(273-274쪽)

존재와 무: 우리가 인식의 근본문제, 즉 왜 무질서가 아니라 질서가 있는지를 아는 문제를 다룰 때 이미 그런 착각을 발견했다. 그 문제는 질서의 부재로 이해된 무질서가 가능할 때만 의미를 갖는다. 그러나 질서 이외에 실재적인 것은 없다. 무질서란 어떤 기대의 실망을 말하며, 모든 질서의 부재가 아니라 현재의 이익을 제공하지 않는 질서의 현존을 가리킨다. 질서의 완전한 부정은 한 질서에서 다른 쪽으로 끊임없이 건너뛰는 것이거나, 둘 다를 제거한다고 주장하는 것은 둘의 현존을 내포한다. 그리고 정신의 그런 운동과 그것이 가정하는 것에 눈을 감는다면 더 이상 어떤 관념과도 상관이 없고 단지 말밖에 남지 않는다. 우리는 오성의 근본적 착각에 의해 부재에서 현존으로, 빈 것에서 가득찬 것으로 간다. 그것을 정면으로 보고, 부정과 빔과 무에 대해 하고 있는 근본적으로 잘못된 생각을 바라보아야 한다. 무 관념은 철학자들의 숨겨진 충력이었다.

어떤 것이 존재한다는 것은 어디서 오며, 그것을 어떻게 이해해야 하는가? 어떻게, 왜 무가 아니라 창조의 원리가 존재하는가?(274-275쪽)

존재는 무에 대한 승리처럼 나타난다. 나는 모든 실재가 융단 위에서와 같이 무 위에 펼쳐진 것으로 표상한다. 무는 존재의 기체나 용기처럼 봉사해야 하고 영원히 앞선 것이어야 한다. 무는 존재보다 사실상이 아니라면 적어도 권리상 먼저 있다. 또 무의 표상에는 존재의 표상보다 적게 있다는 관념을 없앨 수 없다. 사물의 근저에 지속과 선택을 놓는다면 그런 신비가 밝혀져야 한다. 지속하는 실재에 대한 형이상학의 무시는 바로 무를 통과함으로써만 존재에 이른다는 것에 비해 지속하는 존재는 비존재를 이기고 스스로를 놓기에 충분히 강하지 않은 것으로 보이기 때문이다. 특히 그 때문에 형이상학은 논리적인 실재의 진정한 존재를 가지는 데로 기운다. A=A와 같은 논리적인 원리가 영원 속에서 무를 이기면서 스스로를 창조하는 힘을 가진다는 것은 자연스럽게 보인다. 칠판에 그어진 물리적인 원은 설명될 필요가 있는 사물이지만 원의 논리적 본질, 즉 정의는 영원한 것으로 보인다. 존재의 관념과 대립된 무의 관념이 의사疑似 관념이라는 것을 확립할 수 있다면, 그 주변의 문제도 의사 문제로 될 것이다. 그러면 지속하는 절대의 가정이 더 이상 충격적인 것도 갖지 않을 것이고 직관에 접근한 철학의 길이 닦일 것이다.(276-277쪽)

무의 이미지. 무의 이미지나 관념이 무엇일 수 있는지 살펴보자. 이미지로부터 시작하자. 외부세계로부터의 감각을 하나하나 꺼뜨

려 보자. 물질계는 사라지지만 나는 계속 존속한다. 내 몸의 주변과
내부로부터 오는 유기적 감각과, 과거의 기억과, 방금 만든 공허의
적극적 인상과 함께 나는 분명히 아직 거기에 있다. 그것들을 모두
꺼뜨리면 내 몸의 현 상태에 대해 가지는 의식은 남는다. 그런 의식
마저도 끝내려 시도한다. 이제 모든 것이 꺼지려 한다. 그러나 아니
다. 내 의식이 꺼지려는 바로 그 순간에 다른 의식이 켜진다. 또는
오히려 이전 것의 꺼짐을 보려고 그 이전의 순간에 나타났었다. 내
자신이 이미 부활했을 때에만 내가 소멸되는 것을 본다. 그러므로
내가 무엇을 하든 소용없고 나는 밖으로부터이건 안으로부터이건
무언가를 지각한다. 그것이 하나에서 다른 것으로 갈 수 있고, 차례
로 외부지각의 무나 내부지각의 무를 상상할 수 있다는 것은 사실
이다. 그러나 둘을 동시에 상상할 수는 없다. 하나의 부재는 오직
다른 것의 현존에서만 성립하기 때문이다. 적어도 막연하게나마 무
를 상상한다는 것을 알아차리지 않고서는 그것을 상상할 수 없기
때문이다.(277-279쪽)

무의 관념. 그러므로 모든 것의 제거라는 이미지는 결코 사유에
의해 형성되지 않는다. 단지 외부지각과 내부지각 사이를 오락가
락하게 만드는 데 도달할 뿐이다. 그 오락가락에는 둘 중 어느 것도
알아차리지 못하는 둘로부터 동일한 거리에 위치한 지점이 있다.
거기서 무의 이미지가 형성된다. 사실 그때 우리는 둘 다를 보고 있
는 것이고, 주체와 객체의 이미지를 동시에 포함하며, 더하여 한 쪽
에서 다른 쪽으로의 영원한 도약과 결코 둘 중 하나에 안착하지 않
는다는 거부도 함께 포함하는 이미지이다. 그것은 존재 아래에 둘

수 있는 그런 무는 아니다. 그러나 철학자들이 개입한다면 무의 표상은 이미지가 아니라 관념의 형태 아래에서라고 할 것이다. 모든 것의 말소는 상상하지 못한다고 인정할 것이나 생각할 수 있다고 말할 것이다. 천 개의 면을 가진 다각형을 상상하지는 못하나 생각할 수는 있다고 할 것이다. 즉 그것을 구성할 가능성을 명석하게 표상하는 것으로 충분하다는 말이다. 모든 사물의 말소의 개념에 대해서도 마찬가지이다. 아닌 게 아니라 우리가 말소되었다고 상상할 수 없는 경험의 대상은 하나도 없다. 처음 것에서 다음 것으로, 또 다음 것으로, 그런 식으로 무한히 확장하자. 그 한계에서 무가 성립한다. 정신에 의해 여러 조각으로 구성된 관념은 그 조각들이 공존할 수 있을 때에만 관념이다. 그 조각들이 서로를 쫓아내는 것이라면 관념이 아니라 말에 불과할 것이다. 네모난 원처럼. 정신이 어떠한 것이든 말소된 것으로 표상할 수 있지만, 그 말소된 것이 전체의 부분에 대해서이지 전체 자체에 대해서는 수행되지 않는다는 것을 내포하는 작업이라면 그런 작업의 전체로의 확장은 네모난 원과 같을 것이다. 제거하는 사물은 외적 사물이거나 의식의 상태이다. 외적 사물부터 시작하자. 생각으로 외부대상을 말소시킨다. 그것이 있던 장소에 "더 이상 아무것도 없다." 그 사물은 없을 것이나 다른 사물이 그 장소를 차지한다. 그 장소는 어떤 윤곽을 지닌 일종의 사물이다. 말소된 사물은 뒤에 자신의 공백을 남긴다. 기억이나 예견을 가지지 않은 존재는 공백이나 무라는 말을 하지 않는다. 그는 단지 지금 있는 것과 지각하고 있는 것만을 표현할 것이다. 그런데 있는 것과 지각하는 것은 어떤 것의 현존이며 결코 부재는 아니다. 기억하고 기다릴 수 있는 존재에게만 부재가 있다. 그는 다른 것을 만났을 때 그의 기억으로부터 탄생한 기다림의 실망을 무에 부닥쳤다고 말함으로써 표현한다. 사실상 그가 지각하고 있는 것, 실재로 생각하기에 성공한 것은 옛 대상의 새로운 장소에서의 현존이거나 새 대상의 옛 장소에서의 현존이다. 나머지 무나 공백 같은 말로 부정적으로 표현된 것은 생각이라기보다는 정조나 사유의 정조적 채색이다. 그것은 주관적 측면에서 선호를, 객관적 측면에서 대체를 내포하며, 그런 선호의 감정과 대체의 관념 사이의 결합이나 간섭 이외의 다른 것이 아니다. 의식의 상태를 살펴보자. 나의 의식은 현존인 사실들을 지각한다. 나는 사유에 의해 내적인 삶의 흐름을 중단하고 존재하기를 멈추었다고 가정할 수 있다. 그러나 그런 가정을 하는 순간 나의 무화에도 살아남는 나를 상상하며, 외적인 지각으로 도망치기 위해서만 내적인 나를 지각하는 것을 단념한다. 여기서 또한 충만은 충만에 이어지고, 운동을 대상의 운동에 맞추는 지성은 부재나 공백을 생각조차 하지 않을 것이다. 공백에 대한 생각은 있는 것과 있을 수 있거나 있어야 할 것 사이의, 충만과 충만 사이의 비교에 불과하다. **한마디로 공백의 표상은 항상 충만한 표상이며, 구별되든 막연하든 대체의 관념과 경험되든 상상되든 욕망이니 후회의 느낌이라는 두 적극적인 요소로 해체된다.**(279-283쪽)

대상의 비존재. 결국 전체의 말소라는 의미에서의 무는 자기 파괴적인 의사관념이며, 단지 말뿐인 것이다. 한 사물의 말소가 대체에서 성립한다면 전체의 말소는 네모난 원과 같이 부조리하다. 그러나 사라짐의 표상은 아직 이미지의 환기를 내포하고, 순수오성에 호소하기 위해서는 상상력을 뛰어넘는 것이 필요하다고 할 것이다. 사라짐이나 말소는 물리적 작업이다. 그것을 말소하는 것은 시공 속에서 작업하는 것이고, 따라서 시공의 조건을 받아들이는 것이며, 한 대상과 다른 모든 것을 이어서 사라지지 못하게 방해하는 유대를 받아들이는 것이다. 더 이상 대상의 말소나 부재를 표상하지 말고, 단지 그것이 존재하지 않는다고 말하자. 존재하는 A를 표상하고 다음에 그것을 지적 펜으로 그것을 지우는 것으로 충분하다. 그러나 우리의 펜은 다른 사물들과 떨어지는 것이 아니라 그럭저럭 우리가 추상한다고 주장한 모든 것을 다시 가지고 온다. 실재한다고 가정된 대상과 존재하지 않는다고 가정된 동일한 대상을 비교해 보자. 존재한다고 가정된 대상 A의 관념은 대상 A의 단순한 표상에 불과하다. 한 대상에 어떤 실재성을 할당하지 않고는 그것을 표상할 수 없기 때문이다. 한 대상을 생각하는 것과 그것이 존재한다고 생각하는 것 사이에는 어떤 차이도 없다. 칸트의 존재론적 논증의 비판에서 그 점이 완전히 밝혀졌다. 존재하지 않는 대상 A를 생각하는 것은 존재라는 속성을 제거하는 것이 아니라 그 대상의 관념에 무언가를 덧붙이는 것에서 성립할 수밖에 없다. 대상 A를 있는 것으로 생각한 다음 거기에 그 대상의 배제의 관념을 덧붙인다. 이 최후의 실재를 명시적으로 생각할 필요는 없다. 대상 A를 쫓아낸다는 것으로 충분하며, 오직 그것만이 우리가 관심을 갖는 것이다. 축출하는 원인보다는 축출을 생각한다. 그런 원인은 그럼에도 불구하고 정신에 현존한다. 펜을 미는 손이 지우는 펜의 선과 분리할 수 없는 것처럼 축출과 더불어 그 원인은 거기에 암묵적인 상태

로 존재한다. 한 대상의 표상은 필연적으로 존재하는 대상의 표상
이기 때문에 그 대상을 비실재적인 것이라고 표상하는 것은 그 분
리될 수 없는 존재는 관념적인 존재, 단순히 가능적인 존재일 뿐이
라고 선언하는 데서 성립한다. 그러나 한 대상의 관념성, 가능성은
자신과는 양립 불가능한 대상을 쫓아내는 실재와의 관계 하에서만
의미를 갖는다. 더 강한 존재가 말소되었다면 더 약한 존재가 실재
자체가 될 것이다. 그러므로 **"존재하지 않는" 것으로 생각된 대상의
관념에는 "존재하는" 것으로 생각된 대상의 관념보다 *더 적은* 것이 아
니라 *더 많은* 것이 있다. 왜냐하면 "존재하지 않는" 대상의 관념은 "존
재하는" 대상의 관념에, 통째로 취해진 현재 실재에 의한 그 대상의 배
제의 표상이 더해진 것이기 때문이다.**(283-286쪽)

  부정. 그러나 사람들은 우리의 존재하지 않는 것의 표상은 아
직 상상적 요소가 충분히 제거되지 않았다고 주장할 것이다. 사물
의 비실재성이 축출에서 성립한다는 것을 알고 싶지 않다. 한 대상
의 표상을 떠올리고 그에 의해 당신 말대로 그것이 존재한다고 가
정한 후 우리는 그 긍정에 단순히 "아니다"를 붙일 것이고 그것으
로 충분하다. 무엇이든 "아니다"는 포고에 의해 관념적으로 말소된
다고 말한다. 여기서 모든 난점과 오류가 나오는 것은 부정에 내재
하는 권한으로부터이다. 사람들은 부정이 긍정과 정확히 대칭적이
며 자기 충족적이라고 생각한다. 부정은 긍정처럼 관념을 창조하
는 능력을 가진다는 것이다. 한 사물을 긍정하고, 다음으로 다른 것
을 긍정하고, 이런 식으로 무한히 가면서 나는 전체의 관념을 형성
한다. 한 사물을 부정하고, 다음으로 다른 것을 부정하고, 마지막으

로 전체를 부정하면 무의 관념에 이를 것이다. 긍정은 관념을 구성할 수 있는 정신의 완전한 행위라면 부정은 지적 행위의 절반에 불과하며 다른 절반은 생략되거나 미래로 미루어 둔다. 긍정이 순수 지성의 행위라면 부정은 초-지성적 요소가 들어가며, 그 낯선 요소에 부정의 특수한 성질을 빚지고 있다. 초-지성적 요소부터 보자. 부정은 어떤 긍정에 대해 취해진 태도에 불과하다. 내가 "이 탁자는 검다."라고 말할 때 내가 말하는 것은 분명 그 탁자에 대해서이다. 그러나 내가 "이 탁자는 희지 않다."고 말한다면 나는 내가 지각한 무언가를 표현하고 있지 않다. 내가 판단을 내린 것은 탁자 자체에 대한 것이 아니라 그것을 희다고 선언할지 모를 판단에 대해서이다. 부정은 직접적으로 사물에 관계된 것이지만, 부정은 간접적으로만, 중간에 끼인 긍정을 통해서 사물을 겨냥한다. **그러므로 부정은 이차적인 정도의 긍정이라는 점에서 고유한 의미에서의 긍정과 다르다. 그것은 대상에 대해 뭔가를 긍정하는 긍정에 대해 뭔가를 긍정한다.** (286-288쪽)

부정의 사회성과 대체. 부정은 다른 이에게나 자기 자신에게 교훈을 준다. 대화 상대자에게 다른 것을 긍정해야 할 것이라고 예방한다. 그것은 교육적이며, 사회적인 본질의 것이다. 그것은 교정하거나 통지하며, 그 대상자는 말하는 사람 자신일 수도 있다. 다른 점으로 가보자. 부정은 지적 행위의 절반에 불과하고 다른 절반은 비결정적인 채 남겨둔다고 했다. 내가 "이 탁자는 희지 않다."는 부정 명제를 말했다면, "이 탁자는 희다."는 당신의 판단이 다른 판단으로 대체되어야 한다는 것을 의미한다. 무엇으로 대체되어야 할지는 말하지 않는다. 모르기 때문일 수도 있고 관심이 없기 때문일 수도 있다. 그러므로 한 긍정에 "아니다"를 붙일 때마다, 부정할 때마다, 잘 결정된 두 가지 행위를 하고 있다. 1^0 다른 사람이 말하는 것에 관심이 있다. 2^0 내가 그 내용을 말하지 않은 긍정이 내가 지금 대하고 있는 긍정을 대체해야 한다. 그 둘은 모두 긍정이다. 부정의 독자적인 성격은 첫 번째 것의 두 번째 것으로의 포개짐으로부터 온다. 그러므로 부정에 긍정과 대칭적이며 반대 방향으로 향한 관념을 할당해봐야 헛되다. 부정이 판단하는 긍정 판단과 다른 내용이 나오지 않기 때문이다. 속성 판단이 아니라 존재 판단을 생각해 보자. 존재하는 대상 A의 관념과 대상 A의 관념 사이에는 차이가 없으므로, "대상 A는 존재하지 않는다."는 말에는 우선 "대상 A는 존재했다."나 "대상 A는 존재할 것이다."나 "대상 A는 가능한 것으로 존재한다."와 같은 긍정이 있다. 그리고 거기에 "존재하지 않는다."를 붙였다는 것은 가능적 대상을 실재적 대상으로 세우면 잘못이며 이때 가능적인 것은 현실적 실재성으로부터 그것과 양립 불가능한 것으로 배제된다는 것을 의미한다. 부정 판단은 가능적인 것과 현실적인 것의 대비를 표현하나 의도적으로 불완전한 형태로 표현한다. 가능적인 것에만 관심을 갖고 어떤 종류의 실재에 의해 대체되는지는 신경 쓰지 않는 사람에게 말하는 것이기 때문이다. 하여간 사물에 대해 판단하는 대신 판단을 판단할 것이다. 적극적인 정보를 주는 대신 다른 이들이나 자기 자산에게 오류를 알려줄 것이다. 그런 모든 의도를 제거하고 사람에 대해서는 관심이 없고 사물에 대해서만 걱정하는 사람을 가정해보라. 그는 이러저러한 사물이 있다고만 긍정할 것이고 어떤 사물이 없다고는 결코 부정하지 않을 것이다. 긍정과 부정을 동일한 열에 놓고 동일한 객관성을 부여하려는 고집은 어디서 온 것인가? 부정은 주관적이며 사회생활에 상대적이라는 것을 인정하는 것이 어려워하는 것은 어디서 오는가? 그것은 아마도 부정과 긍정이 서로 명제로 표현되고, 모든 명제는 개념을 상징하는 말로 형성되었으므로 사회생활과 인간 지성에 상대적인 것이기 때문이리라. "흙은 습하다."나 "흙은 습하지 않다."고 말한다면 두 경우 모두 "흙"이나 "습하다"는 용어는 다소간 인위적인, 즉 존재의 연속성으로부터 인간의 자유로운 주도로 추출된 개념이다. 두 경우 모두 동일한 규약적인 말로 표현되고, 명제는 사회적이고 교육적인 목적을 겨냥한다. 긍정과 부정은 모두 대칭적 행위로 보인다. 그러나 대칭은 외적이고 닮음은 표면적이다. 언어도 사회도 모두 말소되었다고 가정해보라. 흙의 습함은 감각에 자동적으로 새겨지고 몽롱한 지성에나마 표상될 것이다. 지성은 아직 암묵적으로 긍정할 것이다. 그러나 부정의 자국을 받아들일 수 없을 것이다. 존재는 기록되러 올 수 있지만 비존재는 기록되지 않기 때문이다. 그와 같은 지성이 부정에 이르기 위해서는 마비로부터 깨어나 실망을 정형화하고, 오류를 수정하며, 교훈을 주려 작정해야 할 것이다. 습함이 기록될 수 있다면 습하지 않음도 그럴 수 있다고 주장할 것이다. 건조함도 습함과 마찬가지로 기록될 수 있기 때문이라는 것이다. 그러나 "흙은 습하지 않다."는 "흙은 건조하다."는 완전히 다른 내용을 가진다. 후자는 건조한 것을 알고 그것의 독특한 감각을 경험했다는 것을 의미한다. 전자는 그와 비슷한 어떠한 것도 요구하지 않는다. 부정한다는 것은 항상 절단된 형태로 두 긍정의 체계를 제시한다. 한 긍정은 결정된 어떤 가능한 것에 관계된 것이고 다른 것은 결정되지 않은 채 남겨 둔다. 요는 경험의 선을 단순히 따를 정신에게는 공백도, 무도, 부정도 없다. 그것은 현실적인 것 속에서 살고 오직 현존하는 것의 존재만을 긍정할 것이다. 그 정신에 기억과 과거를 보려는 욕망을 주어보라. 곧 가능적인 것 일반의 표상이 이루어질 것이다. 그리하여 부정의 길로 들어설 것이다. 현재에 등을 돌리고 과거에 집착하여 현재와 과거의 대비를 과거만의 용어로 생각할 것이다. 말소의 관념은 순수한 관념이 아니라, 과거를 후회하거나 과거에 머물 어떤 이유를 가진다. 모든 관심과 정조를 제거하면 흐르는 실재에 대한 인식만이 남는다. 말소에서 부정까지는 한 발자국만 남는다. 지금 있는 것을 있었던 것뿐만 아니라 있을 수 있는 것과 대비시키는 것으로 충분하다. 그렇게 되면 더 이상 개인의 실망만을 표현하는 것이 아니라, 다른 사람의 오류를 수정하거나 예고한다.(288-295쪽)

절대 무의 관념. 부정이 정형화되면 긍정의 정형과 대칭화되고, 그때 긍정이 객관적 실재를 긍정한다면 부정은 마찬가지로 비실재를 긍정한다. 비실재는 객관화될 수 없지만, 한쪽으로 치워둔 다른 것에 의한 대체의 잠재적 긍정을 내포한다. 부정은 그러한 긍정의 득을 본다. 부정이 매달려 있는 긍정적 실재의 몸을 타고 유령은 객관화한다. 그리하여 공백이나 부분적 무의 관념이 형성되고, 그것이 모든 사물에 대해 통째로 수행된다고 가정하면 절대적 무의 관념이 획득된다. 그 관념을 분석하면 전체의 관념과 무한히 다른 사물로 뛰어다니며 제자리에 가만 있기를 거부하면서 모든 주의를 그런 거부에 집중시키는 정신의 운동임을 발견한다. 그러므로 그것은 현저하게 충만하고 포괄적인 관념이다. 무를 전체의 관념에 대립시키는 것은 충만을 충만에 대립시키는 것이며, 따라서 "왜 어떠한 것이 존재하는가?"를 아는 문제는 의사-문제이다. 그 유령의 문제가 왜 고집스럽게 나타나는가? 사물 아래에 무가 있다는 확신은 존속한다. 그것은 부정의 실천적 요소 때문이다. 우리가 사유하는 것은 행동하기 위해서이다. 그러므로 행동의 습관이 표상의 습관을 물들인다. 모든 인간의 행동은 불만과 부재의 느낌에 출발점을 둔다. 우리의 행동은 무의 캔버스 위에 어떤 것을 수놓는 것을 본질로 가진다. 여기서 문제되는 무는 한 사물의 부재라기보다는 유용성의 부재이다. 우리의 삶은 우리의 지성이 욕망과 후회라는 초-지성적인 것의 영향 아래 생각하는 공백을 메우는 것으로 지나간다. 유용성의 부재라는 의미의 공백에서 충만으로 나아간다. 그런 행동의 방향을 사변이 따라가고, 그리하여 유용성이 아니라 사물들 자체에 공백을 적용시킨다. 그래서 전체의 부재로 생각된 무가 사실상이 아니라면 권리상 사물에 앞서 존재한다는 관념이 심겨진다. 그것은 착각이다.(295-298쪽)

진정한 실재인 지속. 이 긴 분석은 **자기 충족적인 실재는 반드시 지속과 낯선 실재가 아니라는 것**을 증명하기 위해 필요했다. 존재의 관념에 도달하기 위해 무를 통과해야 한다면 도달하는 존재는 비시간적인 본질이다. 그때서부터 실재에 대한 정적인 견해가 인정된다. 모든 것은 단변에 영원 속에서 주어진 것으로 보인다. 존재를 무의 유령으로 우회하지 말고 직접적으로 사유하는 데 익숙해져야 한다. 그때 절대는 우리와 매우 가까이서, 우리 속에서 드러난다. 그것은 심리적 본질이며 수학적이거나 논리적 본질이 아니다. 그것은 우리처럼, 그러나 무한히 더욱 자신에 집중해 있으며, 더욱 모아진 것으로 지속한다.(298쪽)

II. 생성과 형태: 질. 우리는 그러나 진정한 지속을 사유하지 않는다. 지속은 그 속에 단번에 자리 잡아야 한다. 그것은 지성이 가장 자주 하기를 거부하는 것이다. 지성은 행동을 감독하는 것이다. 행동에서 우리가 관심을 가지는 것은 그 목적, 즉 끝점이다. 행동 자체를 이루는 운동은 우리 의식을 벗어나거나 막연하게만 의식한다. 지성은 도달된 목적에서 다른 목적으로, 정지에서 정지로만 옮아가며, 운동으로부터는 우회한다. 우리의 활동이 한 행위에서 다른 행위로 도약하기 위해서는 물질이 한 상태에서 다른 상태로 이행하여야 할 것이다. 왜냐하면 행동이 결과를 삽입하고 완성될 수 있는 것은 물질계의 한 상태에서만이기 때문이다. 우리의 활동성이 항상 순간적으로 그것이 삽입해 들어가는 결과를 겨냥한다면 우리 지각은 물질계로부터 매순간 내려앉을 상태만을 취한다. 세계에 던진 첫 시선에서 물체를 잘라내기도 전에 질을 구별해 낸다. 그 각각의 질은 다른 것이 대체하기를 기다리면서 움직이지 않고 존속하는 것으로 보이는 상태이다. 그러나 사실 모든 질은 변화이다. 그 변화에서 변하는 사물을 찾아봐야 헛되다. 우리가 운동을 동체에 갖다 붙이는 것은 항상 잠정적이고 우리 상상력을 만족시키기 위해서이다. 감각 가능한 질의 거의 순간적인 지각에서 몇 조 번의 진동이 반복될 수 있다. 감각 가능한 질의 영속성은 그런 운동의 반복에서 성립한다. 지각의 첫 번째 기능은 일련의 변화들을 응축에 의해 단순한 상태로 포착하는 것이다. 행동력이 클수록 한 순간에 집중하는 요소 변화들의 수는 더 많을 것이다. 사물의 진동을 거의 그대로 따라가는 존재로부터 질로 응축하는 존재에까지 진보는 연속적이다. 행동 능력의 긴장이 지각능력의 집중도에 비례할 것이다. 눈길 한번으로 더 큰 수의 사건을 포괄할 줄 아는 만큼 더 행동인이다. 결국 물질의 질은 그 불안정성에 대해 우리가 취하는 그만큼의 안정된 관점이다.(298-301쪽)

물체. 이제 감각질의 연속성에서 우리는 물체를 잘라낸다. 그런 물체는 매순간 변한다. 물질의 연속성에서 고립시키는 데 가장 근거가 있는 물체는 살아 있는 물체이다. 사실 그것을 위해 다른 것들이 잘라 내진다. 그런데 생명은 진화이다. 그런 진화의 한 시기를 형태라는 안정된 관점으로 집중시키며, 변화가 한 관점을 이길 만큼 커졌을 때 형태가 변했다고 말한다. 그러나 사실 생명체의 형태는 모든 순간 변하고, 오히려 형태는 없다. 실재적인 것은 형태의 부단한 변화이다. **형태는 전이에 취해진 스냅사진에 불과하다.** 우리가 사물의 본질이라 말할 때 우리가 생각하는 것은 변화들 중의 중간 이미지이다.(301-302쪽)

외연적 운동. 사물들이 일단 구성되면 사물들의 깊은 변화를 상황의 변화에 의해 표면에서 나타낸다. 우리는 그때 사물들이 상호작용한다고 말한다. 거기서 우리의 관심이 가는 것은 운동 자체보다는 운동의 움직이지 않는 그림이다. 단순한 운동에 대해서는 어디로 가는지를 묻는다. 복잡한 운동에 대해서는 얻어진 결과나 지배하는 의도를 알고 싶어 한다. 즉 운동의 전체도면, 부동의 그림을 표상하려 한다. 여기서 또한 인식은 변화보다는 상태에 관계된다. 질적 운동이건, 진화적 운동이건, 외연적 운동이건, 정신은 불안정성에 대해 안정적 관점을 취한다. 즉 질, 형태나 본질, 행위의 표상에 도달한다. 거기에 형용사, 명사, 동사라는 말의 세 범주가 대응한다.(302-303쪽)

생성 일반의 추출과 영화적 방법. 질적, 진화적, 외연적 운동은 서로 깊이 다르다. 우리 지각의 인위적 책략은 그런 다양한 생성으로부터 생성 일반이라는 유일한 추상을 뽑아낸다. 우리는 그런 결정되지 않은 변화 일반과 변화를 구별하는 데 사용되는 특수한 상태들을 결합하여 변화의 특수성에 대체한다. 우리는 색깔의 단순한 차이, 즉 상태를 보고 그 아래에는 항상 동일하고 불변적인 생성이 어둠 속에서 흐른다. 군대의 사열을 영상으로 상연한다고 할 때 두 가지 방식이 있다. 우선 각 군사의 분절된 형태를 잘라내고 그 각각에 행진의 운동을 새겨서 그 전체를 투사하는 방법이 있다. 그것은 방대한 작업을 소요할 것이며 결과도 별로 좋지 않을 것이다. 다른 방식은 지나가는 군대에 일련의 스냅사진을 찍고 그 사진들이 매우 빠르게 대체되는 방식으로 영사막에 투사하는 것이다. 영화가 하는 방식이다. 군대의 모습을 부동의 태도로 나타내는 사진들로 지나가는 군대의 운동을 재구성한다. 병렬된 부동성들로는 운동을 만들지 못할 것이다. 이미지들이 움직이기 위해서는 어딘가에 운동이 있어야 하는데, 그것은 기계 안에 있다. 그러므로 그 방식은 모든 등장인물들의 고유한 운동으로부터 추상적이고 단순한 운동 일반을 추출하여 기계 속에 넣고 그 무명의 운동과 개인적 태도의 결합에 의해 전체 운동을 재구성한다. 그것이 영화의 책략이고, 또한 우리 인식의 책략이다. 지각, 지성작용, 언어는 일반적으로 그렇게 진행한다. **우리의 통상적 인식의 기제는 영화적 본성의 것이다.** 그런 작업은 완전히 실용적인 성격의 것이다. 우리의 행위는 의지의 실재로의 삽입을 노린다. 그것은 우리 신체와 다른 물체들 사이에 만화경적 배열을 이룬다. 우리의 활동은 한 배열에서 다른 배열로 가고 만화경에 새로운 흔들림이 일어나지만 흔들림에는 관심이 없고 새로운 도형만을 본다. 그러므로 우리 활동이 자연의 작업에 대해 가지는 인식은 우리 자신의 작업에 대해 가지는 관심과 정확하게 대칭적이다. 그런 의미에서 **사물에 대한 우리 인식의 영화적 성격은 사물에 대한 우리 적응의 만화경적 성격에 기인한다.**(303-306쪽)

영화적 방법의 한계. 그러므로 영화적 방법은 유일한 실용적 방법이다. 인식의 일반적 보조를 행동의 보조에 맞추는 것이기 때문이다. 지성은 활동의 걸음을 따라가고 그 리듬을 채택하는 것으로 시작해야 한다. 행동은 모든 생명의 박동처럼 불연속적이다. 그러므로 인식도 불연속적이어야 한다. 본질적으로 실용적인 그런 기제가 사색에 사용될 수 있는가? 우리는 생성의 연속성에 대해 일련의 관점을 취했고 그 관점들을 생성 일반에 의해 연결했다. 생성 일반에 대해 우리는 언어적 인식만을 가질 뿐이다. 생성 일반은 항상 같은 것으로서 스냅 사진을 찍는 어떤 이행을 상징한다. 이행 그 자체에 대해서는 아무것도 알려주지 않는다. 그러므로 우리는 곧 이행 자체에 집중하고 두 스냅사진 사이에서 일어나는 것을 찾을 것이다. 그러나 동일한 방법을 적용하니까 동일한 결과에 이를 뿐이다. 세 번째의 것은 다른 둘 사이에 끼어들 뿐이다. 우리가 무한히 다시 시작하고 무한히 관점에 관점을 병치시켜도 다른 것은 얻을 수 없을 것이다. 영화적 방법의 적용은 영원한 재시작일 것이고 실재 자체에는 도달할 수 없을 것이다. 움직이는 실재와 함께 나아가기 위해 자리 잡아야 할 곳은 실재 자체이다. 변화 속에 자리 잡으면 변화 자체도, 부동화될 수 있는 연속적 상태들도 동시에 잡을 것이다. 부동성으로서 밖으로부터 알려지는 연속적 상태로는 결코 운동을 구성하지 못할 것이다. 그것을 질, 형태, 위치, 의도라 원하는 대로 부르라. 두 상태들 사이를 아무리 좁혀도 운동은 간극 사이를 빠져 나갈 것이다.(306-307쪽)

제논의 논증. 그것은 철학이 눈을 열자마자 알아차린 것이다. 엘레아의 제논의 논증은 다른 것을 말하지 않는다. 나는 화살은 움직이지 않는다. 왜냐하면 적어도 두 순간을 인정해야만 움직일 시간을 가질 것이기 때문이다. 화살이 그 궤적의 한 점에 있다면 그렇다. 움직이는 화살이 부동성인 위치와 일치한다면 그렇다. 그러나 화살은 그 궤적의 어떤 지점에 있지 않다. 기껏해야 거기에 있을 수 있을 것이라 말해야 한다. A에서 B로 가는 화살은 지속의 어떤 범위에 대해서도 단번에 그 불가분의 운동성을 전개한다. 착각은 운동이 일단 이루어지면 부동의 궤적을 남긴다는 것에서부터 온다. 거기서부터 사람들은 운동은 이루어지면서 그 아래에 매순간 그것과 일치하는 위치를 놓았다고 결론지었다. 그것은 운동이 부동적인 것과 일치한다는 부조리를 인정하는 것이다. 운동을 지나간 선에 대해 적용할 가능성은 운동 밖에 있으며, 정지의 가능성을 매순간 생각하면서, 실재 운동을 가능적 부동성으로 재구성한다고 주장하는 관찰자에게만 존재한다. 그런 가능성은 팔을 들 때 의식하는 연속성을 채택하자마자 사라진다. 모든 운동은 내적으로 분절된다. 그것은 일련의 불가분의 도약이다. 아킬레스가 거북을 뒤쫓을 때 그의 각 걸음은 불가분적인 것으로 취급되어야 하고 거북이의 걸음도 마찬가지이다. 아킬레스의 도정과 거북이의 도정 이쪽과 저쪽에서 그들 각각의 걸음의 약수들로 나누어야 한다. 두 도정의 자연적 분절을 존중해야 한다. 그런 한에서 어떠한 난점도 일어나지 않을 것이다. 제논의 책략은 아킬레스의 운동을 자의적으로 선택된 법칙에 따라 재구성하는 데서 성립한다. 제논이 생각한 운동이 아킬레스의 운동과 등가물이 되는 것은 그 운동을 마음대로 해체할 수 있는 간격처럼 취급할 때만이다. 제논의 논증은 질적 생성과 진화적 생성으로 확장된다. 유아기, 소년기, 성년기, 노년기라는 것은 정신의 단순한 관점이고, 연속성을 따라 상상된 가능적 정지태들이다. 그것들을 실재하는 정지태로 생각하면 진화가 어떻게 가능한지는 이해하기 어렵다. 일단 사물로 놓아진 유아기에서 어떻게 소년기로 이행할 것인가? 거기서 아이에서 성인으로의 이행인 실재는 손가락 사이로 빠져 나간다. 그것은 제논의 화살이 그 여정의 모든 점에 실제로 있는 것처럼 생각하는 것과 같다. "아이가 어른이 된다."라고 말할 때 "된다"는 결정되지 않는 의미를 가진 동사이다. 그 동사는 영화 필름의 동일한 운동처럼 기계 속에 숨겨져서 이미지들을 겹쳐 놓는 역할을 한다. "아이에서 어른으로의 생성이 있다."고 말한다면 그때 "생성"이 주어로서 전면으로 나서는 실재 자체가 된다. 이번에는 객관적 운동 자체를 다루고 있으며 더 이상 그것의 영화적 모방이 아니다. 일련의 상태들, 즉 가능한 절단보다 이행에 더 많은 것이 있고 일련의 위치, 즉 정지보다 운동에 더 많은 것이 있다. 첫 번째 방식은 인간 정신의 방식에 적합하나, 두 번째 방식은 지적 습관의 경사를 올라가야 한다. 그리스인들은 사유를 자연적으로 외화하고 자연적 성향에 남겨둔 믿음, 특히 언어에 대한 믿음을 가졌다. 그들은 사유와 언어가 틀렸다고 하기보다는 사물의 흐름이 틀렸다고 하기를 선호했다.(308-313쪽)

III. 형상철학과 그것의 생성에 대한 견해. 플라톤과 아리스토텔레스. 지성의 자연적 경사.

형상철학과 그것의 생성에 대한 견해: 그것이 엘레아 학파가 했던 것이다. 생성이 사유의 습관에 충격을 주고 언어의 틀에 잘 삽입되지 않기 때문에 생성이 비실재적이라고 선언한다. 공간운동과 변화 일반을 착각이라고 본다. 변화하는 감각적 실재에 비해 가지적 실재는 더욱 실재적이며 변하지 않는다고 말한다. 생성 아래에 정의 가능한 형상, 본질, 목적을 찾아야 한다. 그와 같은 것이 형상의 철학의 근본 원리였다. εἶδος라는 말은 질, 형상이나 본질, 목적이나 행위의 의도, 즉 행위의 그림이라는 세 가지 의미를 가지고 있었다. **그 세 관점들은 형용사, 명사, 동사의 관점이며 언어의 세 가지 본질적 범**

주와 일치한다. εἶδος는 사물의 불안정성에 대해 취해진 안정된 관점, 즉 생성의 순간인 질, 진화의 순간인 형상, 다른 형태들의 중간인 본질, 이루어지고 있는 행위에 영감을 주는 의도를 의미한다. 그러므로 사물들은 이데아로 환원시키는 것은 생성을 그 주요 순간들로 해체하는 데서 성립하며, 각 순간들은 영원에서 모아진 것으로서 시간의 법칙으로부터 추출된다. 지성의 영화적 기제를 실재의 분석에 적용할 때 이데아의 철학에 도달한다. 부동의 이데아를 실재의 기저에 놓자마자 모든 자연학과 우주론, 신학이 필연적으로 따라 나온다. 지성의 영화적 기재는 어떤 실재의 표상에 도달하는가? 플라톤에서 아리스토텔레스를 거쳐 플로티노스까지 발전되었던 이론의 큰 줄기는 돌발적이거나 우연적인 아무것도 가지고 있지 않다. 그것은 체계적 지성이 보편적 생성에 대해 가질 전망을 그린다. 그러므로 오늘날에도 아직 우리는 그리스인들의 방식으로 철학할 것이며, 우리 사유의 영화적 본능을 믿는 한도 내에서 그들의 결론들을 재발견할 것이다.(313-315쪽)

플라톤과 아리스토텔레스: 시간. 운동, 생성, 진화로부터 위치, 형태들을 끌어낼 수 있지만 그 역은 아닐 것이다. 그러나 지성은 두 항의 순서를 뒤집고 고대철학은 지성이 하듯이 한다. 오직 부동성만을 놓은 후 거기서 어떻게 변화를 나오게 할 것인가? 그것은 감소에 의해서일 것이다. 그러므로 고대철학은 운동에서보다는 부동성에 더한 것이 있다는 요청을 깔고 간다. 변화를 얻기 위해 이데아에 붙여야 할 것은 부정적인 것이나 영零이다. 그것이 플라톤의 비존재나 아리스토텔레스의 질료이다. 그것에 의해 부동의 이데아는 무한히 퍼지는 운동으로 꺾인다. 부동의 이데아를 타락시키면 영원한 유동을 얻는다. 이데아나 형상은 존재의 이론적 균형을 나타낸다는 점에서 지적 실재, 즉 진리의 전체이다. 감각적 실재는 그런 균형점의 이쪽저쪽으로의 무한한 진동이다. 생성을 영화적 방법으로 취급한다면 형상들은 변화에 대해 취한 관점이 아니라 변화를 구성하는 요소들이며 생성에 있는 모든 적극적인 것을 나타낸다. 영원은 더 이상 시간 위에서 추상처럼 떠도는 것이 아니라, 그것을 실재처럼 근거 짓는다. 그것은 영원과 시간 사이에 금화와 잔돈 사이의 관계를 확립한다. 그것을 플라톤은 신은 영원한 세계를 제작할 수 없어서 "영원의 움직이는 이미지"인 시간을 주었다고 말한다.(315-317쪽)

공간. 이데아의 철학은 형상을 영원에서 가진다. 그런 형상은 시간과 독립적이어서 더 이상 지각에서 오는 것이 아니다. 그것은 개념이다. 개념적 질서의 실재는 지속도 연장도 가지지 않으므로 형상은 시간 밖인 것과 마찬가지로 공간 밖에 자리 잡는다. 그러므로 고대철학에서 시간과 공간은 동일한 원천과 동일한 가치를 지닌다. 존재의 동일한 감소가 시간에서의 이완과 공간에서의 확장으로 표현된다. 그때 확장과 이완은 있는 것과 있어야 할 것 사이의 간격을 나타낸다. 공간과 시간은 자신의 밖에서 길 잃은 실재가 자신을 찾아 달리기 위해 주어진 장이다. 달리기가 시·공을 자신 아래에 깐다. 수학적 점을 그 균형점에서 멀어지게 하면 끝없는 진동이 일어나고 그것을 따라 점과 점이 병치되고 순간과 순간이 이어진다. 그것을 정상적 위치로 되돌려 놓으면 시간, 공간, 운동은 수학적인 점으로 응축된다. 발생과 퇴락의 교차, 끊임없이 다시 태어나는 진화, 천체의 무한히 반복되는 원환적 운동은 물질성에서 성립하는 어떤 근본적인 결함을 나타낸다. 그 결함을 메워 보면 시간과 공간이 제 거되고 무한히 다시 시작되는 진동이 제거된다. 사물들은 서로 속 으로 다시 들어가고, 공간으로 연장되었던 것이 순수 형상으로 다 시 조여든다. 과거, 현재, 미래는 영원인 유일한 순간으로 응축된 다.(317-319쪽)

물리학. 그것은 물리학이 망가진 논리학이라는 말이다. 합리적으 로 조율되는 이데아들의 논리적 체계가 사건들의 물리적 연쇄로 흩 어지는 것은 추락에 의해서이다. 시를 생기게 하는 관념은 상상으 로, 상상들은 문장의 단어들로 물질화한다. 우리의 정신은 단어에 서 이미지로, 이미지에서 원래의 관념으로 가며, 그렇게 하여 우연 인 단어의 지각에서 이데아로 간다. 논리적 질서의 함몰인 물리적 질서는 논리학의 시·공으로의 추락 이외의 다른 것이 아니다. 그러 나 철학자는 지각의 대상에서 개념으로 거슬러 올라가면서 물리학 이 가졌던 적극적으로 실재적인 모든 것이 논리학으로 압축되는 것 을 본다. 그의 지성은 존재를 팽창시키는 물질성을 추상하면서 존 재를 그 자체로서 이데아의 부동의 체계로 재파악한다. 과학은 우 리 지성을 가지적인 것과 분리시켰던 격차를 수정하면서 자신의 진 정한 자리로 다시 위치시킨다, 그러므로 과학은 인간의 구축물이 아니라, 지성 이전의, 지성과 독립된, 진정으로 사물을 낳는 것이 다.(319-320쪽)

아리스토텔레스. 이데아는 자체적으로 존재한다. 플라톤이 그것

을 정형화했고, 아리스토텔레스가 거기서 빠져나오려 했지만 소용
없었다. 운동은 부동의 퇴락으로부터 나왔으므로 어디선가 실현된
부동성이 없으면 운동도, 감각적 세계도 없을 것이다. 이데아에 독
립적 존재를 거부하는 것으로 시작했으나 그 존재를 제거할 수 없
었던 아리스토텔레스는 이데아들을 조여서 덩어리로 모아 물리적
세계 위에 하나의 형상을 놓고 그 형상은 이데아들의 이데아, 사유
의 사유가 되었다. 그것이 그의 신이다. 그것은 움직이지 않고 모든
개념들의 하나의 개념으로의 종합에 불과하므로 세상에서 일어나
는 것과는 낯선 것이다. 아리스토텔레스의 신이 스스로 굴절되거나
단지 세계를 향해 기울어지면 그의 단일성 속에 포함된 플라톤의
이데아들이 쏟아진다. 태양으로부터 광선이 쏟아져 나오듯이. 그의
$νοῦς$ $ποιητικός$는 이데아들의 쏟아짐의 가능성일 것이다. 그것은 갑
자기 놓인 총체적 앎이며, 의식적이며 추론적인 지성은 그것을 어
렵사리, 조각조각 재구성하도록 처단되었다. 우리 속에는 신의 가
능적 시각이 있다. 그런 직관 속에서 신이 이데아로 피어나는 것을
볼 것이다. 그런 직관이 부동의 동자와 같은 역할을 추론적 지성에
관해 하면서 모든 것을 만든다. 제일 동자에 의해 세계 전체에 작용
된 힘을 때로는 인력이거나 때로는 추진력이라 말한다. 알렉산드리
아 학파 사람들이 전개와 전환을 말할 때 그런 이중의 지시를 따랐
을 것이다. 모든 것은 제일 원리로부터 나왔고 또 그리로 되돌아가
기를 열망한다. 신적 인과성에 관한 두 견해는 왜 사물은 시간과 공
간 속에서 움직이는지, 왜 시간과 공간이 있고 운동과 사물이 있는
지를 이해하게 해주며 우리가 근본적이라 생각하는 제삼의 견해로

환원시킬 때만 함께 동일시될 수 있다. (320-323쪽)

신적 인과성에 관한 제삼의 견해. 플라톤에서 플로티노스로 감에 따라 드러나는 그 견해는 **한 실재의 위치는 그것과 순수 무 사이의 모든 중간적 정도의 실재의 위치를 내포한다**는 것이다. 우리는 10이라는 수를 9, 8, 7, …… 등 10과 0 사이의 모든 중간수를 넣지 않고는 정립할 수 없다. 어떤 완전성이 주어지면 모든 퇴락의 연속성이 그 완전성과 무 사이에 주어지는 것으로 보인다. 신, 즉 사유의 사유, 즉 원환을 그리는 사유를 놓으면 그것과 무 사이의 간격도 주어지므로 신을 놓자마자 자동적으로 존재의 모든 하강하는 정도들이 실현될 것이다. 그것을 위에서부터 아래까지 따라가 보자. 존재가 시간과 공간으로 떨어지기 위해서는 제일 원리의 아주 가벼운 감소로도 가능하나, 그런 처음의 감소를 나타내는 지속과 연장은 신적인 비연장성과 영원에 가까울 것이다. 그것은 원환 운동의 영속성에 의해 신적 사유의 원의 영원성을 모방하고, 자신의 장소와 그에 의해 장소 일반을 창조하며, 자신의 고유한 지속과 그에 의해 지속 일반을 창조하는 구로 생각해야 할 것이다. 그런 완전성은 점점 월하 세계에까지 감소할 것이며, 거기서는 탄생, 성장, 죽음의 원이 원래의 원을 망가뜨리면서 모방한다. 이렇게 이해할 때 신과 세계 사이의 인과관계는 아래에서 보면 인력으로, 위에서 보면 추진력으로 보인다. 그러므로 어느 쪽에서 보느냐에 따라 신은 작용인이나 목적인으로 보인다. 그러나 진정한 관계는 등식의 양쪽 사이에서 발견된다. 한쪽은 유일한 항이고 다른 쪽은 무한 수의 항의 합계이다. 그것은 금화와 잔돈의 관계이다. 금화가 제시되자마자 자동적으로 잔돈이 지불된다고 가정하기만 하면. 아리스토텔레스는 부동의 제일 동자의 필연성을 운동이 시작해야 한다는 것에 기반을 두지 않고 반대로 운동은 시작될 수 없었고 끝나서는 안 된다는 것에 두었다. 시작된 적도 없는 합계가 끝없이 계속된다면 그것은 합계와 탁월하게 등가인 유일한 항이 영원하기 때문이다. 운동의 영속성은 영원성을 시작도 끝도 없는 전개로 계속하기 때문에 가능하다.(323-325쪽)

지성의 자연적 경사: 그리스 철학의 수많은 요소들을 배제하고 그 뼈대만 남기면 인간 지성의 자연적 형이상학의 선을 그린다. 지각과 사유의 영화적 경향을 따르자마자 그런 철학에 도달한다. 그것은 변화를 각 특수한 경우에 대해 정의할 수 있는 안정적인 것, 즉 형상과, 정의할 수 없고 항상 같은 것인 변화 일반으로 해체한다. 그와 같은 것이 또한 언어의 본질적 작업이다. 이때 사유와 언어의 이런 해체를 합법적이라 인정하는 철학이 나타난다. 그런 철학은 그 해체를 객관화하고 극단적 결과까지 밀고 나가서 체계로 환원시킨다. 분리된 형태에 주의를 향할수록 더욱 더 그 형태들이 감각적인 것 위로 상승하고 순수 개념으로 희박해지는 것을 볼 것이다. 그런 개념들은 서로 속으로 들어가고 결국 유일한 개념, 모든 실재들의 종합으로 집합될 수 있다. 반대로 보편적 운동성의 보이지 않는 원천으로 내려갈수록 운동성이 달아나면서 순수 무로 비워지고 심연으로 들어가는 것을 느낄 것이다. 결국 한편으로는 논리적으로 서로 조율되거나 하나로 집중되는 이데아들의 체계와 다른 한편으로 거의 무, 플라톤의 비존재나 아리스토텔레스의 질료를 가질 것

이다. 그러나 재단한 다음에는 꿰매야 한다. 즉 이데아와 무를 가지고 감각계를 재구성하는 것이 문제이다. 그런 전체와 그런 영의 대면이 둘 사이의 간격을 측정하는 모든 정도의 실재의 정립과 대등하게 하는 일종의 형이상학적 필연성이 요청된다. 그것은 자연적 요청이며, 그리스 철학의 근저에서 알아차리는 요청이다. 그때 각 하위의 정도는 상위의 것의 감소에서 성립하며 거기서 지각되는 감각적으로 새로운 것은 거기에 덧보태진 새로운 부정의 양으로 해소될 것이다. 여기서 철학적 환상들은 자유로운 길을 갈 것인데, 왜냐하면 감각계의 모습에 존재 감소를 동등하게 놓는 것은 자의적이기 때문이다. 모두 아리스토텔레스적인 구심적 구에 도달하지는 않을 것이지만 조각들은 다를지라도 그들 사이에 동일한 관계를 가질 구축물로 갈 것이다. 그런 우주론은 물리학이 논리학에 의해 결정될 동일한 원리에 지배될 것이다. 변화하는 현상들 아래에 개념들의 닫힌 체계가 비쳐 보일 것이다. 그것은 인간 지식에 선행할 것이며 그것을 서툴게 모방하려 했던 사물에도 선행할 것이다. 영원한 부동성은 보편적 생성의 원인이다. 그와 같은 것이 변화와 지속에 대한 고대철학의 관점이었다. 근대철학이 그것을 변화시키려는 경향을 가졌으나 저항할 수 없는 매력이 지성을 그 자연적 운동으로 다시 데려간다. 이것을 밝혀보자. 우리의 기계론적 철학은 고대철학과 결부되어 있으며 지성의 실용적인 요청에 답하고 있음을 보이기 위하여.(325-328쪽)

IV. 근대 과학에 따른 생성. *시간*에 대한 두 관점.

근대 과학에 따른 생성: 근대 과학은 고대 과학처럼 영화적 방법에 따라 진행한다. 그것은 달리 할 수가 없다. 대상 자체를 대체하는 기호를 조작한다는 것이 과학의 본질이기 때문이다. 기호들은 정지된 형태로 실재의 고정된 측면을 표시한다. 과학의 본질적 목적은 사물에 대한 우리의 영향을 증가시키는 것이다. 과학이 노리는 것은 항상 실용적 유용성이다. 행동하기 위해 예견한다는 것, 즉 안다는 것은 상황에서 상황으로, 배열에서 재배열로 가는 것이다. 과학이 고립시킨 순간들의 수를 증가시킬 수 있지만, 항상 순간들을 고립시킨다. 그것은 간격에 대해서가 아니라 끝에 대해서만 관계한다. 그러므로 영화적 방법은 고대 과학에서뿐만 아니라 우리 과학에도 부과된다. 그렇다면 두 과학의 차이는 어디 있는가? 고대인들은 법칙을 유로 환원하는 반면, 근대인들은 유를 법칙으로 해소하기를 바란다고 이미 이야기했었다. 변화에 대한 두 과학의 차이는 어디서 성립하는가? **고대 과학이 그 특권적 순간을 포착했을 때 그 대상을 충분히 인식한다고 믿은 데 반해, 근대 과학은 대상을 어떠한 순간에서든 생각한다**고 말할 수 있다. 고대의 이데아는 사물의 특권적이거나 두드러진 순간에 대응한다. 떨어지는 물체는 아래, 중심을 향한 운동이며 자연적 운동이다. 아리스토텔레스의 물리학에서 낙하하는 물체를 정의하는 것은 위와 아래, 자발적 이동과 강제적 이동, 고유한 장소와 낯선 장소와 같은 개념에 의해서이다. 갈릴레이는 본질적 순간도, 특권적 순간도 없다고 생각했다. 떨어지는 물체를 연구한다는 것은 지나가는 어떠한 순간에서든 그것을 생각

하는 것이다. 그것을 위해서는 언어보다 정확한 기호가 필요하다는
것은 사실이다. 그러므로 근대 물리학은 고대 물리학과 시간에 대
해 수행하는 무한한 해체에 의해 다르다. 고대인들에게 시간은 연
속적 사실들 중에 잘라내는 기간이다. 그 각각은 그들 눈에 총체적
정의나 묘사밖에는 포함하지 않는다. 반대로 근대인들에게 시간은
자연적 분절을 가지지 않는다. 우리는 그것을 원하는 대로 나눌 수
있고 모든 순간은 가치가 있다. 그러므로 한 변화를 아는 것은 어떠
한 순간에도 그것이 어디에 있는가를 아는 것이다. 둘 사이의 차이
는 깊다. 그러나 우리의 관점에서는 본성의 차이라기보다 정도의
차이이다. 첫 번째에서 두 번째로 점진적 완성에 의해 다만 더 높은
정확성을 추구하면서 이행했다. 육안으로 운동의 국면들을 알아차
리는 것과 그 국면들을 훨씬 더 완벽하게 스냅사진들로 기록하는
것 사이에서와 동일한 차이가 있을 뿐이다. 두 경우 모두 영화적 기
제이다. 거기서부터 모든 다른 차이들이 흘러나온다. 고대는 대상
의 질적 묘사에 만족하지만 근대는 양적 변화를 본다. 근대 과학은
크기에 관계되고 그것을 측정한다. 고대인들도 이미 실험을 했으나
오히려 케플러는 고유한 의미에서의 실험을 하지 않았다. 둘 사이
의 차이는 실험이 아니라 측정하기 위해서만 실험이나 작업을 했다
는 것이다. 그렇기 때문에 고대가 개념에 관계된 반면 근대 과학은
법칙을, 즉 다양한 크기들 사이의 관계를 찾는다. 그러나 그것은 근
본적 차이에서 파생되는 차이에 불과하다. 고대의 아르키메데스의
원리도 진정으로 크기가 들어간 실험적인 법칙이다. 그러므로 본질
적인 차이는 다른 데서 찾아야 한다. 고대 과학은 정적이다. 시간을

고려하지 않는다. 그러나 근대 과학은 갈릴레이와 케플러의 발견을 둘러싸고 구축되었다. 케플러의 법칙은 궤도의 큰 축과 그것이 지나가는 데 드는 시간 사이의 관계를 확립한다. 갈릴레이는 낙하하는 물체가 지나가는 공간을 낙하에 걸리는 시간에 연결시킨 법칙을 발견했다. 근대 기하학의 큰 변화는 시간과 운동을 도형의 고찰에 도입한 것이었다. 고대 기하학은 정적인 학문이었다. 그러나 데카르트 기하학의 본질은 움직이는 직선 위에서 지나간 공간과 그것을 지나가는 데 걸린 시간을 연결시키는 관계를 말할 수 있으면 그 도형이 정의된다는 것이었다. 그것이 곧 도형의 방정식이다. 어떤 도형을 방정식으로 대체한다는 것은 어떠한 순간이든 도형의 선의 어디에 있는지를 보는 것에서 성립한다. 근대 과학은 천문학의 딸이다. 그것은 갈릴레이의 사면을 따라 하늘에서 땅으로 내려왔다. 그에 의해 뉴턴과 그 계승자들이 케플러와 연결되기 때문이다. 이제부터 어떠한 순간에서든 천체의 위치를 계산하는 것이 문제였고 동일한 문제가 물질계 전체에 대해 제기되었다. 물론 우리는 물질의 진정한 요소들의 상호 위치를 알지 못하고 어느 한 순간에 대해 안다고 해도 다른 순간의 위치 계산은 인간의 능력을 넘어설 것이지만, 그런 요소들이 알려질 수 있을 것이며 초인간적인 지성이라면 그들의 위치를 결정할 수 있을 것임을 아는 것으로 충분하다. 그런 확신이 자연에 대해 우리가 제기하는 문제와 그것을 푸는 데 사용하는 방법의 근저에 있다. 근대 과학이 모든 다른 것들과 관계시키길 원하는 크기는 시간이며, **근대 과학은 특히 시간을 독립변수로 간주하려는 열망에 의해 정의되어야 한다.**(328-335쪽)

시간에 대한 두 관점: 물질의 과학은 일상적 인식으로서 진행하며, 동일한 방향에서 일하고 동일한 기제를 작동시킨다. 그러므로 일상적 인식이 영화적 기제를 이유로 생성의 운동적인 것을 포기하면 그것도 그렇게 한다. 그것은 고대 과학과 다르게 임의의 순간을 무차별적으로 다루지만 항상 순간들, 잠재적 정지, 부동성을 고려한다. 플럭스, 또는 존재의 운동성으로 생각된 실재시간은 과학적 인식의 영향을 벗어난다. 시간의 플럭스 자체와 의식의 영향에 대해서는 문제되지 않는다. 시간에 대해 사람들이 다룰 것은 항상 점들이고 궤적에서 취해진 위치들이다. 사람들은 항상 동시성을 세웠고 플럭스는 상관하지 않는다. 그 증거는 원하는 대로 우주의 플럭스의 속도를 변하게 할 수 있다는 것이다. 그 속도가 무한하다고 가정하면 우주의 전 역사가 공간 위에서 순간적으로 배열될 것이다. 그것은 과학이 계기도 시간도 고려하지 않는다는 것을 말한다. 과학은 그것에 대해서는 어떠한 기호도 가지고 있지 않다. 그러나 계기는 존재하고, 나는 그것을 의식하며, 그것은 하나의 사실이다. 우리는 간격의 극단들을 세지 않고 간격 자체를 느끼며 살고 그 간격을 결정된 간격으로 의식한다. 설탕물이 녹기를 기다려야 하는 시간은 나의 의식에게는 절대이다. 미래가 현재 옆에 주어지는 대신 현재에 계기하도록 처단되어 있다면 그것은 미래가 현재 순간에 완전히 결정되지 않았기 때문으로 보이며, 그런 계기에 의해 점해진 시간이 의식에게 절대적 가치와 실재성을 가진다면 그것은 미래가 인위적으로 고립된 체계가 아니라 구체적 전체에서 예견할 수 없고 새로운 것을 끊임없이 창조하기 때문으로 보인다. 그런 지속은 물

질 자체의 사실이 아니라 그 흐름을 다시 거슬러 올라가는 생명의
지속일 수 있다. 두 운동은 그럼에도 불구하고 서로 유대를 맺고 있
다. **그러므로 우주의 지속은 거기에 자리를 차지할 수 있는 창조의 범
위와 하나이어야 한다.**(335-339쪽)

 퍼즐조각 모으기는 빨리 할 수도 있고 순식간에 할 수도 있으며
이론적으로는 아무런 시간도 요청하지 않는다. 결과가 미리 주어졌
기 때문이다. 그러나 예술가에게 시간은 더 이상 장식물이 아니다.
그 내용을 변화시키지 않고 늘이거나 줄일 수 있는 간격이 아니다.
작업의 지속은 작업의 총체적 부분이다. 창작의 시간은 창작 자체
와 하나이다. 형성되어 가면서 변하는 것은 사유의 진보이다. 결국
그것은 생명의 작업이며 한 관념의 성숙과 같은 어떤 것이다. 화판
과 팔레트와 모델이 있고 화가의 방식도 안다. 그렇다고 화판 위에
나타날 것을 예견할 수 있는가? 구체적 작업은 예견할 수 없는 아
무것도 아닌 것을 가져올 것이다. 그 아무것도 아닌 것은 시간이 든
다. 형태의 발아와 개화는 그것들과 일체인 좁힐 수 없는 지속으로
길어진다. 자연의 작품도 마찬가지이다. 그 내적 추진력은 시간 속
에서 상호 침투의 연속성이나 계기를 돌려준다. 그렇기 때문에 물
질계의 현재 상태에서 살아 있는 형태의 미래를 예견하는 것은 부
조리하다. 기억은 지나간 계기를 병치의 형태로 표상하는데, 그런
죽은 것은 더 이상 창조와 생명의 성격을 띠지 않는다. 그때 다가올
계기는 지나간 계기로 된다. **시간은 창조이거나 아니면 아무것도 아
니다.** 그러나 영화적 방법에 구속되어 있는 물리학은 창조의 시간
을 고려할 수가 없다. 물리학은 고립시킬 수 있는 사건이나 사건들

의 체계만을 파악한다. 그런 체계를 고립시킬 줄 아는 날이 물리학
의 탄생일이다. 결국 **근대 물리학이 시간의 임의적 순간을 고찰한다
는 점에서 고대 물리학과 구별된다면, 그 전체가 창조로서의 시간을
길이로서의 시간으로 대체한다는 것에 놓여 있다.**(339-341쪽)

V. 근대 과학의 형이상학. 데카르트, 스피노자, 라이프니츠.

근대 과학의 형이상학: 그러므로 그런 물리학과 평행하여 그것이 남
겨두었던 것을 파지하는 두 번째 종류의 인식이 구성되어야 했다.
과학은 지속의 플러스 자체에 대해 영향력을 가지기를 원하지도,
원할 수도 없었다. 그런 두 번째 종류의 인식이 가능했다면 정신이
가장 애착을 갖는 습관을 포기하라고 요구했을 것이고 공감의 노
력에 의해 생성의 내부로 옮겨갔을 것이다. 우리 주의의 정지에 불
과한 시간의 순간들은 제거되었을 것이다. 두 번째의 인식이 가능
했다면 실용적으로 무용했을 것이며, 자연에 대한 우리의 제국을
넓히지 않았을 것이고, 지성의 자연적 열망들에 반대할 것이다. 그
것이 성공한다면 실재 자체를 감싸 안을 것이다. 지성과 물질에 대
한 인식을 완성할 뿐만 아니라 실재의 다른 반쪽에 대한 시야도 열
릴 것이다. 진정한 지속에 대한 대면을 회복하자마자 그것이 창조
라는 것과 해체되는 것이 지속한다면 그것은 이루어지는 것과의 유
대에 의한 것일 수밖에 없음을 보기 때문이다. 그러므로 우주의 연
속적 증가의 필연성, 즉 생명이 나타날 것이다. 결국 지성이 직관과
결합할 것이다. 형이상학에 대한 그런 견해는 근대 과학이 암시하
는 것이다. 고대인들에게 시간은 이론적으로 무시할 수 있는 것이

다. 본질의 퇴락에 불과하기 때문이다. 철학이 본질의 금화를 스치듯 가질 때 잔돈인 변화도 가진다. 변화를 대상으로 가질 인식은 철학보다 적은 것이다. 그러나 시간의 모든 순간들을 동열에 위치시키는 과학에게 변화는 더 이상 본질의 감소가 아니며 지속도 영원성의 물 타기가 아니다. 시간의 플럭스는 실재 자체가 되고 연구되는 것은 흐르는 사물이다. 실재에 대해 스냅사진을 찍는 데에 만족하는 것은 사실이지만 바로 그런 이유로 그것을 보충할 다른 것을 불러야 한다. 시간에서 절대의 점진적인 증가를, 사물의 진화에서 새로운 형태의 계속적인 창조를 보기에 이른다. 그것은 고대인들의 형이상학과 단절하는 것이다. 그들은 결정적으로 아는 유일한 방식밖에 알아차리지 못했다. 반대로 우리가 자리 잡은 가설에서는 과학과 형이상학이 보완적일지라도 반대되는 두 인식 방식일 것이다. 하나는 순간들, 즉 지속하지 않는 것만을 취하고, 하나는 지속 자체에 관계된 것이다. 형이상학에 대한 이런 새로운 견해와 전통적 견해 사이에 망설이는 것은 자연스러웠다. 자연에 대한 우리의 과학적 인식을 즉시 완성된 것으로 가정하며, 그것을 완전히 통일하여 거기에 형이상학의 이름을 붙이려는 유혹은 컸다. 철학이 열 수 있었던 새로운 길 옆에 고대의 것이 열린 채 남아 있었다. 그것은 물리학이 걸었던 길이다. 물리학이 시간을 공간에 배열될 수 있는 것처럼 파악한 것과 같이 그런 방향으로 들어선 형이상학은 지속이 아무 효력이 없는 것처럼 일을 처리했다. 근대인들의 물리학은 고대인들의 형이상학처럼 영화적 방법에 속박되어 **모든 것은 주어져 있다**는 결론에 도달했다.(341-344쪽)

데카르트, 스피노자, 라이프니츠: 데카르트. 형이상학은 우선 두 길 사이에서 망설였다. 데카르트의 오락가락은 눈에 보인다. 그는 한편으로 보편적 기계론을 긍정한다. 운동은 상대적이고 시간은 영원성으로 주어져 있다. 그러나 다른 한편 그는 자유 의지를 믿었다. 물리적 현상의 결정론에 인간 행동의 비결정성이 겹치고, 길이로서의 시간에 창조, 계기가 있는 지속이 겹쳤다. 그런 지속을 자신의 절대적 실재의 뭔가를 필연적으로 전달하는 신에 기대게 한다. 이 두 번째 관점에 자리 잡을 때 데카르트는 운동과 심지어 공간적 운동에 대해서도 절대인 것처럼 이야기한다. 그러므로 그는 한 길에서 다른 길로 차례로 들어서면서 어느 것도 끝까지 따르지 않는다. 첫 번째 길은 인간의 자유 의지와 신의 진정한 의지의 부정으로 이끌었을 것이다. 반대로 두 번째 길에서 지속의 직관이 내포하는 모든 결과들에 도달했을 것이다. 창조는 연속적이었고 우주는 진정으로 진화했을 것이다. 결국 기계론은 우주의 연속성 속에서 잘라내기 원했을 만큼의 체계로 연장될 것이라는 점에서 보편적으로 남을 수 있었다. 그러나 기계론은 그때 이론이라기보다는 방법이었다. 영화적 방법은 사물의 리듬을 구획하는 것이지 거기에 삽입되는 것이 아님을 표현했다. 그것이 형이상학에 대한 두 견해였다.(344-346쪽)

스피노자와 라이프니츠. 기계론적 평행론. 사람들이 향한 것은 첫 번째 길이었다. 그것은 영화적 방법에 따라 형이상학도 진행하려는 정신의 경향 때문일 것이다. 또한 고대철학의 영향도 있다. 감탄할 만한 예술가인 그리스인들은 초감각적 진리의 전형을 창조했

고, 그 인력에 끌려들어가지 않기는 힘들다. 그렇게 하여 라이프니
츠와 스피노자의 이론이 구성되었다. 그들은 양쪽에서 특히 스피노
자에게서 체계를 부수는 직관의 충동이 있다. 그러나 그들의 뼈대
만 취하면 데카르트적 기계론을 건너 플라톤주의와 아리스토텔레
스주의를 바라보면서 얻을 이미지를 갖게 된다. 고대 형이상학을
모델로 구성된 새로운 물리학의 체계화를 대면한다. 물리학의 통
일은 무엇일 수 있을까? 그것은 주어진 한 순간에 질점들의 위치가
알려진다면 임의 순간에도 그것을 계산할 수 있는 것과 같은 질점
들의 체계를 고립시키는 것이었다. 그리고 그러한 조건은 항상 어
디서나 실현되는 것처럼 처리하는 것이 유용했다. 철학자에게 방
법의 일반적 규칙을 사물의 근본 법칙으로 전환하려는 유혹은 컸
다. 그때 사람들은 감각계 전체를 포함하는 완성된 물리학을 가정
했다. 우주는 그 위치가 매순간 이전 순간에 대하여 엄밀하게 결정
되고 임의의 순간에 대하여 이론적으로 계산가능한 점들의 체계가
되었다. 즉 보편적 기계론에 도달했다. 그러나 그 필연성을 증명하
고 이유를 제공해야 했다. 기계론의 본질적 긍정은 우주의 모든 순
간들 사이의 수학적 유대의 긍정이기 때문에 기계론의 이유는 공
간에서 병치된 것의 단일성에서 찾아져야 했다. 그때서부터 실재의
총체가 단번에 주어진 것으로 가정되었다. 시간에서 계기하는 현상
들의 엄밀한 결정성은 존재 전체가 영원에서 주어져 있다는 것을
표현했다. 새로운 철학은 고대철학으로의 전이가 되려던 참이었다.
고대철학은 생성의 절정을 표시하는 개념들을 취하고 그것을 이데
아들의 이데아로 모았고, 그것이 생성의 법칙과 같은 역할을 했다.

그 법칙들은 모두 알려져 있다고 가정했을 것이고, 아리스토텔레스의 신처럼 자신 속에 부동으로 갇힌 채 남아야 했던 단일성으로 모았을 것이다. 그런데 물리학의 법칙은 구체적 사물들 사이의 양적 관계만 번역하기 때문에, 근대 철학자가 새로운 과학의 법칙들에 대해 고대철학이 고대의 개념들에 대해 하듯이 조작한다면 현상에 있는 구체적인 것, 즉 지각된 질이나 지각 자체를 한쪽에 남겨두게 된다. 사실 새로운 과학의 첫 번째 결과는 실재를 질과 양이라는 두 부분으로 자르는 것이었다. 양은 물체의 계정에, 질은 영혼의 계정에 관계된 것이다. 고대인들은 질과 양 사이에도, 영혼과 물체 사이에도 그런 장벽을 세우지 않았다. 그들에게 수학적 개념은 다른 것과 유사하여 관념들의 위계 구조에 자연적으로 삽입되는 개념들이었다. 아리스토텔레스의 영혼은 우리의 영혼보다 덜 정신적인 것이며, 이미 이데아에 젖은 그의 물체는 우리의 물체보다 덜 물체적이었다. 그러므로 두 항 사이의 분열은 아직 회복될 수 없는 것이 아니었다. 그러나 그것이 이제 회복될 수 없는 것이 되었고, 추상적 단일성을 노렸던 형이상학은 그 종합에 실재의 절반만을 포함할 뿐이거나, 아니면 두 절반의 환원 불가능성을 이용하여 하나를 다른 것의 번역으로 생각하는 것을 감수해야 했다. 두 항 사이의 결합을 끊었기 때문에 그들 사이의 엄밀한 평행성을 세우는 데로 인도되었다. 기계론이 사유의 현상을 연장의 현상에, 질을 양에, 영혼을 물체에 상응하게 했다.(346-350쪽)

양 철학자의 이동異同. 그러한 평행성은 라이프니츠와 스피노자에서 상이한 형태로 발견된다. 그들이 연장성에 부여하는 중요성이 같지 않기 때문이다. 스피노자에게 사유와 연장성은 동일한 열애 놓였고, 그러므로 그들은 동일한 원본의 두 변역, 즉 신이라는 실체의 두 속성이다. 반대로 라이프니츠에게는 사유가 원본이며 변역, 즉 연장은 우리를 위해서만 만들어진 것이기 때문에 사유는 번역 없이도 지낼 수 있다. 신이 놓이면 반드시 신에 대한 견해인 모나드가 놓인다. 실재 전체인 신을 자신의 방식으로 표현하는 견해들밖에 없다. 라이프니츠가 공간은 공존하는 것의 질서이며, 연장성의 지각은 혼동된 지각이라 말하는 것은 견해들이 관점들처럼 서로의 밖에 있어서 그 관점들의 근소近疏에 의해 견해의 차이를 번역한다고 이해할 수 있다. 전체인 신은 부조浮彫 자체이며 모나드는 서로 보완적인 평면적 견해이다. 그렇기 때문에 신을 "관점을 가지지 않는 실체"나 "보편적 조화", 즉 모나드들의 상호 보완성이라고 말한다. 요는 라이프니츠가 스피노자와 다른 것은 보편적 기계론을 실재가 우리를 위해 취하는 모습으로 생각한 반면, 스피노자는 실재가 자신을 위해 취하는 모습으로 생각한 것이다. 그들은 신에게 실재의 총체를 집중시킨 후, 신에서 사물로, 영원에서 시간으로 이행하기가 어렵게 되었다. 고대인들에게 신은 변화하는 사물들을 정점에서 나타내는 이데아들의 압축에서 획득되었다. 그때 사물의 지속은 그 영원과 병치된다. 그러나 보편적 기계론에 봉사해야 하는 원리는 개념이 아니라 법칙이나 관계들을 응축한다. 관계는 떨어져서 존재하지 않는다. 그것은 지배하는 것에 내재하며, 따라서 감각적 실재를 초월할 수가 없다. 그렇다면 그 원리는 시간 속에 있으면서 동시에 시간 밖에 있다고 해야 하나? 그런 모순을 말하기보다 철학자들은 두 항 중에 약한 것을 희생하여 사물의 시간적 측면을 순수 환상으로 간주한다. 라이프니츠는 시간을 공간과 마찬가지로 혼동된 지각으로 만든다. 공간이 신에 대한 모든 모나드의 관점의 총체에서 성립하듯이 시간은 자신에 대한 각 모나드들의 관점들의 총체에서 성립한다. 그러나 스피노자는 영원과 지속 사이에 본질과 우연의 차이를 확립하려고 시도한다. 그것은 매우 어려운 작업이었고 하여간 아리스토텔레스로의 방향을 걷고 있는 것으로 보인다. 라이프니츠가 플로티노스의 가지적인 것에 접근하려는 경향이 있는 것과 마찬가지로. 그 두 철학의 자연적 경사는 고대철학의 결론으로 환원된다. 새로운 형이상학이나 고대 형이상학이나 **이쪽에 대해서도 저쪽에 대해서도 실재는 진실처럼 영원 속에서 전체적으로 주어졌을 것이다.** 양쪽 다 절대 지속의 관념을 싫어한다.(350-353쪽)

평행론과 일원론. 기계론적 설명은 그 발전에도 불구하고 실재의 작은 부분만 감쌀 뿐이다. 실재의 총체가 그런 요소로 해소될 수 있다거나 기계론이 세계에 대한 총체적 번역을 줄 수 있을 것이라 가정하는 것은 스피노자나 라이프니츠 같은 사람들의 형이상학을 선택하는 것이다. 뇌의 상태와 심리적 상태의 정확한 등가를 긍정하는 심리-물리학자는 스스로 경험과 매우 가깝다고 믿는다. 그러나 순수하고 단순한 경험은 그와 유사한 아무것도 말하지 않는다. 그것은 신체적인 것과 정신적인 것의 상호 의존과 심리적 상태를 위한 두뇌의 기체의 필요성을 보여주지만 그 이상은 아니다. 한 항이 다른 항과 유대를 가진다는 것으로부터 둘 사이에 등가성이 있다는 것은 따라 나오지 않는다. 심리 상태와 뇌 상태의 등가성의 가설은 우리의 이전 작업에서 증명된 것처럼 진정한 부조리를 포함한다.
두 항의 등가성을 말하는 것은 스피노자나 라이프니츠의 형이상학
의 주요부분을 알아들을 수 없게 잘라버리는 것이다. 물질 현상의
통일적 종합은 완성된 것으로 가정하고 거기서 모든 것은 기계적으
로 설명될 것이다. 그러나 의식에 대해서는 더 이상 종합을 밀고 가
지 않는다. 의식이 자연의 이러저러한 부분과 공외연적이라 가정하
지만 자연 전체와는 아니다. 그리하여 의식을 어떤 특수한 진동에
결부시키는 "부대현상론"이나 의식을 원자가 있는 만큼의 작은 알
갱이로 흩어버리는 "일원론"에 다다른다. 이 경우든 저 경우든 되돌
아가는 것은 불완전한 스피노자주의나 라이프니츠주의이다. 18세
기의 의사 철학자들은 데카르트주의와 함께 현대의 "부대현상론"
과 "일원론"의 발생에 많은 역할을 했다.(353-355쪽)

VI. 칸트의 비판: 칸트의 철학은 실재의 총체를 포괄하는 하나이며
전체적인 과학에 대한 믿음에 취醉해 있다. 그것은 근대 형이상학
의 연장이며 고대 형이상학의 전이이다. 칸트의 비판은 그런 가설
들의 총체가 고대 과학에서처럼 근대과학에도 필수적인가, 한 부분
만으로도 충분하지 않을까를 자문하는 데서 성립한다. 고대 과학은
개념, 즉 사물에 관계된 것이고 그것을 압축시키면 필연적으로 하
나의 존재, 아마도 객체로서의 사유인 존재에 도달한다. 아리스토
텔레스의 사유의 사유는 모든 개념들의 종합, 즉 이데아들의 이데
아이다. 그러나 근대 과학은 관계 위에서 전개된다. 그런데 관계는
정신에 의해 확립된 관계이다. 우주의 현상들이 지성의 필터를 통

해 지나갈 때만 법칙의 체계일 수 있다. 아마도 그런 지성은 인간보다 무한히 상위의 존재의 지성일 수가 있다. 그것이 스피노자나 라이프니츠의 가설이었다. 그러나 칸트는 그렇게 멀리 갈 필요가 없고 인간 지성이면 충분하다고 생각했다. 그가 말하는 인간 지성은 개인적인 것은 아니다. 인간의 의식이 숨 쉬는 대기처럼 오히려 그 속에 인간이 있다. 그것은 형식적 신, 아직 신적이지는 않지만 그렇게 되려는 경향을 가진 것이다. 칸트의 오성은 우리 과학의 총체에 대해 상대적이고 인간적인 성격을 가진 것이었다. 칸트의 비판은 선배들의 독단론에 제한을 가하는 것에서 성립했다.(355-357쪽)

하나의 과학에 대한 믿음. 그러나 인식의 내용과 형식의 구별은 달랐다. 선배들에 대항하여 인식은 지성의 용어로 전적으로 해소되지는 않는다고 인정했다. 그는 철학에 데카르트의 본질적 내용을 재통합시켰다. 그는 인식의 초지성적 내용에 직관이라는 상위의 노력을 대응시켰다. 그에 의해 신체와 정신을 밖으로부터가 아니라 안으로부터 파악할 수 없었을까? 그 이중적 노력은 절대를 다시 살게 하지 않을까? 지적 인식은 한정되지만 더 이상 상대적이지 않는 것으로 나타나지 않을까? 그러나 그런 방향으로 칸트 자신이 들어서질 않았다. 그는 그리로 들어서길 원치 않았는데, 왜냐하면 인식에 초-지성적 내용을 부여하면서 그런 내용이 지성과 공외연적이거나 지성보다 좁은 것이라 믿었기 때문이다. 이제부터 더 이상 지성을 그 자체로서 잘라내는 것이나 오성과 그 범주를 재추적하는 것도 생각할 수 없었기 때문이다. 오성의 틀과 오성은 완전히 이루어진 것으로 받아들여져야 했고, 우리 지성에 제시된 내용과 지성 자체는 어떠한 친족성도 없었다. 둘 사이의 일치는 지성이 그 형식을 내용에 부과했다는 것으로부터 왔다. 왜 칸트는 우리 인식의 내용이 그 형식를 넘는다고 믿지 않았는가? 그는 전체를 아우르는 하나의 과학에 대한 관념을 논의도 없이 받아들였다. 물리적인 것에서 생명적인 것으로, 생명적인 것에서 심리적인 것으로 감에 따라 과학이 점점 덜 객관적이고, 점점 더 상징적인 것이 된다고 판단하지 않았다. 그에게는 하나의 경험만 있고 지성이 그 모든 범위를 덮는다. 그러나 반대로 물리적인 것에서 생명적인 것을 통해 심리적인 것으로 감에 따라 점점 덜 객관적이 된다면, 그때는 지성을 능가할 직관이 있을 것이다. 그런 직관이 가능하다면 정신의 자기 자신에 의한 소유가 가능하다. 그런 지성외적인 직관을 가진다면 감성적 직관은 그것과 연속되어 있을 것이다. 감성적 직관이 들어가게해줄 것은 아직 절대 속이다. 다양한 과학 사이의 구별을 하여 정신에 대한 인식에서 물질에 대한 인식의 확장을 본다면, 사태는 달라진다. 더 나아가 상이한 두 직관이 있고 지성이 물리적인 것에 관계된다면 지적 인식의 내용과 형식이 상호 작용에 의해 지성은 물체성에 따라, 물체성은 지성에 따라 주조되면서 서로를 낳는 것을 본다.(357-360쪽)

그러나 직관의 그런 이원성을 칸트는 받아들일 수 없었다. 그러기 위해서는 지속에서 실재의 원단을 보고 지속과 공간적 시간을 구별해야 할 것이다. 공간과 기하학에서 물질이 향하고 있지만 완전히 도달하지는 못한 이상 항을 봐야 했을 것이다. 공간과 공간 아래를 파는 인식에 대해서는 결코 문제가 되지 않는다. 이보다 더 칸트에 반대되는 것은 없다. 그런 면에서도 칸트는 선배들과 충분히 가깝다. 시간을 초월한 것과 순간들로 흩어진 시간 사이에 중간적인 것을 인정하지 않는다. 모든 직관은 정의상 감성적 존재가 된다. 그러나 물리적 존재와 시간을 초월한 존재 사이에 의식과 생명의 자리가 없을까? 거부할 수 없이 있다. 그러나 칸트의 계승자들이 상대주의를 벗어나기 위해 향한 것은 시간을 초월한 직관 쪽이다. 생성, 진보, 진화의 관념이 그들의 철학에 큰 자리를 차지하지만 지속의 역할은 없다. 후기-칸트주의 철학은 기계론으로부터 모든 실재에 동일한 유일의 하나의 과학이라는 관념을 받아들인다. 기계론으로부터 모든 구상을 간직하고 단지 다른 색깔을 넣는다. 다시 해야할 것은 구상 자체이거나 구상의 절반이다. 칸트의 계승자들의 방법이었던 구성의 방법을 단념하고 경험에 호소해야 될 것이다. 공간화된 시간을 넘어서 구체적 지속을 찾아야 한다.(357-362쪽)

VII. 스펜서의 진화론: 진화를 진화된 것으로 재구성하려는 시도. 정신과학의 도래, 심리학의 진보, 발생학의 증가하는 중요성 등은 지속 자체인 실재의 관념을 암시했다. 물질의 진보가 정신의 진보와 동시에 다시 그려지고, 내적인 것과 외적인 것의 일치가 추적되며, 변화가 사물의 실체 자체가 될 진화의 이론을 선언하는 사상가가 나타날 때 모든 시선은 그를 향해 돌려졌다. 스펜서가 동시대의 사유에 미친 강력한 매력은 거기서 온다. 스펜서가 칸트에 대해 무지하다 하더라도 생물 과학과의 첫 번째 접촉에서 어떤 방향으로 철학이 칸트를 고려하여 행진할 것인가를 느꼈다. 그가 그 길로 접어들자마자 끝나버렸다. 그는 발생을 재추적하고 보편적 생성의 흐름을 거슬러 올라가서 다시 내려온다고 했다. 그러나 사실은 생성에 대해서도 진화에 대해서도 문제가 되지 않았다. **스펜서의 방법의 일반적인 인위적 조작은 진화를 진화된 것의 조각들로 재구성하는 데서 성립한다.** 퍼즐의 조각들을 병치하여 멋진 그림을 얻는 아이는 아마도 자신이 그림과 색채를 생산한 것으로 생각할 것이다. 그러나 색칠하는 행위는 이미 채색된 조각들을 모으는 행위와 아무런 관련이 없다. 진화된 것을 진화된 것에 덧붙이는 것은 진화 자체의 운동과 전혀 유사하지 않을 것이다. 그와 같은 것이 스펜서의 착각이다. 그는 실재를 현재 형태로 취한다. 그것을 부수고 조각들을 흩어서 바람에 던진다. 모자이크 작업에 의해 전체를 흉내 낸 후 자신이 그림을 다시 그렸다고 생각한다.(362-364쪽)

물질. 물질이 문제인가? 그가 생각한 물질은 질점들이며 작은 고체이다. 에테르나 전기성을 물질로 표상하는 것이 불가능한 것으로 보인다. 그러나 철학은 사물의 보일 수 있는 것과 만질 수 있는 것은 우리의 가능적 행동을 나타낸다는 것을 안다. 진화된 것을 진화된 것으로 재구성하면서 진화 자체를 재구성할 수는 없다.(364쪽)

정신. 정신이 문제인가? 스펜서는 반사와 반사의 구성에 의해 본능과 합리적 의지를 낳는다고 믿는다. 그는 반사가 의지와 동일한 자격으로 진화의 한 종점이기 때문에 처음부터 가정될 수 없다는 사실을 보지 않는다. 반사와 의지를 섞는 것으로 시작하여 둘 중 아무것도 아니면서 서로의 성격을 가지는 유동적 실재를 찾으러 가야 할 것이다. 동물 단계의 가장 낮은 정도에서 의지적인 것도 반사도 아니지만 양쪽 다를 예고하는 상태를 본다. 반사와 의지는 그 상태가 연수와 뇌의 장치로 공고화된 것이다. 진화 자체인 공고화의 점진적 작업을 찾는 대신 공고화된 것을 공고화된 것과 재구성하는 것이 그의 방법임을 다시 한번 확인한다.(364-365쪽)

정신과 물질의 일치. 정신과 물질의 일치가 문제인가? 지성을 그런 일치에 의해 정의하고, 거기서 진화의 정점을 보는 것은 옳다. 그러나 거기서 그런 진화를 그리려할 때 그는 아직도 진화된 것을 진화된 것에 통합한다. 현재 진화된 것의 가장 적은 단편을 가지고 진화의 발생을 만들어낸다고 주장해 봐야 헛되다. 스펜서에게 자연에서 이어지는 현상들은 인간정신에 그 이미지들을 투사한다. 그러므로 현상들 사이의 관계와 표상들 사이의 관계는 일치한다. 그러나 인간 정신이 현상들 사이의 관계를 표상할 수 있기 위해서는 현상들, 즉 생성의 연속성에서 잘라진, 구별되는 사실들이 우선 있어야 한다. 해체의 그런 특별한 방식을 가지자마자 우리의 오늘날과 같은 지성을 가지게 된다. 포유류와 곤충이 자연을 동일하게 구별하며, 전체를 동일한 방식으로 분절한다고 생각하는가? 각 존재는 물질계를 행동이 따라야 할 선에 따라 해체한다. 그것들은 가능한 행동의 선이다. 도시에서 집의 형태와 위치, 길의 방향을 결정하는 것은 토지의 구획이다. 스펜서의 근본적인 잘못은 이미 구획된 경험을 가진다는 것이다. 내가 사실들을 오늘날 나에 대해 가지는 구조와 함께 놓자마자 나의 지각과 지적 능력을 오늘날 내 속에서 그런 것처럼 가정하는 것이다. 그때서부터 사실들의 관계가 사유의 법칙을 낳았다고 말하는 대신, 사유의 형식이 사실들의 구조를 결정했다고 말할 수 있다. 그런 구조와 형식은 서로 맞물리며, 서로 보완적이고, 함께 진보했다. 그리고 정신의 현재 구조건 물질의 현재 재분할이건 둘 다 진화된 것에 불과하다. 그것은 진화하는 것에 대해서도 진화에 대해서도 말해주지 않는다.(365-367쪽)

결어. 그러나 되찾아야 할 것은 그런 진화이다. 이미 물리학 자체에서 단지 부분들의 구성이 아닌, 발생이 있을 유일한 것인 구체적 지속에 자리 잡는 경향이 있다. 그들이 말하는 것은 운동이나 에너지에 관한 것이고, 그것들이 순환할 미묘한 환경은 아니지만, 그러나 운동과 에너지를 제거할 때 물질에서 무엇이 남을 수 있는가? 그러나 철학자는 과학자보다 멀리 나가 물질계가 플럭스로, 흐름의 연속으로, 생성으로 해체되는 것을 볼 것이다. 그리고 그는 실재 지속을 생명과 의식의 영역에서 되찾을 준비를 할 것이다. 그 올라가는 운동을 채택하면서 그 본질을 잡았을 때 어떻게 실재의 나머지가 그것들로부터 파생되는지가 이해된다. 진화가 나타나고 그 진화의 한가운데에 물질성과 지성성의 점진적인 결정이 공고화에 의해 나타난다. 그때 진화적 운동으로 스며들어가 현재의 결과까지 추적하게 된다. 이렇게 이해되면 철학은 정신의 자기 자신으로의 귀환일 뿐만 아니라, 인간 의식 자신이 나온 삶의 원리와의 일치이자, 창조적 노력과의 접촉이다. 그것은 생성 일반의 천착이자, 진정한 진화론이며, 따라서 과학의 진정한 연장이다. 과학이 확인되고 증명된 진리의 총체로 이해되기만 한다면.(367-369쪽)

앙리 베르크손

(Henri Bergson, 1859~1941)

플라톤 이후 최고의 형이상학자이자 "프랑스가 낳은 가장 프랑스적인 철학자"로 칭해지는 베르크손은 폴란드계 유태인인 아버지와 영국인 어머니 사이에서 태어났다. 그는 11살 때부터 파리에서 기숙사 생활을 했는데, 꽁도르세 중고교 시절부터 우등생의 표본과 같은 학생으로서 전국 학력경시대회에서 라틴어, 영어, 희랍어, 수학, 기하학 등에서 1, 2위를 휩쓸었고, 19세에 프랑스 지적 엘리트들의 집합소인 파리 고등사범학교(ENS)의 철학과에 입학했다. 고등사범을 졸업하면서 철학교수 자격시험(agrégation)에 합격(22세)하고 앙제와 끌레르몽-페랑의 고등학교 교수로 재직하면서 박사학위 논문이자 그의 첫 번째 주저인 『시론』을 완성한다(30세). 두 번째 주저인 『물질과 기억』을 저술(37세)한 후 41세 되는 해에는 꼴레즈-드-프랑스의 교수로 임명되어 62세 때까지 20여 년간 재직한다. 정치-윤리학 아카데미 회원(42세), 아카데미 프랑세즈 회원(55세)이었던 그는 대십자훈장에 서품되었고, 1928년에는 세 번째 주저인 『창조적 진화』로 노벨 문학상을 수상했다. 73세에 마지막 주저인 『도덕과 종교의 두 원천』(1932)을 완성한 베르크손은 조용한 말년을 보내다가 2차 세계대전 발발 직후 독일군에 점령된 파리에서 쓸쓸히 숨을 거두었고(81세), "전쟁만 아니었다면 국장이었을" 그의 장례식은 눈발이 날리는 파리 근교의 가르쉬 묘지에서 조출하게 치러졌다. 평생을 단 하루도 쉴 날이 없었다던 그는 "태어나서 일하고 죽었다"는 철학자로서는 최고의 수식어가 아깝지 않은 생을 살았다.

최화(1958~)

서울대학교 법과대학을 졸업하고 서울대 대학원 철학과에서 석사학위를 받았다. 프랑스 빠리-소르본느대학교(빠리 IV대학)에서 플라톤에 대한 연구로 박사학위를 받았으며 1995년 이후 경희대학교 교수로 재직 중이다. 한국프랑스철학회, 한국고전철학회, 한국서양고전학회 회장을 역임하였다. 박홍규의 영향을 깊이 받은 그는 스승과 같이 플라톤과 베르크손의 형이상학을 연구하고 있으며, 새로운 한국철학을 위해 지각의 형이상학을 준비하고 있다. 역서로 라베쏭의 『습관에 대하여』와 베르크손의 『물질과 기억』, 『의식에 직접 주어진 것들에 관한 시론』, 저서로 『박홍규의 형이상학』 등이 있다.

(현대철학총서 3 | 베르크손 전집 2) 창조적 진화

초판 1쇄 발행 2020년 10월 20일 | 초판 3쇄 발행 2024년 10월 2일
앙리 베르크손 지음 | 최화 역주 | 펴낸이 김시열
펴낸곳 도서출판 자유문고
   (02832) 서울시 성북구 동소문로 67-1 성심빌딩 3층
   전화 (02) 2637-8988 | 팩스 (02) 2676-9759
ISBN 978-89-7030-152-5 94160
ISBN 978-89-7030-098-6 (총서) 값 35,000원
http://cafe.daum.net/jayumungo (도서출판 자유문고)